Histoire Géographie Géopolitique Sciences Politiques

1re

W0413956

Sous la direction de :

Sébastien Cote
Agrégé d'histoire
Professeur en CPGE au lycée Joffre à Montpellier (34)

Éric Godeau
Agrégé d'histoire
Professeur en CPGE au lycée Hélène Boucher à Paris (75)

Éric Janin
Agrégé de géographie
Professeur en CPGE au lycée Lakanal à Sceaux (92)

Guillaume Le Quintrec
Agrégé d'histoire
Professeur en CPGE au lycée Fénelon à Paris (75)

Contributeurs

Joëlle Alazard
Agrégée d'histoire
Professeure en CPGE au lycée Louis-le-Grand à Paris (75)

Viviane Bories
Certifiée d'histoire-géographie
Professeure dans l'académie de Montpellier (34)

Franck Bozon
Certifié d'histoire-géographie
Professeur au lycée Lakanal à Sceaux (92)

Mathias Burgé
Agrégé d'histoire
Professeur au lycée Rabelais à Meudon (92)

Thomas Choquet
Agrégé d'histoire
Professeur au lycée Albert Châtelet à Saint-Pol-sur-Ternoise (62)

Jean-Marcel Guigou
Certifié d'histoire-géographie
Professeur au lycée Germaine Tillion au Bourget (93)

Samuel Kuhn
Agrégé d'histoire-géographie
Professeur au lycée de la Versoie à Thonon-les-Bains (74)

Nicolas Le Brazidec
Agrégé de géographie
Professeur en CPGE au lycée Clemenceau à Nantes (44)

Delphine Lécureuil
Agrégée d'histoire
Professeure au lycée Jules Guesde à Montpellier (34)

Florian Louis
Agrégé d'histoire
Professeur en CPGE au lycée Michelet à Vanves (95)

Patrick Marques
Agrégé d'histoire-géographie
Professeur au lycée Anita Conti à Bruz (35)

Christian Noël
Certifié d'histoire-géographie
Professeur au lycée Alice Milliat à Pontchâteau (44)

Elsa Paris
Certifiée d'histoire-géographie
Professeure au lycée Jean Jaurès à Montreuil (93)

Catherine Pidutti
Agrégée d'histoire
Professeure au lycée Louis-le-Grand à Paris (75)

Claire Quincy
Agrégée d'histoire
Professeure au lycée Jules Guesde à Montpellier (34)

Romain Talamoni
Certifié d'histoire-géographie
Professeur au lycée Nelson Mandela à Poitiers (86)

Laetitia Benbassat
Agrégée d'histoire-géographie
Professeure au collège Jean Perrin à Paris (75)

Philippe Cadène
Agrégé de géographie
Professeur à l'université Paris Diderot à Paris (75)

Stanislas Jeannesson
Agrégé d'histoire
Professeur d'histoire contemporaine à l'université de Nantes (44)

Antoine Mariani
Agrégé de géographie
Professeur en CPGE au lycée Fénelon à Paris (75)

Nathan

À la découverte de votre manuel

Chaque thème se divise en deux axes et un objet de travail conclusif, conformément au programme officiel. À chaque ouverture de thème, une introduction pose les grands enjeux et un sommaire vous aide à vous repérer dans chaque thème.

JALON Cours

Des cours complets et accessibles pour entrer dans les jalons en autonomie.

- Le vocabulaire pour comprendre le cours
- Les notions de thème en contexte
- Des repères pour contextualiser : chiffres clés, dates importantes…
- Des propositions pour vous entraîner à faire des fiches de lecture sur des ouvrages accessibles
- Des ressources pour aller plus loin (exposé, travail personnel…)

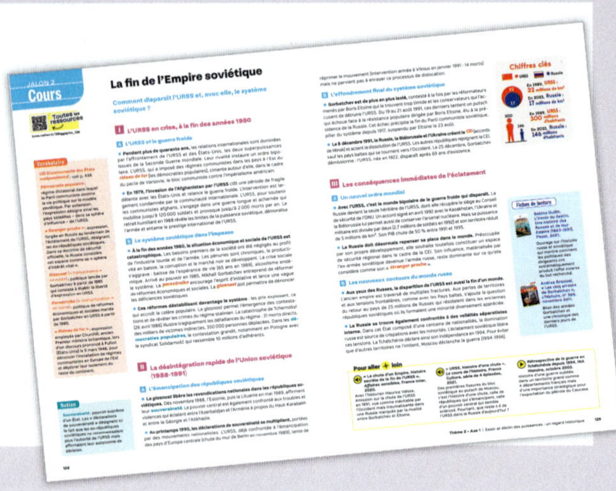

JALON Étude

Dans ces pages, vous trouverez les documents sur lesquels vous allez travailler toute l'année.

- Des études sur chaque jalon du programme
- Des documents sélectionnés avec soin pour vous aider à comprendre les notions, illustrer vos exposés et enrichir vos copies
- Des cartes, des frises, des infographies, des vidéos et des podcasts

JALON Cartes

De grandes cartes pour maîtriser les repères du programme et comprendre les enjeux géopolitiques.

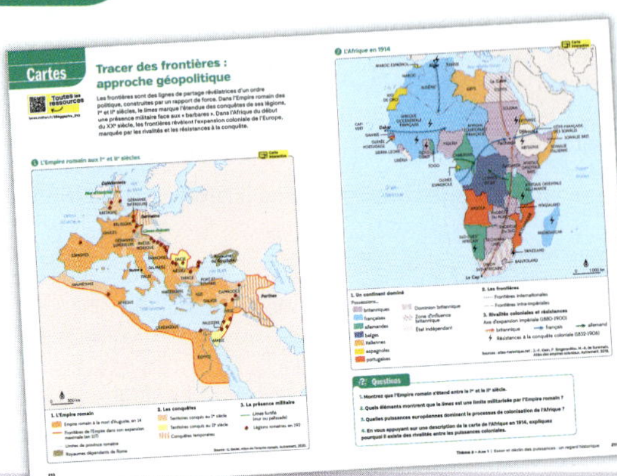

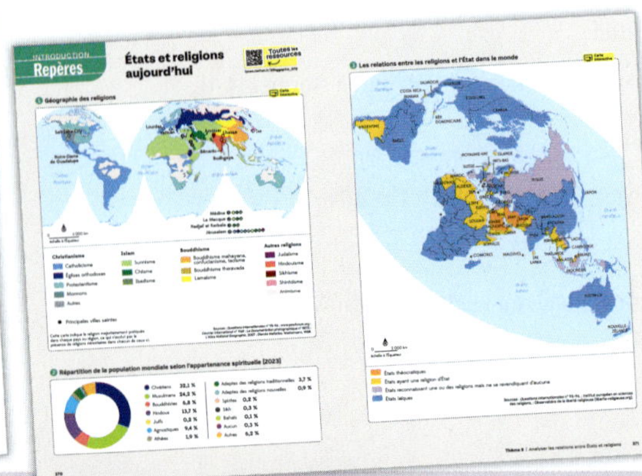

© Nathan 2025 – 92 avenue de France, 75013 Paris – contact@nathan.fr – ISBN : 978-2-09-504980-5
Dépôt légal : mai 2025 - N° de projet : 10305388 - Achevé d'imprimer en avril 2025 par Vincenzo Bona S.p.A. à Turin en Italie

Points de vue

Des pages pour vous entraîner à prendre régulièrement la parole en proposant un point de vue argumenté.

- Des textes de spécialistes (historiens, géographes, géopoliticiens, politologues...)
- Des questions qui vous amènent à construire votre point de vue sur le sujet

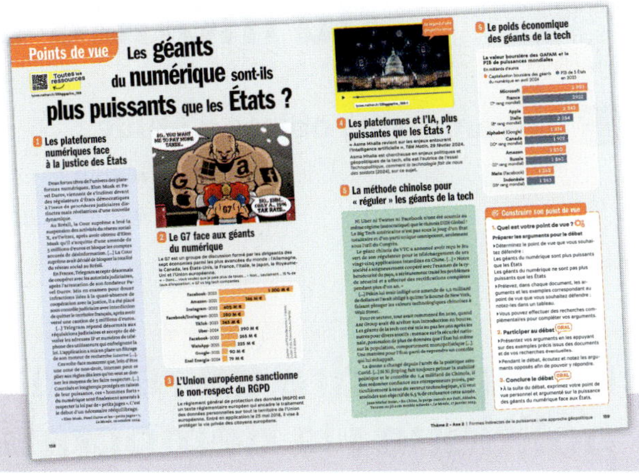

AXE Synthèse

En fin de chapitre, une double page pour faire le point sur ce qu'il faut retenir.

- La synthèse rédigée, les chiffres et les dates clés
- Un schéma pour retenir autrement
- Une double-page entièrement dédiée aux données avec des cartes, des infographies, des croquis, des schémas...

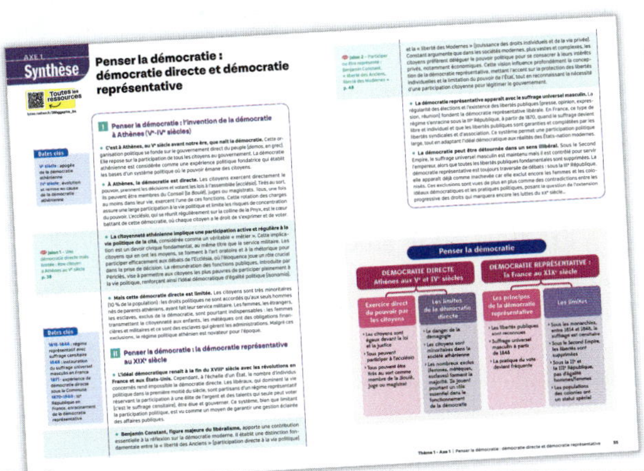

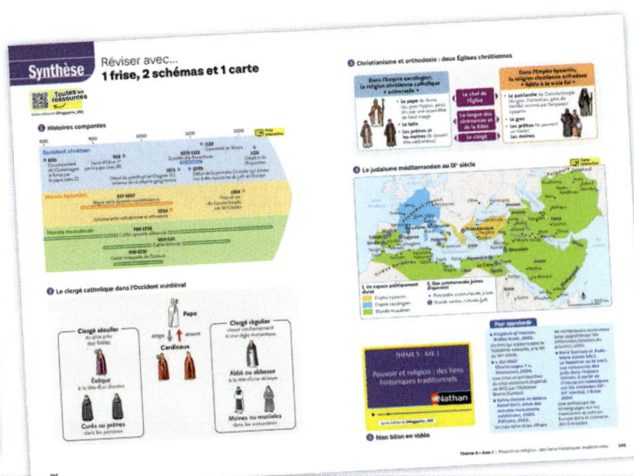

THÈME Bac

Des pages pour s'entraîner à l'épreuve finale et au Grand Oral de Terminale

- Des exercices guidés pas à pas à la fin de chaque thème

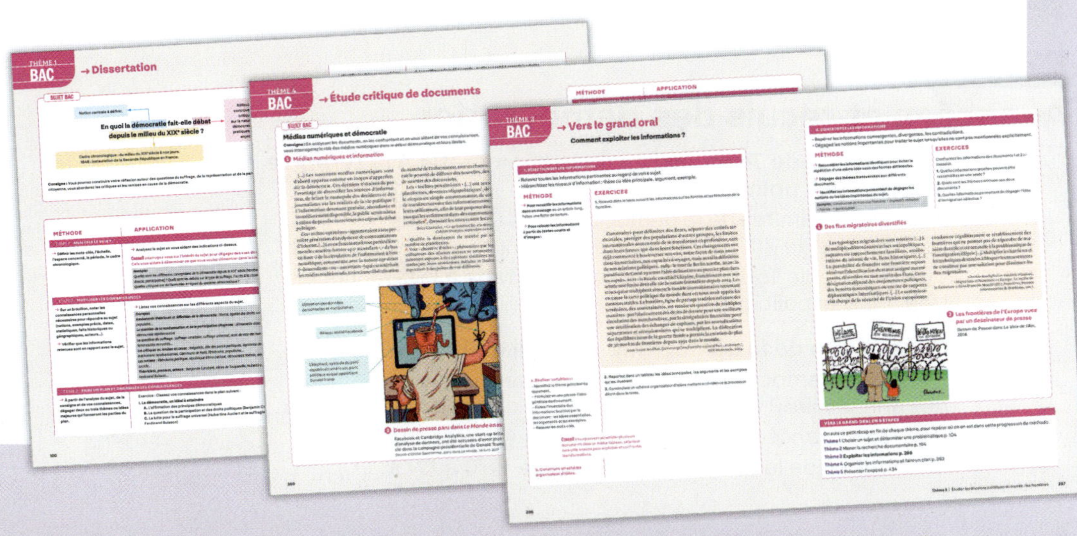

Sommaire

Acquérir des clefs de compréhension du monde contemporain

Thème 3 Étudier les divisions politiques du monde : les frontières

INTRODUCTION

Les frontières dans le monde d'aujourd'hui

AXE 1

Tracer les frontières, approche géopolitique

AXE 2

Les frontières en débat

OBJET DE TRAVAIL CONCLUSIF

Les frontières internes et externes de l'Union européenne

VERS LE BAC

Thème 4 S'informer : un regard critique sur les sources et modes de communication

INTRODUCTION

Comment s'informe-t-on aujourd'hui ?

AXE 1

Les grandes révolutions techniques de l'information

PROGRAMME D'HISTOIRE-GÉOGRAPHIE, GÉOPOLITIQUE ET SCIENCES POLITIQUES DE PREMIÈRE GÉNÉRALE

Bulletin officiel n°1 du 22 janvier 2019

Classe de première : Acquérir des clefs de compréhension du monde contemporain

Introduction (4-5 heures)

- L'histoire : la trace ; l'archive ; le témoignage ; le récit.
- La géographie : espace et territoire ; analyse multiscalaire ; représentation cartographique.
- La science politique : qu'est-ce que le politique ?
- La géopolitique : enjeux de pouvoir, coopérations et rivalités sur et entre les territoires ; poids de l'histoire.

Thème 1 : Comprendre un régime politique : la démocratie (24-25 heures)

Ce thème a un double objectif : analyser le régime politique dans lequel les élèves vivent ; développer leurs connaissances sur la diversité des démocraties dans le monde et sur leurs évolutions.

Les deux axes visent à leur faire saisir :

- les différences entre démocratie directe et démocratie représentative ;
- les forces et les fragilités de la démocratie au travers de ses avancées et de ses reculs dans l'histoire.

Introduction : la démocratie, les démocraties : quelles caractéristiques aujourd'hui ? • Mise en lumière des caractéristiques communes aux démocraties à partir d'exemples (libertés, institutions représentatives, alternances politiques...). • Comparaison entre démocraties et régimes autoritaires à partir d'exemples.	
AXE 1 Penser la démocratie : démocratie directe et démocratie représentative	**JALONS** • Une démocratie directe mais limitée : être citoyen à Athènes au Vᵉ siècle. • Participer ou être représenté : Benjamin Constant, « liberté des Anciens, liberté des Modernes ».
AXE 2 Avancées et reculs des démocraties	**JALONS** • L'inquiétude de Tocqueville : de la démocratie à la tyrannie ? Une analyse politique. • Crises et fin de la démocratie : le Chili de 1970 à 1973. • D'un régime autoritaire à la démocratie : le Portugal et l'Espagne de 1974 à 1982.
OBJET DE TRAVAIL CONCLUSIF L'Union européenne et la démocratie	**JALONS** • Le fonctionnement de l'Union européenne : démocratie représentative et démocratie déléguée. • L'Union européenne face aux citoyens et aux États : les remises en question depuis 1992.

Thème 2 : Analyser les dynamiques des puissances internationales (24-25 heures)

Ce thème a pour objectif d'analyser les ressorts et les caractéristiques de la puissance internationale des États, aussi bien dans leur émergence (étude des fondements de la puissance) que dans leurs dynamiques.

Les deux axes visent :

- à étudier la dynamique des puissances internationales, entre affirmation, domination et déclin ;
- à analyser les formes indirectes de la puissance (langue, nouvelles technologies, voies de communication...).

Introduction : • Les caractéristiques de la puissance à l'échelle internationale aujourd'hui. • Identification des fondements et des manifestations de la puissance à l'échelle internationale dans les champs diplomatique (y compris au sein des institutions internationales), militaire (défense du territoire, capacité de projection...), culturel, économique et financier, en prenant appui sur des exemples contemporains.	
AXE 1 Essor et déclin des puissances : un regard historique	**JALONS** • L'empire ottoman, de l'essor au déclin. • Une puissance qui se reconstruit après l'éclatement d'un empire : la Russie depuis 1991.
AXE 2 Formes indirectes de la puissance : une approche géopolitique	**JALONS** • L'enjeu de la langue : anglais et français dans les relations internationales, francophonie, instituts Confucius... • Les nouvelles technologies : puissance des géants du numérique (GAFAM, BATX...), impuissance des États et des organisations internationales ? • La maîtrise des voies de communication : les « nouvelles routes de la Soie ».
OBJET DE TRAVAIL CONCLUSIF La puissance des États-Unis aujourd'hui	**JALONS** • Les lieux et les formes de la puissance aux États-Unis (siège de l'ONU, Hollywood, Massachussetts Institute of Technology...). • Unilatéralisme et multilatéralisme : un débat international • Points d'appui et zones d'influence des États-Unis dans un monde multipolaire.

Thème 3 : Étudier les divisions politiques du monde : les frontières (24-25 heures)

Ce thème a pour objectif de faire comprendre aux élèves ce que sont les frontières politiques : leurs formes, leurs dynamiques, les enjeux internes et externes qui leur sont associés. Les élèves doivent percevoir que les frontières sont des zones de séparation et de contact, qu'elles sont ouvertes ou fermées, matérialisées ou non.

Les deux axes visent à :

- expliciter pourquoi les acteurs tracent des frontières et quelles conséquences ont leurs actions ;
- montrer les affrontements, débats et négociations liés aux frontières.

Introduction : les frontières dans le monde d'aujourd'hui. • Des frontières de plus en plus nombreuses. • Des frontières plus ou moins marquées. • Frontières et ouverture : affirmation d'espaces transfrontaliers.	
AXE 1 Tracer des frontières, approche géopolitique	**JALONS** • Pour se protéger : Le *limes* rhénan. • Pour se partager des territoires : la conférence de Berlin et le partage de l'Afrique. • Pour séparer deux systèmes politiques : la frontière entre les deux Corée.
AXE 2 Les frontières en débat	**JALONS** • Reconnaître la frontière : la frontière germano-polonaise de 1939 à 1990, entre guerre et diplomatie. • Dépasser les frontières : le droit de la mer (identique sur l'ensemble des mers et des océans, indépendamment des frontières).
OBJET DE TRAVAIL CONCLUSIF Les frontières internes et externes de l'Union européenne	**JALONS** • Les enjeux de Schengen et du contrôle aux frontières : venir en Europe, passer la frontière. • Les frontières d'un État adhérent. • Les espaces transfrontaliers intra-européens : passer et dépasser la frontière au quotidien.

Thème 4 : S'informer : un regard critique sur les sources et modes de communication (24-25 heures)

Ce thème a un double objectif : aider les élèves à saisir les enjeux de l'information (liberté, manipulation, contrôle), et les amener à réfléchir sur leur propre manière de s'informer, dans la continuité de l'éducation aux médias et à l'information. Leurs pratiques de l'information seront décisives dans les études supérieures, et supposent pour être maîtrisée une culture relative aux médias.

Les deux axes visent :

- à faire saisir aux élèves comment les progrès techniques ont renforcé depuis le XIXe siècle la place de l'information dans notre quotidien ;
- à leur montrer le rôle décisif d'une information libre pour éclairer l'opinion et leur faire prendre conscience de l'ensemble des enjeux autour de l'information (liberté, contrôle, manipulation).

Introduction : comment s'informe-t-on aujourd'hui ? ● Des médias et des supports de communication qui n'ont jamais été aussi nombreux et divers. ● Des pratiques d'information différenciées selon les individus, les groupes sociaux et les territoires.	
AXE 1 Les grandes révolutions techniques de l'information	**JALONS** ● L'information imprimée : de la diffusion de l'imprimerie à la presse à grand tirage. ● L'information par le son et l'image : radio et télévision au XXe siècle. ● L'information mondialisée et individualisée : naissance et extension du réseau Internet.
AXE 2 Liberté ou contrôle de l'information : un débat politique fondamental	**JALONS** ● L'information dépendante de l'opinion ? L'affaire Dreyfus et la presse. ● L'information entre le marché et l'État : histoire de l'Agence Havas et de l'AFP. ● Information et propagande en temps de guerre : les médias et la guerre du Vietnam.
OBJET DE TRAVAIL CONCLUSIF L'information à l'heure d'Internet	**JALONS** ● Vers une information fragmentée et horizontale. ● Témoignages et lanceurs d'alerte. ● Les théories du complot : comment trouvent-elles une nouvelle jeunesse sur Internet ?

Thème 5 : Analyser les relations entre États et religions (24-25 heures)

Ce thème a pour objectif de permettre aux élèves d'analyser les faits religieux dans leurs rapports avec le pouvoir. Les liens sont étudiés sur le plan des relations institutionnelles et géopolitiques et non des pratiques individuelles.

Les deux axes visent à faire comprendre aux élèves :

- qu'il existe des interactions anciennes entre le religieux et le politique ;
- que la sécularisation est un mouvement localisé d'intensité variable et que la religion demeure un enjeu géopolitique.

Introduction : États et religions aujourd'hui. ● Des relations de natures différentes entre États et religions sur le plan du droit public (séparation, religion officielle...) à partir d'exemples. ● Des degrés variables de libertés de conscience et religieuse (respect de la liberté de croire ou de ne pas croire, de changer de religion, laïcité...) à partir d'exemples.	
AXE 1 Pouvoir et religion : des liens historiques traditionnels	**JALONS** ● Le pape et l'empereur, deux figures de pouvoir : le couronnement de Charlemagne. ● Pouvoir politique et magistère religieux : le calife et l'empereur byzantin au IXe-Xe siècle, approche comparée.
AXE 2 États et religions : une inégale sécularisation	**JALONS** ● La laïcité en Turquie : l'abolition du califat en 1924 par Mustapha Kemal. ● États et religions dans la politique intérieure des États-Unis depuis la Seconde Guerre mondiale.
OBJET DE TRAVAIL CONCLUSIF État et religions en Inde	**JALONS** ● État et religions : « sécularisme » et dimension politique de la religion. ● Les minorités religieuses. ● Des enjeux géopolitiques : l'Inde et le Pakistan.

VOTRE ANNÉE DE PREMIÈRE

C'est une année très importante pour le Bac : vous allez passer vos premières épreuves finales anticipées, et vos notes de tronc commun compteront dans votre note finale.

VOS DISCIPLINES DE PREMIÈRE

7 OU 8 ENSEIGNEMENTS COMMUNS

- Enseignement moral et civique (EMC) : 18 h annuelles
- Histoire-Géographie : 3 h
- Langues vivantes A et B : 4 h 30 (temps réparti entre les 2)
- Français : 4 h
- Éducation physique et sportive (EPS) : 2 h
- Enseignement scientifique : 2 h
- Mathématiques : 1h30 (Uniquement pour les élèves n'ayant pas choisi la spécialité Mathématiques)

3 ENSEIGNEMENTS DE SPÉCIALITÉS

choisis parmi 13 possibles

4 h — 4 h — 4 h

ⓘ Vous en garderez deux en Terminale

1 ENSEIGNEMENT OPTIONNEL

3 h

Choisi parmi :
- Arts
- Éducation physique et sportive
- Langue vivante C
- Langues et culture de l'Antiquité

CALENDRIER DE L'ANNÉE

- **2e trimestre** : Vous devez exprimer votre choix provisoire sur la spécialité abandonnée. Le conseil de classe donne son avis
- **3e trimestre** : Choix définitif des 2 spécialités poursuivies en Terminale
- **Mi-juin** : Épreuves écrites de français
- **Fin juin – début juillet** : Épreuves orales de français

LA NOTE FINALE AU BAC

CONTRÔLE CONTINU	En Première	En Terminale	Coeff. total
Enseignement de spécialité suivi seulement en 1re	8	/	8
Histoire-géographie	3	3	6
Langue vivante A	3	3	6
Langue vivante B	3	3	6
Enseignement scientifique*	3	3	6
EPS	/	6	6
EMC	1	1	2
Total contrôle continu	21	19	40

* En Première, pour les élèves n'ayant pas choisi la spécialité maths, la note comprend la moyenne des notes obtenues en enseignement scientifique et enseignement spécifique de mathématiques.

ÉPREUVES TERMINALES		En Première	En Terminale	Coeff. total
Enseignement de spécialité 1		/	16	16
Enseignement de spécialité 2		/	16	16
Français	Écrit	5	/	10
	Oral	5	/	
Philosophie		/	8	8
Grand oral		/	10	10
Total épreuves terminales		10	50	60

DEMAIN LA TERMINALE

En fin de Première, vous allez devoir confirmer votre choix de 2 spécialités parmi les 3 que vous suivez cette année. C'est aussi le moment d'affiner vos choix pour les études supérieures.

VOS DISCIPLINES DE TERMINALE

7 ENSEIGNEMENTS COMMUNS

- 18 h annuelles – Enseignement moral et civique
- 3 h – Histoire-Géographie
- 4 h – Langues vivantes A et B (temps réparti entre les 2)
- 4 h – Philosophie
- 2 h – Enseignement scientifique
- 2 h – Éducation physique et sportive

2 ENSEIGNEMENTS DE SPÉCIALITÉS

Au choix parmi les trois que vous avez suivis en 1re

- 6 h
- 6 h

2 ENSEIGNEMENTS OPTIONNELS MAXIMUM

3 h

Un parmi :

- Mathématiques complémentaires (pour les élèves ne choisissant pas en terminale la spécialité « mathématiques »)
- Mathématiques expertes (pour les élèves choisissant en terminale la spécialité « mathématiques »)
- Droits et grands enjeux du monde contemporain

3 h

Un parmi :

- Langue vivante C
- Arts
- Education Physique et Sportive
- Langues et culture de l'Antiquité (latin ou grec)

LES GRANDES LIGNES DE L'ENSEIGNEMENT SUPÉRIEUR

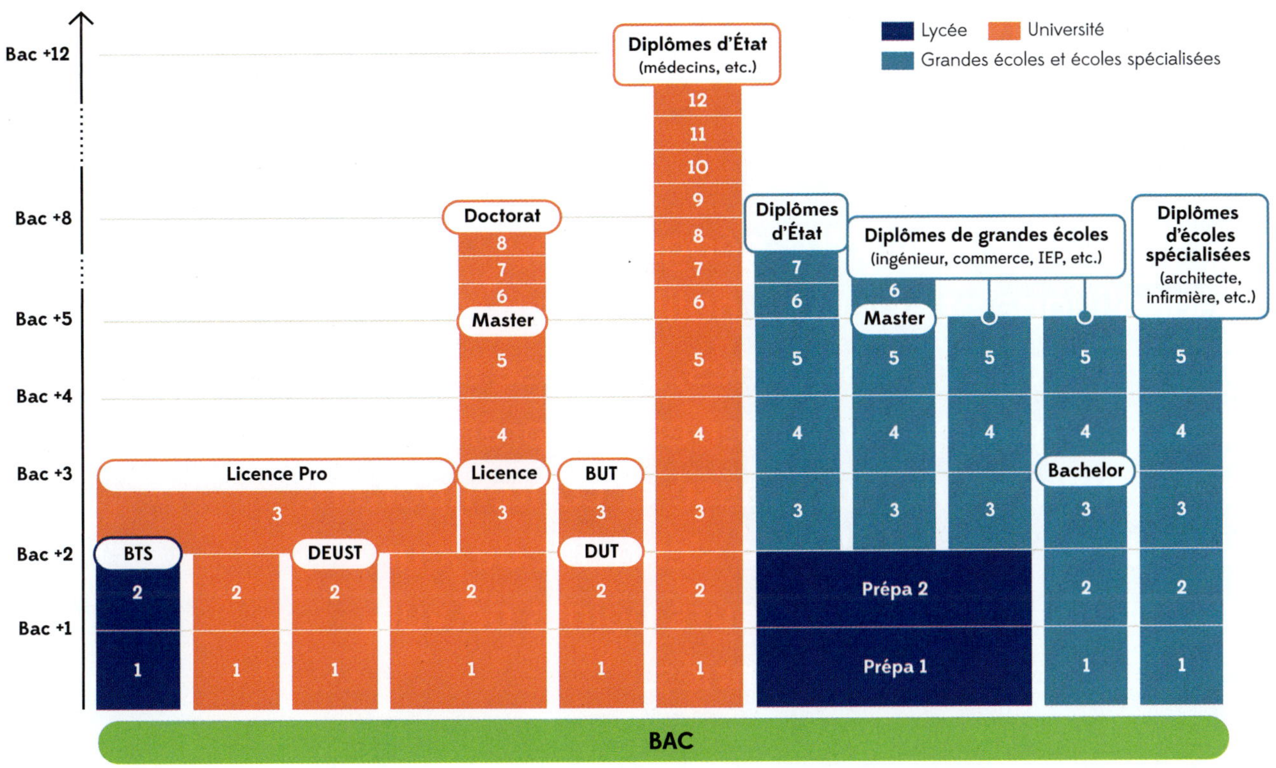

ACQUÉRIR DES CLÉS DE COMPRÉHENSION DU MONDE CONTEMPORAIN

La spécialité « histoire-géographie, géopolitique et sciences politiques », en intégrant quatre disciplines, propose autant d'approches pour analyser et comprendre la complexité du monde passé et contemporain. L'étude de chaque thème s'enrichit de leur complémentarité et de leurs points de vue, concepts et méthodes variés.

« Exode de la pauvreté », migrants latino-américains s'acheminant vers les États-Unis, dans le nord du Mexique, décembre 2023

Photo Sipa/Edgar H. Clemente

S'inscrivant dans une **histoire** des migrations de population, composante majeure de l'évolution des sociétés depuis la fin du XIXe siècle, cet événement peut être appréhendé sous l'angle **géographique** de l'étude des mobilités et de l'interface entre territoires inégalement développés. Il témoigne de rapports de force **géopolitiques** dans un contexte régional où s'affrontent de nombreux acteurs politiques. L'évènement peut être analysé au regard de la **science politique**, notamment en étudiant la politique migratoire menée par les États-Unis.

SOMMAIRE

Découverte

Les animaux, objet d'étude pour l'histoire

Toutes les ressources

lycee.nathan.fr/25hggsp1re_18

Comment faire une histoire des animaux ?

Qu'est-ce que l'histoire ?

- Le terme « **histoire** » renvoie à plusieurs réalités. Il désigne à la fois la discipline savante qui se consacre à l'étude du passé, l'objet de cette discipline, à savoir le passé lui-même, et le résultat de cette discipline, c'est-à-dire le récit produit par l'historien.
- L'histoire est une **science humaine** qui étudie les **traces** laissées par l'activité des hommes : les **sources**. Celles-ci sont traitées de manière scientifique, les historiens s'emploient à respecter des **méthodes de recherche rigoureuses** pour expliquer les événements et les évolutions du passé de la manière la plus objective et juste possible.
- Si l'histoire produit bien un récit, elle n'est par conséquent pas un roman.

1 Écrire une histoire des animaux

L'histoire est une science humaine. C'est entendu. Mais est-ce à dire qu'elle n'a pas à s'occuper des non-humains ? Les dernières décennies n'ont cessé de voir s'élargir le spectre des objets historiques et permettent à présent de proposer l'histoire d'une montagne, d'un détroit, d'une mer [...]. Il y a aussi la possibilité d'écrire une histoire des plantes, et on sait depuis un livre du médiéviste Robert Delort paru en 1984 que « les animaux ont une histoire ».

Mais, cette histoire des animaux, comment l'écrire [...] ? Vers 2000, les travaux sur les animaux ont pris un essor considérable [...]. Un champ nouveau s'est ouvert, que l'on appelle les *Animal Studies* [...]. En 2014 est sorti l'*Oxford Handbook of Animals in Classical Thought and Life* et quatre ans plus tard, en 2018, deux chercheurs britanniques, Sian Lewis et Lloyd Llewellyn-Jones, publièrent un ouvrage intitulé *The Culture of Animal in Antiquity.* Ces livres témoignent de deux approches qui commencent à diverger. L'*Oxford Handbook* s'efforce de rentrer dans le sujet par son versant humain : il s'agit de montrer ce que les hommes attendaient des animaux et comment ils les représentaient. L'autre ouvrage adopte en revanche une approche « *animal first* » : c'est le versant animal de cette histoire qui est exploré, et les hommes sont placés au second plan. Une fois de plus, on mesure combien les débats qui imprègnent l'air du temps dans lequel les historiens travaillent influencent les thématiques de recherche et les méthodes de l'enquête historique.

Christophe Chandezon, *in* Catherine Grandjean (dir.), *La Grèce hellénistique et romaine*, Belin, coll. Mondes anciens (dir. Joël Cornette), 2024.

2 « La zoologie médiévale n'est pas la zoologie »

La zoologie[1] médiévale n'est pas la zoologie moderne. Elle ne doit pas être étudiée – et encore moins jugée ! – à l'aune de nos savoirs d'aujourd'hui, de notre sensibilité, de notre éthique. Ce serait non seulement anachronique mais aussi absurde. Ce serait en outre montrer que l'on n'a rien compris à ce qu'était l'histoire. Au demeurant, nos savoirs actuels ne sont pas des vérités mais seulement des étapes dans l'histoire des connaissances. [...] Ainsi va le temps : chaque époque croit être parvenue à la vérité, ou du moins à une certaine vérité. L'historien le sait et doit constamment en tenir compte [...]. Comme les auteurs grecs et romains, ceux du Moyen Âge distinguent le plus souvent cinq grandes familles : les quadrupèdes, les oiseaux, les poissons, les serpents et les vers. [...] Afin d'éviter tout anachronisme, afin d'être pleinement historien, nous le conserverons pour organiser le plan du présent livre.

Celui-ci se propose de présenter, animal par animal, le discours des bestiaires[2] et de le mettre en relation avec celui d'autres documents écrits ou figurés, ainsi qu'avec d'autres aspects de la culture et de la société médiévale. [...] Le Moyen Âge s'étend sur près d'un millénaire, il faut évidemment sérier les enjeux, périodiser les problèmes, distinguer des attitudes qui ne sont nullement immobiles. Le regard porté sur le chien ou sur le chat, par exemple, n'est pas le même à l'époque de Charlemagne[3] et à celle de Jeanne d'Arc[4].

Michel Pastoureau, *Bestaires du Moyen Âge*, éditions du Seuil, octobre 2011.

1. Science portant sur l'étude des animaux.
2. Manuscrits illustrés du Moyen Âge décrivant les propriétés d'animaux réels et légendaires pour en tirer des enseignements moraux et religieux.
3. VIIIe siècle.
4. XVe siècle.

3 La représentation d'un âne au travail dans un bestiaire du Moyen Âge

Âne transportant du grain au moulin, poussé par un ânier qui se bouche le nez.
Bestiaire latin, vers 1230-1240, *The Bodleian Library*, Oxford.

4 Les chevaux de Philippe II de Macédoine (382-336 av. notre ère) à Vergina (Grèce)

Les études de ce matériel archéozoologique fournissent aujourd'hui de nombreuses informations sur les chevaux : leur morphologie, leur alimentation, leurs éventuelles pathologies ou traumatismes, et les conditions de leur décès […]. Ni les sources littéraires ni l'iconographie n'avaient jusqu'alors permis aux chercheurs de trancher la question de la taille des chevaux grecs de l'Antiquité. Les squelettes référencés ci-dessus montrent que, au début de l'époque hellénistique, les montures des cavaliers macédoniens mesurent entre 140 et 150 cm au garrot […]. Par ailleurs, les analyses ostéologiques[1] apportent de nouvelles informations sur leurs conditions de vie. Certains chevaux sont encore jeunes (3-5 ans) quand ils sont inhumés, ce qui confirme qu'ils servent à la guerre peu de temps après avoir perdu leurs premières dents de lait, vers 2,5 ans. Les exercices répétés sur des sols durs ont engendré certaines pathologies identifiables sur les squelettes, car les os des pieds et des jambes antérieurs sont soumis à de fortes pressions […]. Les analyses radio-isotopiques[2] de Theodore G. Antikas ont par ailleurs révélé que l'alimentation des chevaux de Sindos se composait en partie de protéines de poisson, ce qui confirme les propos d'Hérodote selon lesquels les habitants des villages lacustres de Macédoine du Nord « nourrissent leurs chevaux et les autres animaux d'élevage avec le poisson qui est si abondant » […].

Même si la tâche présente quelques difficultés méthodologiques, « penser du côté » d'un cheval de l'Antiquité n'est pas une entreprise vouée à l'échec par manque de sources. Outre les œuvres littéraires dont les auteurs nourrissent parfois une curiosité sincère pour les animaux, l'historien dispose de sources administratives moins influencées par l'imaginaire humain et de sources archéozoologiques permettant un accès encore plus direct à l'animal.

Jérémy Clément, « Qu'est-ce qu'un cheval de guerre dans l'Antiquité ? », *in* Éric Baratay (dir.), *Aux sources de l'histoire animale*, éditions de la Sorbonne, 2019.

1. Analyses des os.
2. Méthode d'analyse qui permet de reconstruire les régimes alimentaires anciens par l'analyse de collagène osseux.

lycee.nathan.fr/**25hggsp1re_19**

5 Des chevaux gaulois trouvés par les archéologues en Centre-Val de Loire

« Des chevaux gaulois ont-ils été sacrifiés à Villedieu-sur-Indre (Indre) ? », *Inrap*, 2024.

Questions

1. Quelles sont les différentes façons d'aborder l'animal comme objet d'étude en histoire ? doc. 1

2. Quelles sources l'historien a-t-il à sa disposition pour faire une histoire des animaux ? doc. 2, 3, 4 et 5

3. Que nous apprend cette image sur la représentation que l'homme se fait de l'âne au Moyen Âge ? doc. 3

4. Que nous apprennent le texte de M. Pastoureau et celui de J. Clément sur la méthode de l'historien ? doc. 2 et 4

5. Pourquoi la démarche historique de M. Pastoureau est-elle différente de celle de J. Clément ? doc. 1, 2 et 4

Synthèse. Réalisez une carte mentale illustrant comment l'historien peut travailler sur l'animal.

Découverte

Les animaux, objet d'étude pour la **géographie**

Toutes les **ressources**

lycee.nathan.fr/**25hggsp1re_20**

Comment étudier les conséquences de l'activité humaine sur les espèces animales en géographie ?

Qu'est-ce que la géographie ?

- Le mot « **géographie** » signifie « description de la Terre » - du grec *graphein*, « écriture », et *gê*, « la Terre ». Depuis l'Antiquité, les sociétés humaines ont cherché à décrire et à étudier les phénomènes physiques, humains, économiques, environnementaux qui s'inscrivent à la surface de la Terre.

- La géographie est une **science sociale** dont la finalité est de localiser les **phénomènes spatiaux**, de comprendre pourquoi ils se développent dans tel lieu plutôt que dans tel autre afin de les analyser.

- Elle permet de comprendre l'**organisation spatiale des sociétés**. En croisant différentes grilles de lecture (économique, environnementale, politique, culturelle...), elle montre que les interactions entre les **acteurs** spatiaux produisent ces phénomènes.

1 Les facteurs des extinctions animales

Quatre facteurs principaux sont mis en avant pour expliquer les extinctions : la modification des habitats naturels, le prélèvement d'animaux à des fins commerciales, de loisir ou de recherche, les changements climatiques et les espèces exotiques envahissantes[1]. L'anthropisation[2], on l'a vu, implique une modification considérable des couverts végétaux, parfois aussi du tracé des cours d'eau. Certaines espèces se retrouvent alors fragmentées en petites populations ce qui augmente les risques d'extinction.

Le commerce est responsable du déclin de nombreuses espèces. [...] Les sommes en jeu dans ces échanges sont considérables et expliquent l'importance du commerce illégal en réponse aux réglementations mises en place.

La pollution, au sens de dissémination dans l'environnement de choses nocives pour la vie, est un autre facteur à prendre en compte. [...] L'usage généralisé des produits phytosanitaires de lutte contre les parasites et champignons a des conséquences considérables sur la faune des zones agricoles qui s'en trouve appauvrie.

Farid Benhammou et Philippe Sierra, *Géographie des animaux*, Armand Colin, 2024.

1. Désignent certains animaux ou végétaux dont l'introduction humaine, volontaire ou non, sur un territoire représente une menace pour les écosystèmes.
2. Processus de modification d'un milieu dit « naturel » par les activités humaines.

2 Évaluer le risque d'extinction des espèces à différentes échelles

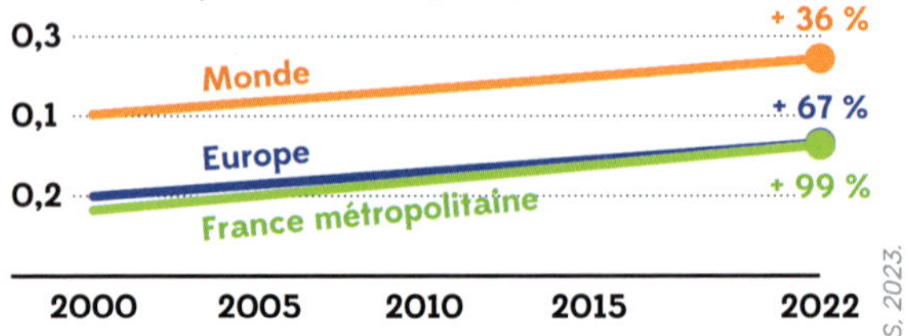

Notes : l'indice de risque d'extinction (0 à 1) évalue la probabilité de disparition des espèces (mammifères, oiseaux, amphibiens, coraux, certaines plantes) sans mesures de protection. Plus il approche 1, plus le risque est élevé.

Source : SDES, 2023.

3 L'impact du changement climatique sur la biodiversité

Risque de disparition d'espèces

Pourcentage d'espèces animales[1] exposées à des conditions de températures dangereuses

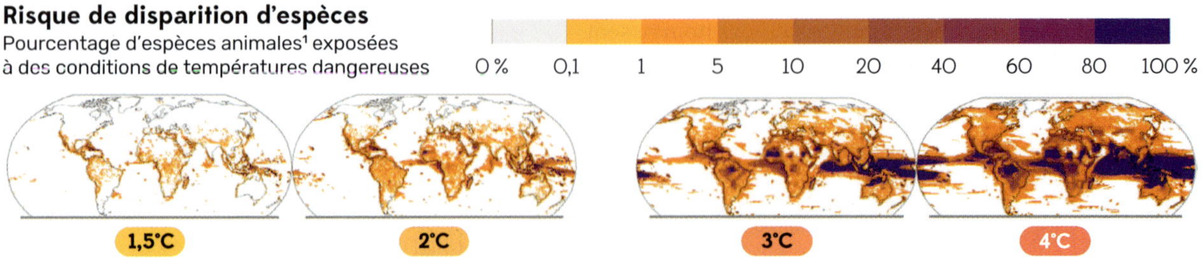

1. Plus de 30 500 espèces d'oiseaux, mammifères, reptiles, amphibiens, poissons de mer, invertébrés marins benthiques, planctons, céphalopodes, coraux et herbiers marins.

Source : Synthèse vulgarisée du résumé aux décideurs du 6e rapport d'évaluation du GIEC par l'association The Shifters, *mars 2023.*

4 Évolution des populations d'ours polaires en Arctique

Carte interactive

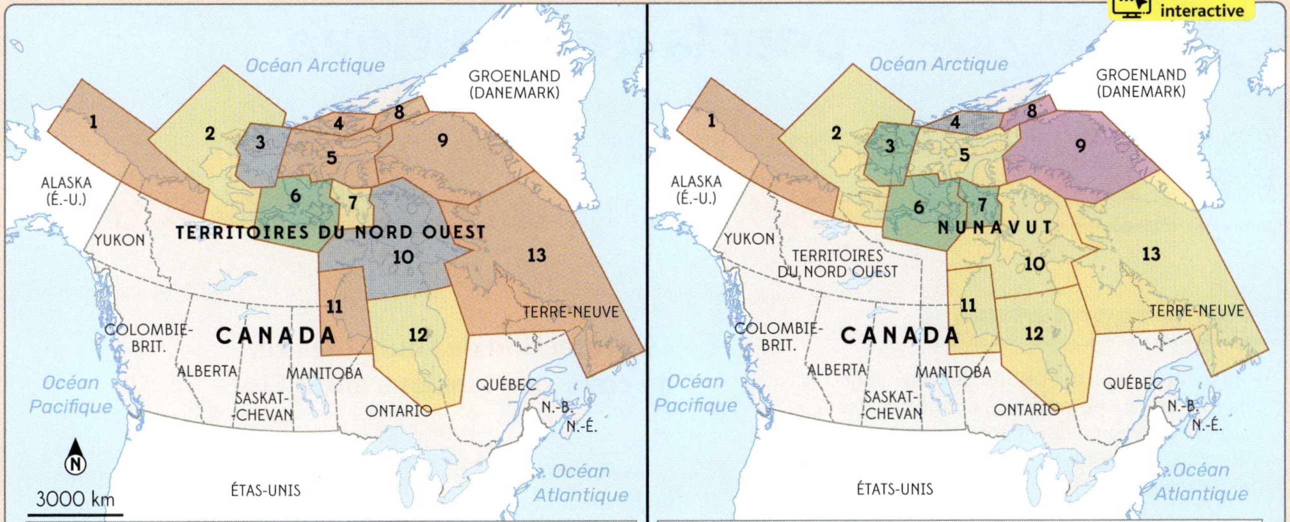

A. Carte UICN, 2012

B. Carte du gouvernement du Nunavut, 2012

Statuts des populations d'ours polaire

- Augmentation de la population
- Population stable
- Réduction de la population
- Recherche en cours
- Manque de données
- Réduction de la population

Noms des populations d'ours polaire

1 – Sud mer de Beaufort
2 – Nord mer de Beaufort
3 – Détroit du Vicomte de Melville
4 – Baie de Norvège
5 – Détroit de Lancaster
6 – Détroit de McClintock
7 – Golfe de Boothia
8 – Bassin de Kane
9 – Baie de Baffin
10 – Bassin de Foxe
11 – Ouest de la baie d'Hudson
12 – Sud de la baie d'Hudson
13 – Détroit de Davis

Ces cartes présentent deux visions opposées de la gestion de l'ours polaire : la carte A, basée sur les données de l'UICN (Union internationale pour la conservation de la nature), prône la limitation de la chasse pour protéger l'espèce, tandis que la carte B du gouvernement du Nunavut (plus vaste et septentrional territoire du Canada), intégrant savoirs scientifiques et inuits, défend cette pratique comme ressource vitale pour les populations autochtones.

Source : L. Chanteloup, *À la rencontre de l'animal sauvage : dynamiques, usages et enjeux du récréotourisme faunique. Une mise en perspective franco-canadienne de trois territoires : Bauges, Gaspésie, Nunavut*, université de Savoie, 2013.

5 Ville et biodiversité animale

Constituant un milieu original, Paris, comme tous les espaces urbains, accueille une faune plus diversifiée qu'on ne l'imagine, qui en a fait son lieu de vie en s'y adaptant [...]. Les espaces urbains sont peuplés de multiples espèces, installées dans les parcs, les salons, les égouts, les rues ou les clochers [...]. Si l'urbanisation conduit bien souvent à une transformation importante, voire à une destruction des milieux précédents, conduisant à l'affaiblissement des populations animales, la ville apparaît également comme une niche écologique spécifique [...]. De nombreux oiseaux et certains mammifères sont ainsi attirés par les villes où ils trouvent une nourriture abondante dans les déchets à disposition, voire des nourrisseurs parmi les humains. La bulle de chaleur produite par l'activité urbaine constitue également un avantage pour passer l'hiver. Enfin, la ville propose des habitats qui peuvent s'avérer tout à fait adaptés à certaines espèces. On trouve par exemple aujourd'hui encore une trentaine de couples de faucons crécerelles ayant élu domicile dans les hautes structures à Paris (Notre-Dame, le Sacré-Cœur...), mais aussi des millions de rats utilisant les égouts de la capitale comme lieu de vie [...]. Les aménagements comme les trames bleues et vertes, visant à limiter la fragmentation entre les espaces boisés et aquatiques dans les milieux urbains, apparaissent comme des facteurs majeurs de maintien d'une diversité spécifique importante.

Jean Estebanez, *Humains et animaux. Une géographie de relations*, Documentation photographique, n° 8149, 2022.

Questions

1. Pourquoi peut-on mettre en lien activités humaines et diminution de la biodiversité animale ? doc. 1

2. Quel lien peut-on faire entre changement climatique et évolution de la biodiversité ? doc. 3

3. À quelles échelles les documents nous permettent-ils d'étudier la biodiversité animale et ses évolutions ? doc. 2, 3, 4 et 5

4. Quel est l'intérêt d'analyser ce sujet à différentes échelles ? doc. 2, 3 et 5

5. Que constate-t-on quand on compare les cartes A et B ? Comment expliquer cette différence ? Pourquoi cela montre-t-il qu'il faut porter un regard critique sur les cartes ? doc. 4

Synthèse. Réalisez une carte mentale expliquant comment on peut étudier en géographie les conséquences de l'activité humaine sur les espèces animales.

Découverte

Les animaux, objet d'étude pour la géopolitique

Toutes les ressources
lycee.nathan.fr/25hggsp1re_22

Comment les animaux sont-ils au cœur d'enjeux géopolitiques ?

Qu'est-ce que la géopolitique ?

- La **géopolitique** est l'étude des enjeux et des **rivalités de pouvoir**, des **conflits** et des **coopérations** sur et entre les territoires à différentes échelles, en prenant en compte le poids de l'histoire.
- Les **acteurs** en sont multiples : États, groupes armés rebelles, grandes firmes internationales, organisations internationales, associations de défense de l'environnement…

1 La protection de l'ours polaire, un objet de coopération entre États

L'ours polaire est devenu le symbole d'une biodiversité en péril et surtout du réchauffement climatique. […] Pourtant, sait-on que la protection de l'animal est impliquée dans des enjeux géopolitiques à différents niveaux ? Évidemment entre les États circumpolaires (États-Unis, Canada, Norvège, Danemark *via* le Groenland qui s›autonomise et la Russie), mais aussi entre différentes entités à différentes échelles : États et entreprises de régions voisines ou lointaines comme la Chine ou l›Union Européenne, sans oublier ONG[1] à missions diverses et surtout communautés autochtones. Si l'ours polaire est impliqué dans des tensions et conflits à différentes échelles, on sait moins qu'il a été un des premiers motifs de coopération entre États, notamment pendant la guerre froide. […] En 1965, les biologistes qui travaillent dans l'Arctique s'inquiètent de la diminution des populations d'ours polaires et se consultent malgré la Guerre froide. […]. Après plusieurs réunions et échanges de projets, les représentants des cinq pays (Canada, Danemark, Norvège, URSS et États-Unis d'Amérique) se réunissent à Oslo en novembre 1973 pour entériner *The Agreement for Protection of Polar Bears.*

Farid Benhammou et Rémy Marion, « Arctique : Les dessous géopolitiques de la protection de l'ours polaire », *Géoconfluences*, mars 2017.

1. Organisations non gouvernementales.

2 La protection de l'ours polaire, au cœur des tensions entre États

En autorisant la chasse de l'ours pour les populations autochtones inuites, dont c'est un des rares moyens de subsistance […] le Canada cherche le soutien des Inuits […]. Avec la concurrence entre les pays de l'Arctique, et particulièrement avec les États-Unis et la Russie, le Canada a toujours besoin des Inuits pour asseoir sa souveraineté sur ces territoires convoités. […] La CITES[1], convention qui gère le commerce des espèces protégées a d'ailleurs été le théâtre de ces règlements de compte entre États arctiques. À partir de 2012, la Russie et les États-Unis ont tenté d'appuyer la demande de certaines ONG écologistes de reclasser l'ours polaire en annexe I (interdiction de tout commerce) au lieu de l'annexe 2 permettant un commerce limité dont les Inuits ont besoin. L'objectif : nuire au voisin canadien. L'Arctique est un enjeu de souveraineté et de ressources. […] Des tensions diplomatiques ont été exacerbées en raison de l'Ukraine dès 2014, renforcées à la suite de son invasion par la Russie en 2022 et parce que la Russie réinstalle des bases un peu partout en Arctique. Des programmes scientifiques transnationaux ont persisté, mais ont fini par être remis en cause. En août 2015, des chercheurs Norvégiens du Svalbard n'ont pu poursuivre leur comptage d'ours côté russe.

Farid Benhammou et Philippe Sierra, *Géographie des animaux*, Armand Colin, 2024.

1. Convention sur le commerce international des espèces de faune et de flore sauvages menacées d'extinction.

lycee.nathan.fr/25hggsp1re_22-1

3 La diplomatie du panda

« C'est quoi la "diplomatie du panda" ? », *Brut*, 2020.

5 L'ours polaire, symbole de la lutte contre le réchauffement climatique

Action de Greenpeace contre les forages en Arctique dans une station essence de Shell aux Pays-Bas, 14 septembre 2012. L'ours polaire est devenu un symbole de la lutte contre le réchauffement climatique. Les ONG comme Greenpeace sont coutumières des happenings, impliquant des militants déguisés en ours.

5 Les pandas dans le monde

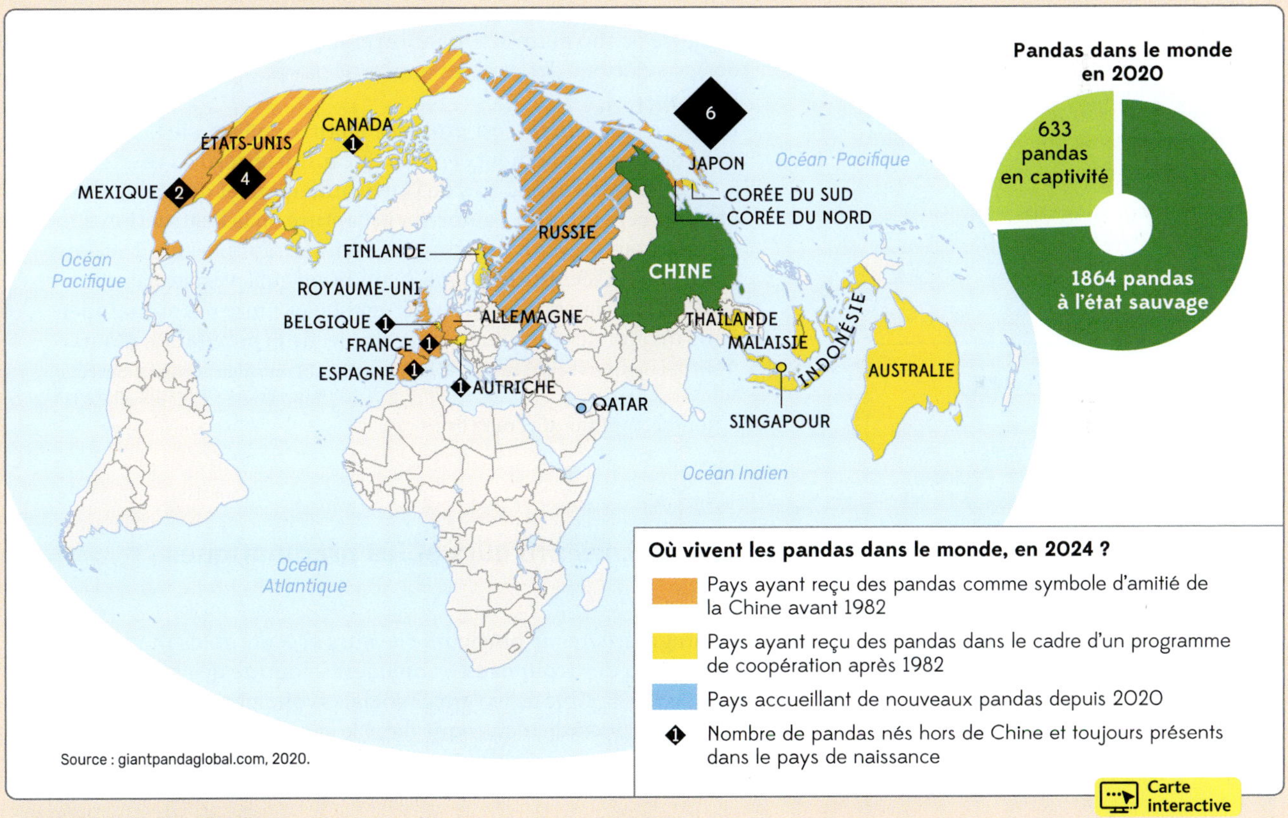

Source : giantpandaglobal.com, 2020.

Questions

1. Montrez que la protection de l'ours polaire est au cœur d'enjeux géopolitiques. doc. 1 et 2

2. Quels sont les acteurs impliqués dans cette géopolitique de l'ours polaire ? doc. 1, 2 et 4

3. Pourquoi et comment le panda est-il devenu un instrument de la diplomatie chinoise ? doc. 3

4. Pourquoi l'ONG Greenpeace utilise-t-elle le symbole de l'ours polaire dans ses actions ? doc. 4

5. Quels sont les pays concernés par cette « diplomatie du panda » ? Pourquoi ? doc.3 et 5

Synthèse. Réalisez une carte mentale montrant comment l'ours polaire et le panda sont des animaux au cœur d'enjeux géopolitiques entre des acteurs divers.

Découverte

Les animaux, objet d'étude pour la **science politique**

Toutes les ressources

lycee.nathan.fr/**25hggsp1re_24**

Comment étudier les débats sur la réintroduction de l'ours avec la science politique ?

Qu'est-ce que la science politique ?

- La **science politique** est une **science sociale** dont l'objet est l'observation, l'analyse et l'étude théorique des **faits politiques**. Elle distingue le politique - l'organisation des sociétés et la régulation des conflits – de la politique – la conquête et l'exercice du pouvoir.
- Le **politologue** étudie aussi les politiques (les décisions des gouvernements et leur mise en œuvre). Il s'intéresse aux acteurs de la vie politique et à leurs modes d'expression et d'action. Il s'interroge sur les **rapports de pouvoir** et les débats de société.
- La science politique est une discipline qui se situe au carrefour entre la sociologie, le droit, l'histoire et la philosophie.

La réintroduction de l'ours dans les Pyrénées

1996	Premier lâcher d'ours (slovènes) dans les Pyrénées centrales : 2 femelles et 1 mâle
1997	L'ourse Melba introduite en 1996 est abattue par un chasseur
2004	Cannelle, la dernière femelle de souche pyrénéenne est abattue par un chasseur
2006	Lâcher de 5 ours dans les Pyrénées centrales
2011	Le gouvernement renonce à lâcher une femelle en Béarn sous la pression des anti ours
2018	Lâcher de 2 femelles en Béarn
2020	3 ours sont tués. Emmanuel Macron annonce l'arrêt des réintroductions d'ours dans les Pyrénées
2023	La population d'ours est estimée à 83 individus

1 Le statut de protection de l'ours brun dans l'Union européenne et en France

Directive « Habitats »

L'ours brun européen figure sur la liste des espèces prioritaires au niveau communautaire [...]. L'ours brun est une espèce protégée au sens de l'article 12 et de l'annexe IV de la directive (interdiction de capture ou de mise à mort intentionnelle...) et de l'article 16 prévoyant des dérogations possibles à ces interdictions « à condition qu'il n'existe pas une autre solution satisfaisante et que la dérogation ne nuise pas au maintien, dans un état de conservation favorable, des populations des espèces concernées. » [...]

En France

L'espèce *ursus arctos*[1] est protégée au titre de l'article L. 411-1 du code de l'environnement et par arrêté ministériel du 23 avril 2007 [...]. Les ministres chargés de l'environnement et de l'agriculture peuvent cependant [...] autoriser la capture ou la destruction d'individus pour prévenir des dommages importants au bétail ou dans l'intérêt de la sécurité publique, à condition qu'il n'existe pas d'autre solution satisfaisante et que la dérogation ne nuise pas au maintien, dans un état de conservation favorable, de la population d'ours.

Plan d'action ours brun 2018-2028, ministère de la Transition écologique et solidaire, DREAL Occitanie, mai 2018.

1. Nom scientifique de l'ours brun.

2 Les anti, les pro ours et les pragmatiques

Le pragmatisme de plusieurs éleveurs acceptant les mesures de protection des troupeaux – considérés comme des traîtres – en fait parfois la cible de violences sociales voire physiques [...]. Cette violence n'a pas de réciproque dans le camp favorable à l'ours. [...] Premièrement, la pratique militante favorable à l'ours est faite d'actions concrètes sur le terrain, d'expertises ou d'usages associatifs pacifiques (bulletins d'information, courriers aux autorités, outils juridiques). Ensuite, sur le papier, le droit et les dispositifs réglementaires, en l'occurrence la protection de l'ours, sont du côté des environnementalistes. La pratique des militants hostiles à l'ours est différente, même s'ils ont des élus influents de leur côté et certains services administratifs conciliants. La violence est périodiquement sollicitée. [...] Les militants allant en première ligne dans les manifestations et commettant les actes les plus violents sont quasi systématiquement de petits éleveurs dans des situations socio-économiques difficiles.

Farid Benhammou, « Renouveler l'approche géographique en environnement : l'ours des Pyrénées, entre territoires et géopolitique », *in*, S. Frioux et É. A. Pépy (dir.), *L'animal sauvage entre nuisance et patrimoine*, ENS Éditions, 2009.

3 Défilé pro ours à Saint-Gaudens (Haute-Garonne), 27 mai 2000

Le 28 mars 2000, un amendement parlementaire prévoyant la capture des ours lâchés en 1996 dans les Pyrénées centrales provoque une manifestation dans les rues de Saint-Gaudens à l'appel de 18 associations environnementales. Le 20 juillet, le Conseil constitutionnel annule cet amendement.

4 La présence de l'ours en débat

Élisabeth Borne, la ministre de la transition écologique, a elle-même annoncé la nouvelle dans un tweet, précisant que « l'ours est une espèce protégée, cet acte est illégal et profondément condamnable. ». [...] L'Association pour la sauvegarde du patrimoine d'Ariège (Aspap[1]) a immédiatement réagi, déclarant : « Nos pensées vont [...] vers ces éleveurs qui seront momentanément épargnés de la mort d'une partie de leur troupeau auquel cet ours a fini de faire du mal. [...] L'État ne fait pas son devoir et tue à petit feu la seule agriculture vertueuse de ce pays. » [...] Les associations et réseaux de défense du plantigrade[2] ont également réagi. Alain Reynes, de l'association Pays de l'ours-Adet[3], ne se dit « pas vraiment étonné d'un tel acte, tant l'État a instauré une sorte d'impunité pastorale[4]. Nous allons évidemment porter plainte ». [...] La mise en place d'un nouveau dispositif unifié pour indemniser les éleveurs, des abris d'urgence installés aux estives les plus prédatées, une rallonge de 500 000 euros au plan « ours » au printemps, la promesse faite aux éleveurs par Emmanuel Macron en début d'année de ne plus réintroduire de nouvel animal... Rien n'y fait.

Philippe Gagnebet, « La mort d'un ours en Ariège relance le débat sur sa présence dans le massif pyrénéen », Le Monde, 10 juin 2020.

1. Association créée en 2006 en réaction à la réintroduction de l'ours brun dans les Pyrénées.
2. Association pyrénéenne créée en 1991 pour initier et promouvoir le retour de l'ours dans les Pyrénées.
3. Terme désignant l'ours.
4. Impunité pour les éleveurs.

lycee.nathan.fr/**25hggsp1re_25**

5 La présence des ours contestée

« La difficile cohabitation de l'ours et des humains dans les Pyrénées en Béarn. Pourquoi ? », *France 3 Nouvelle-Aquitaine,* 2022.

Questions

1. Montrez comment le statut de l'ours brun est régi par la loi. doc. 1

2. Pourquoi la présence de l'ours brun dans les Pyrénées fait elle débat ? doc. 2, 4 et 5

3. Quels sont les acteurs de ce débat et leurs modes d'expression et d'action ? doc. 2, 3, 4 et 5

4. Quelle est la politique menée par l'État ? Parvient-elle à régler la situation (justifiez) ? doc. 1, 2 et 5

Synthèse. Réalisez une carte mentale expliquant comment les débats sur la présence de l'ours brun dans les Pyrénées peuvent être étudiés par la science politique.

Thème 1

COMPRENDRE UN RÉGIME POLITIQUE : LA DÉMOCRATIE

SOMMAIRE

Manifestation pour défendre la démocratie à Berlin (Allemagne), janvier 2024

En janvier 2024, de nombreuses manifestations de citoyens ont lieu pour protester contre l'AFD, parti politique d'extrême-droite représentant une menace pour le modèle démocratique allemand. À l'origine de cette mobilisation, la révélation par le média d'investigation *Correctiv* de la tenue d'une réunion d'extrémistes à Potsdam, lors de laquelle fut discuté un projet d'expulsion massive des étrangers.

La démocratie, les démocraties : quelles caractéristiques aujourd'hui ?

Toutes les ressources
lycee.nathan.fr/25hggsp1re_28

A Quelles sont les caractéristiques communes aux démocraties ?

1 Des droits et des libertés

18. Toute personne a droit à la liberté de pensée, de conscience et de religion.
19. Tout individu a droit à la liberté d'opinion et d'expression.
20. Toute personne a droit à la liberté de réunion et d'association pacifiques.
21. Toute personne a le droit de prendre part à la direction des affaires publiques de son pays, soit directement, soit par l'intermédiaire de représentants librement choisis.

La volonté du peuple est le fondement de l'autorité des pouvoirs publics ; cette volonté doit s'exprimer par des élections honnêtes qui doivent avoir lieu périodiquement, au suffrage universel égal et au vote secret ou suivant une procédure équivalente assurant la liberté du vote.

Extraits de la Déclaration universelle des droits de l'Homme, 1948, adoptée par l'assemblée générale des Nations unies et aujourd'hui signée par la plupart des États membres.

2 Au cœur de la démocratie : voter

Depuis les années 1970, de nombreux électeurs aux États-Unis doivent utiliser des machines à voter.

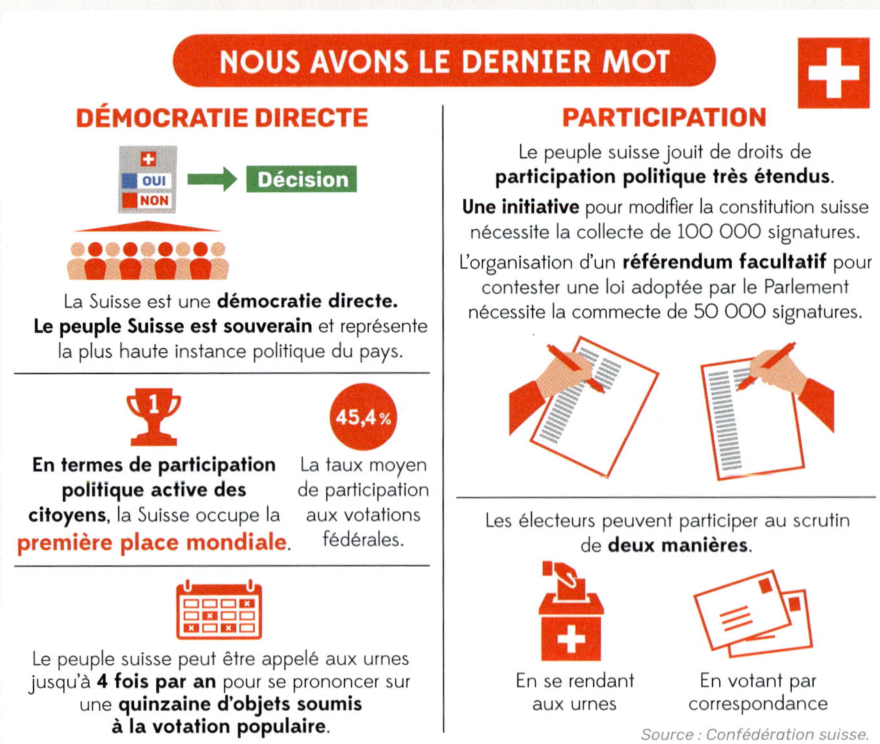

3 L'importance des référendums en Suisse

Vocabulaire

Alternance politique : succession de courants politiques différents au pouvoir selon le résultat des élections.

Pluralisme politique : coexistence de partis et groupes politiques divers.

Votation : terme utilisé en Suisse pour qualifier un référendum, c'est-à-dire un vote qui permet aux citoyens d'accepter ou de refuser une décision.

Vidéo
Ce pays où chaque voix compte, ENTR, 2024.
lycee.nathan.fr/25hggsp1re_28-1

4 Les libertés publiques

ⓐ Le débat public : débat de l'entre-deux-tours de l'élection présidentielle de 2022. ⓑ La liberté de la presse. ⓒ La liberté d'expression. ⓓ La liberté d'association. ⓔ L'indépendance de la Justice.

5 L'alternance politique au Royaume-Uni

Composition de la Chambre des communes

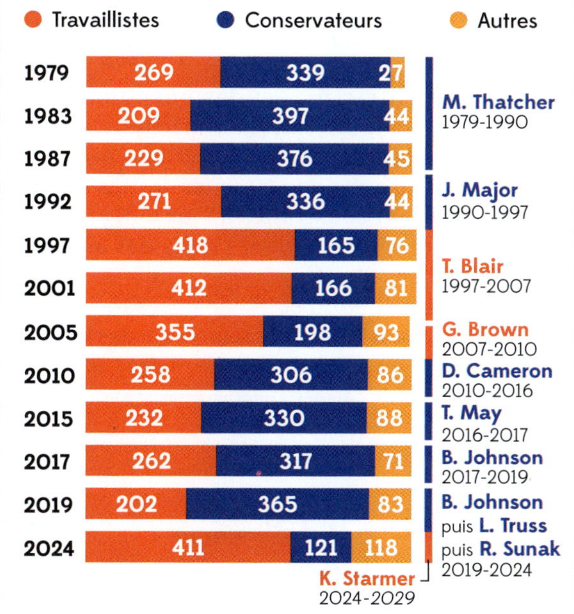

À l'issue des élections législatives, tous les 5 ans, le chef du parti qui obtient la majorité des sièges à la Chambre des Communes devient Premier ministre.

6 Un principe fondamental : la séparation des pouvoirs

Philosophe du siècle des Lumières, Montesquieu développe dans L'Esprit des Lois *(1748) une réflexion politique et sociale sur l'État et la répartition des pouvoirs. Il passe pour l'un des pères de la démocratie libérale occidentale.*

Lorsque dans la même personne ou dans le même corps de magistrature, la puissance législative est réunie à la puissance exécutrice, il n'y a point de liberté ; parce qu'on peut craindre que le même monarque ou le même Sénat ne fasse des lois tyranniques, pour les exécuter tyranniquement.

Il n'y a point encore de liberté, si la puissance de juger n'est pas séparée de la puissance législative et de l'exécutrice. Si elle était jointe à la puissance législative, le pouvoir sur la vie et la liberté des citoyens serait arbitraire ; car le juge serait législateur. Si elle était jointe à la puissance exécutrice, le juge pourrait avoir la force d'un oppresseur.

Tout serait perdu, si le même homme, ou le même corps des principaux, ou des nobles, ou du peuple, exerçaient ces trois pouvoirs : celui de faire des lois, celui d'exécuter les résolutions publiques, et celui de juger les crimes ou les différents des particuliers.

Montesquieu, *De l'Esprit des Lois*, chapitre 11, Genève, 1748.

Faire le point

1. À quelles libertés et quels droits politiques énoncés dans le document 1 correspond chacun des documents 2 à 5 ? doc. 1, 2, 3, 4 et 5

2. De quelles manières les citoyens suisses participent-ils directement aux prises de décision ?

3. Quelles réflexions peut inspirer le taux de participation en Suisse sur le dynamisme de la démocratie ? doc. 2

4. Pourquoi la séparation des pouvoirs est-elle une condition de la démocratie ? doc. 6

La démocratie, les démocraties : quelles caractéristiques aujourd'hui ?

Toutes les ressources
lycee.nathan.fr/**25hggsp1re_30**

B Démocraties ou régimes autoritaires ?

1 L'affirmation théorique du principe démocratique

Constitution de la Chine, 1982
Art. 1. La République populaire de Chine est un État socialiste de dictature démocratique populaire dirigé par la classe ouvrière et fondé sur l'alliance entre ouvriers et paysans.

Constitution de la Russie, 1993
Art. 1. La Fédération de Russie est un État démocratique, fédéral, un État de droit, ayant une forme républicaine de gouvernement.
Art. 2. L'homme, ses droits et libertés, constituent la valeur suprême. La reconnaissance, le respect et la protection des droits et libertés de l'homme et du citoyen sont une obligation de l'État.

Constitution de la Corée du Nord, 1998
Art. 4. Le pouvoir de la République populaire démocratique de Corée appartient au peuple laborieux, notamment aux ouvriers, aux paysans, aux militaires et aux travailleurs intellectuels.

Constitution du Venezuela, 1999
Art. 1. La République Bolivarienne du Venezuela est irrévocablement libre et indépendante et fonde son patrimoine moral et ses valeurs de liberté, d'égalité, de justice et de paix internationale, dans la doctrine de Simon Bolivar, le libérateur.

2 La situation des libertés en Afrique

Dans bien des pays d'Afrique, il était dangereux de critiquer les autorités. Les personnes qui manifestaient contre les abus, les manquements ou la corruption imputés à leur gouvernement faisaient souvent l'objet d'une violente répression, qui visait particulièrement les journalistes, les défenseur·e·s des droits humains, les militant·e·s et les responsables et membres de l'opposition. [...] Des facteurs conjugués, tels que l'inflation, la corruption, le changement climatique et les conflits, ont créé des conditions de vie insoutenables. Des millions de personnes étaient privées de leurs droits économiques et sociaux les plus élémentaires. [...]
Des conflits armés et des phénomènes météorologiques extrêmes incessants ont entraîné le déplacement de millions de personnes. En outre, les autorités de plusieurs pays se sont soustraites à leur obligation de protéger les personnes réfugiées ou demandeuses d'asile.
La discrimination et les violences fondées sur le genre à l'égard des femmes et des filles demeuraient solidement enracinées [...].

Amnesty International, rapport 2023.

3 La liberté de la presse dans le monde

Carte interactive

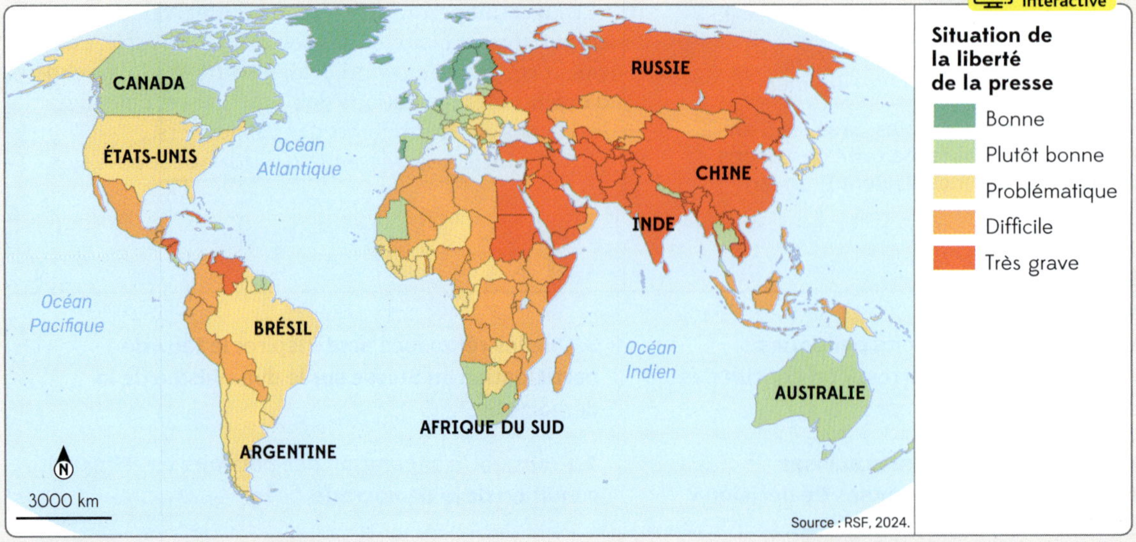

④ Droits et libertés dans les régimes autoritaires et les dictatures

ⓐ À Kaboul, une manifestation de femmes violemment dispersée par les Talibans. ⓑ Élections contestées : manifestations après la réélection de Nicolas Maduro à la présidence du Venezuela (2024). ⓒ Médias officiels : l'exemple de la dictature nord-coréenne. Discours de Kim Jong-un à la télévision d'État, le 22 septembre 2017 à Pyongyang. ⓓ Opposition politique pro démocratie réprimée à Hong Kong (2021).

⑤ La situation des oppositions politiques en Russie

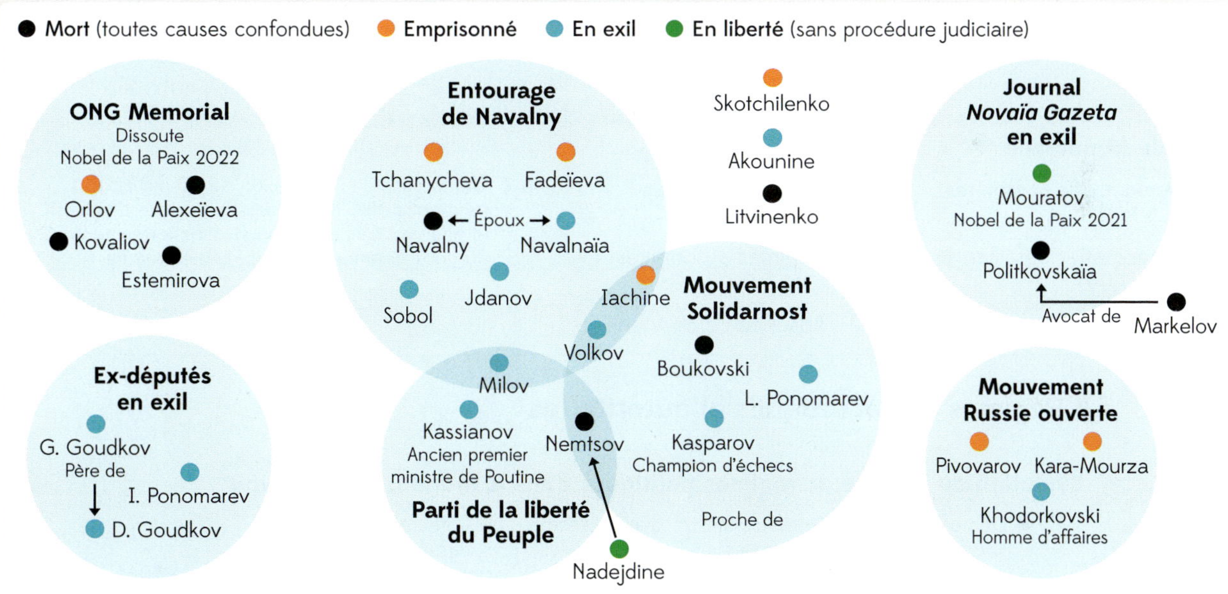

Source : AFP ; Valentin Rakovsky, Sabrina Blanchard.

Faire le point

1. Quelles libertés fondamentales ne sont pas respectées dans de nombreux pays d'Afrique ? doc. 2 et 3

2. Quelles libertés et quels droits politiques reconnus par les constitutions ne sont pas respectés en Chine, en Corée du Nord, au Venezuela et en Russie ? doc. 1, 3, 4 et 5

3. Comment les opinions publiques parviennent-elles malgré tout à s'exprimer dans les régimes autoritaires et dictatoriaux ? doc. 4 et 5

4. Décrivez la situation de la liberté de la presse en Europe. doc. 3

La démocratie, les démocraties : quelles caractéristiques aujourd'hui ?

Toutes les ressources

lycee.nathan.fr/25hggsp1re_32

1 Les régimes démocratiques dans le monde

Carte interactive

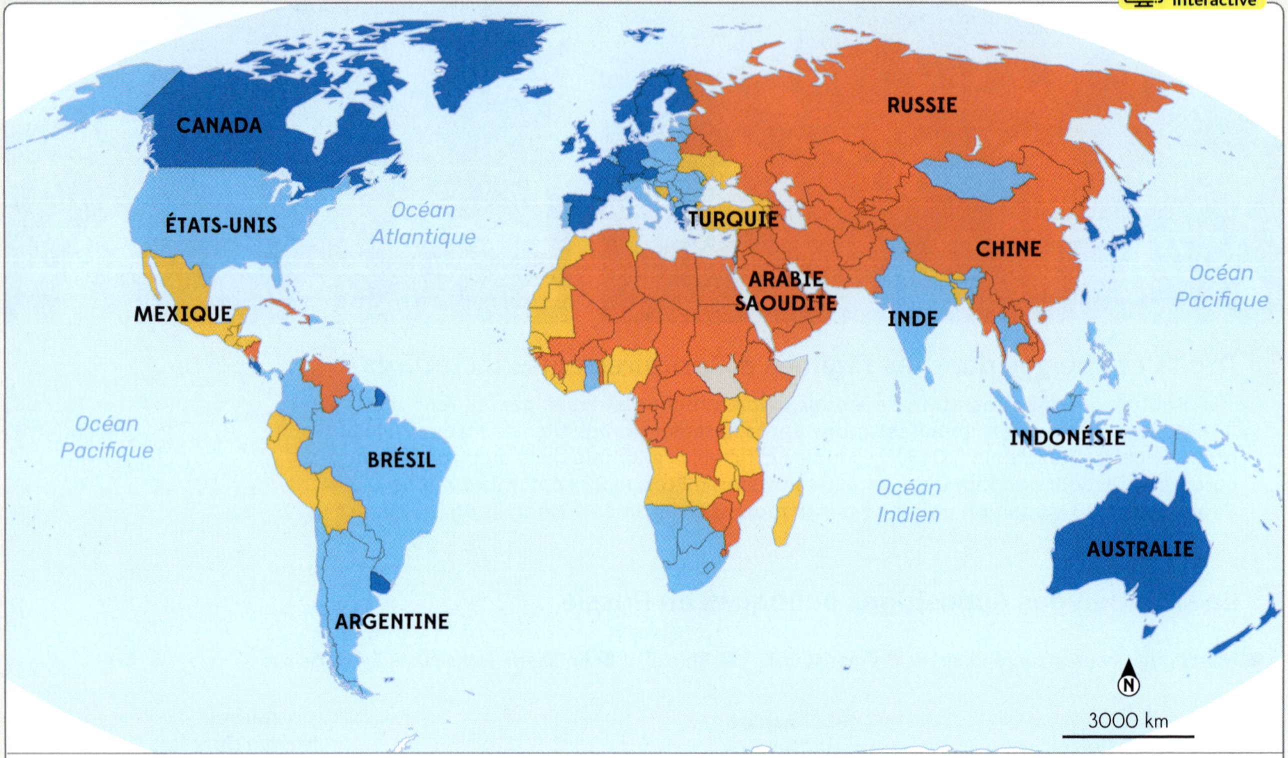

Indice de démocratie *

- Démocraties complètes (8 à 10)
- Démocraties défaillante (6 à 7,99)
- Régimes hybrides (4 à 5,99)
- Régimes autoritaires (0 à 3,99)
- Absence de données

*sur la base de l'évaluation de 60 indicateurs regroupés en 5 catégories : processus électoral et pluralisme, libertés civiles, fonctionnement du gouvernement, participation et culture.

Source : The Economist Intelligence Unit, 2023.

2 Régimes démocratiques et autoritaires

Évolution du nombre de régimes politiques dans le monde, selon le type*

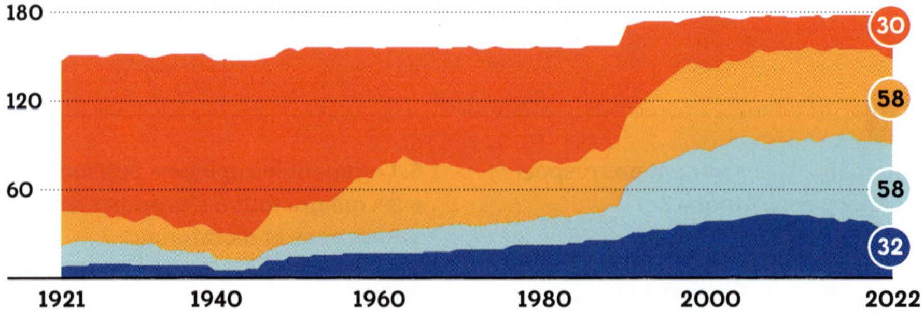

* Régimes politiques basés sur la classification de Lührmann et al. (2018) et l'évaluation du projet V-Dem.

Source : Our World in Data, *Lührmann et al. (2018), V-Dem.*

3 La liberté de la presse et la liberté d'expression : des droits fragiles

Sans l'humour nous sommes tous morts.
Dessin de Patrick Chappatte, *Courrier international*, 11 juin 2019.

4 La représentation politique des femmes en Europe

Carte interactive

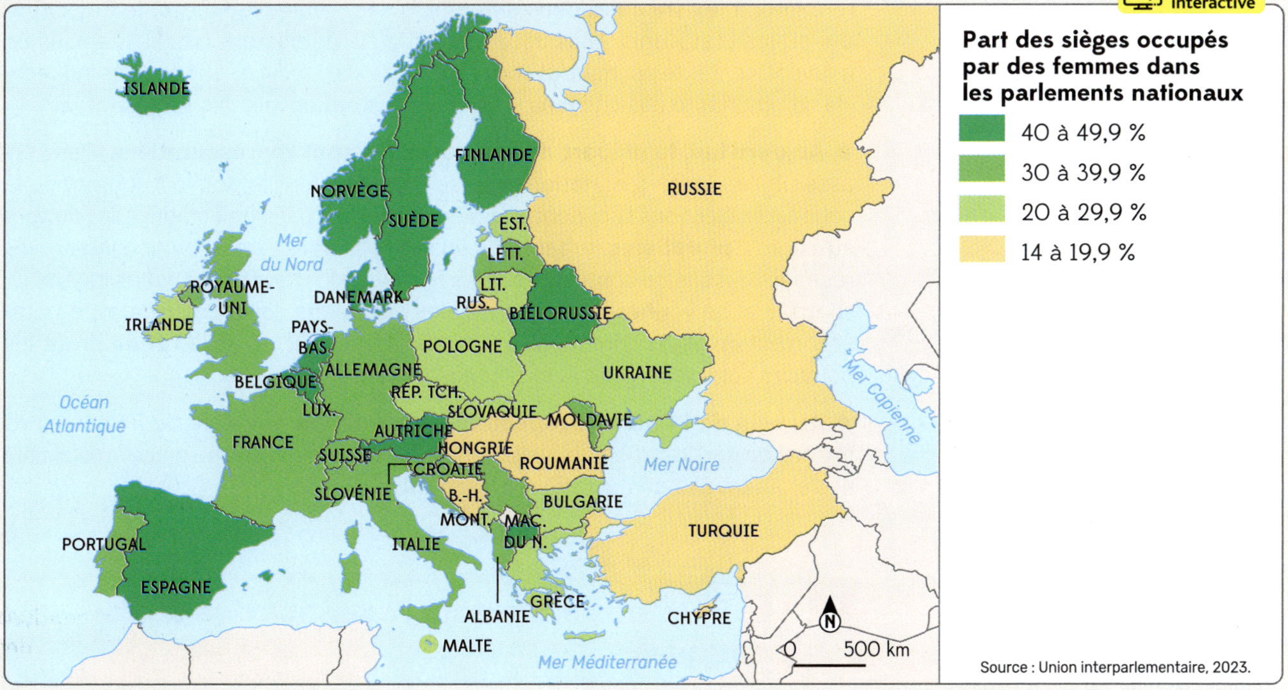

Source : Union interparlementaire, 2023.

5 L'inégalité sociale d'accès à la représentation politique en France

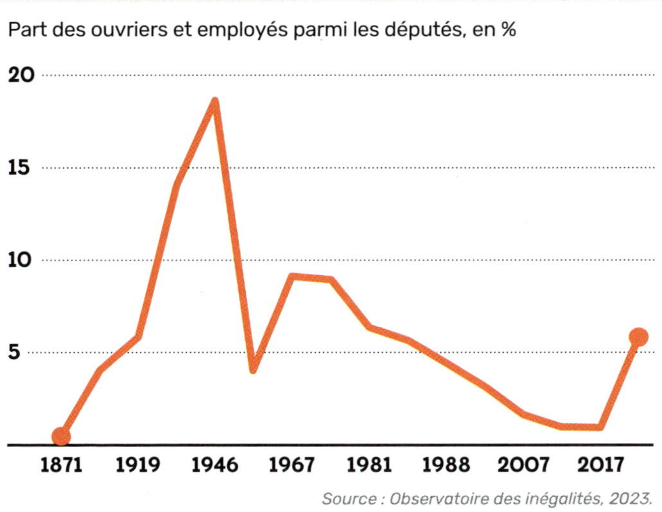

Source : Observatoire des inégalités, 2023.

Mots-clés du thème

Alternance politique : possibilité de changement de majorité politique au pouvoir à l'issue d'élections libres.

Démocratie directe : système politique dans lequel les citoyens exercent directement la souveraineté et participent aux décisions sans intermédiaires.

Démocratie représentative : système politique dans lequel les citoyens délèguent l'exercice du pouvoir à des représentants élus qui gouvernent en leur nom.

Libertés publiques : ensemble des droits et libertés fondamentaux garantis aux citoyens dans une démocratie (libertés d'expression, d'association, etc.).

Pluralisme politique : coexistence de plusieurs forces politiques pouvant s'affronter librement lors des élections.

INTRODUCTION
Cours

Toutes les ressources
lycee.nathan.fr/**25hggsp1re_34**

La démocratie aujourd'hui

Quelles sont les caractéristiques de la démocratie aujourd'hui ?

I La souveraineté de la nation au fondement de la démocratie

- **En démocratie, le pouvoir suprême de décision appartient à l'ensemble des citoyens.** Née à Athènes durant l'Antiquité, la démocratie a d'abord été directe. Cette forme de démocratie subsiste en Suisse où les citoyens ont le pouvoir de proposer des réformes de la Constitution et de demander des **référendums** sur des lois votées par l'Assemblée fédérale. Sous certaines conditions limitées, le référendum existe aussi dans différents pays comme la France, le Royaume-Uni ou les États-Unis. Mais pour l'essentiel, la démocratie, repensée dans un nouveau contexte politique et social depuis le XIXe siècle, est désormais indirecte : la communauté des citoyens, c'est-à-dire la nation, élit des représentants.

- **Aujourd'hui, la plupart des démocraties sont représentatives**. Dans les assemblées locales et nationales, les élus exercent le pouvoir au nom de la nation. Les élections sont donc des moments clés d'une démocratie ; elles doivent être libres, **pluralistes**, organisées au suffrage universel, se tenir à intervalles réguliers. En cas de contestation des résultats, il existe des moyens légaux de contrôle et de vérification. En outre, des dispositifs doivent permettre d'éviter la corruption et les conflits d'intérêts. Selon le principe de l'**État de droit**, les pouvoirs sont séparés et la loi s'impose à tous.

- **Au sein de l'Union européenne,** construction originale de 27 pays, des formes de participation nouvelles des citoyens sont mises en place aujourd'hui et s'ajoutent à la démocratie représentative.

II Les libertés permettent l'exercice des droits politiques

- **Les libertés et les droits sont proclamés dans des déclarations solennelles.** Ils ont été énoncés tout d'abord dans la Déclaration des droits de l'homme et du citoyen de 1789 puis, de façon plus précise et ambitieuse, dans la Déclaration universelle des droits de l'homme de l'ONU adoptée en 1948, un texte qui proclame aussi pour la première fois l'égalité de tous, quel que soit le sexe ou la couleur de peau. La DUDH, traduite en 400 langues, fait des principes de la démocratie libérale un modèle universel. 173 États (sur 193 États membres de l'ONU) ont adhéré au Pacte sur la protection des droits de l'homme de 1966 et ont intégré ces libertés et ces droits dans leurs constitutions.

- **Les libertés fondamentales sont la liberté d'opinion, d'expression, la liberté de la presse, de réunion, d'association et la liberté de conscience.** Là où elles sont reconnues par la loi et où leur exercice est garanti par une justice indépendante, ces libertés rendent possible la formation d'une opinion éclairée et permettent l'exercice effectif de la souveraineté et du pluralisme politique. Depuis 1945, dans les démocraties libérales, ces libertés sont complétées par la reconnaissance de droits économiques et sociaux que garantit l'État-providence (droit à l'instruction, à la santé, au travail ou aux loisirs). Ils permettent le progrès social et culturel. La promotion des droits des femmes est aujourd'hui une préoccupation majeure dans les démocraties libérales.

Vocabulaire

Démocratie illibérale : régime politique combinant des élections et la recherche du soutien populaire avec une restriction des libertés publiques.

Référendum : procédure de démocratie directe permettant aux citoyens de participer directement à une décision politique par un vote.

Les pays les plus dangereux pour les journalistes

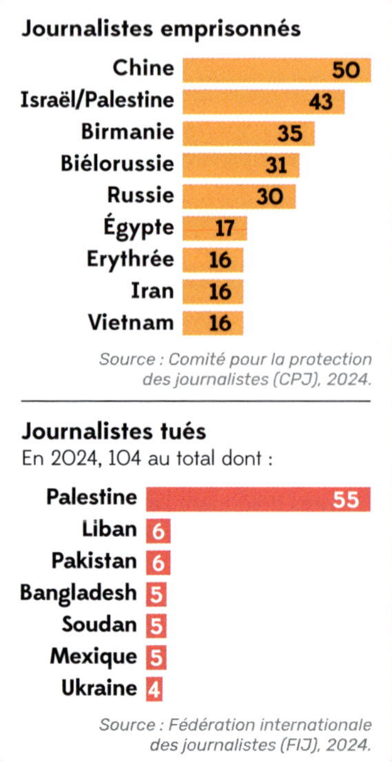

III La démocratie dans le monde aujourd'hui : avancées de reculs

● **Au cours des décennies 1980-1990, la démocratie libérale a progressé.** D'abord en Amérique du Sud et en Europe du Sud (Espagne, Portugal, Grèce) avec la chute des dictatures militaires, puis en Europe centrale et orientale avec la fin des « démocraties populaires » communistes (Pologne, Tchéquie, Hongrie...), enfin en 1994, en Afrique du Sud, avec la fin de l'apartheid. La démocratie a également connu des espoirs de progrès après les « printemps arabes » en 2011. Cependant, selon les différents classements internationaux, la démocratie n'est aujourd'hui majoritaire qu'en Europe, en Amérique du Nord (où elle est cependant aussi critiquée), en Océanie et en Amérique latine où elle reste fragile.

● **Depuis les années 2000, le modèle de la démocratie libérale recule.** Le nombre d'États autoritaires augmente, les atteintes aux droits politiques, aux libertés (celle de la presse notamment) et à l'indépendance de la justice progressent. Ainsi la répression de toute forme d'opposition reste systématique dans les démocraties populaires comme la Chine, la Corée du Nord et dans de nombreux pays d'Asie et d'Afrique ; elle s'aggrave dans des États qui évoluent vers des régimes autoritaires répressifs comme la Russie : les élections y sont contrôlées, les libertés très violemment brimées, la corruption est généralisée. En Europe même, la démocratie libérale apparaît en crise : des courants politiques extrémistes, critiques des droits de l'homme, progressent et parfois parviennent au gouvernement (Hongrie, Slovaquie, Pologne entre 2015 et 2023, Italie) ; les libertés publiques et les droits individuels y sont menacés, la démocratie devient **illibérale**.

Notions

État de droit : État fondé sur des lois qui s'imposent à tous, individus et institutions, de façon égale.

Pluralisme politique : voir p. 436

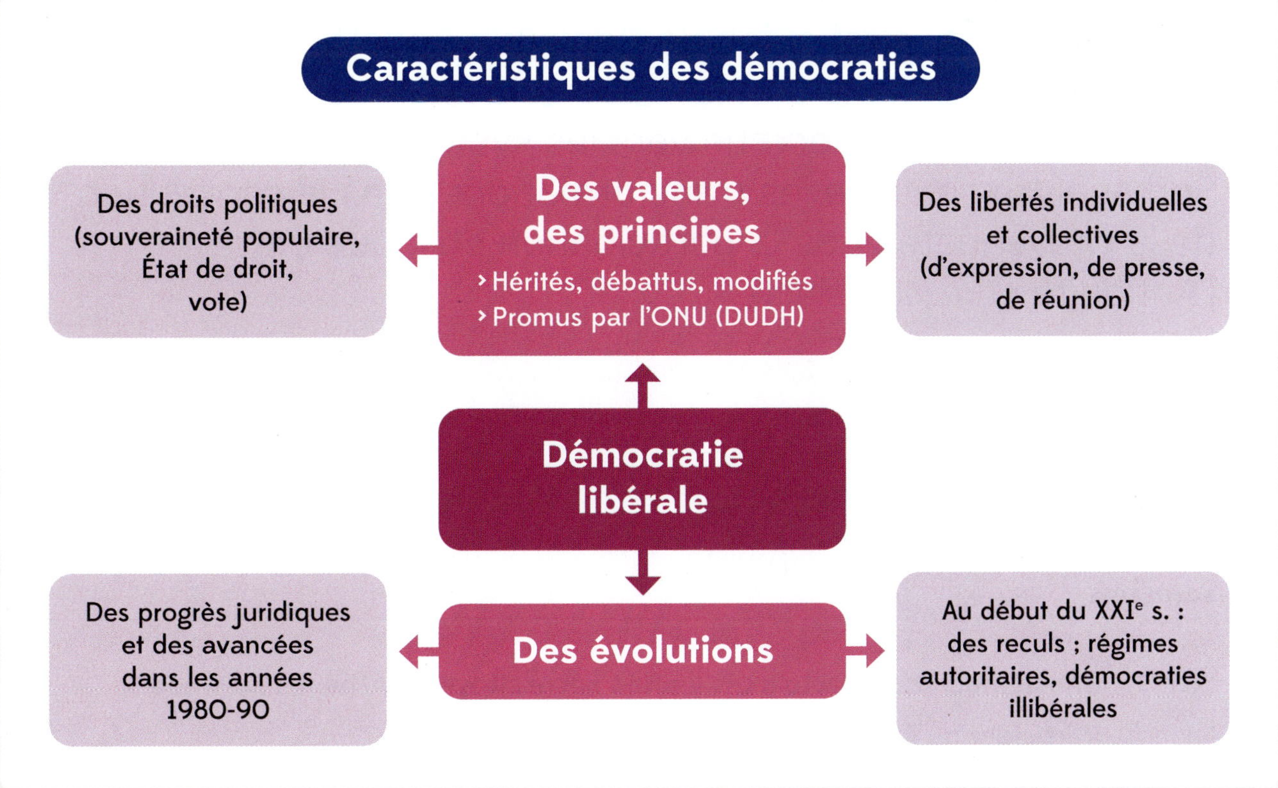

AXE 1

Penser la démocratie : démocratie directe et démocratie représentative

La démocratie, modèle de nombreux systèmes politiques actuels, repose sur la participation des citoyens à la prise de décision. Cet axe explore deux modèles démocratiques essentiels : la démocratie directe et la démocratie représentative.

La cité grecque d'Athènes invente au Ve siècle un modèle de participation active des citoyens. Elle offre un exemple de démocratie directe, bien que limitée.

En contrepoint, la réflexion de Benjamin Constant sur la « liberté des Anciens » et la « liberté des Modernes » éclaire l'évolution de la démocratie vers les systèmes représentatifs. Son analyse souligne les transformations dans la conception de la citoyenneté et de la participation politique entre l'Antiquité et le XIXe siècle.

SOMMAIRE

La République

Tableau peint à une période charnière de l'histoire française, juste après la révolution de 1848 qui a mis fin à la monarchie de Juillet et instauré la Deuxième République. Cette allégorie fait partie d'une série de représentations officielles de la République commandées par le gouvernement provisoire pour être diffusées dans les administrations et les mairies de France.

Armand Cambon, *La République*, 1848, peinture à l'huile sur toile, musée Ingres (Montauban).

Toutes les ressources
lycee.nathan.fr/25hggsp1re_38

La démocratie à Athènes aux Vᵉ et IVᵉ siècles avant notre ère

Comment la démocratie directe fonctionne-t-elle à Athènes ?

I La naissance de la démocratie

A Le cadre politique de la cité

- **La cité, *polis* en grec, est une forme d'organisation politique** née dans la Grèce antique à partir du VIIIᵉ siècle avant notre ère. Elle est d'abord une communauté d'hommes libres, les citoyens. L'exercice du pouvoir y est structuré par un conseil, une assemblée [***ecclésia***] et des **magistrats**.
- **Les cités ont un territoire souvent modeste,** formé de villes, de villages et de campagne. Le territoire de la cité athénienne, l'Attique, dont Athènes est la capitale, est exceptionnellement grand avec 2 500 km².
- **Au VIᵉ siècle, la cité d'Athènes connaît une crise politique et de fortes tensions sociales.** Ces troubles se soldent par le rejet à la fois de la **tyrannie** et de l'**oligarchie**. Dans ce contexte, Clisthène, un homme politique athénien, entreprend des réformes vers 508 avant notre ère.

B Les réformes démocratiques et leur consolidation

- **Clisthène crée les dèmes et les tribus, et réforme l'exercice de la politique.** Les 500 membres du Conseil – la ***Boulè*** – sont désormais tirés au sort pour un an dans chaque tribu. Ces réformes assurent un pouvoir égal à tous les citoyens, chacun d'eux exerçant tour à tour des responsabilités politiques.
- **La cité devient un espace politique égalitaire** dans lequel chaque citoyen obéit aux lois qu'il a conçues et respecte les institutions au sein desquelles il a exercé ou exercera une fonction.
- **Le pouvoir de l'*ecclésia* se renforce lors des guerres médiques,** qui opposent au début du Vᵉ siècle les Grecs aux Perses. Réunie désormais régulièrement, l'***ecclésia*** contrôle, par vote à main levée, les choix politiques et militaires [élection des **stratèges**, construction d'un port ou d'une flotte de guerre].
- **Les victoires d'Athènes suscitent la confiance dans le régime démocratique.** La cité, défendue par les citoyens soldats riches comme pauvres, s'enorgueillit d'avoir vaincu les Perses à Marathon [en 490] puis à Salamine [en 480].

II Une démocratie directe

A Des citoyens minoritaires et privilégiés

- **La citoyenneté est un privilège qui donne des droits.** Ces droits sont politiques [participer à la vie politique, élire et être élu], juridiques [**isonomie**] et économiques [accès à la propriété]. Pour acquérir la citoyenneté, les jeunes Athéniens doivent effectuer l'**éphébie** et prêter serment de défendre la cité. À partir de la réforme de Périclès en 451, il faut être né de deux parents athéniens pour pouvoir être citoyen.
- **Un citoyen frappé d'atimie perd tout ou partie de ses droits.** C'est le cas s'il déserte, vole ou dégrade des biens publics. Les contrôles de la citoyenneté sont très stricts et les sanctions lourdes en cas de fraude.

Vocabulaire

Agora : place publique centrale d'Athènes où se déroulent les activités politiques, commerciales et religieuses.

Atimie : perte des droits civiques infligée à un citoyen comme sanction.

Boulè : conseil des 500 citoyens tirés au sort, qui prépare les lois et administre la cité.

Dème : division administrative de l'Attique.

Ecclésia : assemblée de tous les citoyens, qui vote les lois et prend les décisions importantes.

Éphébie : période de formation militaire et civique des jeunes Athéniens.

Magistrat : citoyen exerçant une charge publique, souvent désigné par tirage au sort.

Ostracisme : procédure permettant de bannir pour 10 ans un citoyen jugé dangereux pour la démocratie.

Rhétorique : art de la parole et de la persuasion.

Stratège : magistrat élu, chargé du commandement militaire et de la conduite de la politique.

Tribu : division du corps civique athénien en dix groupes servant de base à l'organisation politique.

- **Les citoyens ne forment que 10 à 15 % de la population athénienne,** soit 30 000 à 40 000 personnes. Dans de rares cas, pour compenser les pertes de guerre ou récompenser des services rendus à la cité, la citoyenneté est accordée à des étrangers.

B La participation des citoyens aux institutions démocratiques

- **La démocratie implique la participation de tous les citoyens aux institutions.** Chacun peut voter les lois à l'assemblée, réunie 40 fois par an sur la colline de la Pnyx. L'égalité est assurée par le tirage au sort : 500 conseillers sont désignés à la ***Boulè***, et 6 000 juges pour les tribunaux. Sur les 700 magistrats, seuls les plus importants comme les stratèges sont élus, les autres sont tirés au sort. Une indemnité, le *misthos*, est mise en place afin de faciliter la participation à la vie politique. La plupart des charges étant annuelles et non cumulables, tous les citoyens ont dû, sans doute, exercer une fonction au moins une fois dans leur vie.

- **Le statut social implique des formes de participation diverses à la vie politique.** Les riches citoyens sont élus aux magistratures les plus importantes et doivent financer des réalisations civiques (entretien de navire, représentation théâtrale…). Les citoyens les plus modestes participent activement à la vie politique : ils votent à l'***ecclésia***, exercent les magistratures tirées au sort et contrôlent les magistrats qui peuvent être condamnés à l'**ostracisme**.

- **L'ensemble de la cité se rassemble lors des fêtes religieuses.** Quelle que soit leur condition sociale, les citoyens, et plus largement tous les habitants d'Athènes, participent ainsi aux Panathénées, les fêtes en l'honneur d'Athéna.

III L'invention du débat politique

A La rhétorique au service de la démocratie

- **L'art oratoire occupe une place considérable dans la vie de la cité.** Les multiples prises de parole et interventions populaires à l'**agora** montrent l'importance que les Athéniens accordent aux débats politiques. L'art de bien parler et de convaincre est enseigné dans les écoles de **rhétorique** que fréquentent les jeunes gens riches. Au IVᵉ siècle, l'homme politique Démosthène met ses talents de brillant orateur au service de l'indépendance d'Athènes.

- **Le théâtre, essentiel dans la vie des Athéniens, est aussi le lieu de l'éloquence.** Les dramaturges Eschyle ou Euripide font l'éloge d'Athènes et de ses vertus politiques. Les comédies d'Aristophane en ridiculisent les travers et en pointent les dangers.

B La démocratie critiquée

- **Les critiques de la démocratie s'amplifient au IVᵉ siècle.** Certains penseurs, comme le philosophe Platon, expriment des sérieux doutes sur les capacités du peuple et préféreraient voir un petit nombre d'hommes compétents diriger la cité.

- **La rhétorique est suspectée de dangereuses dérives.** Platon pointe le risque de la **démagogie**, de la toute-puissance d'orateurs professionnels cherchant plus à flatter leur auditoire qu'à servir l'intérêt collectif.

Biographie

Périclès (494-429)
Homme politique très attaché à la démocratie, il domine la vie politique d'Athènes dans la seconde moitié du Vᵉ siècle. Par sa réforme de 451, il durcit les conditions d'accès à la citoyenneté. Réélu stratège pendant 15 ans (443-429), il étend la puissance athénienne et mène de grands travaux d'embellissement de la cité.

Notions

Démagogie : pratique politique consistant à flatter les citoyens pour gagner son soutien, souvent présentée comme une dérive de la démocratie athénienne.

Isonomie : principe d'égalité devant la loi entre tous les citoyens.

Oligarchie : régime politique où le pouvoir appartient à un petit nombre, en opposition à la démocratie.

Tyrannie : régime politique où le pouvoir est exercé par un seul homme de manière autoritaire.

Fiches de lecture

Vincent Azoulay, « La citoyenneté comme participation », *Documentation photographique*, n° 8111, 2016.
Nouveau regard sur la citoyenneté athénienne.

Arnaud Macé, Paulin Ismard, *La Cité et le nombre*, Les Belles Lettres, 2024.
Clisthène invente la démocratie à Athènes en organisant le peuple par les nombres.

Pour aller + loin

***Le tirage au sort dans l'Athènes classique*, Université Lumière Lyon 2, 2020.**
L'archéologue et chercheuse Liliane Lopez présente le fonctionnement du klérotèrion.

« Le principe de l'ostracisme à Athènes », *Faire l'histoire*, Arte, 2021.
Patrick Boucheron et Paulin Ismard présentent l'ostracisme grâce à des fragments archéologiques.

« Démocratie athénienne : un fantasme politique moderne », *L'Invité(e) des Matins*, France Culture, 18 février 2022.
Philippe Lafargue et Laure de Chantal reviennent sur les fantasmes de la démocratie grecque.

Toutes les ressources
lycee.nathan.fr/25hggsp1re_40

Athènes, une démocratie limitée

Quelle est la place des non-citoyens dans la démocratie athénienne ?

La population athénienne vers - 430.

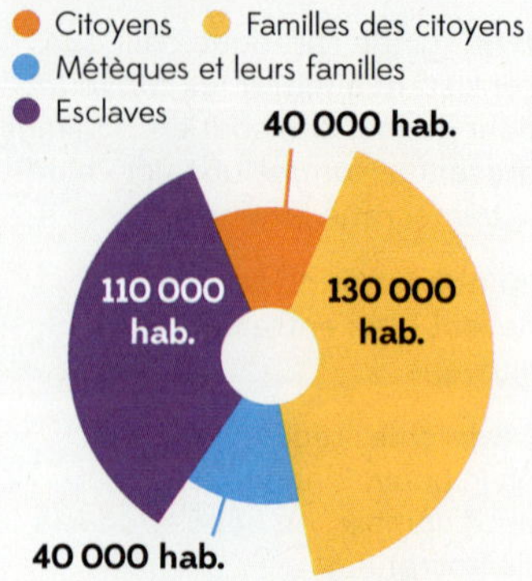

Population totale : environ 320 000 hab.

Données : chiffres Amouretti-Ruzé.

I La place des femmes dans la démocratie athénienne

A Le statut juridique et social des femmes athéniennes

- **Les femmes athéniennes conservent toute leur vie le statut de mineures.** Elles sont soumises à la tutelle d'un homme de leur famille (père, époux, oncle), sans droit politique, exclues du droit d'intenter une action en justice ou du droit de propriété. Une fois mariées, leur rôle est avant tout domestique : elles doivent s'occuper de la bonne marche de la maison, de l'organisation du travail des esclaves.

- **Ces responsabilités leur procurent parfois une réelle indépendance matérielle.** C'est le cas dans les familles riches où les femmes gèrent des biens importants. Les femmes pauvres, en l'absence de leur mari, peuvent même être amenées à travailler. La présence des femmes sur l'agora montre qu'elles ne sont pas enfermées dans leur maison.

B Les éléments d'une citoyenneté au féminin

- **Le terme « citoyenne », politis, existe, même s'il est peu utilisé.** Il correspond à une reconnaissance du statut des femmes nées de deux parents athéniens. Enfant, la fille de citoyen est présentée rituellement en plusieurs occasions par son père à la famille et aux voisins du **dème**. Lorsqu'elle est donnée en mariage, vers 14 ans, une cérémonie exprime à nouveau solennellement la reconnaissance de sa qualité de fille de citoyen.

- **Ce statut donne aux femmes un rôle politique,** celui de transmettre la citoyenneté aux enfants. Il leur donne des devoirs (notamment conjugaux et religieux). En cas de manquement, les femmes peuvent, comme les citoyens, être frappées d'**atimie** et se voir interdire la participation aux fêtes religieuses et aux sacrifices.

C La participation des femmes dans la vie de la cité

- **Par les fêtes religieuses,** les femmes et les filles de citoyens sont intégrées de façon active à la vie de la cité. Elles jouent par exemple un rôle central lors des Panathénées en l'honneur d'Athéna : les ergastines, jeunes filles appartenant aux familles de riches citoyens, donnent en offrande à la déesse le voile qu'elles ont brodé toute l'année (le *peplos*). Les femmes contribuent ainsi à la cohésion de la cité.

- **Plusieurs pièces d'Aristophane ont pour sujet des femmes.** Dans *L'Assemblée des femmes* (en -392), l'auteur imagine les femmes prenant le pouvoir pour sauver la cité. Par la provocation et la dérision, Aristophane interroge ainsi le fonctionnement de la démocratie.

Vocabulaire

Atimie : voir p. 436

Dème : voir p. 436

Hoplite : citoyen soldat combattant dans l'infanterie lourde athénienne, équipé à ses frais.

Liturgie : charge financière imposée aux citoyens les plus riches pour financer certains services publics (entretien d'un navire de guerre, organisation de fêtes religieuses...).

Métèque : étrangers résidant légalement à Athènes, libres mais non-citoyens. Ils paient un impôt spécial, participent à la vie économique mais sont exclus des droits politiques.

II Exclusion et intégration des non-citoyens

A Les métèques : des non-citoyens parfois influents dans la vie publique

● **Les métèques sont les étrangers résidant à Athènes.** Originaires généralement d'autres cités grecques, ils sont souvent artisans ou commerçants. Avec leurs familles, ils sont environ 40 000. Exclus des droits politiques, ils ont cependant accès à la justice et peuvent participer aux processions lors des fêtes religieuses. Ils ont le droit de posséder des biens mobiliers et des esclaves, mais il leur est interdit, sauf décision spéciale, de posséder de la terre, privilège réservé aux citoyens.

● **Proches des Athéniens,** les métèques les plus fortunés deviennent des personnalités en vue. C'est le cas de l'orateur Lysias, l'un des plus célèbres d'Athènes ; lors de la crise qui voit la **tyrannie** l'emporter durant quelques mois à la fin du Ve siècle, Lysias soutient les démocrates avec son argent et son éloquence. Cette période suscite un débat sur l'octroi de la citoyenneté aux étrangers ayant défendu la démocratie, mais la proposition est rejetée. Malgré leur implication, les métèques restent exclus des droits politiques.

B Les esclaves indispensables à la démocratie athénienne

● **Cité esclavagiste comme de nombreuses sociétés antiques,** Athènes compte plus de 110 000 esclaves. Hommes, femmes et enfants, ils forment près de la moitié de la population de l'Attique. Le plus souvent, ce sont des étrangers, puisque depuis Solon au VIe siècle, les Athéniens ne peuvent plus être réduits en esclavage. Juridiquement, les esclaves n'ont aucun droit. Ils n'ont ni famille, ni possessions. Leur vie dépend de leur maître qui peut les vendre, les louer, les laisser en héritage, et théoriquement dispose sur eux du droit de vie et de mort.

● **Les esclaves ont une place importante dans la vie de la cité.** Ils assurent en effet l'essentiel du travail dans l'agriculture, les mines, les chantiers de construction publique, l'artisanat et le commerce, qui font la puissance économique d'Athènes dans le monde méditerranéen. Ils laissent ainsi aux citoyens, surtout les plus riches, le temps de s'occuper des affaires politiques.

C La participation des non-citoyens

● **1 000 à 2 000 esclaves publics gèrent les administrations.** Ils organisent le tirage au sort des juges, gèrent les archives, tiennent les comptes de certaines magistratures ou encore sont chargés de la police. Par de telles missions et bien que sans pouvoir y participer, les esclaves contribuent à assurer le bon fonctionnement de la démocratie athénienne.

● **Les métèques sont soumis à des obligations** qui les font participer à la vie et à la défense de la cité. Certaines sont financières (impôt personnel, **liturgies** pour les plus riches), d'autres militaires : les riches métèques servent comme **hoplites**, les pauvres comme rameurs.

Notion

Tyrannie : régime politique où le pouvoir est exercé par un seul homme de manière autoritaire.

Biographie

Lysias (440-380)
Fils d'un riche métèque originaire de Sicile, il étudie la rhétorique et se rend célèbre par ses plaidoiries, subtiles et efficaces. Bien qu'ayant activement défendu la démocratie au cours de la Tyrannie des Trente (en 404), il échoue à obtenir la citoyenneté.

Fiches de lecture

Pauline Schmitt-Pantel, « La part des femmes », *L'Histoire*, n° 389, 2013.
Article sur la place des femmes dans la société athénienne.

Claude Mossé, « Apollodore, fils d'esclave et citoyen », *L'Histoire*, n° 406, 2014.
Un exemple du difficile accès à la citoyenneté.

Pour aller + loin

Alexander Vandewalle, « *Assassin's Creed Odyssey* : une version jouable de la Grèce Antique », Antiquipop, 2020.
Un jeu vidéo pour explorer la Grèce antique en classe : une nouvelle façon d'apprendre l'histoire de manière interactive ?

***L'Athènes classique, une société esclavagiste,* Les Décrypteurs, 2021.**
Claire et passionnante présentation de l'esclavage à Athènes par Paulin Ismard.

***Artemise : une femme capitaine de vaisseaux dans l'Antiquité grecque,* Librairie Mollat, 2022.**
L'historienne Violaine Sébillotte-Cuchet présente Artemise, une femme grecque qui a participé à bataille de Salamine.

JALON 1

Étude

Être citoyen à Athènes au Vᵉ siècle

Toutes les ressources

lycee.nathan.fr/**25hggsp1re_42**

Au début du Vᵉ siècle, les Athéniens mettent en place un régime politique original, fondé sur l'égalité des citoyens et leur participation directe aux prises de décision et à la vie de la cité. Cette citoyenneté active est cependant réservée à une minorité de la population de la cité.

Comment la citoyenneté s'exerce-t-elle à Athènes ?

1 La participation aux institutions

Dans la démocratie, le droit politique est l'égalité, non pas d'après le mérite, mais suivant le nombre. Cette base du droit une fois posée, il s'ensuit que la foule doit être nécessairement souveraine, et que les décisions de la majorité doivent être la loi ; car on part de ce principe, que tous les citoyens doivent être égaux. Aussi, dans la démocratie, les pauvres sont-ils souverains à l'exclusion des riches, parce qu'ils sont les plus nombreux, et que l'avis de la majorité fait loi. [...] Tous les citoyens doivent être électeurs et éligibles. Toutes les magistratures doivent être tirées au sort, ou du moins toutes celles qui n'exigent ni expérience ni talent spécial. [...] Tous les citoyens doivent être juges dans toutes les affaires. [...] L'assemblée doit être souveraine sur toutes les matières. Et il faut faire en sorte que tous les emplois soient rétribués : assemblée, tribunaux, magistratures.

Aristote, *Politique*, fin du IVᵉ siècle av.notre ère.

Aristote (384-322) est l'un des philosophes les plus influents du monde antique. Dans *Politique*, il examine la façon dont sont organisées les cités de son temps. Il considère la démocratie comme une forme dérivée d'une organisation idéale, le gouvernement constitutionnel, ou République.

→ **Comment les principes de souveraineté et d'égalité s'appliquent-ils ?**

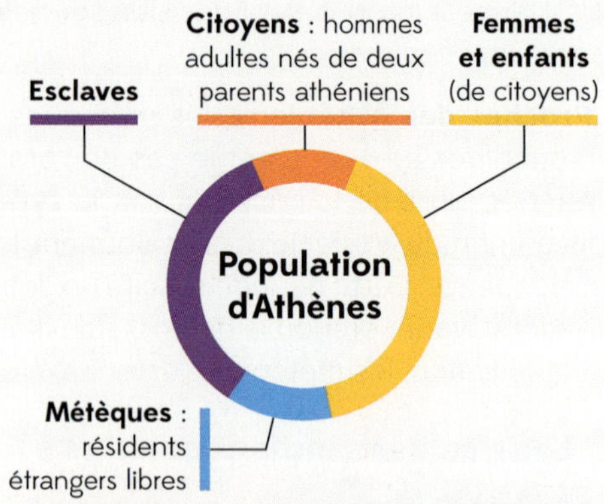

Pour être citoyen	Droits des citoyens
› Être un homme › Avoir au moins 18 ans › Être né de père et mère athéniens › Être enregistré dans un dème › Avoir effectué son service militaire (éphébie)	› Porter les armes pour défendre sa cité › Participer à l'Assemblée (ecclésia) › Voter et être élu aux magistratures › Posséder des terres › Avoir une protection juridique

2 Qui est citoyen à Athènes ?

Tessons d'ostracisme (*ostraka*) portant le nom de Thémistocle, stratège lors de la guerre contre les Perses, 471 av. notre ère.
Musée de l'Agora, Athènes.

3 Le contrôle des magistrats

Aristide est l'un des stratèges qui a participé à la victoire de Marathon contre les Perses en -490.

Le surnom de Juste avait fait d'Aristide pendant quelque temps l'objet de la bienveillance générale ; il finit par lui attirer l'envie [...]. Les habitants de l'Attique se rassemblèrent de toutes parts dans la ville, et condamnèrent Aristide à l'ostracisme, cachant sous une crainte affectée de la tyrannie l'envie qu'ils portaient à sa gloire. [...] Voici, pour en donner sommairement l'idée, la manière dont on procédait. Chacun prenait une coquille sur laquelle il écrivait le nom du citoyen qu'il voulait bannir, et la portait dans un endroit de la place publique fermé circulairement d'une cloison de bois. Les magistrats comptaient d'abord le nombre des coquilles qui s'y trouvaient ; et, s'il y avait moins de six mille votes exprimés, il n'y avait pas lieu à ostracisme. Après cette opération on mettait à part chacun des noms, et celui dont le nom était écrit sur un plus grand nombre de coquilles était banni pour dix ans tout en conservant la jouissance de ses biens.

Plutarque, *Vies parallèles*, Iᵉʳ siècle.

→ **Avec quelles limites les citoyens contrôlent-ils les magistrats ?**

4 La défense de la cité

Avoir suivi une formation militaire est l'une des conditions pour être citoyen. Selon leur richesse, les citoyens sont alors cavaliers, hoplites ou simples rameurs pour les plus pauvres.

Détail d'un vase corinthien, v. 580 av. notre ère, musée des Antiquités de Bâle et collection Ludwig (Suisse).

→ **Pourquoi l'armée des citoyens soldats est-elle célébrée à Athènes ?**

5 Des modalités de participation à l'assemblée

De fait le peuple exerçait une forme de contrôle informel au cœur même des institutions de la cité : à la tribune de l'assemblée, les orateurs devaient composer avec les réactions parfois brutales et imprévisibles du *demos*[1]. À l'assemblée ou dans les tribunaux, le peuple n'hésitait pas à manifester bruyamment sa désapprobation, voire à chahuter les orateurs en dépit ou à cause de tout leur art rhétorique. Brouhaha, applaudissement, protestations, sifflets, rires : les orateurs étaient bien souvent confrontés au chahut, comme l'attestent maints plaidoyers des orateurs attiques. Ce bruissement inarticulé pouvait neutraliser n'importe quel discours si persuasif fut-il. Même l'orateur hors norme qu'était Périclès fut confronté aux *lazzis*[2] de la foule.

Vincent Azoulay, « Athènes, citoyenneté et démocratie au Vᵉ siècle avant J.-C. », *Documentation photographique*, n° 8111, juin 2016.

1. Peuple, en grec.
2. Moqueries.

→ **Comment se manifeste le pouvoir des citoyens à l'Assemblée ?**

6 Un lieu de la démocratie, la Pnyx

L'assemblée des citoyens se réunit sur la colline de la Pnyx pour voter les lois. Cet espace est réaménagé au Vᵉ siècle avec une tribune pour les orateurs. Elle peut accueillir 6 000 personnes (sur les 40 000 citoyens en -430).

→ **Qu'est ce qui fait de ce lieu et de sa configuration, un centre de l'exercice de la démocratie ?**

Questions et activités

Parcours 1

1. Expliquez quels sont les différents pouvoirs et les diverses fonctions d'un citoyen athénien. doc. 1, 2, 3 et 4

2. Dans quelle mesure les différences sociales affectent-elles l'exercice de la citoyenneté ? doc. 2, 3 et 5

Synthèse. Expliquez comment s'exerce la démocratie directe à Athènes.

Parcours 2

Proposez un parcours dans Athènes qui présente les lieux de la démocratie directe.

Le parcours pourra traverser les grands sites civiques (Pnyx, voie sacrée, Acropole, théâtre, Tribunal, Boulè sur l'Agora…). Après avoir choisi et tracé le parcours, réalisez un diaporama à l'aide de cartes, de maquettes ou de photographies d'aujourd'hui.

Toutes les ressources
lycee.nathan.fr/25hggsp1re_44

Une démocratie directe mais limitée

Si la démocratie est directe, l'exercice de la citoyenneté est réservé à une minorité d'environ 40 000 hommes majeurs (soit 10 % à 15 % de la population). À l'époque déjà, elle est présentée comme un modèle tout en étant aussi l'enjeu de débats et de critiques. Aujourd'hui, historiens et historiennes s'interrogent sur le rôle des très nombreux non-citoyens, indispensables à la vie de la cité.

Quelles sont les limites de la démocratie directe athénienne ?

1 Une critique de la démocratie directe

L'Étranger d'Élée[1]. Un nombreux assemblage de gens, quels qu'ils soient, ne saura jamais s'approprier assez parfaitement une telle science [celle du gouvernement] pour être capable d'administrer une cité avec intelligence ; c'est, au contraire, à un petit nombre [...] qu'il faut demander de constituer l'unique régime politique [juste] [...]. Suppose donc que nous prenions après délibération la décision de ne permettre ni au médecin ni au capitaine d'un navire de commander en maître à qui que ce soit [...] ; puis de nous réunir en assemblée et de permettre aux non-spécialistes, aux gens de tous métiers, de donner leur avis, en ce qui concerne la navigation et les maladies, sur la manière d'utiliser, à l'égard des malades, les remèdes et les instruments de médecine, et bien entendu aussi de manœuvrer les navires et les instruments de marine [...].

Socrate le Jeune. Ah ! ce que tu viens de dire là est déconcertant, ma parole !

Platon, *Le Politique*, IVe siècle avant notre ère.

1. Porte-parole de Platon.

Platon (428-348), philosophe athénien, disciple de Socrate et maître d'Aristote, a profondément et durablement influencé la pensée occidentale. Dans son dialogue Le Politique, il cherche à définir la meilleure constitution politique pour une cité : il explore la nature du pouvoir, la justice et le rôle des dirigeants. Il défend l'idée d'un gouvernement dirigé par des philosophes rois, aptes à gouverner avec sagesse.

→ **Qu'est ce qui fait la faiblesse de la démocratie selon Platon ?**

2 Un nouveau regard sur la participation des femmes

Le regard d'une historienne

L'élargissement de la documentation aux sources épigraphiques notamment, a été fondamental pour repenser la citoyenneté. Si l'on ne se réfère qu'aux documents manuscrits issus des tribunaux athéniens, les femmes sont absentes. Pourtant, consulter un autre type de documentation fait apparaître d'autres acteurs, dont les femmes. Sur l'Acropole par exemple, on a retrouvé des inscriptions de noms de jeunes filles honorées à l'égal de citoyens morts au combat, ce qui prouve qu'elles étaient reconnues comme membres du dème. L'archéologie, qui a permis de retrouver des armes dans des sépultures féminines, nous apprend aussi que leur morphologie osseuse laisse penser qu'elles montaient à cheval. On sait donc qu'il existait des femmes soldats, des prêtresses respectées et importantes dans l'organisation de la vie religieuse, et même des femmes dynastes comme Pénélope, Aréthée, Clytemnestre, Artémise Ire qui, parce qu'elles étaient veuves ou que leur mari était parti faire la guerre, ont administré leur cité.

Violaine Sébillotte-Cuchet, « Figures de la participation citoyenne dans la Grèce antique », *France Culture*, 15 janvier 2019.

3 L'intégration des non-citoyens

La frise des Panathénées qui ornait le Parthénon met en scène la manière dont la cité rendait chaque année hommage à sa déesse protectrice, Athéna, lors d'une immense procession. Si les citoyens et les dieux y sont mis à l'honneur, quelques métèques sont également représentés.

→ **Décrivez cette scène. Comment interpréter la participation des métèques à cette procession civique ?**

4 La dénonciation des démagogues[1]

LE CHARCUTIER. – Veux-tu me dire comment, moi, marchand de boudins, je puis devenir un jour ce qui s'appelle un personnage ?

PREMIER SERVITEUR. – Mais c'est justement pour cela que tu vas le devenir parce que tu n'es qu'un propre à rien, un chevalier du soleil, un audacieux coquin. [...]

LE CHARCUTIER. – Mais mon bon, je n'ai pas fait d'études. Je connais mes lettres, et encore, tant bien que mal.

PREMIER SERVITEUR. – Voilà ton seul défaut, de les connaître « tant bien que mal ». Pour gouverner le peuple, il ne faut pas un homme pourvu d'une bonne culture et d'une bonne éducation. Il faut un ignorant doublé d'un coquin. [...]

LE CHARCUTIER. – Eh bien, l'oracle[2] me plaît. Mais je ne vois pas comment je serai capable de gouverner le peuple.

PREMIER SERVITEUR. – Rien de plus bête. Ne cesse pas de faire ce que tu fais. Tu n'as qu'à tripatouiller les affaires, les boudiner toutes ensemble, et quant au peuple, pour te le concilier, il suffit que tu lui fasses une agréable petite cuisine de mots. Pour le reste, tu as ce qu'il faut pour le mener, à savoir une voix de canaille, une origine misérable, des manières de vagabond. Je te dis que tu as tout ce qu'il faut pour la politique.

Aristophane, *Les Cavaliers*, 424 av. J.-C.

1. Personne qui flatte les masses pour gagner et exploiter leur faveur.
2. Réponse qu'une divinité donnait aux personnes qui la consultaient en certains lieux sacrés.

Aristophane (vers 445-vers 385) est considéré comme le père de la comédie. Ce dramaturge athénien a écrit de nombreuses pièces tournant en dérision les mœurs et les pratiques démocratiques athéniennes. Dans *Les Cavaliers*, il s'attaque à la toute-puissance des démagogues d'Athènes, notamment Cléon, en utilisant l'humour pour dénoncer les abus politiques. Ses œuvres mêlent satire politique et réflexions sociales.

→ **Pourquoi et comment Aristophane dénonce-t-il les démagogues ?**

5 La place des esclaves publics

Coupe athénienne, scène d'ostracisme[1], 470-460 avant notre ère, Ashmolean Museum, Oxford.

1. Vote de bannissement d'un citoyen par *l'ecclésia*.

→ **Quels sont les différents rôles des esclaves publics ?**

Questions et activités

Parcours 1

1. Expliquez les critiques formulées contre la démocratie directe. doc. 1 et 4

2. Montrez que les non-citoyens ont des rôles mais limités. doc. 2, 3 et 5

Synthèse. Présentez les limites de la démocratie athénienne.

Parcours 2

Effectuez une recherche sur le rôle du métèque Lysias à la fin du Vᵉ siècle et sur sa demande d'accès à la citoyenneté. Imaginez alors le texte qu'il aurait pu écrire dans ses mémoires sur les obstacles qu'il rencontra.

Toutes les ressources
lycee.nathan.fr/25hggsp1re_46

Participer ou être représenté ? Les hésitations du XIXe siècle français

Quels débats et quelles expériences structurent la vie politique en France au XIXe siècle ?

I De la Restauration à la Seconde République : l'évolution du suffrage

A Le suffrage censitaire et ses limites (1815-1848)

- **Le retour de la monarchie en 1814 n'empêche pas la reconnaissance des libertés publiques et du régime représentatif.** La **Charte constitutionnelle** partage en effet le pouvoir entre le roi et deux assemblées, dont la Chambre des députés, élue. Les **libéraux** imposent leur conception du **suffrage censitaire**. À l'image de Benjamin Constant, ils sont attachés à la **souveraineté** nationale, mais pensent que seule une élite de l'argent ou des talents est capable de décider.

- **L'adoption du suffrage censitaire marque le rejet de la démocratie.** Il n'y a ainsi que 100 000 votants en 1815 et 170 000 après la révision de la Charte en 1830, sur une population de 34 millions d'habitants. Ce système électoral restreint exclut la grande majorité des citoyens de la participation politique.

B Vers le suffrage universel masculin

- **Certains libéraux s'interrogent pourtant sur l'opportunité d'élargir le droit de vote.** En effet, les progrès de l'alphabétisation et l'essor de la presse encouragent les débats politiques et favorisent la politisation des Français. Le rôle des classes populaires dans l'espace public et politique s'affirme. La Révolution de 1830, qui a renversé Charles X, puis les insurrections urbaines (Lyon en 1831, Paris en 1832) le montrent. Ces formes de souveraineté populaire sont soutenues par les républicains (Ledru-Rollin, Arago) et par les premiers socialistes (Blanqui), pour qui le **suffrage universel** et la République sont les conditions de la démocratie.

- **La Deuxième République qui naît en février 1848 adopte le suffrage universel masculin** et abolit l'esclavage dans les colonies. Pour les républicains modérés, les libéraux et les conservateurs, le droit de vote ainsi étendu rend illégitime toute insurrection. Malgré ces avancées, les femmes restent exclues de la citoyenneté et un soulèvement ouvrier à Paris en juin 1848 est réprimé dans le sang par le gouvernement républicain.

II Le Second Empire : le suffrage sans les libertés (1852-1870)

A Un régime autoritaire avec un suffrage universel contrôlé

- **L'expérience républicaine se referme avec la proclamation de l'Empire en 1852.** Napoléon III fonde un régime autoritaire : les libertés publiques sont suspendues, la presse est étroitement surveillée, la censure frappe à nouveau et de nombreux républicains comme Victor Hugo sont contraints à l'exil. Le suffrage universel masculin est maintenu, mais il est contrôlé.

- **Le jeu démocratique est faussé par la pratique des candidatures officielles,** par le climat de pression et d'intimidation qui accompagne chaque élection

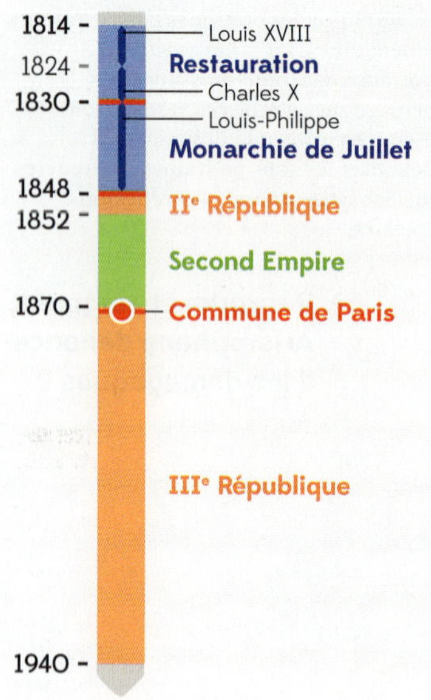

Vocabulaire

Charte constitutionnelle : texte fondamental qui définit l'organisation des pouvoirs (comme la Charte de 1814).

Plébiscite : vote par lequel le peuple approuve ou rejette une décision politique, souvent utilisé pour légitimer un pouvoir personnel.

Suffrage censitaire : droit de vote réservé aux citoyens payant un certain montant d'impôt (le cens).

Suffrage universel (masculin) : droit de vote accordé à l'ensemble des citoyens sans condition de fortune (initialement réservé aux hommes).

législative. Les **plébiscites** ne sont pas non plus des consultations démocratiques, mais l'occasion d'obtenir l'adhésion des citoyens au régime, sans réelle possibilité d'expression libre.

B La libéralisation progressive du régime

- **Les oppositions libérales, républicaines ou socialistes renaissent peu à peu.** Sous la pression de critiques multiples, le régime évolue dans les années 1860, la vie politique et parlementaire se ranime. Le droit de coalition cesse d'être un délit en 1864, les libertés de presse et de réunion sont reconnues en 1868.

- **En 1869, les élections voient le succès des républicains, notamment dans les villes.** Gambetta est ainsi élu sur un programme qui revendique la démocratie réelle et un suffrage libre. Mais ce sont la guerre contre la Prusse en 1870 et la défaite militaire qui provoquent la chute de l'Empire , ouvrant la voie à un nouveau régime.

III La IIIe République : vers une démocratie représentative

A La Commune, un idéal de démocratie directe

- **La IIIe République est proclamée le 4 septembre 1870.** La menace prussienne et l'occupation d'une partie du territoire entraînent de profondes divisions dans le pays. Alors que le gouvernement d'Adolphe Thiers, réfugié à Versailles, négocie la paix, les Parisiens qui veulent continuer le combat élisent une nouvelle municipalité en mars 1871, la Commune.

- **À majorité socialiste, la Commune de Paris s'érige en gouvernement local et autonome.** Elle met en place une république laïque et sociale (école gratuite, assistance, protection du travail) et poursuit l'idéal de démocratie directe. En mai 1871, l'offensive des troupes gouvernementales met fin dans le sang à la Commune.

B L'établissement d'une République démocratique et ses défis

- **Durant la décennie 1870, les républicains gagnent peu à peu toutes les institutions politiques.** Par les élections désormais libres, ils acquièrent la majorité à la Chambre des députés, au Sénat, et enfin occupent la présidence de la République avec Jules Grévy en 1879. Les libertés de presse, d'opinion, de religion sont réaffirmées. Les libertés syndicale (1884) et d'association (1901) sont reconnues.

- **L'idéal démocratique est ainsi sans cesse discuté et repensé au XIXe siècle.** Des femmes revendiquent l'égalité des droits civils et politiques, mais l'examen d'une loi en ce sens est repoussé en 1909. La question de la représentation de certains groupes est aussi posée. Jean Jaurès s'interroge par exemple sur les moyens de représenter et d'intégrer les ouvriers à la République. Enfin, le statut des populations de l'Empire colonial interroge le caractère prétendument universel des principes républicains.

Notions

Libéralisme (politique) : doctrine politique qui défend le parlementarisme ainsi que les libertés individuelles et fixe des limites à l'action de l'État.

Libertés publiques : droits fondamentaux garantis par la loi qui permettent aux citoyens d'exercer leurs libertés individuelles et collectives (liberté d'expression, de réunion, d'association, etc.).

Régime représentatif : système politique dans lequel le peuple délègue sa souveraineté à des représentants élus qui gouvernent en son nom.

Souveraineté : détention du pouvoir suprême. On distingue la souveraineté nationale – la nation, entité abstraite et indivisible, est détentrice du pouvoir – de la souveraineté populaire – le peuple, ensemble des citoyens, est directement détenteur du pouvoir.

Fiches de lecture

***Emmanuel Fureix, Le Siècle des possibles, 1814-1915*, PUF, 2014.**
Notamment le chapitre IV « Contractualiser la monarchie » et le chapitre V « L'esprit de juillet et ses remises en cause ».

Mathilde Larrère, « Voter en France de 1789 à nos jours », *Documentation photographique*, n° 8122, 2018.
Les étapes de l'histoire du vote dans l'histoire de la République française.

Pour aller + loin

***Germaine de Staël & Benjamin Constant : l'esprit de liberté*, Fondation Martin Bodmer, 2017.**
Présentation de Madame de Staël et Benjamin Constant à l'occasion d'une exposition en Suisse.

« Le Secret du vote », *Faire l'histoire*, Arte, 2022.
L'historienne Mathilde Larrère retrace l'histoire du suffrage universel et du rituel électoral en France à travers deux objets.

« Benjamin Constant, libre à tout prix », *Concordance des temps*, France Culture, 2022.
L'universitaire Léonard Burnand retrace le parcours de cet apôtre de la modération contre les extrêmes.

JALON 2

Étude

Toutes les ressources

lycee.nathan.fr/25hggsp1re_48

Benjamin Constant, « liberté des Anciens, liberté des Modernes »

Dans la première moitié du XIXe siècle, Benjamin Constant exerce une influence déterminante sur la vie politique, à laquelle il participe. Ses réflexions, à partir d'une comparaison avec l'Antiquité, le conduisent à chercher les moyens de fonder un régime représentatif garantissant les libertés.

Comment Benjamin Constant pense-t-il les libertés individuelles et les libertés collectives ?

1 La liberté des Modernes[1] face à celle des Anciens[2]

[La liberté] c'est pour chacun le droit de n'être soumis qu'aux lois, de ne pouvoir être ni arrêté, ni détenu, ni mis à mort, ni maltraité d'aucune manière, par l'effet de la volonté arbitraire d'un ou de plusieurs individus. C'est pour chacun le droit de dire son opinion, de choisir son industrie et de l'exercer ; de disposer de sa propriété, d'en abuser même ; d'aller, de venir, sans en obtenir la permission, et sans rendre compte de ses motifs ou de ses démarches. C'est, pour chacun, le droit de se réunir à d'autres individus, soit pour conférer sur ses intérêts, soit pour professer le culte que lui et ses associés préfèrent, soit simplement pour remplir ses jours ou ses heures d'une manière plus conforme à ses inclinations, à ses fantaisies. [...]

Comparez maintenant à cette liberté celle des Anciens. Celle-ci consistait à exercer collectivement, mais directement, plusieurs parties de la souveraineté tout entière, à délibérer, sur la place publique [...]. Vous ne trouvez chez eux presque aucune des jouissances que nous venons de voir faisant partie de la liberté chez les Modernes. Toutes les actions privées sont soumises à une surveillance sévère. Rien n'est accordé à l'indépendance individuelle, ni sous le rapport des opinions, ni sous celui de l'industrie, ni surtout sous le rapport de la religion.

Benjamin Constant, *De la liberté des Anciens comparée à celle des Modernes*, 1819.

1. Les Modernes : les contemporains de Benjamin Constant.
2. Les Anciens : les Grecs de l'Antiquité.

→ **Qu'est-ce qui différencie fondamentalement la liberté moderne de l'antique ?**

Biographie

Benjamin Constant, un penseur et un homme politique

Né en 1767 dans une famille protestante, romancier et penseur libéral, Benjamin Constant est un héritier des Lumières, marqué par les expériences de la Révolution française et de l'Empire. À partir des connaissances de l'époque sur la démocratie athénienne, il propose une réflexion sur les aspirations à la liberté, et analyse des moyens de fonder un régime garantissant les libertés individuelles. Après avoir servi sous différents régimes, ce chef de file du libéralisme français est député sous la Restauration à partir de 1818.

2 La liberté moderne et ses conséquences politiques

Comme la liberté qu'il nous faut est différente de celle des anciens, il faut à cette liberté une autre organisation que celle qui pourrait convenir à la liberté antique. Dans celle-ci, plus l'homme consacrait de temps et de forces à l'exercice de ses droits politiques, plus il se croyait libre ; dans l'espèce de liberté dont nous sommes susceptibles, plus l'exercice de nos droits politiques nous laissera de temps pour nos intérêts privés, plus la liberté nous sera précieuse. De là vient, Messieurs, la nécessité du système représentatif. [...]. Le système représentatif est une procuration donnée à un certain nombre d'hommes par la masse du peuple, qui veut que ses intérêts soient défendus, et qui néanmoins n'a pas le temps de les défendre toujours lui-même. [...]

Benjamin Constant, *De la liberté des Anciens comparée à celle des Modernes*, 1819.

→ **Qu'est ce qui justifie à l'époque moderne le choix du régime représentatif ?**

3 Benjamin Constant et la révolution de 1830

Député, B. Constant participe à la protestation contre les ordonnances de Charles X qui suspendent la liberté de la presse, prononcent la dissolution de l'assemblée récemment élue et restreignent encore le cens. Elles provoquent la révolution des Trois Glorieuses.

26 juillet 1830. *Lecture Des Ordonnances Dans* Le Moniteur, *Au Jardin du Palais* Royal, BnF.

→ **Décrivez cette scène. En quoi cette révolution illustre-t-elle la liberté moderne énoncée par Benjamin Constant ?**

4 La thèse de Benjamin Constant aujourd'hui

Le regard d'un historien

Constant nous mettait en garde : les libertés individuelles sont un bien précieux mais les défendre exige de la part des citoyens l'exercice de leur liberté politique, le dépassement de leurs intérêts particuliers et leur vigilance de commettants, qui ont le pouvoir de juger et de révoquer leurs mandataires, simples dépositaires de l'autorité publique. C'est la pierre de touche du système représentatif, qui ne peut être réduit à une procédure électorale.

Le danger couru par les démocraties modernes aujourd'hui est moins celui d'un despotisme collectif que celui de l'indifférence massive des citoyens. Constant nous le rappelle : la liberté n'est jamais un acquis définitif ; elle appelle la responsabilité de chacun et la participation du plus grand nombre.

Michel Winock, « De la liberté des Anciens à celle des Modernes », *L'Histoire*, n° 346, octobre 2009.

→ **Pourquoi la thèse de Benjamin Constant est-elle toujours d'actualité, selon Michel Winock ?**

Questions et activités

Parcours 1

Faire un tableau comparatif des libertés des Anciens et de celles de Modernes selon Benjamin Constant, à partir des documents 1, 2 et 3.

	Anciens	Modernes
Y a-t-il des libertés individuelles ?		
Où se vivent les libertés ?		
Quelles sont les formes de participation à la vie politique ?		
Quelles sont les conditions de participation à la vie politique ?		

Synthèse. Montrez quels sont les points communs et les différences entre les libertés des Anciens et celles des Modernes.

Parcours 2

Effectuez une recherche d'iconographie (tableau, gravure) qui illustre une révolution en Europe en 1830. Présentez-la à l'oral en justifiant votre choix et en montrant la façon dont elle illustre à la fois la liberté héritée des Anciens et celle des Modernes.

Toutes les ressources

lycee.nathan.fr/25hggsp1re_50

Participer ou être représenté ? Les enjeux du XIXe siècle

Le XIXe siècle est marqué par l'influence croissante de la pensée libérale et de son évolution. En effet, le suffrage censitaire se heurtent aux aspirations grandissantes à un élargissement du droit de vote pour une représentation démocratique plus large.

Comment l'idée d'une plus grande représentation politique progresse-t-elle au XIXe siècle ?

1 La question de l'extension des droits politiques

Il n'existe au monde que deux pouvoirs, l'un illégitime, c'est la force ; l'autre légitime, c'est la volonté générale. Mais en même temps que l'on reconnaît les droits de cette volonté, c'est-à-dire la souveraineté du peuple, il est nécessaire [...] d'en déterminer l'étendue. [...] La souveraineté du peuple n'est pas illimitée ; [...] Ceux que l'indigence[1] retient dans une éternelle dépendance et qu'elle condamne à des travaux journaliers, ne sont ni plus éclairés que les enfants sur les affaires publiques, ni plus intéressés que les étrangers à la prospérité nationale. Il faut donc une condition de plus que la naissance et l'âge [pour exercer les droits politiques]. Cette condition c'est le loisir indispensable à l'acquisition des lumières, à la rectitude du jugement. La propriété seule assure ce loisir : la propriété seule rend les hommes capables de l'exercice des droits politiques.

Benjamin Constant, *Principes d'économie politique*, 1815.

1. Grande pauvreté.

→ **Quelles sont les conditions pour exercer des droits politiques selon Benjamin Constant ?**

2 Le danger de la corruption

Le roi Louis-Philippe distribue des récompenses aux électeurs.
Daumier, *Honnête récompense*, 1834, maison de Balzac.

→ **Décrivez cette scène. Quelles peuvent être les conséquences de la corruption sur les élus et la représentation politique ?**

3 Les libéraux et l'élargissement du suffrage

François Guizot est ministre sous la monarchie de Juillet. Il fait adopter en 1833 une loi qui rend obligatoire l'entretien d'une école primaire par commune.

C'est là la perfection de notre gouvernement que les droits politiques limités par leur nature même à ceux qui sont capables de les exercer, peuvent s'étendre à mesure que la capacité s'étend. Et telle est en même temps l'admirable vertu de notre gouvernement qu'il provoque sans cesse l'extension de cette capacité, qu'il va semant de tous les côtés les lumières politiques, l'intelligence des questions politiques, en sorte qu'au moment même où il assigne une limite aux droits politiques, à ce moment il travaille à déplacer cette limite, à l'étendre, à la reculer et à élever la nation entière.

François Guizot, discours à la Chambre, 5 mai 1837.

→ **Comment les droits politiques peuvent-ils s'étendre dans une société libérale selon Guizot ?**

4 La revendication du suffrage universel

La souveraineté, du peuple, tel est, en effet, le grand principe qu'il y a près de cinquante années, nos pères ont proclamé. Mais cette souveraineté, qu'est-elle devenue ? Aujourd'hui, le peuple, c'est un troupeau conduit par quelques privilégiés comme vous, comme moi, messieurs, qu'on nomme électeurs, puis par quelques autres, plus privilégiés encore, qu'on salue du titre de député. Et si ce peuple, qui n'est point représenté, se lève pour revendiquer ses droits, on le jette dans les cachots. [...]

Voilà messieurs, le peuple, le voilà, tel que nous l'a fait le gouvernement représentatif.

C'est dire assez que ce système déshonoré, rongé par la corruption, a fait son temps, et qu'il faut le changer, à peine de subir une violente révolution. Et pour le changer, Messieurs, la réforme électorale est le premier pas à faire. Cette réforme il la faut radicale. Que tout citoyen soit électeur, que le député soit l'homme de la nation, non de la fortune ; qu'il soit désigné pour sa vertu.

Ledru Rollin, profession de foi publiée dans le *Courrier de la Sarthe*, 25 juillet 1841.

→ **Comment Ledru Rollin justifie-t-il le suffrage universel ?**

TROISIÈME ANNÉE — LE NUMÉRO : 10 CENTIMES DANS TOUTE LA FRANCE — N° 79 — DU 3 DÉCEMBRE 1883 AU 6 JANVIER 1884

LA CITOYENNE

JOURNAL POUR LA REVENDICATION DU SUFFRAGE DES FEMMES

DIRECTRICE HUBERTINE AUCLERT

SOMMAIRE

LA FEMME IMPRIMEUR

OCCASION A SAISIR

5 Un enjeu : le vote des femmes

« La paix du monde, l'harmonie de la société, le bien-être de l'humanité existeront seulement lorsque, comprises dans le suffrage, les femmes aideront aux hommes [sic] à faire les lois ! »

Une du journal *La Citoyenne* n° 79, du 3 décembre 1883 au 6 janvier 1884.

→ **Quels sont les arguments des femmes pour revendiquer le droit de vote ?**

Questions et activités

Parcours 1

Complétez les cellules du tableau à partir de l'analyse des documents et de vos connaissances.

	Date	Les limites du régime libéral	Les aspirations politiques dans la société	Les aspirations sociales dans la société	Les moyens d'acquérir des droits
Doc. 1				x	x
Doc. 2			x	x	x
Doc. 3				x	
Doc. 4					
Doc. 5					

Synthèse. Pourquoi et comment l'idée d'une plus grande représentation politique progresse-t-elle ?

Parcours 2

Constituez un dossier documentaire sur la presse féministe au XIXe siècle.

→ Sur le site Gallica de la BnF vous pouvez retrouver les numéros de *La Fronde*, *La Citoyenne*, *La Voix des femmes* (de 1848), *L'Esprit de la femme*.

→ Choisissez une date, analysez une page de une : sujets abordés, mise en page (titres, densité, présence d'une iconographie...), périodicité, noms des autrices et auteurs.

→ Montrez comment cette une témoigne de l'aspiration à une représentation politique des femmes.

Points de vue

Toutes les ressources

lycee.nathan.fr/**25hggsp1re_52**

Pourquoi la Commune de Paris a-t-elle échoué ?

La Commune de Paris

1870 4 sept.	Proclamation de la IIIe République.
20 sept. – **1871** janvier	Blocus de Paris par les Prussiens.
8 février	L'Assemblée se dit favorable à la paix. Les Parisiens sont contre.
18 mars	Le gouvernement quitte Paris pour Versailles.
26 mars	Nouveau conseil municipal socialiste : la « Commune ». Blocus de Paris par les troupes du gouvernement.
21 mai – 28 mai	« Semaine sanglante ». Les troupes entrent dans Paris, mettant fin à la Commune.

1 L'exercice de la démocratie directe en 1871

L'analyse d'un historien

Pour le peuple agissant du Paris de 1871, être son propre maître, c'était s'autogouverner. On le voit dans l'exercice quotidien par ceux d'en bas de leur petit pouvoir local, au club, dans leur bout de quartier. S'affirme, de manière un peu désordonnée et souvent naïve, une volonté populaire de participation politique immédiate. [...] On connaît assez bien le travail qu'effectuèrent les comités du 17e et du 18e arrondissements. Jean Baptiste Clément, l'administrateur efficace du 18e, raconte dans la *Revanche des Communeux* ses contacts avec des délégations populaires, par exemple contre l'insuffisance du décret sur la restitution des objets engagés au Mont-de-Piété[1] et comment il s'en est fait l'écho à l'assemblée communale. L'essentiel des réformes projetées par la Commune s'est accompli – c'est là le fait le plus original – par initiative locale. [...] La Fédération de la Garde nationale relève [en particulier] de la démocratie directe. Les statuts de la fédération du 3 mars prévoient pour les cadres de la Garde l'élection, avec mandat donné et possible révocation : « Il n'y aura plus [...] de chefs imposés, mais des agents constamment responsables et révocables à tous les degrés du pouvoir. »

Jacques Rougerie, intervention au Petit Palais le 13 mai 2011, dans le cadre du cycle de conférences « La Commune de 1871, une histoire vivante ».

1. Organisme de prêt sur gage pour les plus pauvres.

Jacques Rougerie (1932-2022) était un historien français, professeur à la Sorbonne, spécialiste du monde ouvrier et plus particulièrement de la Commune de Paris dont il a renouvelé les approches.

2 La Commune : 72 jours qui changèrent la politique

La Commune de Paris, Karambolage, Arte, 2023.

lycee.nathan.fr/**25hggsp1re_52-1**

3 Une séance du Club des femmes

De nombreuses femmes participent aux combats de la Commune de Paris (Louise Michel, Élisabeth Dmitrieff, Nathalie Lemel, etc.). Elles fondent des clubs, mais elles restent exclues du droit de vote et restent l'objet de représentations condescendantes.

Frédéric Lix, « Une séance du Club des femmes dans l'église Saint-Germain-l'Auxerrois », *Le Monde illustré*, 20 mai 1871, Bibliothèque historique de la Ville de Paris.

4 Pas de révolution sans les femmes

Le point de vue d'une journaliste

L'auteure, André Léo, interpelle l'état-major de la Commune qui refuse la présence des femmes dans les zones de combat.

Il faudrait cependant raisonner un peu : croit-on pouvoir faire la révolution sans les femmes ? Voilà 80 ans qu'on l'essaie et qu'on n'en vient pas à bout. La première révolution leur décerna bien le titre de citoyenne ; mais non pas les droits. Elle les laissa exclues de la liberté, de l'égalité. [...] Quand trouvera-t-on que cela a assez duré ? Quand l'intelligence des républicains s'élèvera-t-elle jusqu'à comprendre leur principe et leur intérêt ? Ils demandent que la femme ne soit plus sous le joug des prêtres ; et il leur déplait de la voir libre-penseuse. Ils veulent bien qu'elle ne travaille pas contre eux, mais ils rejettent son concours dès qu'elle veut agir. Pourquoi cela ? [...] C'est que beaucoup de républicains – je ne parle pas des vrais – n'ont détrôné l'empereur et le bon Dieu que pour se mettre à leur place. Et naturellement, dans cette intention, il leur faut des sujets, ou tout au moins des sujettes.

(Victoire Léodile Béra, dite) André Léo, *La Sociale*, 8 mai 1871.

5 Les singularités de la Commune

Le regard d'un historien anglais

La Commune a été critiquée par certains de ses propres membres et de la base de ses partisans pour avoir fonctionné en pratique beaucoup trop comme un gouvernement ordinaire – « gardant toute la bureaucratie, changeant seulement les hommes ». Mais c'est ce qui en faisait en grande partie sa force. Beaucoup de non-révolutionnaires lui obéissaient précisément parce qu'elle était un gouvernement tandis que la plupart de ses partisans semblent avoir été satisfaits d'avoir eu, pour la première fois, un gouvernement réel qui était de leur côté. Beaucoup de gens pauvres pouvaient à peine y croire. Les responsables les plus efficaces, insistaient pour qu'on fasse preuve de prudence, de réalisme, d'esprit de responsabilité et de modération à la fois comme étant la seule manière de survivre et par nécessité de donner l'exemple de ce que devait être une révolution moderne. [...] Elle est restée un événement parisien isolé à l'exception de soulèvements brefs dans quelques villes françaises : en un contraste frappant avec 1848, 1830 et bien sûr 1789, elle n'inspira aucun soulèvement révolutionnaire à l'étranger.

Robert Tombs, *Paris bivouac des révolutions, la Commune de 1871*, Libertalia, 2014.

Robert Tombs (né en 1949), historien britannique, professeur à Cambridge, est spécialiste de l'histoire de France au XIXe siècle et en particulier de la Commune de Paris.

Consruire son point de vue

Découvrez les documents

- Combien de temps la Commune a-t-elle duré ? Chronologie
- Contre qui les Communards dressent-ils des barricades ? doc. 2
- De quelle tension interne à la Commune de Paris André Léo témoigne-t-elle ? doc. 4

Développez des arguments

- Dans quelles institutions et selon quelles procédures se met en place la forme de démocratie directe décrite par Jacques Rougerie ? doc. 1 et 3
- Quelles nuances le texte de Robert Tombs apporte-t-il à cette idée de démocratie directe ? doc. 5

Présentez votre point de vue ORAL

- À l'oral en 10 minutes environ, répondez à la problématique, « Pourquoi la Commune de Paris, expérience de démocratie directe, a-t-elle échoué ? », en présentant plusieurs arguments.

AXE 1

Synthèse

Toutes les ressources

lycee.nathan.fr/25hggsp1re_54

Penser la démocratie : démocratie directe et démocratie représentative

I Penser la démocratie : l'invention de la démocratie à Athènes (Ve-IVe siècles)

Dates clés

Ve siècle : apogée de la démocratie athénienne

IVe siècle : évolution et remise en cause de la démocratie athénienne

- **C'est à Athènes, au Ve siècle avant notre ère, que naît la démocratie.** Cette organisation politique se fonde sur le gouvernement direct du peuple (*demos*, en grec). Elle repose sur la participation de tous les citoyens au gouvernement. La démocratie athénienne est considérée comme une expérience politique fondatrice qui établit les bases d'un système politique où le pouvoir émane des citoyens.

- **À Athènes, la démocratie est directe.** Les citoyens exercent directement le pouvoir, prennent les décisions et votent les lois à l'assemblée (*ecclésia*). Tirés au sort, ils peuvent être membres du Conseil (la *Boulè*), juges ou magistrats. Tous, une fois au moins dans leur vie, exercent l'une de ces fonctions. Cette rotation des charges assure une large participation à la vie politique et limite les risques de concentration du pouvoir. L'*ecclésia*, qui se réunit régulièrement sur la colline de la Pnyx, est le cœur battant de cette démocratie, où chaque citoyen a le droit de s'exprimer et de voter.

Jalon 1 - Une démocratie directe mais limitée : être citoyen à Athènes au Ve siècle p. 38

- **La citoyenneté athénienne implique une participation active et régulière à la vie politique de la cité,** considérée comme un véritable « métier ». Cette implication est un devoir civique fondamental, au même titre que le service militaire. Les citoyens qui en ont les moyens, se forment à l'art oratoire et à la rhétorique pour participer efficacement aux débats de l'Ecclésia, où l'éloquence joue un rôle crucial dans la prise de décision. La rémunération des fonctions publiques, introduite par Périclès, vise à permettre aux citoyens les plus pauvres de participer pleinement à la vie politique, renforçant ainsi l'idéal démocratique d'égalité politique.

- **Mais cette démocratie directe est limitée.** Les citoyens sont très minoritaires (10 % de la population) : les droits politiques ne sont accordés qu'aux seuls hommes nés de parents athéniens, ayant fait leur service militaire. Les femmes, les étrangers, les esclaves, exclus de la démocratie, sont pourtant indispensables : les femmes transmettent la citoyenneté aux enfants, les métèques ont des obligations financières et militaires et ce sont des esclaves qui gèrent les administrations. Malgré ces exclusions, le régime politique athénien est novateur pour l'époque.

II Penser la démocratie : la démocratie représentative au XIXe siècle

Dates clés

1815-1848 : régime représentatif avec suffrage censitaire

1848 : instauration du suffrage universel masculin en France

1871 : expérience de démocratie directe sous la Commune

1870-1940 : IIIe République en France, enracinement de la démocratie représentative

- **L'idéal démocratique renaît à la fin du XVIIIe siècle avec les révolutions en France et aux États-Unis.** Cependant, à l'échelle d'un État, le nombre d'individus concernés rend impossible la démocratie directe. Les libéraux, qui dominent la vie politique dans la première moitié du siècle, sont partisans d'un régime représentatif réservant la participation à une élite de l'argent et des talents qui seule peut voter (c'est le suffrage censitaire), être élue et gouverner. Ce système, bien que limitant la participation politique, est vu comme un moyen de garantir une gestion éclairée des affaires publiques.

- **Benjamin Constant, figure majeure du libéralisme,** apporte une contribution essentielle à la réflexion sur la démocratie moderne. Il établit une distinction fondamentale entre la « liberté des Anciens » (participation directe à la vie politique)

Jalon 2 – Participer ou être représenté : Benjamin Constant, « liberté des Anciens, liberté des Modernes » p. 48

et la « liberté des Modernes » (jouissance des droits individuels et de la vie privée). Constant argumente que dans les sociétés modernes, plus vastes et complexes, les citoyens préfèrent déléguer le pouvoir politique pour se consacrer à leurs intérêts privés, notamment économiques. Cette vision influence profondément la conception de la démocratie représentative, mettant l'accent sur la protection des libertés individuelles et la limitation du pouvoir de l'État, tout en reconnaissant la nécessité d'une participation citoyenne pour légitimer le gouvernement.

- **La démocratie représentative apparaît avec le suffrage universel masculin.** La régularité des élections et l'existence des libertés publiques (presse, opinion, expression, réunion) fondent la démocratie représentative libérale. En France, ce type de régime s'enracine sous la IIIe République, à partir de 1870, quand le suffrage devient libre et individuel et que les libertés publiques sont garanties et complétées par les libertés syndicales et d'association. Ce système permet une participation politique large, tout en adaptant l'idéal démocratique aux réalités des États-nation modernes.
- **La démocratie peut être détournée dans un sens illibéral.** Sous le Second Empire, le suffrage universel masculin est maintenu mais il est contrôlé pour servir l'empereur, alors que toutes les libertés publiques fondamentales sont supprimées. La démocratie représentative est toujours traversée de débats : sous la IIIe République, elle apparaît déjà comme inachevée car elle exclut encore les femmes et les colonisés. Ces exclusions sont vues de plus en plus comme des contradictions entre les idéaux démocratiques et les pratiques politiques, posant la question de l'extension progressive des droits qui marquera encore les luttes du XXe siècle...

2 formes de démocratie

DÉMOCRATIE DIRECTE : Athènes aux Ve et IVe siècles

Exercice direct du pouvoir par les citoyens

- Les citoyens sont égaux devant la loi et la justice
- Tous peuvent participer à l'*ecclésia*
- Tous peuvent être tirés au sort comme membre de la *Boulè*, juge ou magistrat

Les limites de la démocratie directe

- Le danger de la démagogie
- Les citoyens sont minoritaires dans la société athénienne
- Les nombreux exclus (femmes, métèques, esclaves) forment la majorité. Ils jouent pourtant un rôle essentiel dans le fonctionnement de la démocratie

DÉMOCRATIE REPRÉSENTATIVE : la France au XIXe siècle

Les principes de la démocratie représentative

- Les libertés publiques sont reconnues
- Suffrage universel masculin à partir de 1848
- La pratique du vote devient fréquente

Les limites

- Sous les monarchies, entre 1814 et 1848, le suffrage est censitaire
- Sous le Second Empire, les libertés sont supprimées
- Sous la IIe et la IIIe République, pas d'égalité hommes/femmes
- Les populations des colonies ont un statut spécial

Réviser avec… **1 dessin, 1 graphique, 1 frise et 1 carte**

Toutes les ressources
lycee.nathan.fr/**25hggsp1re_56**

1 Les lieux de la démocratie directe athénienne au Ve siècle

Reconstitution d'Athènes.

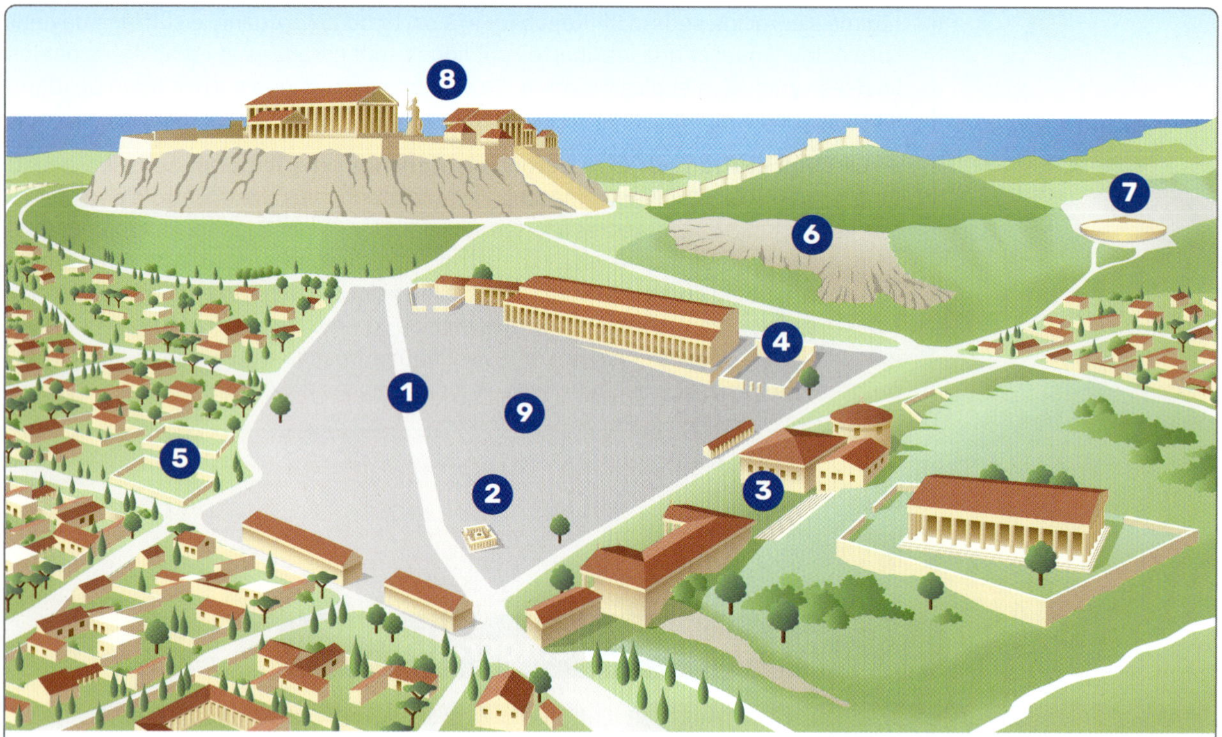

1 Voie des panathénées
2 Sanctuaire des Douze dieux
3 Bouleutérion
4 Héliée
5 Tribunaux
6 Aréopage
7 Pnyx
8 Acropole
9 Agora

Source : Agora et ses environs, crédit Bréal, in Azoulay, Documentation photographique, *2016.*

2 Les progrès de la démocratie représentative dans 3 pays d'Europe au XIXe siècle

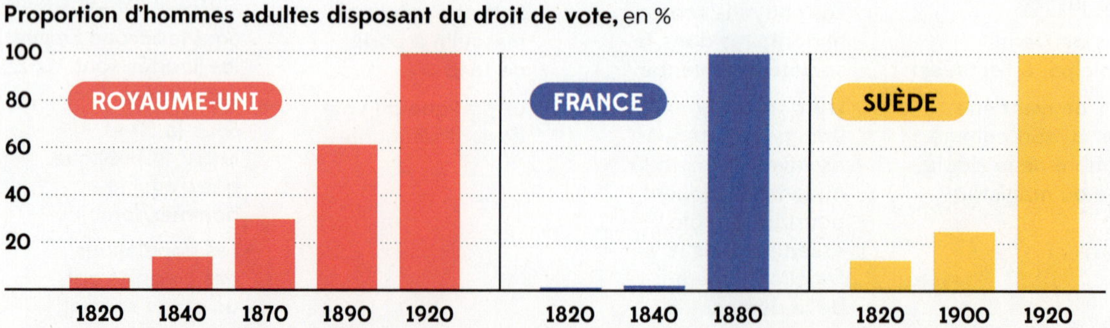

Lecture : le pourcentage d'hommes adultes disposant du droit de vote (compte tenu du cens électoral, c'est-à-dire du montant des impôts à acquiter et/ou des propriétés à détenir pour avoir le droit de voter) est passé au Royaume-Uni de 5 % en 1820 à 30 % en 1870 et 100 % en 1920, et en France de 1 % en 1820 à 100 % en 1880.

Source : Thomas Picketty, Une brève histoire de l'égalité, *Le Seuil, 2021.*

❸ Le combat pour les droits politiques des femmes en France (XIXe-XXe siècles)

Frise interactive

- **1791** – **Olympes de Gouges** publie la *Déclaration des droits de la femme et de la citoyenne*
- **1848** – Fondation de **clubs** et de **journaux féminins**, candidature de **Jeanne Deroin**
- **1877** – **Hubertine Auclert** fonde la première **association suffragiste**
- **1909** – Le député **Ferdinand Buisson** propose une loi sur le droit de vote des femmes
- **1919** – La loi est votée par l'Assemblée mais **repoussée par le Sénat** plusieurs fois
- **1934** – **Louise Weiss** crée l'association ***La Femme Nouvelle*** qui milite pour « l'égalité des droits politiques des Français et des Françaises »
- **1944** – Ordonnance introduisant le **droit de vote et d'éligibilité** pour les femmes

❹ Les régimes politiques en Europe en 2024

Carte interactive

Système politique

- **Démocartie semi-directe** : Allie démocratie directe et représentative à l'aide d'un système bicaméral.
- **Régime parlementaire**
- **Monarchie parlementaire**
- **Régime semi-présidentiel** : Le chef de l'État, également chef du gouvernement, est élu au suffrage universel et dispose de pouvoirs importants.
- **Régime présidentiel** : le chef de l'État, élu au suffrage universel, a des pouvoirs forts mais équilibrés par ceux du Parlement (qui peut mettre en cause le gouvernement, voire le président).

Source : Statista, 2024.

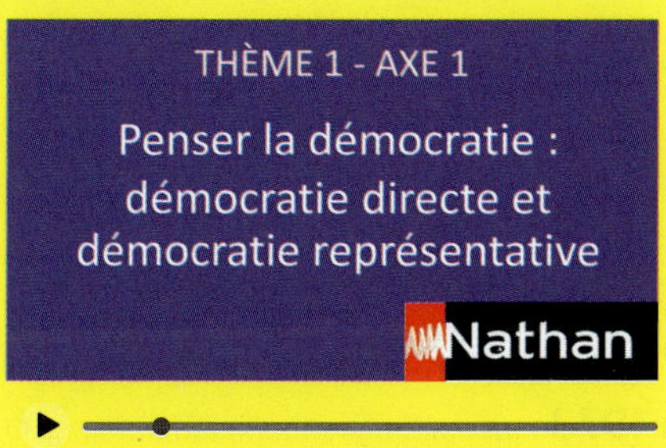

lycee.nathan.fr/**25hggsp1re_57**

❺ Mon bilan en vidéo

Pour approfondir

- **Aristophane, *L'Assemblée des femmes*, 392 av. notre ère.** Aristophane imagine les femmes prenant le pouvoir et tourne la démocratie
- **Jules Vallès, *Le Bachelier*, 1881.** Le récit romanesque de l'engagement républicain d'un jeune homme sous le Second Empire.
- **Solveig Anspach, *Louise Michel la rebelle*, 2009.** Un film sur Louise Michel, l'engagement d'une femme de la Commune de Paris à la Nouvelle-Calédonie où elle est déportée.

AXE 2

Avancées et reculs des démocraties

Si la démocratie se construit dans la cité d'Athènes au Ve siècle avant notre ère, il faut attendre la seconde moitié du XVIIIe siècle pour que renaisse l'idéal démocratique. Étudiée par Alexis de Tocqueville, la démocratie semble incarner « un monde tout nouveau » [*De la démocratie en Amérique, 1835*], plus juste mais également fragile et devant être sans cesse défendu.

En effet, la démocratie s'avère régulièrement menacée par des forces hostiles, qu'elles soient conservatrices, révolutionnaires, ou populistes. Alors que les dictatures de l'Europe méditerranéenne – le Portugal de Salazar et l'Espagne de Franco – s'écroulent dans les années 1970 pour laisser place à des démocraties, de nombreux pays d'Amérique du Sud voient simultanément l'implantation de régimes autoritaires, comme le Chili de Pinochet ou bien l'Argentine sous la junte militaire.

Ainsi, loin d'être une avancée linéaire et définitive, l'instauration de régimes démocratiques demeure fragile et sujette à de nombreux défis.

SOMMAIRE

Avril 1974 : la révolution des Œillets au Portugal

Une révolution à la fois militaire, politique et populaire met fin à la dictature et installe la démocratie.

Photographie de Gilles Peress (Agence Magnum).

Toutes les ressources
lycee.nathan.fr/25hggsp1re_60

Avancées et limites de la démocratie aux États-Unis et en France au XIXe siècle

Quels sont les freins aux progrès de la démocratie aux États-Unis et en France dans la première moitié du XIXe siècle ?

Dates clés
Aux États-Unis

- 1787 Constitution des États-Unis d'Amérique
- 1831 1832 Voyage de Tocqueville en Amérique
- 1868 et 1870 14e et 15e amendements portant sur les droits des Afro-américains

I Avancées et limites de la démocratie aux États-Unis

A Un modèle démocratique original

- **Aux États-Unis, la révolution de 1776 conduit à la mise en place, jusqu'au début du XIXe siècle, d'une démocratie originale.** Les premiers amendements à la Constitution de 1787 garantissent la séparation des pouvoirs et les libertés publiques (religieuse, d'expression...). Le pouvoir législatif de cette république fédérale est confié au **Congrès**. Lorsqu'en 1831, Alexis de Tocqueville, jeune magistrat français, se rend aux États-Unis, le **suffrage universel** masculin blanc est reconnu dans la plupart des États. L'alphabétisation précoce des populations et une presse puissante favorisent l'avènement d'une culture démocratique.

- **Le modèle présidentiel américain fait l'admiration de nombreux libéraux en France.** Désigné au suffrage universel masculin indirect, à la fois chef d'État et chef du gouvernement, le président des États-Unis dispose de pouvoirs étendus mais bien encadrés ; il jouit d'un immense prestige. Séduit par ce modèle, Tocqueville, observateur attentif de la vie politique américaine, s'interroge cependant sur ses dangers. Il estime que, en étant rééligible, le président peut devenir « un instrument docile dans les mains de la majorité ».

B La démocratie en question

- **À l'aspiration à l'égalité, Tocqueville oppose le risque de « tyrannie de la majorité ».** Tocqueville se montre critique envers le modèle américain. Comme beaucoup de libéraux de son temps, il redoute que le principe d'égalité, moteur de la démocratisation des sociétés et des gouvernements, menace à terme les libertés. Selon lui, puisque le suffrage donne raison à la majorité, les groupes minoritaires, en devant s'incliner devant elle, peuvent en subir la tyrannie.

- **L'analyse de Tocqueville néglige certains aspects inégalitaires de la démocratie américaine, comme l'esclavage.** Les États-Unis sont en effet une puissance esclavagiste dans laquelle les Afro-américains, esclaves ou libres, sont déclarés non citoyens en 1857 par un arrêt de la **Cour suprême**. Il faut attendre l'issue de la guerre de Sécession (1861-1865) pour que le Congrès adopte le 13e **amendement** qui abolit l'esclavage, puis les 14e et 15e amendements portant sur les droits civils et le droit de vote des Afro-américains.

- **Les Indiens sont exclus de la démocratie américaine.** Depuis la fin du XVIIIe siècle, l'expansion vers l'Ouest et la conquête de nouveaux territoires s'accompagnent de massacres et de déportations de ces populations que la **Cour suprême** qualifie en 1831 de « nations domestiques dépendantes » à qui la citoyenneté est refusée.

Vocabulaire

Amendement : texte qui s'ajoute à la Constitution et la modifie.

Congrès : aux États-Unis, réunion des deux chambres incarnant le pouvoir législatif, la Chambre des représentants et le Sénat.

Cour suprême : aux États-Unis, cour de 9 juges qui délibère sur les litiges entre les États et l'État fédéral.

Libéraux : en France, le terme désigne les défenseurs d'une ligne politique qui vise à concilier les principes de liberté et d'autorité. Les libéraux sont favorables à un régime parlementaire, mais avec un pouvoir exécutif fort. Parce qu'ils veulent une société stabilisée, ils rejettent les forces révolutionnaires aussi bien que celles de la réaction.

Plébiscite : sous le Second Empire, scrutin (où l'on vote « oui » ou « non ») qui doit montrer l'adhésion des citoyens à l'empereur et à sa politique.

Suffrage censitaire : mode de suffrage dans lequel seuls les citoyens les plus riches peuvent voter.

Suffrage universel : système électoral dans lequel tous les citoyens majeurs peuvent voter.

II En France, une démocratisation difficile

A Avènement et limites de la démocratie sous la Seconde République (1848-1851)

● **Inspirés par les modèles américain et britannique, les libéraux français sont pourtant fermement opposés à l'égalité politique.** Selon eux, celle-ci peut en effet conduire à la « dictature du nombre ». La Restauration et la monarchie de Juillet (1815-1848), qui tentent d'opérer un compromis entre la monarchie et les aspirations démocratiques de la société, sont marquées par leur influence. En établissant des **suffrages censitaires** resserrés (entre 100 000 et 240 000 électeurs), ces régimes maintiennent à bonne distance de la vie politique un peuple dont ils se méfient.

● **Sous la Seconde République, la démocratie connaît une succession d'avancées et de reculs.** Février 1848 marque une importante avancée démocratique avec l'adoption du suffrage universel masculin, la suppression de la peine de mort pour raison politique et l'abolition de l'esclavage. Rapidement toutefois, des divergences surgissent concernant la nature du nouveau régime. Parmi les Républicains, ceux qui voudraient voir triompher une démocratie sociale proposent par exemple d'inscrire dans la Constitution un « droit au travail ».

● **Tocqueville est un acteur de cette avancée démocratique de 1848, qu'il observe et critique dans le même temps.** Opposant à la monarchie de Juillet, il est élu à l'Assemblée constituante en avril 1848 et devient membre de la Commission chargée de rédiger une nouvelle constitution. Effrayé par la révolution, il contribue à mettre en place un régime conservateur qui écrase l'insurrection de juin 1848. Tocqueville reconnaît la légitimité que le suffrage universel confère à Louis-Napoléon Bonaparte, élu président de la République en décembre 1848. En 1849, il est même ministre des Affaires étrangères. Mais récusant le principe de réélection du président de la République, il s'oppose à Louis-Napoléon Bonaparte et au coup d'État du 2 décembre 1851 qui met fin à la Seconde République.

B Le Second Empire, un régime autoritaire (1852-1870)

● **Napoléon III fonde un régime politique inédit.** Ce régime autoritaire combine suffrage universel et gouvernement de type dictatorial. Le suffrage universel masculin est en effet contrôlé par la pratique, antidémocratique, des candidatures officielles. L'originalité du régime tient surtout dans la volonté affichée par Napoléon III, qui cumule la plupart des pouvoirs, d'établir un lien direct entre sa personne et les Français (voyages en province avec bains de foule et **plébiscites**).

● **La démocratie progresse cependant durant la décennie 1860, qualifiée de libérale.** Le délit de coalition, qui interdisait aux paysans et aux ouvriers de se rassembler, est abrogé en 1864. En 1868, une loi favorise la liberté de la presse et une autre autorise les réunions publiques. Par ailleurs, la vie parlementaire renaît progressivement, ce qui est l'une des caractéristiques majeures de la démocratie représentative.

Pour aller + loin

« Alexis de Tocqueville », *La Marche de l'histoire*, France Inter, 2016.
Épisode très accessible sur la vie et la pensée politiques de Tocqueville, avec l'historienne Brigitte Krulic.

« 1776, la peur de la démocratie », *USA, anatomie d'une démocratie*, épisode 1, France Inter, 2024.
Dès l'origine, la République modèle rêvée par les Pères fondateurs des États-Unis se révèle pétrie de paradoxes…

Thomas Snégaroff, Romain Huret, *États-Unis, anatomie d'une démocratie*, France Inter, 2024.
Aux côtés de l'historien Romain Huret, Th. Snégaroff revient, en six grandes dates, sur la véritable histoire de la démocratie américaine.

Dates clés
En France

- 1830 – 1848 : Monarchie de Juillet
- 1839-1851 : Tocqueville député de la Manche
- 1849 : Tocqueville ministre des Affaires étrangères
- 1848 – 1851 : Seconde République
- 2 déc. 1851 : Coup d'État de Louis-Napoléon Bonaparte
- 2 déc. 1852 : Rétablissement de l'Empire
- 19 juil. 1870 : Début de la guerre contre la Prusse
- 2 sept. 1870 : Capitulation de Sedan

Fiches de lecture

Marie-Jeanne Rossignol, « Aux origines de la démocratie américaine », *Documentation photographique*, n° 8038, 2004.
Dans ce numéro, les pages « Point de vue » notamment illustrent bien les étapes et les défis de la démocratisation aux États-Unis jusqu'à la fin du XIXe siècle.

Olivier Zunz, « Tocqueville a-t-il tout compris ? », *in États-Unis. Les fièvres d'une démocratie*, L'Histoire – Collection, n° 104, juillet-septembre 2024.
Entretien avec l'historien Olivier Zunz sur le regard porté par le juriste Alexis de Tocqueville sur l'Amérique du Nord lors de son voyage aux États-Unis. On apprend les motivations de Tocqueville et ses remarques sur la démocratie américaine, ses craintes concernant la survie de l'Union…

L'inquiétude de Tocqueville : de la démocratie à la tyrannie ? Une analyse politique

Toutes les ressources
lycee.nathan.fr/25hggsp1re_62

Alexis de Tocqueville (1805-1859) se fait connaître, après un séjour aux États-Unis, par ses réflexions sur la démocratie américaine et sur les rapports entre liberté et égalité. Homme politique lui-même, il est député de 1839 à 1851, et ministre quelques mois en 1849 sous la Seconde République. Comme les libéraux de son temps, il redoute que la démocratie menace les libertés.

Quelles faiblesses de la démocratie suscitent l'inquiétude de Tocqueville ?

1 Le modèle démocratique aux États-Unis

En Amérique, le peuple nomme celui qui fait la loi et celui qui l'exécute ; lui-même forme le jury qui punit les infractions à la loi. Non seulement les institutions sont démocratiques dans leur principe, mais encore dans tous leurs développements ; ainsi le peuple nomme *directement* ses représentants et les choisit en général *tous les ans*, afin de les tenir plus complètement dans sa dépendance. C'est donc réellement le peuple qui dirige, et quoique la forme du gouvernement soit représentative, il est évident que les opinions, les préjugés, les intérêts, et même les passions du peuple, ne peuvent trouver d'obstacles durables qui les empêchent de se produire dans la direction journalière de la société. Aux États-Unis, comme dans tous les pays où le peuple règne, c'est la majorité qui gouverne au nom du peuple.

Cette majorité se compose principalement des citoyens paisibles, qui, soit par goût, soit par intérêt, désirent sincèrement le bien du pays. Autour d'eux s'agitent sans cesse les partis, qui cherchent à les attirer dans leur sein et à s'en faire un appui.

Alexis de Tocqueville, *De la démocratie en Amérique*, tome 2, partie 2, chap. 1, 1840.

→ **Quels sont les pouvoirs du peuple dans la démocratie américaine ?**

2 Le risque de tyrannie en démocratie

Je regarde comme impie et détestable cette maxime, qu'en matière de gouvernement la majorité d'un peuple a le droit de tout faire, et pourtant je place dans les volontés de la majorité l'origine de tous les pouvoirs. Suis-je en contradiction avec moi-même ? [...] Qu'est-ce donc qu'une majorité prise collectivement, sinon un individu qui a des opinions et le plus souvent des intérêts contraires à un autre individu qu'on nomme la minorité ? Or, si vous admettez qu'un homme revêtu de la toute-puissance peut en abuser contre ses adversaires, pourquoi n'admettez-vous pas la même chose pour une majorité ? [...] Lors donc que je vois accorder le droit et la faculté de tout faire à une puissance quelconque, qu'on l'appelle peuple ou roi, démocratie ou aristocratie, je dis : là est le germe de la tyrannie, et je cherche à aller vivre sous d'autres lois. [...]

Supposez, au contraire, un corps législatif composé de telle manière qu'il représente la majorité, sans être nécessairement l'esclave de ses passions ; un pouvoir exécutif qui ait une force qui lui soit propre, et une puissance judiciaire indépendante des deux autres pouvoirs ; vous aurez encore un gouvernement démocratique, mais il n'y aura presque plus de chances pour la tyrannie.

Je ne dis pas que dans le temps actuel on fasse en Amérique un fréquent usage de la tyrannie, je dis qu'on n'y découvre point de garantie contre elle.

Alexis de Tocqueville, *De la démocratie en Amérique*, tome 2, partie 2, chap. 7, Paris, 1840.

Biographie

Alexis de Tocqueville (1805-1859)
Écrivain et homme politique, il se fait connaître par son essai politique *De la démocratie en Amérique* (1835-1840). Libéral, il est député de la Manche de 1839 à 1851 et ministre des Affaires étrangères durant quelques mois sous la Seconde République.

Portrait d'Alexis de Tocqueville par Théodore Chassériau, 1850.

→ **Quelle tyrannie une démocratie peut-elle craindre selon Tocqueville ?**

3 Tocqueville et la démocratie américaine

Le regard d'un historien

Étant donné le milieu relativement restreint auquel appartenaient ses interlocuteurs – des juges, des diplomates, et surtout des avocats comme lui c'est-à-dire essentiellement « les riches et localement célèbres » – il n'est guère étonnant que Tocqueville se soit parfois trompé. Tocqueville semble ne pas avoir remarqué les artisans obligés de reprendre le statut d'ouvriers non qualifiés, ou les dockers immigrés, ou les noirs libres vivotant aux marges de la société américaine. Il a croisé des Indiens d'Amérique expulsés des États de l'Est du pays sur le fameux Sentier des Larmes[1]. Mais il n'en a pas tiré grand-chose, ne faisant pas la connexion entre cette expérience et ses propres réflexions sur le danger de la tyrannie de la majorité. En ce qui concerne l'esclavage, il s'est dépêché de traverser le Sud, ne prenant pas le temps de visiter une plantation. Il n'est pas étonnant qu'il n'ait vu que la classe moyenne en Amérique.

François Furstenberg, « Du voyage de Tocqueville en Amérique », *Slate*, 19 mai 2010.

1. Nom donné aux déportations très meurtrières d'Indiens dans les années 1830.

François Furstenberg est un historien américain, professeur à l'université de Montréal.

→ **À quelles formes de tyrannie Tocqueville n'a-t-il pas été sensible ?**

5 La répression militaire de juin 1848 vue par un peintre

Ernest Meissonier, *La Barricade, rue de la Mortellerie*, juin 1848 ou *Souvenir de guerre civile*, 1848.
Huile sur toile, musée du Louvre, Paris.

→ **Quelle image de la répression le peintre donne-t-il ?**

4 Une tyrannie acceptable

Le 23 juin 1848, 4 mois après la proclamation de la République, une insurrection de la misère éclate dans les quartiers ouvriers de Paris suite à la fermeture des ateliers nationaux[1]. Les députés, dont Tocqueville, votent des mesures de répression.

L'insurrection fut de telle nature que toute transaction avec elle parut sur-le-champ impossible et qu'elle ne laissa, dès le premier moment, d'autre alternative que de la vaincre ou de périr. [...] [À l'Assemblée] il s'agissait de voter un décret qui mît Paris en état de siège[2] [...]. Je me levai contre [ce] paragraphe ; je le fis par instinct plus que par réflexion. J'ai naturellement un tel mépris et une si grande horreur pour la tyrannie militaire que ces sentiments se soulevèrent en tumulte dans mon cœur, quand j'entendis parler de l'état de siège, et dominèrent ceux mêmes que le péril faisait naître. En ceci, je fis une faute qui, fort heureusement, eut assez peu d'imitateurs. [...] [On dit que] les partisans du général Cavaignac[3] avaient répandu à dessein des bruits sinistres afin de hâter le vote. Si ceux-ci ont, en effet, employé cette supercherie, je le leur pardonne volontiers, car les mesures qu'ils firent ainsi prendre étaient indispensables au salut du pays.

Alexis de Tocqueville, *Souvenirs*, chap. 9, 1893.

1. Ateliers ouverts par l'État en mars 1848 pour proposer du travail aux chômeurs parisiens.
2. Décision de placer une ville au pouvoir de l'armée. Les libertés sont suspendues.
3. Général à qui est confié le pouvoir pendant les jours de répression.

→ **Qu'est-ce qui pour Tocqueville justifie la « tyrannie militaire » en juin 1848 ?**

Questions et activités

Parcours 1

1. De quelle manière la démocratie peut-elle devenir une tyrannie ? doc. 1 et 2

2. Quelles formes de tyrannie Tocqueville ne voit-il pas ou accepte-t-il ? doc. 3 à 5

Synthèse. Quelle forme de tyrannie suscite l'inquiétude de Tocqueville ?

Parcours 2

Réaliser un exposé.

Présentez les fonctions exercées par Tocqueville et ses positions politiques (sur la Révolution de février, les premières élections au suffrage universel masculin en France, l'insurrection de juin, le gouvernement).

Toutes les ressources
lycee.nathan.fr/25hggsp1re_64

La difficile démocratisation de l'Amérique latine, des années 1960 aux années 1990

Pourquoi la démocratie apparaît-elle comme fragile et instable en Amérique latine ?

I L'Amérique latine, terre de démocraties fragiles dans les années 1960

A Un continent sous influence américaine

- **L'héritage de la doctrine Monroe (1823) est réactivé au temps de la guerre froide.** Les États-Unis veulent à tout prix éviter que l'Amérique latine ne devienne communiste. Pour cela, Washington déploie une coopération militaire active : après le **traité de Rio** (1947), la conférence de Bogota (1948) crée l'**Organisation des États américains (OEA)**, consolidant les liens du continent américain.

- **Les États-Unis multiplient les plans d'aide au développement pour freiner la progression du communisme.** En 1960, ils débloquent 500 millions de dollars pour le continent. Le président Kennedy lance « l'Alliance pour le progrès » en 1961, une aide de 20 milliards de dollars sur dix ans que Johnson porte à 3 milliards par an en 1967. Cette politique d'endiguement vise à empêcher toute nouvelle révolution de type cubain sur le continent.

B Des régimes politiques instables

- **Des régimes qui se présentent comme des démocraties mais qui sont en réalité des dictatures se mettent en place en Amérique latine.** C'est le cas au Nicaragua (où règne la famille Somoza) ou au Paraguay (Alfredo Stroessner). Les libertés y sont restreintes, les oppositions interdites, les politiques sociales limitées. Les *pronunciamientos* (coups d'État militaires) deviennent un mode courant d'accession au pouvoir.

- **Dans ce contexte, le Chili, l'Uruguay et le Costa Rica font figure d'exceptions démocratiques.** Le Chili, malgré l'inflation et les difficultés sociales à la fin des années 1960, s'avère l'un des rares États à maintenir une tradition démocratique ininterrompue depuis 1932, sans pression directe de l'armée, pourtant partout puissante sur le continent.

II Un continent en proie aux révolutions et aux dictatures militaires

A Le continent des révolutions

- **Au terme d'une révolution, Fidel Castro s'empare du pouvoir à Cuba en 1959.** Il met au pas l'Église catholique, procède à une **réforme agraire** et à des **nationalisations** qui s'exercent au détriment des capitaux étatsuniens. En avril 1961, 1 500 mercenaires anticastristes entraînés par la CIA échouent à reprendre l'île (débarquement de la baie des Cochons) ; Castro triomphe. L'**embargo** américain qui suit la « crise des fusées » en 1962 fait de l'île, alliée de l'URSS, le symbole de la résistance aux États-Unis.

- **Des révolutionnaires comme Ernesto Guevara** tentent de déployer la révolution continentale : c'est l'ère du **foquisme**. Les fortes inégalités sociales et le mal développement favorisent la propagation de l'onde de choc de la révolution, qui touche le Venezuela et renforce les communistes du sud de la Colombie (les

Biographie

Salvador Allende (1908-1973)
Sénateur socialiste dès 1945, Salvador Allende a été plusieurs fois candidat à la présidence de la République avant de remporter l'élection de 1970. Il tente de mettre en place un État socialiste, s'attirant l'hostilité des États-Unis et de ses opposants politiques. Ces derniers finissent par l'assassiner et renverser le régime par un coup d'État.

Vocabulaire

Contras (en espagnol, signifiant « contre-révolutionnaires ») : groupes armés soutenus par les États-Unis, qui luttent contre le mouvement démocratique sandiniste au Nicaragua entre 1979 et 1990.

Coup d'État (*pronunciamiento*) : renversement politique opéré par la force des armes.

Dictature : régime politique antidémocratique, établi et maintenu par la violence, dans lequel une personne ou un petit groupe de personnes exerce les pouvoirs sans limite.

Doctrine Monroe : doctrine énoncée en 1823 affirmant l'indépendance diplomatique des États-Unis et s'opposant à toute ingérence dans les affaires du continent américain, désormais considéré comme la « chasse gardée » des États-Unis.

Embargo : suspension de l'exportation d'un ou plusieurs produits vers un État, à titre de punition ou de moyen de pression.

Foquisme : théorie de la guerre révolutionnaire formulée par Ernesto Guevara qui souhaitait créer des foyers (*focos*) révolutionnaires sur le continent.

FARC naissent en 1966]. Les guérillas se diffusent dans les Andes [Pérou, Bolivie où Guevara meurt en 1967] et en Amérique centrale.

B La croisade anticommuniste légitime les pouvoirs autoritaires

● **La menace marxiste, surévaluée, favorise les politiques dites de « sécurité nationale ».** Alors que le continent ne comptait plus que trois régimes militaires en 1960, les **coups d'État** se multiplient : on en dénombre 13 en 1973. Les États-Unis contribuent activement au renversement des démocraties, en soutenant par exemple des groupes de combattants, comme les ***contras*** du Nicaragua. C'est aussi le cas dans le Chili du socialiste Salvador Allende. Élu en 1970, contesté par la droite et débordé par une aile gauche radicale, Allende est renversé le 11 septembre 1973.

● **Des dictatures militaires implacables s'installent sur le continent** pour une durée de 20 ans au Brésil, 17 ans au Chili, 12 ans en Uruguay. Certains pays ont connu différentes phases autoritaires, comme l'Argentine entre 1962 et 1983 : les militaires, qui déposent deux Présidents en 1962 et en 1966, permettent le retour de Juan Perón en 1973 avant de reprendre le pouvoir en 1976. Partout les pouvoirs conservateurs s'appuient sur les oligarchies, traquent les ennemis intérieurs et les éléments jugés subversifs.

III De la dictature à la démocratie

A Des dictatures pratiquant la répression

● **Les dictatures d'Amérique latine répriment particulièrement les intellectuels.** C'est le cas au Chili sous le régime d'Augusto Pinochet ou au Brésil après le putsch militaire de 1964. En Argentine, les quatre généraux qui se succèdent de 1976 à 1983 à la tête du pays livrent une lutte contre tous les éléments marxistes de la société. Les victimes se comptent par milliers [entre 10 000 et 30 000] jusqu'en 1983. La plupart du temps, les dictatures et « démocraties autoritaires » échouent à redresser la situation économique des États.

B Le rétablissement des régimes démocratiques

● **L'échec économique des dictatures et la large mobilisation des sociétés civiles affaiblissent la légitimité des juntes.** Dès le début des années 1980, cette situation permet le retour de la démocratie dans certains pays d'Amérique latine où elle avait disparu. Elle est ainsi rétablie en Argentine en 1983, au Brésil en 1985. Au Chili, le régime de Pinochet relâche la pression grâce aux grandes manifestations de rue [*protestas*]. Celle du 18 novembre 1983 rassemble par exemple 500 000 personnes à Santiago. Les larges manifestations uruguayennes de 1983-1984 permettent également le retour à la démocratie.

● **En 1986, quatre États vivent encore sous une dictature [Panama, Chili, Paraguay, Haïti].** Si des tensions politiques et sociales demeurent sur le continent, l'esprit démocratique, au fil des réformes, progresse partout : en 1990, la plupart des États sont devenus démocratiques.

Vocabulaire

Junte : dictature militaire à la tête de laquelle se trouvent des chefs de l'armée.

Nationalisation : transfert de la propriété privée des moyens de production à la nation.

OEA [Organisation des États américains] : organisation créée en 1948 lors de la Conférence de Bogota visant à œuvrer pour la paix et la sécurité sur le continent américain tout en y favorisant la coopération économique et culturelle.

Réforme agraire : politique visant à redistribuer les terres de culture pour les répartir plus équitablement.

Traité de Rio : traité interaméricain d'assistance réciproque conclu en 1947 et qui unit tous les États américains [à l'exception du Canada] contre le bloc soviétique.

Fiches de lecture

Gilles Bataillon, « Chili, anatomie d'un coup d'État », *L'Histoire*, n° 391, septembre 2013.
Un article de synthèse pour approfondir le sujet du 11 septembre 1973 et du renversement de Salvador Allende.

Olivier Dabène, *L'Amérique latine à l'époque contemporaine*, Armand Colin, coll. U, 2020 [9e éd.].
Manuel extrêmement clair fournissant des repères essentiels, notamment les chapitre 4 à 6, de la révolution cubaine [1950-1970] à la démocratie de marché [1979-1990].

Pour aller + loin

« Castro : de la révolution cubaine à la crise des missiles », *Toute l'Histoire*, 2021.
Documentaire sur la révolution cubaine menée par Fidel Castro contre le régime du président Batista, gangrené par la corruption, en 1959.

« Le coup d'État du général Pinochet : 11 septembre 1973 », *Ils l'ont vécu*, France Culture, 2023.
Saison de la collection « Ils l'ont vécu » racontant la journée du 11 septembre 1973 qui a fait basculer l'histoire chilienne. Revivez ce jour-là en archives et avec les témoignages de celles et ceux qui l'ont vécu.

« 50 ans depuis le coup d'État au Chili », *Radio-Canada Info*, 2023.
Entretien avec l'un des survivants du 11 septembre 1973, le jour où le gouvernement d'Allende est renversé par le général Pinochet.

Reculs et avancées de la démocratie en Amérique latine

Toutes les ressources

lycee.nathan.fr/25hggsp1re_66

Les années 1970-1980 en Amérique latine illustrent parfaitement la fragilité des régimes démocratiques. Alors que de nombreux pays du continent basculent dans l'autoritarisme militaire, comme le Chili de Pinochet après le coup d'État de 1973, une vague de démocratisation s'amorce progressivement dans les années 1980, témoignant des avancées et reculs possibles de la démocratie.

1 L'Amérique latine des années 1960 aux années 1980 : continent autoritaire, continent révolutionnaire

Carte interactive

2 L'heure de la transition démocratique latino-américaine (1979-1990)

Carte interactive

Vocabulaire

Transition démocratique : passage progressif de la dictature à la démocratie, par l'organisation d'élections libres, l'autorisation du multipartisme et la fin de la censure.

Questions

1. Quels sont les bouleversements politiques survenus sur le continent américain dans les années 1970 ?

2. Par quels moyens ces régimes autoritaires sont-ils installés ? Ont-ils tous les mêmes finalités et orientations politiques ?

3. Pourquoi peut-on parler de transition démocratique du continent américain dans les années 1980 ?

JALON 2

Étude

Crises et fin de la démocratie : le Chili de 1970 à 1973

Toutes les ressources

lycee.nathan.fr/25hggsp1re_68

Le 11 septembre 1973 au Chili, un coup d'État renverse le régime socialiste de Salvador Allende, démocratiquement élu par le peuple et le Congrès en octobre 1970. Dans ce pays où la démocratie semblait enracinée et où les forces armées étaient réputées loyales, le coup d'État surprend.

Pourquoi et comment la démocratie est-elle renversée au Chili le 11 septembre 1973 ?

1 Nationaliser, une démarche politique

« Les Chiliens s'habillent taille patron. À présent le cuivre est chilien ! »

Affiche de Vincente Larrea, 1971.

2 La nationalisation des mines de cuivre

La nécessité de mettre au service des énormes besoins du peuple la totalité de nos ressources économiques allait de pair avec la récupération pour le Chili de sa dignité. [...] Nous avons nationalisé le cuivre. Nous l'avons fait avec le vote à l'unanimité du Parlement, où les partis de gouvernement sont en minorité. Nous voulons que tout le monde comprenne clairement : nous n'avons pas confisqué les entreprises étrangères de l'industrie minière du cuivre. [...]

Ces mêmes entreprises, qui ont exploité le cuivre chilien pendant de nombreuses années, rien que pendant les 42 dernières années, ont empoché pendant ce laps de temps plus de 4 milliards de dollars, alors que leur investissement initial ne dépassait pas les 30 millions de dollars. Un seul exemple douloureux par contraste : il y a dans mon pays 700 000 enfants qui ne pourront jamais jouir de la vie dans des conditions humaines normales parce que dans les 8 premiers mois de leur existence, ils n'ont pas reçu la quantité élémentaire de protéines. 4 milliards de dollars transformeraient totalement ma patrie. Rien qu'une petite partie de cette somme assurerait pour toujours des protéines à tous les enfants de ma patrie.

Extraits du discours de S. Allende à l'Assemblée générale de l'ONU, 4 décembre 1972.

→ **Pour quelles raisons la nationalisation du cuivre est-elle stratégique aux yeux de Salvador Allende ?**

3 1972, le début de l'épreuve de force

Le regard d'un sociologue

Tandis que le gouvernement d'Allende est contesté par l'extrême gauche qui lui reproche la timidité de ses mesures, ses opposants de droite organisent un grand mouvement de grève visant à la déstabilisation du régime.

Les hostilités commencent le 11 octobre, avec la grève illimitée proclamée par la corporation des transporteurs routiers [...]. Se joignent à cette « grève », dans les jours qui suivent, les commerçants de détail dès le 13 puis l'ordre des médecins, des architectes, des avocats ; les syndicats d'employés de banques et pratiquement toutes les associations de professionnels de « classe moyenne » [...]. Finalement les patrons des usines tentent à leur tour d'arrêter la production par des lock-out techniques et des provocations diverses destinées à entraîner des grèves.

Face à cette situation, le gouvernement procède à des réquisitions de camions, des réouvertures de commerce et des saisies de stocks. L'intervention de l'État dans une série de services et d'entreprises est décidée. Mais le caractère essentiel de la crise est donné par la mobilisation et l'organisation spontanée de la population dans les quartiers populaires et dans les entreprises. À partir du 15 octobre, les collectifs ouvriers prennent en main la production et organisent la sécurité contre les attentats terroristes qui se multiplient contre les installations.

Alain Joxe, *Le Chili sous Allende*, Gallimard, 1974.

→ **Quels sont les acteurs et les enjeux de la crise d'octobre 1972 au Chili ?**

4 Le coup d'État du 11 septembre 1973

Salvador Allende se trouve encore dans le palais présidentiel de La Moneda en flammes, le 11 septembre 1973, alors que les forces putschistes emmenées par le commandant en chef de l'armée chilienne, Augusto Pinochet, assiègent le bâtiment.

→ **Comment cette photographie témoigne-t-elle du renversement de la démocratie ?**

Salvador Allende, de l'élection à la chute

- 4 sept. 1970 : **Élection de Salvador Allende** à la Présidence du Chili.
- 6 juillet 1971 : **Nationalisation des mines de cuivre** (ses extractions représentent 80 % des exportations chiliennes).
- 30 oct. 1972 : Pour tenter de mettre fin à une vague de grèves, Allende annonce l'entrée de trois généraux au gouvernement.
- 11 sept. 1973 : **Coup d'État militaire** du général Augusto Pinochet, assassinat de Salvador Allende.

5 Le rôle des États-Unis

Le regard d'un diplomate

Le concours matériel apporté par la CIA à l'organisation de l'assassinat fait désormais d'autant moins de doute que, [...] dans le film Le dernier combat de Salvador Allende, Paul Wimert, attaché militaire des États-Unis au moment des faits, confesse très tranquillement, dans une interview, avoir remis aux comploteurs armes et argent. [...]

Le Président Gérald Ford devait, pour sa part, vendre définitivement (en 1977) la mèche dans ce qui fut qualifié par le New York Times comme « la déclaration la plus malheureuse qu'ait jamais faite un chef d'État respectueux, en principe, de la loi ».

Non seulement reconnut-il explicitement la participation active de la CIA dans la chute d'Allende, mais encore revendiqua-t-il le droit de son pays à contribuer au renversement de gouvernements constitutionnels étrangers s'ils venaient à afficher des tendances jugées, par lui, inacceptables. Quitte à avoir recours à la corruption et à la violence. Selon M. Ford, ce qu'il appela « l'effort consenti par les États-Unis en faveur du Chili » était déterminé par la nécessité de protéger « les meilleurs intérêts américains ». Quand un journaliste lui demanda « En vertu de quel statut international les Américains s'arrogent-ils le droit d'attenter contre la stabilité du gouvernement d'un autre pays, surtout s'il est issu du libre suffrage ? », il lui fut répondu : « je ne vais pas entrer dans le débat, ni porter de jugement sur le droit international. C'est un fait reconnu, historiquement... de telles mesures on les prend toujours dans l'intérêt bien compris des pays concernés. »

Antoine Blanca, *Salvador Allende. L'autre 11 septembre*, éditions Bruno Leprince, 2003.

Antoine Blanca (1936-2016) a été ambassadeur français dans plusieurs pays d'Amérique latine entre 1984 et 2001.

→ **Comment et pourquoi les États-Unis se sont-ils impliqués dans ce coup d'État militaire ?**

Questions et activités

Parcours 1

1. Montrez que le gouvernement de Salvador Allende possédait de véritables ambitions socialistes (économie, société). doc. 1 et 2

2. Quelles sont les oppositions qui fragilisent le gouvernement de S. Allende ? doc. 3

3. Quelles sont les forces qui participent au renversement de la démocratie ? doc. 4 et 5

Synthèse. Comment la démocratie est-elle renversée au Chili le 11 septembre 1973 ?

Parcours 2

Préparer un diaporama

Réalisez une présentation numérique ayant pour titre : « Salvador Allende, de l'accession au pouvoir au coup d'État du 11 septembre 1973 ». Vous pourrez vous inspirer du plan suivant : I - Les objectifs de la présidence d'Allende / II - De multiples oppositions / III. Le coup d'État du 11 septembre 1973.

Les avancées démocratiques de l'Europe méditerranéenne dans les années 1970 et 1980

Toutes les ressources
lycee.nathan.fr/25hggsp1re_70

Comment l'Espagne, le Portugal et la Grèce ont-ils mené une transition démocratique pacifique et durable ?

I En Grèce, la démocratie renaît après la dictature des colonels

A La Grèce des colonels

- **En Grèce, les militaires gouvernent implacablement** le pays depuis qu'ils ont renversé la monarchie en 1967. Le colonel Georges Papadopoulos, premier ministre en 1972, proclame une **amnistie** en 1973 et annonce l'organisation d'élections et une constitution pour une « nouvelle république ».

- **Les étudiants mènent un mouvement de contestation** pour un « nouvelle démocratie », avant d'être violemment réprimés en novembre 1973. Papadopoulos, sans soutien de la population, est renversé huit jours plus tard par un coup d'État organisé par les éléments les plus intransigeants de l'armée.

B La crise chypriote emporte la dictature

- **La junte qui dirige le pays souhaite rattacher Chypre à la Grèce.** Les colonels précipitent une crise internationale, déclenchant l'invasion du nord de l'île par la Turquie en juillet 1974. Le premier ministre Konstantínos Karamanlís, soutenu par les colonels, évite que la guerre n'éclate. Devenu l'homme fort du pays, soutenu par la population, il lance le processus de démocratisation qui mène à l'abolition de la monarchie et à la mise en place de la République en décembre 1974.

- **L'année 1975 accélère la démocratisation :** les anciens colonels sont jugés, une constitution démocratique voit le jour et Karamanlís demande l'adhésion de son pays à la **CEE**, qui sera effective en 1981.

II Au Portugal, le pays tourne la page salazariste

A La révolution des Œillets abat un régime vieux de quarante-huit ans

- **En 1968, le vieux dictateur Salazar est destitué au profit de Caetano, qui peine à libéraliser le régime.** L'impasse de la politique coloniale portugaise, les guerres en Angola et au Mozambique nourrissent l'opposition, particulièrement virulente dans les milieux étudiants.

- **Un mouvement d'officiers contestataires enclenche la révolution dans la nuit du 24 au 25 avril 1974.** Ce mouvement est appuyé par António de Spinola et Costa Gomes, deux généraux souhaitant mettre un terme aux guerres africaines. Acclamé par la population, le Mouvement des forces armées (MFA) porte la « révolution des Œillets », ainsi nommée car les soldats plantent une fleur au bout de leur fusil. La « Junte de salut national », composée de militaires et présidée par Spinola, forme un gouvernement en mai. La censure est abolie, la police politique dissoute, les libertés politiques sont rétablies. Les opposants reviennent, les prisonniers politiques sont libérés, les partis qui avaient incarné la résistance à Salazar renaissent.

Biographie

Konstantínos Karamanlís (1907-1998)
Ministre grec de la Défense, il est élu deux fois Président de la République pour cinq ans, en 1980 et en 1990. Il accompagne et finit par incarner le processus de démocratisation de la Grèce.

Biographie

Mário Soares (1924-2017)
Opposant au salazarisme, il rejoint le Portugal après la révolution des Œillets de 1974. Ministre puis Premier ministre entre 1976 et 1978 puis à nouveau entre 1983 et 1985, il est président de la République portugaise entre 1986 et 1996.

Biographie

Juan Carlos (né en 1938)
Succédant à Franco en 1975, Juan Carlos Ier, roi constitutionnel d'Espagne, dote l'Espagne d'un régime démocratique, une monarchie parlementaire, et favorise ainsi son entrée dans la Communauté européenne en 1986.

Vocabulaire

Amnistie : acte législatif par lequel on suspend des sanctions. Les lois d'amnistie œuvrent à la réconciliation nationale.

CEE (Communauté économique européenne) : principale organisation européenne fondée en 1957 par le traité de Rome (voir p. 86).

B Les progrès de la démocratie

- **Les élections d'avril 1975, remportées par les socialistes, constituent une étape importante dans l'enracinement de la vie démocratique.** Cependant, l'avenir politique du Portugal apparaît incertain. Un mois avant les élections, le général Spinola avait tenté un coup d'État. Parallèlement l'extrême-gauche, qui souhaite construire une république populaire, se radicalise. Durant l'été 1975, le Portugal est au bord de la guerre civile sans que l'on sache quels seront les forces et les acteurs politiques capables de s'imposer.

- **La Constitution, qui établit un régime semi-présidentiel, est approuvée le 2 avril 1976.** En juin 1976, le général Eanes, modéré, est élu président de la République et réélu en 1980. De nombreuses mesures permettant d'ancrer durablement la démocratie : le droit de vote des femmes, le droit au divorce, les allocations de vieillesse et de chômage, le salaire minimum, le droit de grève et les congés payés. Des difficultés économiques persistent mais l'admission dans la CEE, demandée dès 1977 par le Premier ministre Mário Soares et acquise en 1986, permet de moderniser le Portugal. Sous le gouvernement d'Anibal Cavaco Silva, entre 1985 et 1995, le développement du pays est soutenu.

Vocabulaire

ETA : organisation armée basque indépendantiste d'inspiration marxiste qui a été active de 1959 à 2018.

Franquisme : régime autoritaire et antidémocratique mis en place en Espagne par le général Franco de 1939 à 1975.

Junte : voir p. 436.

Marché commun : espace économique caractérisé par le libre-échange entre les États membres, un tarif extérieur commun envers les pays tiers et une politique commerciale extérieure commune.

III L'Espagne sort de la dictature de Franco

A Juan Carlos et les derniers feux du régime de Franco

- **Le franquisme, qui résistait à toute modernisation, disparaît avec le décès de Franco en novembre 1975.** Préparé pour la succession, le roi Juan Carlos se saisit du pouvoir en espérant faire de l'Espagne une monarchie constitutionnelle moderne et démocratique. Le souverain obtient la démission, en juillet 1976, du Premier ministre Carlos Arias Navarro. Lui succède un franquiste plus jeune et réformateur, Adolfo Suarez.

- **La légalisation du parti communiste et la restauration de la liberté syndicale** constituent un fort signal d'ouverture. Le roi inquiète les conservateurs mais les militaires lui restent fidèles ; une demande d'adhésion au **Marché commun** est déposée et une constitution démocratique est adoptée en décembre 1978. En 1981, Juan Carlos déjoue le putsch du colonel Tejero. Une fois ce danger écarté, le processus de démocratisation de la société s'avère irréversible.

B L'ère de la consolidation démocratique

- **Alors que le franquisme avait bénéficié d'un contexte de croissance économique,** la transition démocratique est marquée par le chômage et l'inflation. La vie politique se bipolarise : les socialistes de Felipe Gonzalez, au pouvoir à partir de 1982, s'opposent à la droite de l'Alliance populaire. Un consensus national se renforce cependant autour des institutions.

- **La résurgence des revendications autonomistes fragilise le pays.** Le terrorisme basque, avec l'**ETA**, devient le principal problème de l'Espagne. Parallèlement, son entrée dans la CEE en 1986 est vue comme un moyen de consolider et d'élargir le processus démocratique.

Fiches de lecture

Jordi Canal (dir.), *Histoire de l'Espagne contemporaine*, Armand Colin, 2021 (4e éd.).
En six chapitres, cet ouvrage couvre l'intégralité de l'histoire espagnole de la crise de l'Ancien Régime (1808) à nos jours, en passant par la guerre civile, la dictature franquiste et le retour à la démocratie.

***1974, Portugal. La révolution des Œillets*, L'Histoire, n° 517, mars 2024.**
Dossier sur une révolution « sans violence » : en moins de vingt-quatre heures, le 25 avril 1974, de jeunes officiers renversent une dictature en place depuis quatre décennies.

Pour aller + loin

« La Révolution des Œillets en chansons », *Les Nuits de France Culture*, France Culture, 2023.
C'est en chanson que la Révolution des Œillets portugaise a commencée dans la nuit du 24 au 25 avril 1974 sur la très catholique Radio Renaissance, par la diffusion de *Grandôla, Vila Morena*, un air de José Afonso. Retour sur cet événement en chansons et en archives.

***La révolution des œillets au Portugal*, L'INA éclaire l'actu, 2024.**
En images, notamment en vidéo, les évènements qui ont conduit le général Spínola à prendre le pouvoir et renverser la dictature portugaise.

***De l'Angola au Portugal, la révolution des Œillets*, France Culture, 2024.**
À l'occasion des 50 ans de la révolution des Œillets, série en 4 épisodes sur Salazar, son empire colonial en crise et le contexte qui a mené au retour de la démocratie au Portugal.

JALON 3
Étude

Toutes les ressources
lycee.nathan.fr/**25hggsp1re_72**

De la révolution des Œillets à l'entrée dans l'Union européenne : la démocratisation du Portugal (1974-1986)

C'est au cœur de l'armée, épuisée par les guerres menées en Afrique sous le régime de Salazar, que naît la révolution des Œillets, le 25 avril 1974 à Lisbonne. Le processus complexe de démocratisation qui se déploie dans les années suivantes aboutit à l'entrée du Portugal dans la CEE, le 1er janvier 1986.

Quels sont les acteurs et les grandes étapes de la démocratisation du Portugal ?

1 Une révolution populaire

Le 25 avril 1974, place du Carmo à Lisbonne, le capitaine Maia demande à la foule de se mettre à l'abri car il s'apprête à tirer sur la façade de la caserne de la garde nationale où est retranché le président du Conseil, M. Caetano. Ce dernier finit par se rendre et démissionne quelques heures plus tard.

→ **Pourquoi s'agit-il d'une vraie révolution et pas seulement d'un coup d'État militaire ?**

De la révolution des Œillets à l'entrée dans la CEE

25 avril 1974	La révolution des Œillets met fin au régime salazariste.
Été 1975	Le Portugal est au bord de la guerre civile.
2 avril 1976	Adoption de la Constitution.
12 août 1982	La révision de la Constitution permet de limiter le rôle des militaires et du Président.
1984	Arrestation de membres du groupe terroriste FP 25 (Forces populaires du 25 avril).
1986	Mário Soares est le premier civil à être élu Président de la République. Le Portugal intègre la CEE en même temps que l'Espagne.

2 Manifeste des SUV (Les Soldats unis vaincront) du 9 octobre 1975

L'armée, à l'origine de la révolution en 1974, se divise fortement en 1975. Elle compte en son sein des cellules et des groupes révolutionnaires, parmi lesquels le SUV.

1. Les Soldats unis vaincront (SUV) sont un front unitaire anticapitaliste et anti-impérialiste qui surgit au moment où la réaction fasciste se réorganise en profitant [...] de la politique des gouvernements qui n'ont pas su ni voulu soutenir les justes revendications des ouvriers et des paysans dont, nous, soldats, nous faisons partie.

2. Considérant que nous avons déjà [...] cédé face à la bourgeoisie, notamment en nous alliant avec le MFA, mouvement d'officiers des forces armées [ce qui] nous a valu non seulement l'éloignement et l'hostilité de couches importantes de la population (en particulier de nos frères paysans) mais aussi la démoralisation et l'endormissement de nombreux combattants de nos rangs face à l'offensive réactionnaire à l'intérieur et à l'extérieur des casernes.

Les SUV se proposent de mener une offensive autonome revêtant un caractère de classe. [...]

3. Les Soldats unis vaincront (SUV) luttent aux côtés de tous les travailleurs en vue de préparer les conditions permettant la destruction de l'armée bourgeoise et la création du bras armé, le pouvoir des travailleurs : l'armée populaire révolutionnaire.

TOUJOURS DU CÔTÉ DU PEUPLE EST NOTRE DEVISE !

OUVRIERS, PAYSANS, SOLDATS ET MARINS UNIS NOUS VAINCRONS !

Dans Raquel Varela, *Un peuple en révolution. Portugal 1974-1975*, traduit du portugais par Hélène Melo, Agone, 2018.

→ **Quelle idéologie guide les soldats du SUV ?**

3 Le défi de l'adhésion à la CEE

Défi pour le Portugal tout d'abord [l'adhésion aux Communautés], car nous n'ignorons point ni nos faiblesses ni nos difficultés présentes. Défi ensuite pour l'Europe, car en frappant à sa porte nous avons le sentiment d'exprimer le sens et la dimension européenne des changements politiques et sociaux survenus ou en train de survenir dans l'Europe du Sud. Ignorer cette réalité nouvelle ne ferait qu'élargir l'écart qui sépare encore, en termes économiques, cette Europe du Sud de l'Europe du Nord, avec tous les dangers de désintégration et de rupture pour toute l'Europe que cela ne manquerait pas d'entraîner à la longue. [...] Nous entreprenons notre démarche européenne avec la pleine conscience de nos responsabilités et notre choix n'exclut nullement le sens des réalités [...]. L'ensemble des mesures d'austérité et de récupération économique et financière que mon gouvernement vient de prendre montrent notre volonté de mener de front nos propres efforts de redressement intérieur lesquels devront aller de pair avec la définition d'un programme intégré de développement et de coopération avec la Communauté. Par des orientations précises et avec des échéances de réalisation prévues dans l'optique de la grande option européenne, ce programme devra constituer une action approfondie parallèle au déroulement des négociations d'adhésion elles-mêmes. En plus et venant s'y ajouter, des modalités de coopération politique pourront être envisagées et étudiées en vue d'imprimer à toutes ces actions une juste orientation. [...]

Discours de Mário Soares, Premier ministre portugais, devant la Commission européenne (Bruxelles), 11 mars 1977.

→ **Quels sont les arguments invoqués par Mário Soares pour défendre l'adhésion à la CEE ?**

4 L'indépendance d'une colonie portugaise, l'Angola (11 novembre 1975)

Une statue déboulonnée par l'U.N.I.T.A. (Union nationale pour l'indépendance totale de l'Angola) à Nova-Lisboa (actuelle Huambo).

→ **Commentez la photo en expliquant sa signification historique.**

5 Une démocratie européenne

Le regard d'un historien

Ce n'est qu'à partir du début des années 1980 que cette démocratie européenne a pu pleinement s'épanouir, avec la fin de la dualité des pouvoirs entre civils et militaires (révision constitutionnelle de 1982 entérinant la disparition du Conseil de la Révolution), l'élection, pour la première fois depuis plus de soixante ans, d'un civil comme Président de la République (Mário Soares en février 1986, 1991) et l'entrée dans la Communauté européenne, le 1er janvier 1986. [...]

Le régime devient progressivement parlementaire dans les années 1980, suite à la révision constitutionnelle de 1982. L'Assemblée de la République, chambre unique du Parlement portugais qui compte aujourd'hui 230 députés (contre 250 en 1976), élus pour quatre ans au scrutin proportionnel, se replace au centre du dispositif institutionnel.

Yves Léonard, *Histoire du Portugal contemporain, de 1890 à nos jours*, Chandeigne, 2021 (3e éd.).

→ **Pourquoi la fin des années 1970 et le début des années 1980 constituent-elles des années décisives pour le Portugal ?**

Questions et activités

Parcours 1

1. Pourquoi la Révolution des œillets apparaît-elle comme un moment d'expérimentation politique inédite ? doc. 1, 4 et 5

2. Avant que le Portugal ne devienne une démocratie représentative, quelles circonstances politiques ont rendu son avenir politique incertain ? doc. 2, 3 et 5

Synthèse. Montrez que la démocratisation du Portugal soulève de multiples enjeux politiques, économiques et géopolitiques.

Parcours 2

Préparer un exposé

Réalisez un exposé sur le déroulement de la Révolution des Œillets, accompagné d'une présentation numérique.

- Menez une recherche documentaire large : émissions de radio, articles, chapitres de manuels universitaires.
- Vous soulignerez le climat d'effervescence politique que connaît le pays à la fin des années 1970 et au début dans années 1980.

La transition démocratique espagnole, de la mort de Franco à l'adhésion à l'UE (1975-1986)

Toutes les ressources
lycee.nathan.fr/25hggsp1re_74

Francisco Franco décède le 20 novembre 1975 au terme de près de 40 ans de dictature. Celui qui se faisait appeler Caudillo « par la grâce de Dieu » avait réussi à imposer son emprise sur la vie politique et la société civile espagnoles. Sa mort ouvre la voie à la démocratisation de l'Espagne et offre bientôt la perspective d'une entrée dans l'Union européenne.

Comment l'Espagne est-elle devenue une démocratie ?

1 « L'Espagne demain »

L'interminable agonie du général Franco a pris fin. Une longue, bien longue, page de l'histoire de l'Espagne se trouve tournée. Un homme est mort, un homme qui a pris au cours de son existence de bien lourdes responsabilités. [...]

Mais comment ne pas s'inquiéter de l'avenir de l'Espagne. Voici un peuple qui quarante ans après la fin de la plus atroce des guerres civiles – et les atrocités furent ô combien partagées – se retrouve sans celui qui l'a dirigé d'une main de fer. Celui qui a dicté sa loi, tranché, jouant habilement (ou cyniquement si l'on veut) des uns contre les autres.

Certes la succession a théoriquement été réglée. Mais quelle sera l'autorité de Juan Carlos, le roi d'Espagne désigné par Franco ? Contesté, il l'est, semble-t-il, non seulement par les opposants au régime mais parmi les piliers de celui-ci : ils le soupçonnent d'être favorable à une certaine libéralisation dont ils ne veulent à aucun prix. Par quel moyen ce roi presque inconnu – peut-être méconnu – parviendra-t-il à rassembler ce peuple où, tragiquement, malgré des progrès économiques et sociaux incontestables, il y a toujours aujourd'hui des vainqueurs et des vaincus, ceux de la guerre civile ?

Monarque absolu, Franco l'a été. Juan Carlos ne saurait l'être. Franco mort, rien ne peut plus être comme avant. Qui ne souhaiterait que l'Espagne qui en a longtemps été privée connaisse enfin la liberté ? Qui ne souhaiterait que le peuple espagnol puisse enfin s'exprimer démocratiquement sur son avenir ? [...]

Éditorial d'André Géraud, *La Croix*, 21 novembre 1975.

→ **Comment cet éditorial français témoigne-t-il des incertitudes qui pèsent sur l'Espagne à la mort de Franco ?**

La transition démocratique espagnole

22 nov. 1975	Juan Carlos devient roi d'Espagne et entame le processus de démocratisation
1977 (juin)	Élections législatives
1977 (14 oct.)	Loi d'amnistie
1978	Adoption d'une constitution démocratique
1981	Tentative de putsch du colonel Tejero
1er janv. 1986	Entrée de l'Espagne dans la CEE

2 La réapparition d'une presse démocratique

La première édition du journal *El País*, quotidien espagnol emblématique, fut publiée le 4 mai 1976 et tirée à 188 000 exemplaires, marquant le retour d'une presse libre dans le pays. Cette photographie fut prise le soir de la tentative de putsch de 1981.

→ **Quel lien établir entre la presse et le retour de la démocratie ?**

3 Extraits de la Constitution du 27 décembre 1978

Article premier

1. L'Espagne constitue un État de droit, social et démocratique, qui défend comme valeurs suprêmes de son ordre juridique la liberté, la justice, l'égalité et le pluralisme politique.

2. La souveraineté nationale appartient au peuple espagnol, dont émanent les pouvoirs de l'État.

3. La forme politique de l'État espagnol est la monarchie parlementaire.

Article 2

La Constitution [...] reconnaît et garantit le droit à l'autonomie des nationalités et des régions qui la composent et la solidarité entre elles. [...]

Article 6

Les partis politiques traduisent le pluralisme politique, concourent à la formation et à la manifestation de la volonté populaire [...]. Ils se constituent et exercent leur activité librement dans le respect de la Constitution et de la loi. Leur structure interne et leur fonctionnement doivent être démocratiques.

Article 7

Les syndicats de travailleurs et les associations patronales contribuent à la défense et à la promotion des intérêts économiques et sociaux qui leur sont propres. Ils se constituent et exercent leur activité librement dans le respect de la Constitution et de la loi. Leur structure interne et leur fonctionnement doivent être démocratiques. [...]

Article 10

1. La dignité de la personne, les droits inviolables qui lui sont inhérents, le libre développement de la personnalité, le respect de la loi et des droits d'autrui constituent le fondement de l'ordre politique et de la paix sociale. [...]

→ **Montrez que cette constitution est démocratique.**

lycee.nathan.fr/**25hggsp1re_75**

4 La tentative de putsch du 23 février 1981

À Madrid, un groupe de gardes civils mené par Antonio Tejero prend les députés en otage. La tentative de coup d'État militaire échoue grâce à l'intervention décisive du roi Juan Carlos.

→ **En quoi consiste le putsch ?**

5 L'adhésion de l'Espagne à la CEE

En apposant nos signatures au bas du traité d'adhésion aux Communautés européennes, nous avons posé un jalon fondamental permettant à la fois d'achever l'unité de notre vieux continent et de surmonter l'isolement séculaire de l'Espagne.

Nous contribuons à la matérialisation des objectifs du préambule du traité de Rome dans lequel les fondateurs de la Communauté ont déclaré leur intention de consolider la défense de la paix et de la liberté et, pour ce faire, ont invité les autres peuples de l'Europe à partager leur idéal en s'associant à leur effort. [...]

Nous manifestons ainsi, dès les premiers moments, que notre adhésion à l'Europe communautaire était une question d'État car elle traduisait le désir unanime des citoyens espagnols pour qui l'intégration de l'Espagne en Europe représentait une identification avec les idéaux de liberté, de progrès et de démocratie.

C'est une nation entière qui récupère le sens de son histoire, conjuguant ainsi l'héritage du passé et l'évidence d'appartenir à l'Europe avec la réalité présente de faire partie des institutions européennes, tout d'abord au conseil de l'Europe et maintenant dans la Communauté.

Discours de Felipe Gonzales, Président du gouvernement d'Espagne, 12 juin 1985.

→ **Pourquoi l'Espagne a-t-elle demandé à rejoindre la CEE ?**

Questions et activités

Parcours 1

1. Montrez que l'établissement de la démocratie, après la mort de Franco, s'effectue de manière graduelle. doc. 1, 2 et 5

2. Quelles sont les difficultés susceptibles de fragiliser la démocratie ? Comment l'Espagne les surmonte-t-elle ? doc. 3, 4, 5

Synthèse. Comment l'Espagne est-elle devenue une démocratie après la chute de Franco ?

Parcours 2

Effectuer une recherche

Menez une recherche documentaire sur Juan Carlos et expliquez son rôle politique essentiel lors de la phase de transition démocratique.

Points de vue

Le populisme est-il une forme de démocratie ?

Toutes les ressources

lycee.nathan.fr/25hggsp1re_76

Notions

Populisme, histoire d'une notion : le terme apparaît pour la première fois dans la Russie du début des années 1870, pour désigner un mouvement révolutionnaire (les *narodniki*, « ceux du peuple ») luttant contre le tsar et visant à émanciper les paysans. Le terme de *populism* apparaît aux États-Unis dans les années 1890 lorsque surgit le *People's Party* qui organise la révolte des agriculteurs appauvris par la baisse des prix agricoles.
Le mot populisme, apparu dans le dictionnaire Larousse en 1907, qualifie des phénomènes très différents : les régimes latino-américains de la première moitié du XXe siècle, le maccarthysme dans les années 1950, les partis d'extrême droite qui émergent en Europe à partir des années 1970.

1 Plusieurs regards sur une notion

Le trait commun à tous les mouvements qualifiés de populistes est sans doute leur caractère anti-élites. [...] Trois approches permettent de saisir la spécificité de cette défiance vis-à-vis des élites [...] :

- Le politiste néerlandais Cas Mudde insiste sur le fait que le populisme au sens strict développe une vision organique d'une société divisée en deux camps homogènes et antagonistes : le « peuple pur » et « l'élite corrompue », qui devient dès lors « l'Ennemi ».

- D'autres comme le politiste allemand Jan-Werner Müller insistent davantage sur le refus du pluralisme. Fondamentalement, le populisme est la revendication politico-morale d'un monopole de la représentation populaire. Les populistes prétendent être les seuls à représenter le « vrai peuple », uni par définition, et tous ceux qui s'opposent à eux se voient automatiquement délégitimés par ce simple fait [...]. C'est à cause de cette polarisation fondamentalement asymétrique – les élites étant considérées comme juge (les médias, la justice) et partie (le gouvernement, les milieux d'affaires) - que le populisme en vient à nouer, voire à assumer, des liens troubles avec la manipulation de l'information ou le conspirationnisme.

- D'autres pointent enfin la méfiance profonde envers tout mécanisme de médiation [...] considéré comme susceptible de diluer ou de distordre la volonté et l'expression du peuple. [...] D'où le rapport éminemment problématique des populismes envers la démocratie parlementaire, mais aussi pour la construction du compromis, et l'attraction pour des formes plus personnelles, et souvent autoritaires, de l'exercice du pouvoir.

Ministère des Affaires étrangères français, *Retour sur les populismes*, note de 2019.

Vidéo

« Qoulisses : l'interview histoire et populisme de Pierre Rosanvallon », *Quotidien*, 2022.
lycee.nathan.fr/25hggsp1re_76-1

2 Un chef d'État populiste : Hugo Chavez

Discours d'Hugo Chavez au soir du 6 décembre 1998, après sa victoire à l'élection présidentielle.

« Chers amis, chers compatriotes, aujourd'hui est un jour d'histoire. Moi, vous savez que je suis un soldat. C'est ce que je suis. Et maintenant, en tant que président du Venezuela, mon statut ne changera pas du tout : Soldat d'un peuple ! Homme d'un peuple ! Combattant d'un peuple ! Prêt à tout pour un peuple.

Ce soir, il est minuit, le 6 décembre 1998, et aujourd'hui, le 7 décembre, quand le soleil se lèvera dans quelques heures, l'aube se lèvera, la naissance du Venezuela sera annoncée, la naissance d'une nouvelle patrie. [...]

Dans la recherche d'une paix véritable, d'une démocratie véritable et de la justice.

Je suis ici aujourd'hui pour remercier Dieu, et je suis ici pour vous remercier. Je l'ai toujours dit.

Moi, Hugo Chávez Frías, je ne m'appartiens pas.

Tout mon être vous appartient, à vous, au peuple vénézuélien.

Et ici, avec ma femme, avec mes enfants, avec mes parents, avec mes amis dans la vie, ici je viens m'agenouiller devant vous.

Je viens me livrer à vous. Vous êtes les propriétaires du Venezuela de demain ! »

CRIS DU PEUPLE :

CHAVEZ, MON AMI, LE PEUPLE EST AVEC TOI !

CHAVEZ, MON AMI, LE PEUPLE EST AVEC TOI !

3 Le populisme en Europe, l'exemple hongrois

Plusieurs élections clés se sont déroulées ou se dérouleront en 2024 et leurs enjeux sont d'autant plus élevés que nous assistons à une montée en puissance de la droite populiste. [...] En France, les résultats de ce vote ont poussé Emmanuel Macron à dissoudre l'Assemblée nationale et à convoquer des élections législatives anticipées, où le Rassemblement national a obtenu 125 députés. [...] Le succès électoral de ces partis est une chose, mais leur maintien au pouvoir en est une autre. Toutefois, en Hongrie, avec le premier ministre Viktor Orban, les populistes d'aujourd'hui disposent d'un exemple concret de la manière dont ils peuvent asseoir leur influence à long terme.

M. Orban est premier ministre de la Hongrie, avec une majorité constitutionnelle, depuis quatorze ans. Il dispose donc de tous les leviers pour remodeler le pays. Et son mandat au sommet du système politique en dit long sur la façon dont les institutions démocratiques peuvent devenir vulnérables aux stratégies populistes.

Pour réussir, un populiste doit posséder certaines caractéristiques essentielles : le charisme et un discours simpliste mêlant orgueil national et défense du pays contre de prétendues menaces extérieures. Mais il doit aussi disposer d'un savoir-faire pour construire les infrastructures politiques [...].

Le succès de M. Orban repose en grande partie sur la mise en place d'un nouveau cadre de ce genre. L'État repose désormais sur des relations personnelles. En Hongrie, aujourd'hui, toutes les grandes institutions sont dirigées par des individus choisis par le premier ministre. [...]

La subversion de la démocratie hongroise par M. Orban en un peu plus d'une décennie témoigne de l'ampleur du risque de voir la démocratie pervertie. [...]

Tribune de Tibor Dessewffy, membre du Conseil européen pour les relations internationales, *Le Monde*, 22 octobre 2024.

4 L'insurrection du Capitole, 6 janvier 2021

Contestant les résultats de la présidentielle américaine, des partisans de Donald Trump prennent d'assaut le Capitole, siège du pouvoir exécutif à Washington.

Construire son point de vue

Découvrir les documents

- Dans quels États le populisme se déploie-t-il ? doc. 2, 3 et 4
- Quelles sont les deux cibles des assaillants ? doc. 4

Développer des arguments

- Pourquoi peut-on dire que le populisme est idéologiquement flexible ? doc. 1, 2 et 3
- Montrez que les populismes, qui visent régulièrement à délégitimer les médias, constituent une menace pour la démocratie. doc. 1, 3 et 4
- Le populisme peut-il se maintenir sans le soutien populaire ? doc. 2 et 3

Présentez votre point de vue ORAL

- À l'oral, en 10 minutes environ, argumentez sur la question posée : « Le populisme est-il une forme de démocratie ? »

AXE 2
Synthèse

Avancées et reculs des démocraties

Toutes les ressources

lycee.nathan.fr/25hggsp1re_78

I Avancées et limites des démocraties aux États-Unis et en France au XIXe siècle

Jalon 1 - L'inquiétude de Tocqueville : de la démocratie à la tyrannie ? Une analyse politique p. 60

• **Dans *De la démocratie en Amérique* (1835), l'écrivain et homme politique français Alexis de Tocqueville,** précurseur des sciences politiques, analyse avec minutie le modèle démocratique américain. Selon lui, la démocratie porte en elle un risque majeur, celui de limiter les libertés, ce qui pourrait conduire à une « tyrannie de la majorité ». Ses analyses s'inscrivent dans un contexte où se multiplient les réflexions sur la meilleure forme de gouvernement que pourrait adopter la France, un État tiraillé entre monarchie, tentation du conservatisme, poussée du libéralisme et soif de démocratie. La place du peuple et le poids du plus grand nombre, la question de la représentativité en politique sont des questions qui traversent non seulement la France mais aussi toute l'Europe du premier XIXe siècle.

• **Après la révolution de 1789, la France connaît une longue période de transformation démocratique,** mais celle-ci est marquée par des réticences et des résistances. Le souvenir révolutionnaire conduit les libéraux, sous les monarchies censitaires, à se méfier de l'égalité démocratique. L'expérience républicaine de 1848, fondée sur le suffrage universel masculin, est rapidement mise en échec avec l'élection de Louis Napoléon Bonaparte à la présidence. Celui-ci se fait élire puis procède à un coup d'État en 1851 avant de restaurer l'Empire. Après la défaite de Sedan en 1870, la Troisième République est proclamée, mais si les libertés publiques progressent et que la démocratie commence à s'enraciner, les femmes et les populations coloniales restent exclues du suffrage. La démocratie reste ainsi incomplète et marquée par de profondes inégalités.

II L'Amérique latine des années 1960 aux années 1990 : les aléas de la démocratie

• • **Dans les années 1960, la démocratie est une construction fragile en Amérique latine.** Les armées dominent la vie politique du continent, où la peur d'une expansion du socialisme, alimentée par la Guerre froide, légitime de nombreux coups d'État militaires. Des régimes autoritaires, souvent soutenus par les États-Unis, s'imposent avec brutalité, comme au Pérou, en Bolivie, en Argentine ou au Chili.

Jalon 2- Crise et fin de la démocratie : le Chili de 1970 à 1973 p. 64

• **En septembre 1970, au terme d'élections libres, le socialiste Salvador Allende est élu président de la République du Chili.** Très vite, il doit faire face à de nombreuses oppositions internes (celles de la gauche radicale, de la droite nationaliste conservatrice et de l'armée) et externes (les États-Unis veulent garder la main sur les ressources du sous-sol de ce riche pays d'Amérique latine). Le 11 septembre 1973, un coup d'État orchestré par le général Pinochet renverse le régime de Salvador Allende, qui meurt lors de la prise du palais présidentiel. La parenthèse démocratique se referme tandis que se met en place un régime de type dictatorial qui durera jusqu'en 1990.

• **Cependant, l'échec économique et la montée des mouvements populaires au sein des sociétés civiles affaiblissent les dictatures** et ouvrent la voie à la réintroduction de régimes démocratiques. Dès le début des années 1980, plusieurs pays connaissent une transition démocratique : l'Argentine retrouve la démocratie en 1983, suivie du Brésil en 1985 et du Chili en 1989, après un long processus de transition et de négociations. Ces rétablissements démocratiques sont souvent le fruit de luttes sociales et de pressions internationales.

III La fin des dictatures en Europe méditerranéenne

- **En Grèce, la chute de la dictature des colonels conduit à un processus de démocratisation impulsé par Constantin Karamanlis.** En 1974, la Grèce devient une république, et ce processus est confirmé par son adhésion à la Communauté économique européenne (CEE) en 1981, qui marque l'aboutissement de la transition démocratique.

Jalon 3 - D'un régime autoritaire à la démocratie : le Portugal et l'Espagne de 1974 à 1982 p. 72

- **Le Portugal voit la fin du régime autoritaire Salazar avec la révolution des Œillets, déclenchée le 25 avril 1974.** Cette révolution pacifique ouvre un débat sur le type de démocratie à adopter, opposant les partisans d'une démocratie populaire à ceux favorisant une démocratie libérale et représentative. En 1975, les derniers partisans d'un régime autoritaire sont évincés et la démocratie représentative s'impose, avec la consolidation du multipartisme qui conduit à l'adhésion à la CEE en 1986.

- **En Espagne, après la mort du dictateur Francisco Franco en novembre 1975, le pays entame sa transition vers la démocratie.** Le roi Juan Carlos joue un rôle central dans cette transformation, faisant de l'Espagne une monarchie constitutionnelle où le souverain n'est plus qu'un garant symbolique de la loi. Cette transition se déroule au début des années 1980, en dépit des difficultés économiques. L'Espagne rejoint la CEE en 1986, parachevant ainsi ce processus de démocratisation.

Conditions et modalités de l'établissement de la démocratie

Révolution :
- Guerre d'indépendance américaine (1776)
- Révolution française de 1789
- France (1848)

Mobilisation populaire, manifestations, élections :
- Amérique latine (1960-1990)
- Grèce (1974)
- Portugal (1974-1986)

Encouragement de la communauté internationale :
- CEE
- ONU

Conditions du recul de la démocratie

Contexte international défavorable :
- Guerre civile
- Guerre froide
- Peur d'une contagion révolutionnaire

Pouvoir militaire fort :
- France (1852-1870)
- Grèce (1967-1973)
- Espagne (1936-1975)
- Amérique latine (1960-1990)

Caractéristiques des régimes démocratiques

- Élections libres
- Libertés fondamentales respectées
- Séparation des pouvoirs
- Multipartisme

Caractéristiques des régimes autoritaires

- Opposition réprimée ou éliminée
- Libertés fondamentales bafouées
- Forte concentration des pouvoirs
- Parti unique

Synthèse

Toutes les ressources

lycee.nathan.fr/25hggsp1re_80

Réviser avec...
2 carte, 1 infographie et 1 une de presse

1 Une Europe inégalement démocratique

Carte interactive

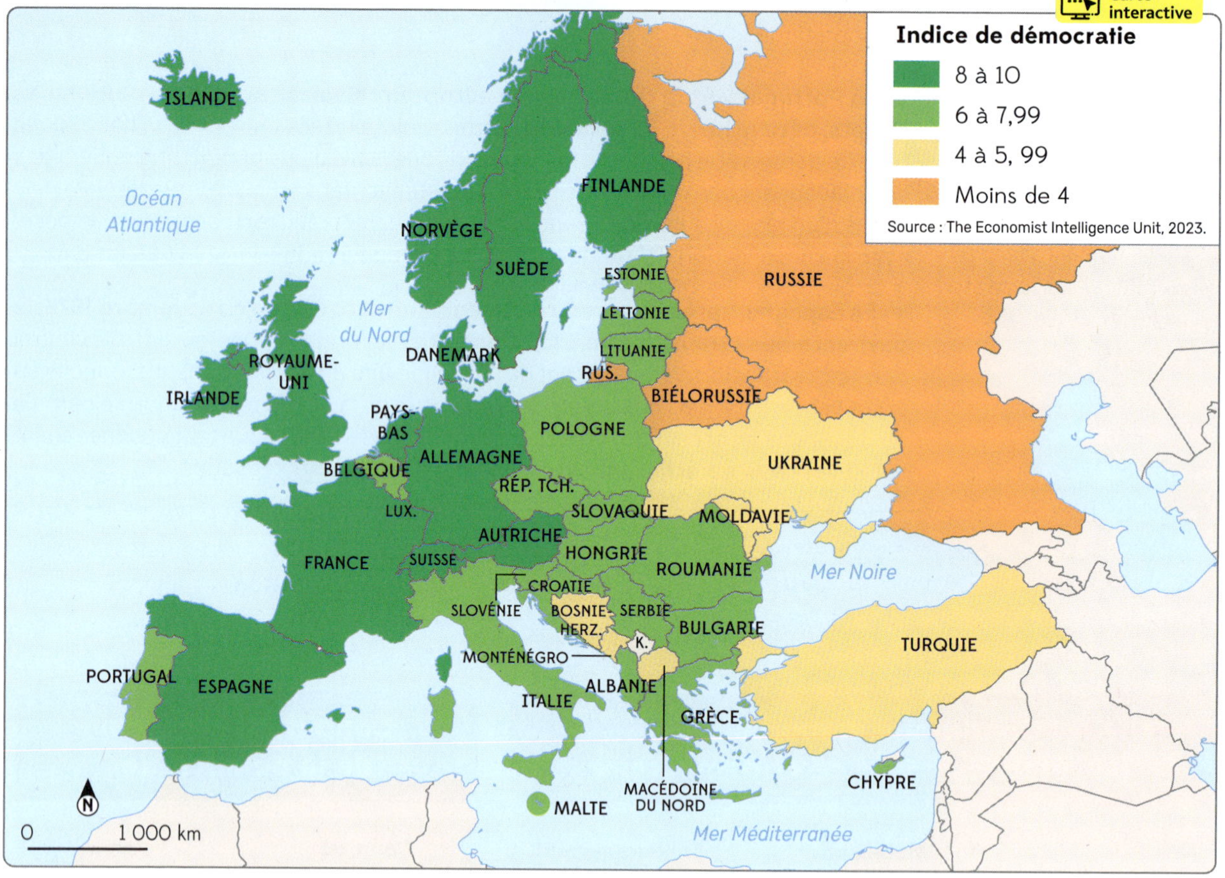

2 La défiance grandissante des Européens envers la démocratie

Situations nationales

70 % des Français, **55 %** des Allemands, **66 %** des Italiens, **46 %** des Polonais *n'ont pas confiance en la politique*

70 % des Français, **63 %** des Allemands, **68 %** des Italiens, **75 %** des Polonais *se défient de leur gouvernement*

69 % des Français, **58 %** des Allemands, **72 %** des Italiens, **76 %** des Polonais *se défient de leur Parlement*

Au niveau européen

Défiante envers l'Union européenne

Français	60 %
Allemands	56 %
Italiens	58 %
Polonais	59 %

Manque de confiance envers le Parlement européen

Français	62 %
Allemands	58 %
Italiens	70 %
Polonais	63 %

Dysfonctionnement de la démocratie

68 % des Français, **63 %** des Italiens, **64 %** des Polonais *estiment que leur démocratie ne fonctionne pas bien,* le pourcentage des Allemands étant plus faible (47 %).

68 % des Français, **71 %** des Italiens, **72 %** des Polonais *déclarent que leurs responsables politiques sont corrompus,* sentiment partagé par un Allemand sur deux.

Source : Cevipof, Baromètre de la confiance politique 2024.

3 Le difficile ancrage démocratique sur le continent africain

Carte interactive

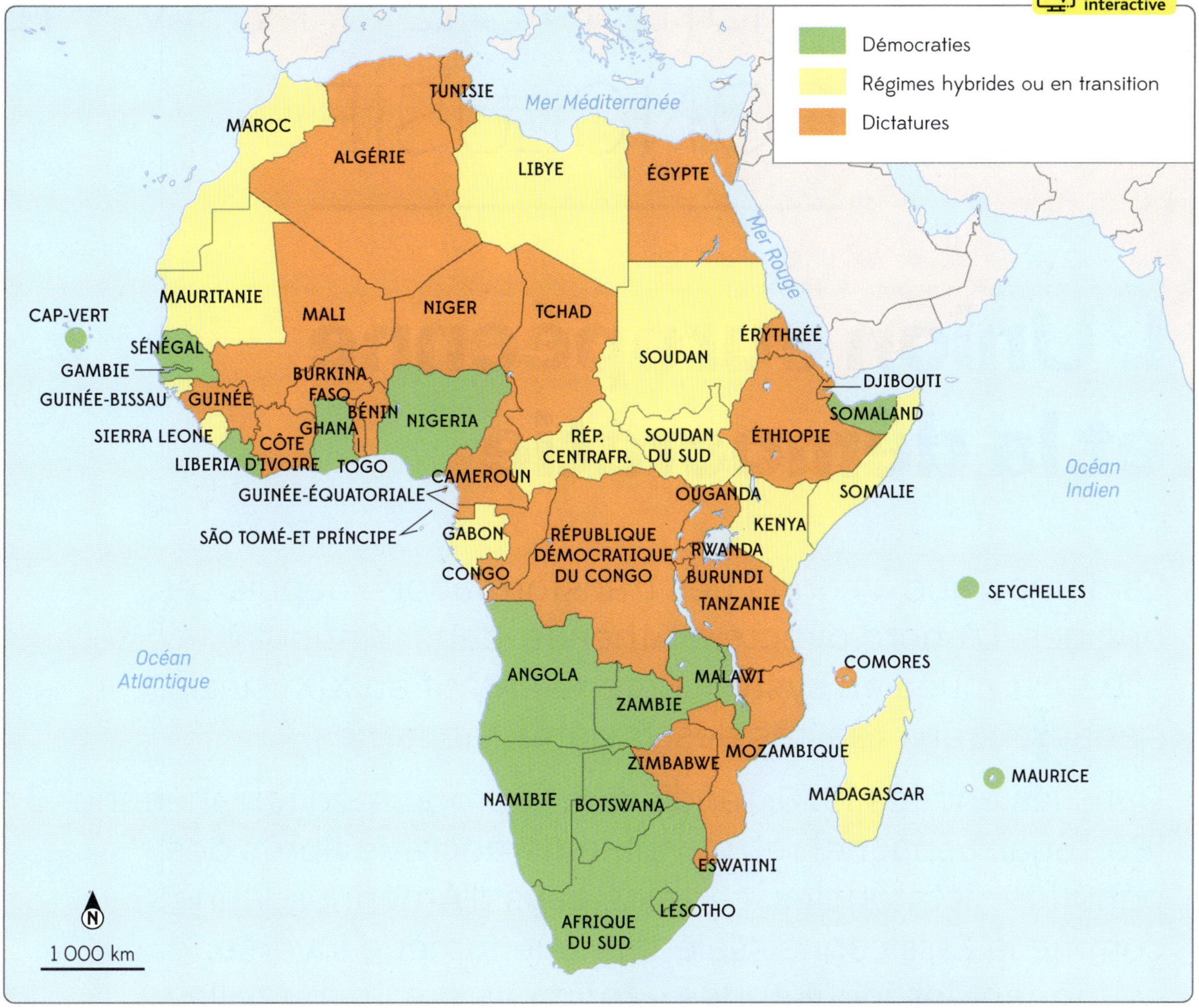

4 Le succès grandissant des régimes illibéraux

Une de *Courrier International* n° 1785, janvier 2025.

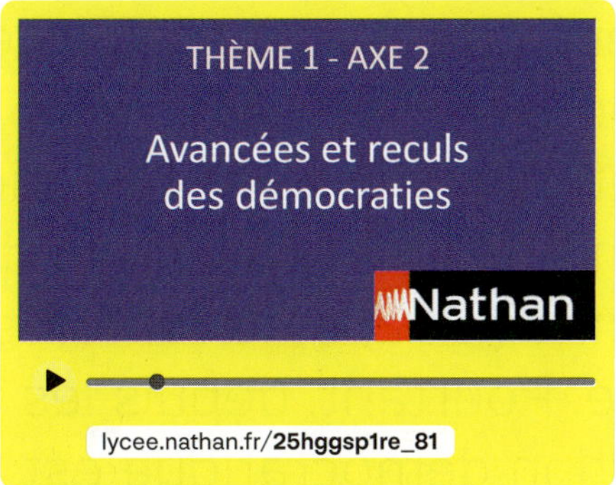

5 Mon bilan en vidéo

Pour approfondir

- **« Monde : fragiles démocraties ? », *Le Dessous des cartes*, Arte, 2022.**
État des lieux de la démocratie dans le monde.
- **« Chili : l'espoir du changement », *Le Dessous des cartes*, Arte, 2022.**
Ce numéro explore le Chili, pays aux ressources naturelles abondantes mais inégalement réparties, créant de profondes fractures sociales et écologiques que le gouvernement actuel tente de réduire.
- ***L'état de la démocratie en 2024*, Ipsos, 12 novembre 2024.**
Dans un climat de méfiance démocratique, cette étude d'opinion révèle des perceptions contrastées dans 8 pays occidentaux et une forte demande de réformes.

Thème 1

OBJET DE TRAVAIL CONCLUSIF

L'Union européenne et la démocratie

La démocratie a connu des transformations depuis ses origines. D'abord directe à Athènes, dans l'Antiquité, elle s'est muée en système représentatif au XIXe siècle, s'adaptant aux réalités des sociétés modernes.

Dans les années 1970, tandis que l'Europe méditerranéenne (Portugal, Espagne) retrouvait la démocratie après des périodes dictatoriales, certains pays d'Amérique latine comme le Chili connaissaient le phénomène inverse, confirmant les inquiétudes exprimées par Tocqueville.

L'Union européenne illustre les enjeux démocratiques contemporains. Née après 1945, elle a progressé démocratiquement avec l'élection directe du Parlement européen (1979), l'instauration de la citoyenneté européenne (1992) et le renforcement de la participation citoyenne. Pourtant, depuis les années 1990, cette construction démocratique est fragilisée par diverses contestations et doit affronter euroscepticisme, populismes et résurgence des nationalismes.

SOMMAIRE

Un vote à main levée lors d'une séance au Parlement européen à Strasbourg (2024)

Cartes

Affirmation et limites du projet

Toutes les ressources

lycee.nathan.fr/25hggsp1re_84

L'Union européenne incarne un projet démocratique unique, fruit d'une construction progressive depuis 1957. Sa géographie révèle à la fois l'ambition d'une intégration toujours plus poussée et les tensions qui la traversent : entre élargissement et approfondissement, entre volonté d'unification et résistances nationales, entre idéal démocratique et réalités institutionnelles complexes.

Vocabulaire

Approfondissement : processus de consolidation des institutions et de renforcement de l'intégration des pays membres de l'Union européenne.

Élargissement : processus d'ouverture de la Communauté économique européenne (CEE) puis de l'Union européenne (UE) à de nouveaux membres.

Espace Schengen : zone de libre circulation des personnes, sans contrôles aux frontières intérieures. Elle regroupe 29 États : 25 membres de l'UE et 4 pays associés (Norvège, Islande, Suisse et Liechtenstein).

1 Les élargissements successifs

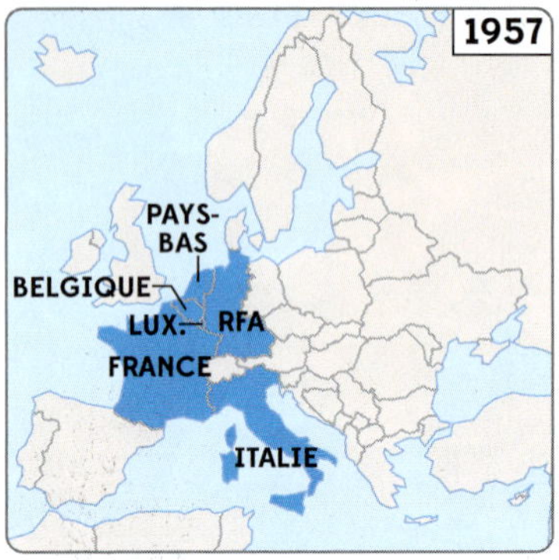

1957 RFA (Allemagne de l'Ouest), Belgique, Pays-Bas, Luxembourg, France, Italie

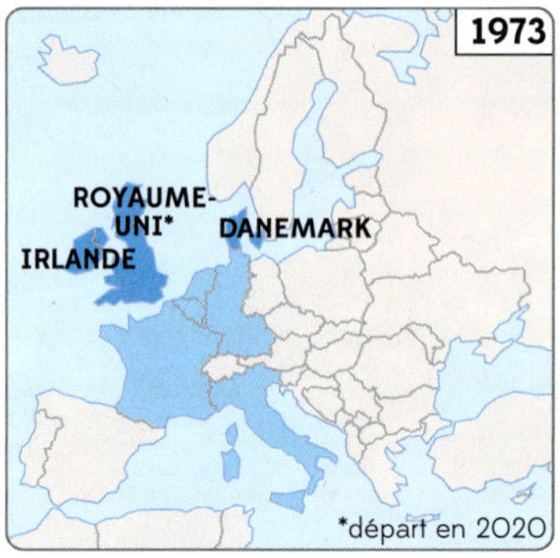

1973 Danemark, Irlande, Royaume-Uni

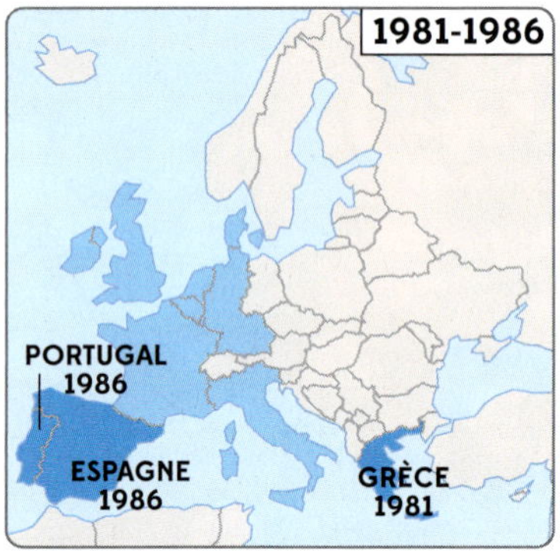

1981 Grèce
1986 Espagne et Portugal

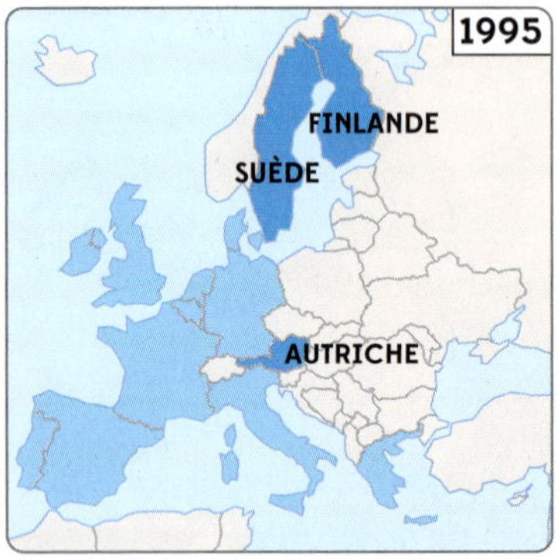

1995 Autriche, Suède, Finlande

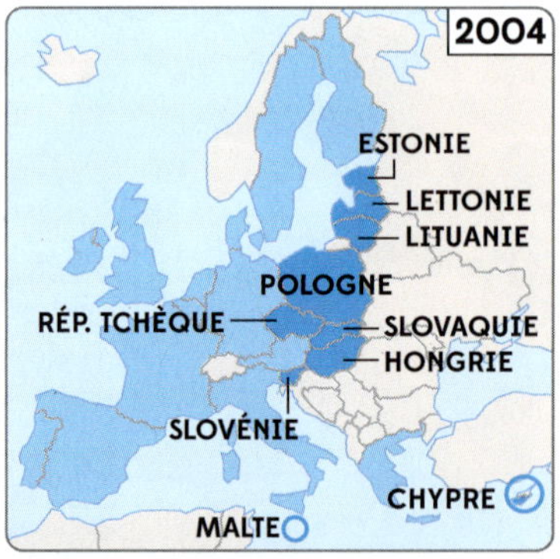

2004 Estonie, Lettonie, Lituanie, Pologne, République tchèque, Slovaquie, Hongrie, Slovénie, Malte, Chypre

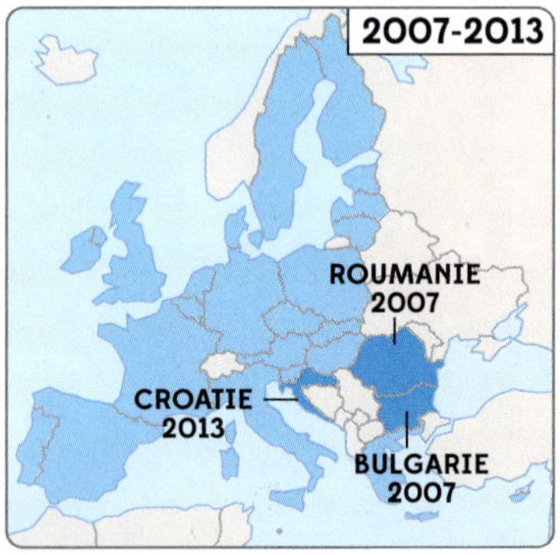

2007 Roumanie, Bulgarie
2013 Croatie

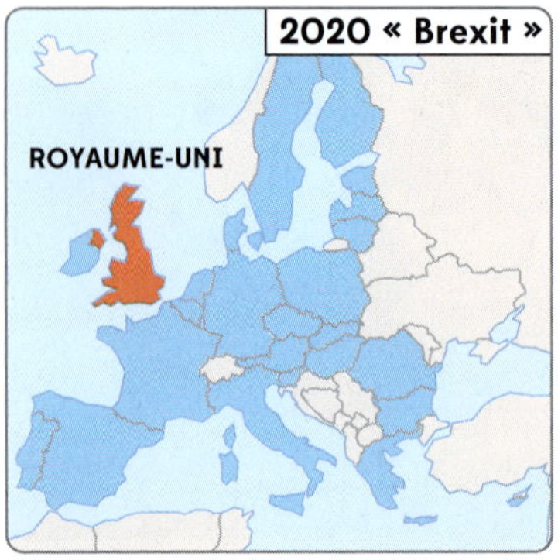

2020 « Brexit »

Questions

1. **Identifiez les pays qui ont le plus grand nombre de députés au Parlement européen. Que remarquez-vous ?**
2. **Pourquoi la zone euro et l'espace Schengen sont-ils classés dans les dynamiques d'approfondissement ?**
3. **Relevez trois exemples de remise en cause du processus de construction européenne.**
4. **Le processus d'élargissement de l'UE est-il achevé ? Justifiez.**

démocratique européen

2 Affirmation et limites du projet démocratique européen

Carte interactive

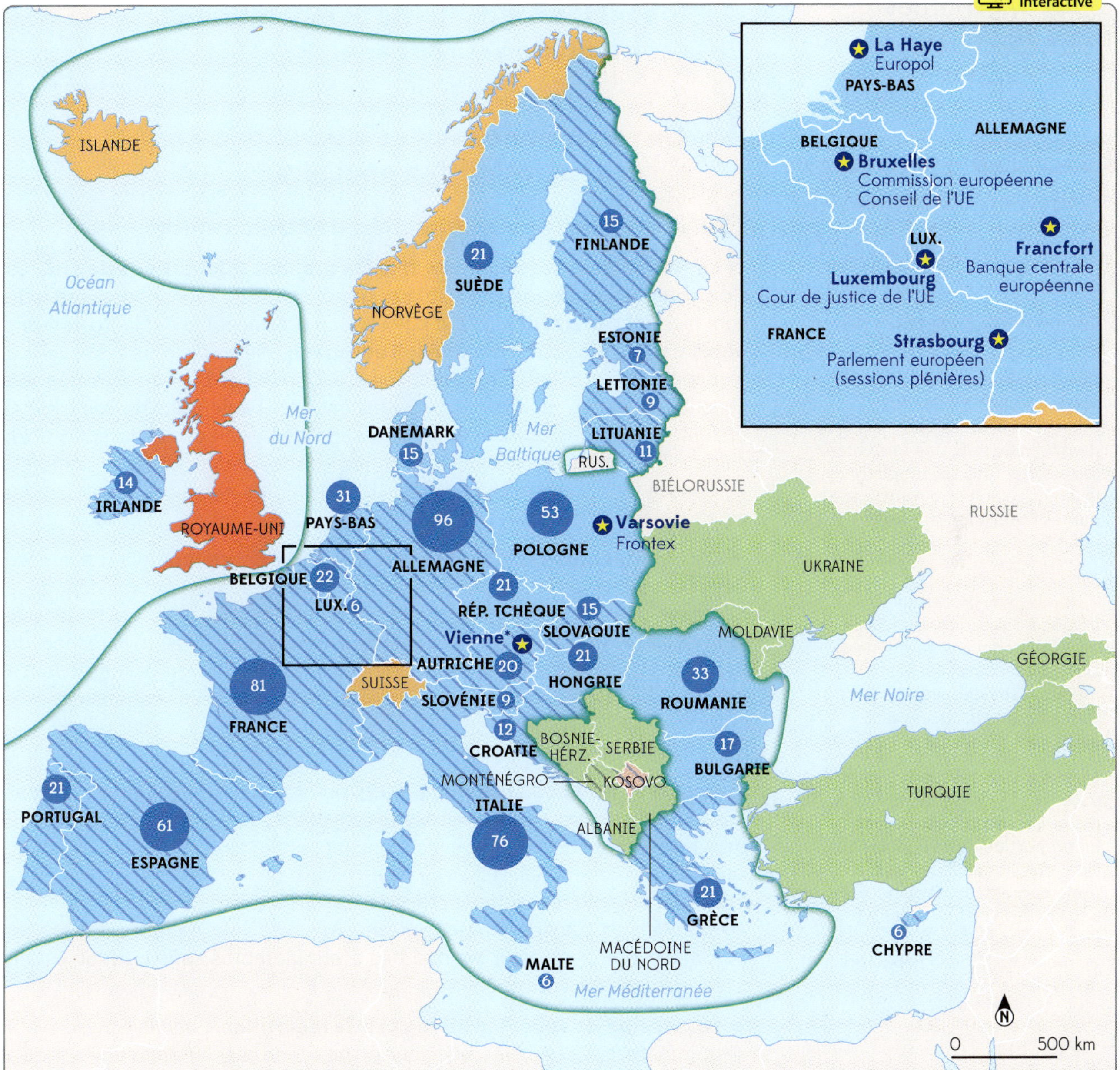

* Agence des droits fondamentaux de l'UE

1. Processus d'élargissement de l'Union européenne

- États membres de l'Union européenne
- États candidats reconnus
- État candidat déclaré

2. Dynamiques d'approfondissement du projet démocratique européen

- Sièges des principales institutions de l'UE et organismes européens
- États membres de l'UE ayant adopté l'euro
- États membres de l'espace Schengen
- xx Nombre de députés européens par pays (total : 720 parlementaires)

3. Limites du projet démocratique européen

- État dont les citoyens ont voté pour sortir de l'UE (« Brexit », 2020)
- États ayant annulé leur candidature, membres de l'Association européenne de libre-échange

JALON 1
Cours

Toutes les ressources
lycee.nathan.fr/25hggsp1re_86

Le fonctionnement de l'Union européenne

Quels sont les fondements démocratiques de la construction européenne ?

I Un fonctionnement démocratique fondé sur la séparation des pouvoirs

A L'architecture institutionnelle de l'Union européenne

- **Le « triangle institutionnel » fixe les grandes orientations de l'UE.** La **Commission européenne** est l'organe exécutif de l'UE : composée d'un commissaire par État membre, dirigée par un président élu par le **Parlement européen** sur proposition du **Conseil européen**, elle propose les lois et veille à leur application. Le Parlement européen et le **Conseil de l'Union européenne** constituent le pouvoir législatif. Le Parlement, créé par le Traité de Rome (1957) et seule institution européenne élue au suffrage universel direct depuis 1979, compte 720 députés répartis en proportion de la population des États membres. Le Conseil de l'UE, composé des ministres des États membres, varie dans sa composition selon les sujets traités.

- **D'autres institutions jouent un rôle majeur.** Le Conseil européen, composé des chefs d'État ou de gouvernement des pays membres, du président de la Commission et dirigé par un président élu, définit les orientations générales de l'UE. La **Cour de justice de l'Union européenne** (CJUE) assure le respect du droit dans l'interprétation et l'application des traités. Ses arrêts contribuent à l'élaboration du droit européen et s'imposent aux juridictions nationales.

B La répartition des compétences au sein de l'UE

- **Depuis le Traité de Lisbonne (2009)**, on distingue trois types de compétences. Les **compétences exclusives** concernent des domaines où seule l'UE peut légiférer (union douanière, politique monétaire de la zone euro, politique commerciale commune). Les **compétences partagées** permettent aux États membres de légiférer tant que l'Union n'est pas intervenue (marché intérieur, environnement, transports). Les **compétences d'appui ou de coordination** autorisent l'UE à soutenir l'action des États membres sans harmonisation (culture, tourisme, éducation).

- **Le principe de subsidiarité régit cette répartition.** Chaque échelle ayant ses compétences, l'UE n'intervient que si son action est jugée plus efficace qu'à l'échelle nationale ou locale. Ce principe est contrôlé par les parlements nationaux, qui peuvent émettre un « carton jaune » s'ils estiment qu'une proposition législative ne respecte pas la subsidiarité. La Commission doit alors réexaminer sa proposition, la modifier ou la retirer.

II Un fonctionnement qui repose sur la démocratie représentative

A Plusieurs formes de représentation démocratique

- **La démocratie représentative directe** s'incarne dans le Parlement européen, conciliant l'idéal de participation citoyenne avec la « liberté des Modernes » théorisée par Benjamin Constant (1767-1830). Les eurodéputés, élus tous les cinq ans, représentent directement les citoyens européens. Ils se regroupent par affinités politiques et non par nationalités. Le Parlement exerce un contrôle

Vocabulaire

Compétences d'appui ou de coordination : voir p. 436

Compétences exclusives : voir p. 436

Compétences partagées : voir p. 436

Directive européenne : texte communautaire fixant les objectifs à atteindre par les États membres de l'UE. Une fois votée par les institutions européennes, la directive doit être transposée par les États dans leur droit national.

Initiative citoyenne européenne : processus démocratique permettant à un million de citoyens européens, issus d'au moins sept États membres, de demander à la Commission européenne de légiférer sur un sujet.

Majorité qualifiée : principe de vote selon lequel chaque État dispose d'un nombre de voix en proportion de sa population. Pour être adoptée, toute décision parlementaire doit atteindre un seuil déterminé (au moins 55 % des États membres représentant au moins 65 % de la population de l'UE).

Procédure législative ordinaire : voir p. 436

Règlement : acte juridique de l'UE, obligatoire, applicable de façon simultanée et uniforme dans l'ensemble des États membres, sans être transposé dans le droit national de chaque État.

Institutions

La Commission européenne, le Conseil de l'UE, le Conseil européen, la Cour de justice de l'UE et le Parlement européen sont les principales institutions de l'Union européenne : voir p. 436

politique sur la Commission, participe à l'élaboration du budget européen et co-légifère avec le Conseil de l'UE.

- **La démocratie représentative indirecte** s'incarne dans le Conseil de l'Union européenne et le Conseil européen. Les ministres au Conseil de l'UE et les chefs d'État ou de gouvernement au Conseil européen représentent leurs pays respectifs. Ils tirent leur légitimité démocratique des élections nationales.

B Un processus décisionnel démocratique

- **L'élaboration d'une loi européenne** suit généralement une **procédure législative ordinaire** : la Commission propose un texte, qui est le fruit de consultations préalables ; le Parlement européen et le Conseil de l'UE examinent ensuite la proposition. Ils peuvent l'amender et doivent l'approuver dans des termes identiques.

- **Ce processus implique des négociations entre Commission, Parlement et Conseil.** Au sein de ce dernier, de nombreuses décisions sont prises à la **majorité qualifiée**, équilibrant ainsi les intérêts des grands et des petits États. Si un accord est trouvé, le texte est formellement adopté puis publié au Journal officiel de l'UE. Les États membres disposent ensuite d'un délai pour transposer la **directive européenne** dans leur droit national ou appliquer directement le **règlement**.

III Un fonctionnement démocratique original

A La création d'une citoyenneté européenne

- **Le traité de Maastricht (1992) introduit la notion de « citoyenneté européenne ».** Celle-ci est conçue comme une citoyenneté complémentaire qui confère des droits nouveaux – par exemple le droit de vote et d'éligibilité aux élections européennes et municipales dans l'État de résidence – sans remplacer la citoyenneté nationale.

- **La citoyenneté européenne repose sur un ensemble de valeurs communes**, en particulier la solidarité, l'égalité ou la liberté. Les citoyens européens peuvent circuler librement au sein de l'espace Schengen, mais également séjourner, travailler ou étudier (programme Erasmus depuis 1987).

B L'UE, pionnière en matière de démocratie déléguée

- **La gouvernance à plusieurs échelles caractérise le fonctionnement de l'UE.** Une partie de la souveraineté d'un État peut ainsi être « déléguée », c'est-à-dire transférée, à une institution **supranationale**. Ce fonctionnement nécessite une coordination étroite entre les différents échelons de gouvernement (européen, national, régional, local) et implique de nombreux acteurs dans le processus décisionnel.

- **Plusieurs mécanismes de participation citoyenne complètent ce système.** Le droit de pétition permet aux citoyens de s'adresser directement au Parlement européen pour des questions relevant des domaines d'activité de l'UE. Depuis 2012, l'**initiative citoyenne européenne** autorise un million de citoyens d'au moins sept États membres à inviter la Commission à proposer une législation sur un sujet précis (utilisation du glyphosate, accès à l'eau…).

Dates clés

La construction européenne

1957 : création de la CEE par le traité de Rome

1979 : première élection du Parlement européen au suffrage universel direct

1992 : traité de Maastricht instaurant la citoyenneté européenne

2005 : rejet par référendum du « Traité établissant une Constitution pour l'Europe »

2009 : entrée en vigueur du traité de Lisbonne

Notions

Démocratie déléguée : système dans lequel les États transfèrent volontairement certaines de leurs compétences à des institutions supranationales qui exercent alors ces pouvoirs en leur nom.

Principe de subsidiarité : principe de répartition du pouvoir de décision précisant que l'UE agit uniquement si une action locale ou nationale est insuffisante et qu'une intervention européenne apporte une valeur ajoutée claire.

Supranational : autorité se situant au-dessus de la souveraineté des États et qui implique le vote de lois ayant primauté sur le droit national.

Fiches de lecture

Sylvain Kahn, *Histoire de la construction de l'Europe depuis 1945*, Puf, 2021.
Les grandes étapes de la construction européenne, de 1945 aux années 2020.

Paul Magnette, *Le régime politique de l'Union européenne*, Les Presses de Sciences Po, 2023.
Présentation synthétique du fonctionnement démocratique de l'UE.

Pour aller + loin

« Le traité de Maastricht », *Affaires sensibles*, France inter, mai 2019.
Document qui permet de se replonger dans le contexte du référendum sur le traité de Maastricht en 1992.

***L'Union européenne : comment ça marche ?*, Europe Direct Strasbourg, 2024.**
Vidéo pédagogique très claire qui présente le fonctionnement des différentes institutions européennes.

***L'Europe, c'est pas sorcier*, dernière consultation janvier 2025.**
Site qui propose des vidéos, des dossiers d'actualité ainsi que des jeux sur le thème de l'UE.

JALON 1
Étude

Toutes les ressources
lycee.nathan.fr/25hggsp1re_88

Le fonctionnement de l'UE : démocratie représentative et démocratie déléguée

L'Union européenne présente toutes les caractéristiques d'une démocratie représentative. L'une de ses forces tient également à son caractère pionnier en matière de démocratie participative ou démocratie déléguée. Toutefois, certains détracteurs de l'Union européenne estiment que son fonctionnement n'est pas assez démocratique.

Quelles sont les forces et les limites du fonctionnement démocratique de l'Union européenne ?

1 Les différents processus démocratiques

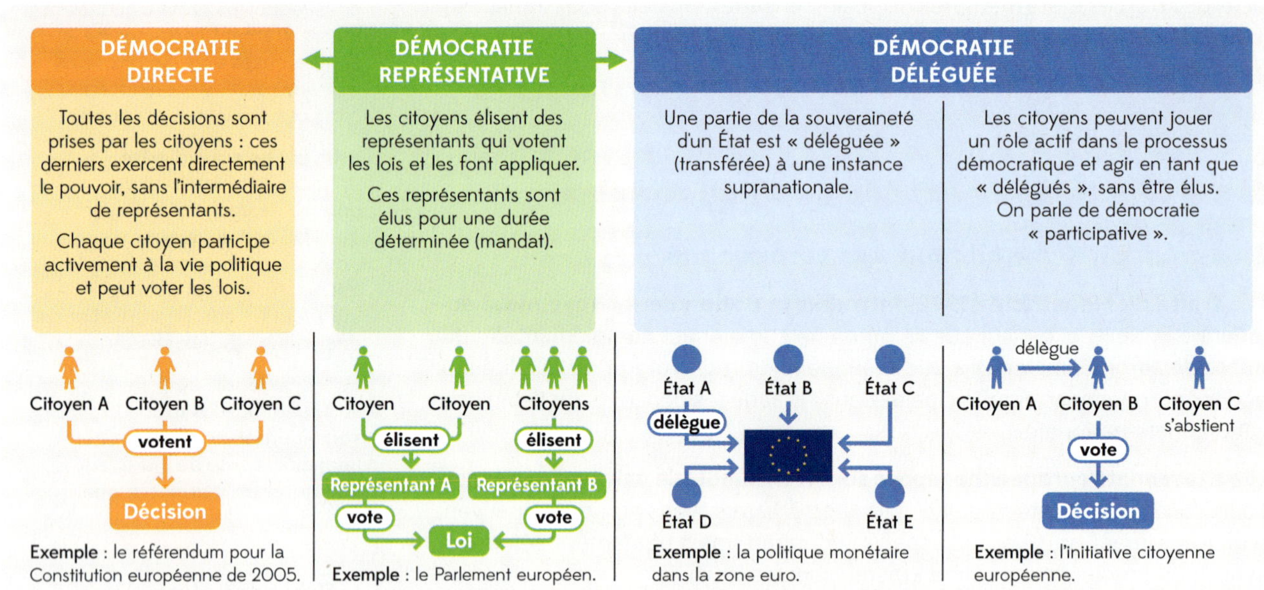

→ **Quelle est la place du citoyen dans chacun de ces processus démocratiques ?**

2 L'Union européenne, une pionnière de la démocratie participative

L'Union européenne a aujourd'hui toutes les caractéristiques d'une démocratie représentative. Tout citoyen a son mot à dire : en votant aux élections nationales pour le parti qui défend sa vision de l'Europe (et donc en ayant des ministres qui porteront cette vision à « Bruxelles »), en élisant directement son député européen, ainsi que par l'intermédiaire des députés nationaux qui eux aussi font entendre leurs voix sur les sujets européens. L'Union est également pionnière en matière de démocratie participative. [...] L'UE a tout d'abord l'obligation de faire de larges consultations avant de proposer une initiative législative. Chaque citoyen, partie prenante, association... peut exprimer son avis et faire une contribution qui sera analysée. La Commission est très consciente de la complexité de la législation et des procédures européennes. Elle travaille à leur simplification et pour ce faire a mis en place une plateforme appelée « REFIT » qui permet aux citoyens de faire des suggestions pour alléger la législation européenne et réduire les formalités. [...] L'Union européenne a également instauré – et elle est la première institution internationale à l'avoir fait – une initiative citoyenne : un million de citoyens issus de 7 États membres peuvent saisir la Commission européenne et lui demander de formuler une proposition de loi dans un domaine couvert par les Traités.

Représentation en France de la Commission européenne, 13 mai 2024.

→ **Quelle est la particularité du fonctionnement démocratique de l'Union européenne ?**

3 Le fonctionnement des institutions démocratiques européennes

→ **En quoi le fonctionnement de l'Union européenne est-il un exemple de « démocratie représentative » ?**

4 Les limites du processus démocratique européen

Dessin de Nicolat Vadot, *Les Décodeurs de l'Europe*, 2017.

→ **Quel est le message de ce dessin de presse ?**

Questions et activités

Parcours 1

1. Pourquoi peut-on dire que l'Union européenne est à la fois une démocratie « représentative » et une démocratie « déléguée » ? doc. 1 à 3

2. Comment ces documents permettent-ils de cerner les limites du fonctionnement démocratique de l'UE ? doc. 1 à 4

3. Quelles sont les réponses apportées par l'UE afin de renforcer la participation des citoyens au processus démocratique ? doc. 2 et 3

Synthèse. Quelles sont les forces et les limites du fonctionnement démocratique de l'Union européenne ?

Parcours 2

Réaliser une carte mentale

Dessinez une synthèse sur le fonctionnement démocratique de l'Union européenne. Sur cette carte mentale, utilisez les termes suivants : démocratie déléguée, démocratie représentative, citoyens, limites.

JALON 2
Cours

Toutes les ressources

lycee.nathan.fr/**25hggsp1re_90**

L'Union européenne face aux citoyens et aux États

Comment l'UE répond-elle aux critiques sur son fonctionnement démocratique depuis 1992 ?

Vocabulaire

Brexit : sortie du Royaume-Uni de l'Union européenne, votée par référendum en 2016 et effective depuis le 31 janvier 2020. Le terme est un mot-valise issu de *Britain* et *exit*.

Eurobaromètre : série de sondages réalisés par la Commission européenne depuis 1973, pour suivre l'opinion publique des États membres sur divers sujets européens.

Euroscepticisme : attitude critique ou de défiance vis-à-vis de la construction européenne et de ses institutions.

Mécanisme européen de stabilité (MES) : organisation intergouvernementale créée en 2012 pour fournir une assistance financière aux pays de la zone euro en difficulté.

Next Generation EU : plan de relance européen adopté en 2020 pour faire face aux conséquences économiques et sociales de la pandémie du covid-19.

Représentants d'intérêts : Personnes ou organisations qui cherchent à influencer les décisions politiques de l'UE (lobbies).

Traité constitutionnel européen : projet de traité établissement une Constitution pour l'Europe (TECE), signé en 2004 par les ministres des affaires étrangères des États membres. Ce projet est rejeté en 2005, après le non aux référendums en France et aux Pays-Bas.

Notions

État-nation : forme d'organisation politique où un État souverain correspond à une nation, c'est-à-dire une communauté de citoyens partageant une histoire et une culture communes.

I L'émergence et l'évolution des critiques envers l'Union européenne

A L'UE face au « déficit démocratique »

- **La notion de « déficit démocratique » gagne en importance à partir des années 1990.** Elle illustre le sentiment d'un manque de légitimité et de transparence des institutions européennes. Les critiques évoquent la tension entre démocratie directe et représentative. En 1992, le traité de Maastricht divise les Européens : en France, par exemple, le « oui » l'emporte à 51 % lors du référendum, soit une courte majorité.

- **Le rejet du traité constitutionnel (2005) illustre cette crise de confiance envers l'UE.** Au milieu des années 2000, un projet de Constitution européenne est élaboré. Le texte est soumis au vote des Européens : certains y voient un réel progrès et d'autres le risque de la fin des nations. Les électeurs français et néerlandais, consultés par référendum, votent majoritairement pour le non (54,7 % des votants en France), ce qui signe l'échec du projet.

B La démocratie européenne face aux remises en cause

- **La montée de l'euroscepticisme** reflète la remise en question de la démocratie européenne. Le taux de participation aux élections européennes de 2024 est proche de 50 %. L'enquête **Eurobaromètre** de 2023 révèle que seuls 35 % des Français ont confiance dans les actions des institutions européennes. Les compétences de ces institutions et les partis politiques transnationaux qui composent le Parlement européen restent plutôt mal connus.

- **Les tensions entre valeurs européennes et souverainetés nationales s'accentuent.** Les conflits sur l'État de droit, notamment en Hongrie et en Pologne, constituent des « reculs démocratiques ». Depuis 2015, la crise de l'accueil des migrants met en lumière les tensions entre solidarité européenne et politiques nationales. Les partis nationalistes, hostiles à l'UE, se renforcent lors des élections. En 2016, le **Brexit** marque un tournant, questionnant la capacité de l'UE à maintenir l'adhésion de ses membres.

II Les réponses de l'Union européenne face aux critiques

A Un fonctionnement de plus en plus démocratique

- **Le traité de Lisbonne (2009) tente de répondre aux critiques.** Le renforcement du rôle des parlements nationaux vise par exemple à améliorer le contrôle démocratique, s'inspirant du principe de séparation des pouvoirs (Montesquieu). Les parlements obtiennent ainsi un droit de regard sur les propositions législatives européennes.

- **Des efforts sont entrepris par l'UE en matière de transparence.** Les initiatives de l'UE pour améliorer sa communication (consultations en ligne, dialogues citoyens) s'inscrivent dans la recherche d'un nouvel équilibre entre démocratie représentative et participation directe des citoyens. Depuis 2011, le registre de transparence permet de recenser les **représentants d'intérêts** dont les activités peuvent influencer les politiques et les décisions de l'UE, ce qui permet aux citoyens européens d'avoir accès à ces informations en toute transparence.

B De nouvelles approches face aux crises

- **L'UE s'est trouvée confrontée à des crises majeures au cours des dernières décennies.** Ces crises ont souligné les difficultés, voire l'incapacité, des États à se mettre d'accord sur des enjeux fondamentaux [guerre en Irak en 2003, crise financière en Grèce dès 2008]. La pandémie du covid-19 [2020] et la guerre en Ukraine depuis 2022 représentent également des défis majeurs.

- **Face aux crises, l'UE développe de nouveaux mécanismes de gouvernance.** Le **mécanisme européen de stabilité** fournit une assistance financière aux pays de la zone euro qui connaissent ou risquent de faire face à des difficultés de financement. En réponse à la crise sanitaire [covid-19], le plan **Next Generation EU** illustre la recherche d'une solidarité européenne.

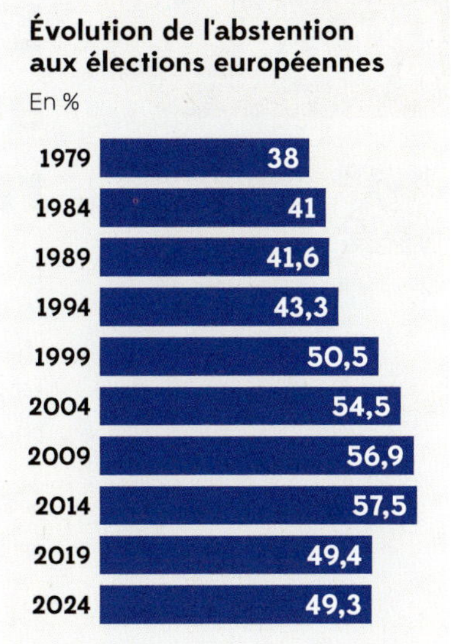

Source : Parlement européen, 2024.

III De multiples défis pour la démocratie européenne

A Renforcer la participation des citoyens européens

- **La citoyenneté européenne présente des limites.** Réalité juridique, elle peine à devenir une réalité sociale et demeure assez symbolique. Elle n'existe pas indépendamment de la citoyenneté nationale, et confère des droits sans imposer de devoirs [il n'existe pas d'impôt européen par exemple]. Ses détracteurs parlent d'une citoyenneté « gadget ». La barrière linguistique reste encore un obstacle à un véritable sentiment d'appartenance.

- **L'Union européenne tente donc d'impliquer davantage les citoyens dans la vie politique.** La Conférence sur l'avenir de l'Europe [2021-2022] représente une tentative de démocratie participative à l'échelle européenne, visant à créer un *demos* européen et faisant écho aux expériences antiques de démocratie directe. Cette initiative associe directement les citoyens à la réflexion sur l'avenir de l'UE. Les propositions de listes transnationales aux élections européennes cherchent aussi à dépasser le cadre national de la représentation, ce qui marque une évolution majeure de la conception classique de la démocratie.

B Répondre aux nouveaux défis à l'échelle mondiale

- **Certains enjeux transnationaux constituent aujourd'hui des défis majeurs : changement climatique, migrations, pandémies.** Face à ces défis, l'Union européenne tente de démontrer la pertinence d'une gouvernance supranationale, questionnant les limites de l'**État-nation** souverain, théorisé par des penseurs comme Hobbes ou Rousseau.

- **Parvenir à une certaine autonomie est l'une des réponses de l'UE.** Le débat sur la « souveraineté européenne » ou sur « l'autonomie stratégique » soulève des questions fondamentales concernant l'évolution de la démocratie dans un monde globalisé, prolongeant les réflexions de Tocqueville sur l'avenir des démocraties.

Fiches de lecture

Michel Foucher, « L'Union européenne dans le monde », *Documentation photographique*, n° 8145, février 2022.
Un ensemble d'articles qui évoquent les actions de l'UE à différentes échelles.

Fondation Jean Jaurès

Sylvain Kahn, *Union européenne : le bel avenir de l'élargissement*, Fondation Jean Jaurès, 2023.
Un long article qui s'interroge avec optimisme sur l'avenir de l'UE.

Pour aller + loin

▶ *La Faute à l'Europe*, Franceinfo, depuis 2019.
Magazine qui explore les actions et enjeux autour de l'Union européenne à travers des interviews ou des reportages.

🔊 « Existe-t-il un sentiment d'appartenance européen ? », *Le Temps du débat*, France culture, 2022.
Débat entre plusieurs spécialistes de l'UE sur la réalité et les limites du sentiment d'appartenance européen.

▶ « L'UE face aux crises », *Le Dessous des cartes*, Arte, janvier 2023.
Reportage qui explore à la fois le fonctionnement démocratique de l'UE et les défis actuels.

Toutes les ressources

lycee.nathan.fr/25hggsp1re_92

L'Union européenne face aux citoyens et aux États : les remises en question depuis 1992

En 1992, le Traité de Maastricht crée l'Union européenne et définit le concept de « citoyenneté européenne ». Toutefois, l'adhésion des citoyens et des États au projet européen demeure limitée. L'euroscepticisme progresse et de nombreuses formes de mécontentement s'expriment.

Comment le projet démocratique de construction européenne est-il remis en cause par les citoyens et les États depuis 1992 ?

6 F ● LUNDI 21 SEPTEMBRE 1992 2e EDITION ★ NOUVELLE SERIE N° 3524

Libération

LES RESULTATS COMPLETS

Au soir du scrutin, ville par ville, département par département, région par région, on voit se dessiner la France des pro et des anti-Maastricht. Résultats complets de la page 18 à la page 24.

LE TRAITE DE MAASTRICHT EST RATIFIE A UNE COURTE MAJORITE

OU..i

Du côté du oui: la plupart des grandes villes, l'Alsace, la Bretagne, les employés et cadres; du côté du non: le midi de la France, une majorité d'agriculteurs et d'ouvriers, telles sont les grandes lignes de démarcation d'un vote référendaire qui, hier, a attiré 70% des électeurs. François Mitterrand a estimé que la victoire du oui qui autorise la ratification du traité d'union européenne était «l'un des jours les plus importants de l'histoire de notre pays». Les leaders des grandes formations politiques ont tous souligné la nécessité de la prise en compte des «inquiétudes» qu'avait exprimées le score important du non. Jacques Chirac a lancé un appel «pour que chacun retrouve sa place dans l'opposition», tandis que Charles Pasqua et ses amis réclamaient «un changement de ligne politique» au RPR.. Lire page 2.

50,8%

49,2%

La revue des éditoriaux européens

«Libération», associé à «Courrier International» publie les éditoriaux que cinq grands quotidiens européens consacrent ce matin au référendum français. Tonalité générale: «l'euphorie n'est pas de mise». Lire page 14.

1 Une du quotidien *Libération* le 21 septembre 1992

Le 20 septembre 1992, lors du référendum sur le traité de Maastricht, 51 % des Français répondent « oui » à la question « Approuvez-vous la ratification du traité sur l'Union européenne ? » Le taux d'abstention est de 30,3 %.

→ **Comment décrire le résultat de ce référendum ?**

LUNDI 30 MAI 2005 ◆ QUATRIEME EDITION N° 7481 ◆ WWW.LIBERATION.FR

Au moins un mort et huit blessés dans une nouvelle flambée de violence à Perpignan page 19

Libération

Le jour le plus NON

54,86 % contre la Constitution*

Les Français ont voté en masse (69,74 %*)
Chirac promet une «nouvelle impulsion»
La gauche et la droite sont fracturées
L'Union poursuit le processus de ratification

Enlevés depuis 145 jours
Lire page 16

*Selon une totalisation partielle à 1h30.

2 Une du quotidien *Libération* le 30 mai 2005

Lors du référendum sur le Traité constitutionnel européen en 2005, environ 55 % des Français votent pour le « non ». Les motivations sont multiples : peur de la perte de souveraineté nationale, peur d'une Europe libérale sur le plan économique, rejet de certaines réformes politiques proposées dans le traité, etc.

→ **Que nous révèle le résultat de ce référendum ?**

3 Le Brexit : la sortie du Royaume-Uni de l'UE

L'économie britannique a subi d'importantes perturbations liées à la sortie de l'Union européenne et continue d'en faire les frais [...]. « *Take back control* » (« reprendre le contrôle »), tel était le slogan des Brexiters, les partisans de la sortie du Royaume-Uni de l'Union européenne, lors de la campagne pour le référendum Brexit en 2016. Une promesse de souveraineté retrouvée, de contrôle des frontières et de prospérité. D'un point de vue économique, la sortie de l'UE devait signifier la fin de la contribution au budget européen. Et donc plus d'argent pour le Royaume-Uni [...]. Si la croissance de l'économie britannique a été très faible en 2023, marquée par une période de récession au deuxième semestre, le PIB a rebondi en 2024. [...] Si l'accord conclu avec l'UE n'a pas tenu les promesses d'une transformation économique majeure au Royaume-Uni, il n'a pas non plus provoqué une véritable catastrophe économique comme certains le prédisaient.

Si l'impact réel du Brexit sur l'économie britannique est difficile à évaluer, les Britanniques sont de plus en plus nombreux à considérer que quitter l'UE fut une erreur. Le 23 juin 2016, ils étaient 48,11 % à vouloir rester dans l'Union. Ils étaient même majoritaires en Irlande du Nord (55,8 %) et en Écosse (62 %) [...]. Au 1er mai 2024, 55 % des sondés estimaient que le Brexit était une erreur, contre 31 % déclarant qu'il s'agissait d'une bonne décision.

Boran Tobelem, « Le Brexit a-t-il gravement nui à l'économie du Royaume-Uni ? », *Toute l'Europe*, juillet 2024.

→ **Dans quelle mesure le Brexit pourrait-il être considéré comme une « erreur » ?**

4 L'abstention aux élections européennes

Chaunu, *Ouest-France*, 28 mai 2024.

→ **Quel est le message exprimé dans ce dessin ?**

5 Les défis de l'Union européenne

« Élections européennes : quels enjeux ? », *Une leçon de géopolitique du Dessous des cartes*, Arte, 2023.

→ **À quels défis l'Union européenne est-elle confrontée ?**

Questions et activités

Parcours 1

1. Relevez trois exemples différents de contestation de l'Union européenne depuis 1992. Présentez pour chaque exemple la date, les enjeux et les conséquences. doc. 1 à 4

2. Relevez trois exemples concrets qui démontrent que l'avenir de l'Union européenne peut aussi être envisagé de manière optimiste. doc. 3 à 5

Synthèse. Comment le projet démocratique de construction européenne est-il remis en cause par les citoyens et les États depuis 1992 ?

Parcours 2

S'exprimer à l'oral

Préparez un exposé sur une problématique de l'UE, en choisissant un des sujets suivants :

- Les conséquences du Brexit sur l'UE
- L'UE et montée des nationalismes
- L'euroscepticisme dans un pays européen

Points de vue

Toutes les ressources
lycee.nathan.fr/25hggsp1re_94

La citoyenneté européenne existe-t-elle ?

1 Définition de la citoyenneté européenne

www.touteleurope.eu, 2024.

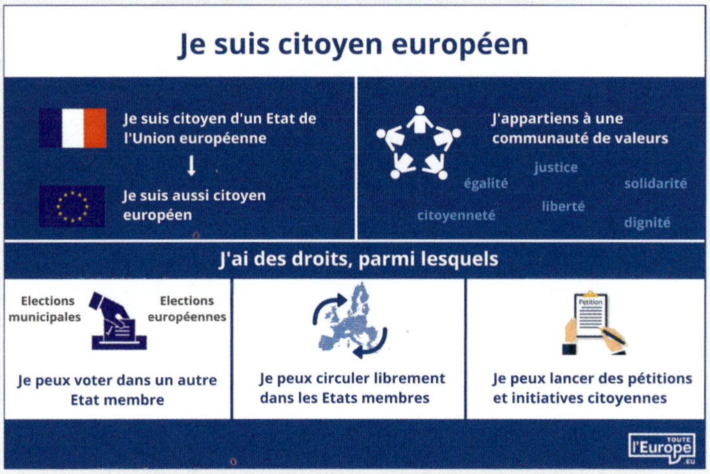

3 La citoyenneté européenne, une utopie ?

Bien qu'elle ait fêté ses trente ans, [la citoyenneté européenne] reste peu tangible. Il est certain que ses caractéristiques la rendent ambiguë et abstraite. En effet, et même si le traité [de Maastricht] invite à l'envisager comme une plus-value d'autant plus qu'elle n'est pas assortie de devoirs explicites, sa dépendance à la nationalité d'un État membre lui confère un caractère apparemment accessoire. Et la pratique démocratique favorise cette dimension subsidiaire, puisque les élections au Parlement européen sont organisées dans le cadre d'une circonscription nationale unique, avec des listes nationales, et non transnationales. [...] Quant aux droits qu'elle confère, ils sont peu perceptibles. Le droit de vote et d'éligibilité au Parlement européen existait avant l'instauration de la citoyenneté européenne. Surtout, plusieurs de ces droits se matérialisent principalement pour les Européens qui se trouvent, de façon temporaire ou permanente, dans un autre État membre. [...] S'y ajoute que la plupart des droits qu'elle confère ne sont, en réalité, pas réservés aux seuls citoyens de l'Union, mais aussi ouverts aux ressortissants d'États tiers.

Anne-Sophie Lamblin-Gourdin (professeure de droit public), « Une citoyenneté européenne encore peu tangible », *The Conversation*, mai 2024.

2 La citoyenneté européenne, une réalité sociale en devenir

Le point de vue d'un homme politique

Vous avez des cas très difficiles juridiquement avec l'augmentation des couples mixtes : en effet, comment définir la citoyenneté des enfants ? Je vous donne un exemple. Imaginez une jeune Hollandaise d'origine turque qui fait des études de droit à Amsterdam et qui passe une année Erasmus à Montpellier. Elle y rencontre un jeune Français d'origine maghrébine qui fait des études de médecine. Ils se rencontrent dans une discothèque, ils décident de se marier et ils ont un enfant. Cet enfant, il est quoi ? Il est turc ? Non. Il est hollandais ? Mais non. Il est français ? Mais non. Pas simplement. Il est algérien ou marocain ? Mais non. En fait, cet enfant est naturellement européen ! Il est bien plus européen qu'il n'est n'importe quel type de nationalité. Pour moi, avec l'évolution de l'Europe et de nos modes de vie aujourd'hui, le problème de la citoyenneté européenne qui ne sera plus liée à la citoyenneté nationale va se poser. Cela va durer cinq ans, dix ans, trois ans, je n'en sais rien. Mais je suis sûr et certain que nous allons arriver à un moment de notre histoire où nous pourrons avoir une citoyenneté européenne qui ne dépendra pas de la citoyenneté nationale. [...] Vous allez avoir une harmonisation de la fiscalité et si vous avez une monnaie commune, vous aurez besoin d'une gouvernance politique commune, et la monnaie commune vous amènera à une citoyenneté européenne commune qui ne sera plus liée à la citoyenneté nationale. Alors c'est pour demain ? C'est pour après-demain ? Je n'en sais rien. Mais c'est la logique de la construction européenne, en tout cas celle que je défends.

Daniel Cohn-Bendit, extrait d'une intervention lors d'une conférence au Conseil d'État intitulée « La citoyenneté européenne : réalité ou utopie ? », 28 mars 2018.

4 Une diversité culturelle européenne

a. Comment dit-on « MDR » dans les pays européens ?

b. Comment dit-on « Bon appétit » dans les pays européens ?

Site *Europe's not dead*, consulté en 2025.

lycee.nathan.fr/**25hggsp1re_95**

5 Le succès du programme Erasmus +

ERASMUS, un programme au succès européen,
France 3 Hauts-de-France, 2024.

Erasmus + est un programme d'échange d'étudiants, d'enseignants ou de jeunes professionnels, principalement entre les universités et les grandes écoles européennes. Le nom de ce programme créé en 1987 (devenu Erasmus + en 2014) est une référence au philosophe humaniste Érasme (vers 1467-1536).

Construire son point de vue

Découvrez les documents

- Quels sont les droits d'un citoyen européen ? doc. 1
- Quel est l'objet du débat opposant les auteurs des documents 2 et 3 ? Que signifie le terme « utopie » ?
- Quel est le message des cartes du document 4 ?
- En quoi le programme Erasmus + consiste-t-il ? doc. 5

Développez des arguments

- Quels arguments permettent de considérer la citoyenneté européenne comme une utopie ? doc. 3 et 4
- Quels arguments permettent de contester l'idée que la citoyenneté européenne est une utopie ? doc. 1, 2 et 5
- En quoi peut-on contester l'idée que le document 4 illustre uniquement la diversité culturelle européenne ?

Présentez votre point de vue ORAL

- À l'oral, en dix minutes, répondez à la problématique « La citoyenneté européenne existe-t-elle ? » en vous appuyant sur les documents proposés et en trouvant de nouveaux arguments.

L'Union européenne et la démocratie

Toutes les ressources
lycee.nathan.fr/25hggsp1re_96

I Une démocratie européenne née après la Seconde Guerre mondiale

- **L'idée d'unir les pays européens s'impose après 1945.** Le lourd bilan de la Seconde Guerre mondiale, dont le nationalisme est rendu responsable, conduit les États à se rapprocher ainsi qu'à faire de la paix et de la démocratie les fondements de la reconstruction. À la suite de la déclaration Schuman en 1950, le projet européen se concrétise avec la création de la CECA en 1951 et de la CEE en 1957. Cette volonté d'unification marque le début d'une nouvelle ère de coopération et de démocratie en Europe, visant à prévenir les conflits et à promouvoir la prospérité partagée.

- **La démocratie est au cœur de la construction européenne.** Des institutions démocratiques sont mises en place (Commission européenne, Parlement européen, Conseil européen) et définissent des politiques communes (agriculture, droits de douane, etc.). En 1979, se tiennent les premières élections des députés du Parlement européen au suffrage universel direct (démocratie représentative). Elles permettent aux citoyens européens de participer directement au processus décisionnel de l'UE et renforcent la légitimité démocratique de l'institution.

Jalon 1 – Le fonctionnement de l'Union européenne : démocratie représentative et démocratie déléguée p. 86

- **Le fonctionnement de l'UE illustre la coexistence entre démocratie représentative et démocratie déléguée.** Les citoyens élisent directement leurs représentants au Parlement européen, tandis que la Commission européenne, nommée par les États membres et approuvée par le Parlement, incarne une forme de démocratie déléguée. Ce système vise à équilibrer la représentation directe des citoyens et l'efficacité décisionnelle. Il reflète la complexité de la gouvernance européenne, qui doit concilier les intérêts nationaux et supranationaux tout en maintenant un processus démocratique transparent et inclusif.

II L'affirmation de la démocratie à l'échelle de l'UE

- **La démocratie européenne est renforcée par des élargissements successifs.** De 1957 à 2013, l'Union européenne (CEE jusqu'en 1992) passe de 6 à 28 États membres. La chute des dictatures en Europe méditerranéenne (Grèce, Espagne, Portugal) et la fin de la guerre froide (indépendance des pays de l'ancien bloc soviétique) permettent ces élargissements et contribuent à ancrer la démocratie dans ces pays. Ces expansions successives ont étendu la zone de stabilité démocratique en Europe et enrichi l'UE de nouvelles expériences politiques, renforçant sa diversité.

- **Les élargissements s'accompagnent d'un approfondissement des institutions européennes.** Le fonctionnement de l'UE se veut de plus en plus démocratique. Le traité de Maastricht en 1992 apparaît comme une étape décisive de cette démocratisation, en particulier avec la naissance de la « citoyenneté européenne ». Le traité de Lisbonne (2007-2009) instaure le droit d'initiative européenne, faisant de l'UE une pionnière en matière de démocratie déléguée. Ces évolutions témoignent de la volonté constante de l'UE de renforcer sa légitimité démocratique et d'impliquer davantage les citoyens dans le processus décisionnel européen.

- **La « citoyenneté européenne » est devenue une réalité juridique.** Le traité de Maastricht (1992) définit en effet un ensemble de valeurs communes et confère les mêmes droits à chaque citoyen européen : circuler librement dans les États membres (espace Schengen), voter dans un autre État membre de l'UE, etc. Toutefois, si elle est une réalité juridique, la citoyenneté européenne peine à devenir une réalité sociale et certains la présentent comme une « utopie » ou une citoyenneté « gadget ».

Dates clés

- **1949** : création du Conseil de l'Europe + Convention européenne des droits de l'Homme
- **1951** : CECA
- **1957** : traités de Rome (CEE et Euratom)
- **1979** : première élection du Parlement européen au suffrage universel direct
- **1986** : Acte unique
- **1992** : traité de Maastricht
- **1999-2002** : mise en circulation de l'euro
- **2005** : rejet du traité constitutionnel européen
- **2009** : traité de Lisbonne
- **2020** : le Royaume-Uni quitte l'UE

Chiffres clés

448 millions d'habitants dans l'UE
720 eurodéputés
51,5 % : taux de participation en France aux élections européennes de 2024

Jalon 2 – L'Union européenne faxe aux citoyens et aux États : les remises en question depuis 1992 **p. 90**

III La démocratie européenne face à de nombreux défis

- **La démocratie européenne apparaît aujourd'hui fragilisée.** L'euroscepticisme reste fort, témoignant d'un manque de confiance d'une partie des Européens dans leurs institutions. L'Europe doit faire face au renforcement des nationalismes et à la montée des populismes, confirmée lors des dernières élections européennes (2024). En 2016, les Britanniques ont voté majoritairement en faveur de la sortie de l'UE (Brexit. Ces défis remettent en question la capacité de l'UE à maintenir sa cohésion et à répondre aux attentes et aux préoccupations de ses citoyens.

- **L'UE fait face à des remises en question de la part des citoyens et des États.** Le traité de Maastricht (1992) introduit le principe de subsidiarité ; des tensions persistent concernant la souveraineté nationale et la légitimité démocratique des institutions européennes, ce qui illustre la complexité de construire une démocratie supranationale. L'UE doit trouver un équilibre entre l'approfondissement de l'intégration européenne et le respect des identités nationales, et répondre aux préoccupations des citoyens en matière de représentation et de participation démocratique.

- **Poursuivre la démocratisation apparaît comme l'un des enjeux majeurs de l'avenir de l'Union européenne.** Le taux d'abstention aux élections européennes n'a cessé de progresser depuis 1979, reflétant un certain déficit démocratique et les limites du concept de citoyenneté européenne. Ce taux a diminué lors des élections européennes de 2019 et 2024, signe d'un possible regain d'intérêt des citoyens pour les enjeux européens. L'UE doit continuer à innover pour renforcer la participation citoyenne et la transparence de ses institutions, en développant de nouveaux outils de démocratie participative et en améliorant sa communication sur les politiques européennes et leur impact sur la vie quotidienne des citoyens.

Construction : le projet démocratique européen de 1945 à 1979	**Affirmation :** construction européenne et progrès de la démocratie des années 1970 à nos jours	**Défis :** la démocratie européenne est-elle aujourd'hui en crise ?
› Consolidation de la paix › Rejet du nationalisme › Reconstruction européenne › Déclaration Schuman › Institutions démocratiques européennes › Europe supranationale › Élection du Parlement au suffrage universel direct (1979)	› Élargissements successifs › Approfondissement des institutions européennes › Naissance de la citoyenneté européenne › Principe de subsidiarité › Adoption de la majorité qualifiée › Échec de la Constitution européenne › Droit d'initiative européenne (démocratie déléguée)	› Forte abstention aux élections européennes › Déficit démocratique › Euroscepticisme › Limites de la citoyenneté européenne › Renforcement des nationalismes › Montée des populismes › Brexit

Synthèse

Réviser avec… **1 frise, 1 image et 2 schémas**

Toutes les ressources

lycee.nathan.fr/**25hggsp1re_98**

1 Les dates clés de l'Union européenne

Frise interactive

- **1949** : Création du Conseil de l'Europe + Convention européenne des droits de l'Homme
- **9 mai 1950** : Déclaration Schuman
- **1951** : Création de la CECA
- **1957** : Traités de Rome (CEE et Euratom)
- **1979** : Première élection du Parlement européen au suffrage universel direct
- **1986** : Acte unique (libre circulation des personnes, des marchandises, des services, des capitaux)
- **1992** : Traité de Maastricht (citoyenneté européenne)
- **1999 / 2002** : Mise en circulation de l'euro
- **2005** : Rejet du traité constitutionnel européen
- **2009** : Traité de Lisbonne
- **2011 / 2012** : Mise en place de l'ICE (Initiative citoyenne européenne)
- **2016** : Référendum sur le Brexit
- **2020** : Le Royaume-Uni quitte l'Union européenne
- **2024** : Élections européennes (Taux de participation : 50,74 %)

2 La Tour de Babel, *Kokopello*, Dargaud, 2024

Un reportage documenté, sous forme de BD, qui aborde avec humour et précision le fonctionnement de l'Union européenne.

Vidéo

Au cœur des institutions européennes avec La Tour de Babel de *Kokopello*, France 24, 2024.

lycee.nathan.fr/**25hggsp1re_98-1**

3 La participation par État aux élections européennes (2024)

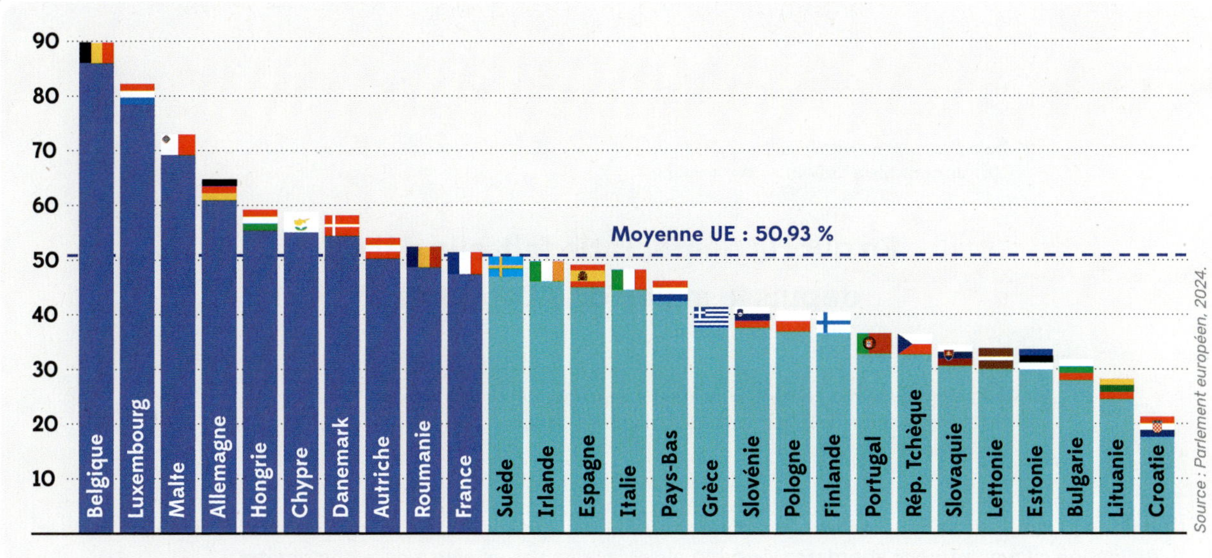

Source : Parlement européen, 2024.

4 Une Europe à géométrie variable

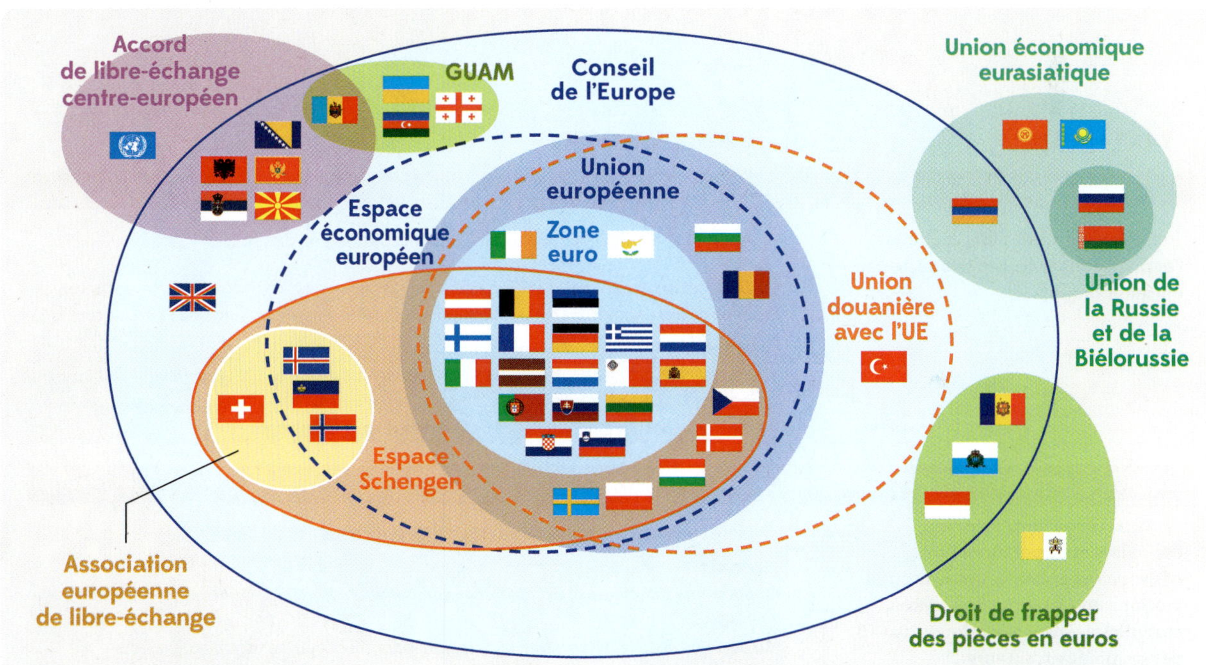

5 Mon bilan en vidéo

Pour approfondir

- **La série *Parlement*, créée par Noé Debré, diffusée depuis 2020 sur France.tv.**
Samy, un jeune assistant parlementaire, arrive à Bruxelles et découvre les institutions européennes au lendemain du vote du Brexit.
- **Le roman *Les Compromis*, Rivages Noir, de Maxime Calligaro et Éric Cardère, 2019.**
Un roman policier dont l'intrigue se déroule au Parlement européen.
- **Le film « L'Auberge espagnole », de Cédric Klapisch, 2002.**
Un étudiant français décide d'étudier pendant un an à Barcelone, en Espagne, dans le cadre du programme Erasmus.

BAC → Dissertation

SUJET BAC

Notion centrale à définir.

En quoi la démocratie fait-elle débat depuis le milieu du XIXe siècle ?

Réflexion, controverses, critiques sur la nature de la démocratie, ses pratiques et ses enjeux.

Cadre chronologique : du milieu du XIXe siècle à nos jours.
1848 : instauration de la Seconde République en France.

Consigne : Vous pourrez construire votre réflexion autour des questions du suffrage, de la représentation et de la participation citoyenne, vous aborderez les critiques et les remises en cause de la démocratie.

MÉTHODE	APPLICATION
ÉTAPE 1 ANALYSER LE SUJET	
→ **Définir les mots-clés, l'échelle, l'espace concerné, la période, le cadre chronologique.**	→ Analysez le sujet en vous aidant des indications ci-dessus. **Conseil** Interrogez-vous sur l'intérêt du sujet pour dégager des axes de réflexion. Cela vous aidera à déterminer ce que vous voulez démontrer dans la composition. ***Exemples*** *Quelles sont les différentes conceptions de la démocratie depuis le XIXe siècle (représentative, directe, participative) ? Quels sont les débats sur le type de suffrage, l'accès à la citoyenneté ? Quelles critiques ont été formulées à l'égard du système démocratique ?*
ÉTAPE 2 MOBILISER LES CONNAISSANCES	
→ **Sur un brouillon, noter les connaissances personnelles nécessaires pour répondre au sujet (notions, exemples précis, dates, statistiques, faits historiques ou géographiques, acteurs…).** → **Vérifier que les informations retenues sont en rapport avec le sujet.**	→ Listez vos connaissances sur les différents aspects du sujet. ***Exemples*** ***Fondements théoriques et définition de la démocratie** : liberté, égalité des droits, souveraineté populaire…* ***La question de la représentation et de la participation citoyenne** : démocratie directe, démocratie représentative* ***La question du suffrage** : suffrage censitaire, suffrage universel, droit de vote des hommes/des femmes/des minorités…* ***Les critiques ou remises en cause** : inégalités, rôle des partis politiques, légitimité des institutions représentatives, Commune de Paris, féminisme, populisme…* ***Les notions** : libéralisme politique, république démocratique, démocratie libérale, démocratie sociale…* ***Théoriciens, penseurs, acteurs** : Benjamin Constant, Alexis de Tocqueville, Hubertine Auclert, Ferdinand Buisson…*
ÉTAPE 3 FAIRE UN PLAN ET ORGANISER LES CONNAISSANCES	
→ **À partir de l'analyse du sujet, de la consigne et de vos connaissances, dégager deux ou trois thèmes ou idées majeures qui formeront les parties du plan.**	Exercice : Classez vos connaissances dans le plan suivant : **I. La démocratie, un idéal à atteindre** **A.** L'affirmation des principes démocratiques **B.** La question de la participation et des droits politiques (Benjamin Constant) **C.** La lutte pour le suffrage universel (Hubertine Auclert et le suffragisme, Ferdinand Buisson)

→ Identifier les thèmes secondaires qui constitueront les sous-parties.

→ Classer les connaissances dans chaque sous-partie.

II. Les critiques de la démocratie : quelle capacité à garantir les droits fondamentaux ?
- **A.** Débats sur la citoyenneté : inégalités, discriminations et exclusions
- **B.** Une menace pour les libertés ? : « La tyrannie de la majorité » (A. de Tocqueville)
- **C.** Contre la démocratie bourgeoise : la Commune de Paris, une tentative de démocratie directe

III. Fragilités et remises en cause de la démocratie : la légitimité en question
- **A.** Les crises de la démocratie représentative : instabilité des gouvernements démocratiques
- **B.** La défiance à l'égard des institutions démocratiques , notamment européennes
- **C.** Les dérives populistes et autoritaires : la démocratie illibérale

Conseil Intégrez, dans les différentes sous-parties du plan, les exemples que vous prévoyez d'utiliser.

ÉTAPE 4 RÉDIGER LA COMPOSITION

a. Rédiger l'introduction

• Rédigez une phrase d'accroche en lien avec le sujet pour attirer l'attention du correcteur (fait historique ou d'actualité, citation…).

• Présentez le sujet en précisant le sens des termes.

• Formulez la problématique, c'est-à-dire la question qui guide la composition.

• Annoncez le plan.

• Rédigez l'introduction comprenant une phrase d'accroche, la présentation du sujet, l'annonce de la problématique et du plan.

• Rédigez votre phrase d'accroche.

• Rédigez la suite de l'introduction **:**
- définissez la démocratie et le cadre chronologique du sujet ;
- énoncez la problématique en reprenant la question du sujet ;
- annoncez le plan.

Exercice

• Réfléchissez à une phrase d'accroche **à partir d'une des idées suivantes :**
- une citation sur la démocratie (A. de Tocqueville, W. Churchill, A. Lincoln…) ;
- une référence à l'année 1848 (révolutions, espoirs démocratiques, suffrage universel masculin…) ;
- un fait d'actualité récent sur la démocratie.

b. Rédiger le développement

• Chaque partie contient :
- la formulation du thème de la partie ;
- 2 ou 3 sous-parties présentant chacune une idée importante du thème, les explications et les exemples.

• Rédigez un paragraphe pour chaque partie du plan : vous y développerez les idées importantes, les explications et un ou deux exemples précis.

Conseil Rédigez une phrase de transition entre chaque partie du développement.

c. Rédiger la conclusion

• Faites la synthèse des idées principales.

• Rédigez une conclusion répondant à la problématique.

Exemple : *Depuis le XIXe siècle, la démocratie est au cœur de débats qui reflètent les tensions entre des idéaux et les réalités sociales et politiques. Ces débats, encore de nos jours, sont une manifestation de la vitalité et de la complexité de la démocratie.*

ENTRAÎNEZ-VOUS

Autre sujet

Dans quelle mesure l'Union européenne parvient-elle à concilier ses ambitions démocratiques avec les réalités de sa construction et de son fonctionnement ?

Après avoir présenté les fondements de la démocratie européenne, vous analyserez les tensions entre les valeurs démocratiques prônées par l'Union européenne et les défis institutionnels auxquels elle fait face.

→ Étude critique de documents

SUJET BAC

Construction européenne et avancées démocratiques

Consigne : En analysant les documents, en les confrontant et en vous appuyant sur vos connaissances, vous montrerez comment la construction européenne témoigne des progrès de la démocratie des années 1970 à nos jours.

1 L'élargissement de 2024

Nous, représentants de citoyens et des États de l'Union Européenne, sommes réunis aujourd'hui en ce lieu symbolique, au pied de l'Acropole, pour célébrer un événement historique : la signature du Traité d'Adhésion de Chypre, la République tchèque, l'Estonie, la Hongrie, la Lettonie, la Lituanie, Malte, la Pologne, la République Slovaque, et la Slovénie.

Cet accomplissement est unique : l'Union reflète notre détermination commune de mettre une fin à des siècles de conflits et de surmonter les divisions passées de notre continent. Cette Union représente notre volonté de nous impliquer dans un nouvel avenir basé sur la coopération, le respect de la diversité et la compréhension mutuelle. [...] En ce jour historique, alors que nous célébrons l'Élargissement de l'Union, nous réaffirmons notre engagement pris à Copenhague[1] pour « Une Europe », notre désir commun de la voir se développer en une union soudée. [...]

Nous affirmons notre attachement à défendre les libertés fondamentales sur lesquelles repose la Démocratie. L'idéal démocratique doit être le roc sur lequel s'épanouit notre Communauté de Valeurs[2], non seulement pour les citoyens d'aujourd'hui, mais pour nos enfants et petits-enfants. C'est seulement à travers la participation active de ces citoyens et de la société civile que l'Union continuera de gagner en force et légitimité.

Conseil européen informel d'Athènes - Conclusions de la présidence grecque, 16 avril 2003.

1. En 1993, le Conseil européen de Copenhague définit les critères d'adhésion à l'Union européenne : la mise en place d'institutions stables garantissant l'état de droit, la démocratie, les droits de l'Homme, le respect des minorités et leur protection ; une économie de marché viable ; la capacité d'assumer les obligations d'adhésion à l'UE.
2. Référence au traité de Maastricht en 1992 qui définit un ensemble de valeurs communes.

2 L'adhésion de la Grèce, de l'Espagne et du Portugal aux Communautés européennes

Caricature de Plantu, 1977.

MÉTHODE	APPLICATION
ÉTAPE 1 ANALYSER LE SUJET ET LA CONSIGNE	
→ **Définir les termes du sujet.** → **Définir le cadre géographique ou les limites chronologiques.** → **Dégager la question clé posée par le sujet.**	• Précisez le sens des termes « avancées démocratiques » et « construction européenne ». • Justifiez le cadre chronologique « des années 1970 à nos jours ». • Quelle problématique le sujet et sa consigne suggèrent-ils ? Exemple : *Comment la construction européenne témoigne-t-elle des progrès de la démocratie en Europe depuis les années 1970 ?*

ÉTAPE 2 ANALYSER ET CRITIQUER LES DOCUMENTS

→ **Identifier les documents.**	• Quelles sont la nature, la source et la date des documents ? **Conseil** **Prêtez attention à la date des documents car elle peut être utile pour l'analyse critique.** ***Exemple*** ***Doc. 1 :*** *en 2003 est signé le traité d'adhésion de 10 nouveaux pays. L'entrée officielle de ces États dans l'UE en 2004 consacre le plus grand élargissement de l'Union européenne.* ***Doc. 2 :*** *en 1977, la Grèce et le Portugal viennent d'adopter une Constitution démocratique (respectivement en 1975 et en 1976), la transition démocratique est en cours en Espagne (978)*
→ **Dégager le sens général des documents.**	• Identifiez l'idée générale des documents. ***Exemple :*** *À partir des années 1970, de nombreux États en Europe accèdent à la démocratie et intègrent l'Union européenne.*
→ **Sélectionner, confronter et expliquer les informations.**	• Relevez dans les documents les informations en relation avec le sujet. **Conseil** **Pensez à confronter les informations des deux documents.** **Doc. 1** - L'Acropole, « lieu symbolique » de la démocratie. - Entrée dans l'UE d'États d'Europe centrale et orientale issus de l'effondrement du bloc soviétique (1989). - Europe unie : « mettre fin à des siècles de conflits et surmonter les divisions passées » (référence à la guerre froide, divisions politiques et idéologiques), « union soudée », « coopération ». - Rappel des conditions d'adhésion à l'UE : « engagement pris à Copenhague ». - Valeurs fondamentales de l'UE : « Communauté de Valeurs » (cf. traité de Maastricht de 1992), démocratie, libertés. - Participation citoyenne : « participation active de ces citoyens et de la société civile » (démocratie participative, légitimité des institutions). **Doc. 2** - Grèce, Portugal, Espagne : trois anciennes dictatures ; jeunes démocraties du sud de l'Europe. - 1977 : en attente de leur adhésion à l'UE qui compte 9 États membres.
→ **Montrer l'intérêt ou les limites du (des) document(s) au regard du sujet.**	• Explicitez les informations à l'aide de vos connaissances. • Montrez que Communauté de Valeurs et la participation citoyenne sont des éléments fondamentaux de la démocratie européenne. • Montrez que l'adhésion à l'UE ancre la démocratie dans les nouveaux États membres. *Exemples : L'adhésion à l'Union européenne représente un engagement à respecter les principes démocratiques communs. En effet, l'UE impose aux nouveaux membres de respecter les critères de Copenhague, définis en 1993, qui incluent des conditions strictes sur le respect de l'État de droit, des droits humains et des libertés fondamentales.*
→ **Exercer un regard critique.**	• Exercez un regard critique : - En quoi la source du document 1 est-elle intéressante ? - Quel est l'intérêt d'un dessin de presse au regard du sujet ?

ÉTAPE 3 RÉDIGER L'ÉTUDE CRITIQUE DE DOCUMENT(S)

→ **Rédiger l'introduction : présenter le sujet et le(s) document(s), le contexte et la problématique.**	• Rédigez une courte introduction à partir de ce que vous avez dégagé lors des étapes 1 et 2.
→ **Rédiger l'étude de manière organisée.**	• Rédigez une réponse organisée pour répondre au sujet. **Plan possible** **I.** La construction européenne et les élargissements depuis les années 1970 **II.** L'adhésion à l'UE, un vecteur de démocratisation **III.** Communauté de valeurs et citoyenneté : un renforcement de la démocratie européenne
→ **Rédiger la conclusion.**	• Dans une conclusion, répondez à la problématique du sujet. Exemple : *L'intégration de nouveaux États, la consolidation des principes démocratiques, et l'implication des citoyens dans la construction de l'Union européenne témoignent des progrès de la démocratie en Europe depuis les années 1970.*

→ Vers le grand oral

Comment choisir un sujet et déterminer une problématique ?

1. COMMENT CHOISIR UN SUJET ?

Le choix du sujet repose sur trois critères principaux : son intérêt, sa pertinence, sa faisabilité.

- **Choisir un sujet qui vous intéresse** (pourquoi avez-vous envie de travailler sur ce sujet-là ?)
- **Choisir un sujet s'inscrivant dans un thème du programme.** Relisez les programmes du lycée pour le vérifier avant de vous lancer.
- **Choisir un sujet faisable dans le temps** qui vous est imparti.

Conseil Il est important de bien choisir votre sujet, d'y réfléchir, de consulter les enseignants pour discuter de vos choix et de vos interrogations. N'hésitez pas à abandonner une idée si vous vous rendez compte qu'elle vous emmène dans une impasse.

MÉTHODE

→ Questionnez le thème d'étude pour dégager des idées : qui ? Quoi ? Pourquoi ? Comment ? Où ? Quand ? Quelle est l'actualité concernant le thème ?

→ Choisissez une question qui vous intéresse et vous motive parmi ces idées.

→ Précisez votre sujet, donnez-lui un cadre.

→ Évitez de choisir un sujet qui couvre un champ de recherche trop vaste, par exemple « la démocratie dans le monde », ou au contraire un sujet trop pointu, sur lequel les sources d'information seraient insuffisantes ou difficiles d'accès, en raison de la langue utilisée par exemple.

Attention Ne pas confondre « thème » et « sujet » : un sujet traite d'un aspect d'un thème. Par exemple, « être exclu dans une démocratie » est un sujet qui aborde le thème de la démocratie et qui demande d'en traiter un aspect.

EXERCICES

1. Dressez une liste de sujets possibles sur le thème de la démocratie en vous aidant du schéma ci-dessous et des exemples du thème 1.

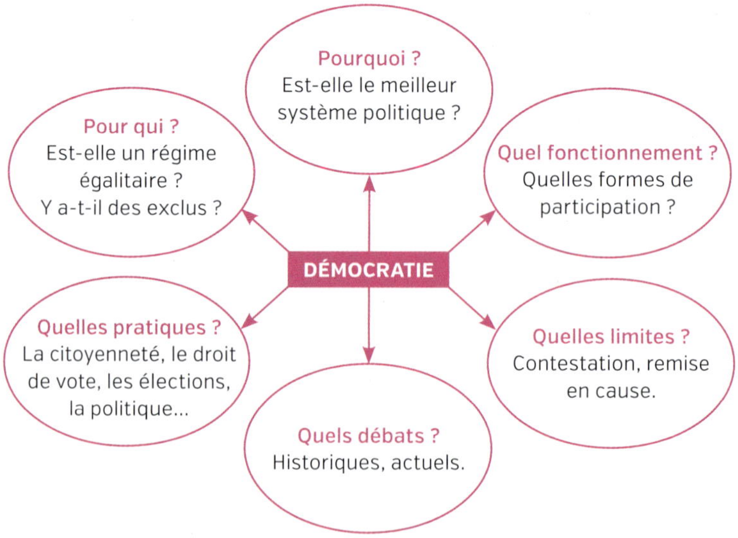

2. Choisissez un sujet et questionnez-le : respecte-t-il les critères d'intérêt, de pertinence et de faisabilité ? Justifiez votre réponse.

II. Comment déterminer la problématique du sujet ?

- **Elle est le fil conducteur de la réflexion** et incite à formuler des hypothèses.
- **Elle doit permettre d'opposer des arguments** et appelle une réponse nuancée.
- **Elle met en jeu le raisonnement et la critique.**
- **Elle donne du sens** au travail de recherche.

MÉTHODE

→ **Effectuez une première analyse :**
Quel problème est posé par le sujet ?
Quelles sont les hypothèses envisageables ?
Quelles sont les réponses possibles ?

→ **Aidez-vous des sources pour faire émerger une problématique.** Rassemblez un premier lot de sources d'information. Sélectionnez des documents dont les points de vue sont différents sur ce sujet afin de mettre en évidence des contradictions.

→ **Plusieurs problématiques peuvent être formulées pour un même sujet :** choisissez celle qui vous paraît la plus pertinente, en fonction de ce que vous voulez montrer.

Attention

Toutes les questions ne constituent pas forcément des problématiques. Par exemple, ne sont pas des problématiques :

– Les questions ne permettant pas un débat ou induisant une réponse directe oui/non.
Exemple : La démocratie peut-elle être menacée ? La démocratie donne-t-elle la parole au peuple ?

– Les questions conduisant à exposer un catalogue de critères ou une évolution chronologique.
Exemple : Comment fonctionne la démocratie ? Quels sont les défis de la démocratie ? Comment a évolué la démocratie ?

→ **Soyez attentif à la formulation de la question.** La façon de formuler la question peut induire des réponses différentes.

Exemples
« Que peut-on accepter au nom de la démocratie ? » appelle à faire une liste de critères.
« Peut-on tout accepter au nom de la démocratie ? » appelle un débat.

EXERCICES

3. Recherchez les sources d'information disponibles sur votre sujet dans les axes 1 et 2 et l'objet de travail conclusif.

4. Quelles questions ces ressources vous permettent-elles de formuler ?

5. Rédigez et justifiez la problématique de votre sujet.

VERS LE GRAND ORAL EN 5 ÉTAPES

Thème 1 Choisir un sujet et déterminer une problématique p. 104
Thème 2 Mener la recherche documentaire p. 194
Thème 3 Exploiter les informations p. 286
Thème 4 Organiser les informations et faire un plan p. 362
Thème 5 Présenter l'exposé p. 434

Thème 2

ANALYSER LES DYNAMIQUES DES PUISSANCES INTERNATIONALES

SOMMAIRE

Inauguration du premier sous-marin *made in Taïwan* (septembre 2023)

Taïwan a inauguré son premier sous-marin de fabrication nationale, le « *Hai Kun* » (créature marine mythique), pour renforcer sa défense face à la Chine. D'un coût de 1,5 milliard de dollars, équipé de systèmes de combat américains, il est opérationnel depuis 2025. Pékin, qui possède 60 sous-marins, dénonce un « non-sens ».

INTRODUCTION
Découvrir

Qu'est-ce qu'une puissance internationale ?

Toutes les ressources
lycee.nathan.fr/25hggsp1re_108

A Les caractéristiques de la puissance à l'échelle internationale

1 Un monde hiérarchisé par la puissance

Carte interactive

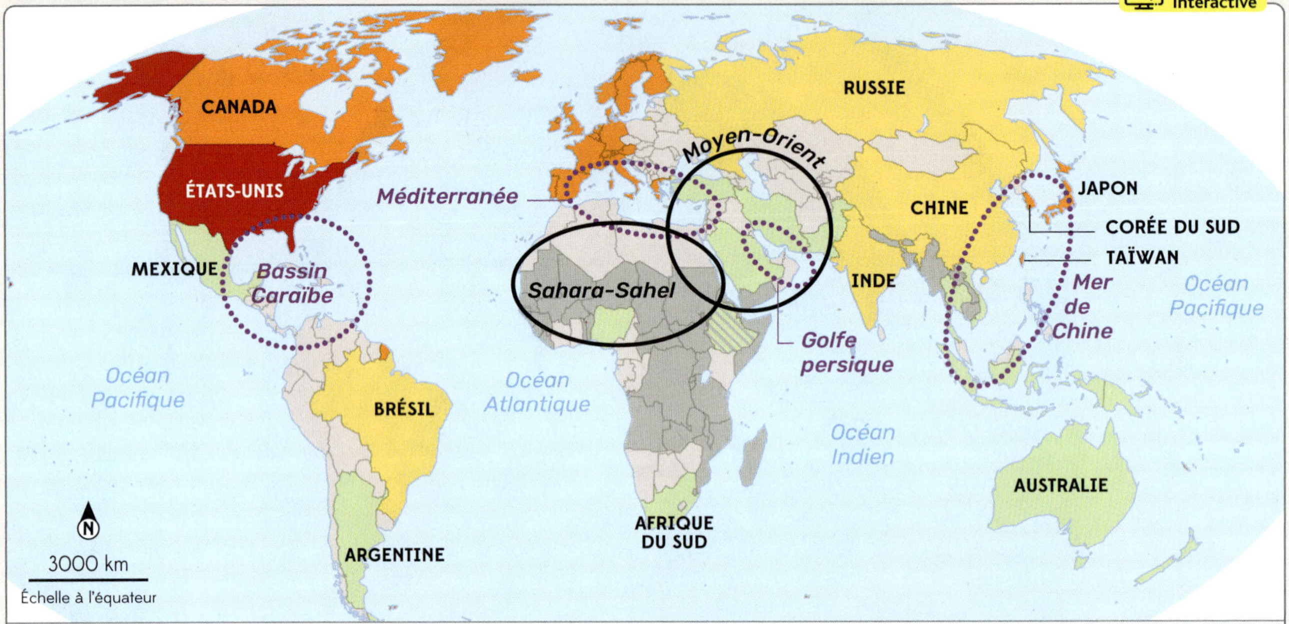

1. Des puissances dominantes
- Puissance globale
- Puissances à ambition mondiale
- Puissances émergentes
- Puissances régionales influentes

2. Des enjeux de puissance
- Aires conflictuelles
- Aires régionales sous tension

3. Pays à faible influence internationale
- Pays sous influence ou dépendants
- Pays les moins avancés

Source : H. Billard, *Mon atlas de prépa. Histoire - Géographie - Géopolitique*, Autrement, 2022.

2 Les formes de puissance multiples

Le regard d'une politiste

Joseph Nye[1] introduisait en 1990 la distinction entre *hard power* et *soft power* qui caractérisent les attitudes d'un acteur visant à atteindre ses objectifs.

Tandis que le *hard power* correspond à un usage oppressif de la puissance — en recourant le plus souvent à des moyens militaires ou économiques —, le *soft power* désigne la capacité d'un acteur à obtenir des autres qu'ils veuillent la même chose que lui, par le relais des institutions internationales ou par son attractivité liée à ses valeurs, à son modèle.

Depuis le début du XXIe siècle, de nouveaux qualificatifs associés à la notion de puissance ont émergé. La notion de *smart power* n'est pas une nouvelle forme de puissance, mais une « capacité à combiner les ressources du *hard power* et du *soft power* sous la forme de stratégies effectives », définies en fonction du contexte, en s'appuyant le plus possible sur des alliés ainsi que sur des organisations internationales. La notion de *sharp power* entend décrire une forme de puissance privilégiée par des pays autoritaires, synonyme de subversion et d'intimidation exercées contre les régimes démocratiques et leurs citoyens. Les cyberattaques émanant de Chine, et, de façon générale, l'usage d'internet pour manipuler l'opinion publique sont des exemples de maniement du *sharp power*. Cette forme de puissance viserait à miner de l'intérieur des démocraties d'autant plus vulnérables que leur réseau Internet est ouvert. Nye considère pour sa part que le *sharp power* est une forme de *hard power*, un « usage trompeur d'informations à des fins hostiles ».

Guibourg Delamotte, *Géopolitique et géoéconomie du monde contemporain. Puissance et conflits*, La Découverte, 2021.

1. Professeur émérite de l'université de Harvard, il a été secrétaire adjoint à la défense des États-Unis pour les affaires de sécurité internationale.

Guibourg Delamotte est professeure de science politique au département d'études japonaises de l'Inalco, enseignante à Sciences Po Paris et chercheuse au *Research Center for Advanced Science and Technology* de l'université de Tokyo.

3 Un ordre international contesté

Les BRICS (Brésil, Russie, Inde, Chine, Afrique du Sud) questionnent le dollar comme monnaie hégémonique et portent les ambitions des pays du Sud global pour redéfinir l'ordre économique international.

Une de l'hebdomadaire *Courrier international*, n° 1711, 17 au 23 août 2023, illustration Rob Dobi.

4 Le groupe des Sept (G7) en séance de travail à Borgo Egnazia, Italie, 2024

Le G7 (Groupe des Sept) réunit les chefs d'État ou de gouvernement de sept des plus grandes puissances économiques mondiales. Il sert de forum informel pour discuter des grands enjeux mondiaux (économie, sécurité internationale…). L'Union européenne y participe également en tant qu'observateur permanent.

5 La puissance est une notion relative

Le regard de géographes

Les puissances se définissent les unes par rapport aux autres. On définit pour chaque période de l'histoire une hiérarchie des puissances. Jusqu'aux premières décennies du XXIe siècle, les États-Unis étaient en position de disposer réellement de la totalité des attributs de la puissance, d'où l'émergence du concept d'hyperpuissance. Cependant, aujourd'hui, d'autres puissances ont émergé, en particulier la Chine, et complexifient le jeu. La compétition entre la Chine et les États-Unis laisse entrevoir le retour possible d'un affrontement bipolaire. De plus, le « réveil » des puissances concerne d'autres acteurs, comme la Russie, la Turquie ou encore l'Inde. L'Union européenne repense sa place au sein du monde, en s'affirmant par la norme pour peser au sein de la gouvernance mondiale. Les dynamiques du monde contemporain rendent ainsi plus complexe l'analyse de la puissance dans la mesure où des acteurs transnationaux exercent de nouvelles formes de puissance, comme les FTN, les organisations internationales, les réseaux terroristes. Ces derniers propagent de nouvelles formes de violence face auxquelles les armées étatiques, même les plus puissantes sont démunies. Le politologue Bertrand Badie parle « d'impuissance de la puissance » pour caractériser les jeux de pouvoir de la période contemporaine.

Stéphanie Beucher et Annette Ciattoni, *Dictionnaire de Géopolitique*, Hatier, 2024.

Faire le point

1. Quelles sont les principales puissances internationales au XXIe siècle ? doc. 1 et 3

2. Quelles sont les caractéristiques de la puissance internationale des États aujourd'hui ? doc. 1 à 4

3. Comment la notion de puissance a-t-elle évolué dans le contexte de la mondialisation ? doc. 2, 3 et 5

Qu'est-ce qu'une puissance internationale ?

Toutes les ressources
lycee.nathan.fr/25hggsp1re_110

B Les fondements et les manifestations de la puissance à l'échelle internationale

1 Les principales puissances militaires

Carte interactive

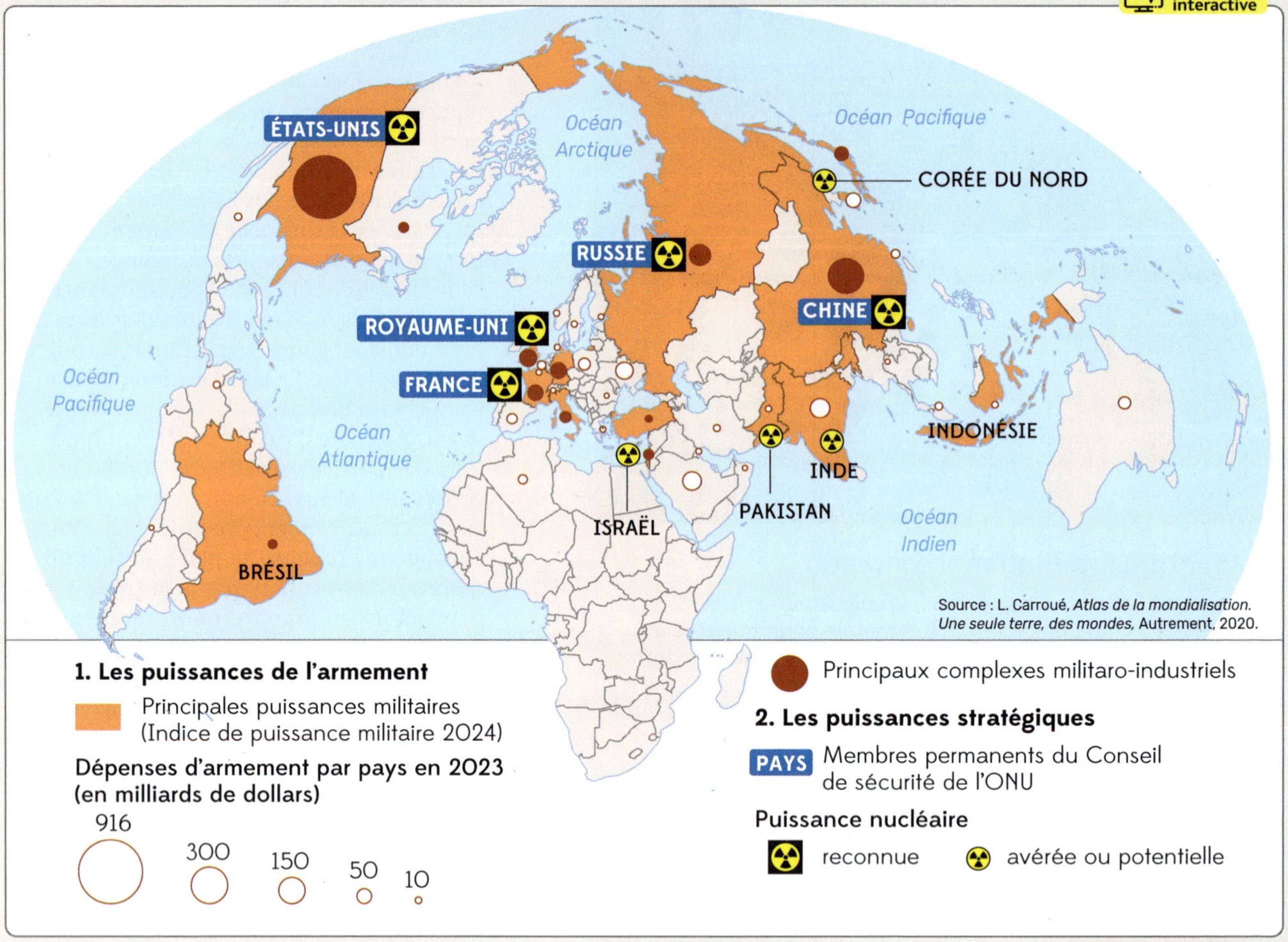

Source : L. Carroué, *Atlas de la mondialisation. Une seule terre, des mondes*, Autrement, 2020.

2 La puissance économique sans territoire

Le regard d'un géographe

La perception du territoire comme support de toute richesse, et déterminant fondamental de la puissance, apparaît en contradiction avec les mutations contemporaines[1]. Dans le processus de mondialisation, les ressources du territoire comptent bien moins que la maîtrise des processus de transformation de la matière première en produits finis que la maîtrise des flux d'informations et financiers, en un mot : que la maîtrise des réseaux.

Intégrer un réseau est devenu fondamental à l'âge de l'information. Les grandes puissances d'aujourd'hui sont celles qui sont au centre des réseaux, qui les maîtrisent et qui maîtrisent l'information (*knowledge power*) et non plus celles qui contrôlent les territoires (notion de déterritorialisation). Le territoire serait donc une donnée obsolète alors que l'on réfléchit en termes de puissance.

La puissance et la domination s'exercent par le biais de l'économie. Le libre-échange serait l'instrument de cette nouvelle domination qui ne passe plus par le contrôle direct des territoires. Les anciennes puissances impériales se trouvent ainsi toujours dans la position dominante. La puissance ne s'acquiert plus par un contrôle territorial classique mais par la maîtrise de réseaux, par les transactions et les flux invisibles[2].

Stéphane Rosière, *Géographie politique et géopolitique*, Ellipse, 2021.

1. L'émergence de géants de la technologie comme Google ou Amazon témoigne de cette redéfinition des bases de la puissance mondiale.
2. Cette maîtrise des réseaux est également visible dans le contrôle des plateformes numériques mondiales, comme Facebook ou X (ex-Twitter), qui influencent l'information et les opinions à l'échelle globale.

lycee.nathan.fr/**25hggsp1re_111**

3 Coupe du monde de football 2022 : le Qatar sous les yeux du monde

Qatar : au centre du jeu,
Le Dessous des cartes, Arte, 2022.

5 Les principales entreprises dans l'innovation des IA génératives

Nombre de dépôts de brevets d'IA génératives (2014-2023)

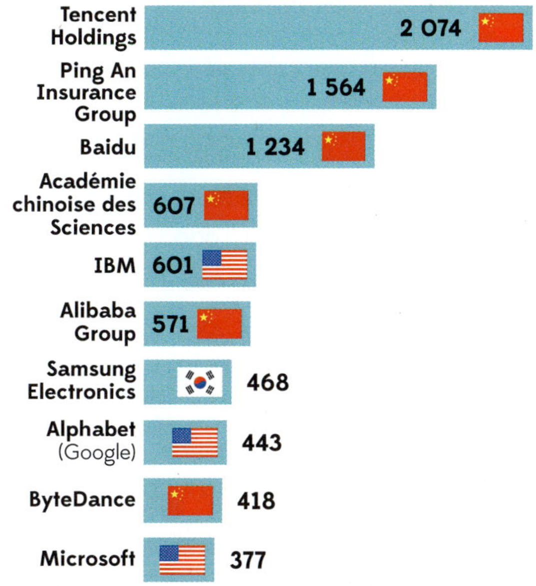

Source : Organisation mondiale de la propriété intellectuelle (OMPI), 2024.

4 L'exploitation des hydrocarbures en Sibérie (Russie), 2023

Plus vaste pays du monde (17 millions de km²), la Russie dispose d'une superficie deux fois supérieure à celle des États-Unis ou de la Chine, et de nombreuses ressources d'hydrocarbures. En 2023 l'industrie des hydrocarbures représente 27 % du PIB de la Russie.

6 La Chine s'approprie l'intelligence artificielle

Entre 2014 et 2023, la Chine a déposé plus de 38 000 brevets d'IA génératives, soit 70 % du total mondial, souvent liés à un « brevetage massif » inspiré de brevets étrangers, notamment américains.

Faire le point

1. Quelles sont les puissances militaires qui cumulent la dissuasion nucléaire et le pouvoir diplomatique de siéger au Conseil de sécurité de l'ONU ? doc. 1

2. Sur quels fondements la puissance internationale repose-t-elle ? Classez-les selon qu'ils relèvent du hard ou du soft power. doc. 1 à 6

3. Comment la puissance économique se manifeste-t-elle dans le monde d'aujourd'hui ? Le territoire est-il encore utile à la puissance internationale ? doc. 2, 3, 4, 5 et 6

Les puissances d'aujourd'hui

Toutes les ressources
lycee.nathan.fr/25hggsp1re_112

1 Les principales puissances selon des fondements traditionnels

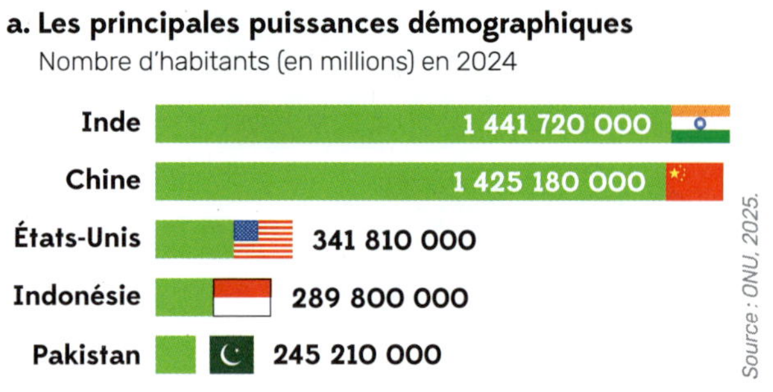

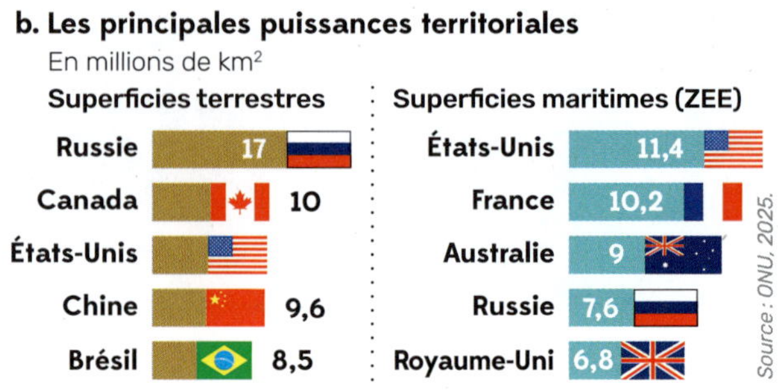

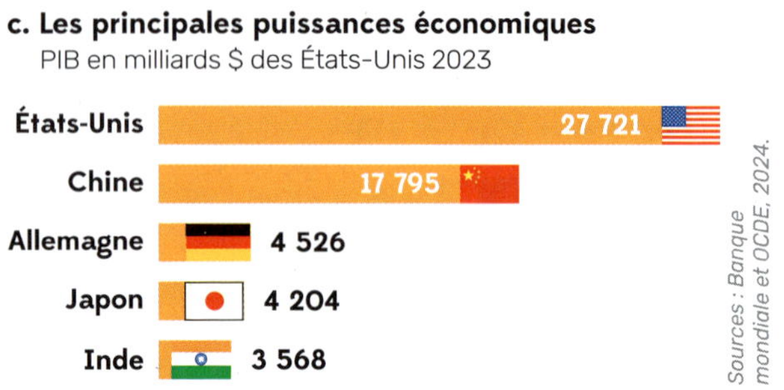

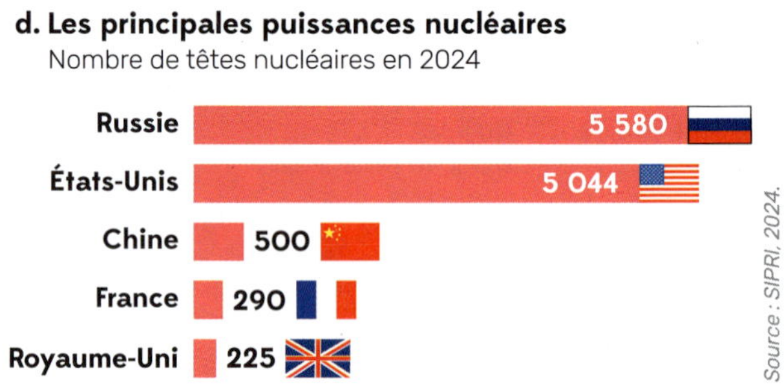

2 Rivalités de puissance : l'OTAN face à l'Organisation de coopération de Shanghai (OCS)

Carte interactive

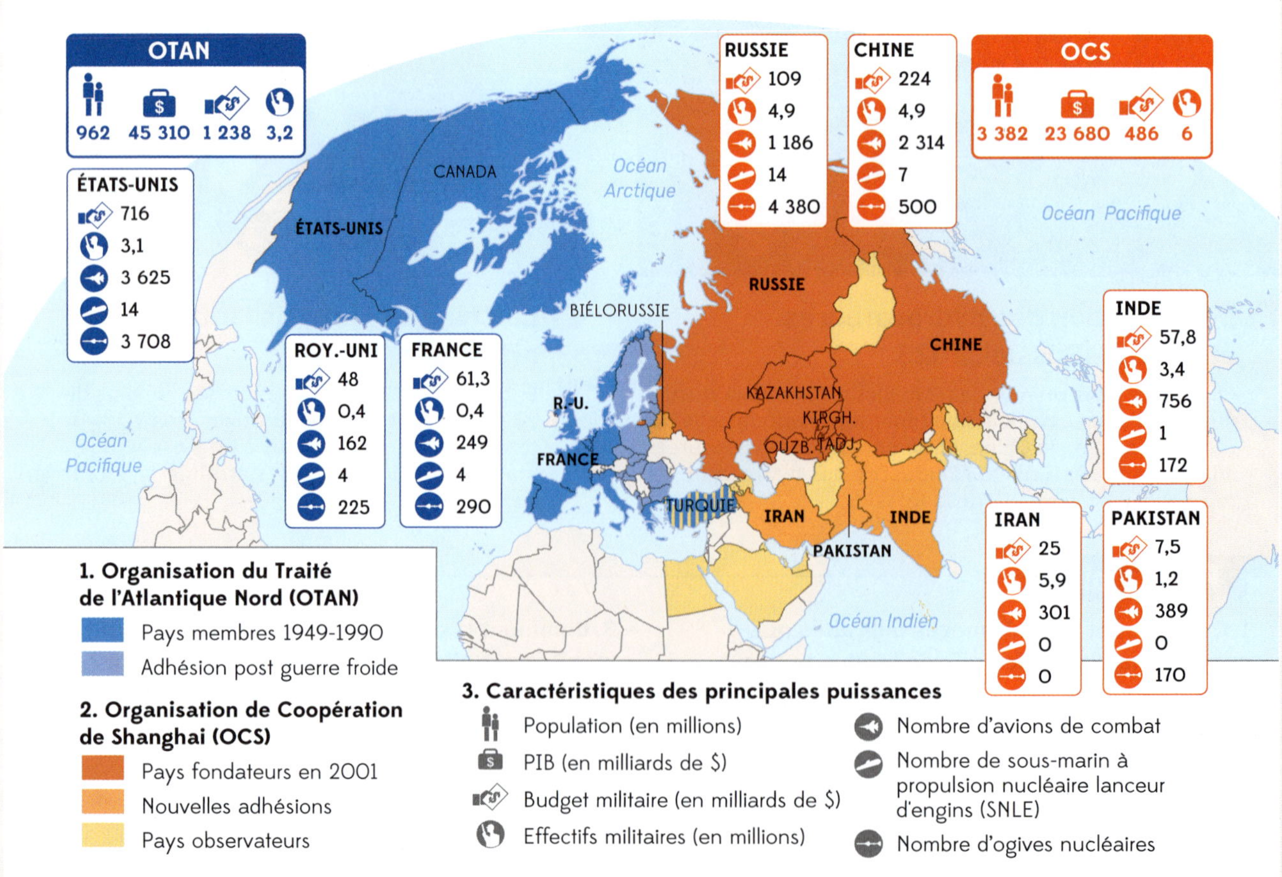

3 États dominants et les fondements de leur puissance

Frise interactive

1500–1600	1600–1700	1700–1800	1800–1900	1900–2000
XVIe siècle **Espagne**	XVIIe siècle **Pays-Bas**	XVIIIe siècle **France**	XIXe siècle **Royaume-Uni**	XXe siècle **États-Unis**
› Métal précieux (or, argent) › Commerce colonial › Force militaire › Liens dynastiques	› Commerce › Flotte › Marché de capitaux	› Population › Administration › Armée › Agriculture	› Industrie › Cohésion politique › Finance › Flotte › Normes libérales › Insularité	› Économie › *Leadership* scientifique et technique › Universalité des valeurs › Force et alliances militaires › Promotion (officielle) de la démocratie

Source : d'après Nye, complété et traduit par Frédéric Munier, 2011.

4 Les formes de la puissance internationale

Puissance internationale

Capacité d'un État à imposer sa volonté et à agir sur le monde en s'assurant d'une influence durable sur les autres États en termes économiques, culturels et diplomatiques.

Puissance dure (*hard power*)

Capacité d'un État à imposer sa volonté à un autre État par la contrainte, à l'aide de moyens militaires et économiques, y compris par l'usage de la force ou des sanctions.

- **Puissance militaire**
- **Puissance économique**
- **Sanctions**

Puissance douce (*soft power*)

Capacité d'un État à obtenir d'un autre État ce qu'il souhaite ou à s'imposer comme modèle à suivre par des moyens non coercitifs, notamment culturels, idéologiques ou diplomatiques.

- **Culture**
- **Idéologie**
- **Diplomatie**

Puissance intelligente (*smart power*)

Capacité d'un État à exercer sa puissance en combinant les stratégies de *soft power* et de *hard power*.

5 Analyser les principales facettes de la puissance internationale

Smart power

Capacité de **A** à combiner de façon stratégique ***hard power*** et ***soft power*** pour atteindre ses objectifs sur **B**.

Première composante
La puissance comme capacité à obtenir des autres ce qu'ils n'auraient pas fait sinon.

A → B

- **A** recourt à la force ou à l'argent pour modifier la stratégie initiale de **B**.
- **A** recourt à l'attractivité pour modifier les préférences initiales de **B**.

Deuxième composante
la puissance comme capacité à fixer et organiser les règles du jeu.

A → B

- **A** recourt à la force ou à l'argent pour modifier l'agenda de **B**.
- **A** recourt à l'attractivité ou aux institutions pour légitimer son agenda aux yeux de **B**.

Troisième composante
La puissance comme capacité à façonner les préférences d'autrui.

A → B

- **A** recourt à la force ou à l'argent pour façonner les préférences de **B** (*sharp power*).
- **A** recourt à l'attractivité pour modifier les préférences initiales de **B**.

Toutes les ressources

lycee.nathan.fr/25hggsp1re_114

Qu'est-ce qu'une puissance internationale ?

Quels sont les fondements et les manifestations d'un État puissant ?

I Les fondements traditionnels de la puissance d'un État

- **L'économie est un levier central de la puissance internationale.** Elle permet à un État de mobiliser des **ressources** pour financer ses infrastructures, développer des industries stratégiques et investir dans l'innovation. Le pétrole, le gaz et les minerais restent des atouts stratégiques majeurs comme en témoigne la compétition pour l'appropriation des espaces maritimes en Méditerranée orientale ou en mer de Chine méridionale. Les États-Unis dominent le système financier international grâce à la suprématie du dollar, tandis que la Chine multiplie les investissements massifs en Afrique et en Asie pour y établir des partenariats stratégiques.

- **La population est également un facteur important de la puissance d'un État.** Traditionnellement, une population nombreuse est perçue comme un atout, fournissant une main-d'œuvre abondante et une base pour une armée forte. La Chine et l'Inde possèdent ainsi le plus grand nombre de militaires actifs. Cependant, l'évolution des économies a rendu la « qualité » de la population (éducation, santé, compétences) tout aussi importante que sa taille. Des pays comme Singapour, avec une petite population mais une main-d'œuvre hautement qualifiée, sont devenus des centres financiers et technologiques d'envergure internationale.

- **La diplomatie et la force militaire sont des fondements essentiels de la puissance.** Un État capable de protéger ses frontières et de projeter sa puissance à l'étranger peut influencer les relations internationales par la coercition ou la dissuasion. Ainsi, dans une tentative de réaffirmer un statut de grande puissance, la Russie se projette militairement en Ukraine ou en Syrie. Les neuf puissances nucléaires bénéficient d'un statut particulier dans les négociations internationales grâce à leur capacité de dissuasion. La **diplomatie** est d'ailleurs indissociable de la force (***hard power***). Les États influents sont capables de façonner les relations internationales en intégrant des organisations comme l'ONU ou l'OTAN tout en créant des alliances stratégiques.

II Une puissance internationale refondée au XXIe siècle

- **Le *soft power* est la capacité d'un État à influencer les autres par l'attraction plutôt que par la coercition.** La culture, les valeurs politiques et la diplomatie sont des outils essentiels dans ce cadre. Le Qatar, malgré sa petite taille, investit massivement dans des outils de *soft power* pour diffuser ses valeurs à travers le monde : chaîne de télévision *Al-Jazeera*, événements sportifs internationaux (Coupe du monde de football 2022), etc. De la même manière, la Corée du Sud se distingue par sa K-pop et ses productions télévisées (*Squid Game*), qui font d'elle un acteur majeur du *soft power* en Asie et au-delà.

- **La technologie et la maîtrise des réseaux** sont devenues des instruments majeurs de puissance. La capacité d'un État à innover dans des secteurs stratégiques (5G, cybersécurité, intelligence artificielle) est cruciale pour la compétitivité

Vocabulaire

Cyberattaques : actions malveillantes visant à perturber, voler ou détruire des données ou des systèmes informatiques.

Cyberdéfense : ensemble des mesures pour protéger les systèmes informatiques contre les cyberattaques.

Diplomatie : art de la négociation entre États pour gérer les relations internationales et éviter les conflits.

Hégémonie : domination d'un État ou d'une puissance sur les autres dans un domaine (politique, militaire, économique, culturel).

Ressources : richesse potentielle exploitée et transformée par les sociétés humaines.

Notions

Hard power : « puissance dure », capacité d'un État à imposer ses choix par la force ou les sanctions (coercition).

Puissance internationale : État capable d'imposer sa volonté et d'exercer une influence durable sur le monde ou d'autres États.

Sharp power : « puissance incisive », stratégies d'influence agressives utilisées notamment par des régimes autoritaires pour manipuler et diviser l'opinion publique d'autres pays, via la désinformation, la propagande, les cyberattaques, etc.

Smart power : « puissance intelligente », capacité d'un État à exercer sa puissance en combinant les stratégies de *soft* et de *hard power*.

Soft power : « puissance douce », capacité d'un État à imposer ses choix par l'intermédiaire de son rayonnement, de son influence, et de son prestige culturel (persuasion).

internationale. La France a déjoué 43 **cyberattaques** [***sharp power***] pendant les Jeux olympiques 2024 de Paris démontrant au monde entier ses compétences en matière de **cyberdéfense**. Les entreprises technologiques comme Google et Tesla influencent également les politiques publiques à un niveau global, mettant en lumière l'interconnexion entre puissance économique, technologique et géopolitique.

- **Le *smart power* prend une place croissante dans la compétition internationale.** Il combine le *hard power* [force militaire, sanctions] et le *soft power* pour exercer une influence efficace et durable. La Chine utilise ses capacités économiques à travers l'initiative des « nouvelles routes de la Soie » [*Belt and Road Initiative*] pour renforcer ses partenariats économiques, sa présence militaire dans le monde, tout en consolidant son influence diplomatique et culturelle dans des régions stratégiques.

III La puissance face à un monde en mutation

- **La puissance n'est jamais absolue** et se heurte à des limites, notamment face aux défis contemporains. La montée du terrorisme international, les conflits régionaux et les guerres civiles limitent la capacité d'action des grandes puissances. L'émergence de nouvelles puissances comme la Chine, et plus généralement du **Sud global**, remet en cause l'hégémonie traditionnelle des États-Unis et des puissances occidentales.

- **Les crises mondiales,** telles que le changement climatique, les pandémies, ou les menaces cybernétiques fragilisent les grandes puissances. La capacité des États à répondre à ces défis exige une coopération internationale et remet en question la puissance des États individuellement. Le V20 réunit ainsi les 20 pays les plus vulnérables au monde face au changement climatique pour renforcer leurs capacités de négociation et accroître leur influence internationale. Le **multilatéralisme** permet de répondre aux enjeux globaux, mais il est souvent limité par des intérêts nationaux divergents.

- **Les stratégies et formes d'exercice de la puissance évoluent** également en fonction des choix politiques des États. L'**unilatéralisme** démontre les limites d>une puissance qui agit seule au détriment de la coopération internationale. En Syrie, la Turquie a agi militairement de manière unilatérale – en décembre 2024 – en poursuivant ses propres objectifs stratégiques, sans consulter ou coopérer avec ses alliés de l'OTAN. L'**isolationnisme**, quant à lui, marque un repli stratégique, malgré une puissance économique ou militaire.

Notions

Isolationnisme : attitude d'un État qui ne souhaite pas intervenir dans les affaires du monde.

Multilatéralisme : attitude d'un État qui agit de manière concertée et en coopération avec plusieurs autres États et organisations internationales.

Sud global : concept fragile et contesté désignant un ensemble hétérogène de pays du Sud qui remettent en question la domination, l'ordre international des pays occidentaux.

Unilatéralisme : attitude d'un État qui agit seul, sans rechercher l'accord des organisations internationales.

Qu'est-ce qu'un État puissant ?

Un État capable d'influencer l'ordre international et de dominer les autres États ce qui implique…

Des fondements traditionnels

- **Économie** : puissance financière (dollar), PIB, investissements
- **Territoire** : mobilisation et exploitation des ressouces
- **Population** : nombre et qualification (éducation)
- ***Hard power*** : coercition militaire sanctions et dissuasion
- **Diplomatie** : influence, alliances, organisations internationales (ONU, OTAN)

Des nouveaux facteurs combinés

- ***Soft power*** : influence culturelle par attraction, persuasion (Qatar)
- **Technologie** : centralité dans les réseaux globalisés et interconnectés, innovation stratégique, (cybersécurité, IA), acteurs non-étatiques (Google)
- ***Smart power*** : combinaison du *hard/soft power*, influence efficace (*Bell and road initiative*)

Des usages de la puissance en mutation

- **Limites** : capacité d'action limitée contre le terrorisme et conflits régionaux
- **Défis globaux** : capacité à répondre aux enjeux globaux (changement climatique), nécessité de coopérer (V20)
- **Usages évolutifs** : multilatéralisme, unilatéralisme (Turquie) et isolationnisme (Brexit)

Thème 2

AXE 1

Essor et déclin des puissances : un regard historique

La puissance n'est pas un état permanent, mais un processus dynamique. Certaines puissances connaissent des périodes d'essor spectaculaire, puis traversent des phases de déclin qui remettent en question leur influence internationale.

L'Empire ottoman, qui a dominé une large partie du monde méditerranéen pendant des siècles, et la Russie, qui tente de se reconstruire après l'effondrement de l'URSS, illustrent ces trajectoires complexes.

Ces deux exemples permettent de comprendre comment les facteurs historiques, politiques et géographiques façonnent la puissance des États sur la scène internationale.

SOMMAIRE

Défilé de soldats russes sur la place Rouge (Moscou), 2022

Tous les ans, à l'occasion des commémorations de la victoire lors de la Seconde Guerre mondiale, célébrée en Russie les 9 mai, Vladimir Poutine supervise un vaste défilé militaire et passe en revue les troupes. Depuis l'invasion de l'Ukraine, en 2022, la parade militaire est de taille plus réduite. Mais le ton des discours du président russe se durcit, dans une logique de confrontation avec l'Occident.

JALON 1
Cours

Toutes les ressources

lycee.nathan.fr/25hggsp1re_118

L'essor d'une puissance internationale historique : l'Empire ottoman

Comment l'Empire ottoman est-il devenu l'une des plus grandes puissances de l'histoire moderne ?

I Une principauté devenue empire

A Émergence d'un nouvel acteur géopolitique

- **C'est en Anatolie, à partir de la fin du XIIIe siècle, que se constitue un État ottoman.** Dans ce territoire fragmenté politiquement entre Byzantins chrétiens et Turcs musulmans, ce qui n'est encore qu'une petite principauté d'origine nomade impose sa domination aux autres principautés turques de la région. Les premiers souverains ottomans rassemblent leurs forces et lancent les *ghazi* (combattants de la foi) à la conquête de l'Empire byzantin.

- **Cette expansion repose sur une stratégie militaire et politique innovante.** Les principautés turques, issues des migrations **seldjoukides**, sont alors en compétition sur un territoire morcelé. Les ghazi, guerriers musulmans, constituent un corps de combat motivé par le *djihad* (guerre sainte). Leur capacité à intégrer des populations diverses et à mobiliser des ressources militaires fait des Ottomans un acteur géopolitique émergent, capable de transformer rapidement une principauté en un **empire** continental.

B La conquête de Constantinople : un tournant géopolitique

- **La prise de Constantinople en 1453 est un véritable coup de tonnerre en Europe.** La capitale chrétienne tombe finalement, après 55 jours de siège, sous les coups de l'artillerie ottomane. Cette retentissante victoire, célébrée par les Ottomans comme celle de l'islam sur la chrétienté, signe la fin de l'Empire byzantin.

- **L'État ottoman constitue désormais un véritable empire.** La prise de Constantinople par les armées de Mehmed II (1451-1481) a permis en effet d'opérer la jonction entre l'Anatolie et les Balkans et de réaliser ainsi l'unité territoriale et politique dans la continuité d'une logique impériale. Les **sultans** se retrouvent à la tête d'un vaste territoire unifié et compact du Danube à l'Euphrate, contrôlant des routes commerciales stratégiques et symboliques.

II Les ressorts de la puissance impériale

A Diriger et contrôler l'empire

- **Le sultan réside à Constantinople (Istanbul) et concentre entre ses mains l'autorité politique et religieuse.** Son pouvoir puise dans l'héritage impérial romain (*imperator*), turc (*khan*) et islamique. Maître de l'Empire, chef de l'armée, il est, aux yeux des musulmans **sunnites**, le *padishah* (empereur) de l'Islam. Son pouvoir repose sur le droit islamique et le droit séculier (non religieux).

- **L'administration est centralisée.** Le sultan gouverne à travers un conseil impérial, le *Divan*, dirigé par un grand **vizir** qu'il nomme et peut destituer quand bon lui semble. Dans les provinces, l'administration territoriale, qui connaît des variations régionales, est calquée sur l'organisation de l'armée. Ce système complexe, avec ses multiples échelons hiérarchiques, permet de maintenir une cohésion et une efficacité administrative sur un territoire immense, illustrant une capacité politique remarquable.

Vocabulaire

Ottoman : issu du turc *osmanli*, « compagnon d'Osman », fondateur de la dynastie ottomane qui règne sur des Turcs convertis à l'islam, originaires d'Asie centrale et installés depuis le XIIIe siècle en Asie mineure. Aucune autre dynastie ne gouverna l'Empire.

Seldjoukides : dynastie de guerriers turcs nomades. Ils furent les premiers à s'arroger le titre de sultan et régnèrent de 1038 à 1194 sur un empire étendu des steppes d'Asie centrale à la Méditerranée.

Devchirmé (devşirme : « ramassage ») : système de recrutement forcé de jeunes chrétiens des Balkans. Éduqués, turquisés et islamisés, ils sont destinés à fournir les cadres de l'armée et de l'administration.

***Dhimmi* (*zimmi* en turc, « protégé »)** : non musulman. Juif, chrétien ou personne de confession zoroastrienne vivant en terre d'Islam. Protégés et libres d'exercer leur religion, les dhimmis sont des sujets de second rang, soumis à diverses charges (impôt spécifique) et discriminations.
Voir page 438

Janissaires : corps d'élite de l'infanterie ottomane, issu du devchirmé. Leur esprit de corps devient peu à peu problématique (corruption, frein aux réformes, tendance à la mutinerie…). Le corps des janissaires est aboli en 1826.

Vizir : conseiller et principal ministre du sultan. À partir du XVIe siècle, le souverain ottoman délègue l'administration des affaires au grand vizir, le gardien du sceau impérial.

B Un empire cosmopolite et multiconfessionnel

- **La politique ottomane est marquée par la volonté de gérer pacifiquement l'empire.** Les Ottomans ont pourtant détruit les États conquis, massacrant ou asservissant leurs habitants. Mais assurer la pérennité d'un tel empire implique de laisser des marges d'autonomie nécessaires aux provinces et de s'accommoder de pouvoirs locaux. De fait, jusqu'à la fin du XVIe siècle, les révoltes sont rares : pour l'essentiel, la paix règne au sein de l'Empire.

- **À l'image d'Istanbul, cité cosmopolite et polyglotte, l'Empire est composé d'une mosaïque de populations qu'il s'efforce d'intégrer.** Peuplé majoritairement de musulmans, et fidèle à la tradition islamique, l'Empire accorde aux juifs et aux chrétiens le statut de ***dhimmi*** : protégés par le sultan, ils restent cependant des sujets de second rang. Quant aux cadres de l'armée et de l'administration, comme les **janissaires** ou les grands vizirs, souvent originaires des Balkans, ils sont « ramassés » dans le cadre du ***devchirmé***.

III L'empire au sommet : rayonnement et stratégie

A La maîtrise des routes commerciales

- **Les sultans ayant assuré leur domination sur la mer Noire** cherchent à contrôler les circuits commerciaux qui relient l'océan Indien à la Méditerranée. Sous Sélim Ier (1512-1520) et Soliman le Magnifique (1520-1566), les conquêtes se poursuivent en direction de l'Azerbaïdjan, de l'Égypte, puis de l'Afrique du Nord et du Golfe persique. Soliman s'empare, en treize campagnes militaires, de l'Europe balkanique. Ses armées échouent toutefois devant Vienne (1529). L'Empire ottoman s'étend désormais sur trois continents.

- **Au XVIe siècle, l'Empire est à l'apogée de sa puissance et de sa splendeur**. Les sultans ayant assuré leur domination sur la mer Noire cherchent à contrôler les circuits commerciaux qui relient l'océan Indien à la Méditerranée. L'Empire ottoman devient un sérieux concurrent pour les commerçants occidentaux, vécu comme une menace pour la chrétienté.

- **Sous Sélim Ier (1512-1520) et Soliman le Magnifique (1520-1566)**, les conquêtes se poursuivent en direction de l'Azerbaïdjan, de l'Égypte, puis de l'Afrique du Nord et du Golfe persique. Sous le règne de Soliman, l'Empire ottoman est peuplé de 22 millions d'habitants, représentant plus de 4 % d'une population mondiale estimée à 500 millions de personnes.

B Un modèle de puissance méditerranéenne

- **Soliman s'empare, en treize campagnes militaires, de l'Europe balkanique**. Ses armées échouent toutefois devant Vienne (1529). L'Empire ottoman s'étend désormais sur trois continents, devenant un acteur incontournable des relations internationales.

- **Les puissances européennes, inquiètes de dépendre des intermédiaires turcs,** tentent d'ouvrir de nouvelles routes commerciales et se tournent vers l'Atlantique. En 1571, le pape appelle à la croisade contre les Turcs : lors de la bataille de Lépante, Espagnols et Vénitiens détruisent la flotte ottomane. Cette défaite, secondaire à l'échelle de l'Empire, inaugure toutefois un repli. L'Empire a atteint son extension maximale, désormais, il sera davantage question de stabiliser les frontières que de conquérir des provinces entières.

Notions

Empire : notion qui désigne tout à la fois un régime politique (régime autoritaire, de type monarchique ou césariste, c'est-à-dire dans lequel le pouvoir est détenu par un empereur) et l'ensemble des territoires soumis à son autorité.

Sultan : titre conféré par le calife (successeur du prophète Muhammad) à un chef militaire. À partir de 1517, les souverains ottomans sont à la fois califes et sultans.

Sunnite : voir p. 438

Fiches de lecture

Frédéric Hitzel, *L'Empire ottoman. XVe-XVIIIe siècles*, Les Belles Lettres, 2010.
1re partie, « L'Empire ottoman ». Ouvrage conçu comme un guide, accompagné de nombreux encadrés et diverses rubriques.

Olivier Bouquet, « Les Ottomans, questions d'Orient », *Documentation photographique*, n° 8124, juillet-août 2018.
Synthèse historique accompagnée d'un riche dossier documentaire.

Pour aller + loin

« Grandeur et gouvernance de l'Empire ottoman », *La Fabrique de l'histoire*, France culture, 2015.
Débat : comment gouverner un si grand empire ?

« Ottoman, l'empire des trois continents, avec Olivier Bouquet », *Storiavoce, un podcast d'Histoire & Civilisations*, 2023.
Après Rome et Byzance, l'empire Ottoman est la seule construction politique à avoir atteint de telles dimensions dans l'histoire.

« Comment voyait-on les Turcs au Moyen Âge », *Le Pourquoi du comment : histoire*, France Culture, 2023.
L'historien Gérard Noiriel analyse la manière dont les voisins et rivaux des Turcs ottomans les considéraient au Moyen Âge.

Toutes les ressources

lycee.nathan.fr/25hggsp1re_120

Le déclin de l'Empire ottoman

Comment l'Empire ottoman est-il passé du statut de puissance dominante à celui d'empire en déclin ?

I Les premiers signes de fragilisation militaire

A Des défaites navales et terrestres

- **L'Empire ottoman subit des revers militaires significatifs** qui remettent progressivement en cause sa domination. En 1571, la bataille de Lépante marque un tournant symbolique : Espagnols et Vénitiens détruisent la flotte ottomane, inaugurant un repli en Méditerranée orientale. Bien que l'événement reste mineur pour les Ottomans, il annonce un affaiblissement de leur puissance maritime, jusque-là incontestée.

- **Aux XVIIe et XVIIIe siècles, les armées ottomanes multiplient les échecs stratégiques**. Le siège de Vienne en 1683 aggrave particulièrement la situation financière et s'accompagne de traités défavorables. En 1699, le traité de Karlowitz contraint l'Empire à céder plusieurs territoires européens, dont la Hongrie, confirmant son recul militaire. Ces défaites successives remettent en question la supériorité ottomane, jadis crainte et respectée en Europe.

B Des troubles politiques internes

- **L'Empire connaît des bouleversements politiques inédits** qui fragilisent son système de gouvernance. En 1622, pour la première fois, un sultan (Osmân II) est déposé et exécuté, révélant des tensions internes profondes. Cet événement sans précédent traduit la déliquescence du pouvoir central et les luttes d'influence au sein même de l'administration impériale. La légitimité du pouvoir du sultan jusqu'alors considérée comme sacrée et intouchable, se trouve brutalement remise en question.

- **Malgré un bref renouveau sous la dynastie des vizirs Köprülü (1656-1703), les défaites s'enchaînent.** La guerre devient quasi-permanente, notamment contre la Russie qui annexe la Crimée en 1783, reléguant l'Empire ottoman aux marges de l'Europe. Ces conflits successifs épuisent les ressources militaires et financières de l'Empire, accélérant inexorablement son déclin.

II Un empire économiquement et structurellement fragilisé

A Un déclin économique et technologique

- **L'Empire est pénalisé par l'absence de dynamique capitaliste.** Éloigné du nouveau centre de gravité économique atlantique, il accumule un retard technologique et commercial significatif qui compromet sa puissance. Les innovations européennes contournent progressivement les routes commerciales traditionnelles contrôlées par les Ottomans. Ce décalage technologique devient un handicap majeur, révélant l'inadaptation des structures économiques ottomanes face aux mutations du commerce mondial.

- **L'Empire, autrefois plaque tournante des échanges entre l'Europe et l'Asie,** se retrouve marginalisé dans les nouveaux circuits économiques mondiaux. Sa position géographique, jadis un atout stratégique, devient progressivement un facteur de déclin et d'isolement et elle aiguise les appétits des puissances européennes face à « l'**homme malade de l'Europe** ».

Population totale de l'Empire ottoman
En millions d'habitants

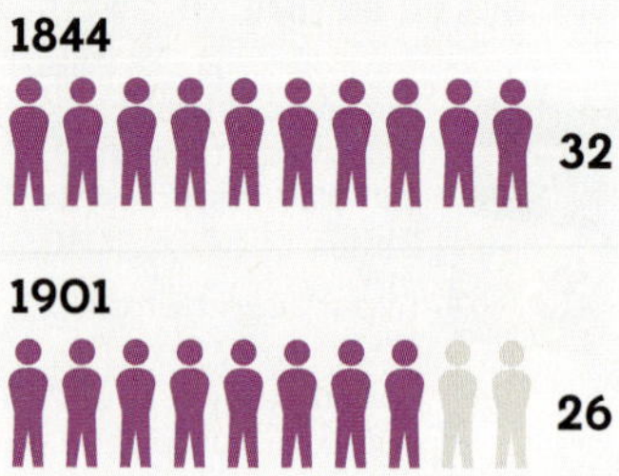

Vocabulaire

« Homme malade de l'Europe » : expression utilisée a posteriori pour justifier l'inéluctable déclin de l'Empire ottoman. Employée pour la première fois par le tsar de Russie Nicolas Ier en 1853, elle traduisait à ce moment, à la veille de la guerre de Crimée, les ambitions russes sur les territoires ottomans.

Jeunes-Turcs : dirigeants du Comité Union et Progrès (CUP), un mouvement politique nationaliste et réformateur turc. Ils mènent en juillet 1908 un putsch contre le sultan Abdhülhamid II et rétablissent la Constitution. Partisans d'un État fort dominé par l'élément turc, ils instaurent une dictature après leur coup d'État de 1913. Architectes du génocide des Arméniens, ils dirigent l'Empire jusqu'en 1918.

Tanzimat : « réorganisations » en turc, ensemble des réformes menées au sommet de l'État entre 1839 et 1876, destinées à moderniser l'Empire ottoman pour qu'il rattrape son retard économique et social et pour enrayer le recul territorial.

B Un système impérial en déliquescence

- **Malgré sa composition cosmopolite et multiconfessionnelle qui avait fait sa force,** l'Empire est désormais rongé par des problèmes de corruption et des tensions internes qui menacent son unité. Le système qui permettait de gérer pacifiquement cette diversité se délite progressivement. Les mécanismes de cohésion sociale et administrative qui avaient permis la stabilité de l'Empire perdent de leur efficacité, révélant les limites du modèle impérial ottoman.

- **Les cadres de l'administration et de l'armée,** jadis recrutés par le système du *devchirmé*, peinent à maintenir l'efficacité du système impérial. Les communautés non turques commencent à revendiquer leur autonomie, fragilisant un peu plus l'édifice impérial. L'émergence des **sentiments nationaux** met à mal le concept d'ottomanisme qui avait permis la cohésion de l'Empire.

Notions

Génocide : destruction physique, intentionnelle, systématique et programmée d'un groupe ou d'une partie d'un groupe en raison de ses origines ethniques ou religieuses.

Sentiment national : sentiment d'appartenir à une nation qui se construit autour d'une langue, d'une histoire ou d'une religion commune. En son nom, les peuples revendiquent un État indépendant.

III Les ultimes tentatives de modernisation et l'effondrement

A Les réformes des Tanzimat

- **Conscients du déclin, les sultans tentent de réformer l'armée** et de trouver de nouvelles ressources. La période des **Tanzimat** (1839-1876) marque une volonté de modernisation administrative et juridique, avec des résultats mitigés. Ces réformes visent à introduire des principes occidentaux pour revitaliser l'Empire, en important des modèles administratifs, juridiques et militaires européens. Malgré ces efforts, la transformation reste superficielle et ne parvient pas à résoudre les problèmes structurels.

- **Les Jeunes-Turcs du Comité Union et Progrès souhaitent un État fort** dominé par l'élément national turco-musulman. En 1908, ils réalisent un putsch contre le sultan, considérant les minorités chrétiennes (comme les Arméniens par exemple) comme un obstacle à leur volonté de « régénérer » l'Empire. Cette radicalisation nationaliste traduit la difficulté à trouver une voie de modernisation qui préserve à la fois l'unité impériale et réponde aux aspirations des différentes communautés.

B L'effondrement final

- **La Première Guerre mondiale, marquée par le génocide perpétré contre les Arméniens, sonne le glas de l'Empire.** Vaincus, les Ottomans signent l'armistice de Moudros le 30 octobre 1918. L'Empire, qui a perdu près de 800 000 soldats, est exsangue. Son territoire occupé est démantelé par le traité de Sèvres (1920), marquant la fin définitive de sa souveraineté. Ce démantèlement territorial traduit l'échec total de la politique impériale ottomane.

- **En réaction, Mustafa Kemal refuse cet abaissement et relance la guerre**. En quelques mois, il récupère une partie des territoires perdus (prise de Smyrne) signant la victoire de la nouvelle Turquie entérinée par le traité de Lausanne en 1923. La monarchie ottomane est supprimée et la République est proclamée, mettant fin à six siècles d'histoire ottomane. Un nouvel État-nation émerge des cendres de l'Empire, rompant avec l'héritage impérial pluriséculaire.

Biographie

Mustafa Kemal (1881-1938). Brillant officier durant la Première Guerre mondiale, il incarne le sursaut national turc au lendemain du traité de Sèvres. Surnommé « Atatürk » (« le père de tous les Turcs »), il proclame la République en 1923, déclare l'abolition du califat en 1924 et dirige de façon autoritaire la Turquie jusqu'à sa mort.

Fiches de lecture

François Georgeon, *Abdülhamid II, le sultan calife* (1876-1909), Fayard, 2003.
Portrait du dernier grand sultan qui rêvait de faire de l'Empire un État moderne.

Olivier Bouquet, *Pourquoi l'Empire ottoman ? Six siècles d'histoire*, Gallimard, Folio, 2022.
Synthèse inédite qui interroge l'exceptionnalité de l'Empire ottoman et la diversité de son héritage. Notamment le chapitre 5 « 1839-1922. La nouvelle Turquie ».

Pour aller + loin

***Le Génocide des Arméniens de l'Empire ottoman*, Mémorial de la Shoah, 2021.**
Site très riche et thématique, nourri de nombreux documents commentés, sur une exposition de 2021.

***Ottoman : la défense des domaines (1699-1574)*, Storiavoce, un podcast d'Histoire & Civilisations, 26 janvier 2023.**
Épisode avec Olivier Bouquet pour interroger les difficultés de l'Empire ottoman et la pertinence, ou non, de la notion de déclin.

***Comment Mustafa Kemal a construit la légende d'Atatürk*, RFI, 2023.**
Vidéo qui retrace le parcours politique de Mustafa Kemal à l'occasion du centenaire de la fondation de la Turquie moderne.

JALON 1

Cartes

Toutes les ressources

lycee.nathan.fr/25hggsp1re_122

Essor et déclin de l'Empire ottoman

Les cartes proposées permettent de prendre la mesure de l'immensité de l'Empire ottoman qui, à son apogée, s'étendait sur trois continents, du Danube au Nil, en passant par le Tigre et l'Euphrate. Son expansion, dont on peut suivre ici les étapes, en fait la première puissance méditerranéenne. Mais au XIXe siècle, sous l'effet de l'appétit des puissances européennes et des revendications nationales, son territoire se réduit pas à pas.

1 L'Empire ottoman à son apogée (XIVe-XVIIIe siècles)

Carte interactive

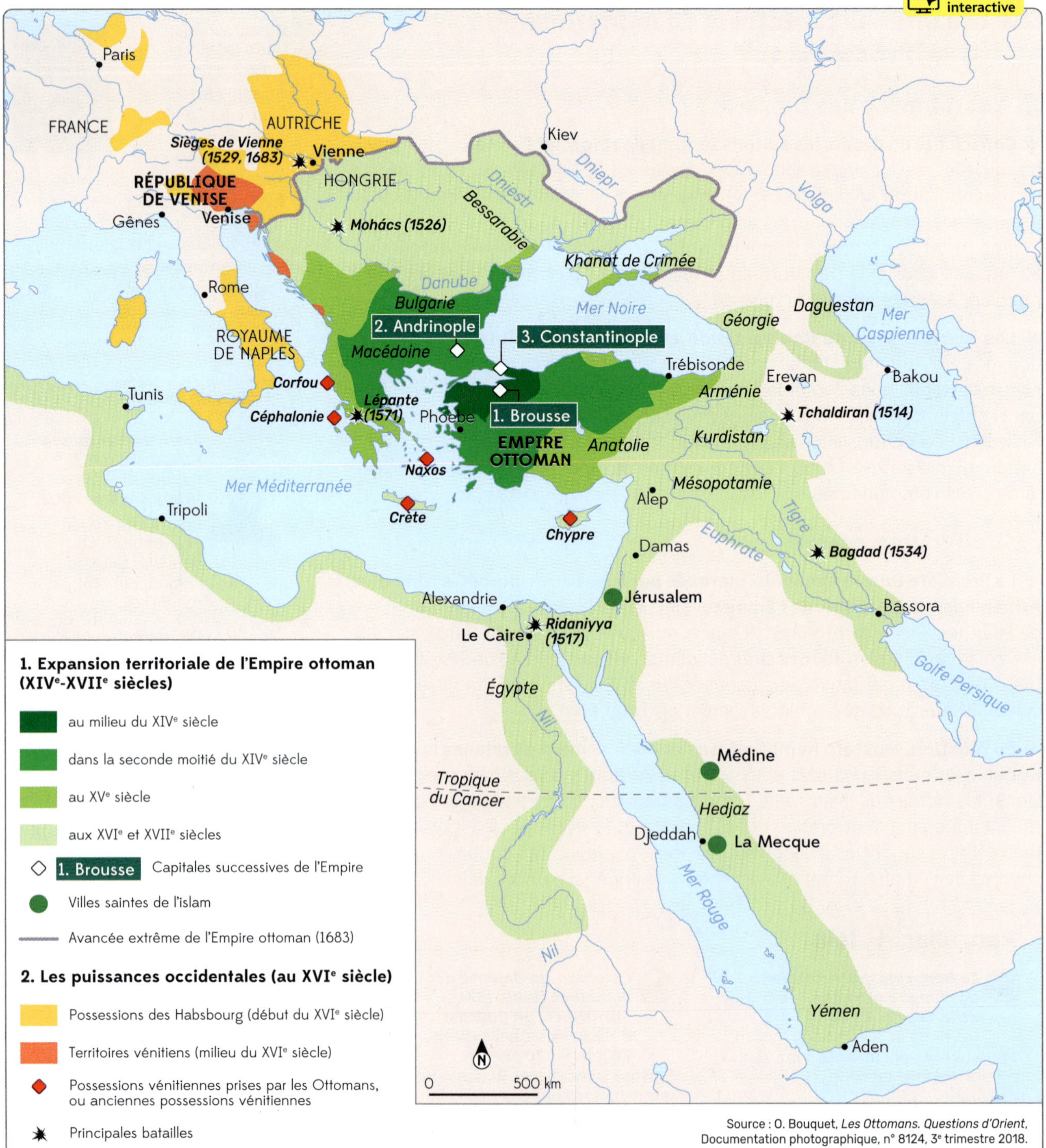

Source : O. Bouquet, *Les Ottomans. Questions d'Orient*, Documentation photographique, n° 8124, 3e trimestre 2018.

2 De l'Empire ottoman à la Turquie moderne

Carte interactive

Source : O. Bouquet, *Les Ottomans. Questions d'Orient*, Documentation photographique, n° 8124, 3e trimestre 2018.

Vocabulaire

Empire : notion qui désigne tout à la fois un régime politique (régime autoritaire, de type monarchique ou césariste, c'est-à-dire dans lequel le pouvoir est détenu par un empereur) et l'ensemble des territoires soumis à son autorité.

Ottoman (terme issu de *osmanlı*, « compagnon d'Osman », le fondateur de la dynastie) : dynastie de souverains qui règne sur des Turcs convertis à l'islam, originaires d'Asie centrale et installés depuis le XIIIe siècle en Asie mineure. Aucune autre dynastie ne gouverna l'Empire.

Questions

1. **Quelles sont les principales étapes de l'expansion ottomane ?**

2. **Pourquoi l'Empire ottoman peut-il être considéré comme une menace par les puissances occidentales du XVIe siècle ?**

3. **Quelles sont les principales étapes du démembrement de l'Empire ottoman ?**

JALON 1
Étude

L'affirmation de la puissance ottomane au XVIe siècle

Toutes les ressources
lycee.nathan.fr/**25hggsp1re_124**

Fondé à la fin du XIIIe siècle en Anatolie, l'Empire ottoman s'étend à son apogée sur trois continents. Ses conquêtes, en font l'une des puissances majeures et redoutées de son temps. Solidement organisé, l'Empire ottoman, musulman et cosmopolite, semble pouvoir renouer avec le rêve impérial d'une puissance universelle.

Comment l'Empire ottoman s'impose-t-il comme une puissance majeure à vocation universelle ?

1 Le siège de Constantinople (avril-mai 1453)

Carte interactive

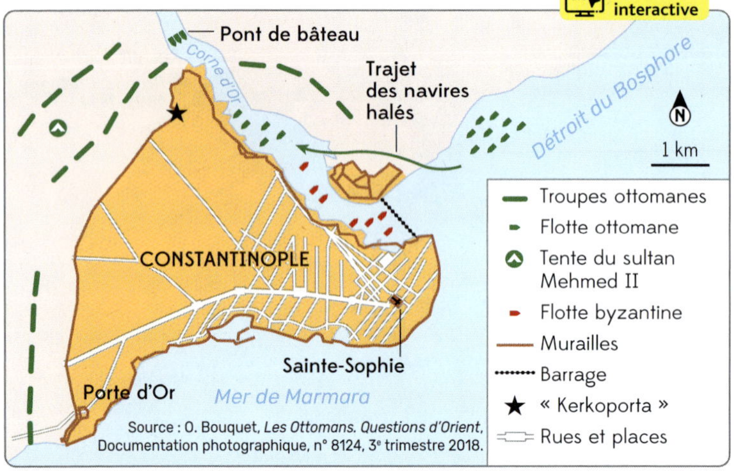

Source : O. Bouquet, *Les Ottomans. Questions d'Orient*, Documentation photographique, n° 8124, 3e trimestre 2018.

→ **Décrivez et expliquez l'importance des moyens engagés par les Ottomans pour s'emparer de Constantinople.**

2 Une alliance stratégique avec la France contre les Habsbourg

Cette lettre inaugure une alliance diplomatique franco-ottomane. Elle s'accompagne d'un traité de capitulations assurant une liberté de commerce et de circulation aux non-musulmans dans l'Empire ottoman.

Moi qui suis l'Empereur des puissants empereurs, le prince des princes, le distributeur des couronnes des Rois qui sont assis sur les trônes du monde, l'ombre de Dieu sur les deux terres, le possesseur de la mer blanche[1] et de la mer Noire, le souverain de l'Asie et de l'Europe [...], vous avez fait savoir que l'ennemi s'est emparé de votre pays, que vous étiez actuellement en prison[2], et vous avez demandé ici aide et secours pour votre délivrance [...]. Il n'est pas étonnant que des Empereurs soient défaits et deviennent prisonniers. Prenez donc courage, et ne vous laissez pas abattre. Nos glorieux ancêtres et nos illustres aïeux (que Dieu illumine leur tombeau) n'ont jamais cessé de faire la guerre pour repousser l'ennemi et conquérir des pays ; et moi-même aussi, marchant sur leurs traces, j'ai soumis toutes les saisons des provinces.

Lettre de Soliman au roi de France, François Ier, février 1526.

1. Mer Méditerranée.
2. Charles Quint, roi d'Espagne et empereur germanique, avait fait prisonnier François Ier.

→ **Pourquoi le soutien apporté par le sultan musulman au roi de France peut-il sembler étonnant ? Quel en était le but ?**

3 Une gestion pragmatique des territoires conquis

Le regard d'un historien

La bataille de Mohács s'avéra être l'un des événements les plus importants de l'histoire européenne du début du XVIe siècle puisqu'elle conduisit à la confrontation directe entre Ottomans et Habsbourg, les deux puissances principales de l'époque dans l'est de l'Europe centrale [...]. Après la conquête de Buda en 1541, le but principal d'Istanbul était de sécuriser militairement la province et d'organiser son administration. [...] Comme dans les autres provinces, les terres hongroises conquises furent divisées [...]. Ensuite, Istanbul ordonna le renforcement des forts d'importance stratégique à la frontière [...]. Les réalités géopolitiques, tout particulièrement la force armée des garnisons de la frontière hongroise, limitaient considérablement l'autorité d'Istanbul en ce qui concernait l'administration, la taxation et la juridiction, ce qui conduisit à l'exercice en commun du pouvoir et de la taxation par les Hongrois et les Ottomans. La plupart des villages sous l'autorité ottomane avaient deux seigneurs, un sipahi ottoman et un propriétaire hongrois, et payaient des taxes à tous les deux.

Gabor Ágoston, « La frontière militaire ottomane en Hongrie », *Histoire, économie & société*, n° 3, 2015.

→ **Qu'apprend-on ici sur la gestion et la direction de l'immense Empire ottoman ?**

4 La bataille de Mohács, 29 août 1526

Après la victoire ottomane de Soliman le Magnifique sur les Hongrois dans la plaine de Mohács, puis la prise de Buda, la Hongrie passe pour 150 ans sous domination ottomane.
(a) Soliman foulant les têtes coupées de ses ennemis. (b) Artillerie. (c) Janissaires. (d) La cavalerie ottomane mettant en fuite les chevaliers hongrois.
Enluminure du Livre des Gestes (*Hünername*), chronique officielle de la dynastie, 1578-1588, musée du palais de Topkapi, Istanbul.

→ **Quels éléments de ce document témoignent de la puissance militaire ottomane ?**

5 Le *devşirme* (« ramassage ») pour recruter les futurs janissaires

L'avantage qu'il y a à ramasser des fils d'infidèle est qu'en venant à l'Islam, ils feront preuve de zèle religieux, deviendront des ennemis de leur famille et de leurs proches, et que cela suscitera des liens forts du plus profonds d'eux-mêmes ; aux frontières [*où l'Islam se couvre de*] victoires, chacun d'entre eux fera preuve de vaillance et de bravoure. De plus, quand bien même toutes sortes de chances leur souriront et qu'ils deviendront *kethüda*[1] des janissaires, ils ne parviendront pas à faire exempter de la capitation[2] (en arabe *jiziya*, taxe sur les non-musulmans) leurs parents et proches qui sont infidèles [...]. En outre, quand il faut ramasser des fils d'infidèle, que l'on prenne le fils du notable, le fils du prêtre, le fils de bonne famille. Que l'on prenne un seul fils quand il y en a deux [...]. Qu'on ne prenne pas de fils quand il n'y en a qu'un seul. En effet, il ne faut pas que le père n'ait personne dans les travaux des champs [...].

Ensuite, une fois qu'on aura ramassé les garçons [...], on formera un convoi de 200 garçons. [...]. On consignera dans un registre les informations générales relatives au physique des garçons, leur district, leur village, les noms de leurs père et mère, le leur, leur nom infidèle et leur nom musulman, leurs signes particuliers, leur convoi et le lieu où celui-ci a été formé, les compagnies des chefs de convoi et leur numéro.

Extrait des * *des janissaires du Seuil sublime*, texte rédigé en 1606 par un secrétaire des janissaires anonyme.

1. Lieutenant, chef des janissaires au combat.
2. En arabe *jiziya*, impôt payé par les non-musulmans.

→ **Quel intérêt présente, pour l'État ottoman, cette pratique du *devşirme* ?**

Questions et activités

Parcours 1

1. Comment les souverains ottomans parviennent-ils à dominer et contrôler les territoires conquis et à maintenir l'ordre au sein de cet immense empire ? doc. 1, 2, 3 et 4

2. En quoi le corps des janissaires est-il un véritable pilier de la puissance ottomane ? doc. 5

3. Comment la diplomatie et le pragmatisme permettent-ils d'assurer la cohésion et la puissance de l'Empire ottoman ? doc. 2 et 5

Synthèse. Comment l'Empire ottoman s'impose-t-il comme une puissance majeure à vocation universelle ?

Parcours 2

Constituer un diaporama

Recherchez des documents sur les thèmes suivants :
- L'intérêt des Ottomans pour les sciences.
- L'Empire ottoman, un carrefour commercial et culturel. Classez-les et légendez-les.

JALON 1

Étude

Déclin et démantèlement de l'Empire ottoman

Toutes les ressources

lycee.nathan.fr/25hggsp1re_126

À partir du XIXe siècle, l'Empire ottoman traverse de nombreuses crises et se retrouve l'objet des luttes d'influence entre puissances européennes. Des tentatives de réformes peinent à enrayer l'essor des nationalismes et les reculs territoriaux. La Première Guerre mondiale accélère son démembrement et précipite sa disparition.

Comment l'Empire ottoman en vient à disparaître, sous l'effet de crises internes et de pressions extérieures ?

1 Les débuts de la révolte des Grecs de Morée (Péloponnèse) en 1821

En mars 1821, les patriotes grecs déclenchent un vaste soulèvement qui mène, après neuf années de guerre, à l'indépendance de la Grèce.

Puisque la nature *humaine* et toutes les diverses nations inclinent pour l'indépendance, c'est par nécessité que [les nations] feignent d'accepter l'obéissance et l'esclavage […]. Dix-huit mois avant le commencement de leur révolte l'individu nommé Capo d'Istria[1], un *Rum*[2] du premier rang, originaire de Corfou, qui en tant que notable des Moscovites les servait comme secrétaire et qui était renommé pour sa connaissance intime de leurs secrets d'État, arriva dans son pays […]. Peu de temps après il fut évident que le soulèvement des étendards de la révolte par la totalité des *reaya*[3] était un résultat de l'agitation des traîtres de la péninsule par ledit Capo d'Istria et que les Russes en avaient toujours eu la direction […]. Mais, puisqu'ils étaient obligés d'emprunter l'argent dont dépendait leur cause, dont la réalisation n'était connue que d'eux-mêmes, ils demandèrent l'assistance de l'Angleterre, qui a la position du banquier de l'Europe.

Extrait de *L'Histoire de l'insurrection en Morée*, de Moravi Yusuf Efendi, traduit dans E. Borromeo et N. Vatin (dir.), *Les Ottomans par eux-mêmes*, Les Belles Lettres, 2020.

1. Ioannis Capo d'Istria, ministre du tsar et futur gouverneur de la Grèce.
2. Littéralement « Romains ». Le terme désigne ici les Grecs orthodoxes.
3. Tous les contribuables de l'Empire (par opposition aux *Askeri* exemptés d'impôts).

→ **À quels facteurs l'auteur semble-t-il attribuer la cause de la révolte grecque ?**

2 La « question d'Orient »

L'expression « question d'Orient » résume les luttes d'influences entre puissances européennes face au possible éclatement de l'Empire ottoman.
« Le réveil de la question d'Orient. La Bulgarie proclame son indépendance. L'Autriche prend la Bosnie-Herzégovine. »
(a) L'Empereur d'Autriche, François-Joseph Ier. (b) Le tsar de Bulgarie, Ferdinand Ier. (c) Le sultan ottoman, Abdülhamid II.

Le Petit Journal, supplément illustré, dimanche 18 octobre 1908, illustration de Jules Grandjouan.

→ **Comment sont présentées les ambitions européennes ?**

3 L'échec des Jeunes-Turcs : des réformes à la violence

Les Jeunes-Turcs prennent le pouvoir en 1908, renversant le sultan Abdhülhamid II. Ils restaurent la Constitution libérale (1876-1878) et modernisent l'Empire ottoman sur le modèle occidental, tout en imposant une politique de "turcisation".

Partout, les Jeunes-Turcs avaient dorénavant le chemin libre pour appliquer leurs principes de liberté et d'égalité. Il faut reconnaître qu'au début de leur règne les Jeunes-Turcs firent un sincère effort pour opposer au *despotisme de la théocratie turque* l'idéal d'un État *ottoman tolérant et libéral*. Mais cet effort fut éphémère [et] finit par exaspérer toutes les populations non turques qui avaient contribué à l'instauration du nouvel ordre de choses. Les Arméniens, les Albanais, les Macédoniens, les Arabes demandaient avec véhémence des privilèges et des réformes. Les Jeunes-Turcs répondaient par une terreur toujours grandissante. L'Albanie fut ravagée par plusieurs expéditions militaires l'élément arménien laissé à la merci des Kurdes ; la population de la Macédoine surtout livrée à une extermination méthodique, exécutée, sous le manteau du désarmement et de la lutte contre les bandes, par la soldatesque turque.

André Mandelstam, « La Société des nations et les puissances devant le problème arménien », *Revue générale de droit international public*, 1926.

→ **Quels espoirs semble avoir soulevés la révolution jeune-turc et en quoi ont-ils été rapidement déçus ?**

5 La guerre et la disparition de l'Empire ottoman

Le regard d'une historienne

Le succès de cette révolte[1] [...] est aussi la résultante de la fragilisation de l'équilibre impérial ottoman [...]. Trois événements mettent un terme à la fidélité à l'ottomanisme [...]. Ils se succèdent dans les années 1915-1916. Le génocide des Arméniens en premier lieu, qui donne lieu à un afflux de réfugiés dans l'ensemble de la région et à l'installation d'une partie des survivants dans des villes comme Alep, Beyrouth ou Jérusalem. La famine au Liban, qui est à la fois causée par une invasion de sauterelles destructrices de récoltes et par la politique de réquisition orchestrée par le gouverneur ottoman Jamal Pacha.

Enfin, la vague de pendaisons en place publique, démonstration violente de la répression politique [...]. Ces trois événements traumatiques [...] mettent fin définitivement au long rêve de l'empire mosaïque et au mythe de la coexistence.

Leyla Dakhli, *Le Moyen-Orient. Fin XIXe-XXe siècle*, Le Seuil, 2016.

1. En 1916, une révolte arabe éclate, encouragée par la Grande-Bretagne en guerre contre l'Empire ottoman. L'Empire perd alors la quasi-totalité de ses provinces arabes.

→ **Pourquoi les populations arabes veulent-elles se séparer de l'Empire ?**

4 La défaite de l'Empire ottoman en 1918

L'entrée triomphale du général français Franchet d'Esperey dans Istanbul occupée par les armées alliées, le 8 février 1919. Trois mois plus tôt, le 30 octobre 1918, l'Empire ottoman, vaincu, a signé l'armistice de Moudros.

→ **Comment la mise en scène de cette entrée dans Istanbul traduit-elle la défaite de l'Empire ottoman ?**

Questions et activités

Parcours 1

1. Quels sont les facteurs internes et externes du déclin de l'Empire ottoman évoqués dans ces documents ? doc. 1 à 5

2. Pourquoi la Première Guerre mondiale accélère-t-elle sa disparition ? doc. 4 et 5

Synthèse. Comment l'Empire ottoman en vient, sous l'effet de crises internes et de pressions extérieures, à disparaître ?

Parcours 2

Construire un dossier sous forme de journal

Vous êtes journalistes et participez à la réalisation d'un numéro spécial consacré au déclin de l'Empire ottoman.

- En îlot, rédigez un article sur l'un des thèmes suivants :
  - les tentatives de réformes et de modernisation ;
  - la montée en puissance des sentiments nationaux au sein de l'Empire ottoman ;
  - la « question d'Orient » et l'ingérence des puissances européennes ;
  - l'Empire ottoman dans la Première Guerre mondiale jusqu'à la défaite de 1918.
- Menez l'enquête en croisant les informations des documents avec vos connaissances et d'autres ressources complémentaires.
- Mutualisez les différents articles pour élaborer votre journal.

JALON 2
Cours

Toutes les ressources
lycee.nathan.fr/25hggsp1re_128

La fin de l'Empire soviétique

Comment disparaît l'URSS et, avec elle, le système soviétique ?

I L'URSS en crise, à la fin des années 1980

A L'URSS et la guerre froide

- **Pendant plus de quarante ans,** les relations internationales sont dominées par l'affrontement de l'URSS et des États-Unis, les deux superpuissances issues de la Seconde Guerre mondiale. Leur rivalité instaure un ordre bipolaire. L'URSS, qui a imposé des régimes communistes dans les pays à l'Est du **rideau de fer** (les démocraties populaires), cimente autour d'elle, dans le cadre du pacte de Varsovie, le bloc communiste contre l'impérialisme américain.

- **En 1979, l'invasion de l'Afghanistan par l'URSS** clôt une période de fragile détente avec les États-Unis et relance la guerre froide. L'intervention est largement condamnée par la communauté internationale. L'URSS, pour soutenir les communistes afghans, s'engage dans une guerre longue et acharnée qui mobilise jusqu'à 120 000 soldats et provoque jusqu'à 2 000 morts par an. Le retrait humiliant en 1988 révèle les limites de la puissance soviétique, démoralise l'armée et entame le prestige international de l'URSS.

B Le système soviétique dans l'impasse

- **À la fin des années 1980, la situation économique et sociale de l'URSS est catastrophique.** Les besoins premiers de la société ont été négligés au profit de l'industrie lourde et de l'armée. Les pénuries sont chroniques, la productivité en baisse, la corruption et le marché noir se développent. La crise sociale s'aggrave : baisse de l'espérance de vie (65 ans en 1989), alcoolisme endémique. Arrivé au pouvoir en 1985, Mikhaïl Gorbatchev entreprend de réformer le système. La ***perestroïka*** encourage l'esprit d'initiative et lance une vague de réformes économiques et sociales. La ***glasnost*** doit permettre de dénoncer les déficiences soviétiques.

- **Ces réformes déstabilisent davantage le système** : les prix explosent, ce qui accroît la colère populaire. La *glasnost* permet l'émergence des contestations et de révéler les crimes du régime stalinien. La catastrophe de Tchernobyl (26 avril 1986) illustre tragiquement les défaillances du régime : 31 morts directs, des milliers de victimes indirectes, 350 000 personnes déplacées. Dans les **démocraties populaires**, la contestation grandit, notamment en Pologne avec le syndicat Solidarność qui rassemble 10 millions d'adhérents.

II La désintégration rapide de l'Union soviétique (1988-1991)

A L'émancipation des républiques soviétiques

- **La *glasnost* libère les revendications nationales dans les républiques soviétiques.** Dès novembre 1988, l'Estonie, puis la Lituanie en mai 1989, affirment leur **souveraineté**. Le pouvoir central est également confronté aux troubles et violences qui éclatent entre l'Azerbaïdjan et l'Arménie à propos du Haut-Karabakh et entre la Géorgie et l'Abkhazie.

- **Au printemps 1990, les déclarations de souveraineté se multiplient,** portées par des mouvements nationalistes. L'URSS, déjà confrontée à l'émancipation des pays d'Europe centrale (chute du mur de Berlin en novembre 1989), tente de

Vocabulaire

CEI (Communauté des États indépendants) : voir p. 436

Démocratie populaire : régime dictatorial dans lequel le Parti communiste domine la vie politique sur le modèle soviétique. Par extension, l'expression désigne ainsi les pays satellites – dans sa sphère d'influence – de l'URSS.

« Étranger proche » : expression, forgée en Russie au lendemain de l'éclatement de l'URSS, désignant les ex-républiques soviétiques. Dans sa doctrine de sécurité officielle, la Russie considère cet espace comme sa « sphère d'intérêt vital ».

Glasnost (« transparence » en russe) : politique lancée par Gorbatchev à partir de 1985 qui consiste à établir la liberté d'expression en URSS.

Perestroïka (« restructuration » en russe) : politique de réformes économiques et sociales menée par Gorbatchev en URSS à partir de 1985.

« Rideau de fer » : expression employée par Churchill, ancien Premier ministre britannique, lors d'un discours prononcé à Fulton (États-Unis) le 5 mars 1946, pour dénoncer l'installation de régimes communistes en Europe de l'Est et déplorer leur isolement du reste du continent.

Notion

Souveraineté : pouvoir suprême d'un État. Les « déclarations de souveraineté » désignent ici le fait que les ex-républiques soviétiques ne reconnaissaient plus l'autorité de l'URSS mais affirmaient leur autonomie de décision.

réprimer le mouvement (intervention armée à Vilnius en janvier 1991 : 14 morts) mais ne parvient pas à enrayer ce processus de dislocation.

B L'effondrement final du système soviétique

- **Gorbatchev est de plus en plus isolé,** contesté à la fois par les réformateurs menés par Boris Eltsine qui le trouvent trop timide et les conservateurs qui l'accusent de détruire l'URSS. Du 19 au 21 août 1991, ces derniers tentent un putsch qui échoue face à la résistance populaire dirigée par Boris Eltsine, élu à la présidence de la Russie. Cet échec précipite la fin du Parti communiste soviétique, pilier du système depuis 1917, suspendu par Eltsine le 23 août.

- **Le 8 décembre 1991, la Russie, la Biélorussie et l'Ukraine créent la CEI** (accords de Minsk) et actent la dissolution de l'URSS. Les autres républiques rejoignent la CEI, sauf les pays baltes qui se tournent vers l'Occident. Le 25 décembre, Gorbatchev démissionne : l'URSS, née en 1922, disparaît après 69 ans d'existence.

Chiffres clés

III Les conséquences immédiates de l'éclatement

A Un nouvel ordre mondial

- **Avec l'URSS, c'est le monde bipolaire de la guerre froide qui disparaît.** La Russie devient la seule héritière de l'URSS, dont elle récupère le siège au Conseil de sécurité de l'ONU. Un accord signé en avril 1992 avec le Kazakhstan, l'Ukraine et la Biélorussie lui permet aussi de conserver l'arsenal nucléaire. Mais sa puissance militaire est divisée par deux (2,7 millions de soldats en 1992) et son territoire réduit de 5 millions de km². Son PIB chute de 50 % entre 1991 et 1995.

- **La Russie doit désormais repenser sa place dans le monde.** Préoccupée par son propre développement, elle souhaite toutefois constituer un espace de sécurité régional dans le cadre de la CEI. Son influence, matérialisée par l'ex-armée soviétique devenue l'armée russe, reste dominante sur ce qu'elle considère comme son « **étranger proche** ».

B Les nouveaux contours du monde russe

- **Aux yeux des Russes, la disparition de l'URSS est aussi la fin d'un monde.** L'ancien empire est traversé de multiples fractures. Aux pertes de territoires et aux tensions frontalières, comme avec les Pays baltes, s'ajoute la question du retour au pays de 25 millions de Russes qui résidaient dans les anciennes républiques soviétiques où ils formaient une minorité diversement appréciée.

- **La Russie se trouve également confrontée à des velléités séparatistes internes.** Dans cet État composé d'une centaine de nationalités, la domination russe est source de crispations avec les minorités. L'éclatement soviétique libère ces tensions. La Tchétchénie déclare ainsi son indépendance en 1994. Pour éviter que d'autres territoires ne l'imitent, Moscou déclenche la guerre (1994-1996).

Fiches de lecture

Andrea Graziosi, « Les cinq erreurs de Gorbatchev », *L'Histoire*, n° 369, novembre 2011.
Bilan des années Gorbatchev et une chronique des derniers jours de l'URSS.

Sabine Dullin, L'Ironie du destin. *Une histoire des Russes et de leur Empire (1853-1991)*, Payot, 2021.
Ouvrage sur l'histoire russe et soviétique qui montre comment les politiques des dirigeants ont systématiquement produit l'effet inverse du but recherché.

Pour aller + loin

***Rétrospective de la guerre en Tchétchénie depuis 1994*, INA Histoire, octobre 2002.**
Histoire d'une guerre oubliée, dans un territoire grand comme 4 départements français mais d'une importance stratégique pour l'exportation du pétrole du Caucase.

« La chute d'un Empire, histoire secrète de la fin de l'URSS », *Affaires sensibles*, France Inter, 2020.
Avec l'historien Maurice Vaïsse, émission sur la chute de l'URSS en 1991, vue comme inévitable par l'Occident mais traumatisante dans une Russie marquée par la rivalité entre Gorbatchev et Eltsine.

« URSS, histoire d'une chute », *Le cours de l'histoire*, France Culture, série de 4 épisodes, 2021.
Des premières fissures du bloc soviétique au putsch de Moscou, c'est l'histoire d'une chute, celle de républiques qui s'émancipent, celle d'un pouvoir central qui semble sclérosé. Pourtant, que reste-t-il de l'URSS dans la Russie d'aujourd'hui ?

Toutes les ressources

lycee.nathan.fr/25hggsp1re_130

La reconstruction d'une puissance à l'échelle mondiale : la Russie depuis 1991

Comment la Russie cherche-t-elle à reconstruire sa puissance et à affirmer ses ambitions ?

I La Russie entre illusions démocratiques et autocratie

A Les années Eltsine : la Russie dans la tourmente

• **La fin de l'URSS engage la Russie dans une transition politique et économique.** Le nouvel État rompt avec l'autoritarisme soviétique, opère une **transition démocratique** et tente de passer d'une économie planifiée à l'économie de marché. Ces bouleversements suscitent des résistances. En conflit avec le Parlement, contre lequel il lance l'armée, Eltsine fait adopter par référendum une constitution qui dote la Russie d'un régime présidentiel (1993). La démocratisation reste fragile et la réélection d'Eltsine en 1996 est entachée d'irrégularités.

• **Pour les Russes, ces années sont terribles.** La « thérapie de choc » (désengagement de l'État, libéralisation des prix) provoque une hyperinflation, une brutale récession et la disparition des protections sociales. Alors que le PIB diminue de moitié entre 1991 et 1998, la misère se développe et l'espérance de vie baisse dans une société minée par les pratiques mafieuses et la corruption.

B La Russie de Poutine : un retour à l'ordre ?

• **Vladimir Poutine veut incarner le renouveau.** Pourtant, lorsqu'il arrive au pouvoir fin 1999, le pays est en profonde crise politique et morale. Sa reprise en main s'articule autour de deux projets : la « dictature de la loi » et la « verticale du pouvoir ». Il renforce l'exécutif, l'arsenal législatif, puis réaffirme le pouvoir de l'État central sur les régions et le contrôle sur l'économie. Le régime poutinien est à la fois fondé sur le suffrage universel et l'autoritarisme d'un président fort.

• **Cette restauration de l'autorité étatique** passe par un contrôle accru des médias et de l'opposition. Le patriotisme et le traditionalisme s'imposent comme les nouveaux fondements idéologiques. L'espace politique est confisqué par le parti présidentiel « Russie unie » qui s'attaque à toute forme d'opposition et de contre-pouvoir. Poutine est régulièrement réélu : en 2024, il obtient 87 % des voix au cours d'élections truquées.

II Réaffirmer la puissance russe sur la scène internationale

A Le retour de la puissance militaire

• **La modernisation des forces armées** constitue une priorité pour restaurer la puissance russe. Les dépenses militaires augmentent et la dissuasion nucléaire est maintenue et modernisée. À l'échelle de son voisinage et de l'Arctique, la Russie défend ses intérêts géostratégiques. Elle cherche à reconstituer son emprise et contrôler les routes des hydrocarbures. En 2003-2004, les accents pro-européens des **révolutions de couleur** sont vécus comme une inquiétante ingérence occidentale.

Vocabulaire

BRICS+ : issu du rapprochement initial des BRICS (Brésil, Russie, Inde, Chine, Afrique du Sud) dans l'objectif de peser sur la scène internationale, le groupe s'est élargi et est aujourd'hui composé de dix pays : des grands émergents (Brésil, Chine, Inde), des puissances régionales (Afrique du Sud, Égypte, Iran, Russie), des pays pétroliers (Arabie saoudite, Émirats arabes unis) et un pays précaire à forte croissance économique (Éthiopie).

Organisation de coopération de Shanghai : organisation internationale créée en 2001, regroupant plusieurs pays d'Asie dont la Russie et la Chine. Elle vise à renforcer la coopération entre ses membres dans les domaines de la sécurité, de l'économie et de la culture, tout en constituant un contrepoids à l'influence occidentale en Asie.

Révolutions de couleur : manifestations populaires exprimant une aspiration à des changements politiques et sociaux. La « Révolution des roses » (Géorgie, oct.-nov. 2003) et la « Révolution orange » (Ukraine, décembre 2004) se traduisent par des changements à la tête du pouvoir et font craindre à la Russie une volonté de rapprochement avec l'Union européenne et l'OTAN.

● **La Russie n'hésite pas à recourir à la force** pour défendre ce qu'elle considère comme sa sphère d'influence. En 2008, elle intervient en Géorgie et attise les tensions séparatistes à son profit. L'annexion de la Crimée en 2014, l'intervention militaire à partir de 2015 en Syrie – en soutien du dictateur Bachar el-Assad –, et l'attaque de l'Ukraine en 4 février 2022 sont autant de démonstrations de force destinées à marquer le retour de la Russie comme acteur militaire global.

B Une diplomatie active

● **À l'échelle régionale, la Russie cherche à maintenir son influence sur son « étranger proche ».** Elle utilise sa position de fournisseur énergétique majeur comme levier d'influence et développe des partenariats stratégiques via la CEI ou l'Union économique eurasiatique créée en 2015. Elle souhaite renforcer l'**Organisation de coopération de Shanghai** qui s'est élargie à l'Iran en 2023.

● **Dans un monde multipolaire, la Russie entend imposer un nouvel ordre mondial.** Exclue du G8, elle cherche à sortir de son isolement en s'appuyant notamment sur les **BRICS+** et à affirmer son leadership face à l'Occident. L'implantation militaire et diplomatique sur le continent africain, au détriment des Occidentaux, est une de ses priorités et passe par une stratégie officielle et souterraine : vente d'armes, accords de coopération militaire, stratégie médiatique et numérique, déploiement de mercenaires de sociétés privées (Wagner).

III Une stratégie de puissance aux résultats contrastés

A Du *hard* au *soft power* : une stratégie hybride

● **La Russie cherche à renforcer son influence culturelle.** Elle s'appuie sur des médias internationaux comme RT (ex-Russia Today) ou l'agence Sputnik pour diffuser sa vision du monde. Dans une logique de ***sharp power***, elle mène, à grand renfort de **cyberpropagande** et campagnes de déstabilisation, une véritable « guerre informationnelle » contre ses adversaires.

● **Le *soft power russe* passe aussi par la promotion de valeurs conservatrices et traditionnelles, en opposition au libéralisme occidental.** Le pouvoir réinvestit les symboles de la grandeur passée, tant impériale que soviétique, avec le soutien de l'Église orthodoxe. L'accueil d'événements sportifs comme les Jeux Olympiques de Sotchi en 2014 ou la coupe du monde de football en 2018 visent à projeter l'image d'une Russie moderne et puissante.

B Des limites persistantes

● **La Russie reste une « puissance pauvre ».** Son économie est vulnérable aux cours des matières premières et aux sanctions internationales. La modernisation technologique est freinée par le manque d'investissement et une géographie économique faite d'« archipels » productifs isolés. Ses fragilités structurelles, comme sa démographie déclinante, sont autant de freins à ses ambitions.

● **Face à ces contraintes la Russie se tourne de plus en plus vers l'Asie.** Mais cette réorientation, dont témoigne son rapprochement avec la Chine, n'est pas sans risque : la Chine est un partenaire dominant qui étend son influence en Asie centrale. Malgré l'affirmation haute et forte de ses ambitions, la Russie de Vladimir Poutine peine encore à retrouver un statut de puissance globale.

Notions

Cyberpropagande : propagande développée sur internet (tentatives de persuasion, de manipulation, diffusion de rumeurs, armées de trolls et hackers…).

Sharp power : « pouvoir tranchant ». Concept forgé par Jessica Ludwig et Christopher Walker pour désigner la volonté de déstabiliser et d'affaiblir un adversaire en attaquant et perforant son système d'information.

Transition démocratique : concept de science politique qui cherche à identifier les étapes du passage d'un régime autoritaire à un régime démocratique.

Fiches de lecture

Lukas Aubin, *Géopolitique de la Russie*, La Découverte, 2022.
Synthèse de référence qui offre les grandes clés de lecture de la Russie actuelle.

Elena Volochine, *Propagande. L'arme de guerre de Vladimir Poutine*, Autrement, 2024.
Enquête journalistique implacable sur la propagande, devenue un véritable pilier du pouvoir russe.

Pour aller + loin

« Poutine, la nostalgie de l'Empire », *Le Dessous des cartes*, Arte, 2022.
Exploration, par les cartes, de l'influence que tente de conserver la Russie sur son « étranger proche ».

« Porter les armes en Russie et en Ukraine », *Le Collimateur*, Le Rubicon/IFRI/Binge, 2023.
Épisode avec Anna Colin Lebedev. Comprendre l'empreinte de la guerre sur les sociétés russes et ukrainiennes.

***Desk Russie*, journal en ligne, dernière consultation janvier 2025.**
Site d'informations animé par des spécialistes de la Russie et de l'Europe orientale.

Toutes les ressources

lycee.nathan.fr/25hggsp1re_132

La Russie : héritage soviétique et reconstruction de la puissance

Les cartes proposent de prendre la mesure des défis posés à la Russie, après la chute de l'URSS, pour tenter de reconstruire sa puissance perdue. Dans un environnement mondial désormais multipolaire, la Russie, qui reste une actrice incontournable de la communauté internationale, tente de nouer de nouvelles alliances et de redéployer ses forces militaires à différentes échelles régionales, comme mondiales.

1 La disparition de l'URSS

Carte interactive

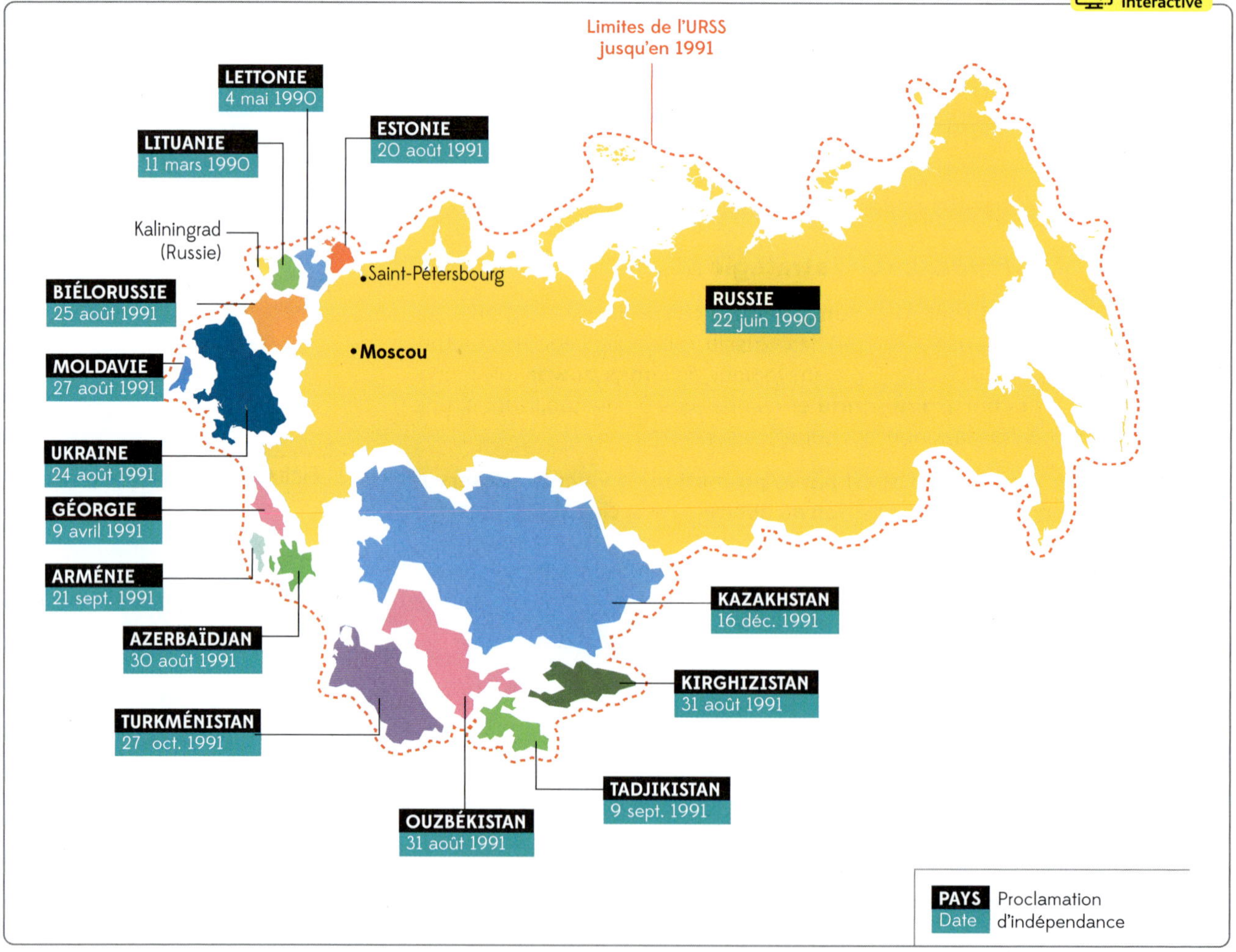

Vocabulaire

CEI (Communauté des États indépendants) : organisation intergouvernementale fondée le 8 décembre 1991. Dominée par la Russie, elle a pour objectif de favoriser la coopération économique et politique entre ses États membres.

OCS (Organisation de coopération de Shanghai) : instance de sécurité commune fondée en 2001, succédant à un traité destiné à stabiliser les frontières en Asie centrale.

OTAN (Organisation du traité de l'Atlantique Nord) : organisation civile et militaire de l'Alliance atlantique, mise en place en 1949.

OTSC (Organisation du traité de sécurité collective) : alliance militaire fondée en 2002, regroupant plusieurs anciennes républiques soviétiques d'Europe orientale, du Caucase et d'Asie centrale.

UEA (Union eurasiatique) : partenariat économique entre pays eurasiatiques. Ce projet, entré en vigueur en janvier 2015, ne fonctionne pas encore véritablement dans les faits.

2 La Russie : renouveau de la puissance militaire

Carte interactive

1. Le monde vu de Russie : un complexe d'encerclement ?

L'OTAN et ses alliés
- Pays membres de l'OTAN avant 2004
- Élargissement depuis 2004
- Des candidatures incertaines

La Russie et ses alliés
- CEI
- Pays membres de l'OTSC
- Pays membres de l'OCS

2. La Russie dans la communauté internationale
- UN Membres permanents du Conseil de sécurité de l'ONU
- Bases de lancement spatial russes
- Pays possédant l'arme nucléaire

3. La Russie et les nouvelles conflictualités

Un monde déstabilisé
- 1 Zones de conflits ou de tensions frontalières dans l'espace post-soviétique *(voir liste)*
- Déploiement militaire russe
- Présence de troupes russes

Sources : International Institute for Strategic Studies (IISS) ; P. Marchand, *Atlas géopolitique de la Russie*, Autrement, 2020 ; visionscarto.net.

Questions

1. Quels pays composaient l'URSS ?
2. La Russie est-elle une puissance plutôt tournée vers l'Occident ou l'Asie ?
3. Où sont aujourd'hui déployées les forces militaires russes (hors Russie) ?

JALON 2
Étude

L'effondrement de l'URSS

Toutes les ressources

lycee.nathan.fr/25hggsp1re_134

À la fin des années 1980, l'URSS traverse une grave crise économique et sociale. Les réformes de Gorbatchev, au pouvoir depuis 1985, précipitent sa chute. Les régimes communistes s'effondrent et les républiques soviétiques deviennent indépendantes. Le 25 décembre 1991, Gorbatchev démissionne, marquant la fin de l'URSS.

Comment disparaît l'URSS et, avec elle, le système soviétique ?

lycee.nathan.fr/25hggsp1re_134-1

1 La catastrophe nucléaire de Tchernobyl (26 avril 1986)

***Tchernobyl : le test qui a mal tourné*, Euronews, 2011.**

Le 26 avril 1986, le réacteur n° 4 de la centrale de Tchernobyl explose lors d'un essai technique. Les autorités soviétiques tardent à réagir et mettent deux semaines à éteindre l'incendie. 250 000 personnes sont évacuées des zones contaminées, qui s'étendent sur 145 000 km².

→ **En quoi cet accident nucléaire est un révélateur du délabrement et des déficiences de l'URSS ?**

2 « Le pays allait mal »

« Chers compatriotes, concitoyens,

En raison de la situation qui s'est créée avec la formation de la Communauté des États indépendants, je mets fin à mes fonctions de président de l'URSS. [...]

Le destin a voulu qu'au moment où j'accédais aux plus hautes fonctions de l'État il était déjà clair que le pays allait mal. [...] La société étouffait dans le carcan du système de commandement administratif, condamné à servir l'idéologie et à porter le terrible fardeau de la militarisation à outrance. [...] Il fallait tout changer radicalement.

Je comprenais qu'entamer des réformes d'une telle envergure et dans une société comme la nôtre était une œuvre de la plus haute difficulté, et, dans une certaine mesure, risquée. Mais il n'y avait pas d'autre choix. [...] Le processus de rénovation du pays et de changements radicaux dans la communauté mondiale s'est révélé beaucoup plus ardu qu'on aurait pu le supposer. [...]

Une œuvre d'une importance historique a été accomplie :

- Le système totalitaire a été liquidé.
- Une percée a été effectuée sur la voie des transformations démocratiques. Les élections libres, la liberté de la presse, les libertés religieuses [...] sont devenus une réalité.

Nous vivons dans un nouveau monde :

- La guerre froide est finie, la menace d'une guerre mondiale est écartée [...].
- Nous nous sommes ouverts au monde [...].
- Les peuples, les nations ont obtenu une liberté réelle pour choisir la voie de leur autodétermination. »

Discours télévisé de M. Gorbatchev, 25 décembre 1991.

→ **Comment Gorbatchev justifie-t-il à la fois ses réformes et leur échec final ?**

3 La désintégration de l'URSS

Illustration : Georges Million.

→ **Comment ce caricaturiste rend-il compte de la désintégration de l'URSS ?**

4 Le retrait des dernières troupes soviétiques d'Afghanistan (1989)

En 1979, l'invasion de l'Afghanistan par l'URSS déclenche la dernière grande crise de la guerre froide. Mais l'Armée rouge se heurte à une résistance acharnée ; Gorbatchev engage le retrait des troupes soviétiques en avril 1988.

→ **Comment le retrait soviétique d'Afghanistan reflète-t-il la situation de l'URSS ?**

5 Quand les réformes de Gorbatchev font disparaître l'URSS

Le regard d'une historienne

Le projet de Gorbatchev tient en trois mots : *Perestroïka* (restructuration), *Glasnost* (libération de la parole), *Novoe Myshlenie* (Nouvelle Pensée). Le nouveau réformateur de l'URSS veut moderniser son pays et le démocratiser. Pour ce faire, il est prêt à reconnaître la défaite de la Grande Puissance soviétique. Malgré l'hostilité des conservateurs du Parti [...], il abandonne l'Afghanistan et les autres États à orientation socialiste, renonce à la course aux armements et devient un partenaire des États-Unis, il accepte le démantèlement du bloc communiste jusqu'à la réunification allemande. La catastrophe de Tchernobyl est une défaite de plus du système dont il hérite. Mais le train des réformes ne conduit pas à la prospérité et aboutit à l'implosion du pays que Gorbatchev voulait réformer. La question nationale qui était l'angle mort de son programme s'avère la question décisive [...]. Sur le terrain des Républiques, la nouvelle vie politique stimule le sentiment national au détriment du cadre fédéral. [...] La République qui a peut-être le plus contribué à l'éclatement de l'URSS est celle qui se trouve en son centre – la RSFSR qui devient ensuite la Fédération de Russie. [...] Eltsine est élu par le Soviet suprême président de la République de Russie le 29 mai 1990. Comme les Baltes, les Arméniens et les Géorgiens, Eltsine déclare le 12 juin la souveraineté de la Russie et donc la primauté des lois de la République sur celle de l'URSS. Mais la RSFSR n'est pas une République comme les autres. Elle se confond très largement avec l'État fédéral. C'est la taille du territoire et de la population russe qui confère à l'Union soviétique son statut et sa puissance. En agissant de la sorte, Eltsine se pose [...] en rival de Gorbatchev [...]. Les réformes lancées par Gorbatchev pour restructurer l'Union soviétique entraînent la défaite de l'Empire soviétique et l'instauration d'une nouvelle Russie qui croit être débarrassée du fardeau de l'Empire.

Sabine Dullin, *L'ironie du destin. Une histoire des Russes et de leur Empire (1853-1991)*, Payot, 2021.

→ **Quels sont les principaux mécanismes qui ont conduit à la disparition de l'URSS et quels sont alors les défis posés à la Russie ?**

Questions et activités

Parcours 1

1. Quelles sont les étapes et conséquences géopolitiques de la disparition de l'URSS ?
doc. 3, 4 et carte p. 132

2. Quels sont les principaux facteurs qui ont contribué à l'implosion de l'Union soviétique ? doc. 1 à 5

3. En quoi les réformes initiées par Mikhaïl Gorbatchev semblent avoir accéléré la disparition de l'URSS ?
doc. 3 à 5

Synthèse. Comment disparaît l'URSS et, avec elle, le système soviétique ?

Parcours 2

Réaliser une frise chronologique.

- À l'aide des documents, de la carte p. 132 et de recherches complémentaires, montrez comment se désagrègent l'URSS et le système soviétique.
- Vous structurerez votre frise chronologique par période et thèmes.

JALON 2

Étude

Toutes les ressources

lycee.nathan.fr/25hggsp1re_136

La reconstruction de la puissance russe ?

Après la chute de l'URSS, la Russie, principale héritière de l'Union soviétique, confrontée à de nombreuses difficultés, doit s'adapter au nouvel ordre mondial. Aujourd'hui, elle semble s'affirmer comme une puissance en plein renouveau. Pourtant, sa stabilité interne reste fragile et, en dépit de succès stratégiques, la Russie est diplomatiquement isolée.

Comment la Russie s'efforce-t-elle de redevenir une grande puissance en capacité d'exercer une influence régionale et mondiale ?

1 Le renouveau de la puissance militaire ?

Dépenses militaires dans le monde en 2023

Les plus gros budgets mondiaux, en milliards de dollars ($ constant 2022)

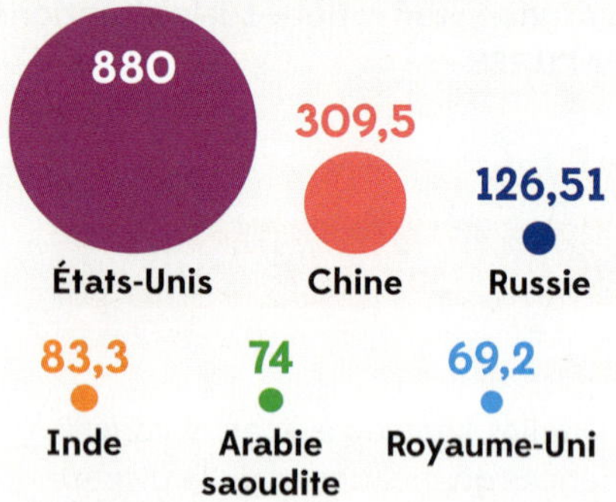

Évolution des dépenses militaires de la Russie

En millions de dollars ($ constant 2016)

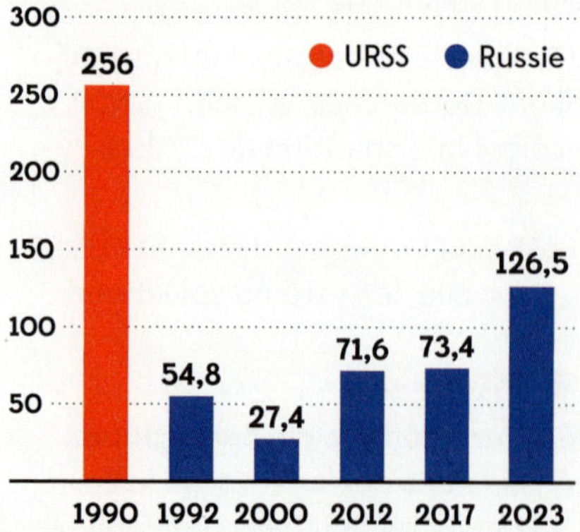

Source : Stockholm International Peace Research Institute (SIPRI).

→ **Quel est le poids militaire de la Russie ? Comment expliquer l'évolution récente des dépenses militaires ?**

2 La Russie face à l'Occident : la doctrine Karaganov[1]

Dès les années 1990, Evgueni Primakov, premier ministre et ministre des Affaires étrangères de Boris Eltsine, affirmait la nécessité pour la Russie de se tourner vers la Chine et l'Inde. Désormais, avec la doctrine Karaganov, il s'agit de revendiquer un leadership *russe face à l'Occident, d'opposer une « Majorité mondiale » à la « minorité occidentale ».*

Le principal conflit du monde moderne est la contradiction entre, d'une part, la volonté de l'Occident, avec à sa tête les États-Unis, de préserver son hégémonie de cinq siècles qui lui a permis de redistribuer les richesses du monde en sa faveur et d'imposer sa culture et ses ordres politiques au monde et, d'autre part, le désir des pays non occidentaux d'accéder à une souveraineté pleine et entière, non contrainte par les dogmes, les institutions et les ordres de l'Occident. [...] Après le déclenchement de la crise ukrainienne, les relations avec les pays de la Majorité mondiale se sont révélées être l'atout le plus important de la politique étrangère russe. L'existence d'un réseau de pays incontrôlés ou non entièrement contrôlés par l'Occident rend impossible l'isolement de la Russie, limite considérablement l'efficacité des sanctions anti-russes. La victoire de la Russie en Ukraine sera un élan pour changer davantage l'équilibre mondial des pouvoirs [...].

L'avant-garde de la Majorité mondiale peut être considérée comme les BRICS et en partie l'Organisation de la Coopération de Shanghai [...] ainsi qu'un certain nombre de pays qui sont les plus actifs pour s'émanciper de l'hégémonie occidentale (Cuba, Venezuela et autres) [...].

Il est nécessaire d'assurer le leadership intellectuel et pratique de la Russie dans les institutions créées par les pays de la Majorité mondiale.

Sergueï Karaganov, « La politique de la Russie à l'égard de la « Majorité mondiale » », 2023.

1. Sergueï Karaganov, directeur du Conseil de politique étrangère et de défense, est considéré comme l'un des personnages les plus influents de la politique étrangère russe.

→ **Quelle stratégie est préconisée pour que la Russie redevienne une puissance incontournable des relations internationales ?**

3 La Russie et l'arme du gaz

Jusqu'en 2023, la Russie était le premier fournisseur de l'Union européenne en gaz naturel (environ 25 % du total). Pour maintenir ses conditions, notamment tarifaires, la Russie menace de couper le gaz : ce sont les « guerres du gaz ».

« La Russie coupe le gaz », dessin de Chappatte, *Le Temps*, 8 janvier 2009.

→ **En quoi l'acheminement des hydrocarbures russes constitue-t-il une arme stratégique ?**

4 L'invasion de l'Ukraine par la Russie, vue par un dessinateur de presse

Tjeerd Royaards, *Le Monde*, décembre 2021.

→ **Comment ce dessin permet-il de définir la notion d'expansionnisme ?**

5 La Russie en Afrique

« La Russie en Afrique : la France fragilisée », *Le Dessous des cartes*, Arte, 2023.

→ **Quelle place occupe désormais le continent africain dans la stratégie d'influence mondiale de la Russie ?**

Dates clés

31 décembre 1999 : Vladimir Poutine devient président de la Russie.

1999-2009 : seconde guerre de Tchétchénie (victoire russe).

Août 2008 : guerre en Géorgie (Ossétie du Sud, Abkhazie).

Mars 2014 : annexion de la Crimée.

2015 : intervention militaire en Syrie.

24 février 2022 : invasion de l'Ukraine.

Questions et activités

Parcours 1

1. Quels éléments semblent indiquer un renouveau du *hard power* russe ? Quels sont, à ce titre, les principaux atouts de la Russie ? doc. 1 à 5

2. Que ce soit à l'échelle de son « étranger proche » ou à l'échelle mondiale, comment la Russie cherche-t-elle à étendre son influence ? doc. 3, 4 et 5

3. Bien qu'elle reste une puissance fragile, en quoi la Russie semble représenter une menace pour les intérêts occidentaux ? doc. 1 à 5

Synthèse. Comment la Russie reconstruit-elle sa puissance ?

Parcours 2

Réaliser un dossier de presse.

À partir des documents du manuel, de recherches au CDI et en ligne, constituez un dossier de presse composé de différents articles de la presse écrite sur la reconstruction de la puissance russe et ses limites.

Points de vue

Qu'est-ce que le *soft power* russe ?

Toutes les ressources

lycee.nathan.fr/**25hggsp1re_138**

1 Un *soft power* en direction du « monde russe »

Le regard d'un diplomate

Le « monde russe » est une notion née au XIXe siècle qui désigne une sphère d'influence dépassant les frontières de la seule Russie. Réactivée après la chute de l'URSS, elle devient sous Vladimir Poutine un instrument destiné à déstabiliser l'Occident et à justifier l'impérialisme russe.

Le projet officiel consacré au « monde russe » prend forme dans les années suivantes et voit le jour en 2007 avec la création par décret, le 21 juin, de la fondation Rousski Mir (Monde russe). Il s'agit d'un organisme public destiné à la diffusion de la langue et de la culture russes, soutenant des programmes d'enseignement de la langue russe à travers le monde [...].

Cette fondation est complétée par la création le 6 septembre 2008 d'une autre institution dénommée *Rossotroudnitchestvo* (coopération russe). Il s'agit d'une agence fédérale russe gouvernementale placée sous la juridiction du ministère russe des Affaires étrangères. Elle s'occupe principalement de l'administration des échanges culturels et de l'aide civile à destination de l'étranger [...].

Rossotroudnitchestvo est notamment le principal acteur de la politique d'influence culturelle du Kremlin en Afrique. Un net renforcement est également observable en Amérique latine, en particulier depuis 2014. *Rossotroudnitchestvo* réalise ses missions par le truchement des Maisons russes de la science et de la culture à l'étranger. Avec la fondation Rousski Mir, la chaîne de télévision internationale *Russia Today* (avril 2005) et l'agence de presse multimédia Spoutnik (novembre 2014), elle occupe une place importante dans le *soft power* russe dans le monde.

Zénon Kowal (diplomate belge, ancien conseiller spécial à l'ambassade d'Ukraine), « *Rousski mir*, le « monde russe » », *Desk Russie*, 12 mai 2024.

2 Une résolution de l'UE contre la cyberpropagande russe

Le gouvernement russe fait usage d'un panel étendu d'outils et d'instruments, tels que des groupes de réflexion et des fondations spéciales (*Russkyi Mir*), des autorités spéciales (*Rossotroudnichestvo*), des chaînes de télévision multilingues (*Russia Today*, par exemple), des soi-disant agences d'information et services multimédias (Sputnik, par exemple), des groupes sociaux et religieux transfrontaliers – le régime souhaitant se présenter comme le seul défenseur des valeurs chrétiennes traditionnelles –, des réseaux sociaux et des trolls internet, afin de s'attaquer aux valeurs démocratiques, de diviser l'Europe, de s'assurer du soutien interne et de donner l'impression que les États du voisinage oriental de l'Union européenne sont défaillants [...] la Russie investit dans ses instruments de désinformation et de propagande des ressources financières considérables, engagées par l'État directement ou par des entreprises et des organisations contrôlées par le Kremlin.

Communication stratégique de l'Union visant à contrer la propagande dirigée contre elle par des tiers, résolution adoptée par le Parlement européen le 23 novembre 2016.

3 La Russie et la cyberpropagande

Patrick Blower, « Red Square Parade Putin-Style » [Défilé sur la place Rouge à la Poutine], *The Telegraph*, 17 avril 2018.

4 Le Mondial 2018, instrument du *soft power* russe

Vladimir Poutine et Gianni Infantino (président de la FIFA) lors de la remise des trophées (Moscou, 15 juillet 2018). La 21e Coupe du monde de football s'est déroulée en juin-juillet 2018 en Russie.

5 Renforcer les liens entre la Russie et le continent africain

Le ministre des Affaires étrangères du Burkina Faso (2e à gauche), et l'ambassadeur russe au Burkina Faso, Aleksei Saltykov (3e à droite), ainsi que d'autres responsables gouvernementaux, posent devant des sacs de blé russe donnés au pays lors d'une cérémonie officielle à Ouagadougou le 26 janvier 2024 (25 000 tonnes de blé ont été offerts).

Construire son point de vue

Découvrez les documents

- Quelles formes prend le *soft power* russe ? doc. 1 à 5
- Quels en sont les principaux acteurs et les objectifs visés ? doc. 1 à 5
- Avec quelles régions du monde la Russie cherche-t-elle notamment à nouer ou renforcer des partenariats ? doc. 1 et 5

Développez des arguments

- Quels sont les contours et ambitions de cette sphère d'influence du « monde russe » ? doc. 1
- Pourquoi la promotion de la langue, la diffusion de médias ou l'accueil de grandes compétitions sportives peuvent-ils être considérés comme des enjeux de nature géopolitique ? doc. 1, 4 et 5
- Quels éléments peuvent laisser penser que le *soft power* russe est « agressif » et se rapproche de logiques de *hard power* ? En quoi peut-il être alors considéré comme une menace pour les pays occidentaux ? doc. 1 à 5

Présentez votre point de vue ORAL

- À l'oral, en 10 minutes, répondez à la problématique « En quoi le *soft power* relève-t-il d'une stratégie impérialiste de la Russie ? » en présentant plusieurs arguments.

AXE 1

Synthèse

Toutes les ressources

lycee.nathan.fr/25hggsp1re_140

Essor et déclin des puissances : un regard historique

I La naissance et la construction de deux empires

• **La construction de vastes empires reposait tout d'abord sur une capacité militaire, relevant d'une logique de *hard power*.** Mais en étendant le périmètre de leur souveraineté au fil des conquêtes, les empires doivent parvenir à maintenir l'unité de l'ensemble et intégrer de nouvelles populations tout en conservant des hiérarchies et distinctions entre elles.

Jalon 1 – L'essor de l'Empire ottoman **p. 118**

• **La prise de Constantinople, en 1453, permet à l'État ottoman de réaliser l'unité de son territoire et de devenir pleinement un empire.** Soliman porte cette puissance expansionniste à son apogée : l'Empire ottoman s'impose comme la principale puissance en Méditerranée. Mais la pérennité de cet empire étendu sur trois continents ne peut se faire que par une gestion pragmatique, appuyée sur des intermédiaires et pouvoirs locaux. L'administration, centralisée, s'efforce de gérer pacifiquement l'empire et d'intégrer les différentes communautés auxquelles elle reconnaît un statut.

Dates clés

1453 : Prise de Constantinople
1839-1876 : Période des Tanzimat
Octobre 1923 : Proclamation de la République de Turquie

• **L'URSS naît en 1922 quelques années après la révolution russe de 1917,** vaste entité territoriale inscrite pour l'essentiel dans les frontières de l'ancien empire russe. Au cours de la guerre froide, l'URSS cimente autour d'elle le bloc communiste opposé au camp occidental allié aux États-Unis. Cette nouvelle puissance se construit sur les bases d'une idéologie marxiste-léniniste, d'une économie contrôlée et planifiée, et d'un système politique autoritaire.

II Des logiques impériales et leurs remises en cause

Jalon 1 – Le déclin de l'Empire ottoman **p. 120**

• **L'Empire ottoman voit son territoire se réduire tout au long du XIXe siècle.** Confronté à des difficultés militaires et révoltes internes, il est progressivement distancé par l'Europe. Il est confronté aux ambitions des puissances européennes et aux forces centrifuges de provinces qu'il peine à contrôler. Les difficultés s'accroissent et les velléités autonomistes et revendications nationales achèvent de déstabiliser l'équilibre impérial. La série de réformes des *Tanzimat*, lancées à partir de 1839, tente de moderniser l'Empire, mais ne parviennent pas à enrayer le déclin.

• **L'URSS ne parvient pas à enrayer le processus de dislocation qui s'engage à la fin des années 1980.** Affaibli à l'étranger, contesté dans les démocraties populaires, aux prises avec une situation économique et sociale catastrophique, le système soviétique est à l'agonie. Mikhaïl Gorbatchev tente de le réformer mais se retrouve isolé, dépassé par le mécontentement populaire et les revendications nationales des différentes républiques soviétiques. La *perestroïka* et la *glasnost*, loin de renforcer le système, précipitent sa chute en libérant des forces longtemps contenues.

Dates clés

25 décembre 1991 : Fin de l'URSS
1994-1996 et 1999-2000 : Guerres de Tchétchénie
Mars 2014 : Annexion de la Crimée par la Russie
2022 : Invasion de l'Ukraine

III Disparitions et renaissances

• **Vaincu à l'issue de la Première Guerre mondiale, l'Empire ottoman voit son territoire occupé et démantelé.** Pour les populations, la guerre signe la rupture définitive avec l'ottomanisme et le mythe d'une coexistence au sein de l'Empire.

Refusant la défaite et le démembrement du traité de Sèvres (1920), les nationalistes turcs menés par Mustafa Kemal appellent à la reconquête et lancent la guerre d'indépendance (1919-1922). Cette guerre, qui aboutit au traité de Lausanne (1923) est aussi une lutte contre l'ancien ordre ottoman qui se solde par la proclamation de la République de Turquie. Un an plus tard, l'abolition du califat met fin à six siècles d'histoire ottomane et à un Empire d'une longévité exceptionnelle. La transition d'un empire multiethnique à un État-nation se traduit par des bouleversements démographiques et géopolitiques majeurs pour la région. Les « échanges » de population entre la Grèce et la Turquie, ainsi que la redéfinition des frontières, remodèlent profondément la carte du Proche-Orient.

Jalon 2 – Une puissance qui se reconstruit après l'éclatement d'un empire : la Russie depuis 1991 **p. 128**

• **Après l'effondrement de l'URSS en 1991, la Russie traverse une crise profonde sous Boris Eltsine.** Aux difficultés économiques et sociales, s'ajoutent les tensions séparatistes comme en Tchétchénie. La Russie doit repenser sa place dans un monde qui devient multipolaire. L'arrivée au pouvoir de Vladimir Poutine fin 1999 marque le début d'une reconstruction de la puissance qui passe par la restauration de l'autorité de l'État et la centralisation du pouvoir. En s'appuyant sur l'exploitation des ressources énergétiques, il s'efforce de redonner au pays une stabilité. Sur la scène internationale, la Russie cherche à retrouver son statut de grande puissance, notamment en préservant son influence sur son « étranger proche ». À l'échelle de l'espace postsoviétique, la Russie n'en a pas terminé de se penser en empire. Cependant, des défis, économiques, sociaux et politiques, persistent. La Russie tente de diversifier ses alliances et de moderniser son économie, mais reste isolée et confrontée aux sanctions internationales. Engagée depuis 2022 dans une guerre d'invasion de l'Ukraine et une politique de défis à l'égard de l'ordre international, la Russie cherche à se positionner en leader des pays non occidentaux. Elle n'en reste pas moins fragile et isolée.

L'Empire ottoman, de l'essor au déclin

Fin XIIIe siècle	› Constitution d'un État ottoman	
XIVe-XVe siècles	› Une continuité impériale et la constitution progressive d'un empire	**1453 Prise de Constantinople**
XVIe siècle	› L'Empire ottoman à son apogée : au siècle de Soliman le Magnifique	**1526 Bataille de Mohács** **1571 Défaite de Lépante**
XVIIe-XVIIIe	› Revers militaires, révoltes internes	
XIXe siècle	› Déclin et réformes : « l'homme malade de l'Europe » › Essor des nationalismes	**1839-1876 les *Tanzimat***
XXe siècle	› Recul territorial, guerres, démembrement	**1912-1913 Guerres balkaniques** **1918 Fin de la 1re Guerre mondiale : défaite** **1919-1922 Guerre d'Indépendance**
	› **1923 Fin de l'Empire ottoman**	

Une puissance qui se reconstruit après l'éclatement d'un empire : la Russie depuis 1991

Mars 1990 déc. 1991	› **Disparition de l'URSS et du système soviétique :** indépendances et fin de l'URSS ➜ États postsoviétiques : dépendance/émancipation
	› Volonté de redevenir une grande puissance en capacité d'exercer une influence régionale et mondiale ➜ puissance militaire ➜ puissance énergétique ➜ *soft power* et cyberguerre
	› Une puissance de second rang : ➜ fragilités économiques et sociales
Aujourd'hui	› **Retour de l'impérialisme russe**

AXE 1

Synthèse

Réviser avec... **2 frises et 3 schémas**

Toutes les ressources

lycee.nathan.fr/**25hggsp1re_142**

1 La puissance ottomane

Frise interactive

Essor, apogée et déclin de l'Empire ottoman (XIVe-XXe siècle)

XIVe siècle	Début de la conquête ottomane
1453	Prise de Constantinople par Mehmet II, qui devient la capitale de l'Empire ottoman
1516-1517	Conquête de la Syrie et de l'Égypte par Selim Ier
1529	Premier siège de Vienne, apogée de l'expansion vers l'Europe
1683	Second siège de Vienne, échec marquant le début du recul ottoman en Europe
1774	Traité de *Küçük Kaynarca* avec la Russie, premières pertes territoriales majeures
1830	Indépendance de la Grèce
1878	Congrès de Berlin ; l'Empire perd une grande partie de ses territoires balkaniques
1908	Révolution Jeunes-Turcs
1912-1913	Guerres balkaniques ; nouvelles pertes territoriales majeures
1918	Défaite dans la Première Guerre mondiale
1923	Traité de Lausanne : fin de l'Empire ottoman et naissance de la Turquie moderne

2 La puissance russe

Frise interactive

Le renouveau de la puissance russe (depuis 1991)

8 déc. 1991	Accords de Minsk (dissolution de l'URSS)
21 déc. 1991	Création de la CEI
25 déc. 1991	Démission de Gorbatchev
31 déc. 1991	Dissolution officielle de l'URSS
1994-1996	Première guerre de Tchétchénie (échec russe)
7 août 1999	Début de la seconde guerre de Tchétchénie (jusqu'en 2009)
31 déc. 1999	Poutine devient président par intérim
2008	Guerre en Géorgie (Ossétie du Sud, Abkhazie)
Mars 2014	Annexion de la Crimée
15 juil. 2014	Création de la Nouvelle Banque de Développement des BRICS
2015	Intervention militaire en Syrie
24 fév. 2022	Début de « l'opération militaire spéciale » en Ukraine

3 Le cycle de la puissance

Essor et déclin des puissances, un regard historique

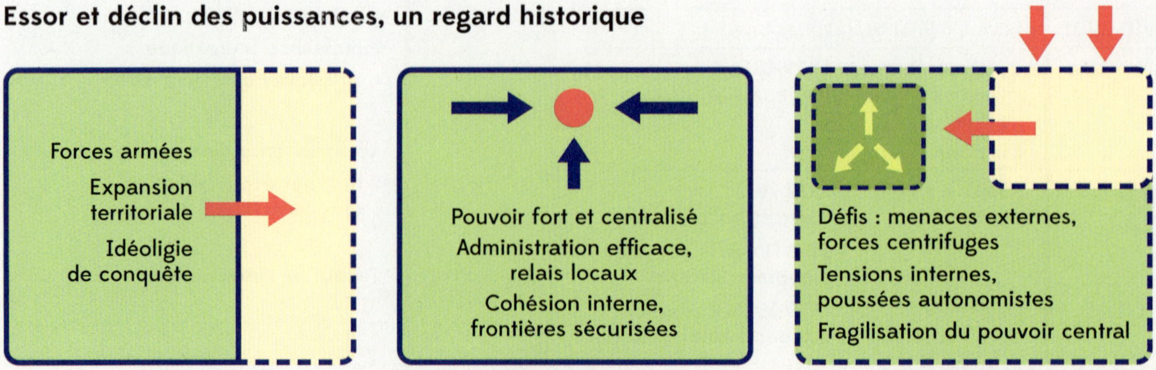

Essor (puissance expansionniste)

Consolidation (apogée)

Déclin

4 Natalité et mortalité en Russie depuis 1980

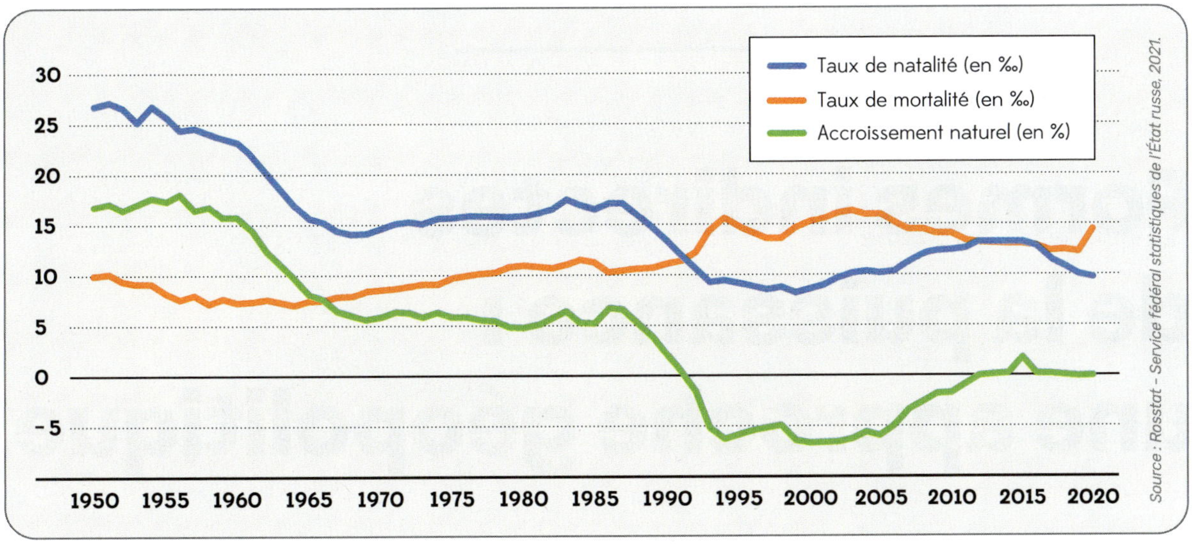

5 Les exportations de la Russie en 2021

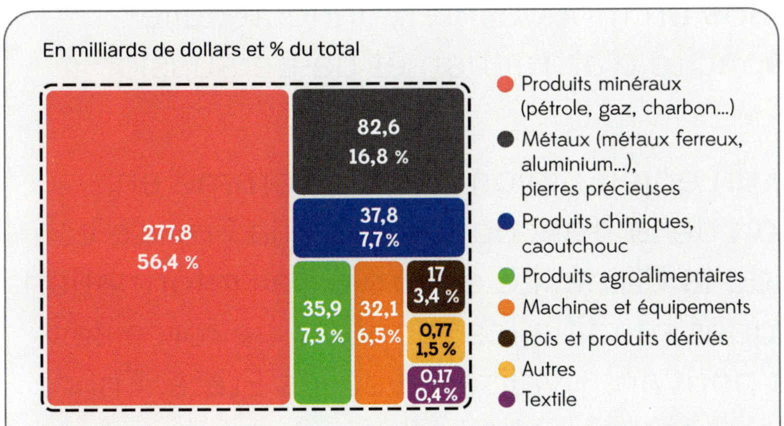

Source : Russian Statistical Yearbook, *ROSSTAT (Russian Federal Statistics Service), 2023.*

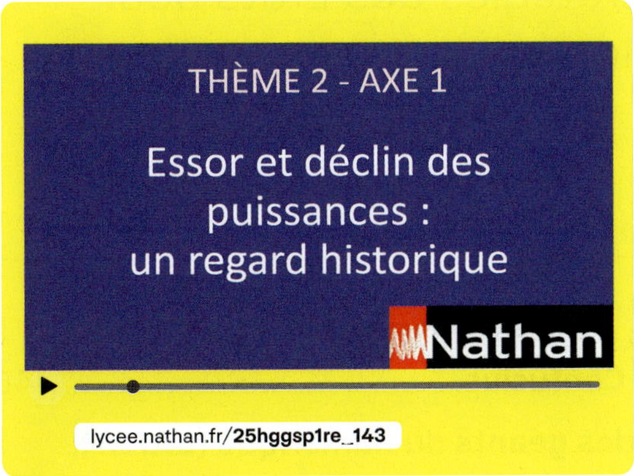

6 Mon bilan en vidéo

Pour approfondir

- **Clotilde Bruneau, Esteban Mathieu, Christian Pacurariu, Julien Loiseau, *Soliman le Magnifique*, Glénat/Fayard, 2015.**
Découvrir en BD la nature et la complexité du pouvoir ottoman au XVIe siècle.
- **Craig Mazin, *Chernobyl*, mini-série en 5 épisodes, Royaume-Uni/États-Unis, 2019.**
Une série qui retrace la catastrophe nucléaire de Tchernobyl. Une partie du scénario est inspirée du recueil de témoignages de Svetlana Alexievitch, *La Supplication*.
- **Oran Pamuk, *Les nuits de la peste*, Gallimard, 2022.**
À partir d'une île imaginaire frappée par la peste en 1901, le portrait d'un Empire ottoman sur le déclin.
- ***Minuit au Péra Palace*, série de Emre Şahin (Turquie), Netflix, 2022 (saison 1).**
Esra, journaliste en visite au Péra Palace, un hôtel historique d'Istanbul, est propulsée en 1919. Elle doit alors déjouer un complot qui vise Mustafa Kemal.

AXE 2

Formes indirectes de la puissance : une approche géopolitique

La puissance, traditionnellement fondée sur la force militaire (le *hard power*) et l'influence économique, est désormais multidimensionnelle. Dans un monde interconnecté, elle s'exerce aussi par la capacité d'attraction et de persuasion : le *soft power*.

La langue est devenue un enjeu diplomatique, comme en témoignent la promotion de la francophonie par la France et les instituts Confucius de la Chine. Le contrôle de l'information et des réseaux numériques modifie les rapports de force, les géants technologiques pouvant rivaliser avec les États. Enfin, la maîtrise des voies de communication, illustrée par le projet chinois des « nouvelles routes de la Soie », permet d'étendre l'influence au-delà des frontières nationales. Ces nouvelles formes de puissance révèlent les stratégies des États pour s'imposer sur la scène internationale.

SOMMAIRE

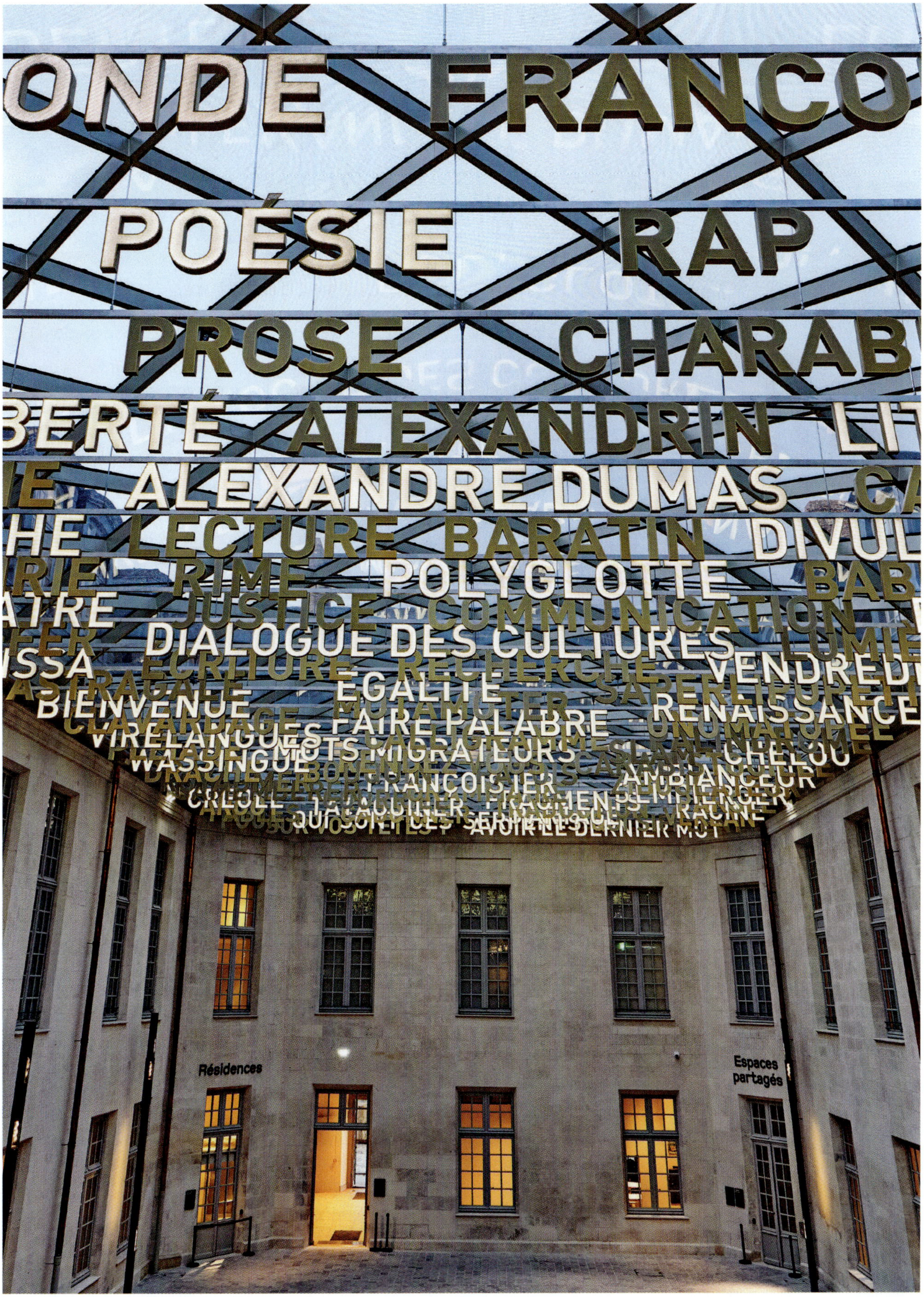

Cité internationale de la langue française à Villers-Cotterêts (2024)

Au plafond de la Cité de la langue française, les mots dorés en suspension – poésie, rap, créole, etc. – symbolisent la stratégie de *soft power* de la France qui fait de sa langue un instrument de rayonnement culturel mondial.

JALON 1
Cours

Toutes les ressources

lycee.nathan.fr/**25hggsp1re_146**

Principales langues dans le monde en 2024

En millions de locuteurs

Langue	Locuteurs
Anglais	1 456
Mandarin	1 138
Hindi	608,8
Espagnol	559,5
Français	321
Arabe	311,6
Bengali	278,2
Portugais	263,8
Russe	255,4
Ourdou (Pakistan)	237,9

Sources : The Ethnologue, OIF, 2024.

Vocabulaire

Langue internationale : langue utilisée comme moyen de communication par des populations de pays différents, dans des contextes internationaux (commerce, diplomatie, culture, etc.). L'anglais, l'espagnol, l'arabe… sont des langues internationales.

Langue maternelle : première langue apprise par un enfant. On parle également de langue natale.

Lingua franca : langue commune adoptée pour communiquer entre personnes qui n'ont pas la même langue maternelle.

Locuteur : se dit de toute personne s'exprimant au moyen d'une langue.

Multilinguisme : coexistence de différentes langues au sein d'un même espace ou groupe social, par exemple un État.

Sinisation : politique autoritaire menée par le gouvernement chinois en faveur du mandarin (langue et culture) et au détriment des cultures locales des minorités ethniques en Chine.

Soft power : voir p. 436

La langue et la culture, marqueurs et outils de la puissance

Quels sont les enjeux de puissance liés à la langue et à la culture ?

I Un monde de langues et de cultures

A La diversité des langues et des cultures dans le monde

- **On compte quelque 6 000 langues et dialectes dans le monde.** La grande majorité sont des langues régionales ou tribales qui ne concernent que 5 % de la population mondiale. En revanche, 350 langues comptent chacune plus d'1 million de **locuteurs** et une vingtaine d'entre elles plus de 50 millions, couvrant 95 % de l'humanité. Certaines, comme l'anglais, l'espagnol, le français ou l'arabe sont considérées comme des **langues internationales**.

- **La multitude de langues illustre la diversité des cultures.** Les **aires linguistiques** se confondent souvent avec les **aires culturelles**. On en compte une douzaine dans le monde. En Amérique du Sud, on parle les langues des anciennes puissances coloniales (Espagne et Portugal) et la culture (littérature, musique…) est considérée comme hispanique. En Asie du Sud-Est, ce sont les langues et les cultures locales, comme le javanais en Indonésie, qui s'imposent.

B Entre identités et différences

- **Les langues et les cultures ont un rôle fédérateur à différentes échelles.** Localement, elles permettent de défendre et de transmettre les identités héritées des temps longs (la langue basque). D'autres consolident des communautés autour d'une langue officielle, ou langue d'État (le magyar pour les Hongrois, le coréen). Une centaine de langues ont le statut de langue d'État.

- **Le multilinguisme est présent dans de nombreux États.** Partout dans le monde, des minorités ont préservé leur langue et leurs pratiques culturelles, même si elles ne représentent souvent qu'à peine 1 % de la population. Certains pays acceptent plusieurs langues officielles : la Belgique (allemand, flamand et wallon), la Suisse (italien, allemand, romanche). En Inde, l'hindi fait partie des 22 langues inscrites officiellement dans la Constitution.

II Langues et cultures : des outils d'affirmation et de domination

A Des outils au service de la puissance

- **Les langues et les cultures ont été au service de l'émergence des grandes puissances coloniales.** La colonisation, du XVIe au XIXe siècle, s'est accompagnée de la diffusion des langues et des cultures européennes qui ont contribué au contrôle des peuples autochtones. Dans le vaste empire britannique, l'anglais permettait d'établir et de renforcer les liens.

- **Langues et cultures servent encore les intérêts des grandes puissances au XXIe siècle.** Dans les États pluriethniques, les pouvoirs centraux mènent parfois des politiques d'éradication des langues et des cultures minoritaires. En Chine, la province turcophone et musulmane du Xinjiang est en voie de **sinisation** forcée par les autorités de Beijing qui cherchent à effacer l'identité du peuple autochtone, les Ouïgours.

B Des outils de rayonnement à travers le monde

- **Langues et cultures sont des composantes du *soft power*.** La culture française se diffuse de plusieurs façons : musées (Louvre Abu Dhabi aux Émirats arabes unis), gastronomie, mode. La **francophonie**, institutionnalisée par l'Organisation Internationale de la Francophonie (OIF), promeut le français et les valeurs francophones dans 88 États. Elle renforce l'influence diplomatique et culturelle de la France à l'échelle mondiale.

- **Les outils de la promotion linguistique et culturelle sont nombreux.** Les instituts Goethe (depuis 1925) diffusent la langue et la culture allemandes tout comme les instituts Confucius pour le mandarin. L'Alliance française remplit un rôle similaire pour le français. Les médias (TV5 Monde, Al Jazeera, CNN) et les industries du numérique véhiculent de nouveaux modes de vie.

III Entre diffusion et résistances : le temps des conflictualités

A L'anglais, langue dominante des relations internationales

- **L'anglais et l'American *way* of life sont des vecteurs essentiels de la mondialisation.** Depuis le milieu du XXᵉ siècle, l'influence économique et culturelle des États-Unis a propulsé l'anglais au rang de ***lingua franca*** mondiale. Cette domination s'étend aux relations diplomatiques : l'anglais est la langue de travail principale dans la plupart des organisations internationales (ONU, OMC, OTAN). Sa maîtrise est devenue indispensable pour les diplomates et les acteurs économiques globaux.

- **La prédominance de l'anglais suscite des résistances.** Certains États, comme la France, défendent activement le multilinguisme dans les institutions internationales. L'Union européenne, malgré le Brexit, maintient l'anglais comme langue officielle aux côtés du français et de l'allemand. Dans le monde académique et scientifique, l'hégémonie de l'anglais est contestée, certains craignant une uniformisation de la pensée. Néanmoins, sa position de langue internationale reste pour l'instant incontestée.

B Les enjeux des prochaines décennies

- **L'évolution démographique mondiale va bouleverser les hiérarchies.** D'ici 2050, la population africaine devrait doubler, et le nombre de locuteurs francophones sur ce continent pourrait tripler. Certaines puissances démographiques du futur (Nigeria, Indonésie...) pourraient concurrencer les langues internationales actuelles. Parallèlement, la diversité linguistique diminue : 3 000 langues maternelles risquent de disparaître, menaçant le patrimoine culturel mondial.

- **De nouvelles luttes d'influence émergent dans l'espace numérique.** Le **cyberespace** devient un terrain de compétition linguistique où les géants du numérique, principalement anglophones, dominent. Cependant, des initiatives comme le Web multilingue de l'Unesco ou les efforts de la Chine pour promouvoir le mandarin en ligne témoignent d'une volonté de rééquilibrage.

Notions

Aire culturelle : espace géographique caractérisé par une culture (langue, arts, littérature, religion, gastronomie...) influençant une large partie de la population.

Aire linguistique : espace géographique sur lequel vivent des sociétés parlant la même langue.

Cyberespace : nom donné à l'espace virtuel composé des réseaux numériques permettant l'interconnexion mondiale des ordinateurs.

Francophonie : ensemble des personnes s'exprimant en français.

Mondialisation : processus d'intégration et d'interdépendance des territoires et des sociétés humaines à l'échelle mondiale.

Fiches de lecture

« Le Pouvoir des langues », *Le Monde diplomatique - Manière de voir*, n° 186, déc. 2022–jan. 2023.
Dossier qui fait le point sur la diversité des langues, outils d'influence, de partage ou de résistance.

Guillaume Frantzwa, *L'image de la puissance - La diplomatie culturelle de la France au XXᵉ siècle*, Perrin, 2023.
Richement illustré par les archives du Quai d'Orsay, cet ouvrage retrace un siècle de *soft power* culturel à la française.

Pour aller + loin

« *Soft power* : la guerre des universités », *Le Dessous des cartes*, Arte, 2021.
La mondialisation de l'enseignement supérieur se traduit par une augmentation des étudiants internationaux et une multiplication des campus délocalisés.

***La langue française dans le monde*, OIF, 2022.**
Tous les 4 ans, l'Organisation internationale de la Francophonie (OIF) publie le rapport *La langue française dans le monde* qui présente la réalité des usages de la langue française.

L'Unesco : l'Organisation des Nations unies pour l'éducation, la science et la culture.
Agence de l'ONU qui œuvre pour le maintien de la paix en tissant des liens entre les peuples.

JALON 1

Étude

Toutes les ressources

lycee.nathan.fr/**25hggsp1re_148**

L'anglais, le pouvoir d'une langue universelle

Depuis le XXe siècle, l'anglais s'est imposé comme la langue des institutions internationales, de la recherche, de l'enseignement scientifique mondialisé, du commerce et des affaires, d'internet. Vecteur essentiel de la diffusion de la culture et des idées du monde anglo-américain, l'anglais est la principale langue internationale de la mondialisation contemporaine.

Qu'est-ce qui explique la puissance de la langue anglaise de nos jours ?

lycee.nathan.fr/**25hggsp1re_148-1**

1 La diffusion de l'anglais après la Seconde Guerre mondiale

« Elizabeth II : la puissance de la langue anglaise », L'Essentiel du *Dessous des cartes*, Arte, 2022.

→ **Comment l'anglais s'est-il diffusé dans le monde ?**

2 Une langue favorisée par les nouvelles technologies

→ **De quelle manière l'anglais a-t-il investi la communication dans les espaces non-anglophones ?**

Quelles langues parle internet ?

En % de contenu pour une sélection de langues en comparaison aux internautes locuteurs

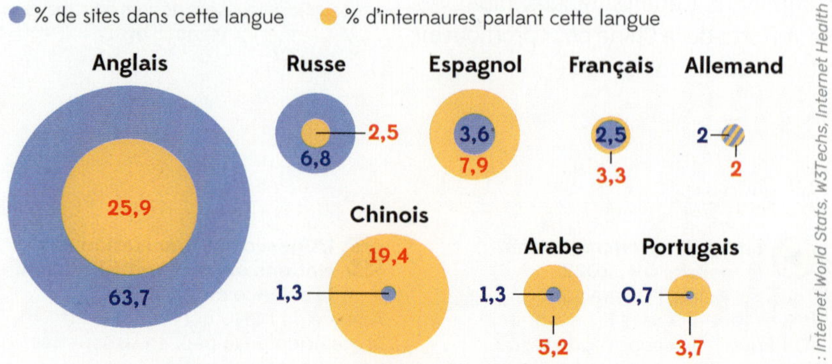

Lecture : 1,3 % des contenus diffusés sur internet sont en langue chinoise, alors que 19,4 % des internautes dans le monde parlent chinois.

3 L'anglais et internet

→ **Comment ces statistiques illustrent-elles la domination de l'anglais dans l'utilisation d'internet ?**

4 Les pays anglophones

Carte interactive

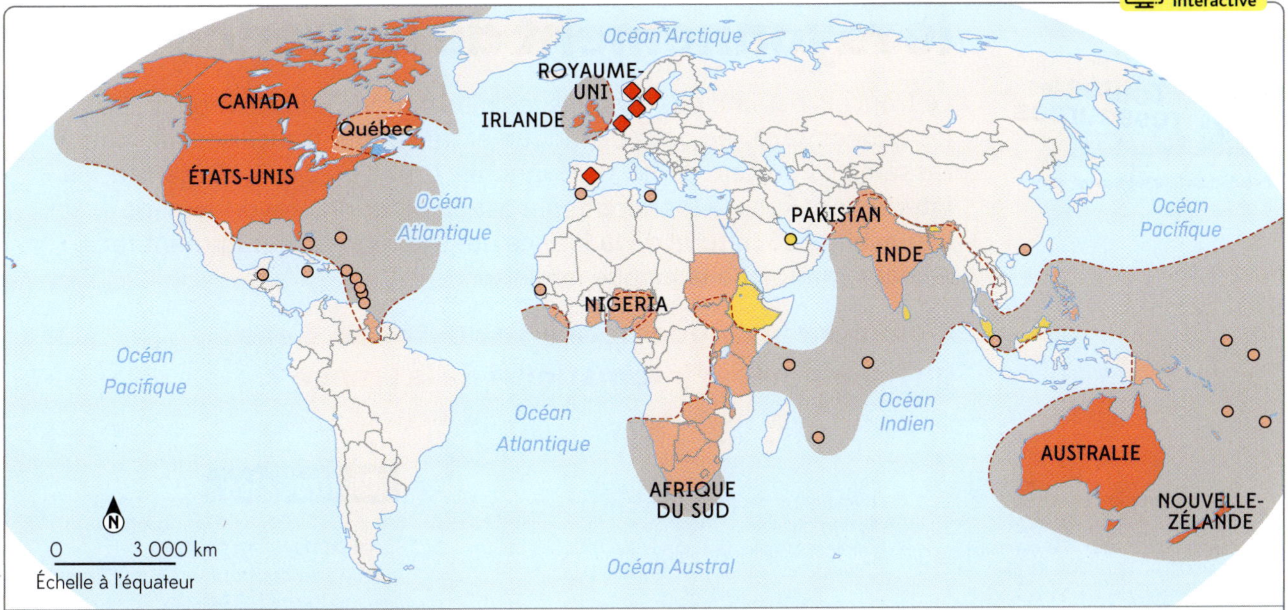

1. Pays où l'anglais est langue officielle ou fait partie des langues officielles

- Espace anglophone
- Langue maternelle d'une majorité de la population
- Deuxième langue

2. Autres pays

- Pays où l'anglais est langue véhiculaire et/ou langue utilisée par l'administration
- Pays d'Europe non anglophones où l'anglais est obligatoire à l'école

Note : une langue véhiculaire est une langue utilisée pour communiquer par deux populations de langue maternelle différente dans une même région.

Source : *Les pays anglophones*, Le Monde Diplomatique.

→ **Quelles sont les régions du monde où l'anglais est la langue principale ?**

5 Une langue dominante

L'usage de l'anglais comme langue naturelle des échanges et de la connaissance scientifique résulte d'une stratégie d'influence de long terme. [...] Les pays anglophones ne se sont pas contentés de profiter passivement de la puissance de diffusion de l'anglais, à l'instar des dizaines de millions de dollars dépensés par la fondation Ford pour former des professeurs d'anglais, notamment en Côte d'Ivoire, en Algérie et au Liban, pays officiellement francophones [...].

En France, ne pas publier en anglais est problématique, la plupart des évaluateurs français estimant même qu'une revue en langue française, bien que diffusée dans la Francophonie, n'est pas « internationale ». Ce qui reviendrait à dire logiquement qu'un anglophone publiant en anglais dans une revue américaine n'a pas de rayonnement international. Absurde mais révélateur d'une profonde influence américaine qui produit et exporte des modèles de pensée. Avec, au final, un *business* lucratif des revues scientifiques anglophones qui captent gratuitement une connaissance financée par les contribuables français pour la privatiser et la revendre. Une logique qu'essaie de combattre le mouvement de la science ouverte qui se heurte évidemment à de puissants lobbys.

Nicolas Moinet, « L'influence américaine en France ou l'art de cacher dans la lumière », *Diplomatie*, n° 116, juillet-août 2022.

→ **En quoi l'usage de l'anglais est-il un outil d'influence et de puissance ?**

Questions et activités

Parcours 1

Organiser les informations : à l'aide des documents, complétez le tableau suivant.

L'anglais, principale langue internationale	
Les facteurs de diffusion de l'anglais	
L'anglais, un outil d'influence	

Synthèse. Qu'est ce qui explique la puissance de la langue anglaise de nos jours ?

Parcours 2

Réaliser un dossier documentaire.

Préparez un ensemble de documents sur la place de la langue et de la culture anglaises dans un pays anglophone.

Choisissez un pays anglophone en Afrique, en Asie ou en Océanie.

1. Exposez les facteurs de la diffusion de l'anglais dans ce pays.
2. Montrez les aspects éducatifs, culturels, économiques, politiques de cette anglophonie.
3. Illustrez ce dossier avec des documents variés (statistiques, photographies, cartes…).

Toutes les ressources
lycee.nathan.fr/25hggsp1re_150

La francophonie et le rayonnement de la France

Le français est une des langues les plus parlées dans le monde. Dès les années 1970, les pays de langue et de culture françaises se sont rassemblés au sein de la Francophonie. Créée en 2005, l'Organisation internationale de la Francophonie est un acteur du rayonnement linguistique et culturel de la France dans le monde, notamment face à la domination de la langue anglaise.

Comment la langue française contribue-t-elle au rayonnement international de la France ?

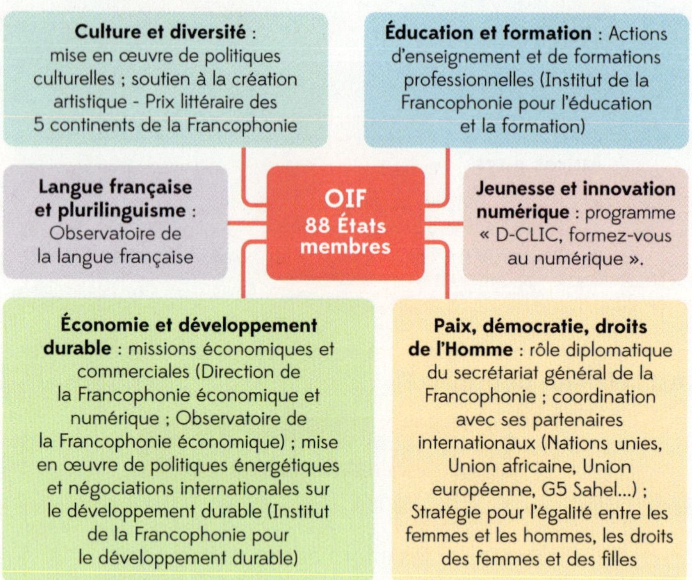

Chiffres clés

Le français en chiffres

- **La francophonie : 321 millions** de locuteurs (2024)
- Langue officielle dans **29 pays**
- 4e langue d'internet
- L'OIF regroupe **88 États** répartis sur 5 continents.

Source : OIF, synthèse 2024.

1 Qu'est-ce que l'Organisation internationale de la Francophonie ?

→ **Quelles sont les étapes de l'organisation et de l'internationalisation de la Francophonie ?**

lycee.nathan.fr/25hggsp1re_150-1

2 La langue française dans le monde

Programmation 2024-2027 de l'OIF, *Organisation internationale de la Francophonie*, 2023.

Recentrée autour de 3 programmes stratégiques, la programmation 2024-2027 met l'accent sur la langue française au service des cultures et de l'éducation, de la démocratie et la gouvernance, et vecteur de développement durable.

→ **Quels sont les objectifs de la Francophonie ?**

3 Les locuteurs francophones dans le monde

En % du total des locuteurs quotidiens de français en 2022

- Afrique sub-saharienne et océan Indien
- Europe
- Afrique du Nord et Proche-Orient
- Amériques et Caraïbes
- Asie et Océanie

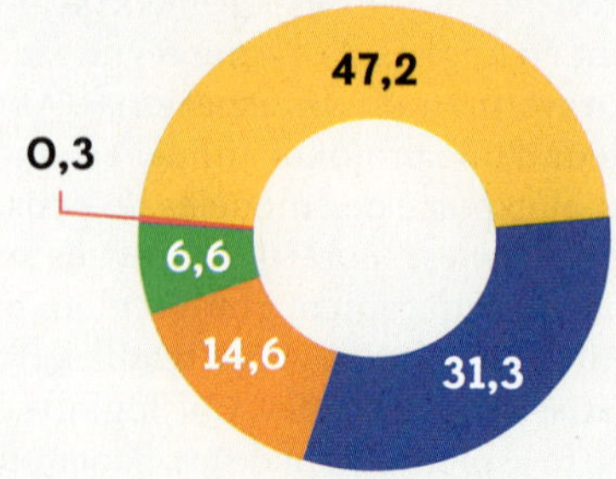

Source : OIF, Rapport 2022.

→ **Quels sont les pays et les régions du monde où la francophonie est le mieux implantée ? Quels facteurs peuvent l'expliquer ?**

Carte interactive

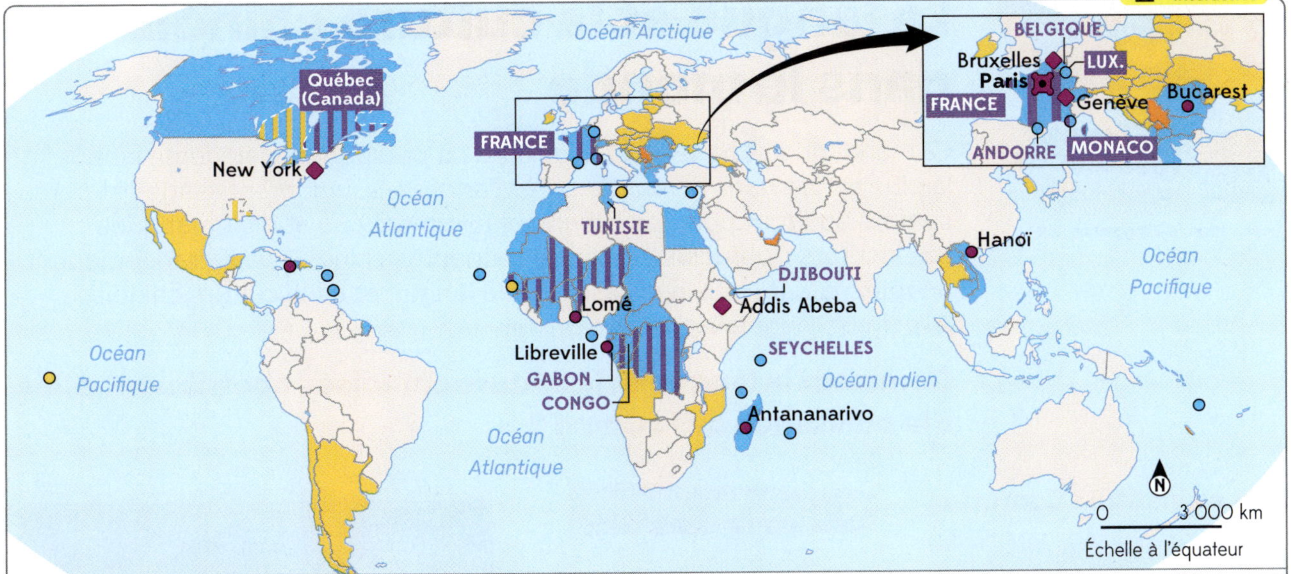

1. Des États membres sur tous les continents
- États membres de l'Organisation internationale de la Francophonie (OIF)
- Membres associés
- États observateurs

2. La place de la langue française
- Pays où le français est la seule langue officielle et/ou administrative

Part des francophones dans la population :
- PAYS Supérieure à 80 %
- PAYS Supérieure à 50 %

3. Les implantations de la Francophonie
- Siège de l'OIF
- Représentations permanentes
- Représentations régionales

Source : Organisation internationale de la Francophonie, 2018.

4 La francophonie dans le monde

→ **Dans quels pays et régions du monde la francophonie est-elle le mieux implantée ?**

5 Les défis de la francophonie en Afrique

L'usage du français doit affirmer sa place à une époque où le multilinguisme est une réalité, une nécessité et une richesse. Il doit devenir suffisamment attractif, notamment auprès des jeunes, pour conserver son dynamisme et son intérêt. Si les atouts sont nombreux, les défis à relever demeurent importants [...] Certains États se détournent de la Francophonie pour rejoindre la zone d'influence du Commonwealth, par exemple le Togo et le Gabon. Par ailleurs, des États francophones ont décidé d'adopter l'anglais comme deuxième langue officielle (exemple du Rwanda) quand d'autres, comme l'Algérie, renoncent peu à peu à l'usage du français. [...] L'espace francophone est également morcelé et fait face à des situations économiques, sociales, environnementales et politiques très diverses. La situation géopolitique actuelle est complexe pour la Francophonie notamment en Afrique. Paradoxalement, elle peut rebondir dans ce contexte, en s'appuyant sur un espace de droits et une communauté de valeurs partagées. Elle peut permettre de promouvoir un autre modèle que celui proposé par des puissances comme la Russie ou la Chine.

L'espace francophone : relever des défis économiques et numériques pour assurer son dynamisme, Conseil économique, social et environnemental (CESE), juin 2024.

→ **Quels sont les enjeux géopolitiques de la francophonie ?**

Questions et activités

Parcours 1

À l'aide des documents, complétez le tableau suivant.

Les objectifs de la francophonie	
Les outils et les moyens de la francophonie	
Les défis et les enjeux de la francophonie	

Synthèse. Comment la langue française contribue-t-elle au rayonnement international de la France ?

Parcours 2

Réaliser un dossier documentaire.

Préparez un ensemble de documents sur la place de la langue et de la culture françaises dans un pays francophone.

Choisissez un pays francophone membre de l'OIF.

1. Exposez les facteurs de la diffusion du français dans ce pays.
2. Montrez les aspects éducatifs, culturels, économiques, politiques de cette francophonie.
3. Illustrez ce dossier avec des documents variés (statistiques, photographies, cartes...).

JALON 1
Étude

La langue et la culture chinoises dans le monde

Toutes les ressources
lycee.nathan.fr/**25hggsp1re_152**

Le mandarin est parlé par 1,13 milliard de personnes. Deuxième langue la plus parlée dans le monde après l'anglais, son apprentissage est perçu comme un atout pour les échanges commerciaux et diplomatiques. Les instituts Confucius et les communautés chinoises à l'étranger jouent un rôle majeur dans la diffusion de la langue et de la culture chinoises à l'échelle mondiale.

Comment la langue et la culture chinoises contribuent-elles à la puissance de la Chine ?

1 Les instituts Confucius

Le regard d'une géographe

Les instituts Confucius, établissements culturels implantés depuis 2004 [...], visent à diffuser la langue et la culture chinoise dans le monde. Ils représentent le *soft power* chinois. [...] Pour Pékin, le pari est que plus les populations maîtriseront la langue et s'intéresseront à la culture chinoise, mieux seront comprises l'émergence de la Chine et ses politiques sur la scène internationale.

Selon le recensement de 2019, ils sont présents dans 154 pays, avec 548 instituts et 1 193 classes Confucius. 47 000 enseignants forment 2,67 millions d'apprenants. [...]

Outre les cours de langue, on y trouve des ateliers de cuisine, taï-chi, kung-fu, calligraphie ou cérémonie du thé. Le contenu politique est quasi inexistant, les points de tension géopolitiques sont évités. [...]

La Chine s'est inspirée du modèle des Alliances françaises, en adoptant une approche dépolitisée et universelle pour diffuser sa culture, à l'instar d'autres centres linguistiques nationaux. [...]

Nashidil Rouaï, « Instituts Confucius », glossaire de *Géoconfluences*, 2023.

lycee.nathan.fr/**25hggsp1re_152-1**

2 Les instituts Confucius, une arme de propagande

« Des avant-postes chinois au cœur de la France », *Investigations et Enquêtes*, 2022.

→ **Quels sont les objectifs des instituts Confucius ?**

Carte interactive

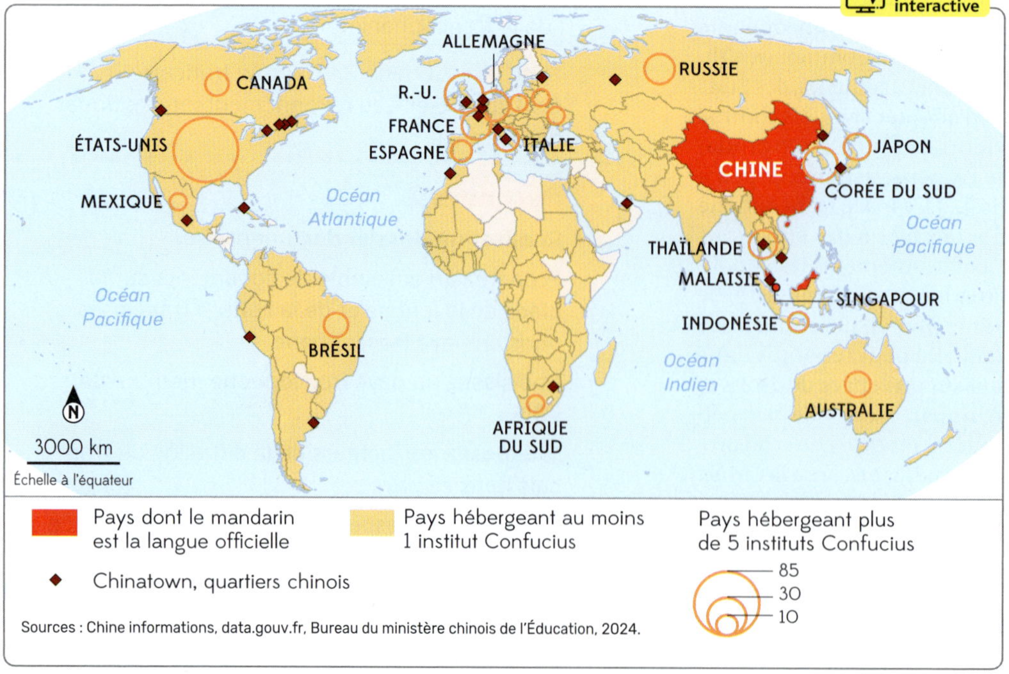

Sources : Chine informations, data.gouv.fr, Bureau du ministère chinois de l'Éducation, 2024.

3 La langue chinoise dans le monde

→ **Caractérisez la diffusion de la langue chinoise dans le monde.**

4 L'enseignement du chinois en Afrique

Au Cameroun, il est presque courant d'entendre des jeunes balbutier le mandarin dans les rues. [...]. Étudiant en deuxième année de chinois à l'université de Maroua, le jeune Bertrand aspire à être un enseignant de la langue chinoise après avoir obtenu sa licence. En revanche, l'apprentissage du mandarin pour Jackson, étudiant en 2e année à l'IC de Yaoundé, a pour but de lui permettre d'aller faire des affaires en Chine après sa formation à l'institut Confucius de Yaoundé. [...] Certes, la langue chinoise ouvre de nombreuses opportunités d'emplois, mais c'est la langue chinoise qui est promue et la culture chinoise est mise en exergue au détriment des langues maternelles camerounaises. [...] À bien regarder la société camerounaise, l'apprentissage de la langue chinoise favorise la migration des cerveaux vers la Chine à la recherche du « meilleur ». [...] La Chine a élaboré une « stratégie plus nuancée renforçant le concept de développement pacifique » grâce à des efforts tels que la création d'Instituts Confucius, l'expansion de la diffusion internationale de CCTV et l'augmentation de l'offre de professeurs de chinois. [...] Bien que le contenu et l'orientation des différentes chaînes de télévision en mandarin puissent différer, l'objectif sous-jacent est commun : atteindre un public non chinois, en lui offrant de la diversité et une perspective chinoise.

J. P. Badawe, « Les apprenants de la langue chinoise au Cameroun : Motivations, enjeux et défis », *Revue d'Études Sino-Africaines*, 2022.

Chiffres clés

- **2004 : 1er** institut Confucius en Corée du Sud.
- **2024 : 559** instituts Confucius et **1 172** classes Confucius dans **156** pays.
- **Nombre d'étudiants étrangers partis étudier en Chine : 229 459.**
- **Nombre d'apprenants du mandarin en France : 9 000** en **2005** ; **110 000** en **2022**.

Sources : data.gouv.fr, Campus France, Bureau du ministère chinois de l'éducation, 2024.

→ **Quels sont les enjeux du développement de l'enseignement du chinois en Afrique ?**

5 Des établissements critiqués

Mobilisation des opposants aux instituts Confucius devant l'institut Confucius du 13e arrondissement à Paris, le 21 octobre 2022.

→ **Pourquoi les instituts Confucius sont-ils critiqués ?**

Questions et activités

Parcours 1

À l'aide des documents, complétez le tableau suivant.

Le chinois, une langue en plein essor	
Les outils et les facteurs de diffusion du chinois dans le monde	
Le chinois, un atout du *soft power*	

Synthèse. Comment la langue et la culture chinoises contribuent-elles à la puissance de la Chine ?

Parcours 2

Réaliser une présentation numérique.

Pour illustrer la diffusion de la langue et de la culture chinoises dans le monde, préparez un diaporama. Variez les domaines : littérature, cinéma, nouvelles technologies, produit de consommation, loisirs, etc. Illustrez votre présentation par des documents pertinents : statistiques, cartes, articles de presse, photographies...

JALON 2
Cours

Toutes les ressources

lycee.nathan.fr/25hggsp1re_154

Les nouvelles technologies et leur contrôle, un enjeu de puissance

Pourquoi les nouvelles technologies sont-elles un enjeu de puissance ?

I Les nouvelles technologies connectent le monde

A La mise en connexion du monde par les géants du numérique

- **Les réseaux numériques connectent le monde entier.** Couvrant la majeure partie du monde, internet met en relation des milliards de personnes et devient un passage obligé pour communiquer. En 2024, le réseau social Facebook revendique 3 milliards d'utilisateurs mensuels actifs. Google contrôle plus de 90 % des recherches en ligne, illustrant la domination des GAFAM (Google, Apple, Facebook, Amazon, Microsoft) sur la connexion mondiale.

- **Les réseaux numériques transforment l'économie mondiale.** En 2024, les paiements numériques internationaux représentent plus de 7 800 milliards de dollars, avec une croissance annuelle supérieure à 10 %. Les GAFAM et BATX (Baidu, Alibaba, Tencent, Xiaomi), par leur contrôle des infrastructures numériques et des données, acquièrent une influence économique considérable, rivalisant parfois avec celle des États.

B Des changements considérables dans le rapport de force

- **Les nouvelles technologies entraînent de nombreux bouleversements géopolitiques.** L'évolution technologique rapide permet aux géants du numérique d'investir dans des domaines stratégiques comme l'**intelligence artificielle** ou l'espace, défiant la primauté traditionnelle des États dans ces secteurs. Leur influence s'étend au-delà de l'économie, affectant la politique et la société.

- **Les nouvelles technologies redéfinissent les rapports de force mondiaux.** Si elles ont permis d'accroître les échanges entre les individus et de diffuser des savoirs, elles soulèvent aussi des enjeux de souveraineté numérique. Les États cherchent à réguler l'influence croissante des GAFAM et BATX, comme l'illustrent les amendes records infligées par l'Union européenne à Google ou le renforcement de la régulation chinoise sur ses géants nationaux.

II De nouvelles formes de puissance

A L'émergence des géants du numérique

- **Les géants d'internet sont devenus très puissants.** Les principales firmes américaines du numérique (Google, Apple, Facebook (Meta), Amazon, Microsoft), font partie des plus importantes capitalisations boursières dans le monde. Google capte près de 90 % des recherches sur internet, Amazon règne sur la vente en ligne. Cette puissance économique leur confère une influence considérable, parfois supérieure à celle de certains États.

- **Les GAFAM sont aujourd'hui concurrencés par d'autres firmes tels les géants chinois du numérique.** Baidu, Alibaba, Tencent, Xiaomi ont une position hégémonique en Asie : Baidu, le « Google chinois », est le moteur de recherche le plus utilisé en Chine continentale. Cette concurrence entre géants américains et chinois reflète les tensions géopolitiques entre les deux **cyberpuissances**.

Vocabulaire

Hacker : personne s'introduisant frauduleusement dans un système ou un réseau informatique.

Intelligence artificielle : ensemble des théories et des techniques permettant à une machine de simuler et de se substituer à l'intelligence humaine.

Lanceur d'alerte : individu ou groupe d'individus se servant d'internet pour révéler des comportements illicites ou dangereux pouvant constituer une menace pour l'homme, l'économie, la société ou l'environnement, c'est-à-dire pour le bien commun.

Réseau : ensemble de lignes ou de relations permettant de connecter des lieux entre eux ainsi que les acteurs spatiaux (individus, entreprises, États...) qui y sont présents. Les réseaux permettent la circulation de flux (marchandises, informations, capitaux...) au moyen d'infrastructures matérielles (routes) ou immatérielles (lignes aériennes).

Notions

Cyberespace : nom donné à l'espace virtuel composé des réseaux numériques permettant l'interconnexion mondiale des ordinateurs.

Cyberpuissance : capacité d'un État ou d'une organisation à utiliser et à contrôler les technologies numériques pour atteindre des objectifs stratégiques, économiques, militaires ou sociaux.

B De nouveaux rapports de force internationaux

- **Les grandes puissances économiques et militaires sont engagées dans un rapport de force avec les géants du numérique.** Les États cherchent à réguler l'influence de ces acteurs, comme l'illustre l'ouverture en 2022 d'une ambassade de la « tech » par la Commission européenne à San Francisco pour renforcer ses relations avec les GAFAM. La capacité des États à maîtriser les nouvelles technologies devient un enjeu crucial de souveraineté.

- **L'ère de la cyberguerre a commencé.** Les nouvelles technologies permettent de mener une guerre à distance. Les drones de combat peuvent atteindre des territoires éloignés, comme lors de l'attaque dirigée depuis l'Iran vers Israël en avril 2024. Le **cyberterrorisme** permet à des États ou à des groupes terroristes de lancer des attaques numériques contre des États, des organisations internationales, des entreprises, des particuliers.

Notions

Cyberguerre : guerre menée à travers l'utilisation des réseaux numériques.

Cyberterrorisme : ensemble des attaques numériques menées au moyen de virus informatiques contre les systèmes informatiques des individus, des institutions et des États dans le but de les déstabiliser.

III Révolutions technologiques et enjeux du futur

A La lutte face aux excès des nouvelles technologies

- **L'évolution rapide des technologies soulève des enjeux de régulation.** Les recherches menées par les filiales de géants du numérique, comme DeepMind de Google sur l'intelligence artificielle ou OpenAI de Microsoft sur les chatbots avancés, posent des questions éthiques et réglementaires. Les États et organisations internationales cherchent à encadrer ces développements, illustrant les tensions entre innovation technologique et contrôle étatique.

- **Les résistances se développent face à la prolifération des nouvelles technologies.** Les craintes liées à la protection des données personnelles et à la surveillance de masse alimentent les critiques envers les géants du numérique. Des initiatives comme « Delete Facebook » encouragent les utilisateurs à quitter les réseaux sociaux, tandis que des organisations comme l'*European Digital Rights* luttent pour la défense des droits numériques en Europe.

B Une remise en cause des fondements démocratiques

- **Les pouvoirs classiques peuvent être remis en cause.** En 2024, l'Indonésie a connu une attaque informatique majeure rendant inaccessibles les systèmes de 210 institutions gouvernementales. La lutte contre les **hackers** cherchant à déstabiliser des processus démocratiques est un enjeu fondamental. Les **lanceurs d'alerte** peuvent révéler des scandales d'État par l'intermédiaire d'internet. Wikileaks a réussi à révéler au monde entier des secrets d'État malgré la toute-puissance des États-Unis.

- **Face à ces défis, les États cherchent à renforcer leur contrôle sur le cyberespace.** Certains, comme la Chine, utilisent les nouvelles technologies pour surveiller leurs citoyens, illustrant les tensions entre sécurité nationale et libertés individuelles. D'autres, comme l'Union européenne, tentent de réguler les géants du numérique avec des législations comme le *Digital Services Act,* montrant la volonté des États de réaffirmer leur autorité face à la puissance croissante des GAFAM et BATX.

Fiches de lecture

Asma Mhalla, *Technopolitique : Comment la technologie fait de nous des soldats,* Seuil, 2024

Intelligence artificielle, réseaux sociaux, implants cérébraux, satellites, métavers… Le choc technologique sera l'un des enjeux clés du XXIe siècle.

Julie Martinez, *IA et fake news, Sommes-nous condamnés à la désinformation ?* France Positive, 2024

« Si les fake news alimentées par l'IA ne sont pas responsables, à elles seules, de la crise que connaît notre démocratie, elles pourraient bien être l'arme qui lui porte un coup fatal. »

Pour aller + loin

« Les GAFAM, une histoire américaine », *Questions internationales*, La Documentation française, n° 109, septembre-octobre 2021.
Les GAFAM règnent sur l'économie numérique avec un pouvoir dépassant celui des États, soulevant des critiques sur leurs monopoles et l'usage des données.

« Le B.A.-BA de l'intelligence artificielle », *Le Dessous des cartes, une leçon de géopolitique*, 2023.
Émission qui explore les applications globales de l'IA, ses enjeux géopolitiques, économiques et éthiques, ainsi que les rivalités entre puissances.

« Chine - États-Unis : la guerre technologique fait rage », *Un monde connecté*, France Culture, 29 mars 2024.
La rivalité USA-Chine s'illustre via Tik Tok : les États-Unis redoutent de perdre leur leadership face à une Chine montante, notamment dans les semi-conducteurs.

Toutes les ressources

lycee.nathan.fr/25hggsp1re_156

La puissance des géants du numérique

Dominés par les GAFAM américaines (Google, Apple, Facebook, Amazon, Microsoft) et les BATX chinoises (Baidu, Alibaba, Tencent, Xiaomi), les géants du numérique sont des firmes transnationales très puissantes, plus riches que certains États et grandes métropoles. Elles fixent les normes technologiques et commerciales, dominent les marchés mondiaux et sont omniprésentes dans le quotidien des entreprises et des individus.

Quels sont les enjeux liés à la montée en puissance des géants du numérique ?

1 Des revenus en forte croissance

Évolution du chiffre d'affaires des géants du numérique (2008-2023), Chiffre d'affaires en milliards de $

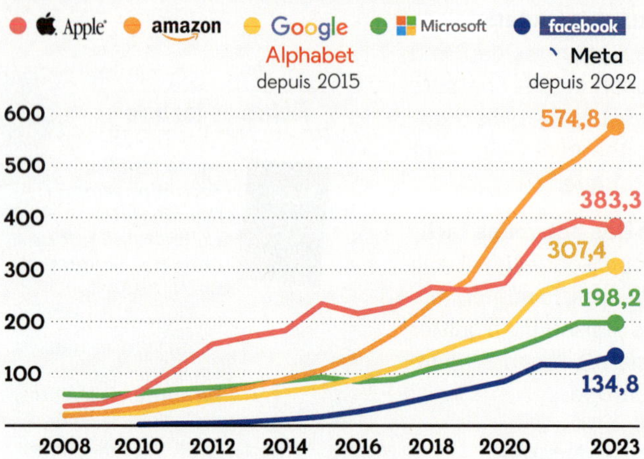

Note : le chiffre d'affaires représente les revenus générés par une entreprise à partir de la vente de ses produits ou services.

Source : Statista Research Department, 2024.

→ **Comment se manifeste la puissance des géants du numérique ?**

2 « La pieuvre américaine »

Osmani Simanca, *American Octopus*, Brésil, 2024.

→ **Comment le dessinateur montre-t-il la puissance des firmes américaines ?**

3 La souveraineté numérique

Le regard d'une géopoliticienne

Très peu usités aux États-Unis, le terme de « souveraineté numérique » et ses autres proches concepts (« souveraineté technologique », « souveraineté des réseaux », « Internet souverain ») sont devenus des mots-clés dans les discours et stratégies nationales à travers le monde. À partir de la fin des années 1990, cette notion est promue d'abord par la Chine puis par la Russie comme une critique de l'hégémonie numérique américaine [...]. La souveraineté numérique européenne est comprise ici comme « la capacité de l'Europe à agir de façon indépendante dans le monde numérique ». Cet objectif justifie un grand nombre de politiques « protectrices » et « offensives » aux objectifs variés : protéger les données des Européens, sécuriser les infrastructures de communication, stimuler l'innovation technologique, lutter contre la désinformation en ligne, limiter les risques liés aux nouvelles technologies, lutter contre les pratiques monopolistiques dans le numérique... Bien que différant des définitions explicitement anti-américaines promues par les régimes autoritaires russe et chinois, la souveraineté numérique européenne s'est historiquement construite à partir de préoccupations (en particulier françaises et allemandes) quant à la domination économique des grands groupes américains et à l'accès d'entreprises et autorités américaines aux données des Européens.

Mathilde Velliet, « Souveraineté numérique : politiques européennes, dilemmes américains », *Notes de l'IFRI*, IFRI, janvier 2023.

→ **Pourquoi la souveraineté numérique est-elle un enjeu face à la montée en puissance des géants du numérique ?**

lycee.nathan.fr/25hggsp1re_157

4 Les datacenters, des infrastructures essentielles

C'est quoi un datacenter ?, Franceinfo, 17 mai 2024.

→ **Quels sont les enjeux liés aux infrastructures du secteur numérique ?**

5 Le contrôle du réseau de câbles sous-marins

Grâce aux câbles de fibre optique sous-marins, Google, Facebook, Amazon et Microsoft dominent l'accès au Web. [...] Depuis *Unity*, premier câble transpacifique dans lequel il a embarqué, en 2011, Alphabet a construit ou mis en projet vingt et une autres lignes, soit cinq de plus que Meta. [...] ASN[1] estime que 70 % des projets mondiaux actuels, notamment transpacifiques et transatlantiques, sont supportés par Google, Facebook et Cie. [...] Soucieux du bon transport de leurs données jusqu'à l'utilisateur final, ces deux géants de l'internet veulent maîtriser leurs infrastructures. [...]

Leurs moyens financiers sont immenses. [...] Posséder ses propres câbles, c'est aussi l'assurance pour ces géants de gérer au mieux le trafic entre leurs centres de données répartis dans le monde et de pouvoir répondre à l'explosion des échanges d'information sur internet. [...] Sans les câbles sous-marins, les GAFAM n'auraient pas pu prendre le contrôle de l'internet mondial comme ils l'ont fait.

Olivier Pinaud, « Les GAFAM mettent la main sur les câbles sous-marins pour mieux contrôler internet », *Le Monde*, 1er janvier 2023.

1. Le groupe français Alcatel Submarine Networks (ASN) est le premier fabricant européen de câbles sous-marins de fibre optique.

→ **Pourquoi les géants du numérique investissent-ils massivement dans les câbles sous-marins ?**

6 Développement de l'intelligence artificielle : le retour des États ?

Courrier international, 6 février 2025.

Questions et activités

Parcours 1

1. Quels sont les aspects de la puissance des géants du numérique ? (doc. 1, 2 et 3)

2. À quelles problématiques les États sont-ils confrontés face à ces firmes ? (doc. 3 et 6)

3. Quelles sont les conséquences territoriales et environnementales de la montée en puissance de ces firmes ? (doc. 4 et 5)

Synthèse. Quels sont les enjeux liés à la montée en puissance des géants du numérique ?

Parcours 2

Réaliser un diaporama.

- Décrivez les activités d'un géant du numérique, ses ressources financières, sa puissance, mais aussi ses limites et les critiques à son encontre.
- Pour cela, créez une diapositive par thème abordé. Illustrez chaque diapositive avec un document pertinent : statistiques, cartes, photographies, extraits d'article...

Points de vue

Toutes les ressources

lycee.nathan.fr/25hggsp1re_158

Les géants du numérique sont-ils plus puissants que les États ?

1 Les plateformes numériques face à la justice des États

Deux fortes têtes de l'univers des plateformes numériques, Elon Musk et Pavel Durov, viennent de s'incliner devant des régulateurs d'États démocratiques à l'issue de procédures judiciaires distinctes mais révélatrices d'une nouvelle dynamique.

Au Brésil, la Cour suprême a levé la suspension des activités du réseau social X, ex-Twitter, après avoir obtenu d'Elon Musk qu'il s'acquitte d'une amende de 5 millions d'euros et bloque les comptes accusés de désinformation. [...] La Cour suprême avait décidé de bloquer la totalité du réseau social au Brésil.

En France, Telegram accepte désormais de coopérer avec les autorités judiciaires, après l'arrestation de son fondateur Pavel Durov. Mis en examen pour douze infractions liées à la quasi-absence de coopération avec la justice, il a été placé sous contrôle judiciaire avec interdiction de quitter le territoire français, après avoir versé une caution de 5 millions d'euros.

[...] Telegram répond désormais aux réquisitions judiciaires et accepte de dévoiler les adresses IP et numéros de téléphone des utilisateurs qui enfreignent la loi. L'application a mis en place un filtrage de son moteur de recherche interne [...].

Ces volte-face montrent que, loin d'être une zone de non-droit, internet peut se plier aux règles dès lors qu'on veut se donner les moyens de les faire respecter. [...] Courtisés et longtemps protégés en raison de leur puissance, ces « hommes forts » du numérique sont finalement amenés à respecter la loi par de « petits juges ». C'est le début d'un nécessaire rééquilibrage.

« Elon Musk, Pavel Durov et les « petits juges » », *Le Monde*, 10 octobre 2024.

2 Le G7 face aux géants du numérique

Le G7 est un groupe de discussion formé par les dirigeants des sept économies parmi les plus avancées du monde : l'Allemagne, le Canada, les États-Unis, la France, l'Italie, le Japon, le Royaume-Uni et l'Union européenne.

« – Donc... vous voulez que je paie plus de taxes... – Non... seulement... 15 % de taux d'imposition. » G7 vs big tech companies

3 L'Union européenne sanctionne le non-respect du RGPD

Le règlement général de protection des données (RGPD) est un texte réglementaire européen qui encadre le traitement des données personnelles sur tout le territoire de l'Union européenne. Entré en application le 25 mai 2018, il vise à protéger la vie privée des citoyens européens.

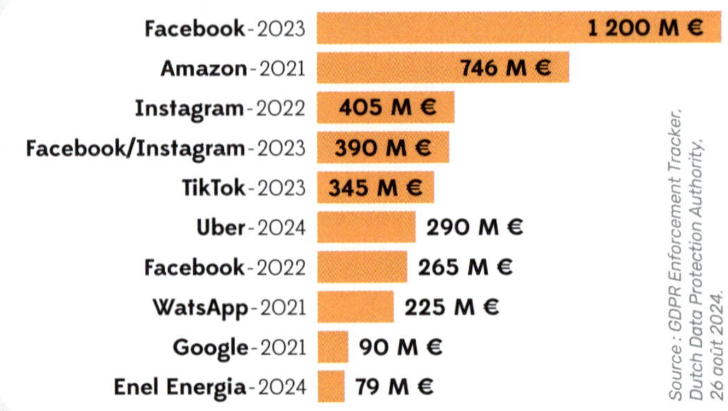

Source : GDPR Enforcement Tracker, Dutch Data Protection Authority, 26 août 2024.

Le regard d'une géopoliticienne

lycee.nathan.fr/25hggsp1re_159

4 Les plateformes et l'IA, plus puissantes que les États ?

« Asma Mhalla revient sur les enjeux entourant l'intelligence artificielle », *Télé Matin*, 29 février 2024.

Asma Mhalla est chercheuse en enjeux politiques et géopolitiques de la tech, elle est l'autrice de l'essai *Technopolitique, comment la technologie fait de nous des soldats* (2024), sur ce sujet.

5 La méthode chinoise pour « réguler » les géants de la tech

Ni Uber ni Twitter ni Facebook n'ont été soumis au même régime (autocratique) que le chinois DiDi Global ! La Big Tech américaine n'est pas sous le joug d'un État totalitaire et d'un parti unique omnipotent, seulement sous l'œil du Congrès.

Le géant chinois du VTC a annoncé avoir reçu le feu vert de son régulateur pour le téléchargement de ses vingt-cinq applications interdites en Chine. […] « Notre société a soigneusement coopéré avec l'examen de la cybersécurité du pays, a sérieusement traité les problèmes de sécurité et a effectué des rectifications complètes pendant plus d'un an. »

[…] Pékin lui avait infligé une amende de 1,2 milliard de dollars et l'avait obligé à quitter la Bourse de New York, faisant plonger les valeurs technologiques chinoises à Wall Street.

Pour ce secteur, tout avait commencé fin 2020, quand Ant Group avait dû arrêter son introduction en bourse. Les géants de la tech ont été mis au pas les uns après les autres pour divers motifs : menace sur la sécurité nationale, possession de plus de données que l'État lui-même sur la population, comportement monopolistique […]. Une manière pour l'État-parti de reprendre un contrôle qui lui échappait.

La donne a changé depuis l'arrêt de la politique zéro Covid. […] Si Xi Jinping fait toujours primer la stabilité politique et le contrôle du 1,4 milliard de Chinois, il doit redonner confiance aux entrepreneurs privés, particulièrement à ceux du secteur technologique, s'il veut atteindre son objectif de 6,5 % de croissance cette année.

Jean-Michel Bezat, « En Chine, la purge exercée sur Didi, Alibaba, Tencent ou JD.com semble achevée », *Le Monde*, 17 janvier 2023.

6 Le poids économique des géants de la tech

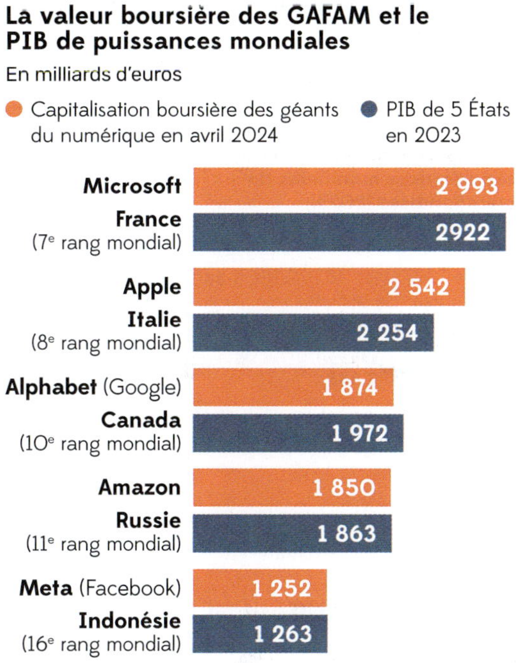

Construire son point de vue

1. Quel est votre point de vue ?

Préparer les arguments pour le débat

- Déterminez le point de vue que vous souhaitez défendre :
  Les géants du numérique sont plus puissants que les États
  Les géants du numérique ne sont pas plus puissants que les États
- Prélevez, dans chaque document, les arguments et les exemples correspondant au point de vue que vous souhaitez défendre ; notez-les dans un tableau.
- Vous pouvez effectuer des recherches complémentaires pour compléter vos arguments.

2. Participer au débat ORAL

- Présentez vos arguments en les appuyant sur des exemples précis issus des documents et de vos recherches éventuelles.
- Pendant le débat, écoutez et notez les arguments opposés afin de pouvoir y répondre.

3. Conclure le débat ORAL

- À la suite du débat, exprimez votre point de vue personnel et argumenté sur la puissance des géants du numérique face aux États.

JALON 3
Cours

Toutes les ressources
lycee.nathan.fr/25hggsp1re_160

Les 5 premières puissances exportatrices mondiales de marchandises (2023), en milliards de dollars

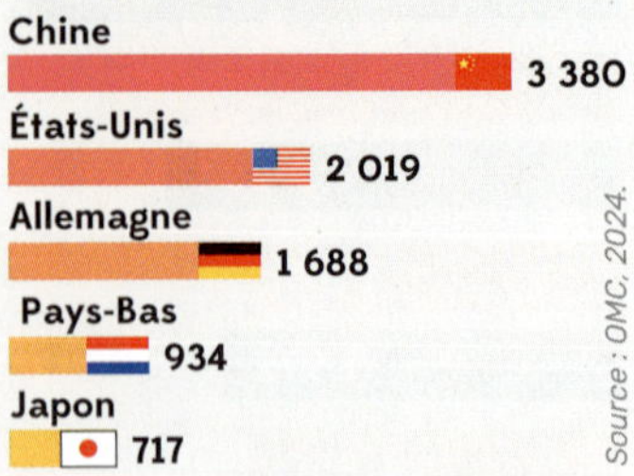

Les 5 principaux ports mondiaux (2022), en millions de tonnes

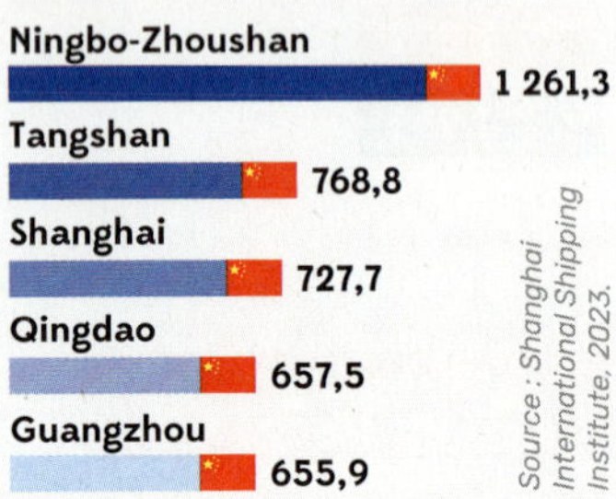

Vocabulaire

Conteneurisation : standardisation du transport de marchandises grâce à l'utilisation de conteneurs aux dimensions normalisées, facilitant le transport multimodal.

Flux : déplacement d'une quantité (de marchandises, de personnes, de données, de capitaux…) entre deux points.

Hub : point de connexion majeur dans un réseau de transport où se croisent et se redistribuent les flux.

Logistique : organisation et gestion des flux de marchandises, de leur point de départ jusqu'à leur destination finale.

Nouvelles routes de la Soie : officiellement Belt and Road Initiative ou « projet ceinture et route », concept lancé par Xi Jinping en 2013 reposant sur la construction d'un ensemble de voies de communication entre l'Europe et la Chine, regroupées en deux axes principaux, l'un terrestre et l'autre maritime.

Les « nouvelles routes de la Soie » ou la maîtrise des voies de communication

Pourquoi la maîtrise des voies de communication constitue-t-elle un attribut de la puissance ?

I Un monde structuré par les voies de communication

A Des voies de communication inscrites dans le temps long

- **Les voies de communication sont variées et nombreuses.** Au fil des siècles, routes, voies d'eau, chemins de fer et liaisons aériennes ont favorisé les déplacements. Les **réseaux**, d'inégale densité, sont très étendus : 40 millions de kilomètres de routes et plus d'1 million de kilomètres de voies ferrées dans le monde.

- **Le développement des voies est souvent associé à un type de marchandise :** routes de l'étain (vallée du Rhône) ou de l'encens (péninsule Arabique) dans l'Antiquité, du thé (Chine), des épices (Asie du Sud-Est) ou du sel (Afrique) au Moyen Âge, du pétrole aujourd'hui à partir du golfe Arabo-Persique. Les anciennes routes de la Soie s'inscrivent dans cette longue histoire des échanges entre l'Asie et l'Europe.

B Des voies entre vitesse et aménagement

- **Les voies de communication ont été fortement aménagées.** Les autoroutes ont supplanté les routes au XXe siècle. Les ponts (archipel japonais) et les tunnels (Manche, Mont-Blanc) ont permis de s'affranchir des contraintes naturelles. Les grands canaux (Suez, Panama) facilitent le commerce entre les aires océaniques. Les ports, lignes ferroviaires et aéroports complètent ces infrastructures.

- **Des révolutions techniques ont rendu les transports plus efficaces :** la voile latine et le gouvernail dans l'Antiquité, la caravelle au XVIe siècle, les navires à vapeur au XIXe siècle, la **conteneurisation** après la seconde guerre mondiale ont contribué à la maîtrise des routes océaniques. Le projet des « **nouvelles routes de la Soie** », lancé par la Chine en 2013, s'inscrit dans cette dynamique d'amélioration des infrastructures de transport à l'échelle mondiale.

II Les enjeux de la maîtrise des voies de communication

A Une maîtrise au service de la puissance des États

- **Les grandes puissances commerciales s'établissent sur la maîtrise des voies de communication.** De Carthage à la Grande-Bretagne, en passant par Venise, les États ont rayonné en contrôlant les voies maritimes, fluviales et terrestres. Aujourd'hui, cette maîtrise constitue un outil de ***soft power*** pour les grandes puissances dans la **mondialisation**.

- **La Chine est aujourd'hui la première puissance commerciale mondiale.** En 2023, elle était le premier exportateur de marchandises (15 % des exportations mondiales). Depuis les années 1980, son ouverture s'est appuyée sur la modernisation de ses infrastructures portuaires et de transport intérieur. Les « nouvelles routes de la Soie » ont permis d'établir des partenariats économiques et de faciliter l'accès des entreprises chinoises aux marchés étrangers.

B Des enjeux stratégiques majeurs pour les États

- **Les voies de communication sont des enjeux stratégiques majeurs.** Les États investissent dans les infrastructures et en sont parfois gestionnaires (aéroports de Paris). Les routes de l'énergie (oléoducs, lignes à haute tension, routes maritimes) sont également déterminantes dans l'affirmation des puissances.

- **Le projet chinois vise à développer des infrastructures reliant la Chine à l'Europe, l'Afrique et l'Amérique du Sud.** Les objectifs sont de sécuriser les approvisionnements et d'intensifier les exportations chinoises. Ce projet intègre également un volet numérique qui vise à favoriser la connectivité d'internet et l'accès à des technologies avancées dans les pays partenaires. S'appuyant sur d'importants investissements dans les pays traversés (routes, voies ferrées, ports, oléoducs), il permet à la Chine d'étendre son influence mondiale, s'inscrivant dans sa stratégie d'affirmation comme grande puissance du XXIe siècle.

Notions

Mondialisation : processus d'intensification des échanges et d'interconnexion croissante entre les différentes parties du monde.

Réseau : ensemble de lignes ou de voies de communication interconnectées permettant la circulation des personnes, des marchandises, des informations.

Soft power : « Puissance douce », terme qui désigne la capacité d'attraction et de séduction qu'un État exerce par le biais de son modèle culturel, de ses valeurs, de son idéologie ou d'institutions internationales.

III Les défis et limites de la maîtrise des voies de communication

A Des acteurs multiples et des vulnérabilités

- **Les entreprises sont des acteurs majeurs de cette maîtrise.** Avec la mondialisation, certains acteurs privés se sont affirmés : armateurs (CMA-CGM), entreprises de **logistique** (DHL, Sinotrans), compagnies aériennes (Delta Airlines, Emirates). La gestion des réseaux et des **hubs** (gares, aéroports, ports) est déterminante dans l'établissement de leur puissance.

- **Pour les « nouvelles routes de la Soie »,** la Chine compose avec de nombreux acteurs privés et publics (China Communications Construction Company, Banque asiatique d'investissement). La gestion et le financement des infrastructures impliquent des négociations complexes avec les États partenaires. La Chine fait face à la concurrence d'autres puissances comme la Russie ou l'Inde, qui développent leurs propres projets régionaux. Cette multiplicité d'acteurs peut freiner ou compliquer la réalisation du projet chinois.

B Des défis environnementaux et géopolitiques

- **Les voies de communication sont vulnérables.** Les tensions géopolitiques (Moyen-Orient) et la piraterie peuvent perturber les échanges maritimes dans les détroits (Ormuz, Malacca). Les accidents (échouage de navire, accidents nucléaires comme à Fukushima en 2011) peuvent ralentir les **flux**. Les phénomènes climatiques violents (cyclones) peuvent détruire des infrastructures de transport (ports).

- **Le projet chinois soulève des inquiétudes.** Les principaux itinéraires traversent des écosystèmes très fragiles d'Asie centrale. Géopolitiquement, certains pays craignent une dépendance économique envers la Chine. D'autres puissances, comme les États-Unis, voient d'un mauvais œil l'extension de l'influence chinoise. Ces tensions peuvent limiter l'efficacité du projet comme outil de *soft power* pour la Chine.

Fiches de lecture

Peter Frankopan, *Les nouvelles routes de la soie : L'émergence d'un nouveau monde*, Flammarion, 2020.
Il fut un temps où tous les chemins menaient à Rome… Aujourd'hui, ils mènent à Pékin. Quelles seront les répercussions de ce grand basculement des centres de pouvoir ?

F. Lasserre, É. Mottet, B. Courmont (dir.), *À la croisée des nouvelles routes de la Soie*, Presses de l'Université du Québec, 2022.
Analyse des formes que prennent les « nouvelles routes de la Soie », les succès, les échecs et les frictions qu'elles rencontrent.

Pour aller + loin

Forum international des transports.
Cette organisation, regroupant 66 pays membres, est la principale instance internationale de dialogue sur la politique des transports.

« Nouvelles routes de la Soie : la ville de Boten, terminus du nouveau TGV et enclave chinoise au Laos », *France 24*, septembre 2024.
Le Laos inaugure un TGV reliant sa capitale à la Chine, symbole des « nouvelles routes de la Soie ». Un désenclavement qui cache une forte dépendance à Pékin.

Observatoire français des nouvelles routes de la Soie.
Veille stratégique, analyses et publications sur les « nouvelles routes de la Soie ».

JALON 3
Étude

Toutes les ressources

lycee.nathan.fr/25hggsp1re_162

La maîtrise des voies de communication : les « nouvelles routes de la Soie »

Les grandes puissances commerciales s'affirment en contrôlant les voies de communication terrestres et maritimes. Aujourd'hui, la Chine, premier exportateur mondial de marchandises, s'inscrit dans cette tradition avec son projet de « nouvelles routes de la Soie », axe stratégique essentiel pour la sécurisation de ses échanges.

En quoi ce projet contribue-t-il à affirmer le statut de puissance de la Chine à l'échelle mondiale ?

1 Quels sont les objectifs chinois ?

Le concept de « nouvelles routes de la Soie » a été lancé en septembre 2013 [par] Xi Jinping qui venait d'accéder au poste de président de la République populaire de Chine [...]

Aujourd'hui, vu de Pékin, il s'agit de mettre à jour et de prolonger les liaisons commerciales que la Chine a établies depuis 2013 en y associant progressivement 126 pays et 29 organisations internationales. Le programme chinois de coopération comporte trois axes : le développement économique, des infrastructures maritimes et terrestres, et le numérique. Des ports, voies ferrées, aéroports, routes, zones industrielles et réseaux numériques incluant la 5G ont été réalisés sur tous les continents grâce à des prêts chinois. Autant de domaines qui permettent à la Chine de se positionner en alliée des pays émergents, d'y développer son influence et d'inquiéter les pays occidentaux. [...] Toutes ces grandes infrastructures offrent des débouchés aux entreprises chinoises en même temps qu'elles augmentent les dettes à l'égard de la Chine des pays où elles ont été construites le plus souvent par une main-d'œuvre chinoise. [...]

D'autres destinations sont désormais privilégiées par les autorités chinoises, et particulièrement en Amérique latine. [...] Une des intentions de la Chine est d'imposer sa présence économique sur un continent jusqu'ici dominé par les États-Unis.

Richard Arzt, « Pour son salut économique, la Chine mise tout sur les "nouvelles routes de la Soie" », *Slate*, 26 octobre 2023.

→ **Quels sont les objectifs des « nouvelles routes de la Soie » ?**

2 Le projet des « nouvelles routes de la Soie »

« La plus étrange singularité de l'histoire mondiale »
Sur le panneau : « Route de la Soie »
Marian Kamensky, Autriche, 2019.

→ **Comment le dessinateur montre-t-il l'ambition de ce projet ?**

3 Les routes de la Soie entre la Chine et le Kazakhstan : le port sec de Khorgos

Un port sec est un terminal terrestre de transbordement de marchandises en liaison directe avec un port maritime.

→ **Comment se matérialisent les « nouvelles routes de la Soie » ?**

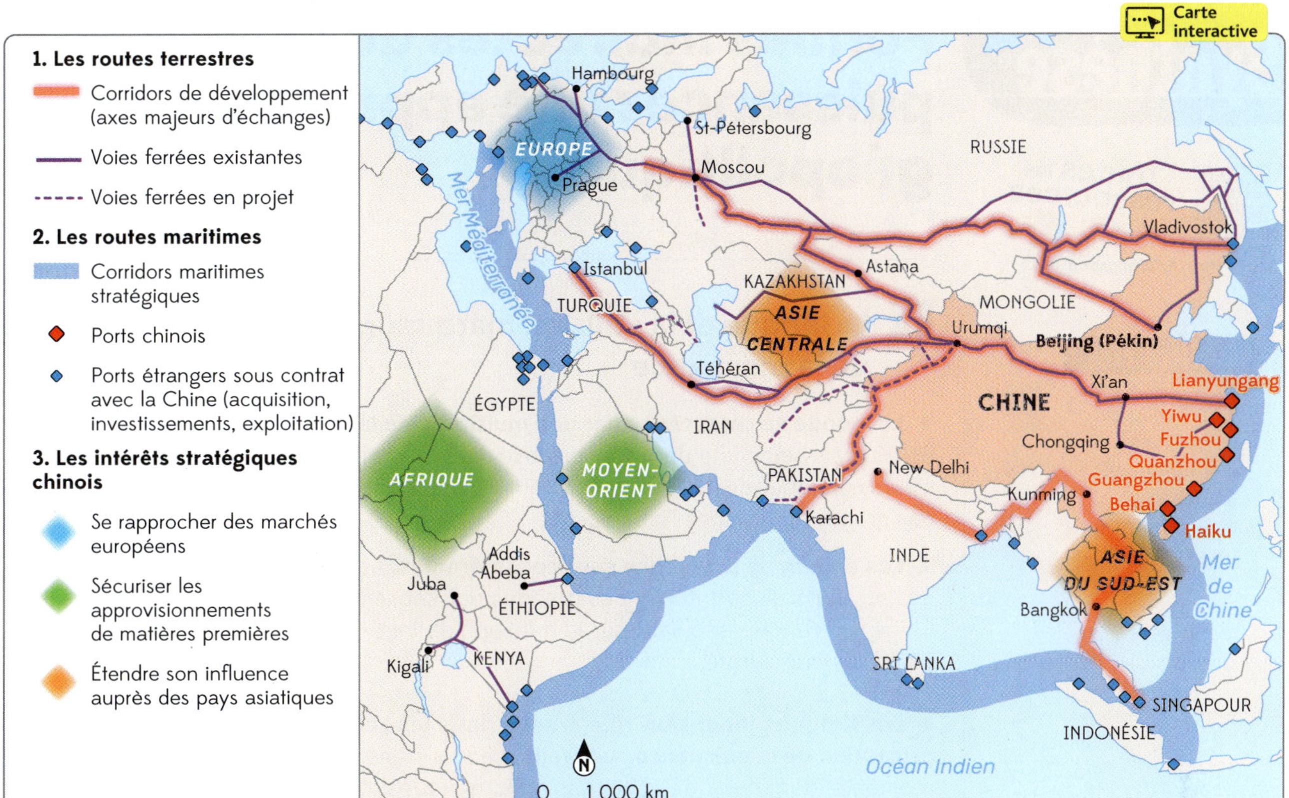

Source : Géoconfluences, 2024.

4 Géographie des « nouvelles routes de la Soie »

→ **Quelles sont les régions concernées par les « nouvelles routes de la Soie » ? Pour quelles raisons ?**

lycee.nathan.fr/**25hggsp1re_163**

5 Premier bilan

10 ans après le lancement des « nouvelles routes de la Soie », 1 000 milliards de dollars ont été investis dans 150 pays. Malgré des déceptions, Pékin reste incontournable pour financer les infrastructures.

« Les nouvelles routes de la soie, un échec pour la Chine ? », *Les Echos*, 27 octobre 2023.

→ **Pourquoi le bilan des « nouvelles routes de la Soie » est-il contrasté ?**

Questions et activités

Parcours 1

1. Quels sont les différents types de réseaux et d'infrastructures formant les « nouvelles routes de la Soie » ? doc. 1, 3 et 4

2. Montrez que les « nouvelles routes de la Soie » sont un projet à l'échelle mondiale. doc. 1, 2, 3 et 4

3. Quelles sont les forces et les faiblesses de ce projet ? doc. 1 et 5

Synthèse. Comment le projet des « nouvelles routes de la Soie » contribue-t-il à affirmer le statut de puissance de la Chine à l'échelle mondiale ?

Parcours 2

Préparer un exposé.

À l'oral, présentez une infrastructure (maritime, terrestre ou numérique) des routes de la Soie : objectifs commerciaux, diplomatiques, investissements financiers, main-d'œuvre, difficultés ou contestations éventuelles…

AXE 2

Synthèse

Formes indirectes de la puissance : une approche géopolitique

Toutes les ressources

lycee.nathan.fr/**25hggsp1re_164**

Chiffres clés

1,45 milliard de locuteurs anglophones

3 milliards d'utilisateurs du réseau Facebook

I La langue et la culture, marqueurs et outils de la puissance

- **Le monde se caractérise par une multitude de langues.** On en compte environ 6 000 mais seule une douzaine dispose d'un rayonnement international avec plusieurs centaines de millions de locuteurs. Elles ont été des vecteurs de l'affirmation des grandes puissances coloniales.

- **Les enjeux de puissance sont considérables.** Les langues et les cultures sont des attributs du *soft power* des grandes puissances mondiales. Les États-Unis, la Chine, la France s'appuient sur la diffusion de leur langue dans le monde afin de véhiculer leur culture.

Jalon 1 – L'enjeu de la langue : anglais et français dans les relations internationales, francophonie, instituts Confucius... **p. 146**

- **Les langues jouent un rôle crucial dans les relations internationales et la projection de la puissance culturelle.** L'anglais s'est imposé comme *lingua franca* mondiale, dominant les échanges diplomatiques, économiques et scientifiques. Cette prédominance renforce l'influence des pays anglophones, en particulier les États-Unis et le Royaume-Uni. Le français, bien que moins répandu, conserve une place importante, notamment grâce à la Francophonie qui regroupe 88 États et gouvernements. Cette organisation promeut non seulement la langue française mais aussi des valeurs culturelles et politiques communes. Parallèlement, la Chine développe son influence linguistique et culturelle à travers les instituts Confucius, présents dans de nombreux pays. Ces différentes stratégies linguistiques illustrent l'importance de la langue comme outil de *soft power* et d'influence géopolitique.

II Les nouvelles technologies et leur contrôle, un enjeu de puissance

- **Les nouvelles technologies bouleversent le monde.** Elles concernent de nombreux champs d'application du quotidien des individus : information, culture, communication, etc. Elles contribuent à l'amélioration du genre humain (biotechnologies, nanotechnologies...) mais s'appliquent également à des domaines plus stratégiques (cyberguerre, cyberterrorisme...).

- **Le contrôle des nouvelles technologies permet l'émergence de nouvelles formes de puissance.** Certains géants du numérique disposent d'une capitalisation boursière plus élevée que le PIB de nombreux États. Ces derniers s'appuient sur l'innovation et la recherche-développement afin d'affirmer leur puissance dans les domaines économiques, militaires, culturels, sanitaires... Les résistances face à l'omniprésence des nouvelles technologies se multiplient (lanceurs d'alerte).

Jalon 2 – Les nouvelles technologies : puissance des géants du numérique (GAFAM, BATX...), impuissance des États et des organisations internationales ? **p. 154**

- **Les géants du numérique**, tels que les GAFAM (Google, Apple, Facebook, Amazon, Microsoft) aux États-Unis et les BATX (Baidu, Alibaba, Tencent, Xiaomi) en Chine, sont devenus des acteurs majeurs de l'économie mondiale. Leur influence s'étend au-delà du domaine numérique et touche la politique, la société et la culture. Leur puissance économique, leur capacité d'innovation et leur contrôle des données soulèvent des questions sur la régulation, la protection de la vie privée et la souveraineté numérique des États. Ces entreprises jouent un rôle crucial dans la compétition technologique entre grandes puissances, notamment entre les États-Unis et la Chine, redéfinissant les équilibres géopolitiques traditionnels.

Dates clés

2004 : création du réseau Facebook
2004 : création du 1er institut Confucius
2005 : création de l'Organisation internationale de la Francophonie
2013 : projet des « nouvelles routes de la Soie ».

III La maîtrise des voies de communication

- **La maîtrise des voies de communication est au service de la puissance.** Au fil des siècles, les grandes puissances se sont établies grâce au contrôle des voies de communication. Les infrastructures ont été aménagées à des fins stratégiques et commerciales. Les progrès techniques ont contribué à intensifier les échanges et à multiplier les acteurs des réseaux marchands.

- **Les enjeux géopolitiques au XXIe siècle sont considérables.** Les investissements se multiplient (ports, autoroutes, réseaux numériques...). Le changement climatique permet l'ouverture de routes maritimes dans l'océan Arctique. La Chine ambitionne de mettre le monde en réseau et d'affirmer son statut de première puissance commerciale planétaire.

Jalon 3 - Les « nouvelles routes de la Soie » ou la maîtrise des voies de communication **p. 160**

- **L'initiative chinoise des « nouvelles routes de la Soie » (*Belt and Road Initiative*)** vise à créer un vaste réseau d'infrastructures terrestres et maritimes reliant l'Europe, l'Afrique et l'Amérique du Sud. Ce projet géopolitique et économique majeur illustre l'ambition de la Chine de renforcer son influence mondiale. Il comprend la construction de ports, de chemins de fer, de routes et d'oléoducs, ainsi que des investissements dans le numérique. Ce projet soulève des questions sur les relations internationales, le développement économique, la dette des pays participants et l'équilibre des puissances à l'échelle globale. Il représente un défi pour les autres puissances, notamment les États-Unis et l'Union européenne, qui doivent repenser leurs stratégies d'influence et d'engagement économique dans les régions concernées.

- **Ces formes indirectes de la puissance redéfinissent les dynamiques géopolitiques du XXIe siècle.** La maîtrise des langues, le contrôle des technologies numériques et la création de nouvelles voies de communication sont autant d'outils permettant aux États et aux acteurs non étatiques d'exercer une influence considérable sur la scène mondiale, complétant et parfois surpassant les formes traditionnelles de puissance.

Stratégie d'influence, une autre forme de puissance

Soft power

Langue

La langue, marqueur et outil de la puissance

- Langue maternelle
- Aire linguistique
- Langue internationale
- Diffusion
- Organisation internationale (OIF, Unesco)

Culture

La culture, marqueur et outil de la puissance

- Aire culturelle
- Diaspora
- Littérature, cinéma
- Diffusion
- Instituts (Confucius...)
- Mode de vie
- Aide internationale

Technologie

Les nouvelles technologies et leur contrôle : un enjeu de puissance

- Médias
- Réseaux numériques
- Géants du numérique
- Recherche-Développement
- Intelligence artificielle
- Cyberespace

Commerce

La maîtrise des voies de communication

- Voies de communication
- Réseaux marchands
- Hub
- Flux
- Mondialisation

Réviser avec...
1 carte et 2 schémas

Toutes les ressources

lycee.nathan.fr/25hggsp1re_166

1 Les formes indirectes de la puissance

Carte interactive

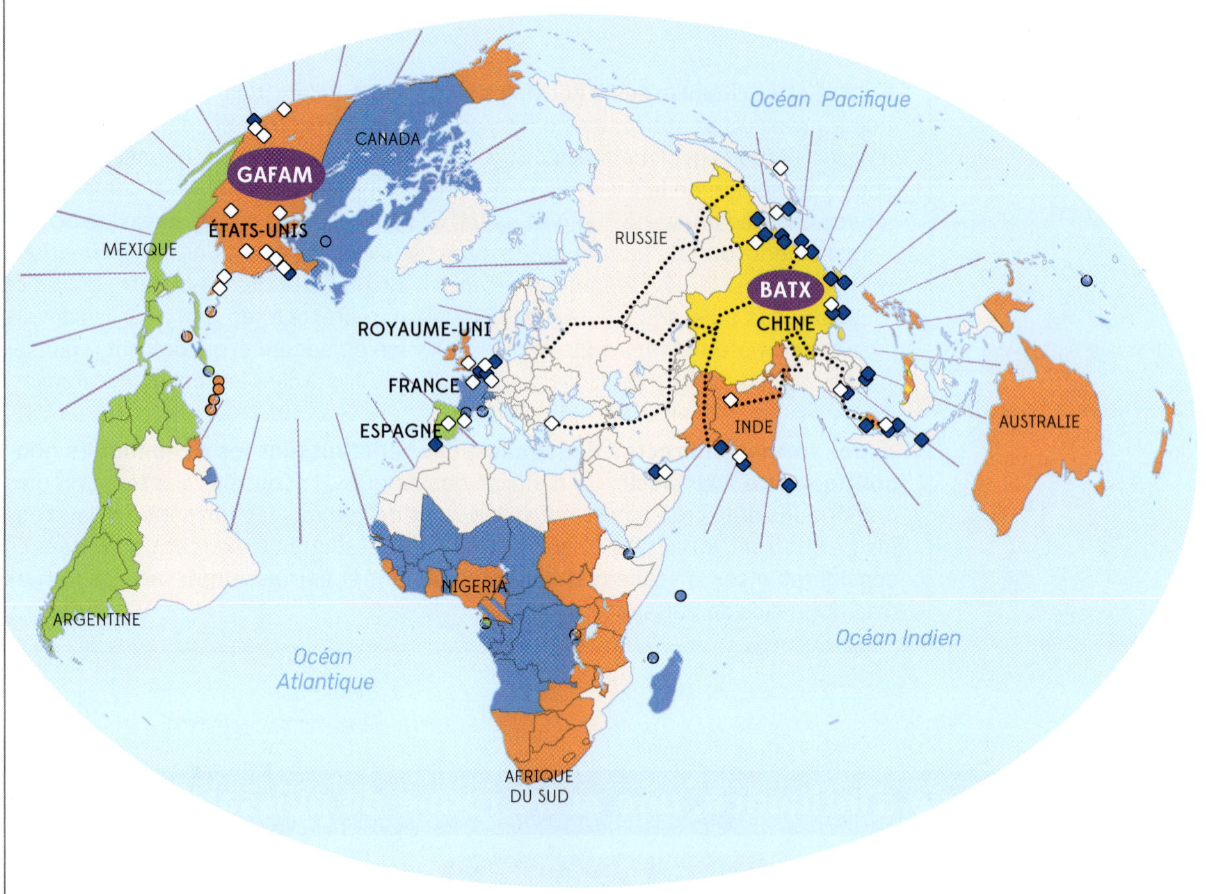

1. La puissance liée à la langue
- Les espaces de langue anglaise
- Les espaces francophones
- Les espaces de langue chinoise
- Les espaces de langue espagnole

2. La puissance liée aux nouvelles technologies
- GAFAM Siège (pays d'origine) des GAFAM
- BATX Siège (pays d'origine) des BATX
- L'influence mondiale des géants du numérique

3. La puissance liée à la maîtrise des voies de communication
- Les axes principaux des « nouvelles routes de la Soie »
- Les plus grands ports mondiaux
- Les plus grands hubs aéroportuaires mondiaux (plus de 50 millions de passagers par an)

❷ Les pays champions du *soft power*

Les 6 États les plus influents du monde (*Soft power Index*, 2024)
Classement des pays par domaine d'influence

	Affaires et Commerce	Relations internationales	Culture et patrimoine culturel	Médias et communication	Éducation et science
1 États-Unis	1	1	2	1	1
2 Royaume-Uni	4	2	3	2	5
3 Chine	2	5	6	5	3
4 Japon	1 ex-æquo	6	4	4	2
5 Allemagne	3	3	5	3	4
6 France	5	4	1	3 ex-æquo	6

Le « Global Soft Power Index » mesure l'influence de 193 pays membres des Nations Unies, avec un score maximal de 100 calculé sur 55 critères.

Source : Brand Finance, Global Soft Power Index*, 2024.*

❸ Le réseau de voies ferrées dans le monde

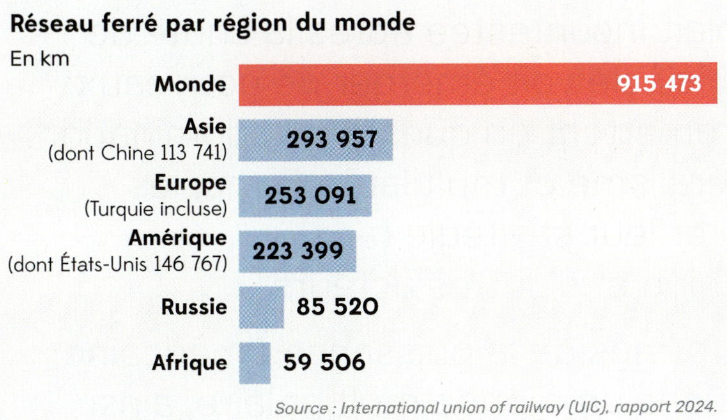

Source : International union of railway (UIC), rapport 2024.

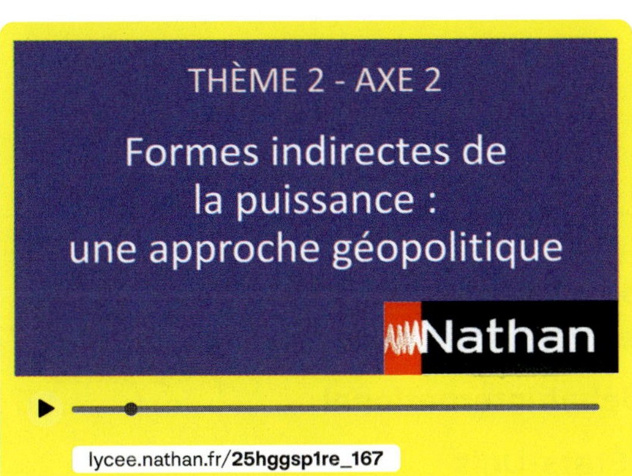

❹ Mon bilan en vidéo

Pour approfondir

- ***La bataille des langues*, Courrier international, hors-série octobre-novembre 2023.**
De l'ukrainien, devenu symbole de résistance, au swahili qui pourrait détrôner les langues héritées de l'époque coloniale en Afrique, du rôle de l'intelligence artificielle à l'éloge de la traduction, un état des langues vu par la presse étrangère.
- **Frédéric Charillon, *Guerres d'influence*. Les États à la conquête des esprits, Odile Jacob, 2022.**
Quoi de commun entre les « *panda kissers* » [les zélateurs de la politique chinoise], la « Poutine mania », la K-pop [musique pop coréenne], les Instituts Confucius ou les programmes d'invitation « Young leaders » aux États-Unis ? Dans tous les cas, il s'agit d'afficher, de séduire, de convaincre, de trouver des relais, dans une stratégie d'État plus globale qui vise à conquérir les esprits.
- **Institut français des relations internationales – IFRI**
Le Centre géopolitique des technologies de l'institut français des relations internationales propose une approche européenne des enjeux internationaux liés aux technologies dites critiques].

Thème 2 OBJET DE TRAVAIL CONCLUSIF

La puissance des États-Unis aujourd'hui

Après avoir étudié l'essor et le déclin des puissances à travers l'histoire, ainsi que les formes indirectes d'influence sur la scène internationale, le cas particulier des États-Unis permet de comprendre comment ces derniers tentent de préserver leur hégémonie mondiale dans un ordre international en pleine recomposition.

Si leur suprématie semblait incontestée après la chute de l'URSS, le monde du XXIe siècle voit émerger de nouveaux pôles de puissance qui remettent en question la domination américaine. Entre unilatéralisme et multilatéralisme, les États-Unis doivent adapter leur stratégie face à la concurrence de la Chine et d'autres acteurs.

L'étude des lieux et des formes de la puissance américaine, de son positionnement dans un monde multipolaire, ainsi que de ses points d'appui et zones d'influence, permettra de comprendre les enjeux et défis auxquels font face les États-Unis.

SOMMAIRE

Lancement du satellite lourd GOES-U par SpaceX

Le lanceur spatial Falcon Heavy, développé par la société privée SpaceX, décolle du centre spatial Kennedy de l'agence à Cap Canaveral, en Floride (États-Unis), 25 juin 2024.

Cartes

Les espaces de la puissance

Toutes les ressources
lycee.nathan.fr/25hggsp1re_170

Le changement d'échelles permet d'analyser les lieux et les formes de la puissance située sur le territoire des États-Unis puis d'élargir la réflexion à l'échelle mondiale en identifiant les supports de la puissance situés en dehors du territoire, ainsi que la capacité de la puissance américaine à rayonner à différentes échelles.

Vocabulaire

Banque mondiale : institution internationale créée lors de la conférence de Bretton Woods (1944) afin de lutter contre la pauvreté en finançant les États qui éprouvent des difficultés de développement.

FMI (Fonds monétaire international) : institution internationale fondée lors de la conférence de Bretton Woods (1944). Elle encourage la stabilité financière et prête des fonds aux pays en crise en contrepartie de réformes.

Sun Belt : croissant périphérique occidental et méridional du territoire des États-Unis caractérisé par un fort dynamisme économique et une forte croissance démographique.

1 Les fondements territoriaux de la puissance américaine

Carte interactive

1. Des pôles de commandement
- Grandes métropoles, pôles de la puissance
- Siège de l'ONU
- Sièges du FMI et de la Banque mondiale
- Bourses d'importance mondiale
- Sièges sociaux de grandes entreprises
- Hollywood

2. Un territoire valorisé et attractif
- Exploitation du pétrole
- Principaux sites touristiques
- Miami, premier port de croisières au monde
- Principaux axes de transport terrestre
- Interfaces maritimes
- Universités de renommée mondiale
- Flux migratoires

3. Les contrastes de l'organisation du territoire
- Nord-Est : centre de la puissance
- Espace attractif en forte croissance
- Espaces moteurs de la Sun Belt
- Les Grandes Plaines : le cœur de la puissance agricole
- L'Ouest montagneux et l'Alaska : périphéries touristiques

américaine

2 Les États-Unis, une superpuissance mondiale

Carte interactive

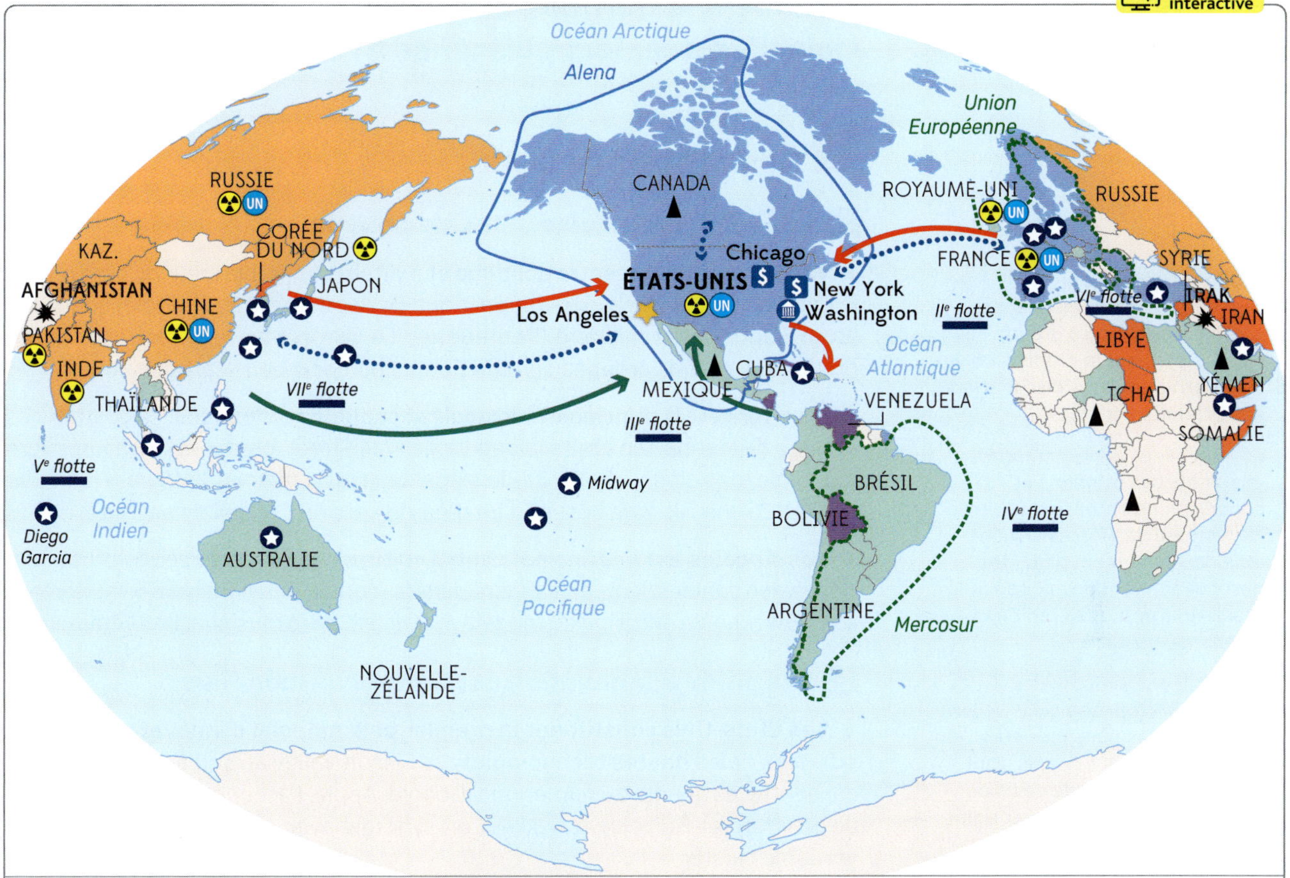

1. Une puissance économique et culturelle
- Places boursières
- Foyer de création culturelle mondial
- L'ACEUM, zone de libre-échange
- Principaux échanges commerciaux vers les États-Unis
- États exportateurs de pétrole vers les États-Unis
- Flux touristiques
- Flux migratoires

2. Une puissance diplomatique et militaire
- Siège du pouvoir politique et militaire
- Principales bases militaires américaines
- Flottes américaines déployées en permanence
- Pays membres de l'OTAN
- Autres pays alliés des États-Unis
- Interventions militaires récentes

3. Concurrents et opposants
- États membres du Conseil de sécurité de l'ONU
- États détenant l'arme nucléaire
- États jugés par les États-Unis comme menaçants pour leur sécurité
- États membres de l'ALBA
- États membres de l'Organisation de coopération de Shanghai
- Organisations représentant une concurrence économique

Vocabulaire

ALBA : Alliance bolivarienne pour les Amériques, mise en place en 2005 par le Venezuela et Cuba pour s'opposer au projet de libre-échange continental des États-Unis.

ACUM : Accord Canada-États-Unis-Mexique, accord de libre-échange (2018) entre les pays de l'ex-ALENA (signé en 1994).

Mercosur : Marché commun du Sud, entré en vigueur en 1995. Il regroupe le Brésil, l'Argentine, l'Uruguay et le Paraguay (le Venezuela est suspendu depuis 2017).

OCS : Organisation de coopération de Shanghai, créée en 2001. Elle regroupe aujourd'hui 8 États : la Russie, la Chine, le Kazakhstan, le Kirghizistan, le Tadjikistan, l'Ouzbékistan, l'Inde et le Pakistan.

OTAN : Organisation du traité de l'Atlantique Nord, créée en 1949. Organisation militaire d'assistance mutuelle en cas d'agression, qui réunit plusieurs pays occidentaux.

Questions

1. Quels sont les lieux où se concentrent les composantes de la puissance américaine ?

2. Comment se manifeste la puissance américaine dans le monde ?

3. À quelles concurrences la puissance américaine est-elle confrontée ?

JALON 1
Cours

Toutes les ressources
lycee.nathan.fr/25hggsp1re_172

Les lieux et les formes de la puissance aux États-Unis

Comment le territoire américain permet-il aux États-Unis d'exercer leur puissance à l'échelle mondiale ?

Vocabulaire

Agrobusiness : activités économiques liées à l'agriculture industrielle et sa commercialisation à grande échelle, incluant la production, la transformation et la distribution des produits agricoles.

Complexe militaro-industriel : ensemble des relations et coopérations entre l'industrie de l'armement, les forces armées et le gouvernement d'un État, particulièrement développé aux États-Unis pour maintenir leur puissance militaire.

Firmes transnationales : grandes entreprises qui exercent leurs activités dans plusieurs pays à travers des filiales, tout en ayant un centre de décision principal dans leur pays d'origine (ex : GAFAM, BATX).

Notion

Ségrégation sociospatiale : séparation des groupes sociaux dans l'espace, qui se traduit par des inégalités de répartition des populations selon leur niveau de vie, leur origine ou leur catégorie sociale.

La pauvreté aux États-Unis selon le groupe ethnique (2022)
Population pauvre* en % de la population totale de chaque ethnie

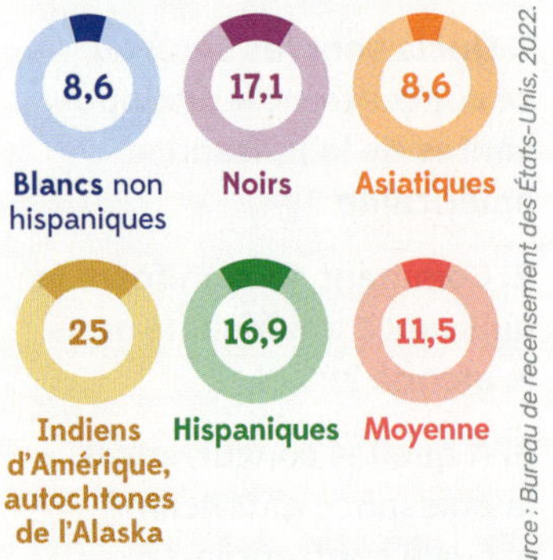

* Vivant sous le seuil de pauvreté.

I Les centres de la puissance américaine

A Les villes mondiales, lieux de pouvoir

- **Washington est le centre politique et militaire.** Véritable cœur du *hard power*, la capitale concentre le pouvoir politique (Maison Blanche, Capitole), judiciaire (Cour Suprême) et militaire (Pentagone). Le **complexe militaro-industriel** profite aux grands groupes comme Boeing ou Lockheed-Martin.

- **New York est la principale métropole et capitale économique.** Le quartier des affaires de Manhattan abrite la bourse de Wall Street, première place boursière mondiale, des sièges de FTN et le siège de l'ONU créée en 1945 sur l'initiative des États-Unis. Ils y disposent d'un droit de veto au Conseil de sécurité.

- **Los Angeles est le principal centre culturel.** Les films et séries produits à Hollywood sont les seuls à se vendre dans le monde entier. Hollywood renforce le *soft power* par la diffusion du modèle américain, de la musique, des vêtements…

B Les pôles d'innovation et d'influence mondiale

- **Les États-Unis constituent le premier pôle mondial d'innovation dans les sciences et les hautes technologies.** La Silicon Valley au sud de San Francisco concentre les géants du numérique (Google, Apple, Facebook…). Les universités de Stanford et Berkeley travaillent en synergie avec ces groupes, formant un véritable cluster.

- **Les États-Unis regroupent 16 des 20 meilleures universités mondiales selon le classement de Shanghai.** Harvard accueille de nombreux prix Nobel et chefs d'État. Plus d'1 million d'étudiants étrangers sont inscrits dans les universités américaines. Les États-Unis sont aux premières places pour les brevets déposés.

- **Les États-Unis constituent aussi un pôle mondial du tourisme et du divertissement.** 3e destination touristique internationale, ils disposent de lieux iconiques : chutes du Niagara, Monument Valley, Empire State Building… Les productions audiovisuelles, la littérature, la musique, les parcs d'attractions contribuent à ce rayonnement culturel.

II Un territoire au service de la puissance

A Des atouts territoriaux et démographiques

- **Les États-Unis disposent d'un vaste territoire doté de ressources abondantes.** Avec 9,6 millions de km^2, c'est le 3e plus vaste pays au monde. Ouvert sur trois océans, il possède le domaine maritime le plus étendu. C'est aussi le premier producteur mondial de pétrole depuis 2017.

- **L'agrobusiness est un facteur de puissance économique et commerciale.** L'agriculture américaine est très productive, mécanisée et intégrée à l'industrie agroalimentaire. La concentration y est forte, les cinq plus grandes firmes contrôlant plus de 40 % de chaque segment de la filière.

- **La population constitue un fondement majeur de la puissance.** Avec 346 millions d'habitants en 2024, les États-Unis forment le 1er marché de consommation mondial. L'immigration qualifiée et peu qualifiée contribue à renforcer leur compétitivité économique, à accroître et rajeunir la population active.

B Une forte intégration économique

- **Les performances économiques confirment la suprématie mondiale des États-Unis.** Leur PIB représente 25,8 % de la richesse planétaire en 2023. Leur système agro-industriel moderne génère d'importants excédents commerciaux. L'industrie automobile connaît un renouveau tandis que l'aéronautique occupe le premier rang mondial.

- **Par leurs investissements, les États-Unis sont un puissant acteur de la mondialisation.** Ils sont le premier pays émetteur et récepteur d'IDE. Les **firmes transnationales** américaines contribuent à l'intensification de ces flux financiers ; 136 figurent parmi les 500 plus puissantes en 2023.

- **Les États-Unis demeurent la première puissance financière grâce au poids du dollar.** Les places boursières de New York totalisent 44 % de la capitalisation boursière mondiale. Les États-Unis sont aussi les principaux contributeurs financiers des grandes institutions internationales. Le statut de monnaie internationale du dollar constitue un atout économique majeur.

PIB (2023), en milliards de dollars

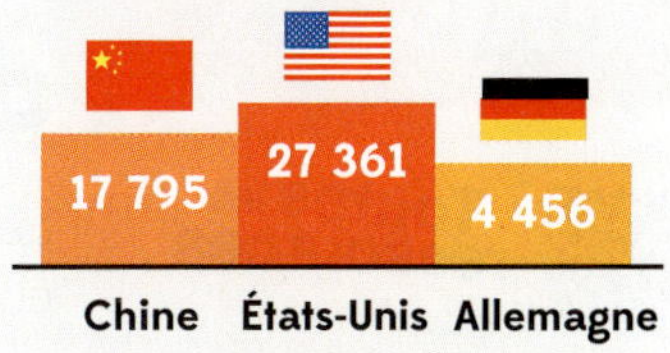

Source : Banque mondiale, 2023.

Principales entreprises selon leur capitalisation boursière (mars 2024), en milliards de dollars

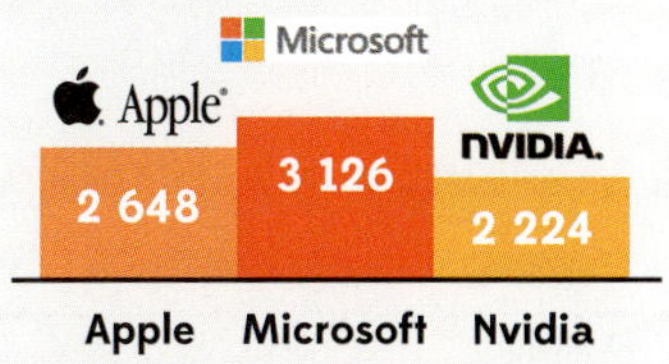

Source : Rapport Global Top 100 de PwC, 2024.

Principaux pays d'origine des immigrants aux États-Unis (2022), en millions de personnes

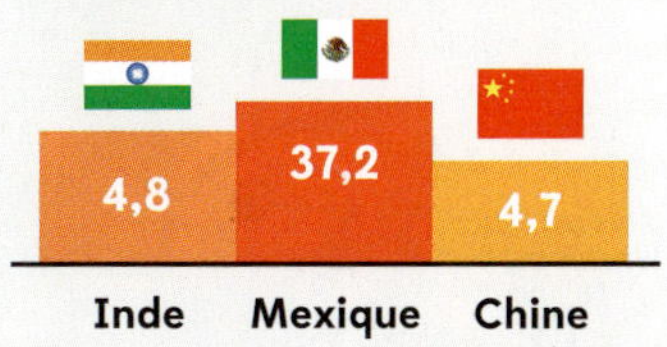

Source : Pew Research Center, 2023.

III Des défis internes à relever

A Des espaces en recomposition

- **Le Nord-Est reste le cœur économique, financier et décisionnel des États-Unis.** Il concentre 60 % de la population et est marqué par la métropolisation, étant donné le poids et le rayonnement mondial de la Mégalopolis.

- **La Sun Belt est une ceinture attractive et innovante.** Elle concentre 30 % de la population et attire les flux migratoires en accentuant la métropolisation. Elle se caractérise par le développement des activités de haute technologie.

- **D'autres territoires connaissent des difficultés.** La *Rust Belt* peine à se remettre de la désindustrialisation. Certains territoires ruraux sont marginalisés, leurs habitants se sentent exclus.

B Des fractures sociospatiales persistantes

- **Les inégalités se creusent entre les élites et le reste de la population.** Les 1 % les plus riches auraient capté 50 % de la croissance totale des revenus depuis 1975. Le niveau de vie est très inégal entre riches et pauvres, urbains et ruraux, populations blanches et minorités.

- **La société américaine est affectée par les tensions raciales.** La **ségrégation sociospatiale** est souvent établie dans les villes sur des critères ethniques. Les émeutes raciales se multiplient ces dernières années.

- **Les fractures internes renforcent le rejet du modèle américain.** L'anti-américanisme est très fort chez certains ennemis comme l'Iran ou la Corée du Nord. La crise financière de 2008 a accentué le rejet du modèle capitaliste, tout comme le modèle de croissance énergivore alors que l'urgence climatique s'impose.

Fiches de lecture

Christian Montès, Pascale Nédélec, *Atlas des États-Unis. Un colosse aux pieds d'argile*, Autrement, 2024.

3e édition actualisée, cet atlas permet rapidement de faire le point sur la puissance américaine et ses faiblesses.

« Les États-Unis, divisés ? », *Carto*, n° 85, septembre-octobre 2024.

Numéro de la revue *Carto* qui consacre un dossier au bilan du président Biden et à la société américaine.

Pour aller + loin

« Dis Oncle Obs... Comment les États-Unis sont-ils devenus la 1re puissance mondiale ? », *Le Nouvel Obs*, 2022.
Comment les États-Unis dominent-ils les domaines militaire, économique, financier et culturel malgré la montée chinoise ?

Jean-Benoît Bouron, *Carte à la une. Les 500 entreprises les plus riches des États-Unis : une clé d'analyse de la puissance économique*, Géoconfluences, 23 mai 2023.
Les sièges des plus grandes entreprises américaines révèlent une organisation économique polycentrique, avec plusieurs pôles majeurs.

« L'armée américaine, une armée surpuissante », *France TV Washington*, 2022.
Face à la menace d'une guerre avec la Russie, les États-Unis ne montrent aucune fébrilité. Ils restent, et de loin, l'armée la plus puissante du monde.

JALON 1

Étude

Toutes les ressources

lycee.nathan.fr/25hggsp1re_174

Les lieux et les formes de la puissance aux États-Unis

Le territoire des États-Unis accueille de nombreux lieux de pouvoir et de commandement. Parmi eux, nombre d'institutions internationales, centres universitaires de recherche scientifique ou pôles d'innovation technologique servent de modèles dans d'autres régions du monde. Ces lieux attestent du rayonnement du pays à l'échelle planétaire dans de multiples domaines.

Quels sont les fondements de la puissance américaine ?

1 Washington, capitale politique et centre technologique

Carte interactive

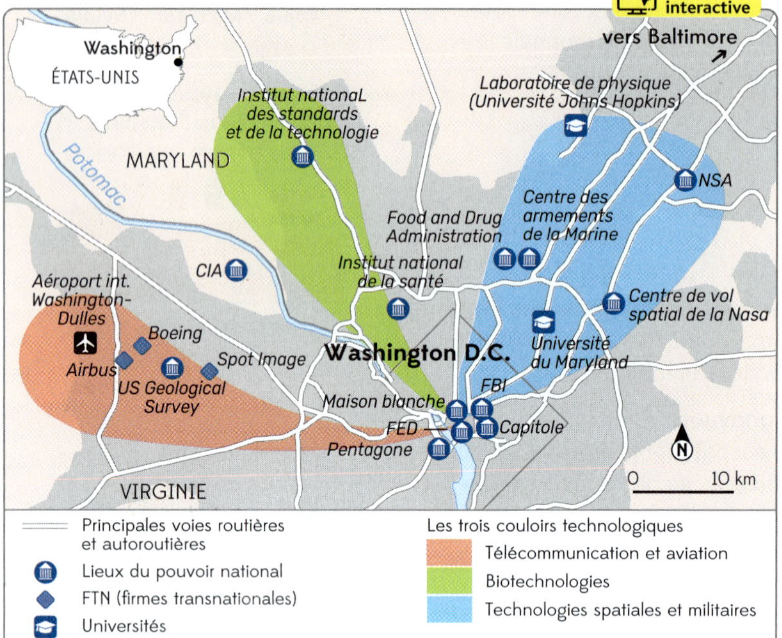

Source : C. Montès, P. Nédélec, *Atlas des États-Unis, un colosse aux pieds d'argile*, Autrement, 2016.

→ **Comment se manifeste la puissance américaine à Washington ?**

2 L'agribusiness : au service de la puissance américaine

Parole de géographes

L'agribusiness est une filière intégrée « de la ferme à la fourchette » : fourniture d'intrants agricoles (engrais), production et transformation de produits agricoles (végétaux comme animaux) et distribution aux consommateurs finaux. Elle représente 9,3 % de l'emploi et 4,7 % du PIB du pays [...]. La concentration y est forte : les cinq plus grandes firmes (Archers-Daniels-Midland, Pepsico, Coca-Cola Co., Tyson Foods, Cargill) contrôlent plus de 40 % de chaque segment de la filière [...]. L'agribusiness [...] s'appuie sur un fort soutien de l'État qui fournit des conseils techniques et surtout des subventions. Ce secteur a aussi été utilisé dans ce qui a été appelé l'agro-impérialisme (politique étrangère appuyée sur des envois massifs de produits agricoles, comme le blé en Égypte).

Christian Montès et Pascale Nédélec, *Atlas des États-Unis : un colosse aux pieds d'argile*, © Éditions Autrement, 2024.

→ **En quoi l'agribusiness constitue-t-il un fondement de la puissance américaine ?**

3 Universités et places boursières, deux dimensions de la puissance américaine

a. Les 6 premières universités mondiales[1] (2024)

% d'étudiants internationaux

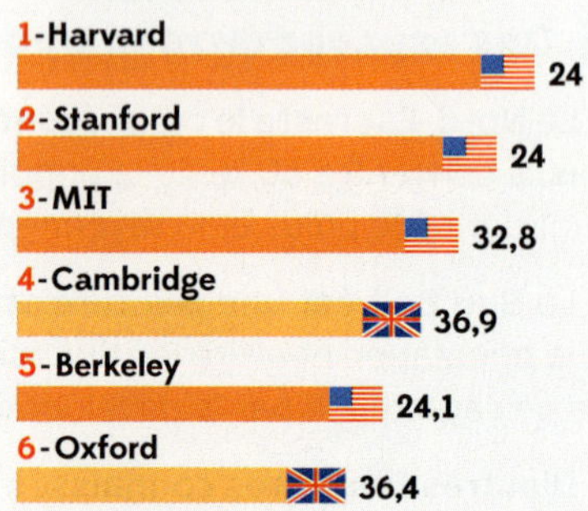

1. Classement établi par l'université de Shanghai sur la base de 6 critères : publications dans des revues, prix prestigieux (Nobel, médaille Fields, etc.)...

b. Les 5 premières bourses mondiales

Capitalisation en milliards de dollars (fin 2024)

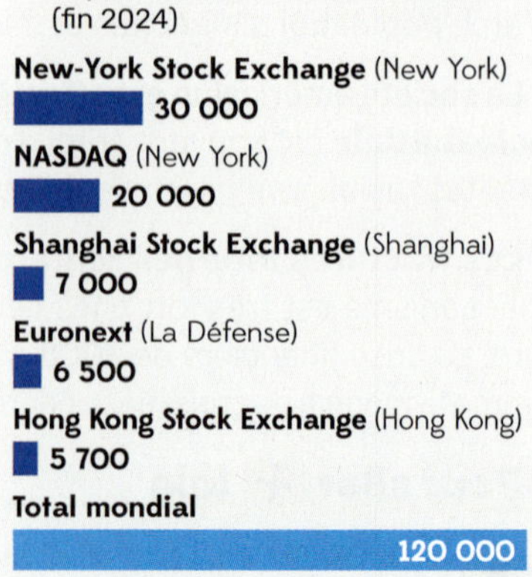

Source : VT Markets, Bloomberg, 2025.

→ **Comment ces statistiques illustrent-elles le *soft power* américain ?**

4 La Silicon Valley, concentration de l'innovation à l'échelle mondiale

Carte interactive

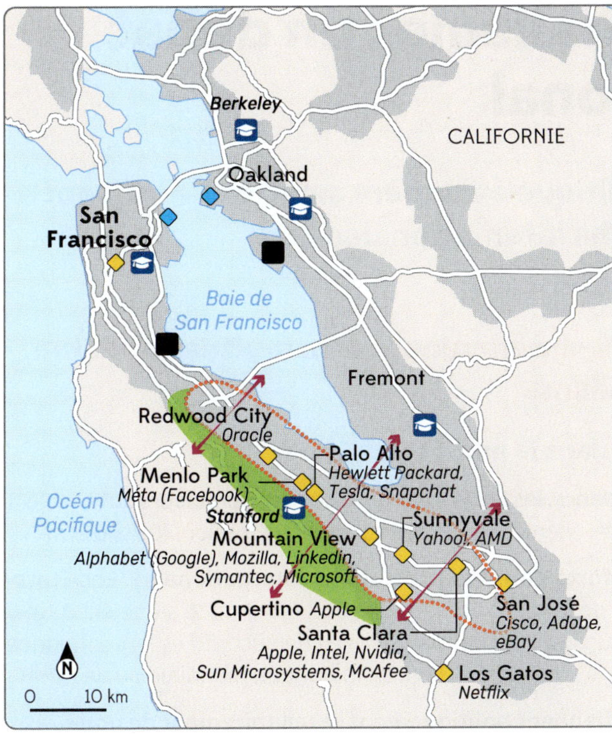

1. À l'échelle locale : un réseau d'universités et d'entreprises
- Principales universités
- Localisation des principales entreprises

2. Un territoire intégré dans une vaste aire métropolitaine
- Ensemble de villes formant le cœur de la Silicon Valley (+ de 50 % des emplois)
- Secteur résidentiel de prestige associé au développement de l'industrie de haute technologie
- Principaux axes routiers

3. Un espace productif connecté au monde
- Principaux ports
- Aéroports internationaux
- Flux immatériels liés aux technologies de l'information et de la communication

→ **Quels éléments peuvent expliquer le rayonnement mondial de la Silicon Valley ?**

lycee.nathan.fr/**25hggsp1re_175**

5 Las Vegas, vitrine du *soft power* américain

Las Vegas, un écrin à la démesure des superstars, France TV Washington, 2 octobre 2023.

→ **Pourquoi Las Vegas est-elle une vitrine du *soft power* américain ?**

Repère

Centre économique de l'État du Nevada, Las Vegas est l'une des premières destinations touristiques au monde avec en moyenne 36 millions de visiteurs par an et plus de 120 000 chambres d'hôtel. Son économie est structurée par les jeux d'argent mais aussi les spectacles et autres divertissements.

Questions et activités

Parcours 1

1. Montrez que certains lieux concentrent plusieurs aspects de la puissance américaine. doc. 1, 3, 4 et 5

2. Montrez que l'agribusiness constitue un fondement de la puissance américaine. doc. 1 à 5

Synthèse. Quels sont les fondements territoriaux de la puissance américaine ?

Parcours 2

Préparer un exposé

En équipe, préparez une présentation orale sur les formes de la puissance dans quatre métropoles : Washington, New York, Los Angeles et Las Vegas.

- Appuyez-vous sur le corpus documentaire pour identifier les éléments qui forment la puissance de Washington, Los Angeles et Las Vegas.
- Montrez la diversité des lieux de pouvoir ou des fonctions de commandement pour chaque métropole. Montrez leur rayonnement et leur influence mondiale.
- Accompagnez votre présentation orale par une production numérique (diaporama composé de cartes, d'images ou d'extraits vidéo cours).

Toutes les ressources
lycee.nathan.fr/25hggsp1re_176

Unilatéralisme et multilatéralisme : un débat international

Comment la politique étrangère américaine influence-t-elle les relations internationales ?

I La puissance américaine, entre multilatéralisme et unilatéralisme

A L'engagement dans le multilatéralisme

- **Depuis leur indépendance, les États-Unis promeuvent des valeurs** qu'ils veulent universelles : démocratie, économie libérale, liberté d'expression, foi religieuse.

- **Leur influence est forte dans les institutions internationales.** Les États-Unis ont été à l'origine de la création de l'ONU en 1945 dont le siège est à New York. Ils y disposent d'un droit de veto au Conseil de sécurité et leur influence est majeure au sein du **G7**, du **G20**, du FMI, de la Banque mondiale ou de l'**OMC**.

- **Les États-Unis soutiennent politiquement et militairement de nombreux alliés.** Ils sont à l'origine de la création de l'**OTAN** qui protège militairement une grande partie de l'Europe, hier face à la menace soviétique, aujourd'hui face à la Russie. Leurs soldats ont souvent assuré des opérations de maintien de la paix de l'ONU.

B Le retour de l'unilatéralisme

- **Depuis vingt ans, les présidents américains ont développé le *hard power*** en mettant en application le slogan « *America first* ». Les États-Unis imposent leurs points de vue dans les négociations commerciales et le domaine du nucléaire. Barack Obama (2009-2017) et Joe Biden (2021-2025) ont toutefois fait exception à cette ligne.

- **Cette politique est motivée par la lutte contre le terrorisme.** Depuis le 11 septembre 2001, les guerres sont orientées contre le terrorisme islamiste. L'intervention en Irak en 2003 s'est effectuée sans l'accord de l'ONU. Agissant au mépris du droit international, l'image des États-Unis a été dégradée par les tortures dans leurs prisons d'Irak et à Guantánamo.

- **Les États-Unis cherchent aussi à protéger leurs intérêts économiques.** Le Moyen-Orient reste une zone stratégique (contrôle du pétrole, menace iranienne). Ils déploient leur marine pour préserver les routes commerciales maritimes en mer de Chine et dans le Golfe d'Aden.

II Les facteurs influençant la politique étrangère américaine

A Une puissante capacité diplomatique et militaire

- **Les États-Unis disposent du plus grand réseau diplomatique mondial** avec quelque 300 représentations couvrant la quasi-totalité des pays du monde, à l'exception de quelques États hostiles comme la Corée du Nord ou l'Iran.

- **Les États-Unis ont une capacité de projection mondiale.** Ils peuvent intervenir rapidement partout grâce à leurs bases militaires à l'étranger, leurs flottes réparties sur tous les océans et les facilités accordées par leurs alliés.

Vocabulaire

ACEUM : voir p. 436

ALENA : voir p. 436

G20 : voir p. 436

G7 : voir p. 436

Hamas : « mouvement de résistance islamique » en arabe, organisation islamiste et nationaliste palestinienne, née à Gaza en 1987, composé d'une branche politique et d'une branche armée, les brigades Izz al-Din al-Qassam. Son but est de « libérer les territoires palestiniens occupés » et l'anéantissement d'Israël.

Hezbollah : « parti de Dieu » en arabe, créé en 1982 dans la foulée de l'invasion israélienne du Liban, à l'initiative de l'armée idéologique iranienne (chiite). Hostile à Israël, il est une force politique incontournable au Liban.

OMC : voir p. 436

OTAN : voir p. 436

Notions

Bilatéralisme : coopération directe entre deux pays pour négocier des traités séparés avec chaque partenaire international, plutôt qu'un accord multilatéral les traitant tous à la même enseigne.

Isolationnisme : politique d'un État qui choisit de se tenir à l'écart des affaires internationales et évite délibérément toute coopération ou intervention avec d'autres pays.

Multilatéralisme : politique d'un État qui cherche à obtenir la coopération d'un maximum d'autres pays qu'il traite comme des partenaires.

Unilatéralisme : politique d'un État qui agit sans chercher à obtenir l'assentiment ou la coopération des autres.

- **Leur force de frappe militaire est sans équivalent.** Le budget militaire américain a atteint 916 milliards de dollars en 2023, soit 3,4 % du PIB et environ 35 % des dépenses militaires mondiales. Les États-Unis sont aussi les premiers exportateurs d'armes.

B Une stratégie de puissance adaptable

- **Les États-Unis recourent au bilatéralisme afin de protéger leurs intérêts.** Des accords militaires et commerciaux sont passés avec de nombreux pays partenaires (Japon, Arabie saoudite, Israël…).
- **Le président Donald Trump a pratiqué « la diplomatie du deal »**, lors de son premier mandat (2015-2019), négociant des traités séparés avec chaque partenaire international. Il a menacé le Mexique de taxes et renégocié l'accord de libre-échange de l'**ALENA**, remplacé par l'**ACEUM**.
- **Les États-Unis s'affranchissent des cadres multilatéraux.** Ils court-circuitent les négociations de l'OMC pour recourir au bilatéralisme. Leurs alliés européens réaffirment leur attachement au multilatéralisme.

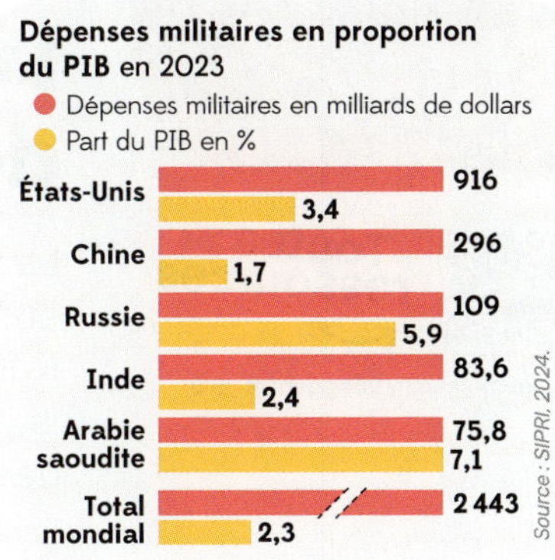

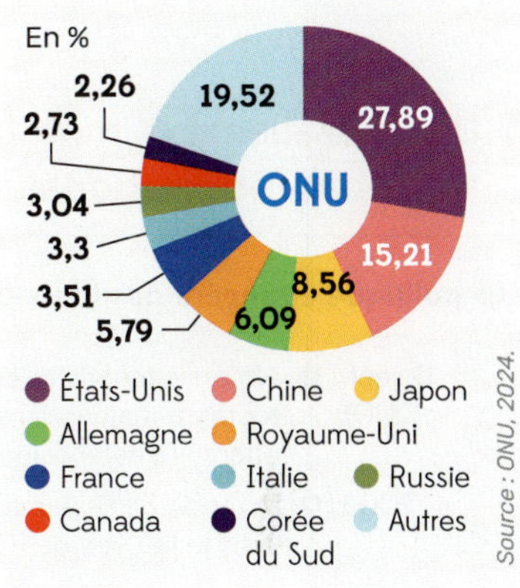

III Défis et débats autour de la politique étrangère américaine

A Une volonté de désengagement relatif

- **Les États-Unis se sont progressivement retirés des théâtres d'opérations extérieurs.** À la suite des échecs en Irak et en Afghanistan, les présidents Obama et Trump ont limité leurs interventions à des opérations ciblées (assassinat de Ben Laden en 2011). Les États-Unis ont retiré la majeure partie de leurs troupes d'Irak, de Syrie et d'Afghanistan.
- **La tentation de l'isolationnisme s'est manifestée.** Lors de son premier mandat, le président Trump s'est retiré de certains accords (accord de Paris sur le climat, accord sur le nucléaire iranien) et organisations internationales (UNESCO, Conseil des droits de l'homme de l'ONU).
- **Le désengagement relatif vis-à-vis de l'Europe est réel.** Donald Trump a remis en cause la participation financière américaine à l'OTAN. Le soutien à l'Ukraine est débattu aux États-Unis. Des forces de l'OTAN sont toutefois maintenues en Europe de l'Est face à la Russie.

B De nouvelles menaces et enjeux internationaux

- **La cybersécurité est devenue un enjeu majeur.** Les États-Unis doivent faire face aux cyberattaques attribuées à la Russie ou à la Chine contre leurs institutions et entreprises. Le contrôle du cyberespace devient une priorité stratégique.
- **Le soutien à Israël face aux tensions au Moyen-Orient semble indéfectible.** Les États-Unis maintiennent leur soutien financier et militaire à Israël face à l'Iran et aux groupes comme le **Hamas** et le **Hezbollah**.
- **Les États-Unis développent la stratégie du « pivot » asiatique.** Ils renforcent leur présence en Asie-Pacifique face à la montée en puissance de la Chine, deuxième budget militaire mondial. La menace nord-coréenne inquiète aussi les alliés américains dans la région.

Fiches de lecture

Maxime Lefebvre, *La Politique étrangère américaine*, PUF, collection « Que sais-je », 2022.
Ouvrage de synthèse rédigé par un diplomate.

Laurence Nardon, *Géopolitique de la puissance américaine*, PUF, collection Géopolitiques, 2024.
Les États-Unis restent la première puissance mondiale mais font face à des défis internes (inégalités, classe moyenne) et externes (échecs militaires).

Pour aller + loin

« États-Unis/Chine : l'autre guerre froide ? », *Le Dessous des cartes*, Arte, 2022.
Émission sur la rivalité sino-américaine qui s'intensifie dans tous les domaines (économie, armée, diplomatie, culture)…

« États-Unis, une puissance militaire à l'épreuve du chaos », *France culture va plus loin*, France culture, 31 octobre 2024.
Un ancien *marine* analyse l'évolution de la puissance militaire américaine suite aux nouveaux équilibres géopolitiques.

« Jusqu'où Donald Trump veut-il aller ? », *Géopolitis*, RTS, 15 novembre 2024.
En 1987, Trump dénonçait déjà les alliés des USA comme des « profiteurs ». Son retour au pouvoir menace les équilibres internationaux.

JALON 2

Étude

La politique étrangère des États-Unis

Toutes les ressources

lycee.nathan.fr/25hggsp1re_178

La politique étrangère américaine oscille entre unilatéralisme et multilatéralisme. Concurrencés par des puissances rivales (Chine, Russie, Union européenne), les États-Unis optent aujourd'hui pour la première doctrine. Cette politique remet en cause la stabilité de l'ordre mondial établi ces dernières décennies.

Entre multilatéralisme et unilatéralisme, quel débat la politique étrangère des États-Unis suscite-t-elle ?

1 Unilatéralisme et multilatéralisme : un débat international

La politique étrangère des États-Unis depuis 2001

11 sept. 2001	Attentats terroristes contre les États-Unis, tournant majeur dans la politique étrangère américaine
2003	Invasion de l'Irak par les États-Unis sans le feu vert de l'ONU
2009	**Mandats de B. Obama** (2009-2017)
mai 2011	Oussama Ben Laden (chef d'Al Qaida) est tué par un commando américain
déc. 2011	Retrait des dernières troupes d'Irak
juillet 2015	Accord de Vienne sur le nucléaire iranien
2017	**Mandat de Donald Trump** (2017-2021)
juin 2017	Sortie de l'accord de Paris sur le climat
mai 2018	Retrait de l'accord de Vienne
juin 2018	Retrait du conseil des droits de l'homme (ONU)
déc. 2018	Retrait de l'Unesco
2021	**Mandat de Joe Biden** (2021-2025)
janvier 2021	Retour dans l'accord de Paris sur le climat
janvier 2021	Retrait militaire d'Afghanistan
février 2022	Aides américaines à l'Ukraine
juillet 2023	Retour au sein de l'Unesco

→ **Montrez comment fluctue la politique étrangère américaine depuis 2001.**

2 L'unilatéralisme américain selon Donald Trump (2017)

« Pendant des décennies, nous avons [...] subventionné les armées d'autres pays ; défendu les frontières d'une autre nation ; et dépensé des milliards de milliards de dollars à l'étranger. [...]

Nous décrétons, pour être entendus dans chaque capitale étrangère [...], qu'à compter d'aujourd'hui : ce sera l'Amérique d'abord. [...]. Nous rechercherons l'amitié et la bonne volonté des autres nations du monde mais nous le ferons avec l'idée que c'est le droit de tout pays de mettre ses propres intérêts en avant. »

Extraits du discours d'investiture de Donald Trump, président des États-Unis de 2017 à 2021 (1er mandat), prononcé à Washington le 20 janvier 2017.

→ **Comment D. Trump justifie et définit-il l'unilatéralisme des États-Unis ?**

3 Le multilatéralisme selon Joe Biden

« Je suis ici pour partager avec vous comment les États-Unis comptent travailler avec des partenaires [...], et la détermination de mon nouveau Gouvernement à aider [...] le monde vers un avenir plus pacifique et plus prospère [...].

Nous le ferons par la coopération avec des institutions multilatérales comme les Nations unies afin de multiplier notre force collective [...] face aux défis mondiaux. [...]

Nous avons réaffirmé notre engagement sacré à l'Article 5 de l'OTAN avec nos Alliés européens... »

Discours de Joe Biden, président des États-Unis de 2021 à 2025, à la 76e session de l'Assemblée générale des Nations unies le 21 septembre 2021.

→ **Comment J. Biden définit-il la politique multilatérale des États-Unis ?**

4 La présence américaine dans les Caraïbes

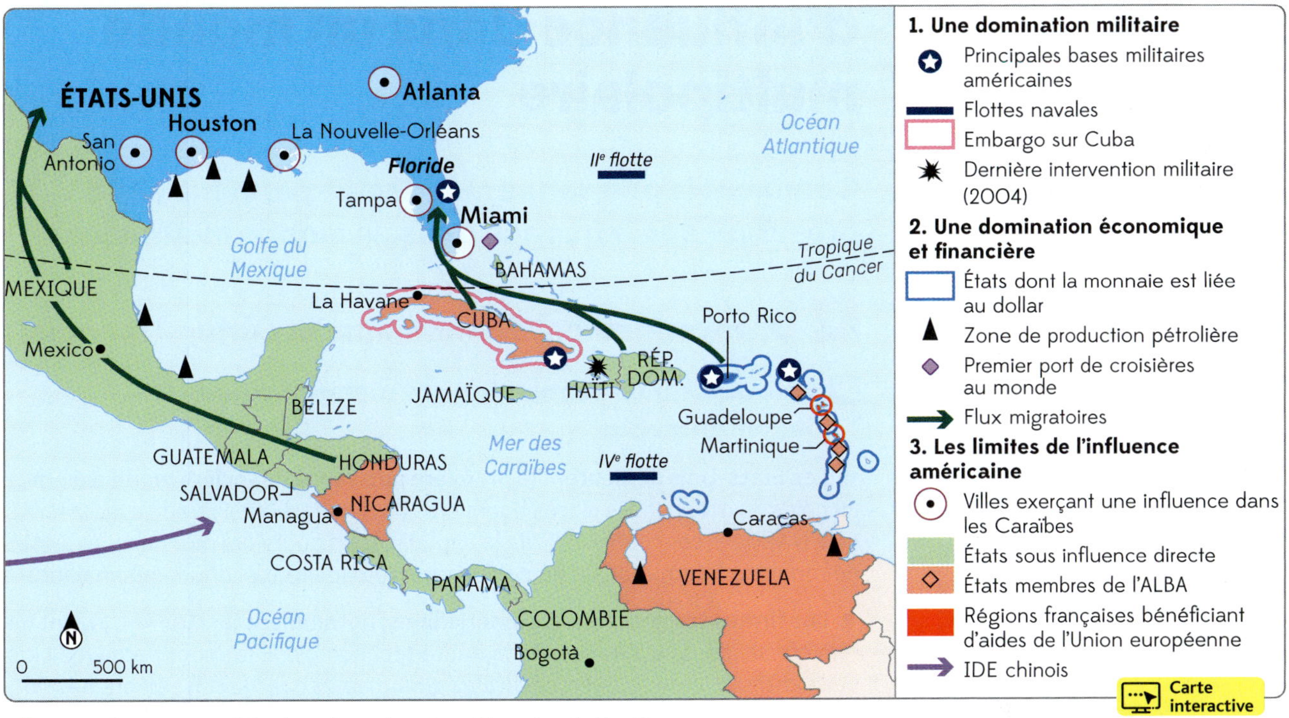

→ **La présence américaine dans les Caraïbes traduit-elle une politique étrangère multilatérale ou unilatérale ?**

5 Les divergences de conception sur le multilatéralisme

Le ministre russe des Affaires étrangères, Sergueï Lavrov, dont le pays occupe la présidence du Conseil de sécurité pendant le mois de juillet [2024], a accusé les États-Unis de promouvoir un « ordre fondé sur des règles [dictées par les États-Unis] » qui menace le multilatéralisme et le droit international. [...]

En réponse, l'Ambassadrice américaine Linda Thomas-Greenfield a fustigé « l'hypocrisie » russe en convoquant une réunion sur la coopération multilatérale tout en « violant délibérément et de manière flagrante » les principes fondamentaux de la Charte des Nations unies que sont l'intégrité territoriale, le respect des droits de l'homme et la coopération internationale. Elle a dénoncé la guerre d'agression de la Russie contre l'Ukraine [...].

L'Ambassadeur de France auprès des Nations unies, Nicolas de Rivière, a estimé pour sa part que « la Russie prétend demander un ordre mondial plus juste et durable, mais elle multiplie les violations de la Charte et met en péril notre système de sécurité collective ». [...]

L'Ambassadeur chinois Fu Cong a rappelé la fondation des Nations unies au lendemain de la Seconde Guerre mondiale et les principes de coexistence pacifique avancés par les dirigeants de son pays à l'époque. [...] Il a appelé l'OTAN à cesser d'être un « fauteur de troubles » et s'est dit préoccupé par la recherche de l'expansion du bloc [...].

Un Conseil de sécurité divisé débat du sens du multilatéralisme, ONU Info, 16 juillet 2024.

→ **Quelles divergences s'expriment à l'ONU au sujet du multilatéralisme ?**

Questions et activités

Parcours 1

1. Montrez que le multilatéralisme et l'unilatéralisme sont deux conceptions contraires de la politique étrangère américaine. doc. 1, 2, 3 et 4

2. Déterminez les conséquences sur les relations internationales de l'une ou de l'autre de ces politiques. doc. 2, 3, 4 et 5

Synthèse. Entre unilatéralisme et multilatéralisme, quel débat la politique étrangère américaine suscite-t-elle ?

Parcours 2

Organiser un débat

Comme indiqué dans le titre de cette page, menez un débat sur l'unilatéralisme et le multilatéralisme.

- À partir des documents et de recherches personnelles, recensez les arguments des acteurs politiques américains (B. Obama, D. Trump et J. Biden) et des autres membres du Conseil de sécurité de l'ONU en faveur ou en défaveur de l'un ou de l'autre.
- Vous pouvez conduire ce travail en groupe en complétant un tableau avant de confronter vos idées dans le cadre d'un débat.

JALON 3
Cours

Toutes les ressources
lycee.nathan.fr/25hggsp1re_180

Principaux pays exportateurs de marchandises dans le monde (2022), en milliards de dollars et en %

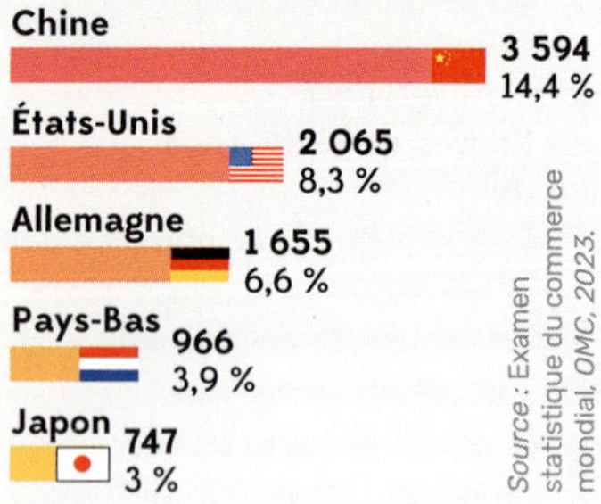

Source : Examen statistique du commerce mondial, *OMC, 2023.*

Points d'appuis et zone d'influence dans un monde multipolaire

Comment la puissance américaine parvient-elle à préserver son influence dans un monde multipolaire ?

I Un rayonnement économique et culturel mondial

A Une puissance économique et technologique incontournable

- **Les États-Unis demeurent la première puissance financière mondiale** grâce au poids du dollar et des places boursières de New York. Wall Street, avec le NYSE et le NASDAQ, concentre 41 % de la capitalisation boursière mondiale. Le statut de monnaie international du dollar constitue un atout économique majeur.

- **Les firmes transnationales américaines, notamment les GAFAM**, jouent un rôle crucial dans la diffusion de la haute technologie. Elles sont parmi les plus puissantes au monde, avec 136 firmes américaines dans le classement des 500 plus grandes entreprises en 2023.

- **L'influence des États-Unis est forte au sein des organisations internationales économiques** comme le FMI, la Banque mondiale ou l'OMC, dont ils sont les principaux contributeurs financiers.

B Une attractivité culturelle persistante

- **La production culturelle américaine,** en particulier le cinéma hollywoodien et les séries télévisées, domine largement le marché mondial. Hollywood génère 90 % des bénéfices du cinéma mondial.

- **Le modèle de l'*American way of life* s'est largement diffusé à travers le monde,** influençant les modes de consommation, l'urbanisme et les loisirs dans de nombreux pays.

- **En 2024, 16 des 20 meilleures universités mondiales étaient américaines** selon le classement de Shanghai. Plus d'un million d'étudiants étrangers sont inscrits dans les universités américaines, soit 25 % des étudiants en mobilité internationale.

II Des points d'appui politiques et militaires traditionnels

A Une capacité de projection diplomatique et militaire globale

- **Les États-Unis disposent du plus grand réseau diplomatique mondial** avec environ 300 représentations (ambassades et consulats) couvrant presque tous les pays.

- **Leur puissance militaire reste sans équivalent,** avec le plus important arsenal nucléaire et des capacités d'intervention rapide partout dans le monde. Cette projection de force s'appuie sur un réseau de bases militaires à l'étranger (Europe occidentale, Asie-Pacifique) et des flottes présentes sur tous les océans.

- **L'armée américaine se modernise constamment,** notamment par l'utilisation de drones de combat permettant des frappes ciblées et la réduction du nombre de soldats au sol. Cette capacité de projection globale permet aux États-Unis de maintenir leur influence stratégique dans de nombreuses régions du monde.

Vocabulaire

AUKUS (Australia, United Kingdom, United States) : traité de défense trilatéral entre l'Australie, le Royaume-Uni et les États-Unis.

Doctrine Monroe : principe de politique étrangère énoncé en 1823 par le président américain J. Monroe, rejetant toute intervention européenne dans les Amériques et établissant celles-ci comme zone d'influence exclusive des États-Unis (« L'Amérique aux Américains »).

Five Eyes : alliance de cinq pays (États-Unis, Royaume-Uni, Canada, Australie, Nouvelle-Zélande) dans l'objectif de partager des informations entre leurs services de renseignement pour assurer leur sécurité.

GAFAM : acronyme – Google (Alphabet), Apple, Facebook (Meta), Amazon et Microsoft – utilisé pour désigner les grandes entreprises américaines du numérique.

New Space : ensemble des acteurs privés, pour la plupart américains, qui se sont engagés dans la conquête de l'espace depuis la fin des années 2000.

Quad : « Dialogue quadrilatéral pour la sécurité », groupe de coopération militaire et diplomatique entre les États-Unis, l'Inde, le Japon et l'Australie.

B Des zones d'influence traditionnelles en évolution

- **Sur le continent américain, l'influence des États-Unis reste forte malgré des tensions récentes** (renégociation de l'ALENA, projet de mur à la frontière mexicaine). Le bassin des Caraïbes demeure une zone d'influence privilégiée, considérée comme une chasse gardée depuis la **doctrine Monroe** de 1823.
- **L'Europe reste un allié sûr à travers l'OTAN**, bien que des divergences existent sur le partage des dépenses militaires et certains enjeux économiques.
- **Au Moyen-Orient, l'influence américaine s'est affaiblie à la suite des interventions en Afghanistan et en Irak**, mais des points d'appui importants subsistent (Israël, Arabie saoudite). Ces alliances traditionnelles, bien qu'en évolution, continuent de jouer un rôle crucial dans la stratégie d'influence globale des États-Unis.

III Reconfiguration des zones d'influence face aux nouvelles menaces

A Faire face à la montée en puissance de la Chine et de la Russie

- **Les États-Unis doivent composer avec la concurrence croissante de la Chine et de la Russie.** La Chine est devenue la première puissance commerciale mondiale et développe son influence à travers le projet des « nouvelles routes de la Soie ». La Russie espère restaurer son statut de grande puissance.
- **Face à ces défis, les États-Unis renforcent leur présence dans l'espace indopacifique.** La création du **Quad** en 2017 (avec le Japon, l'Australie et l'Inde) et de l'**AUKUS** en 2021 (avec l'Australie et le Royaume-Uni) illustre cette stratégie de ***containment*** de la Chine.
- **L'espace est également un nouveau terrain de compétition.** Face aux programmes spatiaux chinois et russes, les États-Unis développent le « ***New Space*** », associant acteurs publics (NASA) et privés (SpaceX). Cette reconfiguration des alliances et des zones d'influence témoigne de l'adaptation de la stratégie américaine à un monde de plus en plus multipolaire.

B Le contrôle du cyberespace, nouvel enjeu stratégique

- **Les cyberattaques représentent une menace croissante pour les États-Unis,** qu'il s'agisse d'espionnage, de sabotage ou d'ingérence électorale.
- **Le contrôle du cyberespace est devenu une priorité stratégique,** considéré comme le cinquième domaine d'intervention militaire après l'air, la terre, la mer et l'espace. Les États-Unis développent des alliances numériques, comme le groupe des « ***Five Eyes*** », pour renforcer leur cybersécurité et leur influence dans ce domaine.
- **Cependant, cette domination du cyberespace soulève des questions en termes de liberté et de vie privée,** comme l'ont montré les révélations d'Edward Snowden en 2013 sur le programme de surveillance de la NSA. La maîtrise du cyberespace apparaît ainsi comme un nouveau défi pour les États-Unis dans leur quête de maintien de leur influence mondiale.

Notions

American way of life : mode de vie développé au XXe siècle aux États-Unis qui repose sur la consommation de masse et le bonheur matériel.

Containment : « endiguement » en français, stratégie de politique étrangère américaine visant à stopper l'extension des zones d'influence russe et chinoise.

Indopacifique : région maritime qui s'étend des côtes orientales de l'Afrique jusqu'à l'océan Pacifique, englobant l'océan Indien et la partie asiatique du Pacifique. En géopolitique le terme désigne le basculement des intérêts de plusieurs puissances, notamment américaine, en direction de l'Asie du Sud-Est et de la Chine.

Fiches de lecture

John Mearsheimer, « Pourquoi les grandes puissances se font la guerre », *Le Monde diplomatique*, août 2023 (en ligne).

Selon cet universitaire américain, la politique étrangère occidentale est guidée par des intérêts stratégiques plutôt que par l'idéal démocratique.

« États-Unis, le ressac de la puissance », *Questions internationales*, La Documentation française, avril-mai 2024.

Dossier consacré à la puissance américaine pour approfondir ses connaissances. En particulier l'article consacré aux instruments de la puissance.

Pour aller + loin

Manlio Graziano, « États-Unis : la fin d'une illusion de toute-puissance », *The Conversation*, 18 juillet 2022.
Ce chercheur de Science Po montre que les États-Unis connaissent un déclin relatif depuis les années 1950.

« États-Unis : fractures d'hier et d'aujourd'hui », *Le Dessous des cartes*, Arte, 2023.
Avortement, armes à feu, violences policières : la société américaine semble plus divisée que jamais. Guerre d'indépendance, guerre de Sécession... : et si les Américains rejouaient sans cesse les divisions du passé ?

« Les États-Unis dominent-ils toujours le monde ? », *Lumni*, 2024.
Les États-Unis restent la première puissance mondiale (PIB, armée, *soft power*) mais font face à la montée de la Chine (IA, industrie verte) et à un déclin d'influence diplomatique et culturelle.

Toutes les ressources
lycee.nathan.fr/25hggsp1re_182

Points d'appui et zones d'influence des États-Unis dans un monde multipolaire

Le rayonnement de la puissance des États-Unis s'est longtemps expliqué par la capacité du pays à établir des relais et des points d'appui sur tous les continents et tous les océans du globe. Superpuissance incontestée dans les années 1990 après la disparition de l'URSS, les États-Unis doivent désormais composer avec des nouvelles formes de concurrence dans un monde multipolaire.

Comment les États-Unis tentent-ils de préserver leur influence dans un monde multipolaire ?

1 La puissance militaire américaine

Le regard d'un géopoliticien

Les États-Unis gardent une prépondérance militaire, même s'ils doivent composer avec les autres puissances. [...] Donald Trump a décidé de faire passer le budget militaire à 700 milliards, ce qui représente presque 5 % du PIB américain, environ 40 % des dépenses militaires mondiales. Les États-Unis dominent aussi les exportations mondiales d'armes (un tiers environ) et l'industrie d'armement. [...] La Chine accroît son arsenal, mais on est loin d'une course aux armements avec les États-Unis comme elle a existé avec l'URSS. [Les États-Unis] sont les seuls à disposer d'un réseau de bases militaires et d'une capacité de projection. [...] Ils maintiennent encore 80 000 hommes en Europe, 40 000 au Japon et 25 000 en Corée du Sud. Ils disposent de nombreuses bases militaires dans le Pacifique (Guam, Hawaï), en Amérique latine (Guantanamo), au Moyen-Orient (Bahreïn) et même en Afrique (Djibouti).

Les États-Unis sont de plus en plus tentés par l'unilatéralisme dans l'emploi de la force militaire. Ils se sont rarement laissé embarrasser de considérations juridiques pour renverser des régimes hostiles pendant la guerre froide. L'autorité du Conseil de sécurité de l'ONU peut être utile pour légitimer certaines opérations militaires (guerre du Golfe en 1990-1991, Somalie en 1992, Haïti en 1994, Afghanistan en 2001), mais elle n'est pas un préalable (frappes antiterroristes contre le Soudan et l'Afghanistan dès 1998, guerre du Kosovo en 1999, invasion de l'Irak en 2003).

Maxime Lefebvre, « Forces et faiblesses de la puissance américaine », *La politique étrangère américaine*, PUF, collection Que sais-je ?, 2022.

→ **Identifiez les caractéristiques de la puissance militaire américaine.**

2 Les composantes de la puissance américaine

	États-Unis	Chine[1]	Russie[1]	Inde[1]	Arabie saoudite	Royaume-Uni
Dépenses militaires mondiales (2023, en milliards de dollars)	916	296	109	83,6	75,8	74,9
Nombre de FTN parmi les 500 premières mondiales (2023)	136	142	3	8	1	15
Médailles aux Jeux olympiques (2024)	126	91	Pas de participation	6	0	65

1. États membres des BRICS.

Source : SIPRI (*Stockholm International Peace Research Institute*), Fortune500, CIO, 2024.

→ **Dans quels domaines la domination américaine s'exerce-t-elle ? Comment est-elle concurrencée ?**

3 Les enjeux de l'OTAN

« Réélection de Donald Trump : l'OTAN en danger ? », *France 24*, novembre 2024.

→ **Quelle est la position de l'Amérique de D. Trump à l'égard de l'OTAN ?**

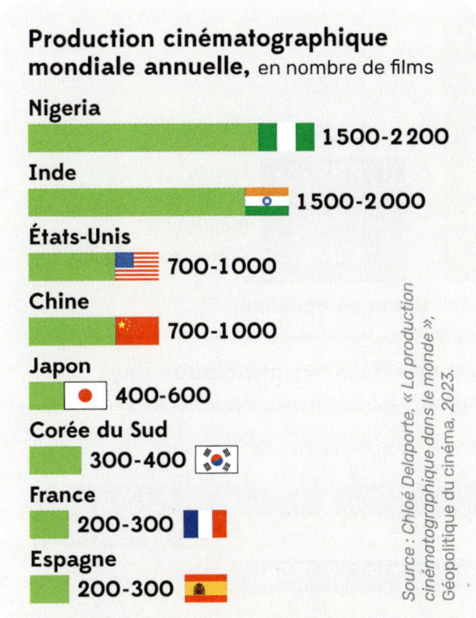

4 Géographie mondiale de la recherche

Carte interactive

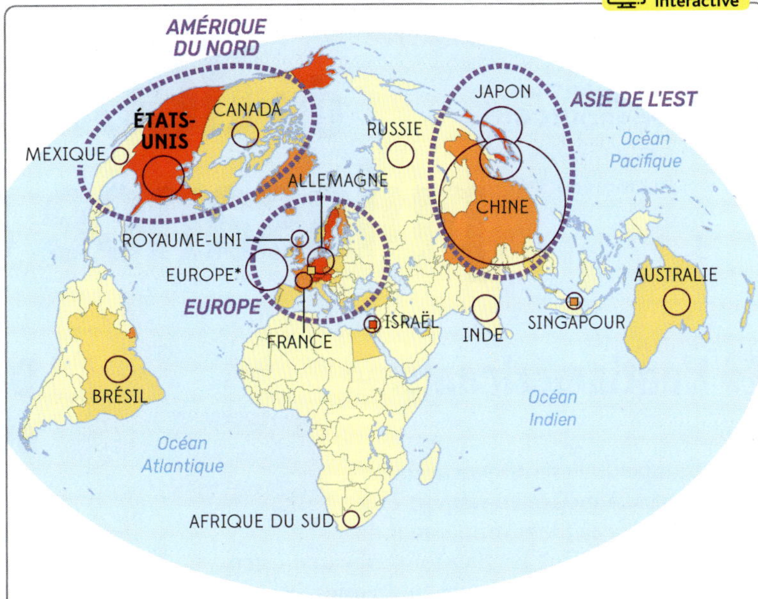

* Pays membres de l'Organisation européenne des brevets.

1. Nombre de brevets déposés par pays en 2022

1 619 268 — › 100 000 — › 20 000 — › 10 000 — Grands pôles

2. Part des dépenses de recherche dans le PIB en 2021, en %

- Plus de 3
- De 2 à 2,99
- De 1 à 1,99
- Moins de 1

Source : OMPI, Banque mondiale, 2023.

→ **Quel est le poids des États-Unis dans la recherche mondiale par rapport à ses concurrents ?**

5 Production cinématographique mondiale annuelle

→ **Comment ces chiffres montrent-ils que l'influence mondiale du cinéma américain est atténuée ?**

Questions et activités

Parcours 1

1. Quelles sont les composantes de la puissance américaine ? doc. 1 à 5

2. Montrez que la puissance américaine dans le monde reste dominante en dépit des concurrences. doc. 1 à 5

Synthèse. Comment les États-Unis préservent-ils leur influence dans un monde multipolaire ?

Parcours 2

Réaliser une carte

Réaliser une production cartographique sur les points d'appui de la puissance militaire américaine et ses zones d'influence (*hard power*).

- À partir des documents et de vos recherches personnelles, réalisez un croquis sur les fondements de la puissance militaires sur le territoire des États-Unis (bases sur le sol américain, complexe militaro-industriel états-unien, domination des entreprises états-uniennes d'armes et d'armement militaire).
- Une autre production peut également être élaborée à partir des documents et de vos recherches personnelles sur le thème du *soft power* (domaines scientifique, sportif et culturel américain) : fondements (R&D, cinéma...), rayonnement à l'échelle mondiale, remise en cause de l'influence états-unienne.

Points de vue

lycee.nathan.fr/25hggsp1re_184

Toutes les ressources

Peut-on parler du déclin de la puissance américaine ?

1 L'antiaméricanisme

Le regard de géographes

L'ampleur du sentiment antiaméricain est à mettre en rapport avec la puissance et le rayonnement du pays : il déchaîne les passions avec une force rare. Ce rejet semble fondé en premier lieu sur une opposition idéologique au modèle capitaliste américain, particulier ment développe dans les anciennes républiques soviétiques et en Chine, ainsi qu'en Amérique latine. Il a été renforcé par la dénonciation des interventions militaires armées (Irak, Afghanistan) et de l'ingérence américaine qualifiée d'impérialiste. Dans de nombreux pays à dominante musulmane, l'intensité de cette hostilité se nourrit de la critique des mœurs occidentales et du soutien à Israël. Elle a été renforcée par le transfert de l'ambassade américaine à Jérusalem par Trump tout comme par la guerre contre le Hamas, où l'administration Biden peine à justifier le maintien de son soutien à Israël face à la radicalité de sa politique et des actions militaires du gouvernement israélien à Gaza.

Christian Montès, Pascale Nédélec, *Atlas des États-Unis. Un colosse aux pieds d'argile*, Autrement, 2024.

lycee.nathan.fr/25hggsp1re_184-1

2 L'attractivité des États-Unis

« États-Unis : 10 000 migrants par jour à la frontière mexicaine », *LCI*, 22 décembre 2023.

3 Dette publique et déficit commercial

a. Dette publique américaine en 2023
En milliards de dollars US

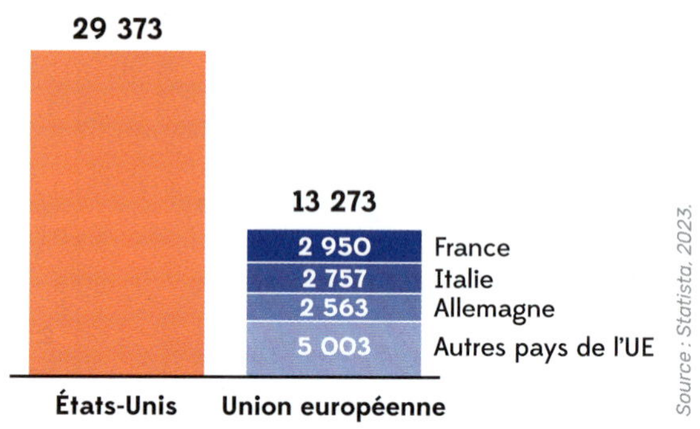

b. Balance commerciale des principaux pays exportateurs en 2023, en milliards de dollars US

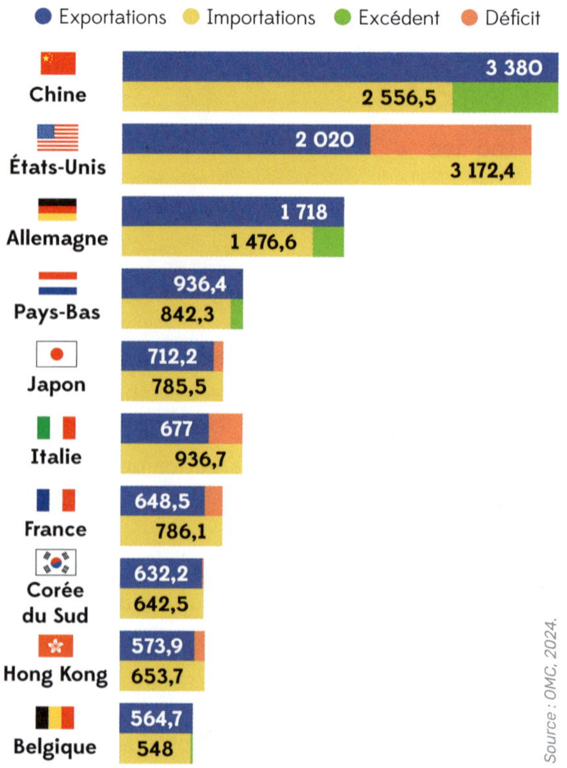

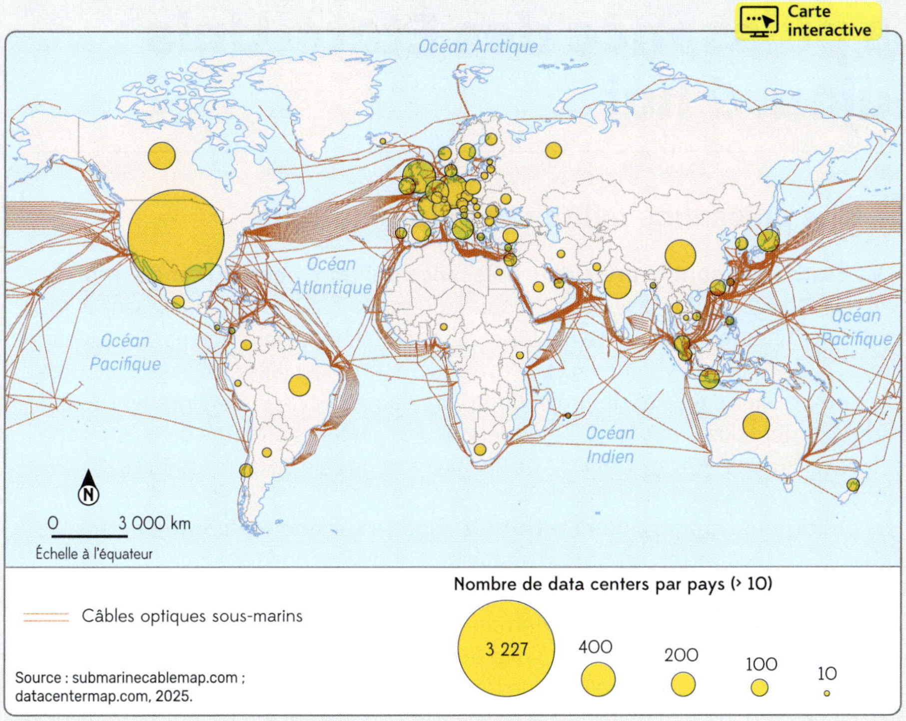

4 La répartition mondiale des câbles optiques et des data centers[1]

1. En français, « centres de données » : lieux où sont rassemblés des serveurs contenant des données informatiques.

5 La puissance militaire américaine à l'épreuve

Le regard d'une politiste

La réélection de Trump le propulse de nouveau à la tête de la première puissance militaire mondiale. Sa future administration en matière de défense, comme pour d'autres domaines, risque une politisation accrue qui affaiblira ses institutions ainsi que le rôle des États-Unis dans l'espace mondial. [...]

Cette transformation intervient à un moment critique qui exige une armée prête et unie. Le contexte actuel est marqué par une intensification de la concurrence entre grandes puissances qui sous-tend une plus grande protection des intérêts nationaux, tandis que l'émergence de la guerre hybride se confirme de par le monde. Or la ligne proposée par Trump risque de fragiliser l'institution militaire, pilier de la puissance américaine.

[...] Les priorités de Trump consistent à moderniser la puissance conventionnelle pour contrer la Chine et la Russie à travers des programmes de réarmement comme le *Precision Strike Missile et le Future Long-Range Assault Aircraft*. Néanmoins, cette réorientation pourrait négliger des menaces asymétriques comme le terrorisme. [...] Par ailleurs, les défis émergents comme la cyberguerre et les conflits en zones grises nécessiteraient une approche multi-domaines plus nuancée que l'unilatéralisme souvent privilégié par Trump.

[...] À terme, ces dynamiques risquent de compromettre la cohésion interne et d'affaiblir la posture stratégique de Washington sur la scène internationale. Préserver la neutralité, la préparation opérationnelle et les principes fondamentaux de l'armée demeure essentiel pour garantir sa capacité à relever efficacement les menaces actuelles et futures.

Elizabeth Sheppard Sellam, « Trump II : quel impact sur l'armée américaine ? », *The Conversation*, 21 décembre 2024.

Construire son point de vue

Découvrez les documents

- Identifiez les manifestations de l'affaiblissement de la puissance américaine. doc. 1, 3 et 5
- Expliquez les facteurs externes et internes de ces fragilités. doc. 1, 3, et 5
- Relevez les éléments qui confirment le statut de grande puissance des États-Unis. doc. 2, 3, 4 et 5

Développez des arguments

- Caractérisez les fondements de la puissance américaine qui demeurent. doc. 2, 3, 4 et 5
- Montrez que le déclin de la puissance des États-Unis à est réel mais à relativiser. doc. 1 à 5
- Indiquez pourquoi on peut parler de désillusion de la puissance américaine. doc. 5

Prenez part au débat ORAL

- En échangeant vos points de vue, répondez à la problématique « Peut-on parler du déclin de la puissance américaine ?

OTC

Synthèse

Toutes les ressources

lycee.nathan.fr/25hggsp1re_186

La puissance des États-Unis aujourd'hui

I Une puissance militaire et diplomatique

- **Les États-Unis sont la principale puissance militaire dans le monde.** Avec un budget de 916 milliards de dollars en 2023, ils représentent 37 % des dépenses militaires mondiales. Détenteurs de l'arme nucléaire, ils ont également les moyens d'intervenir partout en raison de leurs nombreux points d'appui à l'étranger (bases militaires, accords bilatéraux…). Leur capacité de projection reste sans équivalent. Malgré leur relatif désengagement, les États-Unis maintiennent d'importants effectifs dans leur zone d'influence (Europe, Moyen-Orient, Asie Pacifique) et au sein de leurs alliances (OTAN).

- **La politique étrangère des États-Unis repose sur une diplomatie active.** Ils disposent du plus grand nombre d'ambassades et de consulats dans le monde. Membre permanent du Conseil de sécurité de l'ONU, ils sont également très actifs au sein de nombreuses organisations internationales (FMI, Banque mondiale, OMC, G7…). Alors que les présidents Obama et Biden défendent le multilatéralisme (diplomatie, ouverture politique), l'unilatéralisme de Donald Trump représente à l'inverse un repli (retrait d'un certain nombre de traités, d'accords et d'organisations internationales) au nom de la défense des intérêts américains. Sa « diplomatie du deal » repose sur le rapport de force et le mépris des cadres de négociations internationaux.

Jalon 2 « Unilatéralisme et multilatéralisme : un débat international » p. 176

- **À l'échelle nationale, le Nord-Est reste le cœur décisionnel.** Le *hard power* américain est visible à travers le complexe militaro-industriel. Située dans la Mégalopolis, Washington concentre les fonctions les plus élevées du pouvoir de commandement fédéral (Maison Blanche, Capitole, Pentagone, FBI, CIA et NSA).

II Un *soft power* de rayonnement planétaire

- **Les États-Unis sont la première puissance économique mondiale.** Produisant 25 % de la richesse mondiale, leur économie s'appuie sur leur marché intérieur et sur des secteurs d'activités puissants (finance, agrobusiness, aéronautique…). En 2023, 136 firmes transnationales figuraient parmi les 500 plus puissantes au monde (classement du magazine *Fortune*). Ils maintiennent une forte influence au sein des instantes internationales telles que le FMI, la Banque mondiale ou l'OMC. Dans le domaine financier, la forte capacité d'investissement est assurée par la puissance du dollar et de leurs places boursières. Son rang de 1er pays investisseur dans la recherche-développement, devant la Chine et le Japon, est à l'origine de ses performances technologiques.

- **Les États-Unis sont également une puissance culturelle mondiale.** Le modèle de l'American way of life s'est largement diffusé. Les produits de consommation du quotidien, la culture musicale, artistique et cinématographique (entre 700 et 1 000 films produits chaque année) sont mondialement réputés. Les États-Unis sont une grande puissance sportive (126 médailles aux JO de Paris en 2024) mais également la 3e destination touristique mondiale.

- **À l'échelle nationale, New York reste la capitale économique et financière.** La bourse (NYSE et NASDAQ) conserve la première place mondiale en termes de capitalisation boursière. Le quartier d'affaire de Manhattan accueille le siège de nombreuses firmes transnationales (finance, médias, pharmacie) mais aussi le siège de l'ONU. Les métropoles de la Sun Belt comme San Francisco (GAFAM), Los Angeles (Hollywood) ou Las Vegas assurent aux États-Unis un rayonnement planétaire. Les universités, considérées comme les meilleures au monde accueillent de nombreux étudiants internationaux. Celle de Harvard a formé de nombreux prix Nobel. Le territoire est doté d'importantes ressources (minerais, hydrocarbures).

Jalon 1 « Les lieux et les formes de la puissance aux États-Unis (siège de l'ONU, Hollywood, Massachusetts Institute of Technology… » p. 172

Dates clés

- **1991** : chute de l'URSS, les États-Unis restent la seule superpuissance du monde
- **11 septembre 2001** : attentats sur le sol américain
- **Mars 2003-août 2021** : intervention militaire américaine en Afghanistan
- **Octobre 2011-décembre 2011** : intervention militaire américaine en Irak
- **Février 2021** : les États-Unis réintègrent l'accord de Paris
- **Février 2022** : les États-Unis accordent leur soutien financier à l'Ukraine

III Les défis de la puissance américaine

Jalon 3 « Points d'appui et zones d'influence des États-Unis dans un monde multipolaire. » p. 180

• **La puissance économique américaine est soumise à une forte concurrence dans le cadre de la multipolarité (Chine, Union européenne...).** La dette publique et déficit commercial sont les plus élevés au monde. Le pays est très fortement dépendant de ses importations en provenance de Chine qui représente la principale puissance concurrente tandis que la Russie redevient une rivale de l'OTAN en Europe orientale. Les discussions au sein du G7 ou au sein du Conseil de sécurité de l'ONU montrent les fragilités de la diplomatie américaine. Dans le domaine culturel, les industries cinématographiques de Nollywood et Bollywood produisent davantage de films que celle des États-Unis.

• **Alors que la guerre contre le terrorisme a affaibli la puissance américaine,** l'antiaméricanisme a été renforcé par la dénonciation des interventions militaires armées (Irak, Afghanistan) et le non-respect du droit international (tortures en Irak). Dans de nombreux pays à dominante musulmane, cette hostilité se nourrit de la critique des mœurs occidentales. Face aux nouvelles menaces, les États-Unis renforcent le contrôle du cyberespace et leur partenariat stratégique (Asie-Pacifique). À l'aide d'acteurs privés, ils tentent de maintenir leur domination au sein du *new space*.

• **Les fragilités sont également intérieures.** La société étasunienne est fracturée. Les inégalités socio-économiques sont croissantes entre les différentes communautés et les émeutes raciales se sont multipliées ces dernières années. Les 1 % les plus riches détenaient en 2021 une fortune équivalente à celle des 90 % les plus pauvres. La population connaît un vieillissement marqué et une baisse de l'espérance de vie parmi la population non diplômée. Le projet démocratique ne semble plus assumé par tous.

Chiffres clés

- **25 %** du PIB mondial
- **1er** budget militaire (37 % des dépenses mondiales, 916 milliards de dollars en 2023)
- **1er** pays émetteur d'IDE (454 milliards de dollars)
- **403** prix Nobel
- **30 %** des dépenses en recherche et développement du monde sont américaines

Forces et faiblesses de la puissance américaine

Le *hard power* — Une puissance diplomatique et militaire

- Diplomatie
- OTAN
- Complexe militaro-industriel
- Forces stratégiques
- Puissance nucléaire
- Guerre contre le terrorisme
- Zones d'influence
- Multilatéralisme Unilatéralisme

Le *soft power* — Une puissance économique et culturelle

- Innovations
- Organisations internationales (ONU, FMI, G7, Banque mondiale...)
- *Brain drain*
- Recherche-Développement
- Puissance commerciale et financière
- Culture, loisirs, tourisme

Les limites — Limites et contestations de la puissance

- Tentation de l'isolationnisme
- Protectionnisme
- Concurrences commerciales et technologiques (UE, Chine...)
- Multipolarité
- Rivalités stratégiques (Russie, Chine...)
- Déficits
- Société fragmentée
- Antiaméricanisme

OTC
Synthèse

Toutes les ressources
lycee.nathan.fr/25hggsp1re_188

Réviser avec…
2 croquis, 1 carte et 1 schéma

1 La Mégalopolis américaine, cœur de la puissance américaine

Carte interactive

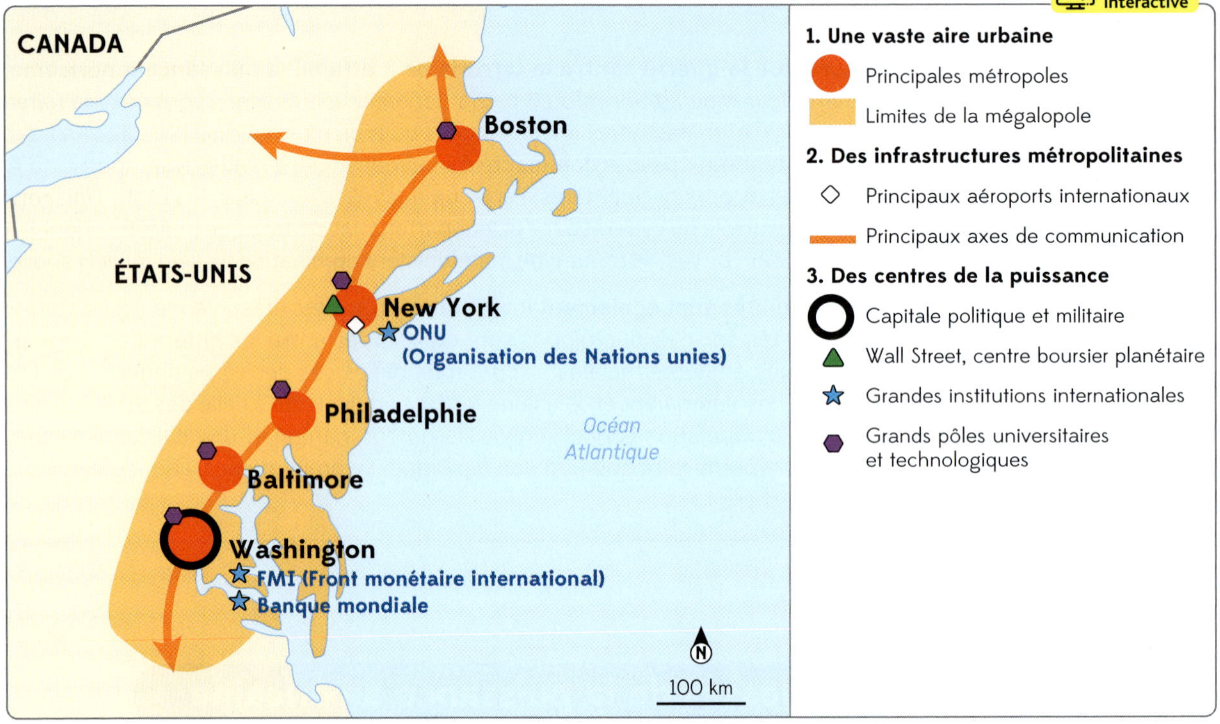

2 Les lieux et les formes de la puissance sur le territoire des États-Unis

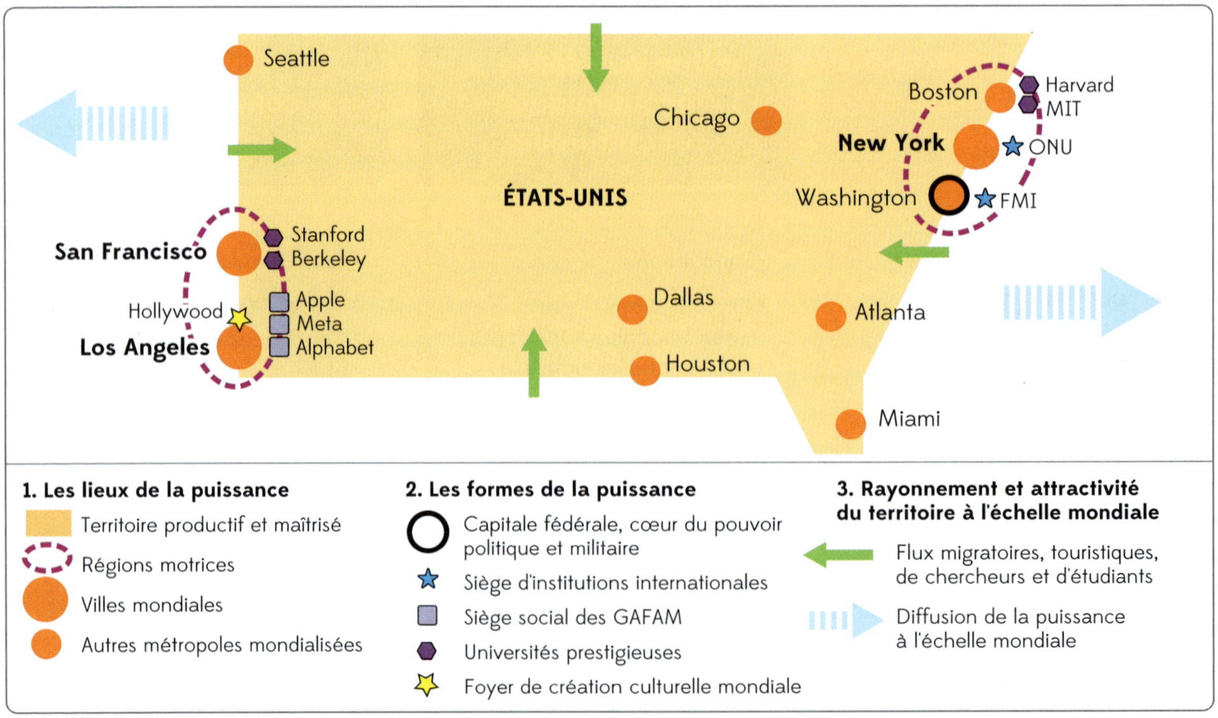

3 Les établissements Starbucks dans le monde en 2024

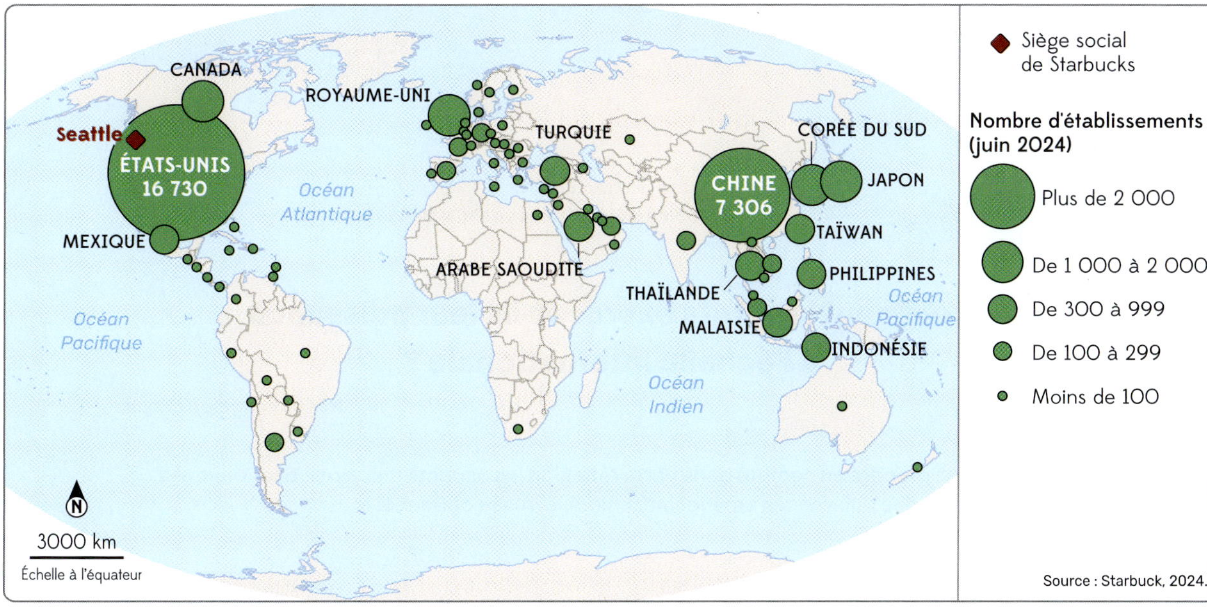

Source : Starbuck, 2024.

4 La puissance des États-Unis aujourd'hui

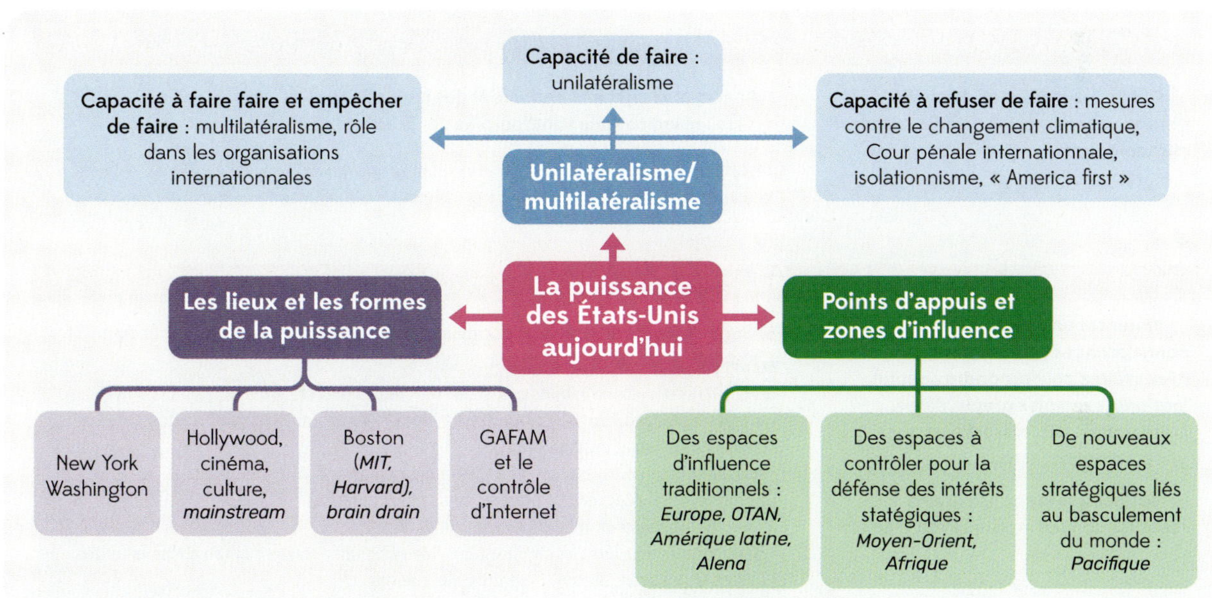

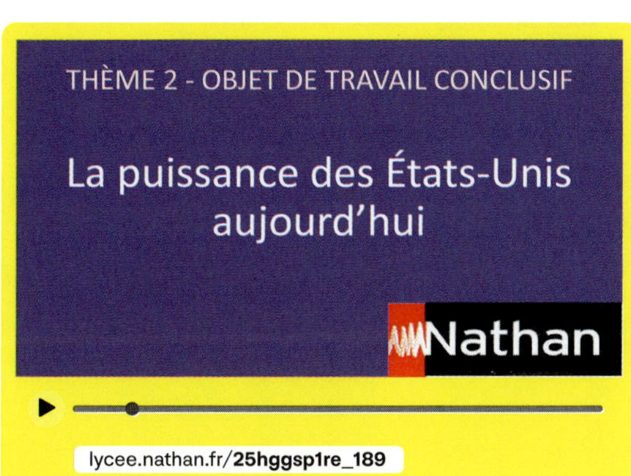

5 Mon bilan en vidéo

Pour approfondir

- **Lauric Henneton, *Atlas historique des États-Unis*, Autrement, 2021.**
Plus de 100 cartes qui retracent l'histoire des États-Unis : colonisation, expansion territoriale, essor économique, crises et prospérité, jusqu'aux défis actuels du rêve américain.
- **Anne-Laure Amilhat-Szary, *Géopolitique des Amériques*, Nathan, 2022.**
Ouvrage étudiant sur les relations internationales, l'environnement et les migrations avec un contenu actualisé – chronologies, cartes, zooms – et des avis d'experts.
- **« États-Unis : le retour de la puissance américaine ? », *Culture Monde*, France Culture, 2022.**
Podcast d'analyse du soutien américain à l'Ukraine : fort engagement économique vs. prudence militaire. Débat sur le leadership mondial américain avec les experts M. Quencez et M. Kandel.

BAC → Dissertation

SUJET BAC

Par quels moyens ? De quelles façons ?

Exemples d'États étudiés dans le thème 2.

Comment les États exercent-ils leur puissance à l'échelle internationale ?

Notion centrale à définir.

Consigne : Vous pourrez prendre en compte dans votre réflexion les aspects militaires, économiques, diplomatiques et culturels des puissances américaine, chinoise, russe et française.

MÉTHODE / APPLICATION

ÉTAPE 1 ANALYSER LE SUJET

Méthode

→ **Définir les mots-clés, l'échelle, l'espace concerné, la période, le cadre chronologique.**

Application

→ Analysez le sujet en vous aidant des indications ci-dessus.
→ Quelles indications sont fournies par la consigne ?

Conseil Interrogez-vous sur l'intérêt du sujet pour dégager des axes de réflexion. Cela vous aidera à déterminer ce que vous voulez démontrer dans la composition.

ÉTAPE 2 MOBILISER LES CONNAISSANCES

Méthode

→ **Noter sur un brouillon, les connaissances personnelles nécessaires pour répondre au sujet (notions, exemples précis, dates, statistiques, faits historiques ou géographiques, acteurs...).**

→ **Vérifier que les informations retenues sont en rapport avec le sujet.**

Application

→ Sur un brouillon, listez vos connaissances sur les différents aspects du sujet.

Exemple
Les différents aspects de la puissance et les moyens de l'exercer :
- militaire : capacité de projection de la force, interventions armées, cybercapacités.
Cf. États-Unis, Russie, cyberguerre
- économique : FTN, investissements à l'étranger, accords commerciaux, maîtrise des réseaux de communications et capacité à exporter, capacité d'innovation.
Cf. « nouvelles routes de la Soie », GAFAM, BATX
- diplomatique : rôle dans les organisations internationales, réseau d'ambassades, alliances.
Cf. États-Unis, Russie, Conseil de Sécurité, droit de veto, OTAN
- culturelle : soft power, langue, culture, médias, réseaux d'influence.
Cf. l'anglais comme langue internationale, l'American way of life, la francophonie, les instituts Confucius

Conseil Pensez à utiliser tous types de supports de connaissances.

ÉTAPE 3 FAIRE UN PLAN ET ORGANISER LES CONNAISSANCES

Méthode

→ **À partir de l'analyse du sujet, de la consigne et de vos connaissances, dégager deux ou trois thèmes ou idées majeures qui formeront les parties du plan.**

→ **Identifier les thèmes secondaires qui constitueront les sous-parties.**

→ **Classer les connaissances dans chaque sous-partie.**

Application

Exercice : Classez vos connaissances dans le tableau suivant :

1. La puissance militaire : moyen de coercition à l'échelle internationale	**2.** La puissance économique : levier de la domination dans la mondialisation	**3.** La puissance diplomatique et culturelle : une stratégie d'influence mondiale

Conseil Intégrez les exemples que vous prévoyez d'utiliser dans les différentes sous-parties du plan.

ÉTAPE 4 RÉDIGER LA COMPOSITION

a. Rédiger l'introduction

- Rédigez une phrase d'accroche en lien avec le sujet pour attirer l'attention du correcteur (fait historique ou d'actualité, citation...).
- Présentez le sujet en précisant le sens des termes.
- Formulez la problématique.
- Annoncez le plan.

Exercice : Dans l'exemple d'introduction suivant, identifiez la phrase d'accroche, la présentation du sujet, la problématique et l'annonce du plan. Justifiez votre réponse.

De l'Empire romain à la Chine contemporaine, l'histoire témoigne d'une constante évolution des formes et des manifestations de la puissance étatique.

La puissance est la capacité d'un État à imposer sa volonté et à agir sur le monde en s'assurant d'une influence durable sur les autres États en termes économiques, culturels et diplomatiques. Serge Sur l'a définie comme la « capacité de faire, de faire faire, d'empêcher de faire, de refuser de faire. » Cette définition invite à réfléchir sur les moyens par lesquels les États cherchent à affirmer leur souveraineté et leur influence sur la scène internationale.

Nous montrerons dans un premier temps que la puissance s'exerce par la force militaire, moyen de coercition à l'échelle internationale ; nous verrons ensuite qu'elle s'exerce dans le domaine économique qui est un levier majeur de la domination dans la mondialisation ; nous analyserons enfin les stratégies d'influence internationales utilisées par les États pour développer leur puissance diplomatique et culturelle.

b. Rédiger le développement

- Chaque partie contient :

– la formulation du thème de la partie ;

– 2 ou 3 sous-parties présentant chacune une idée importante du thème, les explications et les exemples.

- En vous appuyant sur votre travail au brouillon, rédigez un paragraphe argumenté pour chaque partie du plan : vous y développerez les idées importantes, les explications et un ou deux exemples précis.

Exercice : Dans le paragraphe suivant, identifiez l'idée principale, l'explication et les exemples :

L'utilisation de moyens militaires et l'usage de la force pour atteindre des objectifs politiques définissent le hard power. Une armée nombreuse et bien équipée, une stratégie de défense efficace et des technologiques avancées (armes nucléaires, drones, technologies cyber) déterminent la capacité d'un État à défendre ses intérêts et à projeter sa force à l'étranger. Les États-Unis, par exemple, disposent d'une force de frappe considérable (arme nucléaire, armée moderne). Ils peuvent mener des opérations militaires en tout point du globe grâce à leurs bases militaires à l'étranger et leur flotte répartie sur tous les océans. De même, la Russie utilise le hard power afin de réaffirmer son influence sur l'espace post-soviétique, comme l'illustre l'annexion de la Crimée en 2014 ou l'invasion de l'Ukraine en 2022.

- Demandez-vous si un schéma peut illustrer ou compléter de manière pertinente votre composition.

Exemple *Schéma de la puissance des États-Unis aujourd'hui.* *Voir p. 000*

Conseil Le schéma n'est pas obligatoire. Demandez-vous bien à chaque fois s'il apporte quelque chose au traitement du sujet.

c. Rédiger la conclusion

- Faites la synthèse des idées principales.

- En conclusion, rédigez une réponse synthétique à la question posée par le sujet.

Exemple
La puissance des États s'exerce par le hard power, la puissance économique et le soft power. La capacité de certains États à combiner ces différentes approches leur permet de s'assurer une influence forte et durable sur la scène internationale.

Conseil La conclusion ne doit pas comporter d'informations ou d'exemples nouveaux.

- Rédigez une phrase ouvrant la réflexion vers un autre sujet.

Exemple
Dans un contexte marqué par des tensions géopolitiques et des défis communs, la manière dont les États choisissent d'exercer leur puissance sera déterminante pour l'avenir des relations internationales.

ENTRAÎNEZ-VOUS

Autre sujet

La puissance de l'Empire ottoman du XVe siècle à 1923 : apogée, défis et déclin.

Vous analyserez les principales dynamiques qui ont façonné l'Empire ottoman aux XVe et XVIe siècles, puis vous mettrez en lumière les facteurs internes et externes qui ont influencé son évolution jusqu'à sa chute jusqu'en 1923.

BAC → Étude critique de documents

SUJET BAC

La Russie, affirmation et ambitions de la puissance sur la scène internationale

Consigne : En analysant le document et en vous appuyant sur vos connaissances, vous répondrez à la question : en quoi le nouveau Concept de la politique étrangère de la Russie, reflète-t-il une volonté de renforcer l'influence russe sur la scène internationale et de redéfinir l'ordre mondial ?

Le Concept de la politique étrangère de la Russie

Il y a un an, le 31 mars 2023, le président Vladimir Poutine a approuvé le nouveau Concept de la politique étrangère de la Russie. [...] Il fixe comme objectif principal la formation d'un ordre mondial juste et durable comme étant le seul moyen de garantir la sécurité et la souveraineté de la Russie et de créer des conditions pour son développement. [...]

Actuellement, nos efforts se focalisent sur l'approfondissement de la coopération avec la majorité mondiale, c'est-à-dire les États d'Asie, d'Afrique et d'Amérique latine que le Concept définit en tant que zones géographiques prioritaires de notre politique étrangère. Comme l'a montré l'année écoulée, l'écrasante majorité d'entre eux est intéressée par une coopération constructive avec la Russie. [...]

Par ailleurs, nous accordons une attention particulière à la concertation avec nos partenaires dans les enceintes multilatérales, avant tout les Nations unies. Le Concept de politique étrangère stipule, entre autres, qu'il est nécessaire de rétablir le rôle des Nations unies en tant que mécanisme central de coordination pour concilier les intérêts et les actions des États. À cet égard, nous œuvrons en vue de l'élargissement du Conseil de sécurité, mais uniquement par l'inclusion des pays de la majorité mondiale. [...]

Au sein de l'Union économique eurasiatique, la Russie et ses partenaires cherchent à approfondir l'intégration eurasienne, tout en faisant le lien avec des projets tels qu'« Une ceinture, une route » de la Chine, l'OCS[1] et l'ANASE[2]. Ces efforts visent à contribuer à la formation d'un Grand partenariat eurasiatique, qui donnera non seulement un élan au développement économique des pays de notre continent, mais créera également une nouvelle architecture de sécurité égale et indivisible en Eurasie, sans que des États extra-régionaux puissent infiltrer ces processus avec leurs propres règles.

Intervention de S.E.M Alexey Meshkov, Ambassadeur de la Fédération de Russie en France, sur le sujet : « Quel bilan pour le nouveau concept de la politique étrangère de la Fédération de Russie ? », 29 mars 2024.

1. Organisation de Coopération de Shanghai.
2. Association de Nations d'Asie du Sud-Est.

MÉTHODE	APPLICATION
ÉTAPE 1 ANALYSER LE SUJET ET LA CONSIGNE	
→ Définir les termes du sujet. → Définir le cadre géographique ou les limites chronologiques. → Dégager la question clé posée par le sujet.	• Précisez le sens des termes « puissance », « scène internationale ». • Quelle problématique le sujet et sa consigne suggèrent-ils ? **Conseil** Vous pouvez reprendre la question posée dans la consigne.

ÉTAPE 2 ANALYSER ET CRITIQUER LES DOCUMENTS

→ **Identifier les documents.**

• Quels sont l'auteur, la nature, la source et la date du document ?

→ **Dégager le sens général des documents.**

• Quel est le sens général de ce document ?

Exemple : *Le document présente les grands axes de la nouvelle politique étrangère de la Russie qui met en évidence ses priorités géopolitiques et le rôle que la Russie envisage de tenir dans les relations internationales.*

→ **Sélectionner, confronter et expliquer les informations.**

• Relevez les informations en rapport avec le sujet dans le document.

• Expliquez ces informations en vous aidant de vos connaissances.

Pour vous aider à faire l'analyse du document, complétez le tableau suivant :

Thèmes et informations du texte	Explications à l'aide des connaissances
Objectifs : « la formation d'un ordre mondial juste et durable »...	
Coopération avec les États du Sud : ...	
Rôle de l'ONU : ...	
Intégration eurasiatique : ...	
Relations avec l'Occident et critiques implicites : « États extra-régionaux », « leurs propres règles »	

→ **Exercer un regard critique.**

→ **Montrer l'intérêt/les limites du (des) document(s) au regard du sujet.**

• Exercez un regard critique : Quel est le statut de l'auteur du document ? Pourquoi devez-vous prendre en compte ce paramètre dans votre analyse ?

Exemple : *L'auteur est l'ambassadeur de Russie en France, il représente donc le gouvernement de son pays et s'exprime au nom du chef de l'État russe, Vladimir Poutine. Son discours présente une vision idéologique du nouveau concept de politique étrangère russe. Il ne s'agit pas d'une analyse objective et neutre, mais d'un argumentaire visant à promouvoir la politique étrangère russe et à la légitimer.*

ÉTAPE 3 RÉDIGER L'ÉTUDE CRITIQUE DE DOCUMENT(S)

a. Rédiger l'introduction

→ **Présenter le sujet et le(s) document(s), le contexte et la problématique.**

• Rédigez une courte introduction à partir de ce que vous avez dégagé lors des étapes 1 et 2.

Exemple : *Le document est un extrait de l'intervention d'Alexey Meshkov, ambassadeur de Russie en France, faisant le bilan du nouveau Concept de la politique étrangère de la Fédération de Russie, en mars 2024. Ce texte présente une vision idéologique de la politique étrangère russe approuvée par Vladimir Poutine. Il ne s'agit pas d'une analyse objective et neutre, mais d'un argumentaire visant à promouvoir la politique russe et à la légitimer. Il permet d'analyser d'une part la volonté de la Russie de renforcer son influence sur la scène internationale et d'autre part son ambition de redéfinir l'ordre mondial.*

Conseil **Vous pouvez intégrer la critique du document à la suite de sa présentation dans l'introduction.**

→ **Rédiger l'étude de manière organisée.**

• Rédigez une réponse organisée pour répondre au sujet.

Plan possible :

I. La volonté de renforcer l'influence russe sur la scène internationale
II. L'ambition de redéfinir l'ordre mondial

→ **Rédiger la conclusion.**

• Dans une conclusion, répondez à la problématique du sujet.

Exemple : *Le Concept de la politique étrangère expose la nouvelle stratégie russe d'influence mondiale. Axé sur la construction d'un ordre mondial multipolaire, un recentrage sur les partenariats Sud-Sud, une intégration eurasiatique renforcée, ce texte présente une vision très ambitieuse du rôle international de la Russie.*

THÈME 2
BAC

→ Vers le grand oral

Comment mener la recherche documentaire ?

I. TROUVER ET EXPLOITER DES SOURCESD'INFORMATION PERTINENTES

Élargissez et variez vos sources d'information.
- Pour croiser les sources, faire des liens, avoir des points de vue différents.
- Pour comprendre des processus complexes.
- Pour prendre en compte toutes les matières de la spécialité

Histoire, Géographie, Géopolitique, Sciences politiques.

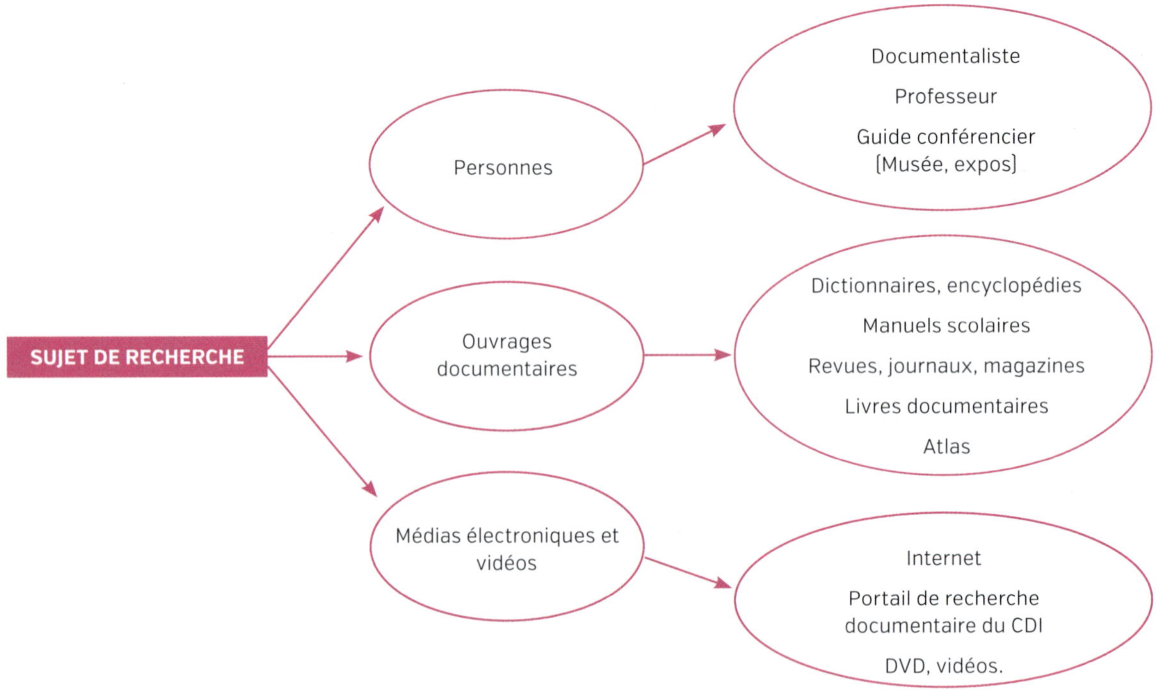

MÉTHODE

→ **Identifiez les sources d'information correspondant à votre sujet. Aidez-vous de la sélection proposée page ci-contre, adaptée à la spécialité.**

Conseil Allez du plus général au plus précis. Commencez par les articles d'encyclopédies et de dictionnaires thématiques qui vous donneront des pistes d'approfondissement, puis consultez les sources plus spécialisées.

→ **Diversifiez les sources d'information :**
– utilisez des documents iconographiques : carte, affiche, photographie, dessin de presse, vidéo ;
– identifiez et interviewez des spécialistes de la question ou des professionnels ;
– visitez des lieux ressources (musées, expositions, archives, salons, etc.).

→ **Évaluez la pertinence de l'information** au regard du sujet et de la problématique : est-elle intéressante dans le cadre de votre recherche ? Est-elle assez récente ? Les idées et notions sont-elles utiles à votre argumentation ?

EXERCICES

Afin de mener une recherche sur le sujet suivant :

« Essor et déclin des puissances : un cycle inévitable ou une question de stratégies d'adaptation à l'évolution des attributs de la puissance ? »

1. Dans votre manuel, relevez dans le thème 2 les conseils de lecture, les ressources ainsi que les documents (textes et images) qui peuvent apporter des éléments de réponse à ce sujet.

2. Au CDI, recherchez dans une encyclopédie les articles permettant de développer les notions de « puissance » et d'« attributs de la puissance ».

Conseil Utiliser l'index et/ou le sommaire dans les ouvrages pour repérer et sélectionner les informations pertinentes.

II. SÉLECTIONNER LES INFORMATIONS PERTINENTES

Au fil de votre recherche, vous devez opérer un tri parmi les informations et documents que vous trouvez.
- Sélectionnez vos documents en fonction :
– de leur fiabilité ;
– de leur pertinence par rapport à votre sujet.
- Notez au fur et à mesure les références que vous retenez.

MÉTHODE

→ **Questionnez la source et la nature des documents et des informations :**
- l'auteur : est-il un spécialiste, un journaliste, une personnalité ou un organisme reconnu, une entreprise commerciale, un particulier ?
- son objectif : informer, illustrer, instaurer un débat, une controverse, dénoncer ?
- nature du document :
pour un texte : est-ce un document source, de première main ? Un résumé d'un document déjà existant ? Un commentaire ou une analyse ?
pour une iconographie : est-elle un reflet direct, une représentation ou une interprétation de la réalité qu'elle évoque ?
contrôle de l'information : l'auteur est-il cité dans d'autres publications ? l'information peut-elle être vérifiée et recoupée avec d'autres sources ? Les idées sont-elles reprises par d'autres auteurs ou groupes de recherche ? L'image est-elle connue, populaire, plutôt rare ? Peut-elle être truquée, retouchée ? La source est-elle fiable ?

→ **Constituez votre bibliographie au fur et à mesure.**

EXERCICES

Sujet : « Les GAFAM forment-elles une puissance hégémonique ? »

1. Menez une recherche à l'aide des ressources Internet fournies dans le tableau.

Conseil Dans la barre de recherche du navigateur, tapez les mots-clés suivis du nom du journal ou de la revue que vous voulez consulter

***Exemple :** « GAFAM puissance Courrier international »*

2. Sélectionnez dix documents de nature différente (article, livre, photographie, dessin de presse, carte, graphique, etc.). Pour chacun d'entre eux, évaluez et indiquez leur fiabilité et la qualité de l'information fournie.

3. Établissez une bibliographie des documents retenus pour votre recherche parmi cette sélection.

Exemples de sources pour la spécialité HGGSP.

Sources généralistes	*Encyclopédie Universalis* *Dictionnaires de géopolitique et d'économie politique*
Journaux	*Le Monde et lemonde.fr* *Le Monde diplomatique* *Courrier international* *Les Echos*
Publications et sites spécialisés	*Diplomatie - Les grands dossiers* *Questions internationales* *Carto - www.areion24.news* *Documentation photographique* *L'Histoire - www.lhistoire.fr* *www.sciencespo.fr/la-recherhe/publications* *www.diploweb.com*
Statistiques	*Institut national de la statistique et des études économiques - www.insee.fr* *Organisation mondiale du commerce* *La Banque mondiale*
Atlas	*Atlas des éditions Autrement* *Atlas des éditions Le Monde - La Vie* *www.monde-diplomatique.fr/cartes/* *http://cartotheque.sciences-po.fr/* *www.ladocumentationfrancaise.fr/cartes*

VERS LE GRAND ORAL EN 5 ÉTAPES

On aura ce petit récap en fin de chaque thème, pour repérer où on en est dans cette progression de méthodo.

Thème 1 Choisir un sujet et déterminer une problématique p. 104
Thème 2 Mener la recherche documentaire p. 194
Thème 3 Exploiter les informations p. 286
Thème 4 Organiser les informations et faire un plan p. 362
Thème 5 Présenter l'exposé p. 434

Thème 3

ÉTUDIER LES DIVISIONS POLITIQUES DU MONDE : LES FRONTIÈRES

SOMMAIRE

Migrants à la frontière entre le Mexique et les États-Unis (2020)

Des jeunes hommes regardent à travers le mur frontalier à Tijuana (Mexique) « sous les yeux » de l'*US Border Patrol*, à San Diego.

Les frontières dans le monde d'aujourd'hui

Toutes les ressources

lycee.nathan.fr/25hggsp1re_198

A Des frontières de plus en plus nombreuses

1 Nouvelles frontières et nouveaux États dans le monde

Carte interactive

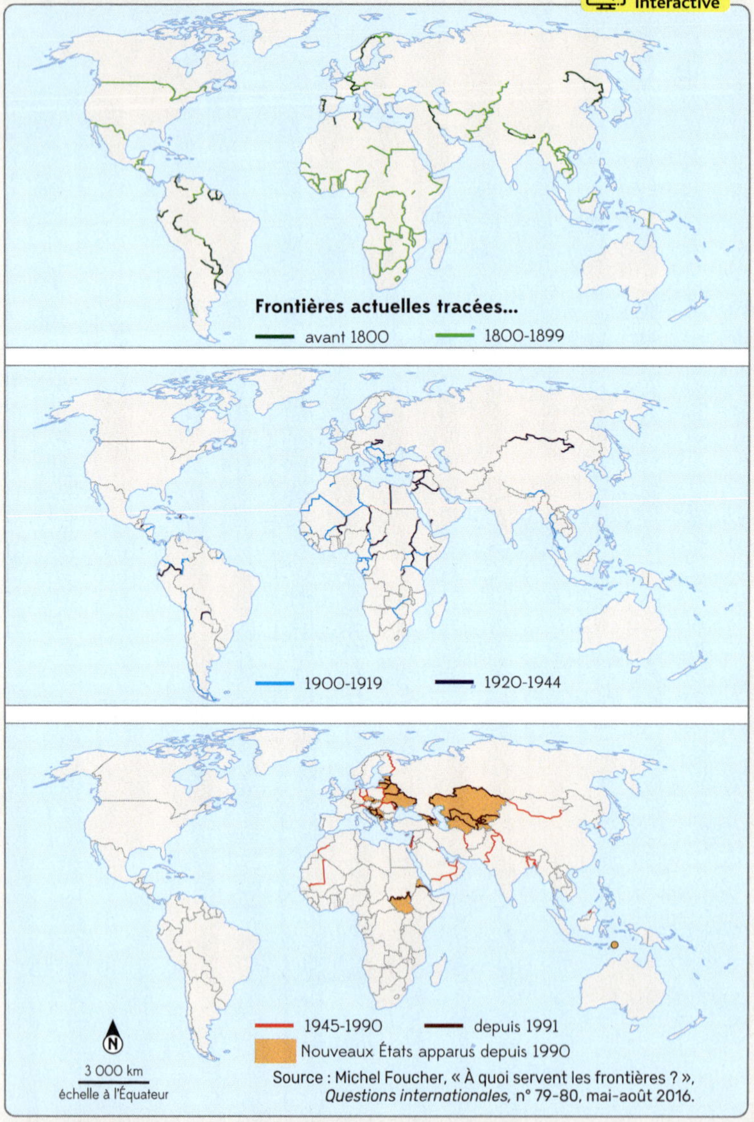

Source : Michel Foucher, « À quoi servent les frontières ? », *Questions internationales*, n° 79-80, mai-août 2016.

Les frontières internationales dans le monde

252 000 km de frontières internationales terrestres
319 dyades terrestres

Pays comptant **le plus de dyades : Chine et Russie** (14 chacun)

1 seule dyade pour le Lesotho, enclavé en Afrique du Sud

Environ **28 000 kilomètres de frontières** apparus depuis 1991

Vocabulaire

Dyade : terme proposé par le géographe Michel Foucher pour désigner une frontière commune à deux États contigus.

Frontière : limite administrative et juridique séparant deux États qui exercent chacun leur souveraineté sur un territoire. Son tracé résulte généralement d'un accord entre les deux États. La frontière peut être aussi le produit d'un armistice après une guerre non suivie par un traité de paix.

2 Les frontières internationales

Le regard d'un géographe

Les frontières des États sont couramment appelées frontières internationales. Étymologiquement, une frontière internationale devrait être, au sens strict, une séparation entre deux nations. On devrait plutôt parler de frontière interétatique, pour désigner la ligne séparatrice entre les territoires de deux États...

En théorie, chaque État dispose d'une enveloppe frontalière qui se décompose en plusieurs dyades. Ainsi, l'enveloppe frontalière du Luxembourg se décompose-t-elle en trois dyades : avec l'Allemagne, la Belgique et la France. Parmi les pays qui en comptent le plus : le Brésil (10), la France (11), la Chine et la Russie (14). Les dyades de l'enveloppe frontalière française : Brésil (la plus longue : 730 km), Surinam, Belgique (620 km), Pays-Bas (à Saint-Martin), Luxembourg, Allemagne (451 km), Suisse, Italie, Espagne (623 km), Andorre et Monaco (la plus petite : 5,5 km). Dans le cas d'un État enclavé dans un autre, comme le Lesotho, l'enveloppe frontalière est constituée d'une seule dyade. Certains États littoraux (Portugal, Monaco) n'ont qu'une seule dyade terrestre. Au total, l'espace mondial compterait environ 320 dyades terrestres, alors que l'espace maritime serait parcouru par 270 dyades maritimes.

Stéphane Rosière, *Géographie politique et géopolitique. Une grammaire de l'espace politique*, Ellipse, 2021.

3 Les 193 États membres de l'ONU (2025)

Carte interactive

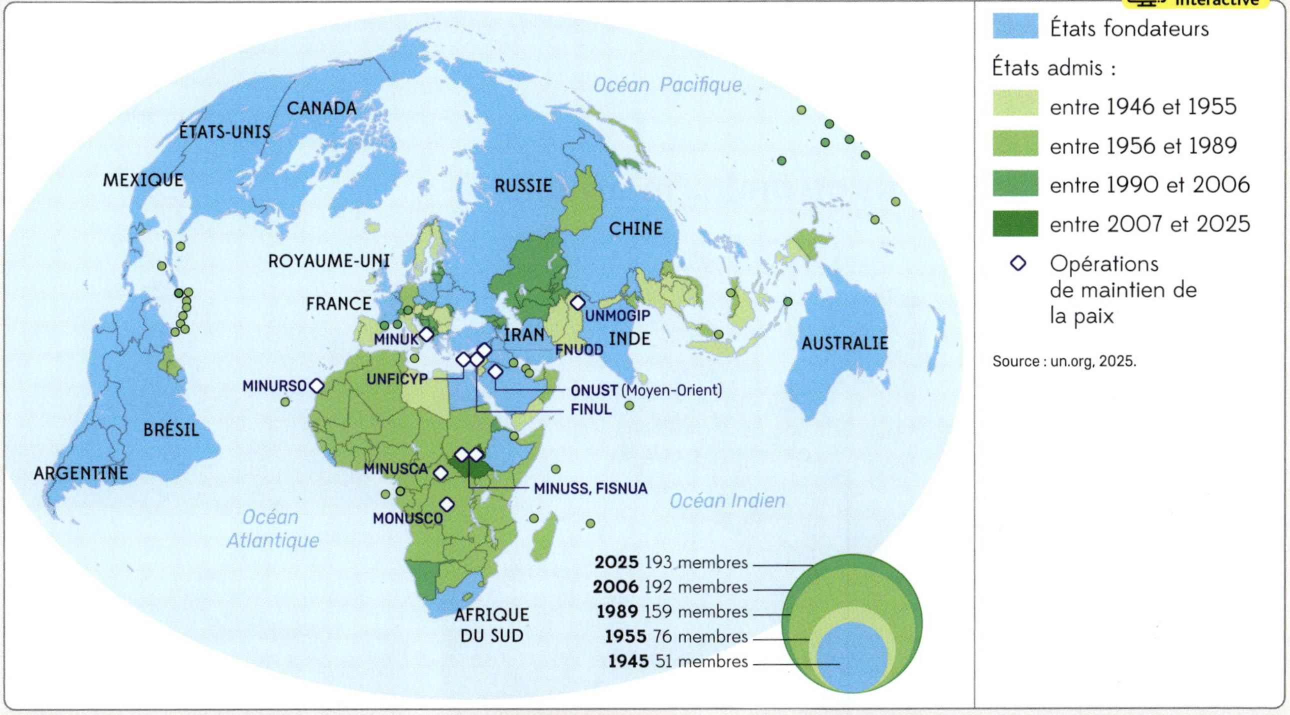

4 Les frontières aujourd'hui

Le regard d'une géographe

Construites pour délimiter des États, séparer des entités territoriales, protéger des populations d'autres groupes, les limites internationales sont en train de se transformer en profondeur, tant dans leurs formes que dans leurs fonctions. Ces changements ont déjà commencé à bouleverser nos vies, notre façon de nous ancrer dans les territoires, nos capacités à voyager, mais aussi la définition de nos relations politiques.

1989 : le mur de Berlin tombe. 2020 : la pandémie de Covid-19 remet l'idée de frontière au premier plan dans les esprits. 2022 : la Russie envahit l'Ukraine, franchissant avec son armée une limite dont elle nie la nature frontalière depuis 2014. Les crises qui se multiplient sèment le trouble international en remettant en cause la carte politique du monde dont on nous avait appris les contours stables. La frontière, ligne de partage traditionnel entre des territoires, des souverainetés, est remise en question de multiples manières : par l'abaissement des droits de douane pour une meilleure circulation des marchandises, par la dérégulation financière[1] pour une accélération des échanges de capitaux, par les revendications séparatistes et sécessionnistes[2] qui se multiplient.

La dislocation des équilibres issus de la guerre froide a permis la création de plus de 30 000 km de frontières depuis 1991 dans le monde. Leur prolifération dans un monde où la globalisation semblait reposer sur l'ouverture des frontières est telle que nous avons presque cessé de voir ce paradoxe.

Anne-Laure Amilhat, *Qu'est-ce qu'une frontière aujourd'hui… et demain ?*, PUF, 2024.

1. Assouplissement des règles pour faciliter les échanges de capitaux à l'échelle mondiale.
2. Mouvements politiques ou sociaux cherchant à modifier les frontières d'un territoire.

lycee.nathan.fr/**25hggsp1re_199**

5 Les frontières d'hier et d'aujourd'hui

Histoire de frontières à travers le monde et dans l'espace, L'info du vrai, 2021.

Faire le point

1. Définissez ce qu'est une frontière internationale. doc. 1 et 2

2. Relevez où sont apparues les nouvelles frontières depuis 1990. Expliquez pourquoi. doc. 1 et 5

3. Pourquoi les frontières sont-elles remises en question aujourd'hui ? doc. 3, 4 et 5

Les frontières dans le monde d'aujourd'hui

Toutes les ressources

lycee.nathan.fr/25hggsp1re_200

B Des frontières plus ou moins marquées

1 Les frontières d'aujourd'hui dans le paysage

ⓐ Forces de sécurité aux frontières le long de la frontière indo-pakistanaise (2021). ⓑ Borne dans l'Amazonie marquant la frontière entre le Brésil et la France (Guyane). ⓒ Gare frontière entre le Togo et le Ghana. ⓓ Poste de douane abandonné de Cerbère, frontière franco-espagnole. ⓔ Plateau de Gilf al-Kabir (Sahara), frontière entre Égypte et Libye. ⓕ Le fleuve Amour dessine la frontière entre la Chine et l'extrême orient russe. ⓖ *Street art* sur le mur de séparation entre Israël et la Cisjordanie (2022).

2 L'obsession des frontières

Le regard d'un géographe

Alors que le monde n'a jamais été aussi perméable à la circulation des personnes, des biens et des images, les frontières non seulement ne s'effacent pas mais connaissent dans plusieurs points du globe un processus de fermeture et de durcissement. Des différends frontaliers demeurent, irrésolus, dans le monde ; des barrières et des murs sont érigés ici et là. Il est donc plus que jamais utile de définir clairement la frontière, ou plutôt les frontières.

Il existe une extrême variété de frontières en fonction du degré d'ouverture ou de fermeture, du type de tracé (agréé ou imposé et contesté) et du support (terrestre ou maritime, matériel ou immatériel, naturel ou artificiel). Les frontières ne sont pas des lignes abstraites : elles sont délimitées, démarquées, tracées et résultent donc de choix politiques ou idéologiques mais aussi de mesures techniques ; elles sont mouvantes et s'y exercent des dynamiques. Elles ont des effets durables sur les sociétés et les individus, même quand elles disparaissent, et sont des marqueurs symboliques. Les frontières, pour certaines arbitraires ou imposées, peuvent faire l'objet de forts contentieux entre les États et de nouveaux terrains de discorde ont émergé, comme l'Arctique ou le cyberespace, pourtant imaginé sans frontières.

Michel Foucher, « Frontières », *Documentation photographique*, n° 8133, 2020.

3 Un monde de « murs » ?

Carte interactive

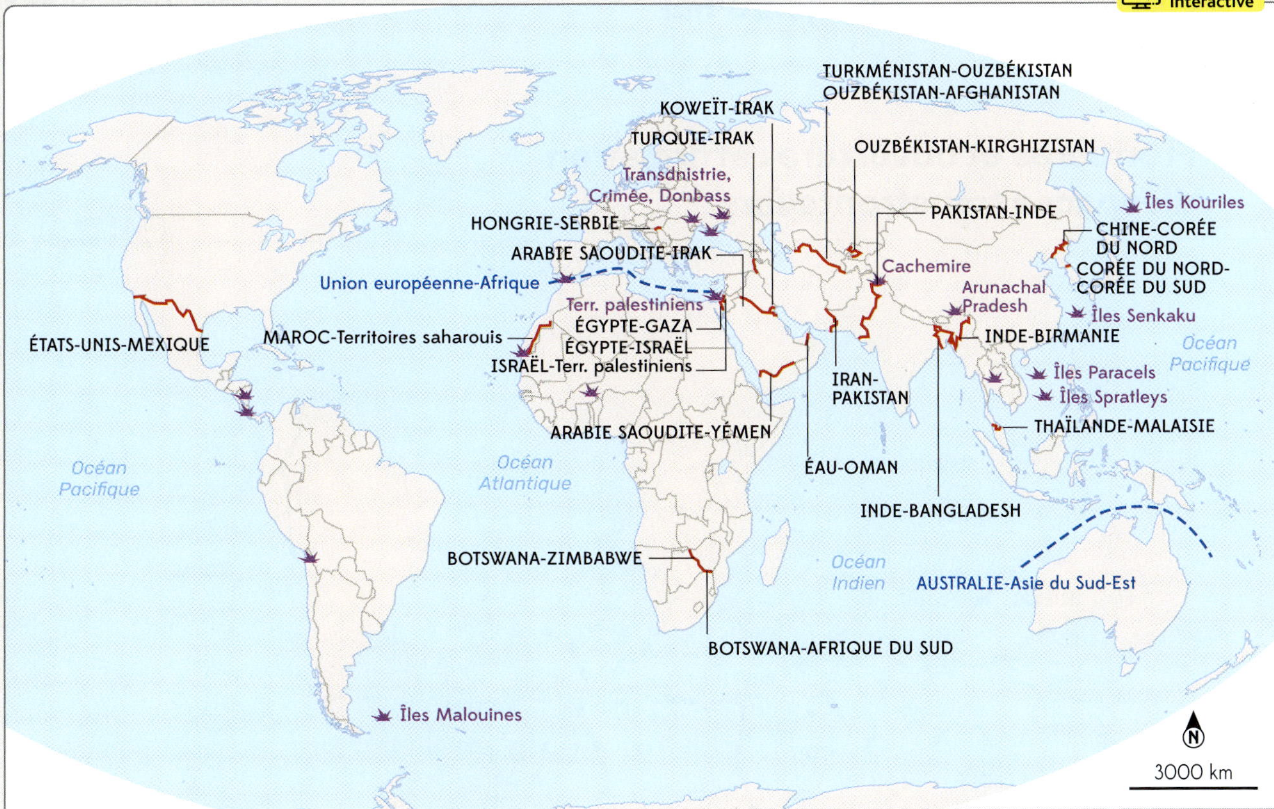

— Murs réalisés ou en cours de construction

- - - « barrières » maritimes

Principaux contentieux internationaux

Source : *Atlas des frontières*, Autrement, 2023.

5 Les barrières frontalières dans le monde

Objectifs : lutte contre les **trafics**, contre le **terrorisme** et contre **l'immigration illégale**

25 000 km « barriérisés »

43 États en disposent

Surtout des clôtures (grillages, barbelés) et rarement des « murs »

3 barrières sur 4 construites après 2001

États-Unis / Mexique :
1 100 km de barrière sur
3 140 km de frontière

Israël / territoires palestiniens de Cisjordanie : 560 km de barrières construites en 2015

Inde / Bangladesh :
3 326 km de barrières construites en 2015

Source : Stéphane Rosière, Géographie politique et géopolitique, Ellipses, 2021.

4 Une frontière européenne

« Le Sahel c'est la frontière Sud de l'Europe », *TV5 Monde*, 2020.

Faire le point

1. **Décrivez les formes prises par les frontières aujourd'hui.** doc. 1, 2 et 3

2. **Pourquoi la multiplication des murs frontaliers illustre-t-elle un retour des frontières ?** doc. 2, 3 et 4

3. **Expliquez pour quelles raisons la frontière devient plus individualisée et mobile.** doc. 5

Les frontières dans le monde d'aujourd'hui

Toutes les ressources
lycee.nathan.fr/25hggsp1re_202

C Frontières et ouverture : affirmation d'espaces transfrontaliers

Carte interactive

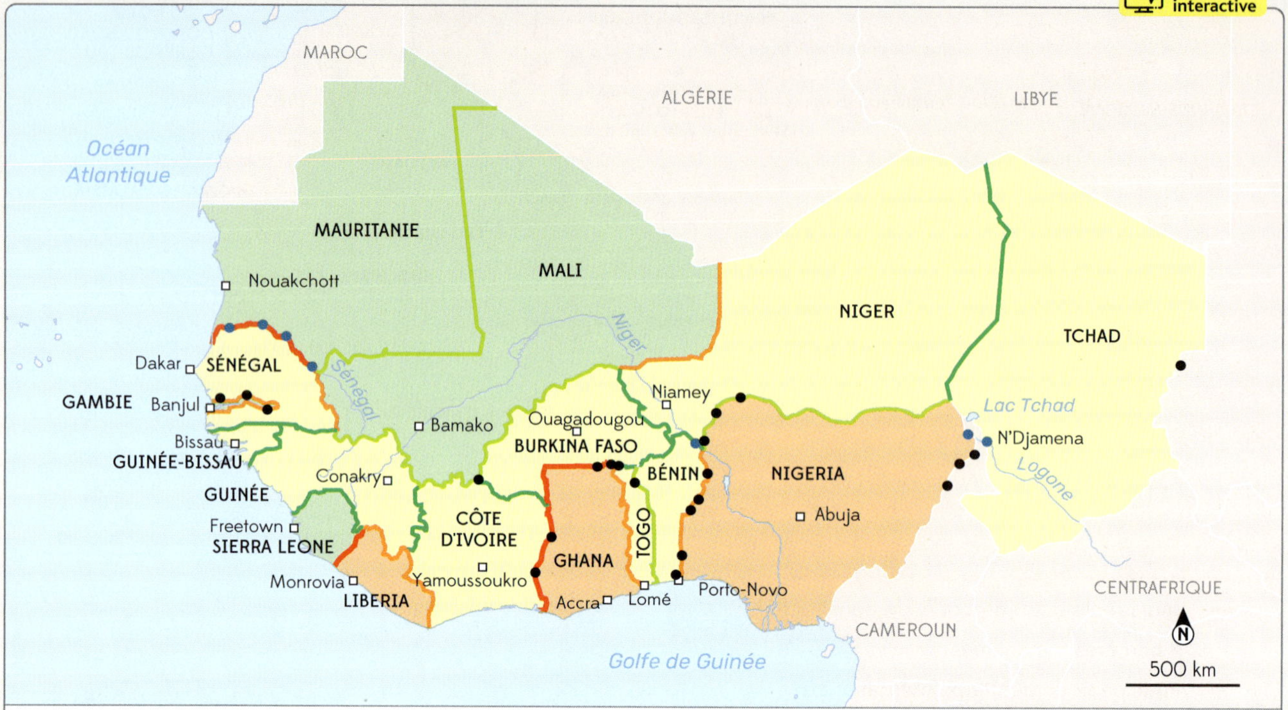

1. Villes transfrontalières
- Ville située de part et d'autre d'une frontière terrestre
- Ville située de part et d'autre d'un fleuve frontière

2. Niveau des prix alimentaires
- Bas (inférieur à - 8 %)
- Moyen (de - 8 à + 8 %)
- Élevé (supérieur à + 8 %)

3. Écart de sprix alimentaires entre pays
- Bas (inférieur à 6 %)
- Moyen (de 6 à 17 %)
- Élevé (de 17 à 23 %)
- Très élevé (supérieur à 23 %)

Source : M. Foucher, *Les frontières*, Documentation photographique, n° 8133, 2020.

1 Les marchés transfrontaliers en Afrique de l'Ouest

2 Main-d'œuvre agricole transfrontalière, Hatay (Turquie, 2024)

Des ouvriers agricoles saisonniers près de Reyhanli à la frontière syrienne en Turquie. La majorité des travailleurs sont des familles syriennes, une main-d'œuvre bon marché payée entre 27 € et 45 € la journée, 15 € pour les enfants.

3 Le système des villes-jumelles transfrontalières

Le regard d'un géographe

Le terme même de Mexicali inventé au début du XXe siècle juxtapose les termes Mexique/Californie alors que celui de Calexico juxtapose les termes Californie/Mexico. Ce système de « villes-jumelles » (*twin cities*) se développant de chaque côté de la frontière n'est pas propre à l'Amérique du Nord ; il est même assez général dans le monde du fait à la fois de la rupture introduite (arrêt aux postes frontaliers…) et des liens d'interaction existants entre les deux espaces.

Paradoxalement, alors que les deux villes et les deux territoires régionaux sont séparés par un long mur frontalier largement hermétique, leurs économies sont interdépendantes. Dans la région de Mexicali, une très large partie des productions agricoles de légumes est exportée vers le marché étatsunien voisin.

Le long de l'axe qui coupe l'agglomération de Mexicali de grands blocs blancs correspondent aux toits des usines des industries maquiladoras. Le rôle économique, industriel et social des industries maquiladoras est très important avec 66 500 salariés à Mexicali. Les firmes américaines dominent l'organisation du système productif : la répartition des tâches entre les deux pays se concrétise par la construction d'usines–jumelles (*twin plants*) à cheval sur la frontière, la partie étasunienne assurant les fonctions de gestion, de recherche/innovation et d'encadrement, la partie mexicaine les fonctions de productions banales.

Laurent Carroué, « La frontière États-Unis-Mexique à Mexicali/Calexico », *Géoimage*, CNES, 2023.

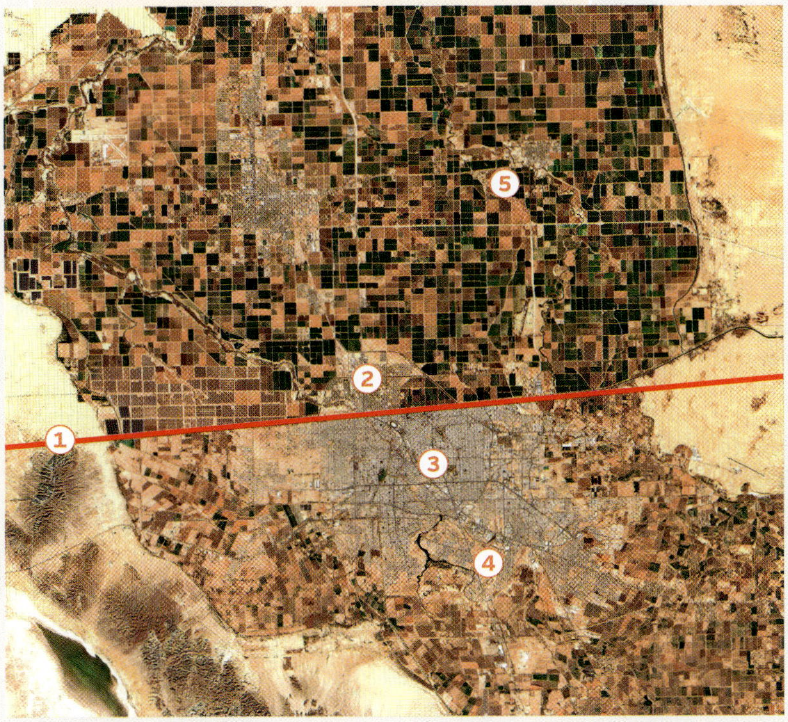

① Mur frontalier (coupe « la ville » en deux)
② Calexico (« ville » côté Californie)
③ Mexicali (ville côté Mexique)
④ Usines *maquiladoras* (zone industrielle)
⑤ *Imperial Valley* (agriculture irriguée) = champs verts autour du centre

Les frontières ouvertes dans le monde

200 000 personnes par jour passent au seul poste frontière de Tijuana (entre les États-Unis et le Mexique).

1,7 million de travailleurs frontaliers dans l'Union européenne franchissent une frontière chaque jour.

4 La frontière comme ressource

Le regard d'un géographe

Les frontières peuvent aussi être une ressource, pour jouer des différences (prix, taux de change, salaires). Des frontaliers viennent travailler, commercer, échanger dans ces espaces. Plus largement, des frontières se révèlent donc être des ponts entre les cultures et des lieux d'interactions à étudier.

En Asie du Sud-Est, le dynamisme de Singapour attire chaque jour plus de 400 000 travailleurs venus de l'État limitrophe de Johor en Malaisie. Les salaires y sont trois fois plus élevés et la monnaie plus forte mais le coût de la vie ne permet pas une résidence permanente. En Afrique, les parties occidentales et orientales du continent connaissent une intense vie frontalière, qui joue des différences (taux de change, prix agricoles, régimes fiscaux et subventions) pour faire de la limite une opportunité. Selon la Banque africaine de développement, un peu plus de 40 % de la population tire ses revenus du commerce frontalier informel, qui est souvent une activité essentielle pour les femmes.

Michel Foucher, « Frontières », *Documentation photographique*, n° 8133, 2020.

Faire le point

1. Relevez les types d'échanges réalisés dans les espaces frontaliers ? doc. 1 à 5

2. Expliquez et illustrez la notion de « frontière ressource ». doc. 1 à 5

3. Pourquoi selon Michel Foucher, les frontières sont des « ponts entre les cultures et des lieux d'interactions » ? doc. 1, 4 et 5.

Les frontières d'aujourd'hui

Toutes les ressources

lycee.nathan.fr/25hggsp1re_204

1 Les frontières politiques dans le monde (2025)

2 Des frontières terrestres, maritimes et aériennes

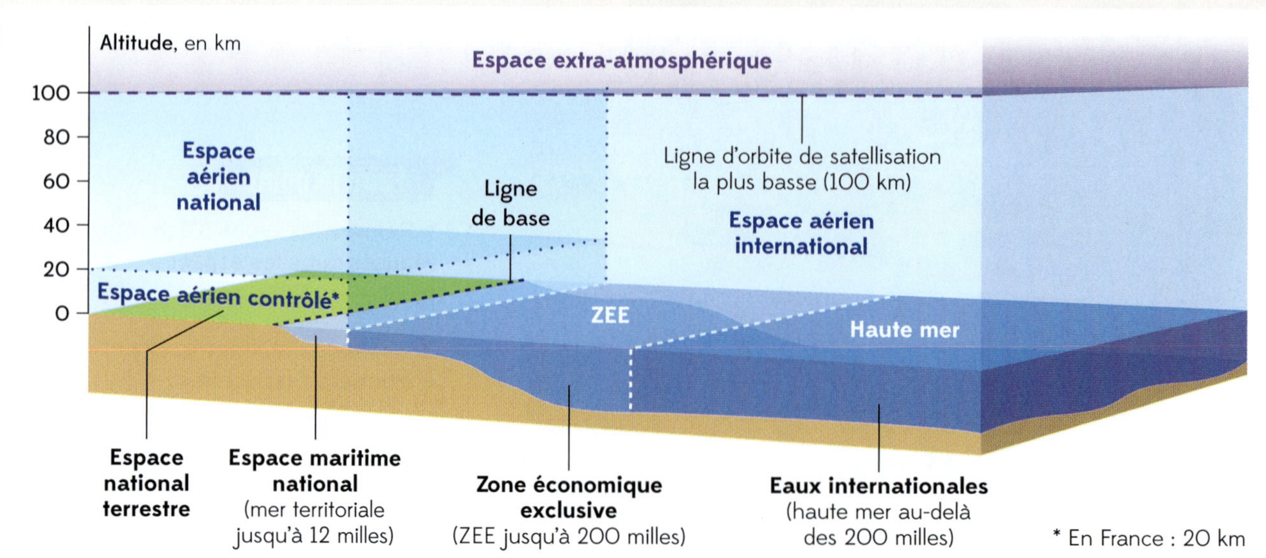

3 Les types de frontières dans le monde

Frontière-barrière
Corée du Nord-Sud,
Inde-Pakistan (Cachemire)
Israël-Palestine (Cisjordanie)
Pologne-Biélorussie

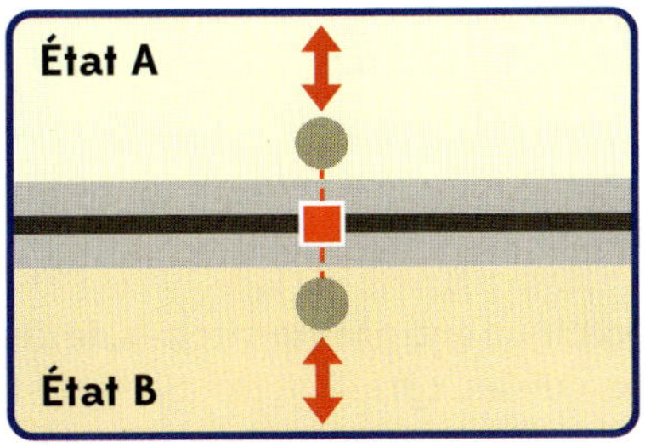

- **Frontière fermée** : ligne de séparation
- Poste frontière militarisé
- Flux de marchandises, population, etc.
- Villes frontières marginalisées (en impasse)
- Marges territoriales

Frontière interface
États-Unis-Canada
(Région des Grands Lacs)
Paraguay-Brésil-Argentine (Triple frontière)
Botswana et Afrique du Sud
(Région de Gaborone)

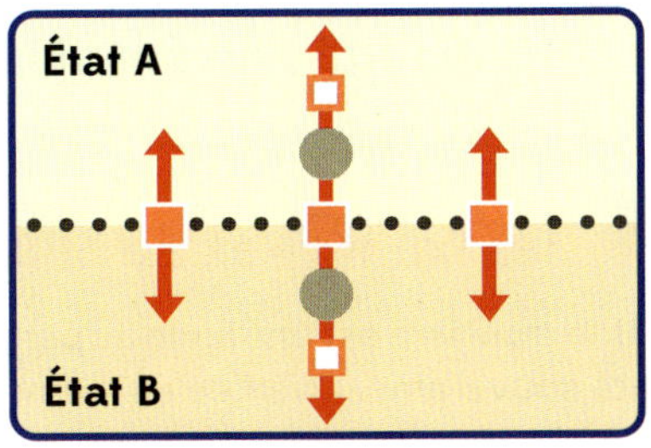

- **Frontière interface** : lieu privilégié pour les échanges
- Poste frontière + ou − filtrant : lutte contre les flux illicites
- Contrôle frontalier intérieur : frontières mobiles
- Flux de marchandises, population, etc.
- Agglomérations frontalières : point de passage

Frontière territoire
Singapour-Malaisie
Argentine-Uruguay (Rio de la Plata)
France-Allemagne-Suisse (Rhin supérieur)
France et Belgique (Eurométropole)

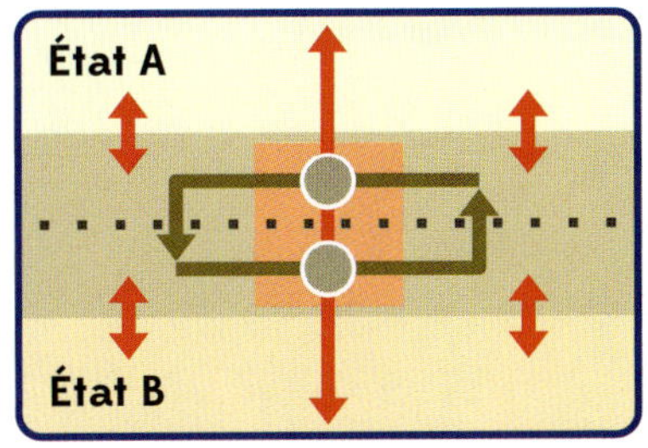

- **Frontière territoire** : ligne effacée, espace d'interactions
- Flux de marchandises, population, etc.
- Flux intense dans l'espace transfrontalier
- Espace transfrontalier : la frontière devient un espace dynamique
- Agglomération transfrontalière

4 Comprendre les principales notions

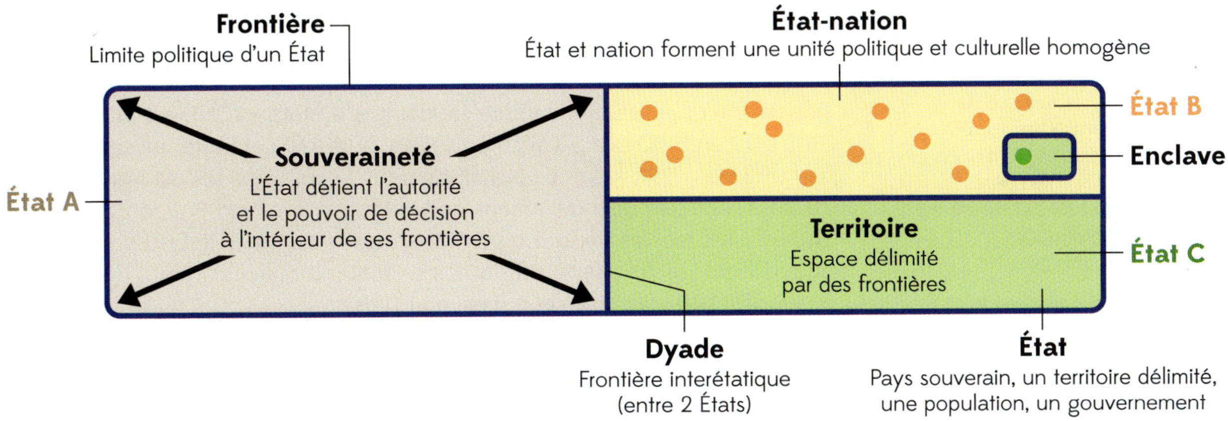

5 Les frontières records

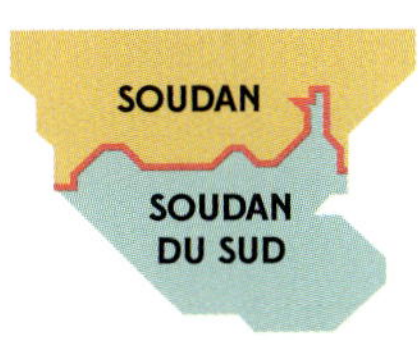

La frontière **la plus récente**
2011

La frontière **la plus longue**
8 991 km

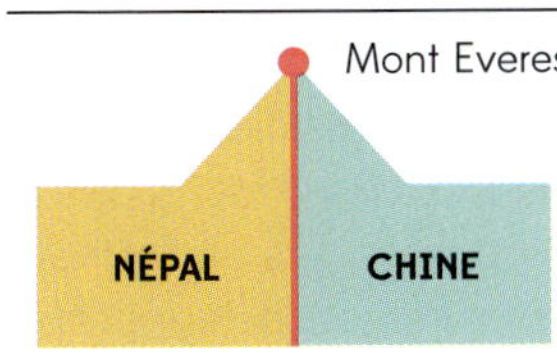

La frontière **la plus élevée**
8 848 m

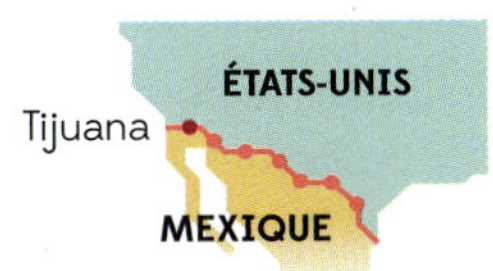

La frontière **la plus traversée**
200 000 personnes au seul poste-frontière de Tijuana

Source : B. Tertrais, D. Papin, L'Atlas des frontières, *Les Arènes, 2021.*

INTRODUCTION
Cours

Toutes les ressources
lycee.nathan.fr/25hggsp1re_206

Les frontières dans le monde d'aujourd'hui

Entre effacement et renforcement, qu'est-ce qu'une frontière aujourd'hui ?

I Des frontières de plus en plus nombreuses

- **Une frontière est une ligne de partage politique entre les territoires de deux États souverains.** Inventée en même temps que les cartes, la frontière n'est ni naturelle, ni culturelle, elle est une création politique reconnue par des traités. Elle a une valeur juridique définie par le droit international, et protégée par la Cour internationale de justice de La Haye. La frontière peut être terrestre, maritime, aérienne ou numérique dans le cyberespace. La fonction réelle de la frontière est de marquer la limite spatiale de l'exercice de la **souveraineté** d'un État.

- **La notion de frontière internationale et linéaire,** développée par les juristes et géographes européens à l'époque moderne, s'est répandue avec la colonisation. Dès le XVe siècle, les puissances européennes découpent les continents par des traités [Tordesillas en 1494]. En 1648, les traités de Westphalie définissent les frontières comme les limites de la souveraineté des États-nations : les frontières ne séparaient pas seulement les États, elles constituaient aussi les sociétés et leur territoire. Les traités de paix après les Guerres mondiales ont redessiné les frontières, comme le traité de Lausanne en 1923, qui a créé les frontières de nombreux États au Moyen-Orient [Turquie, Syrie, Irak].

- **Depuis 1945, les frontières se sont multipliées** et participent de la **frontiérisation** croissante du monde. Le nombre d'États à l'ONU est passé de 51 en 1945 à 99 en 1960 avec la décolonisation, puis à 193 aujourd'hui après la chute de l'URSS en 1991, les **nationalismes** dans les Balkans [ex-Yougoslavie, 1991-2006] et le succès de mouvements indépendantistes [Sud-Soudan, 2011]. Sur les 248 000 kilomètres de frontières terrestres existantes, 26 000 ont été créées depuis 1991. Les frontières maritimes se sont multipliées grâce à la Convention des Nations Unies sur le droit de la mer [1982].

II Des frontières plus ou moins marquées

- La nature et la fonction des frontières varient considérablement. Certaines frontières-barrières sont fortement militarisées comme entre les deux Corée ou au Cachemire entre l'Inde et le Pakistan. Les frontières-interfaces au contraire favorisent les échanges économiques grâce à la mondialisation et aux accords de libre-échange. La mondialisation remet en question l'existence des frontières et des États-nations.

- **La mondialisation donne l'illusion d'un monde sans frontières.** La mondialisation renforce la fonction de filtre des frontières malgré l'intensification des échanges. En réalité, elle n'a facilité le passage des frontières que pour une minorité privilégiée. Certains passeports offrent une ouverture mondiale, d'autres limitent la mobilité. Les personnes avec des passeports moins privilégiés sont souvent celles qui cherchent à migrer dans des conditions difficiles. Les frontières ne sont pas simplement ouvertes ou fermées : elles régulent le passage de la ligne frontalière selon les individus, leur profil socio-économique et leur origine géographique.

Vocabulaire

Accord de libre-échange : traité visant à faciliter les échanges commerciaux en réduisant ou supprimant les obstacles aux frontières, tout en maintenant la souveraineté politique de chaque État.

Barriérisation : processus de matérialisation physique des frontières par la construction de murs, clôtures et autres infrastructures de contrôle visant à limiter ou empêcher leur franchissement.

Coopération transfrontalière : collaboration entre territoires situés de part et d'autre d'une frontière, donnant lieu à des échanges structurés et durables ainsi qu'à des formes de gouvernance partagée.

Frontiérisation : processus d'augmentation du nombre de frontières dans le monde, notamment lié à la création de nouveaux États et à la fragmentation politique des territoires.

Région transfrontalière : espace intégré de part et d'autre d'une frontière caractérisé par des flux réguliers [travailleurs, consommateurs...], des infrastructures communes et des coopérations institutionnelles entre les territoires concernés.

- **De nombreuses frontières se ferment.** Les frontières sont soumises à la fois à l'exigence de l'ouverture pour ne pas ralentir la circulation des marchandises et à l'impératif du contrôle pour répondre aux exigences de sécurité des **territoires** nationaux. Aujourd'hui, on assite à une **barriérisation** des frontières : 10 % des limites internationales contemporaines sont fermées par plus de 70 murs contre six en 1989. La frontière se retrouve partout en de nombreux points du territoire et même au-delà, comme dans les ports, gares, aéroports et ambassades dans les pays voisins. Elle n'est plus seulement une ligne sur une carte.

III Frontières et ouverture : l'affirmation d'espaces transfrontaliers

- **Malgré leur rôle de ligne de partage,** les frontières peuvent aussi être des espaces de contact et de coopération. Les **régions transfrontalières** sont composées de territoires situés de chaque côté d'une frontière internationale. Pour que des échanges aient lieu, il faut non seulement une frontière ouverte, mais aussi un intérêt des populations à traverser. Les régions les plus dynamiques en termes de flux sont celles avec des écarts significatifs de développement socio-économique et de régimes fiscaux, comme entre le Bénin et le Nigeria, ou entre Singapour et les régions voisines d'Indonésie ou de Malaisie.

- **La coopération transfrontalière englobe diverses formes de rapprochement entre territoires de pays voisins.** Cette coopération est souvent économique. Elle vise à gommer la frontière perçue comme un obstacle aux échanges. La coopération peut aussi être territoriale, favorisant le rapprochement de populations partageant des caractéristiques identitaires et culturelles communes, comme en Catalogne et au Pays basque entre l'Espagne et la France.

- **La frontière devient le centre d'une région transfrontalière.** Les accords de Schengen, en vigueur depuis 1995, illustrent cette ouverture des frontières, comme le Mercosur en Amérique du Sud ou l'ASEAN en Asie du Sud-Est. Les frontières-territoires sont des terrains d'expérimentation pour des politiques innovantes en environnement, transport et développement urbain. Toutefois, cette ouverture pose des défis tels que l'immigration illégale, le trafic de drogue et le terrorisme, nécessitant une coopération renforcée entre les États.

Notions

État-nation : entité politique où un État exerce sa souveraineté sur un territoire délimité par des frontières et où vit une population partageant une identité nationale commune.

Frontières : limites spatiales de la souveraineté politique des États, qui marquent « l'enveloppe extérieure du territoire d'un État ». Elles peuvent être des zones de séparation et de contact, ouvertes ou fermées, matérialisées ou non.

Souveraineté : pouvoir suprême exercé par un État sur son territoire et sa population, reconnu légitimement au niveau international et caractérisé par l'exclusivité de son autorité politique dans les limites de ses frontières.

Territoire : espace géographique délimité par des frontières sur lequel un État exerce sa souveraineté politique de manière exclusive. Il constitue le cadre spatial de l'exercice du pouvoir étatique.

Qu'est-ce qu'une frontière ?

- Ligne de partage, limite de souveraineté
- Sépare deux états souverains
- Reconnaissance internationale
- Terresre, maritime, aérienne ou numérique

Frontières et frontiérisation

- **Dans l'Europe moderne :**
  - Guerre de Trente Ans (1648)
  - États-nations, colonisation (XIXe)
- **Frontiérisation croissante du monde depuis 1945 :**
  - 51 États en 1945 à 193 aujourd'hui
  - Décolonisation, chute de l'URSS, nationalisme, indépendantismes
  - Fontières maritimes (1982)
  - Territorialisation croissante

Des frontières pour contrôler/échanger

Fonctions des frontières

- **Frontières-barrières** : murs, militarisation, douanes, barrières
- **Frontières-interfaces** : points de passage, circulation des biens, des hommes, etc.
- **Mondialisation des frontières**
  Paradoxe : ouverture pour les échanges de marchandises ; barriérisation pour contrôler. Filtrage individualisé, inégalités

Frontières et régions transfrontalières

- **Frontières-territoires :**
  - Frontière est un centre
  - Dynamisme économique
- **Coopération transfrontalière**
  - Favoriser les échanges
  - Rapprochement culturel
- **Défis** : immigration illégale, trafic de drogue, terrorisme

Thème 3

AXE 1

Tracer des frontières : approche géopolitique

Les frontières sont des constructions politiques et le fruit d'un rapport de force résolu de façon négociée ou conflictuelle. Leur tracé répond à des critères divers, d'ordre historique, économique, ethnique, idéologique ou culturel.

Dans cet axe, vous aborderez la particularité du *limes* rhénan, ligne fixée par l'Empire romain aux Ier et IIe siècles pour le séparer des « barbares ». Vous verrez aussi comment les puissances européennes fixent en 1885, à Berlin, les règles de la colonisation de l'Afrique. Vous étudierez enfin comment un affrontement idéologique est à l'origine de la frontière entre les deux Corées.

SOMMAIRE

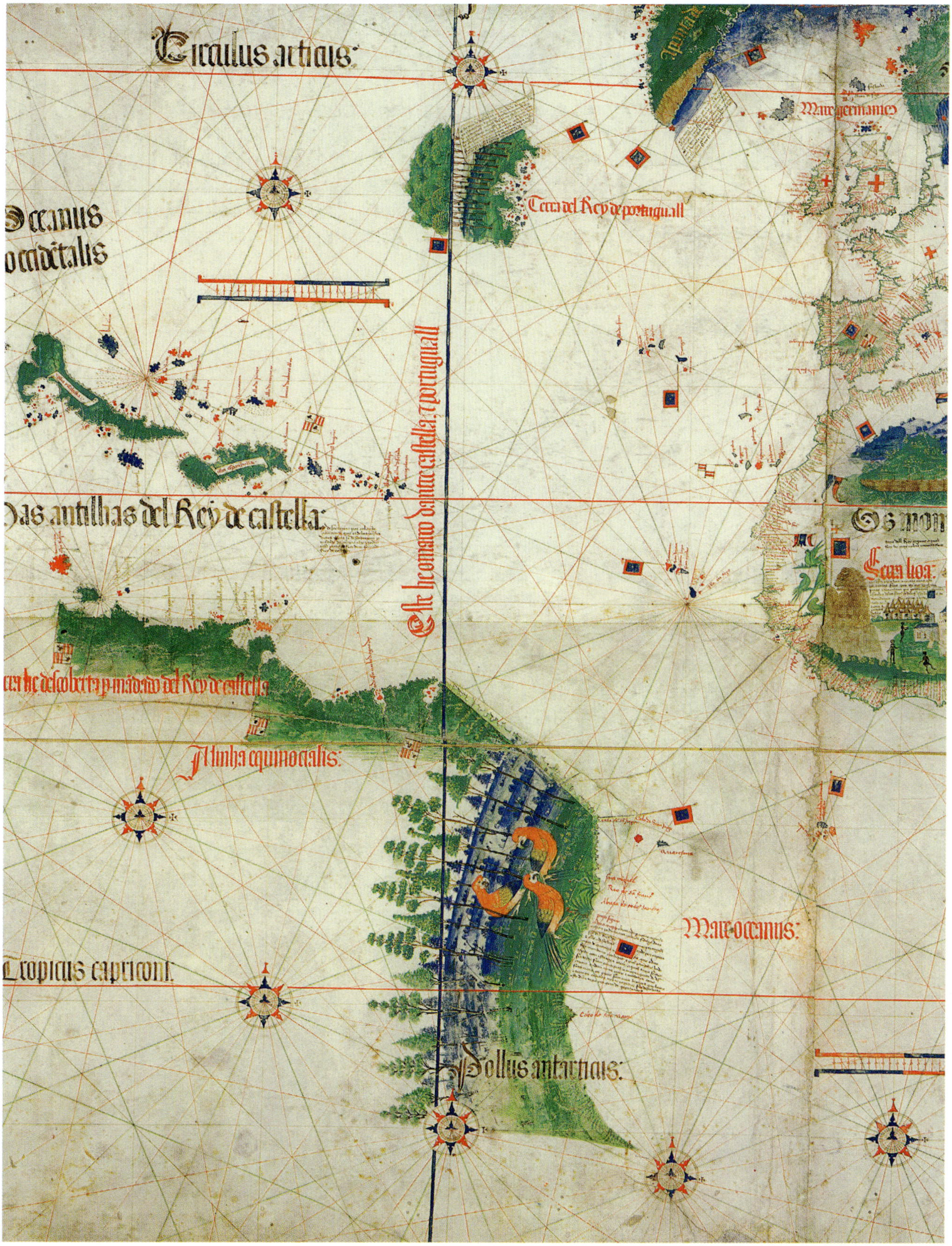

Une frontière à l'échelle du monde

Cette carte est réalisée huit ans après la signature du traité de Tordesillas (1494), par lequel les souverains de Castille et d'Aragon et celui du Portugal se partageaient le nouveau monde. La ligne de démarcation (en bleu sur la carte) suit le méridien situé à 370 lieues (1770 km) à l'ouest des îles du Cap-Vert. Les terres encore inconnues à l'ouest de cette ligne devaient revenir au royaume de Castille et d'Aragon, celles situées à l'est au Portugal. Six ans plus tard, en 1500, les côtes du Brésil furent « découvertes » par le navigateur portugais Pedro Cabral.

Planisphère de Cantino (détail), 1502, Biblioteca Estense, Modène (Italie).

Cartes

Tracer des frontières : approche géopolitique

Toutes les ressources
lycee.nathan.fr/25hggsp1re_210

Les frontières sont des lignes de partage révélatrices d'un ordre politique, construites par un rapport de force. Dans l'Empire romain des Ier et IIe siècles, le *limes* marque l'étendue des conquêtes de ses légions, une présence militaire face aux « barbares ». Dans l'Afrique du début du XXe siècle, les frontières révèlent l'expansion coloniale de l'Europe, marquée par les rivalités et les résistances à la conquête.

1 L'Empire romain aux Ier et IIe siècles

Carte interactive

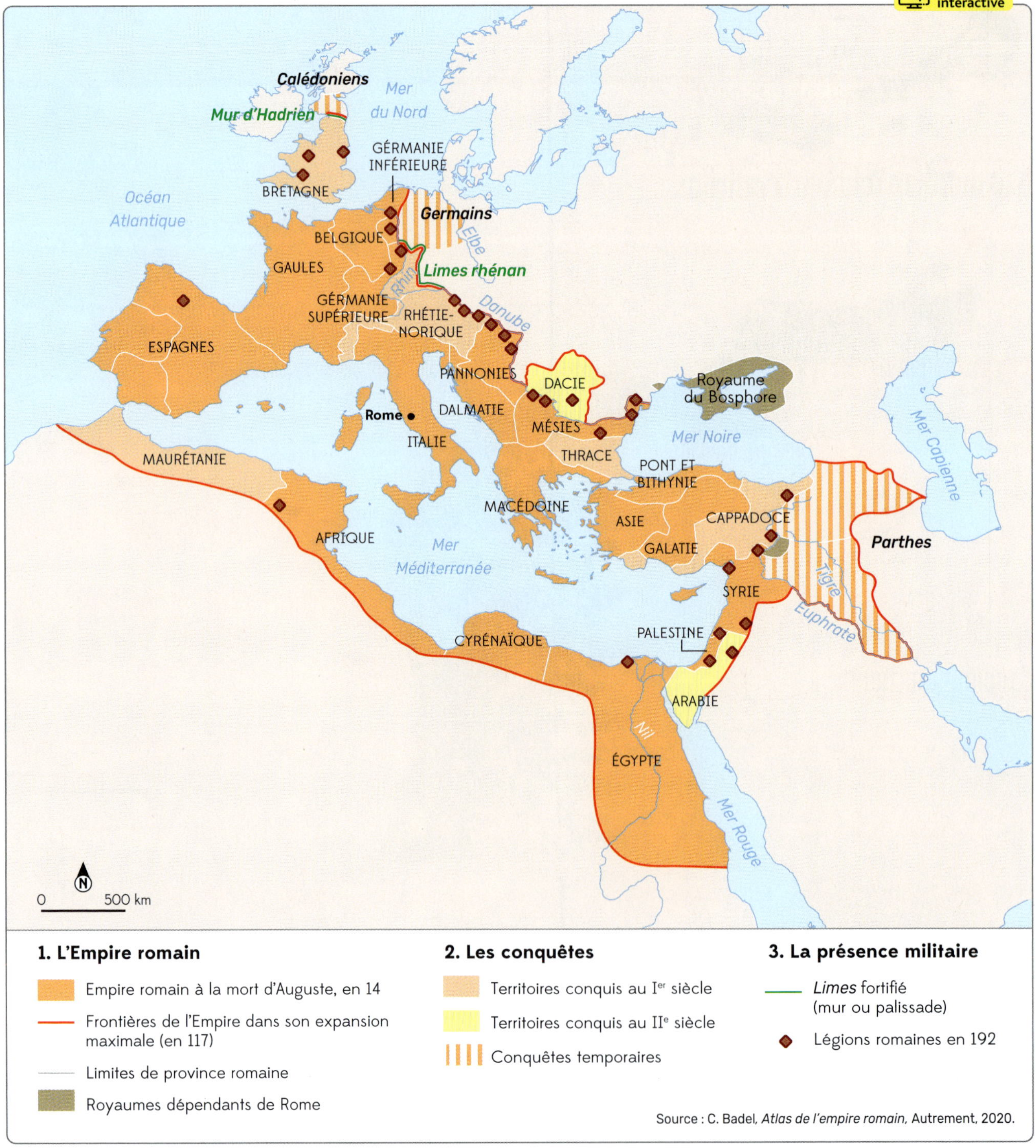

1. L'Empire romain
- Empire romain à la mort d'Auguste, en 14
- Frontières de l'Empire dans son expansion maximale (en 117)
- Limites de province romaine
- Royaumes dépendants de Rome

2. Les conquêtes
- Territoires conquis au Ier siècle
- Territoires conquis au IIe siècle
- Conquêtes temporaires

3. La présence militaire
- *Limes* fortifié (mur ou palissade)
- Légions romaines en 192

Source : C. Badel, *Atlas de l'empire romain*, Autrement, 2020.

② L'Afrique en 1914

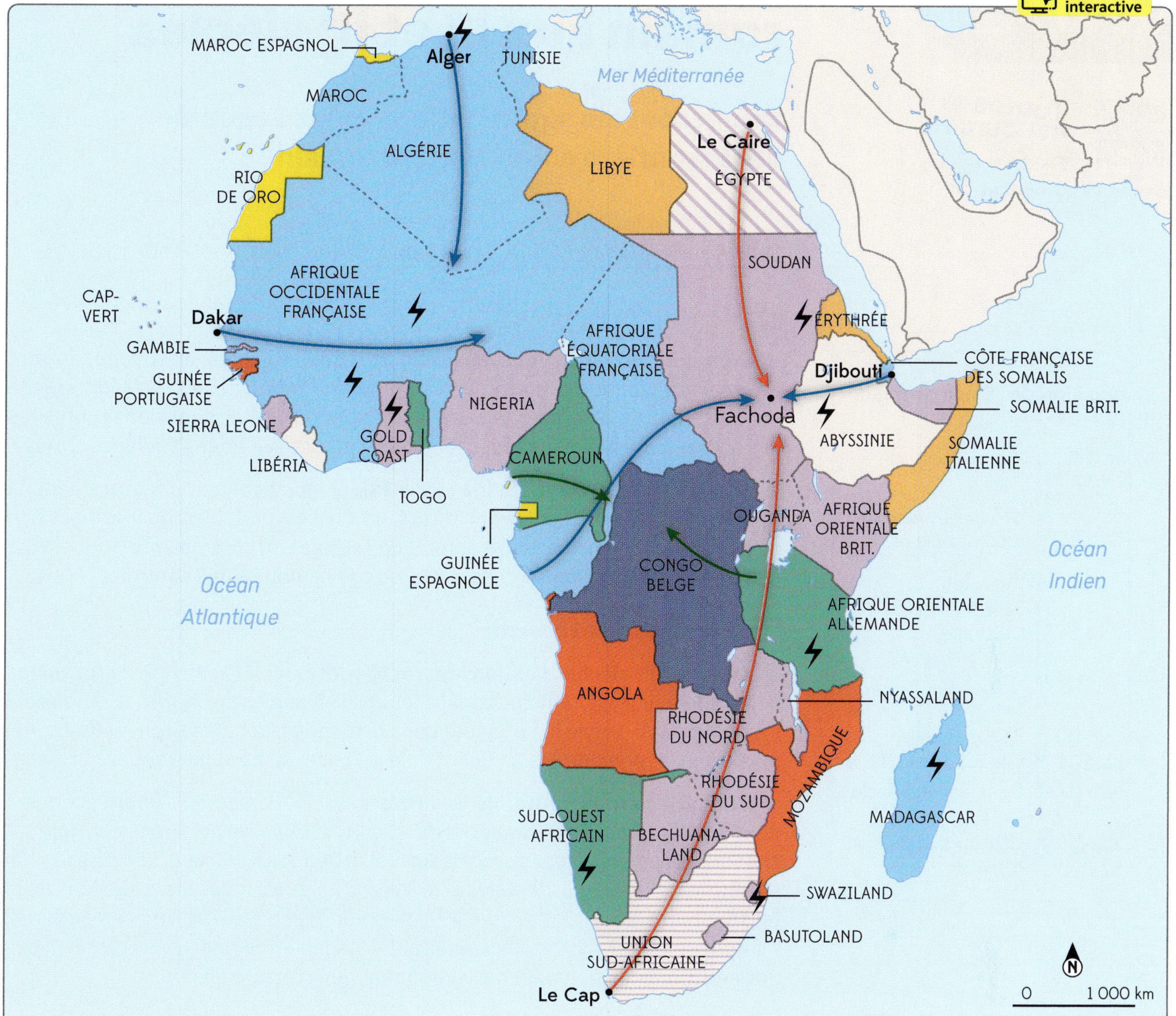

1. Un continent dominé

Possessions…

- britanniques
- françaises
- allemandes
- belges
- italiennes
- espagnoles
- portugaises
- Dominion britannique
- Zone d'influence britannique
- État indépendant

2. Les frontières

- Frontières internationales
- Frontières intra-impériales

3. Rivalités coloniales et résistances

Axe d'expansion impériale (1880-1900)

- britannique
- français
- allemand
- Résistances à la conquête coloniale (1832-1906)

Sources : atlas-historique.net ; J.-F. Klein, P. Singaravélou, M.-A. de Suremain, *Atlas des empires coloniaux*, Autrement, 2018.

Questions

1. **Montrez que l'Empire romain s'étend entre le Ier et le IIe siècle.**

2. **Quels éléments montrent que le *limes* est une limite militarisée par l'Empire romain ?**

3. **Quelles puissances européennes dominent le processus de colonisation de l'Afrique ?**

4. **En vous appuyant sur une description de la carte de l'Afrique en 1914, expliquez pourquoi il existe des rivalités entre les puissances coloniales.**

JALON 1
Cours

Toutes les ressources
lycee.nathan.fr/25hggsp1re_212

Les frontières de l'Empire romain aux Ier et IIe siècles

Quels sont les significations et les aspects de la frontière sous l'Empire romain ?

L'expansion de l'Empire romain
(Ier-IIe siècles)

- 27 av. J.-C. – 14 apr. J.-C. : Règne d'Auguste
- 9 : Défaite des Romains en Germanie
- 40-42 : Conquête de la Maurétanie
- 43-84 : Conquête de la Bretagne
- 98-117 : Règne de Trajan
- 101-106 : Conquête de la Dacie
- 115-117 : Expansion maximale de l'Empire
- 122-128 : Construction du mur d'Hadrien

I Un empire en expansion

A Un empire sans fin ?

- **L'Empire romain se veut universel** : ses seules limites, en théorie, doivent être celles du monde connu. Pour les Romains, Rome, l'Italie et la Méditerranée sont les centres d'un empire dont les périphéries s'étendent dans toutes les directions, à mesure de la réalisation des conquêtes menées par leurs armées.

- **Sous le règne d'Auguste (de –27 à 14),** l'Empire connaît une forte période d'expansion. Mais la **pacification** de la Germanie est un échec : en 9, le massacre de trois légions romaines dans la forêt de Teutobourg contraint les troupes à se replier sur le Rhin. Rome a conscience qu'elle ne pourra pas contrôler l'univers.

B Conquêtes et revers

- **Aux Ier et IIe siècles, l'expansion reste continue.** À l'annexion de royaumes déjà dépendants de l'Empire romain comme la Maurétanie, la Thrace ou l'Arabie s'ajoutent au Ier siècle la conquête de la Bretagne (l'actuelle Grande-Bretagne) puis, sous le règne de Trajan (98-117) de la Dacie, au nord du Danube.

- **L'Empire connaît toutefois des revers.** En 16, l'empereur Tibère échoue à nouveau à conquérir la Germanie mais, à la fin du Ier siècle, Rome contrôle les champs Décumates, situés entre le Rhin et le Danube. En Orient, l'Empire romain se heurte aux Parthes, dont l'empire s'étend jusqu'en Inde : les annexions de la Mésopotamie et de l'Arménie par l'empereur Trajan (98-117) sont temporaires. Au nord de la Bretagne, la résistance des Calédoniens stoppe la progression des armées romaines et empêche la conquête de la totalité de l'île.

Vocabulaire

Barbares : les Romains appellent « barbares » tous ceux qui se situent hors de leur monde et de leur influence culturelle, quel que soit leur degré de civilisation.

Pacification : rétablissement de la paix sur un territoire après une guerre, de façon négociée ou contrainte.

II Le *limes* : une frontière mouvante

A Un réseau de routes et de forts

- **Le *limes* romain n'est pas une frontière au sens actuel du terme.** Son tracé ne résulte pas d'un accord entre États souverains : c'est Rome, et elle seule, qui décide de fixer des limites, de s'y maintenir ou de les modifier. Ainsi, en Germanie, l'empereur Tibère décide de ne pas aller plus loin : les difficultés de la conquête et le peu de ressources attendues de ce territoire peuvent l'expliquer.

- **Sur plus de 5 000 km,** le *limes* prend la forme, le plus souvent, d'un réseau de routes, de forts et de camps de légionnaires. S'il s'appuie parfois sur le cours des fleuves (Rhin, Danube, Euphrate), il ne cherche pas forcément à coïncider avec des éléments naturels. Sa principale fonction est militaire, mais il n'est pas question d'en faire une barrière infranchissable qui isole l'Empire des territoires et des peuples qui le bordent.

B Des murs pour contrôler les populations

- **Entre le Rhin et le Danube,** le *limes* est à partir du IIe siècle formé d'un mur de pierre ou d'une palissade en bois, renforcés de tours de garde sur 550 km. Forts et camps de légionnaires, reliés par des routes, sont situés en arrière de son tracé. C'est aussi le cas au nord de la Bretagne : le mur d'Hadrien, constitué de blocs de pierre et de tourbe, s'étend sur 118 km ; sa hauteur moyenne est de 4,5 mètres.

- **Même dans ce cas, l'objectif n'est pas purement défensif.** Le mur du *limes* rhénan n'est pas un signe de faiblesse de Rome face à des peuples « **barbares** ». Plus que de stopper les invasions (ce qu'il ne parviendra pas à faire au IIIe siècle), son but est de contrôler les mouvements de population et de marquer avec force la présence de Rome aux confins du monde considéré comme civilisé.

Notion

Limes : à l'origine, le terme désigne un chemin, puis une route à usage militaire. À la fin du Ier siècle, il prend le sens d'une frontière délimitant les contours de l'Empire romain.

III Des zones de peuplement et d'échanges

A Une présence militaire et civile

- **Le long du *limes*, le peuplement romain est d'abord d'origine militaire.** À la fin du IIe siècle, l'armée romaine est composée de trente légions de 5 000 hommes, soit 150 000 légionnaires auxquels s'ajoutent un nombre équivalent de troupes auxiliaires (des soldats qui ne bénéficient pas de la citoyenneté romaine mais qui, après 25 ans de service, peuvent l'acquérir). L'essentiel de ces troupes est positionné aux frontières de l'Empire.

- **Cette présence militaire, doublée d'un réseau routier qui s'étend à tout l'Empire,** favorise le développement des activités économiques et des villes. Le ravitaillement et l'entretien des troupes provoquent une forte demande en produits agricoles, attirent artisans et marchands. Une population civile grandissante s'installe ainsi près des camps et des forts. Cologne, Mayence ou Strasbourg, le long du Rhin, deviennent des cités importantes.

B Des échanges commerciaux et culturels

- **Loin de constituer une barrière,** le *limes* est une zone privilégiée de contact entre populations très diverses : Romains, légionnaires issus de tout l'Empire, marchands, peuples conquis et « barbares » de l'autre côté de la frontière, avec lesquels les relations sont généralement pacifiques. Rome sait aussi développer une politique d'alliance avec des peuples au-delà du *limes*, qui participent alors à sa défense. Les archéologues ont par ailleurs retrouvé en Germanie des produits romains : monnaies, céramiques et autres objets de luxe recherchés par les élites germaniques. De Germanie proviennent produits agricoles, fourrures et esclaves. Les troupes romaines surveillent et contrôlent ces échanges.

- **Ces contacts contribuent à la diffusion du modèle romain aux limites de l'Empire,** de part et d'autre du *limes*. Les populations y sont en contact, de près ou de loin, avec un mode de vie dont le modèle est Rome. En accordant la citoyenneté à tout homme libre de l'Empire, l'édit de l'empereur Caracalla, en 212, confirme que le limes est une zone de transition entre le monde civilisé et le monde « barbare ».

Fiches de lecture

Aline Rousselle (dir.), *Frontières terrestres, frontières célestes dans l'Antiquité*, Presses universitaires de Perpignan, 1995.

Notamment les articles de Yann Le Bohec (sur la frontière de la Numidie) et d'Yvon Thébert (sur le cas germain).

Pierre Cosme, *L'Armée romaine, VIIIe s. av. J.-C. – Ve s. ap. J.-C.*, Armand Colin, 2021 (3e éd.).

Étude de l'armée romaine, particulièrement durant la *Pax Romana* (chap. 5), où les soldats servaient d'agents militaires et culturels de l'Empire.

Pour aller + loin

***Frontières de l'Empire romain (UNESCO/NHK)*, Unesco, 2010.**
Sites archéologiques et images 3D reconstituent le *limes* romain à son apogée, au IIe siècle, sur plus de 5 000 km à travers l'Europe et au-delà.

« Les vestiges du mur d'Hadrien menacés par les changements climatiques », *France Culture*, 2022.
Le mur d'Hadrien, site archéologique majeur, est menacé par le réchauffement climatique qui dégrade les sols tourbeux et met en péril ses vestiges historiques.

***Frontières de l'Empire romain*, Unesco, dernière consultation janvier 2025.**
Synthèse historique, cartes, apports de l'archéologie et enjeux patrimoniaux sont rassemblés sur ce site institutionnel.

JALON 1

Étude

Le *limes* rhénan (Ier-IIe siècles) : une frontière pour se protéger ?

Toutes les ressources

lycee.nathan.fr/25hggsp1re_214

Le *limes* rhénan marque la limite de l'Empire romain en Germanie. Entre le Rhin et le Danube, au IIe siècle, il prend la forme d'une ligne fortifiée, matérialisée sur 550 km par une palissade en bois ou un mur de pierre. Doublé d'un réseau de routes et de forts, le *limes* apparaît aussi comme une région de peuplement et d'échanges commerciaux et culturels.

Quelles sont, pour l'Empire romain, les fonctions du *limes* rhénan ?

1 Le *limes* rhénan au IIe siècle

Carte interactive

→ **Décrivez le tracé du *limes* rhénan. Suit-il des éléments naturels ?**

Chiffres clés

Longueur du *limes*, entre le Rhin et le Danube : 550 km
Distance entre deux forts : environ 10 km
Distance entre deux tours de garde : environ 700 m
Nombre de soldats dans chaque fort : entre 1 000 et 10 000
Nombre de soldats dans chaque tour de garde : entre trois et huit

2 Les peuples du Rhin vus par un historien romain

Tacite (54-120) est un historien romain. Il évoque ici les peuples germaniques établis de part et d'autre du limes.

Jules César rapporte, et son témoignage est la meilleure des autorités, que jadis la puissance gauloise était plus grande, c'est pourquoi il est vraisemblable que des Gaulois soient passés en Germanie. Car que pouvait un fleuve [le Rhin] pour empêcher que chaque peuplade, en fonction de ses forces, s'emparât ou changeât de territoire [...] ?

Les Trévires[1] et les Nerviens[1] revendiquent une prétendue origine germaine [...]. Même les Ubiens[1], bien qu'ils aient obtenu le droit, pour service rendu, d'être une colonie romaine[2] [...] n'ont pas honte de leurs origines [...] ; une fois prouvée leur loyauté à notre égard, nous les avons fixés sur [notre] rive même du fleuve, non pas pour être sous surveillance mais afin de servir de remparts contre les attaques extérieures.

Les plus valeureux de ces peuples germains sont les Bataves[1]. Ils n'habitent pas la rive du Rhin mais une île au milieu du fleuve... Ils ont conservé la gloire et l'honneur que leur conférait leur antique alliance avec nous, car ils ne sont pas soumis à la honte de payer tribut [...]. Exemptés de charges et de contributions, gardés à l'écart pour un usage uniquement militaire, comme on le ferait avec des boucliers et des lances, on les conserve pour la guerre.

On a établi la même forme de soumission sur les Mattiaques[3], car la grandeur du peuple romain a traversé le Rhin et les anciennes frontières, et imposé jusque là-bas le respect de son empire.

Tacite, *De Origine et Situ Germanorum (La Germanie)*, vers 98.

1. Peuples germaniques installés dans l'Empire.
2. Établissement créé par Rome pour contrôler un territoire récemment conquis.
3. Peuple germanique installé hors de l'Empire.

→ **D'après Tacite, quel rôle jouent ces peuples germaniques ?**

3 « Un secteur vivant »

Le point de vue d'un historien

[À propos du *limes*] Reflet de réalités d'ordre socio-économique, il ne peut s'agir d'une ligne marquant le passage brusque d'une réalité à une autre, radicalement différente. Il ne peut s'agir, non plus, d'installations à but essentiellement militaire : il eût été totalement impossible aux armées romaines de rendre imperméables ces milliers de kilomètres, ou même, simplement, d'envisager la chose. Il faut donc prendre avec la plus extrême prudence les textes antiques assimilant le *limes* à une coupure. [...]

L'archéologie démontre, au contraire, la présence, à proximité immédiate des installations qui marquent la frontière, de populations parfois installées par les autorités romaines elles-mêmes et qui entretiennent avec ces dernières des rapports de nature diverse. [...]

Le *limes*, même lorsqu'il prend la forme d'installations linéaires, n'a donc pas pour but de séparer, de faire barrage, mais de contrôler, réguler, les déplacements et les échanges [économiques]. C'est un secteur vivant, non une zone morte, stérilisée par des préoccupations militaires.

Yvon Thébert, « Nature des frontières de l'Empire romain : le cas germain », dans A. Rousselle (dir.), *Frontières terrestres, frontières célestes dans l'Antiquité*, Presses universitaires de Perpignan, 1995.

→ **Sur quelles spécificités du *limes* le texte insiste-t-il ?**

4 Une frontière militaire

Reconstitution d'une tour de garde, près du fort romain de Zugmantel, au nord de Mayence (Mogontiacum).

→ **Quels objectifs du *limes* ce document met-il en avant ?**

5 Une zone d'échanges culturels

Tombeau d'une famille germanique orné d'une inscription en latin, Nickenich (à 40 km au sud de Cologne et à 5 km à l'ouest du Rhin), début du Ier siècle.

→ **Comment se traduit ici l'influence de Rome sur les populations germaniques ?**

Questions et activités

Parcours 1

1. Comment les Romains se protègent-ils des attaques éventuelles des peuples germaniques ? doc. 1, 2 et 4

2. Quels types de relations le *limes* établit-il entre les Romains et les populations indigènes ? doc. 2, 3 et 5

Synthèse. Quelles sont, pour l'Empire romain, les fonctions du *limes* rhénan ?

Parcours 2

Construire une carte mentale

À l'aide des documents, élaborez une carte mentale qui montre que le *limes* rhénan est une limite, mais aussi un espace :
- militarisé ;
- parcouru de flux ;
- peuplé à la fois de Romains et de peuples germaniques en relation avec Rome.

JALON 2
Cours

Toutes les ressources
lycee.nathan.fr/25hggsp1re_216

Frontières et colonisation en Afrique au XIXe siècle

Comment, en quelques décennies, les puissances coloniales ont-elles tracé les frontières de l'Afrique ?

I La colonisation du continent africain

A La conquête de l'Afrique

● **Limitée depuis l'époque moderne à quelques régions côtières,** la colonisation de l'Afrique connaît une accélération dans la seconde moitié du XIXe siècle. Lors de la conférence de Berlin, en 1884-1885, dans un contexte de compétition économique et de tensions diplomatiques accrues, les puissances européennes s'entendent pour faciliter la conquête du continent. Elles se fixent des règles pour éviter d'entrer en conflits : recours à la négociation, revendications fondées sur un contrôle effectif des territoires, liberté de commerce sur les fleuves Niger et Congo. La question du tracé des frontières n'y est pas abordée.

● **La quasi-totalité de l'Afrique passe alors en une vingtaine d'années sous domination européenne.** Le processus s'achève avec la colonisation de la Libye par l'Italie (1911) et l'établissement par la France d'un **protectorat** sur le Maroc (1912). Seuls le Liberia et l'Éthiopie restent indépendants.

B Géopolitique et rivalités impériales

● **Les États européens entrent en concurrence pour bâtir des empires coloniaux.** Les ambitions de la France et de la Grande-Bretagne s'opposent ainsi à l'échelle du continent. Le projet français de relier les possessions d'Afrique occidentale à la mer Rouge se heurte aux vues des Britanniques, qui privilégient un axe nord-sud et veulent instaurer une continuité territoriale du Caire au Cap. Vaincue à Fachoda en 1898, la France doit céder.

● **La délimitation de ces empires est donc le résultat d'un rapport de force entre États.** Les tensions entre puissances coloniales, parfois très fortes, sont réglées par la négociation. En 1911, l'Allemagne renonce à ses ambitions sur le Maroc. Elle obtient de la France, en échange, d'importants territoires dans les régions du Cameroun et du Congo. Les frontières de ces empires se trouvent ainsi modifiées par des accords bilatéraux.

Supports des frontières africaines actuelles

- Lignes géométriques
- Hydrographiques et lacustres (lacs et cours d'eau)
- Orographiques (reliefs)
- Autres (notamment critères ethniques ou historiques)

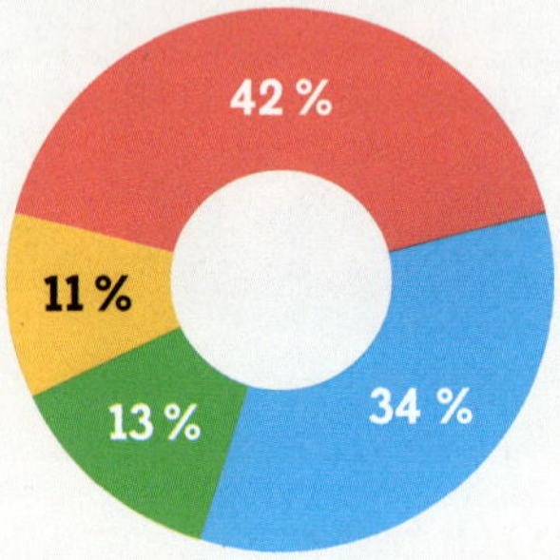

Source : Michel Foucher, Frontières d'Afrique. Pour en finir avec un mythe, *CNRS éditions, 2014.*

II La construction des frontières coloniales

A Des frontières délimitées par les Européens

● **Le tracé des nouvelles frontières** par les puissances coloniales est souvent arbitraire : reprenant la notion de « **frontière naturelle** », il s'appuie sur les cours d'eau, les lignes de crête et les accidents du relief. Dans les régions désertiques ou encore mal connues, les frontières sont décidées sur la carte, de façon linéaire.

● **Sur place toutefois,** les commissions de délimitation affinent ces frontières en tenant compte d'autres facteurs : tracés précoloniaux, logiques économiques et commerciales et, dans certains cas, configurations ethniques locales. Les structures territoriales déjà existantes ont donc une influence sur les tracés : ainsi, au Niger, Britanniques et Français reprennent comme limites de leurs zones d'influence celle d'un État précolonial, le sultanat de Sokoto.

Vocabulaire

Colonie : territoire occupé et directement administré par une puissance étrangère (la « métropole »).

Dominion : ancienne colonie britannique devenue autonome, mais qui reconnaît la souveraineté du Royaume-Uni.

Pacification : voir p. 436

Protectorat : territoire théoriquement administré par des autorités locales, sous le contrôle étroit d'une puissance étrangère.

B Des frontières conquises contre les peuples

● **En fixant les règles de la colonisation,** en négociant la délimitation des frontières impériales, les puissances européennes légitiment à leurs yeux l'appropriation des territoires. Mais cette conquête progressive se heurte aux résistances des peuples et des structures politiques précoloniales. En Algérie comme en Afrique de l'Ouest, la pénétration française s'accompagne ainsi de violentes opérations militaires, dites de « **pacification** ».

● **En Afrique du Sud, où les enjeux économiques sont essentiels** (mines d'or et de diamants), les Britanniques du Cap font face aux Boers, colons d'origine néerlandaise réfugiés dans l'intérieur du pays, ainsi qu'au royaume zoulou et aux populations xhosas. Au terme de guerres longues et meurtrières, les Britanniques parviennent au début du XXe siècle à réunir l'ensemble du pays sous leur contrôle.

Notion

« Frontière naturelle » : frontière qui s'appuie sur des éléments de géographie physique (littoraux, cours d'eau, reliefs) pour justifier son tracé. Comme toute frontière, les « frontières naturelles » sont en réalité politiques.

III Des frontières complexes et discutées

A Les frontières intra-impériales

● **Les frontières internationales qui séparent les empires ne sont pas les seules** : s'en ajoutent d'autres au sein des empires, décidées par chaque puissance coloniale. Elles structurent l'organisation interne des empires et permettent de distinguer les territoires selon leur statut politique : **colonies**, protectorats, **dominion** d'Afrique du Sud, départements français d'Algérie… Ces frontières séparent donc des espaces dont les logiques d'administration et d'organisation sont différentes.

● **À l'échelle locale, d'autres types de frontières issues de la colonisation viennent se superposer** : dans les régions de forte résistance des peuples colonisés, la distinction entre territoires civils et militaires ; en ville, les frontières sociales et les clivages ethniques entre colons européens et populations autochtones.

B Des frontières artificielles ?

● **On a souvent reproché aux frontières africaines d'être artificielles** et d'avoir été tracées sans tenir compte des réalités ethniques et sociales. La critique est fondée, mais les frontières africaines sont-elles sur ce point plus artificielles que celles des autres continents ? En revanche, elles s'en distinguent souvent par les acteurs qui les ont tracées : des États étrangers au continent qu'ils entendent organiser.

● **Avec le temps, les populations africaines se sont approprié ces frontières et les espaces qu'elles délimitaient.** Les indépendances, dans les années 1950-1970, ont pour la plupart été proclamées dans le cadre des frontières héritées de la colonisation. Les nouveaux États réunis dans l'Organisation de l'unité africaine les déclarent alors intangibles en 1964.

Fiches de lecture

Pierre Singaravélou (dir.), *Les Empires coloniaux XIXe-XXe siècles*, Le Seuil, coll. Points Histoire, 2013.

Première synthèse en français comparant l'histoire des empires coloniaux des XIXe et XXe siècles, intégrant les approches historiographiques les plus contemporaines.

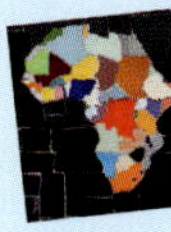

Camille Lefebvre, « L'Afrique n'est pas victime de ses frontières », *Le Monde Afrique*, 6 avril 2015.

En s'appuyant sur le cas du Niger, une analyse du tracé des frontières coloniales.

Pour aller + loin

« Algérie, naissance d'une nation », *La Fabrique de l'Histoire*, France Culture, 2016.

Dans cette série, premier épisode consacré à la construction du territoire et des frontières de l'Algérie coloniale, de 1830 à la fin des années 1950.

« Le partage de l'Afrique », *Géopoliticus*, Lumni, 2020.

La conférence de Berlin (1884) n'a pas directement partagé l'Afrique mais a établi les règles de sa colonisation, les frontières étant tracées ultérieurement par négociations entre puissances européennes.

« Voyages en Afrique », *Gallica*, BnF, dernière consultation : janvier 2025.

Exposition virtuelle à la découverte de l'Afrique à travers les récits de voyages, aux XVIIIe et XIXe siècles.

JALON 2
Étude

Toutes les ressources
lycee.nathan.fr/25hggsp1re_218

La conférence de Berlin et le « partage de l'Afrique »

La conférence de Berlin, en 1884-1885, définit les règles qui président, dans les années qui suivent, à la compétition que se livrent les puissances européennes pour dominer le continent africain. Les frontières qui en résultent sont le fruit de négociations et de rapports de force, parfois de conflits, entre puissances coloniales, mais aussi entre colons et populations africaines.

Selon quels critères les frontières de l'Afrique coloniale sont-elles tracées ?

La colonisation de l'Afrique après la conférence de Berlin

1884	Conférence de Berlin
1885	Le Congo devient possession personnelle du roi des Belges, Léopold II
1895	Création de l'Afrique occidentale française (AOF)
1898	Bataille de Fachoda, sommet de la rivalité franco-britannique
1910	L'Afrique du Sud devient un dominion
1911	Accord franco-allemand sur le Maroc et les frontières du Cameroun allemand
1912	Protectorat français sur le Maroc

1 Une conférence pour partager l'Afrique ?

Le chancelier allemand Bismarck ⓐ est assis au centre. Il est entouré des représentants des 14 puissances présentes à la conférence (le Français est de dos ⓑ).

Allgemeine Illustrierte Zeitung, 1884.

→ **Quels éléments de cette scène donnent l'impression d'assister à un « partage de l'Afrique » ?**

2 Acte final de la conférence de Berlin, 26 février 1885

Voulant régler, dans un esprit de bonne entente mutuelle, les conditions les plus favorables au développement du commerce et de la civilisation dans certaines régions de l'Afrique, et assurer à tous les peuples les avantages de la libre navigation sur les deux principaux fleuves africains qui se déversent dans l'océan Atlantique[1] ; désireux, d'autre part, de prévenir les malentendus et les contestations que pourraient soulever à l'avenir les prises de possession nouvelles sur les côtes de l'Afrique, et préoccupés en même temps des moyens d'accroître le bien-être moral et matériel des populations indigènes, [les signataires] ont résolu [...] de réunir à cette fin une Conférence à Berlin. [...]

Article 34

La Puissance qui, dorénavant, prendra possession d'un territoire sur les côtes du Continent africain situé en dehors de ses possessions actuelles, ou qui, n'en ayant pas eu jusque-là, viendrait à en acquérir, et de même la Puissance qui y assumera un protectorat, accompagnera l'acte respectif d'une notification adressée aux autres Puissances signataires du présent Acte, afin de les mettre à même de faire valoir, s'il y a lieu, leurs réclamations.

Article 35

Les Puissances signataires du présent Acte reconnaissent l'obligation d'assurer, dans les territoires occupés par elles, [...] l'existence d'une autorité suffisante pour faire respecter les droits acquis et, le cas échéant, la liberté du commerce et du transit.

1. Il s'agit des fleuves Congo et Niger.

→ **À quoi les pays signataires s'engagent-ils ?**

3 La délimitation des frontières franco-allemandes au Congo

En vertu de l'accord du 4 novembre 1911, la France cède à l'Allemagne de vastes territoires dans les régions du Cameroun et du Congo (272 000 km²). En échange, l'Allemagne renonce à toute prétention sur le Maroc.

Le Petit Journal, 2 novembre 1913.

→ **Décrivez la scène. Pourquoi s'agit-il d'une représentation colonialiste ?**

4 Déclaration du roi du pays de Bafilo (Togo)

Déclaration signée le 5 janvier 1897 par les chefs africains et les représentants militaires français.

[...] Je déclare, sous la foi du serment et en présence de mon peuple :

1. N'avoir jamais signé un traité ou autorisé un de mes chefs à signer en mon nom un traité autre que celui passé le 3 avril 1895 avec Monsieur le lieutenant Baud, traité plaçant le royaume de Bafilo sous le protectorat de la France ;
2. N'avoir jamais consenti à accepter dans ma ville la présence d'un soldat indigène allemand, attendu qu'un poste français existe à Bafilo depuis le 18 octobre 1896.

Emmanuel de Waresquiel (dir.), *Dans les archives secrètes du Quai d'Orsay*, L'Iconoclaste, 2015.

→ **Que recherche la France en faisant signer cette déclaration aux chefs africains ?**

5 Des frontières artificielles ?

Le point de vue d'un géographe

Le partage de papier sur des cartes géographiques incertaines ne devint un partage de terrain, assorti de traités, qu'après la conférence de Berlin. À la différence de ce qui se passait en Europe, on commença en Afrique par définir sur la carte les territoires convoités puis on entreprit sur le terrain de les conquérir. La carte précéda le texte. [...]

Le discours de l'artificialité des frontières africaines [...] néglige l'importance des négociations entre puissances pour produire les limites inter-impériales – deux décennies dans le cas de la frontière très sinueuse entre le Niger et le Nigeria (1890-1904). Il sous-estime la prise en compte, par les traceurs puis les administrateurs, des réalités politiques locales et régionales antécédentes sur lesquelles ils cherchaient à s'appuyer [...]. J'ai évalué que dans un sixième des cas les configurations ethniques locales avaient été prises en compte dans les tracés. Chiffre minimal car il ne retient que les limites pour lesquelles le critère ethnique a été avancé explicitement dans les textes et étudié par les commissions d'enquête.

Michel Foucher, *Frontières d'Afrique. Pour en finir avec un mythe*, CNRS éditions, 2021.

→ **Quelles différences l'auteur fait-il entre le « partage de papier » de l'Afrique et le « partage de terrain » ?**

Questions et activités

Parcours 1

1. Comment la conférence de Berlin conduit-elle au partage de l'Afrique ? doc. 1, 2 et 5

2. Dans quelle mesure les puissances coloniales tiennent-elles compte, dans le tracé des frontières, des réalités existantes ? doc. 3, 4 et 5

Synthèse. Selon quels critères les frontières de l'Afrique sont-elles tracées ?

Parcours 2

Construire une fiche de révisions

À l'aide des documents, élaborez une fiche de révisions qui réponde à la problématique de l'étude.

- Construisez d'abord une série de questions/réponses : elles doivent reprendre les principales parties de la réponse à la problématique. Vous pouvez par exemple répondre à ces questions : La conférence de Berlin partage-t-elle vraiment l'Afrique entre les puissances coloniales ? Quelles sont les logiques de partage acceptées par ces puissances ? Comment tracent-elles les frontières ? Etc.
- Relevez ensuite dans les documents quelques informations précises que vous pourrez utiliser dans un devoir (conférence de Berlin : date, participants, objectifs...).

Points de vue

Toutes les ressources

lycee.nathan.fr/25hggsp1re_220

Que reste-t-il des frontières coloniales en Afrique ?

1 Frontières coloniales, frontières artificielles ?

Le regard d'un géographe

Le discours qui consiste à souligner, pour le déplorer, le caractère artificiel et arbitraire du découpage colonial ne mène pas loin [...].

Ainsi, des travaux comme ceux de Camille Lefebvre (2015) sur la Conférence de Berlin (1885), ou de Louis Le Douarin (2022) sur les accords Sykes-Picot (1916), montrent à la fois « l'expertise spécifique développée par les Européens pour comprendre les spatialités qui précèdent les régimes coloniaux et les restituer sur des cartes » (Le Douarin, 2024), et le rôle des acteurs locaux pour influencer les tracés frontaliers. [...]

Le discours qui déplore le tracé artificiel ou exogène des frontières omet ce qui risque de se passer lorsqu'on redécoupe ces frontières : la balkanisation[1], qui peut aboutir à des redécoupages successifs jusqu'à faire coïncider exactement le cadre national et le groupe ethnique, ce qui est évidemment impossible.

Certes, les découpages frontaliers voulus par les colonisateurs pour des raisons économiques, militaires et stratégiques, peuvent paraître inadaptés aux réalités du peuplement et de la mobilité. La délimitation, orthogonale à la côte, du territoire de certains pays côtiers correspondait à la volonté de drainer les richesses vers les ports (Ghana, Côte d'Ivoire, Nigeria, Cameroun), ou à celle de donner aux zones sahéliennes un débouché sur la mer (Bénin, Gambie, Togo). Les États sahéliens, vastes et peu peuplés ont des difficultés à assumer leur souveraineté nationale et à freiner les velléités indépendantistes.

Mais, malgré tout, ces frontières sont désormais stabilisées, à la suite d'une Conférence de l'Organisation de l'unité africaine[2] (devenue l'Union africaine) de 1964, qui, dès les débuts des indépendances et craignant l'implosion du continent, a réaffirmé l'intangibilité des frontières.

Jean-Benoît Bouron, « Découpage frontalier issu de la (dé)colonisation », *Géoconfluences*, mai 2024.

1. Référence à la région européenne des Balkans, désigne le fait de morceler un territoire en petites entités.
2. Organisation qui rassemble les États africains.

2 Les tensions linguistiques au Cameroun

D'abord colonie allemande, le Cameroun est partagé en 1918 entre la France et le Royaume Uni. Lors des indépendances, une partie du Cameroun anglophone vote son rattachement au Cameroun francophone.

Les anglophones obtiennent la prise en compte de leurs spécificités culturelles et l'autonomie de chaque province. Mais cela ne va pas durer.

En 1972, un référendum met fin au fédéralisme. Naît alors un seul État unitaire doté d'une Assemblée unique et d'un pouvoir centralisé à Yaoundé (sud francophone du pays). [...]

Écartés peu à peu de la haute administration et du secteur public, les anglophones vont se sentir marginalisés. [...] Certains, très minoritaires, commencent alors à exiger la sécession. [...]

Dans les années 1990, les revendications anglophones en faveur d'un référendum se multiplient. En 2001, le 40e anniversaire de l'unification est marqué par des manifestations interdites qui dégénèrent, faisant plusieurs morts. [...]. Une « sale guerre » touche depuis [2016] les deux régions anglophones sur les dix que compte le pays. Des groupes armés séparatistes y luttent pour obtenir la division du pays et l'armée camerounaise y a été déployée en masse pour les traquer. On parle de plusieurs centaines de morts et de 400 000 personnes déplacées.

Michel Lachkar, « Cameroun : découpage colonial et clientélisme à l'origine de la crise anglophone », *Francetvinfo.fr*, 2018.

3 Passer les frontières librement

lycee.nathan.fr/25hggsp1re_220-1

« Ghana : les Africains exemptés de visa, symbole d'un renouveau du panafricanisme ? », *TV5 Monde*, 2025.

Le regard de l'éditorialiste Slimane Zeghidour sur les frontières de l'Afrique actuelle.

4 L'UE en Afrique

Les 17 et 18 mai 2021, des milliers de migrants africains passent la frontière entre le Maroc et Ceuta, entraînant des affrontements avec l'armée espagnole. Ceuta et Melilla sont en effet des vestiges de l'empire colonial espagnol en Afrique : conquises au XVIe siècle, ce sont aujourd'hui des enclaves espagnoles sur le littoral du Maroc.

5 Des espaces d'échanges

Loin d'appréhender la partition des frontières sur un mode dramatique, les individus dont l'ethnie, le groupe étendu ou la famille sont dispersés sur plusieurs États savent qu'ils possèdent un atout de taille : maîtrisant la/les langue(s) et les codes vestimentaires locaux, maîtrisant des réseaux, ils peuvent plus aisément [...] franchir la frontière et la négociation avec les représentants de l'autorité[1], à l'instar des Éwés (entre Togo, Bénin et Ghana) [...].

L'animation des bordures combine des échanges de produits de base, des trafics plus ou moins licites, et des flux frauduleux et de contrebande institutionnalisée. Tout un monde vit des asymétries frontalières[2] (marchands et transporteurs, douaniers et militaires) [...]. L'État y trouve son compte dès lors que les douanes représentent une part importante des recettes des budgets nationaux et sont, à cet égard, au cœur des économies africaines.

Michel Foucher, *Frontières d'Afrique. Pour en finir avec un mythe*, 2021.

1. Représentants du gouvernement : douaniers, administration régionale...
2. Cette expression évoque le fait que chaque côté de la frontière présente des ressources, des activités différentes.

Construire son point de vue

Découvrez les documents

- Décrivez les différents plans de la photographie (doc. 4) pour montrer qu'elle met en scène un affrontement.
- Expliquez quels sont les acteurs et les raisons des décisions évoquées dans la vidéo.

Développez les arguments

- Montrez qu'il reste des frontières coloniales en Afrique et expliquez pourquoi (doc. 4)
- Montrez que, même disparues, les frontières coloniales sont à l'origine de tensions actuelles, mais que d'autres raisons les expliquent (doc. 2 et 3)
- Expliquez pourquoi toutes les frontières coloniales ne sont pas arbitraires et inventées par les colonisateurs (doc. 1)
- Montrez que, coloniales ou non, les frontières actuelles sont le lieu d'échanges intenses (doc. 3)

Organisez le débat ORAL

- À l'oral, en 10 minutes, organisez un débat qui réponde à la problématique « Que reste-t-il des frontières coloniales en Afrique ? ».
- Classez vos arguments selon ces deux positions :
  - Les frontières coloniales sont toujours un enjeu important.
  - L'origine coloniale des frontières actuelles n'est pas un enjeu important.

Toutes les ressources

lycee.nathan.fr/25hggsp1re_222

La guerre froide
en quelques dates

- 1947 Début de la guerre froide, annonce du plan Marshall
- 1949 Création des deux Allemagnes
- 1950-1953 Guerre de Corée
- 1961 Mur de Berlin
- 1962 Crise de Cuba
- 1963-1975 Guerre du Vietnam
- 1963-1975 Détente Est-Ouest
- 1971
- 1989 Chute du mur de Berlin
- 1991 Fin de l'URSS

Les frontières de guerre froide depuis 1947

Comment la guerre froide façonne-t-elle de nouvelles frontières, idéologiques et géopolitiques, dont certaines subsistent encore aujourd'hui ?

I Des frontières idéologiques et géopolitiques

A Qu'est-ce que la guerre froide ?

- **La guerre froide est d'abord un conflit idéologique** entre deux pays, l'URSS et les États-Unis, qui incarnent deux modèles politiques, économiques et sociaux opposés : le communisme pour l'URSS, la démocratie libérale et l'économie capitaliste pour les États-Unis. Ces deux idéologies inconciliables se veulent universelles. Ayant pour ambition de s'étendre au monde entier, elles finissent logiquement par s'affronter.

- **La guerre froide est aussi, plus banalement, un conflit entre deux grandes puissances** qui sortent vainqueurs en 1945 de la Seconde Guerre mondiale. Incapables de prolonger après la victoire l'alliance forgée contre l'Allemagne nazie, elles cherchent à étendre leur influence et à défendre leurs intérêts, notamment dans une Europe détruite, mais aussi en Asie.

B Un monde bipolaire

- **La guerre froide instaure un ordre bipolaire fondé sur l'équilibre**. Elle oppose le camp occidental constitué des États-Unis et de leurs alliés au **« bloc » communiste** dirigé par l'URSS. Dès le début des années 1950, tous deux se sont organisés sur les plans militaire, économique et idéologique.

- **L'opposition prend des formes multiples (politiques, économiques, culturelles)** mais ne dégénère jamais en un conflit armé entre les deux grands. Cela ne les empêche pas de s'affronter aux limites de leur sphère d'influence, par alliés interposés, en des guerres souvent très meurtrières mais qui restent localisées. La guerre de Corée (1950-1953) fait ainsi entre deux et quatre millions de morts.

II Un monde coupé en deux

A Le « rideau de fer » en Europe

- **Face à la progression du communisme en Europe orientale,** les États-Unis décident en 1947 de mettre en place la politique du ***containment***. Ils proposent aux pays d'Europe une aide économique et financière massive – le plan Marshall – en leur demandant de fonder une organisation commune pour pouvoir en bénéficier. L'URSS refuse l'aide américaine et impose à ses alliés de faire de même. Une ligne de partage, le « rideau de fer », s'établit ainsi au cœur du continent européen.

- **En 1949, une frontière divise l'Allemagne**. Les secteurs occupés à l'ouest depuis 1945 par les États-Unis, le Royaume-Uni et la France donnent naissance à la **RFA**, le secteur soviétique à l'est devient la **RDA**. Berlin, au cœur de la RDA, connaît le même sort. Dès lors, les frontières sont figées en Europe même si, en août 1961, les Soviétiques isolent Berlin-Ouest par un mur. Chaque camp est maître chez soi et laisse l'autre agir comme il le souhaite dans les limites de sa zone d'influence. Les enjeux sont trop forts pour risquer un conflit armé.

Vocabulaire

« Bloc » communiste : ensemble des pays communistes alliés à l'URSS. L'expression est forgée par les Occidentaux pour dénoncer la domination de l'URSS sur son camp.

Containment : doctrine appliquée par les États-Unis à partir de 1947, visant à s'opposer par tous les moyens (militaires, économiques, propagande) à l'extension du communisme dans le monde.

Ordre bipolaire : système international fondé sur l'équilibre entre deux grandes puissances.

RDA : République démocratique allemande (ou Allemagne de l'Est), capitale : Berlin-Est. Après la réunification, la RDA est absorbée par la RFA et cesse d'exister.

RFA : République fédérale d'Allemagne (ou Allemagne de l'Ouest), capitale : Bonn.

B La division de la Corée

Comme l'Allemagne, la Corée est occupée en 1945 : au sud les Américains, au nord les Soviétiques. En 1948, ces zones d'occupation deviennent des États distincts : au sud la République de Corée alliée des États-Unis, au nord la République populaire démocratique de Corée (RPDC) dirigée par Kim Il-sung, soutenue par l'URSS et la Chine. Une frontière intérieure, artificielle, est tracée le long du 38e parallèle.

La guerre de Corée aboutit à la mise en place d'une ligne de démarcation entre les deux États. Toujours officiellement en guerre, ils ne la reconnaissent pas comme frontière. Elle est bordée par une **zone démilitarisée (DMZ)** de 4 km de large. Panmunjeom, où a été signé l'armistice du 27 juillet 1953, est le seul lieu de contact entre les deux Corées. Cette frontière concentre l'hostilité des deux régimes : échanges limités d'artillerie, guerre de propagande par le biais de haut-parleurs, incursions au sud d'agents nord-coréens par des tunnels creusés sous la DMZ.

Vocabulaire

« Rideau de fer » : expression employée par Churchill, ancien premier ministre britannique, lors d'un discours prononcé à Fulton (Missouri) le 5 mars 1946, pour dénoncer l'installation de régimes communistes en Europe de l'Est et déplorer leur isolement du reste du continent.

Zone démilitarisée (DMZ) : bande frontalière dépourvue d'équipements militaire, afin de contenir les risques d'escarmouche frontalières et d'escalade militaire.

III La fin de la guerre froide

A Des frontières bouleversées

En 1989, les pays d'Europe de l'Est échappent à la domination soviétique et s'ouvrent à l'Ouest. En septembre, le rideau de fer tombe : la Hongrie ouvre sa frontière avec l'Autriche. Le 9 novembre, la chute du mur de Berlin symbolise la fin de la guerre froide. Le 3 octobre 1990, l'Allemagne est réunifiée : disparaît ainsi la frontière symbole des divisions de la guerre froide.

De nouvelles frontières apparaissent. La fin de la guerre froide libère des revendications nationalistes étouffées jusque-là par la domination de Moscou. À partir de 1990, les quinze Républiques qui constituent l'URSS, dont la Russie et l'Ukraine, proclament une à une leur indépendance : l'URSS disparaît le 25 décembre 1991. La Tchécoslovaquie est dissoute, remplacée en 1993 par la République tchèque et la Slovaquie.

B La frontière intercoréenne : une survivance de la guerre froide

La fin de la bipolarisation n'efface pas la frontière entre les deux Corées. La RPDC reste un État communiste, allié à la Chine, dirigé par Kim Jong-il (1994-2011) puis Kim Jong-un depuis 2011, fils et petits-fils de Kim Il-sung. La DMZ reste en place et sépare deux pays de plus en plus distincts, une dictature féroce à l'économie chancelante d'un côté, une démocratie prospère toujours alliée aux États-Unis de l'autre.

À partir de 1998, le gouvernement sud-coréen met en place une politique de rapprochement avec la Corée du Nord, la « *Sunshine policy* » : la frontière s'entrouvre. Des zones touristique et industrielle nord-coréennes s'ouvrent ainsi aux Coréens du Sud. Les tensions reprennent à partir de 2008 : la Corée du Nord devient une puissance nucléaire, développe des missiles à moyenne et longue portée. Aujourd'hui, les relations entre les deux Corées oscillent entre moments d'apaisement (rencontre entre chefs d'État en 2018) et de crises (reprise de la guerre des haut-parleurs, envois de ballons d'ordures vers la Corée du Sud en 2024).

Fiches de lecture

Justine Guichard, « La frontière inter-coréenne, par-delà la guerre froide », *CERISCOPE Frontières*, 2011.
Article qui dresse un panorama historique et géopolitique de la frontière entre les deux Corées, de son origine aux enjeux actuels.

Stanislas Jeannesson, *La Guerre froide*, La Découverte, 2014.
Un texte qui présente une introduction sur la guerre froide et pose des questions sur les responsabilités des deux superpuissances, les dimensions du conflit et le rôle du tiers-monde.

Pour aller + loin

« L'histoire du mur de Berlin, de la guerre à la chute », *Le Monde*, 2019.
Symbole de la guerre froide, plus de trente ans après sa chute, le mur de Berlin continue de passionner. Vidéo sur les grands moments de l'histoire du Mur.

« La guerre froide (1945-1989) », *CVCE*, dernière consultation janvier 2025.
Le Centre virtuel de la connaissance sur l'Europe propose des textes, des documents, des vidéos ou encore des entretiens pour comprendre la place de l'Europe dans la guerre froide.

« Corée : Kim Jong-un veut-il la guerre ? », *L'Essentiel du Dessous des cartes*, Arte, 2024.
Coupée en deux depuis 1953, la Corée connaît régulièrement des pics de tension entre le Sud prospère et le Nord enfermé dans la dictature des Kim.

Cartes

Toutes les ressources
lycee.nathan.fr/25hggsp1re_224

La guerre froide : des frontières politiques et idéologiques (1947-1990)

Alliés pendant la Seconde Guerre mondiale, URSS et États-Unis sont porteurs d'idéologies inconciliables : leur alliance tourne après 1945 à l'affrontement. Chaque puissance cherche à étendre son influence, à constituer un groupe d'alliés, à s'opposer à l'autre. Cet ordre bipolaire s'étend au monde entier, provoque tensions et guerres localisées, sans jamais dégénérer en conflit armé entre les deux grands.

1 Le monde de la guerre froide à la fin des années 1970

Carte interactive

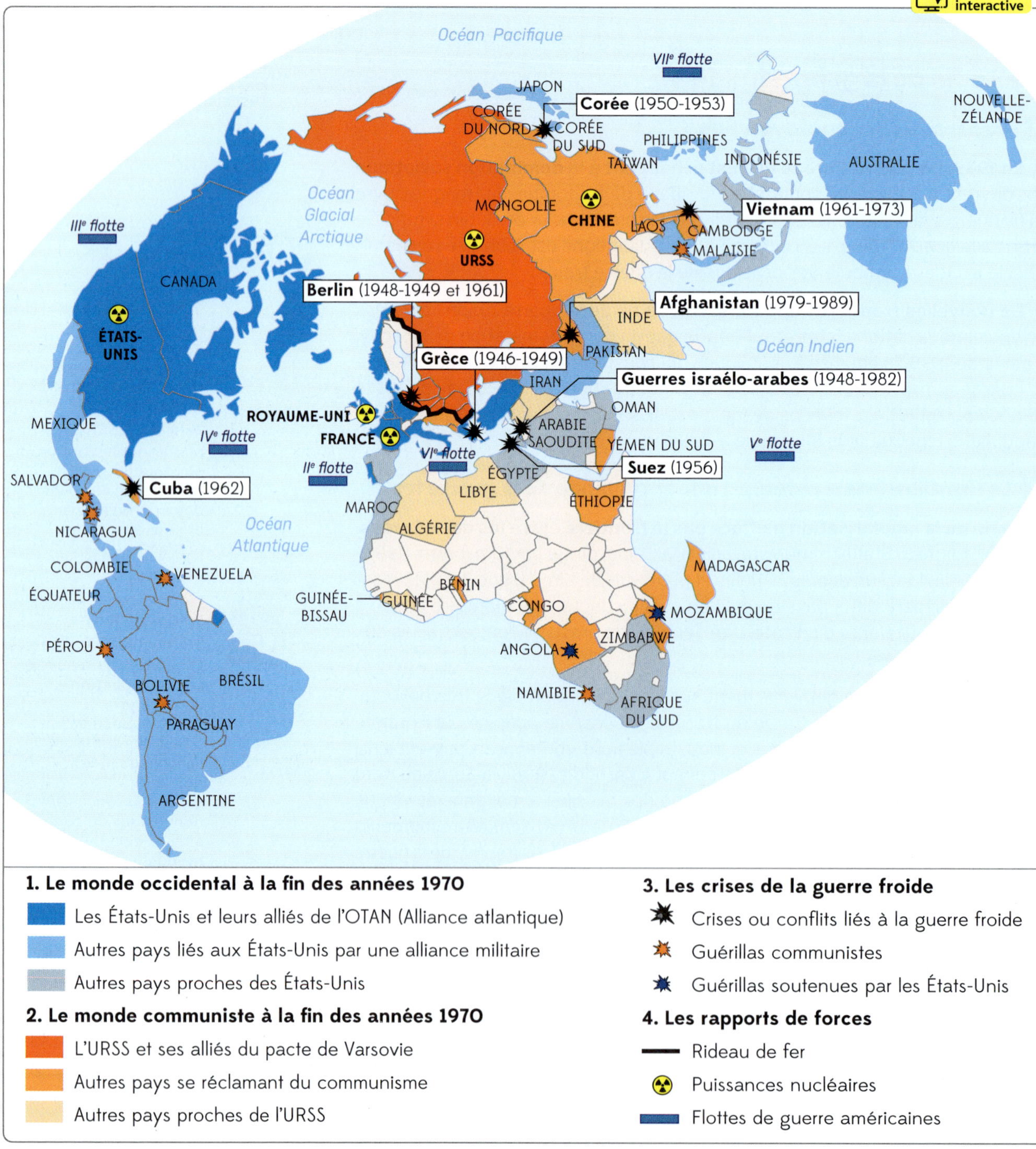

1. Le monde occidental à la fin des années 1970
- Les États-Unis et leurs alliés de l'OTAN (Alliance atlantique)
- Autres pays liés aux États-Unis par une alliance militaire
- Autres pays proches des États-Unis

2. Le monde communiste à la fin des années 1970
- L'URSS et ses alliés du pacte de Varsovie
- Autres pays se réclamant du communisme
- Autres pays proches de l'URSS

3. Les crises de la guerre froide
- Crises ou conflits liés à la guerre froide
- Guérillas communistes
- Guérillas soutenues par les États-Unis

4. Les rapports de forces
- Rideau de fer
- Puissances nucléaires
- Flottes de guerre américaines

② Les phases de la guerre de Corée (1950-1953)

Carte interactive

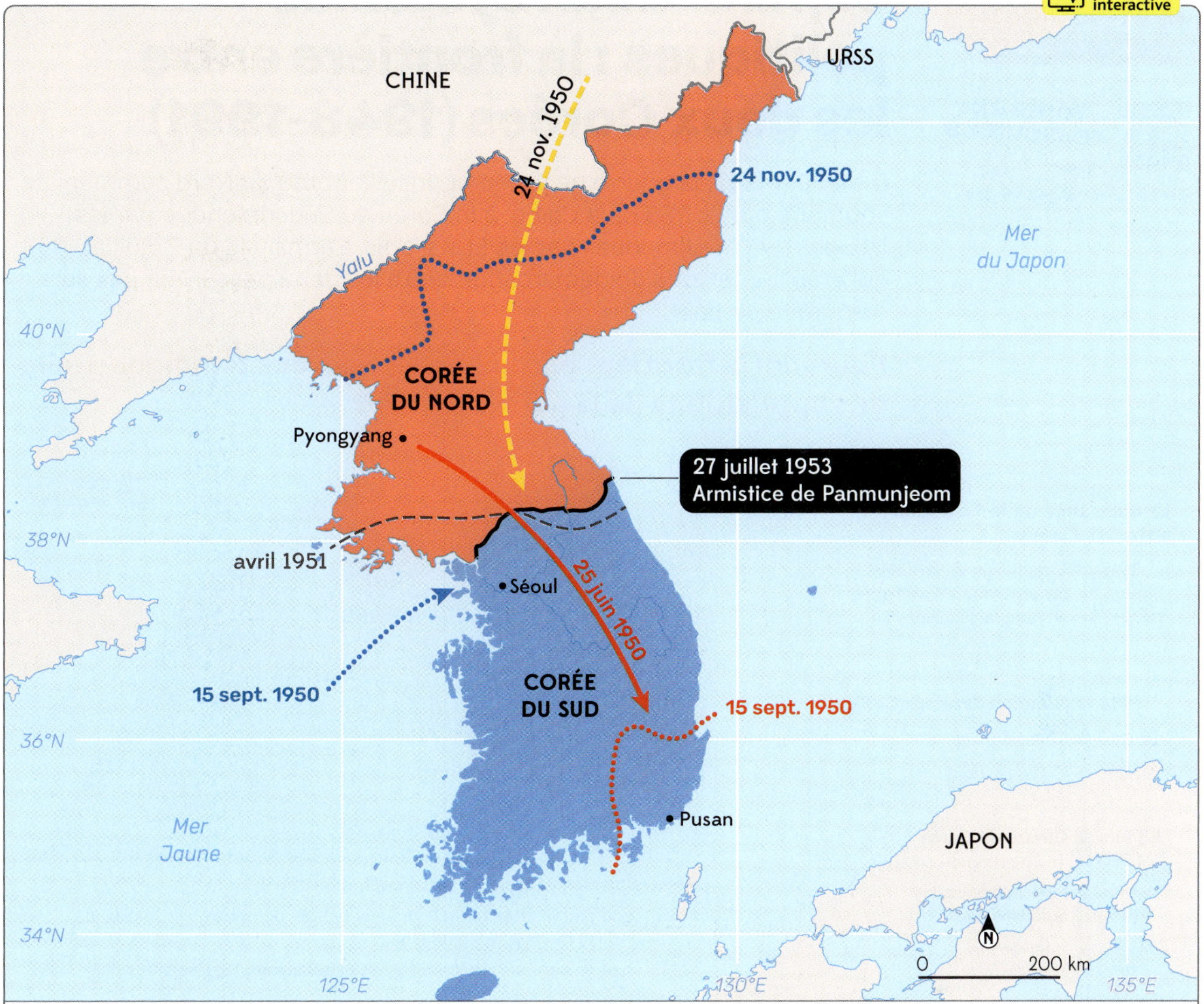

38e parallèle (frontière entre les deux Corées depuis leur création en 1948)

1re phase

Invasion lancée par la Corée du Nord

Avancée extrême des troupes nord-coréennes

2e phase

Débarquement et contre-attaque américaine et sud-coréenne autorisée par l'ONU

Avancée extrême des troupes américaines et sud-coréenne

3e phase

Intervention chinoise en soutien à la Corée du Nord

Stabilisation du front

Ligne de démarcation entre les deux Corées

Questions

1. **Où se situent les principales zones d'affrontement entre les deux camps de la guerre froide ?**

2. **Pourquoi peut-on affirmer que la guerre de Corée est un conflit de guerre froide ?**

3. **Comment peut-on expliquer le tracé de la ligne de démarcation entre les deux Corées en 1953 ?**

JALON 3
Étude

Toutes les ressources
lycee.nathan.fr/25hggsp1re_226

Séparer deux systèmes politiques : la frontière entre les deux Corées (1948-1991)

De 1950 à 1953, la guerre de Corée oppose la Corée du Nord communiste, soutenue par l'URSS et la Chine, à la Corée du Sud, défendue par les troupes de l'ONU menées par les États-Unis. L'armistice du 27 juillet 1953, qui établit une ligne de démarcation entre les deux pays, n'est pas suivi d'un traité de paix.

Pourquoi la frontière entre les deux Corées témoigne-t-elle des oppositions de la guerre froide ?

La naissance de la frontière entre les Corées

- 1945 : Occupation de la Corée par les armées soviétiques au nord, américaines au sud
- **1948** : **Création des deux Corées**
- 15 août : Corée du Sud
- 9 sept. : Corée du Nord
- **25 juin 1950** : **Guerre de Corée** Invasion nord-coréenne
- 15 sept. 1950 : Riposte américaine autorisée par l'ONU
- 24 nov. 1950 : Intervention chinoise
- **27 juil. 1953** : Armistice de Panmunjeom, instauration de la DMZ sur la ligne de front

1 Une frontière fermée

Carte interactive

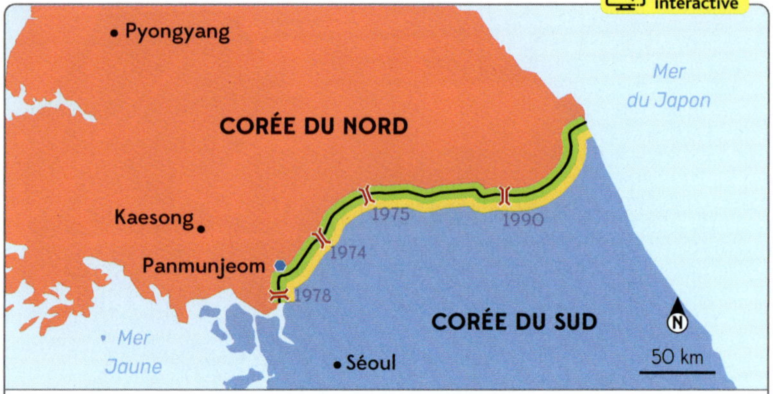

- Ligne de démarcation militaire (27 juillet 1953)
- Zone démilitarisée (DMZ) minée et bordée de postes de surveillance (248 km de long, 4 km de large)
- Zone de contrôle des civils (accès et peuplement règlementés par la Corée du Sud)
- *Joint Security Area* : seul lieu de passage entre les deux Corées, sous contrôle de l'ONU
- Tunnels d'agression, creusés par la Corée du Nord
- 1974 Date de découverte des tunnels par la Corée du Sud

Source : J.-B. Bouron, *Géoconfluences*, 2023.

→ **Cette frontière est-elle hermétique ?**

2 La convention d'armistice (1953)

Il est convenu qu'une ligne de démarcation militaire sera fixée et que les forces des deux parties se replieront à deux kilomètres de cette ligne, afin de créer une zone démilitarisée entre les forces adverses. Il est également convenu qu'une zone démilitarisée sera créée pour servir de zone tampon[1] et empêcher tous incidents qui pourraient amener la reprise des hostilités. [...]

La ligne de démarcation militaire sera clairement signalisée suivant les indications de la Commission d'armistice militaire qui sera créée comme il est prévu ci-après. Les commandants des forces de chaque partie feront placer des signaux appropriés tout le long de la ligne séparant la zone démilitarisée et leurs zones respectives. [...]

Aucune personne, militaire ou civile, ne pourra pénétrer dans la zone démilitarisée, à l'exception des personnes responsables de l'administration civile et de l'organisation des secours et des personnes expressément autorisées à y pénétrer par la Commission d'armistice militaire.

Texte signé à Panmunjom entre les représentants des forces de l'ONU, de la Corée du Nord et de la Chine communiste.

1. Zone tampon (ici) : zone destinée à mettre à distance deux pays rivaux.

→ **À quoi les pays signataires s'engagent-ils ?**

3 Une frontière bien gardée

Soldat coréen surveillant la frontière sur la zone démilitarisée, 1990.

→ **Quelles caractéristiques de la zone démilitarisée sont visibles ici ?**

5 Deux régimes qui s'affrontent

Récit d'une réunion de la commission d'armistice à Panmunjeom, entre délégués nord-coréens, chinois, sud-coréens et représentants de l'ONU menés par un général américain.

En fait, il n'y a pas débat, mais une série d'attaques sur des points différents. [...] Chacun accuse l'autre d'avoir violé l'accord d'armistice. Comment ? [...] Du côté ONU., on faisait état de quarante-sept actes de violence dans la zone démilitarisée au cours des quarante derniers jours. Dix-sept agents nord-coréens avaient été surpris et tués au sud de la ligne de démarcation. [...] À l'extérieur, étalage de l'équipement capturé : armement et munitions soviétiques, grenades, appareils radio, [...] chocolat fabriqué à Moscou et, bien entendu, les habits et toiles de tente des tués.

Réponse du Nord : « Une fois de plus, vous avez tué des personnes innocentes et les avez revêtues de vêtements nord-coréens. J'ai aussi une déclaration à faire... » Et d'enchaîner sur l'incident du bateau espion coulé la veille. [...] Il a à peine commencé son discours qu'un camion amène la preuve : un petit [navire] de poche, de fabrication japonaise, muni de deux moteurs Mercury [...].

Pourtant, ces séances sont utiles. Et les partenaires souhaitent les maintenir, particulièrement les Coréens du Nord. [...] Chacun s'en sert comme d'une tribune pour l'extérieur. S'il ne répond pas à l'autre, c'est d'abord qu'il veut exprimer un point de vue et noyer l'accusation adverse dans la sienne propre. [...] Mais le point le plus important c'est que, malgré tout, un contact est maintenu entre les deux parties.

Alain Bouc, « Guerre de Corée : là où la Guerre froide continue », *Le Monde*, 15 août 1968.

→ **Comment se met en scène à Panmunjeom l'opposition entre les deux Corées ?**

4 Deux régimes créés par la guerre froide

Dès la partition en 1945, l'Union soviétique structura le régime nord-coréen en [...] cherchant l'homme providentiel pour prendre la tête du pays. Le jeune Kim Il-sung[1] fut alors la personnalité désignée par les Soviétiques [...]. Très industrielle et regorgeant de matières premières, la Corée du Nord convenait alors parfaitement au modèle soviétique, qui lança des réformes agraires et ouvrières, et modernisa le pays. [...] Cinq ans plus tard, Kim Il-sung tenait le parti, l'armée, le gouvernement, modelés par Moscou qui envoya des milliers d'experts, de professeurs, d'ingénieurs, mais aussi du matériel agricole, des machines-outils et des armes. [...]

Du côté sud-coréen, le pays fut pris en main par les Américains qui, ne faisant pas confiance aux élites locales, imposèrent un régime militaire avec l'appui des collaborateurs coréens au régime colonial japonais. C'est alors que les généraux américains placèrent Syngman Rhee[2] à la tête du pays. Le scénario de transition au Sud se passa mal, nourri de protestations, de rébellions et de guérillas qui déstabilisèrent le pays, plus agricole et plus pauvre que le Nord. Les États-Unis formèrent une armée et une police dans le but de contrôler les leaders politiques jugés trop à gauche et de prévenir les troubles.

Juliette Morillot, « Les deux Corées depuis 1945 : guerre froide et nationalisme coréen », *Pouvoirs*, 2018.

1. Dictateur de la Corée du Nord de 1948 jusqu'à sa mort en 1994. Son fils Kim Jong-il lui succède, puis son petit-fils Kim Jong-un en 2011.
2. Premier président de la Corée du Sud.

→ **Comment l'URSS et les États-Unis interviennent-ils dans la création des deux Corées ?**

Questions et activités

Parcours 1

1. Comment la frontière matérialise-t-elle le fossé politique et idéologique qui sépare les deux Corées ? doc. 1, 2, 3 et 5

2. Pourquoi la frontière entre les deux Corées est-elle aussi une frontière de la guerre froide entre URSS et États-Unis ? doc. 4 et 5

Synthèse. Pourquoi la frontière entre les deux Corées témoigne-t-elle des oppositions de la guerre froide ?

Parcours 2

Construire un plan détaillé

- Pour répondre à la problématique de l'étude, vous devez montrer que :
  - l'existence et les caractéristiques des deux Corées sont dues à la guerre froide ;
  - la frontière révèle les tensions entre les deux Corées.
- Construisez les arguments de chaque partie en analysant les documents et en replaçant les informations dans le plan proposé.

Toutes les ressources
lycee.nathan.fr/**25hggsp1re_228**

Séparer deux systèmes politiques : la frontière entre les deux Corées (depuis 1991)

De nombreuses frontières nées de la guerre froide sont transformées par la fin de ce conflit. Ainsi, celle entre les deux Allemagne disparaît lorsqu'elles se réunifient en 1990. Pourtant, la frontière entre les deux Corées subsiste : elle est toujours l'une des frontières les plus fermées au monde, un espace où se concentre l'opposition entre deux systèmes politiques.

Pourquoi, depuis la fin de la guerre froide, la frontière entre les deux Corées est-elle restée un lieu de tensions ?

Les Corées depuis la fin de la Guerre froide

- 1991 : Adhésion de chacune des Corées à l'ONU
- 1998-2008 : Politique de rapprochement (« Sunshine policy »)
- 2006 : 1er essai nucléaire nord-coréen
- 2011 : Kim Jong-un au pouvoir en Corée du Nord
- 2016 : 1er missile intercontinental nord-coréen
- 2018 : 3e rencontre entre les dirigeants des deux Corées
- 2022-2024 : Multiplication des essais de missiles

1 Une tentative d'ouverture dans les années 2000

Le regard d'une géographe

La politique du « rayon de soleil », de 1998 à 2008, a rendu [la « *demilitarized zone* », ou DMZ] perméable dans le sens sud-nord. À partir de 1998, Hyundai Asan (filiale du conglomérat sud-coréen Hyundai) a proposé une visite touristique du mont Kumgang au nord de la DMZ, par la voie maritime. Elle a parallèlement développé une enclave industrielle à Kaesong : les entreprises et capitaux sont sud-coréens et les ouvriers nord-coréens. En 2002, pour la première fois depuis 1953, les voies de chemin de fer ont été reconnectées et, l'année suivante, les routes ont été rouvertes : deux points de passage de la DMZ ont ainsi été établis à l'est et à l'ouest. Les touristes ont pu se rendre au mont Kumgang par la route, à un moindre coût. Ce sont 2 millions de touristes et 500 000 personnes voyageant pour affaires qui ont traversé la frontière entre 1998 et 2008. Par ailleurs, du fret et de l'aide alimentaire (acheminée auparavant par mer) ont transité en quantité par la DMZ.

En 2008, suite à un accident grave au mont Kumgang (une touriste sud-coréenne fut abattue par une sentinelle nord-coréenne alors qu'elle s'était écartée de la zone autorisée), les déplacements touristiques ont été interrompus.

Valérie Gelézeau, « La dernière frontière », *L'Histoire*, n° 385, mars 2013.

→ **Comment se traduit la tentative d'ouverture de la frontière lancée dans les années 2000 ?**

2 Une rencontre officielle à la frontière (2018)

Le 27 juin 2018, les présidents nord-coréen, Kim Jung-un, et sud-coréen, Moon Jae-in, se rencontrent à Panmunjeom (*Joint Security Area*) avant de participer en zone sud-coréenne à un sommet sur la dénucléarisation des Corées. Le muret à leurs pieds symbolise la ligne de démarcation militaire entre les deux pays.

→ **Comment cette image met-elle en scène le rapprochement entre les deux Corées ?**

3 La division entre les deux Corées : une dimension internationale

Donald Trump a quitté Hanoï les mains vides, jeudi 28 février. Le président des États-Unis avait espéré entretenir et conforter la dynamique lancée il y a huit mois à Singapour lors de sa première rencontre avec Kim Jong-un. Cet espoir a été cruellement déçu. [...] Il avait pris tout le monde de court en décidant de rencontrer Kim Jong-un, il y a un an, pour couronner un processus de désescalade après des mois d'une tension alimentée par la multiplication des essais nucléaires et balistiques[1] nord-coréens et par la rhétorique agressive du président des États-Unis. [...]

« C'était à propos des sanctions[2] », a dit le président américain. « En gros, ils voulaient que les sanctions soient entièrement levées, et nous ne pouvions pas le faire. Ils étaient disposés à désigner [pour démantèlement] une grande partie des zones [sites nucléaires] que nous voulions, mais nous ne pouvions pas abandonner toutes les sanctions pour cela. » [...]

La rencontre de Hanoï avait suscité des espoirs de la poursuite d'une détente entre la Corée du Nord et les États-Unis et aussi beaucoup d'appréhension sinon de critiques de la part de ceux qui craignaient que Donald Trump fasse trop de concessions à Kim Jong-un dans le seul souci de mettre à son actif un succès diplomatique. [...]

Un accord bâclé aurait fait des victimes : il aurait affaibli un peu plus le Traité de non-prolifération nucléaire, un risque majeur pour les alliés des États-Unis partisans des accords multilatéraux de contrôle, et il aurait mis en porte-à-faux ceux qui prônent la fermeté vis-à-vis de Pyongyang. C'est le cas du Japon, vers lequel sont pointés les missiles nord-coréens de moyenne portée, mais aussi des Européens.

Gilles Paris et Philippe Pont, « Face à Kim Jong-un, la diplomatie de Trump en échec », *Le Monde*, 28 février 2019.

1. La Corée du Nord a développé un programme de missiles à moyenne et longue portée capables d'atteindre le sol des États-Unis.
2. Sanctions économiques prises par les États-Unis à partir de 2016 (essais nucléaires nord-coréens).

→ **Quel enjeu explique l'intérêt d'autres États pour la situation nord-coréenne ?**

lycee.nathan.fr/**25hggsp1re_229-1**

4 Un éloignement croissant

« Les deux Corées : la guerre larvée », *L'Essentiel du Dessous des cartes*, Arte, mars 2024.

→ **Montrez que cette frontière est toujours un lieu de tensions vives.**

lycee.nathan.fr/**25hggsp1re_229-2**

5 Des tensions fortes

« La Corée du Nord fait sauter une route la reliant à la Corée du Sud », *Le Monde*, 15 octobre 2024.

→ **Comment se manifestent les tensions actuelles ?**

Questions et activités

Parcours 1

1. Pourquoi la frontière est-elle un lieu privilégié de rapprochement et de détente ? doc. 1 et 2

2. Comment expliquer la persistance et le retour régulier des tensions entre les deux Corées ? doc. 3, 4 et 5

3. Comment se manifestent ces tensions à la frontière ? doc. 1 et 5

Synthèse. Pourquoi, depuis la fin de la guerre froide, la frontière entre les deux Corées est-elle un lieu de tensions plus ou moins intenses ?

Parcours 2

Présenter un diaporama en groupe

- Grâce aux documents, construisez les différentes parties de votre exposé pour répondre à la problématique (évoquez les tentatives de rapprochement, le regain des tensions, le rôle des puissances étrangères, etc.).
- Pour chaque partie, sélectionnez une image dans le manuel ou sur internet. Rédigez alors, sous forme de notes, le texte que vous direz à l'oral.

Tracer des frontières, une approche géopolitique

Toutes les ressources
lycee.nathan.fr/25hggsp1re_230

I Pourquoi tracer des frontières ?

- **Les frontières délimitent des territoires, en général des États souverains.** Elles définissent le périmètre sur lequel s'exerce l'autorité d'un État, notamment dans les domaines législatif et fiscal, et marquent la limite avec le territoire d'un autre État. Elles servent aussi à contrôler les mouvements de population et les flux de marchandises : c'est le rôle des douanes et des gardes-frontières. Certaines d'entre elles ont une fonction militaire et visent à se protéger d'une agression extérieure.

- **Zones de contact, espaces privilégiés d'échanges matériels et culturels,** les frontières séparent les hommes autant qu'elles les rapprochent. Elles créent des discontinuités favorisant les interactions et l'activité économique. Elles sont donc des interfaces, à la fois barrières et lieux d'échanges. Peuvent s'y développer des espaces transfrontaliers, transformés par l'importance des flux qui traversent les frontières.

- **Le *limes* est mis en place le long du Rhin par l'Empire romain,** face à des peuples germaniques qui ne sont pas organisés en États. Il est le résultat de conquêtes qui continuent entre Rhin et Danube jusqu'à la fin du Ier siècle, mais il se fige au siècle suivant : l'Empire décide alors de ne pas aller plus avant. Le *limes* rhénan est parsemé de forts et de camps de légionnaires reliés par des routes, bordé par un mur de pierre ou une palissade de bois. C'est une barrière, mais qui ne peut prétendre empêcher une invasion majeure.

- **Le *limes* rhénan est un espace de contact et d'échanges.** Il marque la présence de Rome aux yeux des peuples germaniques, désignés comme « barbares ». Il permet aussi de surveiller les flux commerciaux et humains qui le traversent. La zone frontalière crée par le *limes* voit en effet affluer les populations : des légionnaires de tout l'Empire, mais aussi des commerçants romains ou « barbares » venus les ravitailler. Ces contacts contribuent à la diffusion du modèle romain de part et d'autre du *limes*.

Jalon 1 – Pour se protéger : le *limes* rhénan p. 210

II Comment tracer des frontières ?

- **Le tracé des frontières répond à des critères très divers : historiques, économiques, ethniques, culturels.** Fruit d'un rapport de force résolu de façon négociée ou conflictuelle, il peut être imposé ou résulter d'un partage ou d'un accord mutuel, éventuellement sanctionné par un acte juridique comme un traité. La définition du tracé fait l'objet d'une délimitation cartographique, processus parfois long et complexe.

- **Sur le terrain, les frontières prennent l'aspect d'une ligne plus ou moins visible.** La démarcation est souvent matérialisée par un bornage régulier, parfois, dans le cas des frontières fermées, par une barrière ou même un mur. Mais les frontières ne sont pas toujours aussi apparentes : on les trouve aussi dans les aéroports, dans les gares ou sur les mers et les océans.

- **Dans la seconde moitié du XIXe siècle, les puissances européennes progressent en Afrique y créent des frontières.** En 1884-1885, elles se réunissent à Berlin pour une conférence : elles y définissent les règles de cette compétition pour la domination coloniale. Cet acte doit permettre de développer l'exploitation économique et le commerce, et d'apaiser les tensions entre puissances coloniales. Mais aucun État africain n'y est convié.

Chiffres clés

248 000 km de frontières terrestres
La frontière continue la plus longue est celle qui sépare la Russie du Kazakhstan (6 846 km).
La plus ancienne frontière encore en place est celle qui sépare la Chine du Vietnam : elle date de 968.
La frontière terrestre la plus longue de la France est liée à son passé colonial : elle sépare la Guyane du Brésil (730 km).

Jalon 2 – Pour se partager des territoires : la conférence de Berlin et le partage de l'Afrique p. 216

- **Dans cette Afrique coloniale, les frontières sur les cartes paraissent souvent arbitraires.** Pourtant, sur le terrain, la délimitation prend souvent en compte les tracés précoloniaux, les logiques économiques préexistantes... Elles sont des espaces d'échange, tout comme le sont les frontières actuelles, issues ou non de la colonisation : elles sont utilisées par les sociétés comme des ressources.

III Frontières géopolitiques, frontières idéologiques

Chiffres clés

193 États reconnus (membres de l'ONU) dans le monde.
322 frontières interétatiques (communes à deux États contigus) dans le monde, dont 89 en Europe.

- **Toutes les frontières sont des constructions historiques et géopolitiques.** Même si elles s'appuient sur des supports naturels (lignes de crête, fleuves et rivières, etc.), elles restent artificielles et conventionnelles. Elles ne sont pas figées : les frontières des empires sont mouvantes et varient au gré des conquêtes ; celles des États-nation tentent de répondre aux aspirations des peuples. Toutes peuvent subir des transformations radicales.

- **Certaines frontières sont aussi de nature idéologique.** Elles séparent des régimes politiques différents, voire opposés. Durant la guerre froide, le « rideau de fer » isole l'Europe de l'Est, communiste, de l'Europe occidentale, libérale ; il ménage toutefois des points de passage et laisse la place à des circulations Est-Ouest.

- **En Asie, les conséquences de la Seconde Guerre mondiale provoquent la division de la Corée en deux États,** et donc l'apparition d'une frontière entre deux régimes politiques opposés : l'un est communiste, soutenu par l'URSS et la Chine, l'autre, capitaliste, est défendu par les États-Unis. Ces deux Corées se disputent le contrôle de la péninsule entre 1950 et 1953. À la fin de cette guerre, l'armistice du 27 juillet 1953 fixe une frontière provisoire sur l'ancienne ligne de front. En l'absence d'un traité de paix officiel, cette frontière persiste.

Jalon 3 – Pour séparer deux systèmes politiques : la frontière entre les deux Corée p. 222

- **Dès 1953, la frontière entre Corée du Nord et Corée du Sud est conçue comme une barrière,** pour résister à toute attaque et séparer les deux régimes. Aujourd'hui encore, cette frontière sépare deux États profondément différents : l'un est une dictature à l'économie chancelante qui agite la menace nucléaire, l'autre une démocratie à la réussite économique éclatante. Pourtant, quel que soit son degré de fermeture, aucune frontière n'est totalement hermétique. Entre les deux Corées, la *Sunshine policy* des années 2000 a permis une reprise timide des échanges, avant le regain actuel des tensions.

Les fonctions de la frontière

1. Délimiter des territoires souverains
2. Contrôler les flux (hommes et marchandises)
3. Se protéger (fonction militaire)

➜ Des frontières de plus en plus nombreuses dans le monde

Le tracé des frontières

1. Définir le tracé (critères multiples)
2. Cartographier
3. Démarquer (sur le terrain : rôle du topographe et du géomètre)

➜ Tracé plus ou moins visible (frontières ouvertes/fermées)

Un marqueur géopolitique

1. Des constructions historiques et géopolitiques, pas de frontières naturelles
2. Des frontières parfois idéologiques, pour séparer des régimes politiques opposés
3. Des zones de contacts et d'échanges matériels et culturels

➜ Aucune frontière n'est totalement hermétique

Synthèse

Réviser avec… **3 schémas**

Toutes les ressources
lycee.nathan.fr/**25hggsp1re_232**

❶ Tracer des frontières pour se protéger ?

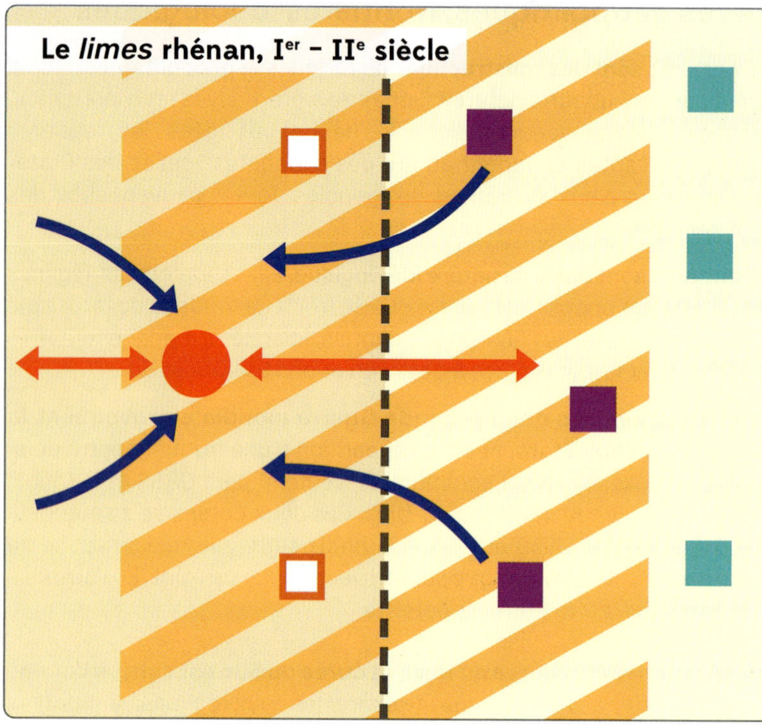

1. Le *limes*, limite militarisée de l'empire romain

- Empire romain
- Mur de bois puis de pierre, insuffisant face à une invasion
- Forts et camps de légionnaires romains
- Peuples germaniques alliés ou soumis à Rome, utiles à la défense de l'empire
- Autres peuples germaniques

2. Le *limes*, un outil de contrôle des flux dans un espace attractif

- Échanges économiques
- Flux de population
- Ville concentrant les activités économiques
- Espace de contact entre Romains et peuples germaniques, diffusion du modèle romain

❷ Tracer des frontières pour se partager des territoires

Convoitises européennes accrues pour l'Afrique (ressources, expansion territoriale et commerciale, logiques de puissance…) ⟷ **Concurrences entre les puissances européennes**

→ **Tensions accrues, risques de conflits**

→ **Conférence de Berlin** (1884-1885) **(puissances européennes, pas d'autorités africaines)**

→ **Mesures économiques** (liberté de navigations sur les principaux fleuves…)
› Favoriser la liberté du commerce
› Apaiser les tensions

→ **Règles collectives d'occupation des nouveaux territoires** (notification aux autres puissances…)
› Faciliter les conquêtes
› Apaiser les tensions

→ **Expansion des empires coloniaux en Afrique**
› Multiplication des frontières coloniales

3 Tracer des frontières pour séparer deux régimes politiques

Les caractéristiques de la frontière entre la Corée du Nord et la Corée du Sud

Pendant la guerre froide	Aujourd'hui
Des discontinuités fortes, une rupture spatiale majeure › Frontière fermée (DMZ) › Des idéologies opposées (communisme / capitalisme libéral) › Des systèmes économiques opposés (collectivisée / capitaliste en décollage)	**Des discontinuités fortes, une rupture spatiale majeure** › Frontière fermée (DMZ) mais une ouverture restreinte et limitée dans le temps (1998-2008) › Des idéologies opposées (communisme / capitalisme libéral) › Des systèmes économiques opposés (collectivisée, en faillite / capitaliste florissante)
Tensions à l'échelle nationale › Frontière = front militaire peu actif (mines, patrouilles...) › Hostilité constante (bataille des haut-parleurs, propagande...) › Infiltrations de militaires nord-coréens en Corée du Sud	**Tensions à l'échelle nationale** › Frontière = front militaire peu actif (mines, patrouilles) › Hostilité variable (tentatives de rapprochement entre 1998 et 2008, regain actuel des tensions)
Tensions à l'échelle mondiale › Frontière de guerre froide = limite entre les blocs est et ouest › Alliances, soutien dans un monde bipolaire (Chine, URSS / États-Unis et OTAN)	**Tensions à l'échelle mondiale** › Puissance nucléaire, tirs de missiles › Alliances, soutien dans un monde multipolaire (Chine, Russie / États-Unis, Japon, OTAN)

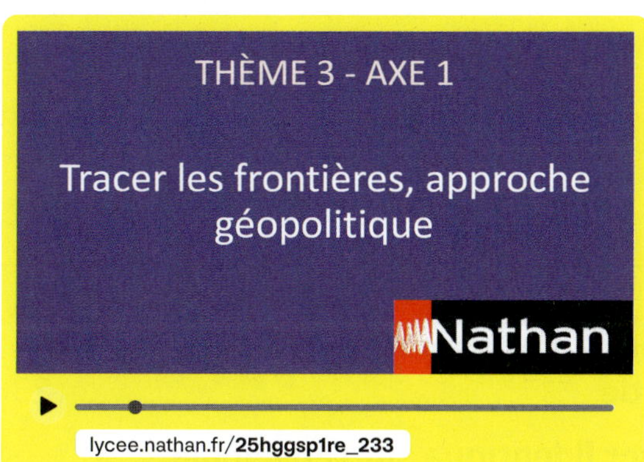

4 Mon bilan en vidéo

Pour approfondir

- ***L'Aigle de la neuvième légion*, film de Kevin MacDonald, 2011.**
Au IIe siècle, un officier romain en garnison sur le mur d'Hadrien enquête sur la disparition d'une légion en territoire « barbare ».
- **Guy de Maupassant, *Au soleil, suivi de La Vie errante*, Folio, 2015.**
Récit de voyage dans l'Algérie coloniale de la fin du XIXe siècle.
- **Éric Faye, *Éclipses japonaises*, Seuil, 2016.**
En 1966, un soldat américain disparaît lors d'une patrouille dans la zone démilitarisée, entre les deux Corées...
- **Fabien Toulmé, *L'Odyssée d'Hakim*, Delcourt, 3 tomes, 2018-2020.**
BD sur un Syrien qui fuit la guerre civile et tente de traverser les frontières qui le séparent de l'Europe.

Thème 3

AXE 2

Les frontières en débat

Les frontières peuvent engendrer des tensions entre des États revendiquant un même territoire, favorisant ainsi les conflits et l'apparition de barrières. L'axe examine comment la frontière germano-polonaise, avec ses disparitions et déplacements, reflète les conflits de la Seconde Guerre mondiale et de la guerre froide. Il montre aussi les convoitises autour des espaces maritimes.

Cependant, les frontières font généralement l'objet d'accords bi ou multilatéraux rapprochant les États, développant leurs échanges et favorisant la paix. La stabilisation de la frontière germano-polonaise résulte de décennies de négociations. L'étude porte également sur la naissance du droit de la mer, compromis entre liberté de navigation et appropriation maritime.

Qu'elles soient reconnues ou contestées, ouvertes ou fermées, les frontières demeurent centrales dans les relations internationales.

SOMMAIRE

Le point de passage de la rue Ledra (Chypre) : traverser une frontière contestée

L'occupation de la partie nord de l'île de Chypre par l'armée turque en 1974 conduit à la mise en place d'une frontière avec la partie sud, territoire encore sous l'autorité de la République de Chypre. Cette frontière fermée et non reconnue, la « ligne verte », traverse la capitale de Chypre, Nicosie : ici la rue Ledra, artère commerçante de la ville. En 2008, un point de passage y est aménagé entre les deux parties de l'île à l'occasion de la reprise du dialogue entre les deux communautés.

JALON 1

Cours

Toutes les ressources

lycee.nathan.fr/25hggsp1re_236

Allemagne et Pologne, au cœur des conflits frontaliers en Europe (1945 à 1990)

Quel processus mène à la reconnaissance des frontières européennes nées de la Seconde Guerre mondiale ?

Les frontières orientales de l'Allemagne en quelques dates

- 1939 — **Partage de la Pologne** entre l'Allemagne nazie et l'URSS
- 1945 — **Conférence de Potsdam**
- 1949 — **Création de la RFA et de la RDA**
- 1950 — **Traité de Görlitz** : la RDA reconnaît sa frontière orientale avec la Pologne
- 1969 — ***Ostpolitik***
- 1972 — **Traité fondamental** entre les deux Allemagnes, qui se reconnaissent mutuellement
- 1975 — **Accords d'Helsinki** sur l'inviolabilité des frontières en Europe
- 1990 — **Traité de Moscou** et **réunification** de l'Allemagne

I La Seconde Guerre mondiale et le remaniement des frontières européennes

A De nouvelles frontières à l'est de l'Europe

- **L'URSS est la grande bénéficiaire des règlements territoriaux qui affectent l'Europe de l'après-guerre.** Dès 1943, les États-Unis et le Royaume-Uni reconnaissent ses annexions réalisées en 1939-1940 à la suite du **pacte germano-soviétique** : les pays baltes, la partie orientale de la Pologne ainsi que la Bessarabie, au nord-est de la Roumanie. En 1945, elle obtient également la Ruthénie subcarpatique, à l'est de la Tchécoslovaquie, ce qui lui donne une frontière commune avec la Hongrie.

- **Les principaux bouleversements concernent l'Allemagne et la Pologne.** Cette dernière progresse à l'ouest au détriment de l'Allemagne – qui, au total, perd le quart de son territoire de 1937. La nouvelle frontière germano-polonaise, adoptée difficilement par les Alliés à la conférence de Potsdam en juillet-août 1945, suit le tracé des fleuves Oder et Neisse.

B Les déplacements de populations

- **Le remaniement des frontières s'accompagne de déplacements forcés de populations.** Le premier objectif des vainqueurs, et notamment de l'URSS, est de régler définitivement la question des minorités nationales, considérée comme une menace pour la paix future. 2,1 millions de Polonais sont expulsés d'URSS. 12 millions d'Allemands connaissent le même sort, principalement de Pologne et de Tchécoslovaquie.

- **En Allemagne, l'arrivée massive de ces réfugiés, privés de leurs biens et de toute ressource, crée des situations dramatiques.** Dans les zones occupées, la population s'accroît de près de 20 % alors que le pays est exsangue. Les réfugiés sont parqués dans des camps, dans des conditions précaires, et souffrent de la faim. Il faut attendre le début des années 1950 pour que leur situation s'améliore.

II Des frontières contestées, sources de tensions

A La frontière germano-polonaise

- **Les vainqueurs ne sont pas d'accord sur le sort de l'Allemagne.** Des traités de paix sont signés en février 1947 avec les anciens alliés du Reich : l'Italie, la Finlande, la Hongrie et la Roumanie. Mais aucun traité ratifiant les frontières ne sera jamais conclu avec l'Allemagne, créant ainsi une situation de vide juridique qui dure jusqu'en 1990.

- **À partir de 1949, c'est avec la RDA que la Pologne partage une frontière.** Les deux États, membres du « bloc » communiste, sont sous domination soviétique : dès 1950, leurs gouvernements s'accordent sur le tracé de la ligne Oder-Neisse, tel qu'il a été décidé à Potsdam par l'URSS et les autres vainqueurs de la guerre. En revanche, cette frontière n'est pas reconnue par la **RFA**, qui refuse ainsi la perte des territoires devenus polonais.

Vocabulaire

Détente : période (1963-1975) durant laquelle les États-Unis et l'URSS renouent le dialogue et signent plusieurs accords dans les domaines militaire et commercial.

Ostopolitik : politique d'ouverture à l'Est menée par le chancelier ouest-allemand Willy Brandt, entre 1969 et 1972.

Pacte germano-soviétique : pacte de non-agression signé par l'Allemagne nazie et l'URSS le 23 août 1939. Il est suivi d'un protocole secret dans lequel les deux pays se partagent la Pologne et s'accordent sur des zones d'influence respectives.

B La frontière entre les deux Allemagnes

- **En créant en 1949 la RFA et la RDA, les puissances occupant l'Allemagne tracent une frontière interne, artificielle.** Cette division concerne aussi Berlin qui, au cœur de la RDA, est divisée selon les secteurs d'occupation : soviétique à l'est, français, britannique et américain à l'ouest. Ces frontières ne sont reconnues par aucun des deux États allemands. Chacun considère l'autre comme illégitime et affirme représenter l'ensemble du pays. Jusqu'à la fin des années 1960, le gouvernement de la RFA n'entretient pas de relations diplomatiques avec les pays qui reconnaissent la RDA.

- **À la même période, la frontière entre les deux États est difficilement franchissable,** signe des tensions entre les deux « blocs ». Le passage de Berlin-Est à Berlin-Ouest est plus libre : en dix ans, 2,6 millions d'Allemands de l'Est empruntent ce chemin pour fuir la RDA. En août 1961, l'URSS se résout à édifier un mur pour isoler Berlin-Ouest et mettre ainsi un terme à l'exode.

Vocabulaire

RDA : République démocratique allemande (ou Allemagne de l'Est), capitale : Berlin-Est.

RFA : République fédérale d'Allemagne (ou Allemagne de l'Ouest), capitale : Bonn.

Notion

Inviolabilité : (ici) caractère de ce qui est inviolable, c'est-à-dire qu'on ne peut modifier par la force. Il est toujours possible de modifier des frontières inviolables par accord mutuel, de façon négociée.

III Vers une reconnaissance générale des frontières européennes

A L'apaisement des tensions

- **En 1969, le chancelier ouest-allemand Willy Brandt engage une politique de rapprochement avec l'Est, l'*Ostpolitik*.** Dans le contexte de la **Détente**, il se rend à Moscou, puis à Varsovie, où il s'accorde avec la Pologne sur les frontières de 1945. Avec la signature du Traité fondamental, en 1972, la RFA et la RDA se reconnaissent mutuellement et entrent la même année à l'ONU.

- **De 1973 à 1975, une Conférence sur la sécurité et la coopération en Europe (CSCE) réunit la quasi-totalité des pays d'Europe,** y compris l'URSS et ses alliés communistes. Les accords d'Helsinki (août 1975), qui en résultent, garantissent l'**inviolabilité** des frontières sur l'ensemble du continent et appellent au respect des droits de l'homme. La Détente, de part et d'autre du « rideau de fer », est alors à son apogée.

B La résolution de la question allemande

- **L'effondrement des régimes communistes en Europe précipite la résolution de la question allemande.** La chute du mur de Berlin, le 9 novembre 1989, n'est qu'une étape. Le chancelier ouest-allemand, Helmut Kohl, comprend que la réunification est la suite logique du processus. Le 28 novembre, il annonce un plan en dix points pour une unification accélérée des deux Allemagnes.

- **La réunification allemande se fait dans le cadre de négociations entre la RFA, la RDA et les quatre puissances occupantes de 1945.** Le 12 septembre 1990, ces six pays signent le traité de Moscou, qui déclare « définitives » les frontières de l'Allemagne réunie, dans leur tracé de 1945. Le 3 octobre, l'Allemagne réunifiée est officiellement proclamée. Un des principaux différends de la guerre froide est ainsi réglé de façon pacifique.

Fiches de lecture

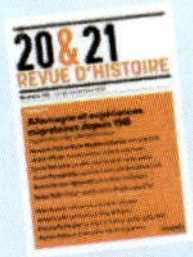

Corine Defrance, « L'Allemagne de l'immédiat après-guerre face aux défis migratoires », *20&21, revue d'histoire*, 2019.
Article scientifique sur l'accueil des populations de déplacés et de réfugiés dans les deux Allemagnes, entre 1945 et les années 1960.

Justine Faure, « La Guerre froide », *Documentation photographique*, n° 8157, janvier 2024.
Analyse qui bénéficie des mises au point historiographiques les plus récentes sur la guerre froide.

Pour aller + loin

« 1945-1950 : l'exode des Allemands d'Europe de l'Est », *La Fabrique de l'histoire*, France Culture, 4 novembre 2014.
Analyse de la difficile intégration des germanophones expulsés vers Allemagne à la fin de la Seconde Guerre mondiale.

« Les accords d'Helsinki ou le début de la fin de la Guerre froide », *La Fabrique de la guerre froide*, épisode 63, France Culture, 2017.
Le 3 juillet 1973, une conférence sur le désarmement nucléaire s'ouvre à Helsinki, regroupant 35 États, dont l'Union soviétique, les États-Unis et la majeure partie des pays européens.

***Le Mur de Berlin (1961-1989)*, Hérodote, 2018.**
De 1961 à 1989, le Mur de Berlin divise la ville en deux, empêchant les Allemands de l'Est de fuir vers l'Ouest. Sa chute marquera la fin de la Guerre froide.

JALON 1
Cartes

Toutes les ressources
lycee.nathan.fr/25hggsp1re_238

Allemagne et Pologne, de la Seconde Guerre mondiale à la guerre froide

À partir de 1939, les frontières de l'Allemagne et de la Pologne connaissent des bouleversements majeurs. Si l'Allemagne nazie voit ses limites se dilater au rythme de ses conquêtes, la Pologne disparaît, partagée entre le Reich et l'URSS. En 1945, la défaite nazie transforme la carte : la Pologne connaît des frontières très différentes alors que l'Allemagne, réduite, est occupée puis, à partir de 1949, partagée en deux États par la guerre froide.

1 La Seconde Guerre mondiale : l'effacement de la Pologne (1939-1942)

Carte interactive

1. Les visées sur la Pologne (août 1939)
- Allemagne nazie
- URSS
- Pologne
- Ligne de partage de la Pologne prévue par le pacte germano-soviétique (23 août 1939)

2. Le partage de la Pologne (sept. 1939)

Les conquêtes :
- allemandes (1er sept. 1939)
- soviétiques (17 sept. 1939)

3. La domination allemande (1942)
- Les conquêtes allemandes (à partir du 22 juin 1941)
- Grand Reich, territoire de l'Allemagne nazie

Questions

1. **Décrivez l'évolution du territoire de l'Allemagne de 1939 à 1990.**

2. **Décrivez l'évolution du territoire de la Pologne de 1939 à 1990.**

3. **Expliquez la naissance et le statut de la frontière germano-polonaise à partir de 1945.**

2 Des frontières bouleversées (1945)

Carte interactive

1. Des frontières mouvantes
- Frontières de 1937 modifiées
- Frontières de 1945
- Ligne Oder-Neisse adoptée comme frontière germano-polonaise à la conférence de Potsdam (juillet-août 1945)
- Frontière germano-polonaise proposée par les États-Unis et le Royaume-Uni mais rejetée par l'URSS

2. Les conséquences géopolitiques

Territoires en 1937 :
- Allemagne
- Pologne
- URSS

Gains territoriaux
- de l'URSS
- de la Pologne

L'Allemagne occupée
- Par l'URSS
- Par les autres alliés
- Allemands expulsés de Pologne (8,5 millions)
- Polonais déplacés (5,5 millions)

3 Stabilisation et contestations des frontières pendant la guerre froide (1947-1990)

Carte interactive

1. L'Europe bipolaire
- Membres de l'OTAN, alliés des États-Unis
- Membres du Pacte de Varsovie, alliés de l'URSS
- « Rideau de fer » à partir de 1948

2. Une reconnaissance progressive
- Frontière germano-polonaise reconnue :
  - officiellement par la RDA en 1950
  - provisoirement par la RFA en 1970
  - définitivement par l'Allemagne réunifiée en 1990
- Reconnaissance mutuelle de la RFA et de la RDA (1972)

JALON 1

Étude

Toutes les ressources

lycee.nathan.fr/25hggsp1re_240

La frontière germano-polonaise : une frontière contestée

En septembre 1939, la Pologne est envahie par l'Allemagne nazie et par l'URSS ; elle est aussitôt partagée entre les deux pays. Elle renaît en 1945, dans des frontières très différentes, tracées au détriment de l'Allemagne vaincue. Jusqu'à la fin des années 1960, la frontière germano-polonaise est fermement contestée par le gouvernement de la RFA.

Pourquoi la frontière germano-polonaise a-t-elle été l'objet de tensions et de conflits après la Seconde Guerre mondiale ?

1 Le partage de la Pologne entre l'Allemagne et l'URSS en 1939

Le 1er septembre 1939, l'armée allemande envahit la Pologne. Les troupes soviétiques font de même le 17 septembre.

a. Protocole secret au pacte germano-soviétique, 23 août 1939

[...] Dans le cas d'une réorganisation territoriale et politique des zones appartenant à l'État polonais, les sphères d'influence de l'Allemagne et de l'URSS seront délimitées approximativement par les fleuves Narev, Vistule et San.

La question de savoir si l'intérêt des deux parties rend souhaitable la conservation d'un État polonais indépendant, et celle des limites qui doivent être fixées à cet État pourront être déterminées seulement au cours des développements politiques ultérieurs. En tout état de cause, les deux gouvernements régleront cette question par des accords à l'amiable.

b. Déclaration commune de l'Allemagne et de l'URSS, le 28 septembre 1939

Le Gouvernement du Reich et le Gouvernement de l'Union soviétique, ayant réglé par l'arrangement signé aujourd'hui, définitivement, les questions qui découlent de la dissolution de l'État polonais et ayant ainsi créé une base sûre pour une paix durable en Europe orientale, expriment en commun l'opinion qu'il correspondrait aux véritables intérêts de toutes les nations de mettre fin à l'état de guerre qui existe entre l'Allemagne d'une part, la France et l'Angleterre, d'autre part.

→ **Comment évolue la question polonaise entre le 23 août et le 28 septembre 1939 ?**

2 De nouvelles frontières pour l'Allemagne et la Pologne (1945)

Conformément à l'accord de la Conférence de Crimée, concernant la Pologne, les chefs des trois gouvernements[1] ont demandé au gouvernement polonais d'unité nationale son avis sur l'accroissement de territoire dont la Pologne doit bénéficier au nord et à l'ouest. [...]

Les chefs des trois gouvernements réaffirment qu'à leur avis, la délimitation définitive de la frontière polonaise occidentale doit être ajournée jusqu'au moment du règlement de la paix.

Les chefs des trois gouvernements sont d'accord pour que l'État polonais administre, en attendant le tracé définitif de cette frontière, les anciens territoires allemands qui sont situés à l'est d'une ligne partant de la mer Baltique [...] pour descendre le long de l'Oder jusqu'au confluent de la Neisse occidentale, puis longer celle-ci jusqu'à la frontière tchécoslovaque, y compris la partie de la Prusse orientale qui n'est pas placée sous l'administration soviétique [...].

Les trois gouvernements, après avoir examiné la question sous tous ses aspects, reconnaissent qu'il y aura lieu de procéder au transfert en Allemagne des populations allemandes restant en Pologne[2], en Tchécoslovaquie et en Hongrie. Ils sont d'accord pour estimer que ces transferts devront être effectués de façon ordonnée et humaine.

Accords de Potsdam, 2 août 1945.

1. Churchill (Royaume-Uni), Truman (États-Unis), Staline (URSS).
2. Dont les anciens territoires allemands.

→ **Comment est tracée la frontière germano-polonaise en 1945, et quelles conséquences pour la population allemande ?**

3 Le sort des réfugiés allemands après la guerre

Camp d'accueil pour les réfugiés allemands en provenance de Pologne, Bavière, 1950.

→ **Comment s'explique l'existence de ce camp de réfugiés ?**

4 La RFA et l'unité de l'Allemagne

En 1973, la Cour constitutionnelle rappelle une position qui est celle de la RFA depuis 1949.

La Loi fondamentale[1] considère que le Reich allemand a survécu à l'effondrement de 1945, et qu'il n'a pas disparu, ni lors de la capitulation, ni au moment où les puissances alliées d'occupation exercèrent leur puissance étatique étrangère en Allemagne, ni par la suite.

La fondation de la République fédérale d'Allemagne n'a pas été la fondation d'un nouvel État ouest-allemand, mais la nouvelle organisation d'une partie de l'Allemagne. La République fédérale d'Allemagne n'est donc pas le successeur en droit du Reich allemand.

La République fédérale reconnaît l'unité du territoire appelé « Allemagne » (Reich allemand), dont son propre territoire forme également une partie indissociable. Elle limite en droit public sa souveraineté au domaine d'application de la loi fondamentale, mais elle se sent aussi responsable de l'ensemble de l'Allemagne.

Jugement de la Cour constitutionnelle de la RFA, 31 juillet 1973.

1. Constitution de la RFA, adoptée le 23 mai 1949.

→ **Pourquoi la question de la ligne Oder-Neisse concerne-t-elle la RFA ?**

5 Vu de la RFA, une frontière inacceptable

« Jamais de frontière Oder-Neisse. Votez CDU ». Affiche du parti chrétien-démocrate pour les élections du parlement de Nordrhein-Westfalen (RFA), 1947.

→ **Que dénonce cette affiche ?**

Questions et activités

Parcours 1

1. Quelle est l'évolution de la frontière germano-polonaise entre 1939 et 1945 ? doc. 1 et 2

2. Quels arguments peut avancer la RFA pour contester la ligne Oder-Neisse ? doc. 4 et 5

Synthèse. Pourquoi la frontière germano-polonaise a-t-elle été l'objet de tensions et de conflits après la Seconde Guerre mondiale ?

Parcours 2

Construire une frise chronologique

À l'aide des documents, mais aussi des cartes à votre disposition, placez sur un axe s'étendant de 1939 à 1951 des dates permettant de comprendre l'évolution de la frontière germano-polonaise. Pensez à relever les événements qui expliquent les transformations de son tracé, mais aussi les conséquences de cette évolution.

JALON 1
Étude

La frontière germano-polonaise : la reconnaissance

Toutes les ressources
lycee.nathan.fr/25hggsp1re_242

La reconnaissance de la ligne Oder-Neisse par les deux Allemagnes, la Pologne et les signataires des accords de Potsdam est longue et complexe. Elle est lancée à la fin des années 1960 par le chancelier Willy Brandt, mais il faut attendre 1990 et la réunification allemande pour que la question soit réglée de façon définitive.

Quelles sont les étapes de la reconnaissance de la frontière germano-polonaise ?

1 La frontière vue de RDA (1950)

Timbre émis à l'occasion de la signature des accords de Görlitz, le 6 juillet 1950. La RDA et la Pologne communiste reconnaissent la ligne Oder-Neisse, qualifiée par les deux pays de « frontière de la paix » (*Friedensgrenze*).
Le timbre représente les présidents des deux pays, Wilhelm Pieck (RDA) et Bolesław Bierut (Pologne).

→ **Quelle image de la frontière ce document met-il en avant ?**

2 L'*Ostpolitik* et la reconnaissance des frontières

Le 12 août 1970, le traité de Moscou signé entre la RFA et l'URSS reconnaît l'inviolabilité des frontières des États d'Europe, y compris la ligne Oder-Neisse.

Pour nous en Europe il s'agit de réduire encore davantage et de surmonter autant que possible l'opposition entre l'Est et l'Ouest qui a déjà pu être atténuée. À cet égard, nous devons partir de la réalité, telle qu'elle a résulté de la Seconde Guerre mondiale. Cela veut dire que nous devons partir du principe de l'inviolabilité des frontières. Reconnaître des frontières existantes ne signifie pas qu'on veuille les cimenter. [...]

En Europe, il importe de parvenir, par-delà les frontières des blocs et des idéologies, à plus de communication et de coopération. C'est vers ce but que tendent mes efforts, dans les limites certes restreintes des possibilités qui s'offrent à mon pays. Et, bien entendu, en accord avec nos alliés. Je sais que beaucoup en dépend si l'on veut établir une paix durable en Europe.

Allocution de Willy Brandt, en l'église principale de Stockholm, le 12 décembre 1971 (après avoir reçu à Oslo le prix Nobel de la paix).

→ **Quels sont pour Willy Brandt les objectifs de l'*Ostpolitik* ?**

3 « La fin d'une illusion »

« La frontière Oder-Neisse. La fin d'une illusion ». Couverture de l'hebdomadaire ouest-allemand *Der Spiegel*, 4 mai 1970. La photographie montre une vue de la Neisse et de Zgorzelec, la partie polonaise de la ville de Görlitz.

→ **À quelle « illusion » cette couverture fait-elle référence ?**

Biographie

Willy Brandt (1913-1992)
Militant socialiste, réfugié en Norvège, puis en Suède entre 1933 et 1945, Willy Brandt rentre en Allemagne en 1946. Membre du SPD, le parti social-démocrate, il est maire de Berlin-Ouest de 1957 à 1966, période marquée par la construction du mur en 1961. Chancelier de 1969 à 1974, il lance l'*Ostpolitik* et reçoit le prix Nobel de la paix en 1971.

4 La reconnaissance définitive (1990)

Le Bundestag allemand,

– conscient de sa responsabilité devant l'histoire allemande et européenne,

– fermement déterminé à participer au parachèvement de l'unité et de la liberté de l'Allemagne par libre autodétermination afin que l'Allemagne contribue à la paix et à la liberté dans le monde en tant que membre à part entière d'une Europe unie fondée sur le droit et les droits de l'homme, [...]

– conscient que les crimes commis par des Allemands et au nom des Allemands ont infligé de terribles souffrances au peuple polonais,

– conscient que des millions d'Allemands expulsés de leur terre d'origine ont subi une grande injustice, [...]

exprime sa volonté de voir le tracé de la frontière entre l'Allemagne unie et la République de Pologne définitivement confirmé par un traité de droit international comme suit : le tracé de la frontière entre l'Allemagne unie et la République de Pologne sera celui qui est fixé par « l'Accord entre la République démocratique allemande et la République polonaise relatif à la délimitation de la frontière d'État établie et existante entre l'Allemagne et la Pologne », signé le 6 juillet 1950 [...]. Les deux parties réaffirment l'inviolabilité de leur frontière existante pour le présent et l'avenir, et s'engagent réciproquement au respect sans restriction de leur souveraineté et de leur intégrité territoriale. Les deux parties déclarent n'avoir l'une envers l'autre aucune prétention territoriale et qu'elles n'en élèveront pas à l'avenir.

Résolution du Bundestag allemand [parlement de la RFA] relative à la frontière germano-polonaise, 21 juin 1990.

→ **À quels différents épisodes de l'histoire le texte fait-il successivement allusion ?**

5 La normalisation des relations germano-polonaises (1993)

Le point de vue d'un géopoliticien

La reconnaissance des frontières de la Pologne héritées des accords interalliés de 1945 ne s'est pas faite sans difficulté. La guerre froide laissa s'installer une situation juridique embrouillée puisque les territoires situés à l'est de la ligne Oder-Neisse étaient placés « sous administration polonaise » sans être juridiquement annexés sur le papier. C'est d'ailleurs sur ces ambiguïtés que se fonde l'argumentation du lobby des réfugiés allemands du Bundesverband der Vertriebener[1] qui conteste encore le fait accompli. [...]

Certes, la reconnaissance des frontières de la Pologne ne met pas un terme à toutes les tensions. Les nostalgiques de la Grande Allemagne (selon lesquels la RDA n'était pas l'Allemagne de l'Est mais celle du Centre) sont relativement marginaux en Allemagne, tout comme en Pologne les nostalgiques des « confins » orientaux de leur pays. Mais dans une large partie de l'opinion polonaise, la crainte d'une Allemagne trop puissante reste forte. Tout bien pesé cependant, la normalisation des relations germano-polonaises lève une hypothèque fondamentale[2] sur la stabilité de l'Europe centrale. Les deux pays ont des liens de plus en plus étroits. L'Allemagne joue un rôle déterminant dans la Pologne postcommuniste : elle en est à la fois le premier investisseur, le premier client et le premier créancier, mais aussi le passage obligé, au sens propre comme au figuré, de la Pologne vers la Communauté européenne.

Stéphane Rosière, « Pologne », *in* Yves Lacoste (dir.), *Dictionnaire de géopolitique*, Flammarion, 1993.

1. Association qui représente les intérêts des Allemands qui ont été expulsés d'Allemagne orientale en 1945.
2. Améliore.

→ **Quelles sont les conséquences de la reconnaissance de la ligne Oder-Neisse ?**

Questions et activités

Parcours 1

Mettre en relation les documents

1. Pourquoi, en RDA et en RFA, n'a-t-on pas la même représentation de la frontière ? doc. 1 et 3

2. Comment la diplomatie permet-elle d'apaiser les tensions ? doc. 2, 4 et 5

Synthèse. Quelles sont les étapes de la reconnaissance de la frontière germano-polonaise ?

Parcours 2

Organiser un débat

- Mettez en scène un débat entre partisans et adversaires de la reconnaissance de la frontière germano-polonaise.
- Vous commencerez par construire un tableau où se répondent les arguments des deux camps, en pensant à les dater.

Toutes les ressources

lycee.nathan.fr/25hggsp1re_244

Les frontières maritimes, des frontières en débat

Quels sont les enjeux liés à l'établissement des frontières maritimes ?

Chiffre clés

Mers et océans

97 % de l'eau disponible sur Terre

361 millions de km² (71 % de la surface du globe)

152 États ont un accès à la mer (78 % des États dans le monde)

I De l'unité juridique au partage de l'océan

A Un espace de libre circulation progressivement approprié

- **Les mers et les océans ont longtemps été considérés comme uniques et « sans frontière ».** Tous les navires « inoffensifs », c'est-à-dire ne portant pas atteinte à la sécurité des États côtiers, pouvaient naviguer sans entrave. Cette doctrine de la liberté des mers (*mare liberum*) fut établie par le juriste néerlandais Hugo Grotius en 1609. Ce principe avait pour objectif de contrer la politique hégémonique de maîtrise des mers menée par le Portugal.

- **Le partage des mers repose désormais sur le droit international.** L'intensification du commerce maritime mondial et la **maritimisation** des économies ont nécessité un règlement progressif des usages des eaux océaniques. La Convention des Nations unies sur le droit de la mer (CNUDM), signée en 1982 à Montego Bay (Jamaïque), codifie le **droit de la mer**. Cette « constitution pour les océans » accélère un processus de découpage et de **territorialisation** des espaces maritimes.

B Des espaces maritimes sous souveraineté nationale

- **La mer territoriale délimite la première frontière maritime.** L'idée de frontières maritimes apparut au XVIIIe siècle. Les puissances maritimes européennes (Espagne, Pays-Bas, France…) établirent alors la règle des trois milles marins, distance qui représentait la portée des canons de l'époque. Les espaces maritimes furent donc séparés en deux par une frontière : d'une part, les eaux territoriales, sous souveraineté nationale, d'autre part, la haute mer internationale.

- **La limite des eaux territoriales est étendue par la Convention de Montego Bay.** Élargie à 12 milles marins (22 km), la souveraineté sur les eaux intérieures et mers territoriales confère aux États côtiers des droits exclusifs pour l'exploitation de leurs ressources minérales (Papouasie-Nouvelle-Guinée en mer de Bismarck), énergétiques (hydrocarbures norvégiens en mer de Barents) et biologiques (biosphère en mer d'Iroise).

II Le découpage des « nouvelles frontières » maritimes

A Des espaces de ressources aux droits limités

- **Au-delà des mers territoriales sont définies de vastes zones nationales aux droits limités.** Sur le **plateau continental** et la **zone économique exclusive (ZEE)** s'étirant jusqu'à 200 milles marins du rivage (370 km), l'État côtier peut réglementer l'accès et l'exploitation des ressources naturelles. L'ensemble des ZEE représente aujourd'hui 8 % de la surface du globe et 90 % des poissons pêchés dans le monde.

- **Certains États possèdent ainsi d'immenses espaces maritimes.** Le territoire maritime de la France, avec 10,2 millions de km², est au 2e rang mondial derrière celui des États-Unis. Les États peuvent délivrer des licences de pêche à des navires étrangers. L'extension considérable des ZEE et les difficultés pour les surveiller ont ainsi favorisé le développement de la pêche illicite.

Vocabulaire

Détroits internationaux : bras de mer étroits où la libre circulation maritime commerciale et navale est garantie par un régime juridique spécial (détroit du Bosphore, de Malacca…).

Droit de la mer : branche du droit international qui règle les rapports entre États concernant l'utilisation de la mer et l'exercice de leurs pouvoirs sur les espaces maritimes. Il diffère du droit maritime, défini comme l'ensemble des règles juridiques relatives aux intérêts privés engagés en mer.

Halieutique : qui concerne la pêche.

Maritimisation : dépendance croissante de nos sociétés envers les mers et les océans dans différents domaines (transports, communication, ressources alimentaires, énergétiques, minérales).

Mer territoriale : zone de mer ne dépassant pas 12 milles marins (22,2 km) dans le voisinage immédiat du littoral et sur laquelle s'exerce la souveraineté de l'État côtier.

Mille marin : unité de mesure de distance utilisée en navigation maritime et égale à 1 852 mètres.

Offshore : terme anglais qui désigne une activité se déroulant en pleine mer.

B Extension de frontières et enjeux de la maritimisation

● **L'appropriation des espaces maritimes entraîne un recul des espaces maritimes internationaux.** Au-delà des limites de juridiction nationale (ZEE), la haute mer et la zone internationale des fonds marins représentent 65 % de la superficie des mers et des océans. « Biens communs mondiaux » selon la CNUDM, ils ne peuvent être appropriés ni revendiqués, et sont donc sans frontière. Pourtant les États multiplient les procédures pour obtenir une extension de leur plateau continental, dont la limite peut être étendue à 350 milles marins

● **La maritimisation des économies et des échanges renforce les enjeux autour des espaces maritimes.** Le contexte de développement économique planétaire a renforcé le processus d'appropriation et d'exploitation des espaces maritimes : exploitation des gisements énergétiques ***offshore*** et des ressources **halieutiques**, minérales... Depuis 1982, 35 % du domaine maritime mondial ont été appropriés par les États. Par ailleurs, le régime des **détroits internationaux** (Bosphore, Malacca...) garantit sur ces bras de mer le libre transit de la navigation internationale, qui ne peut en aucun cas être suspendu par leurs États côtiers.

Vocabulaire

Plateau continental : prolongement naturel du continent sous l'eau. Il est étendu au minimum jusqu'à 200 milles marins comme la ZEE, et peut être étendu jusqu'à 350 milles. Les États peuvent y explorer et exploiter les ressources naturelles du fond ou du sous-sol.

ZEE (Zone économique exclusive) : espace maritime qui s'étend sur 200 milles marins à partir du littoral. Il accorde à l'État côtier la souveraineté sur les ressources qui s'y trouvent.

III La course à la mer, un enjeu géopolitique et géostratégique

A De nouvelles rivalités de puissance

● **Les litiges augmentent avec le découpage des espaces maritimes.** 70 % des frontières maritimes ne sont pas stables ou définies. Les contentieux frontaliers se multiplient et peuvent être portés devant la Cour internationale de justice (CIJ) ou le Tribunal international du droit de la mer (TIDM). Les points d'affrontement maritimes sont nombreux en mer Égée, en Arctique et en mer de Chine.

● **De nouvelles rivalités de puissance s'expriment.** Les contentieux maritimes traduisent souvent la projection en mer de tensions terrestres. Des États tels que la Chine ou la Russie tentent d'imposer leur puissance en mer : exercices militaires conjoints entre les marines chinoise et russe dans la Baltique, en mer du Japon et en Méditerranée.

B Une géopolitique des mers et des océans

● **La géopolitique des mers et des océans contribue à une militarisation croissante des espaces maritimes.** Depuis le début du XXIe siècle, les États émergents (Chine, Inde, Brésil) ont renforcé leurs marines de guerre. Les États-Unis demeurent de loin la première puissance navale mondiale avec onze porte-avions et deux en projet. Le découpage des mers et des océans s'accompagne d'une véritable course à l'armement naval.

● **La piraterie moderne est au cœur de grands enjeux géopolitiques.** Difficiles à surveiller, les mers favorisent les activités de piraterie (détroit de Malacca, mer de Chine). La lutte contre la piraterie peut être menée en haute mer par un navire d'État de n'importe quel pavillon (opération européenne Atalante dans le Golfe d'Aden, mission française Corymbe dans le Golfe de Guinée).

Notions

Maritimisation : dépendance croissante de nos sociétés envers les mers et les océans dans différents domaines (transports, communication, ressources alimentaires, énergétiques, minérales).

Souveraineté maritime : autorité suprême d'un État sur ses espaces maritimes nationaux.

Territorialisation des mers : appropriation des espaces maritimes par les États.

Fiches de lecture

Christian Buchet, *La Grande Histoire vue de la mer*, Le Cherche Midi, 2017.
Un ouvrage pour comprendre les grandes civilisations à travers l'histoire des mers et des océans.

Olivier Le Carrer, *Océans de papier : une histoire des cartes marines*, Glénat, 2017.
Une plongée dans l'histoire des cartes marines depuis l'Antiquité.

Pour aller + loin

« Paix, dignité et égalité sur une planète saine », *ONU*, consulté en janvier 2025.
Question thématique « Océans et droit de la mer » très complète par l'Organisation des Nations unies.

« La puissance maritime : un enjeu du XXIe siècle », *Le Dessous des cartes*, Arte, 2024.
La Chine cherche à rivaliser avec les États-Unis en développant sa présence sur les mers via flottes et infrastructures.

Extraplac, Ifremer, consulté en janvier 2025.
Site de l'Ifremer, Extraplac, programme français d'extension du plateau continental.

JALON 2

Cartes

Toutes les ressources

lycee.nathan.fr/25hggsp1re_246

Les mers et les océans : « nouvelle frontière » du monde

Longtemps perçus comme des barrières naturelles, les mers et les océans sont aujourd'hui envisagés comme la « nouvelle frontière du monde », au cœur des enjeux géopolitiques, économiques et environnementaux mondiaux. Ces « merritoires » (C. Parrain, 2012) se sont imposés comme des espaces stratégiques majeurs du XXIe siècle.

1 L'exploitation de la mer

Carte interactive

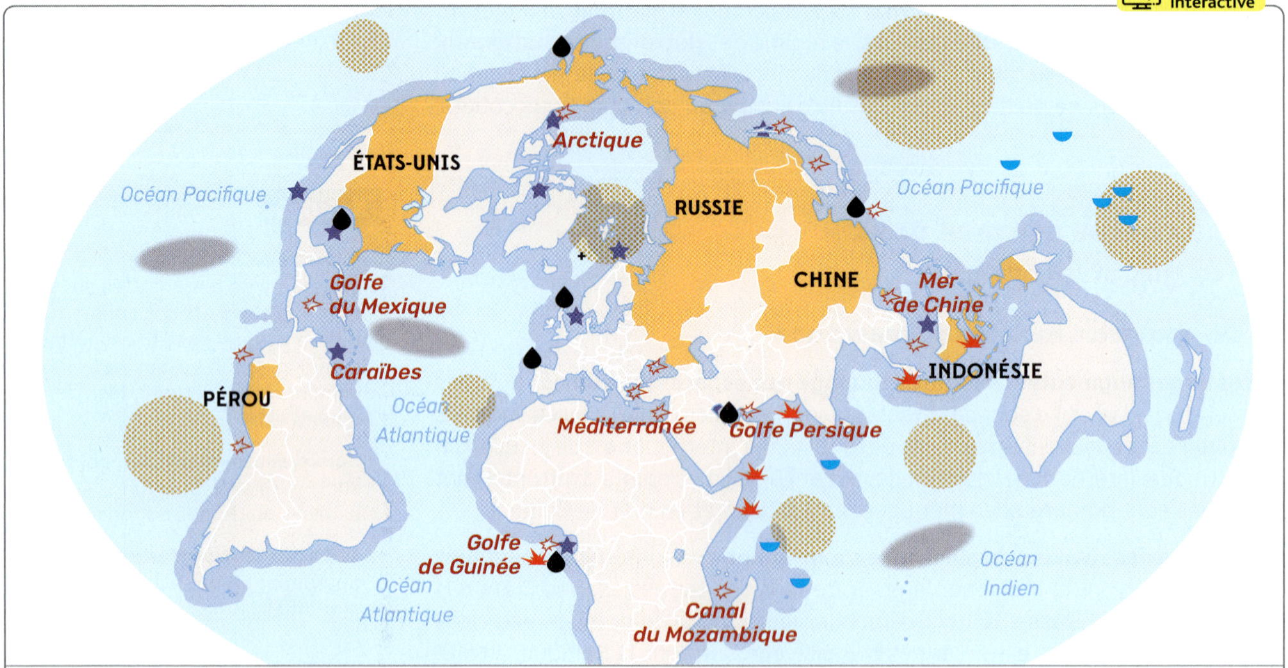

1.Des espaces maritimes partagés et exploités

- Appropriation des mers par les États (ZEE)
- Principales zones de pêche, souvent surexploitées
- Principaux pays à exploiter les ressources vivantes marines
- Gisements d'hydrocarbures exploités offshore

Des espaces aux nombreux enjeux

- Zones majeures de piraterie
- Zones de tensions liées aux frontières maritimes
- Concentration de déchets gyres, « continents » de plastique)
- Catastrophes écologiques récentes (marées noires)
- Îles menacées par l'élévation du niveau de la mer

2 Espaces terrestres et maritimes

En % de la superficie de la Terre

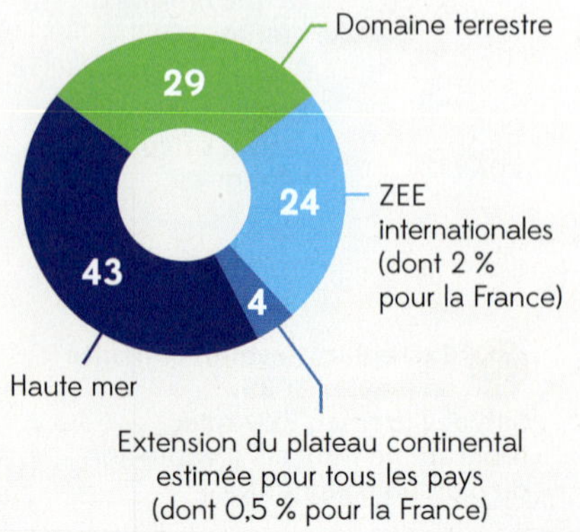

Source : ONU, 2024.

Vocabulaire

État enclavé : État n'ayant pas de contact direct avec une mer ouverte reliée à l'océan mondial.

Mer territoriale : zone de mer ne dépassant pas 12 milles marins (22,2 km) dans le voisinage immédiat du littoral et sur laquelle s'exerce la souveraineté de l'État côtier.

ZEE (Zone économique exclusive) : espace maritime qui s'étend sur 200 milles marins à partir du littoral. Il accorde à l'État côtier la souveraineté sur les ressources qui s'y trouvent.

3 États et ZEE

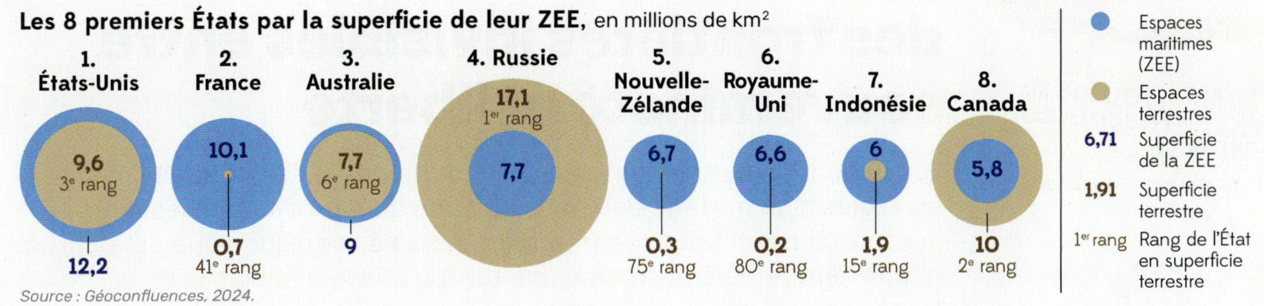

Source : *Géoconfluences*, 2024.

4 Mers et océans, des enjeux multiples

Carte interactive

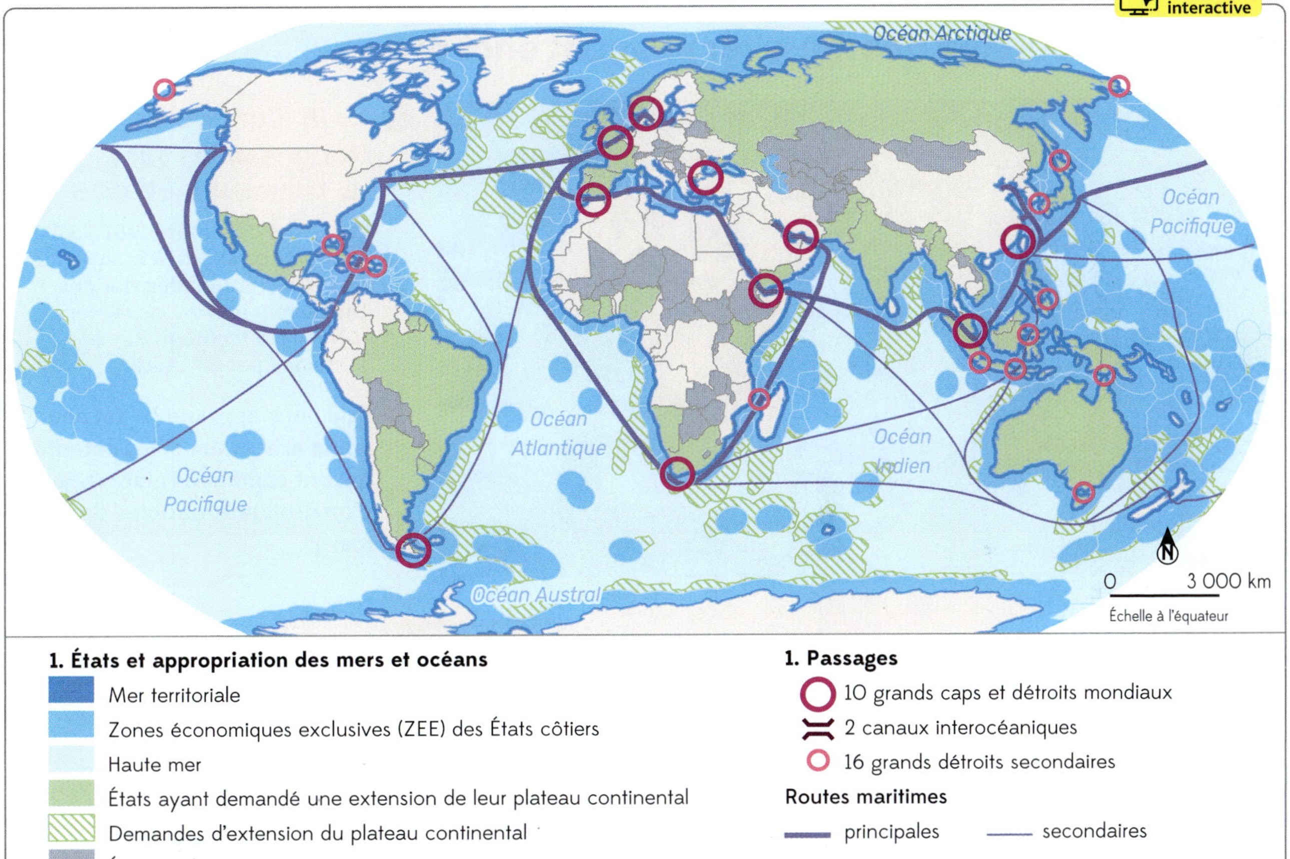

Source : Laurent Carroué, *Atlas de la mondialisation*, Autrement, 2020 ; J.-B. Bouron, *Géoconfluences*, 2024.

Questions

1. **Quels sont les États qui se livrent à un partage des océans ? Quels pays en sont exclus ?**

2. **En quoi les espaces maritimes représentent-ils un élément de la puissance de la France ?**

3. **Quels sont les enjeux géopolitiques et géostratégiques qui accompagnent le processus d'appropriation des mers ?**

JALON 2

Étude

Toutes les ressources

lycee.nathan.fr/25hggsp1re_248

Le droit de la mer : des frontières invisibles entre souveraineté et liberté

La Convention des Nations unies sur le droit de la mer (CNUDM) définit les règles d'un partage équitable et d'une gestion durable des mers et océans. La délimitation de frontières dans ce cadre juridique est pourtant régulièrement perçue comme une territorialisation allant à l'encontre du principe de liberté des eaux.

Comment le droit de la mer concilie-t-il la liberté des mers et l'appropriation des espaces maritimes par les États côtiers ?

A Un découpage des mers récemment encadré

1 La IIIe Conférence des Nations unies sur le droit de la mer, 4 avril 1975

De 1973 à décembre 1982, la IIIe Conférence abouti à la signature de la Convention des Nations Unies pour le Droit de la Mer (CNUDM) à Montego Bay en Jamaïque par 117 États.

→ **Que nous apprend ce document sur le processus et les acteurs qui ont conduit à l'élaboration d'un droit international de la mer ?**

2 Le droit de la mer : entre liberté et cloisonnement

Le regard d'une géographe

Au cours du XXe siècle, de simples lieux de passage, d'espaces de circulation, les océans et les mers sont devenus des objets de convoitise du fait de leurs gisements en richesses exploitables. Jusqu'alors considérée comme un espace horizontal uniquement propre à la navigation, la mer est dorénavant envisagée dans ses trois dimensions, comme un volume, à la fois réservoir alimentaire mais aussi de ressources énergétiques et de minerais. Ce processus d'appropriation des ressources est lancé en 1945 par le président américain Harry Truman. Suivent alors d'autres revendications unilatérales, notamment des pays sud-américains riverains du Pacifique. Face à un flou juridique porteur de conflits et d'inégalités, les États, sous l'égide des Nations unies, ont entrepris de fixer les règles de cette nouvelle appropriation des espaces maritimes. Les dispositifs régissant la définition des frontières maritime résultent ainsi de deux grandes conférences : la conférence de Genève en 1958 et celle de Montego Bay (Jamaïque) en 1982.

Les frontières maritimes sont ainsi le dernier cloisonnement du monde. Le droit de la mer superpose deux conceptions de l'espace maritime : l'une maritime, où prévaut la liberté, indispensable à la navigation et au commerce, l'autre terrienne guidée par une volonté d'occuper, d'exploiter et de territorialiser les mers, depuis la surface jusqu'aux sous-sols.

Nathalie Fau, *Frontières*, Armand Colin, 2020.

→ **Pourquoi a-t-il été nécessaire de rédiger un droit de la mer ?**

Chiffre clés

Convention des Nations unies sur le droit de la mer (CNUDM)

117 pays signataires en 1982 ; 157 en 2024

40 ans de négociations (de 1958 à 1982)

320 articles juridiques

Superficie accordée aux États côtiers

96,5 millions km² sur les **361,3 millions** km² d'espace océanique

Plus de **70** arbitrages juridiques internationaux

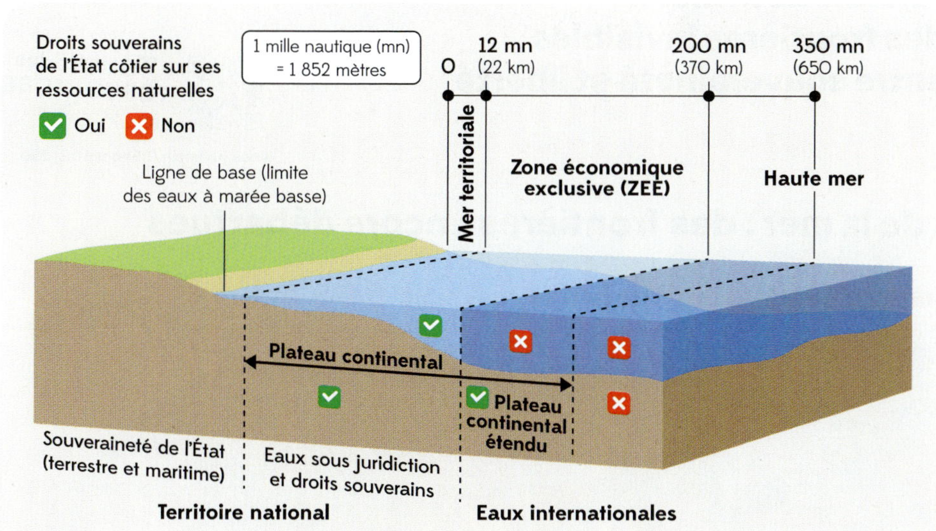

Source : *L'Atlas de l'eau et des océans, Enjeux géopolitiques, Le Monde/La Vie*, hors-série n° 22, 2017.

3 La délimitation juridique des espaces maritimes

La convention de Montego Bay (1982) définit juridiquement un zonage précis des étendues marines à partir du trait de côte ou « ligne de base ».

→ **Décrivez et expliquez l'organisation juridique des espaces maritimes.**

4 Une « territorialisation » progressive de la mer

Le regard d'une juriste

Depuis *Mare liberum*, le célèbre texte écrit par Grotius et publié en 1609 pour défendre la liberté des mers, la haute mer constitue un espace international, une *res communis* (chose commune). Jusqu'à la moitié du XXe siècle, la majorité écrasante des espaces maritimes était soumise à ce régime juridique. Tel n'est plus guère le cas aujourd'hui, au moins 40 % de la surface océanique étant désormais passée sous souveraineté ou juridiction étatique.

Ce mouvement de « territorialisation » de la mer, résultat direct de la volonté des États d'étendre leur emprise sur ses ressources, a commencé par l'extension de la largeur de la mer territoriale. Initialement large de 3 milles marins, ce qui selon la légende correspondait à la « portée des canons », la mer territoriale est passée depuis la Convention de Montego Bay à 12 milles marins. L'État y exerce sa pleine souveraineté, à l'instar de ce qu'il fait sur son territoire terrestre et dans son espace aérien national. Les navires de tous les États jouissent du droit de la traverser.

Le plateau continental et la zone économique exclusive (ZEE) illustrent la « territorialisation » progressive des espaces maritimes. La navigation y est libre et l'État côtier n'y exerce pas sa souveraineté. Il y dispose néanmoins de droits d'exploration et d'exploitation des ressources biologiques et non biologiques. Contrairement à la ZEE qui ne peut jamais s'étendre au-delà des 200 milles marins, le plateau continental peut, sous conditions, être prolongé jusqu'à 350 milles marins.

Niki Aloupi, « Géopolitique des océans », *Questions internationales*, La Documentation française, n° 107-108, mai-août 2021.

5 La maîtrise des mers, un défi contemporain

« La puissance maritime : un enjeu du XXIe siècle », *Le Dessous des cartes*, Arte, 2024.

Questions et activités

Parcours 1

1. Comment et pourquoi le droit de la mer a-t-il été adopté en 1982 à Montego Bay ? doc. 1 et 2

2. Expliquez comment le droit de la mer permet un découpage des espaces maritimes. doc. 2 à 5

Synthèse 1. Comment le droit de la mer concilie-t-il la liberté des mers et l'appropriation des espaces marins par les États côtiers ?

Parcours 2

Voir page 251

Le droit de la mer : des frontières invisibles entre souveraineté et liberté

Toutes les ressources
lycee.nathan.fr/25hggsp1re_250

B Malgré le droit de la mer : des frontières encore débattues

6 La Convention des Nations unies sur le droit de la mer

Carte interactive

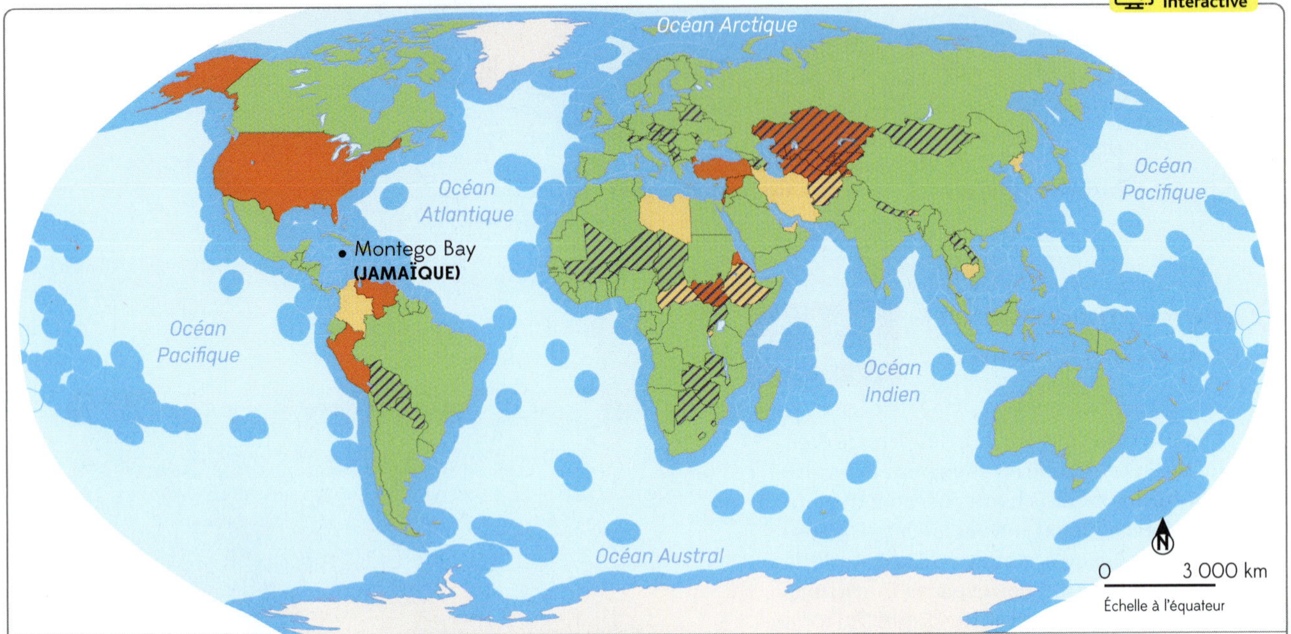

1. Convention des Nations unies sur le droit de la mer
- Aucun engagement
- Signature[1]
- Ratification[1]

2. Délimitation de l'espace maritime
- Zones économiques exclusives (ZEE)
- Haute mer[2]

3. Enclavement
- État sans façade littorale

1. En signant, l'État accepte de respecter la convention ; en ratifiant il s'engage juridiquement à la respecter.
2. La haute mer est ouverte à tous les États, qu'ils soient côtiers ou sans façade littorale (article 87 de la Convention)

Source : H. Billard, F. Encel, *Atlas des frontières*, Autrement, 2021.

→ **À quels problèmes le droit de la mer et son application sont-ils confrontés ?**

7 Appropriation de l'espace maritime et tensions

Le regard d'un géographe

Le découpage de l'espace maritime se fait en différentes bandes parallèles à la ligne de base. Suivant ce principe, le découpage est relativement simple si aucun État ne fait face à un autre ; mais si les mers territoriales ou les ZEE se touchent, l'appropriation devient plus délicate.

Si deux mers territoriales se font face, par exemple dans un détroit, la frontière entre les deux souverainetés passe alors théoriquement par une ligne équidistante aux deux lignes de base. Dans certains cas, une ligne médiane est ponctuellement modifiée autour d'îles et d'îlots.

La position d'une frontière maritime perpendiculaire au trait de côte n'est pas toujours aisée à déterminer. Selon l'angle suivant lequel la frontière est tracée, des espaces maritimes considérables passeront d'une souveraineté à une autre.

En dépit des tentatives de clarifications juridiques, tous les litiges concernant les espaces maritimes n'ont pas disparu. Ils sont nombreux surtout là où les ressources naturelles sont importantes et exploitables (plateaux continentaux) et dans certains secteurs stratégiques comme la mer de Chine méridionale. Les contestations liées aux découpages instaurés par la convention de Montego Bay sont nombreuses aussi.

Stéphane Rosière, *Géographie politique et géopolitique. Une grammaire de l'espace politique*, Ellipses, 2021.

→ **Quelle méthode de partage est préconisée par le droit de la mer en cas de litige ? Est-elle suffisante ?**

Carte interactive

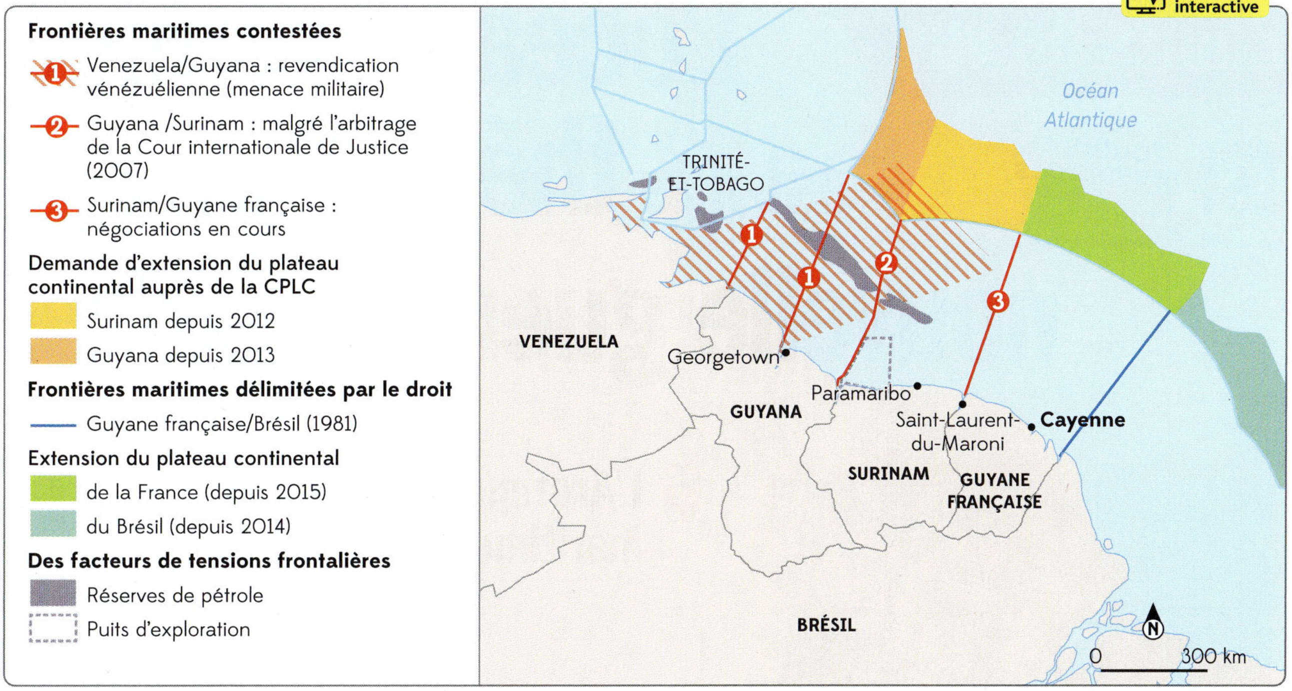

8 Litiges frontaliers maritimes sur le plateau des Guyanes

9 Le droit de la mer : outil de résolution ou instrument des nationalismes ?

Le regard d'un géographe

Le droit de la mer a certes fourni des balises pour la résolution des conflits de souveraineté sur des espaces maritimes ; mais il légitimise aussi l'appropriation de ces espaces maritimes, comme si le droit était instrumentalisé pour faire prévaloir ses revendications territoriales.

Ainsi, le 26 février 1992, la Chine a réaffirmé sa souveraineté sur l'ensemble des archipels de mer de Chine du Sud. Le pétrole n'a agi que comme catalyseur. Non pas que les considérations énergétiques ou stratégiques soient négligeables. Mais elles ne sauraient, à elles seules, expliquer le niveau de tension qui règne à l'heure actuelle dans la région.

C'est plutôt le nationalisme des acteurs qui permet le mieux de rendre compte des enjeux que constituent ces archipels pour les pays riverains. En particulier, l'importance que la Chine attribue aux Paracels et aux Spratleys provient plus du désir d'effacer le souvenir de ce que les Chinois se remémorent comme le « siècle de honte »[1].

La Convention de 1982 recommande que le partage des espaces maritimes, lorsqu'il y a litige, soit effectué selon le principe d'équidistance. La Chine serait la grande perdante de l'application des normes juridiques du droit de la mer. La Cour permanente d'arbitrage (CPA) a donné raison aux Philippines le 12 juillet 2016 et a également invalidé la revendication chinoise d'un titre historique sur la mer de Chine du Sud, un jugement immédiatement dénoncé par la Chine qui n'a pas cessé son activité de déploiement.

Frédéric Lasserre, *Manuel de géopolitique. Enjeux de pouvoir sur des territoires*, Armand Colin, 2024.

1. Le « siècle de honte » (1949-1839) : période pendant laquelle la Chine a subi des invasions, des défaites militaires et des humiliations diplomatiques de la part des puissances coloniales occidentales et du Japon.

→ **Quel rapport entretien la Chine vis-à-vis du droit de la mer en mer de Chine du Sud ?**

Questions et activités

Parcours 1

3. Montrez que le droit de la mer est un outil de résolution des litiges. doc. 6 à 8

4. Quels facteurs mettent en échec l'efficacité du droit de la mer ? doc. 5 à 8

Synthèse 2. Plus de 40 ans après sa mise en œuvre [1994-2024], quel bilan peut-on dresser de l'action du droit de la mer dans les relations internationales ?

Parcours 2

À l'oral, représentez un pays côtier de votre choix lors d'une conférence internationale sur le droit de la mer. Votre exposé s'appuiera uniquement sur des cartes.

- Défendez ses intérêts maritimes [ZEE, navigation, ressources] et argumentez pour parvenir à des accords équilibrés entre les États.
- Identifiez les litiges frontaliers potentiels avec les pays voisins et proposez des solutions juridiques pour les résoudre.

Toutes les ressources
lycee.nathan.fr/**25hggsp1re_252**

L'océan Arctique est-il le théâtre d'une nouvelle guerre froide ?

lycee.nathan.fr/**25hggsp1re_252-1**

1 Les grandes puissances s'opposent en Arctique

« Du détroit de Béring à l'Arctique : les ambitions russes », *Le Dessous des cartes*, 2025.

3 L'Arctique, un espace maritime convoité

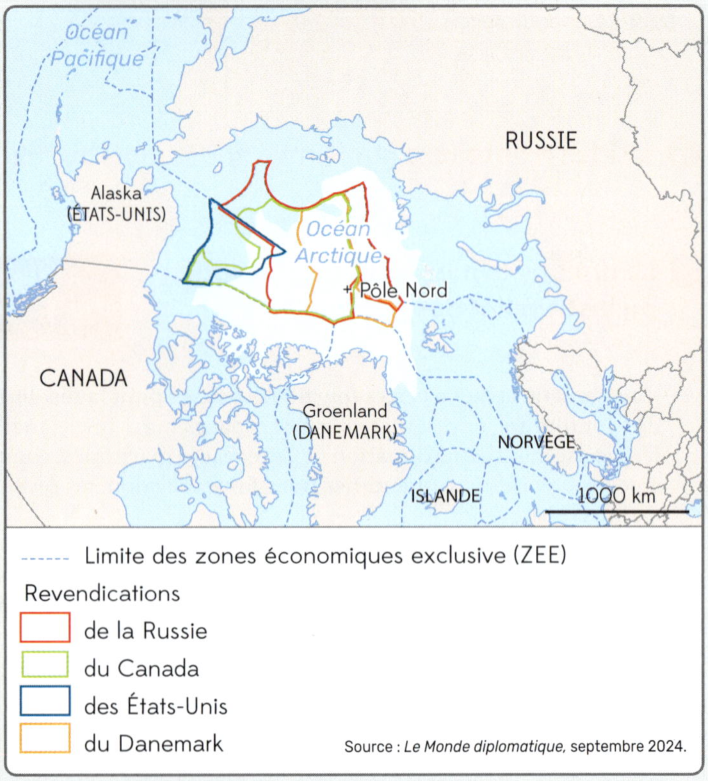

Source : *Le Monde diplomatique*, septembre 2024.

2 « Nordic Response » : un exercice de l'OTAN en Arctique (2024)

L'OTAN a organisé « *Nordic Response* » en mars 2024, un exercice militaire de grande ampleur dans les régions scandinaves de l'Arctique. 20 000 soldats de 13 pays ont participé à cet exercice. À la suite de l'élargissement de l'OTAN, des soldats suédois et finlandais ont participé pour la première fois à l'exercice.

4 Le droit de la mer au cœur de tensions nouvelles

Le point de vue d'un juriste

L'article 234 de la CNUDM autorise les États côtiers de zones recouvertes de glace « la majeure partie de l'année » à adopter des lois et règlements supplémentaires de nature à protéger l'environnement dans leur ZEE.

La vision russe

L'article 234 est appliqué par la Russie à travers trois exigences principales pour les navires commerciaux : autorisation préalable pour tout navire transitant par la route maritime du nord (RMN) ; pilotage russe obligatoire en présence de glace ; escorte de brise-glace russe. Indépendamment du droit, la Russie impose sur la RMN un seul et même régime de passage tant pour les eaux territoriales, que ZEE.

L'article 234 est vu par la Russie comme la source de légitimation juridique de son emprise sur la RMN. La Russie ne peut pas fonder juridiquement l'interdiction d'une présence militaire étrangère dans sa ZEE arctique, à moins d'un revirement, comme le souhaitent une partie des députés russes qui se sont exprimés, en décembre 2023, en faveur d'un retrait de la CNUDM pour que la Russie puisse réguler la présence militaire étrangère dans l'ensemble de la RMN.

La vision américaine

Les États-Unis considèrent que l'exigence d'une autorisation préalable de passage n'est pas conforme à la liberté de navigation dans la ZEE et au droit de passage inoffensif dans les eaux territoriales.

Le changement des conditions climatiques de l'Arctique permettrait de revisiter la signification et la portée de l'article 234, le tout sur fond de concurrence russo-américaine de plus en plus rude sur la scène internationale. Et la stratégie arctique (2022) place la sécurité comme priorité, en mentionnant la menace russe.

En septembre 2023, les Américains ont déployé un brise-glace dans la ZEE arctique russe, officiellement à des fins de recherche scientifique, poussant la Russie à le suivre de près. Les États-Unis entendent commencer à tester les réactions russes face à des activités dont le seuil d'acceptabilité diminue en raison du contexte stratégique.

Aris Marghélis (chercheur en droit public au Centre de droit maritime et océanique), *La Convention des Nations unies sur le droit de la mer. Bilan et perspectives*, DICE Éditions, 2024.

5 Un enjeu stratégique

Le point de vue d'un politiste

La vision de l'Arctique comme un eldorado, invalidée partiellement par l'abandon de forages exploratoires en Alaska, façonne toujours l'image de l'Arctique comme un espace de compétition pour des ressources naturelles. En plus des hydrocarbures, la perception des fortes potentialités économiques est également portée par les perspectives de développement des routes maritimes arctiques.

Si la délimitation des ZEE ne devrait pas être une source de tension entre États de l'Arctique, plusieurs questions constituent autant de fragilités juridiques : statut des passages maritimes russes et canadiens, liberté de navigation menacée, enchevêtrements au-delà du pôle Nord des demandes d'extension du plateau continental formulées par la Russie, le Danemark et le Canada.

La représentation acquiert une dimension stratégique avec la crise ukrainienne et le durcissement des postures stratégiques norvégienne, américaine, suédoise ou encore de la relation entre la Russie et l'UE. Le prisme stratégique est principalement conforté par la perception d'une militarisation de l'Arctique russe et les craintes inspirées par la présence chinoise dans cette zone. Les représentations géopolitiques, sécuritaires et même militaires de cette région reflètent une politisation des enjeux arctiques.

Alexandre Taithe, *in La Guerre chaude : Enjeux stratégiques du changement climatique* (collectif), Presses de Science Po, 2022.

Construire son point de vue

Découvrez les documents

- Quels sont les pays disposant de frontières maritimes dans l'océan glacial Arctique ? doc. 4
- Pourquoi l'Arctique est-il un espace maritime qui suscite les convoitises de nombreux pays ? doc. 1 à 5
- Relevez et classez les enjeux susceptibles d'accroître les tensions politiques entre les pays de l'Arctique. doc. 1 à 5

Développez des arguments

- Comment le droit de la mer est-il devenu une source de tensions en Arctique ? doc. 3 et 4
- Montrez que les pays de l'Arctique militarisent leurs espaces maritimes. doc. 1, 2, 4 et 5
- Quel regard porte le politiste sur la situation géopolitique en Arctique ? Quels sont ses arguments ? doc. 4 et 5

Présentez votre point de vue ORAL

- À l'oral, en 10 minutes, répondez à la problématique suivante : « L'océan Arctique est-il le théâtre d'une guerre froide ? », en présentant plusieurs arguments.

Synthèse

Les frontières en débat

Toutes les ressources

lycee.nathan.fr/**25hggsp1re_254**

I La frontière : objet géopolitique entre souveraineté et affrontements

• **Les conflits frontaliers terrestres sont la principale source de guerre.** Les **conflits positionnels** proviennent souvent de divergences sur la localisation ou la démarcation d'une frontière commune. Les conflits fonctionnels concernent la gestion des flux à travers la frontière, en particulier l'accès aux ressources. L'Égypte et l'Éthiopie sont en désaccord sur la gestion des eaux du Nil Bleu, en particulier depuis la construction du Grand barrage de la Renaissance mis en service en 2022 par l'Éthiopie. Les nombreux conflits territoriaux sont plus complexes et plus violents. Leur résolution est particulièrement difficile et longue. C'est le cas entre la Chine, l'Inde et le Pakistan dans l'Himalaya par exemple.

• **Le respect de l'intégrité territoriale des États est un principe fondamental du droit international affirmé par la Charte des Nations unies du 26 juin 1945.** Il en découle le principe de l'inviolabilité des frontières et l'interdiction de l'agression armée. En 1990, en violation de ce principe, l'Irak a envahi et annexé le Koweït. L'annexion forcée n'a jamais été reconnue, et le Koweït a recouvré sa souveraineté après l'intervention d'une coalition internationale sous l'égide de l'ONU pour mettre fin à l'occupation irakienne.

• **Le principe de l'intangibilité des frontières constitue un autre principe fort pour préserver la stabilité des frontières.** Établies par traités et reconnues, elles ne doivent pas être modifiées de manière unilatérale. L'intangibilité des frontières renforce la souveraineté des États en les protégeant contre des interventions étrangères qui chercheraient à les modifier. En 1964, l'Organisation de l'Unité Africaine (OUA, devenue Union africaine en 2002) a adopté le principe de l'intangibilité des frontières coloniales pour éviter des conflits territoriaux dans l'Afrique postcoloniale.

Jalon 1 – La reconnaissance de la frontière germano-polonaise de 1939 à nos jours : entre guerre est diplomatie **p. 236**

• **En 1945, la frontière germano-polonaise est rétablie à 150-200 km à l'ouest de celle de 1939.** La RFA conteste la ligne Oder-Neisse, car elle n'a pas participé à la décision et aucun traité de paix n'a été signé. Cette frontière attribue à la Pologne et à l'URSS des régions autrefois allemandes. En 1950, la RDA et la Pologne, deux États communistes sous influence soviétique, s'accordent sur cette frontière. La RFA, de son côté, reste attachée à une frontière passée. Dans les années 1970, Willy Brandt, via l'*Ostpolitik*, ouvre le dialogue avec la RDA et la Pologne en reconnaissant les frontières. La signature du traité de Moscou le 12 septembre 1990, vient mettre un terme en droit international à la question. Les relations économiques entre la Pologne et l'Allemagne réunifiée achèvent de tourner la page.

II Les frontières maritimes : une détermination juridique en débat

• **Les frontières maritimes sont définies par des règles juridiques internationales récentes.** Au XXe siècle, le processus d'appropriation des espaces maritimes a été confronté à une vision différente de l'océan, perçu comme un espace de libre de circulation, dite aussi « liberté des mers ». Les États ont entrepris d'établir des règles pour encadrer cette territorialisation des mers. La convention des Nations unies sur le droit de la mer (CNUDM), adoptée à Montego Bay en 1982, et signée par 167 pays (à l'exception des États-Unis), établit plusieurs limites juridiques distinctes, notamment la mer territoriale jusqu'à 12 milles marins et la zone économique exclusive (ZEE) jusqu'à 200 milles marins. La limite de la ZEE est davantage perçue comme un front pionnier, extensible jusqu'à 350 milles marins, qu'une véritable frontière fixe.

La Convention de Montego Bay a accéléré le processus de délimitation des espaces maritimes. Alors que 50 % de frontières maritimes sont officiellement délimitées, elles sont devenues des sources de tensions et de conflits. La maritimisation croissante des États et les progrès technologiques, qui ouvrent l'accès à de nouvelles ressources marines, expliquent cette situation. Dans l'Arctique, ces tensions sont particulièrement vives entre les huit États riverains, notamment entre la Russie et les États-Unis.

Grâce au droit de la mer aucune guerre n'a encore été déclarée à ce jour. Les États utilisent la médiation des tribunaux pour résoudre leurs différends et délimiter leurs frontières maritimes. La Cour internationale de Justice (CIJ) ou le Tribunal international du droit de la mer (TIDM) peuvent être saisis. En 2017, le TIDM a tracé la frontière maritime équidistante entre le Ghana et la Côte d'Ivoire. En 2016, la Chine a toutefois rejeté la décision de la Cour permanente d'arbitrage (CPA) de La Haye concernant son conflit avec les Philippines sur la mer de Chine méridionale.

Jalon 2 – Le droit de la mer identique sur l'ensemble des mers et les océans, indépendamment des frontières p. 244

Le droit de la mer repose sur un cadre international, notamment la Convention de Montego Bay de 1982, qui harmonise les règles sur l'ensemble des mers et océans, indépendamment des frontières. Il définit les droits des États sur des zones maritimes précises, ce qui permet de prévenir des revendications territoriales incontrôlées : mer territoriale, zone économique exclusive (ZEE), etc. Ce droit établit aussi un équilibre entre la souveraineté des États et la liberté des mers. Malgré ce cadre légal qui aide à limiter les conflits en établissant des règles précises, des rivalités subsistent, notamment autour des ressources naturelles, où des interprétations divergentes de ces règles créent des tensions.

Frontières terrestres

Des frontières pour délimiter des États souverains

Frontières imposées : coecition, guerres, colonisation.

Frontières reconnues : diplomatie, accord mutuel, accord international.

Des frontières au cœur de conflits

Conflits positionnels : localisation, démarcation d'une frontière.

Conflits fonctionnels : gestion transfrontalière des flux, des ressources.

Conflits territoriaux : revendications, invasions.

Frontières et droit international

Frontières internationales : garanties en droit.

Frontières inviolables : pas d'agressions, invasion.

Frontières intangibles : non modifiables sans accords.

Frontières maritimes

Des frontières négociées

Frontières reconnues : droit de la mer, règles internationnales communes.

Frontières maritimes appropriées et ouvertes : territorialisation, liberté de navigation.

Des frontières pour encadrer les débats

Frontières de la mer territoriale : souveraineté maritime complète.

Frontières ZEE : souveraineté limitée, extension, front pionnier.

Frontières et droit international

Frontières contestées : tensions, médiation jurudique, arbitrages internationnaux.

Frontières en débat : extension des plateaux continentaux, débat sur la haute mer.

Réviser avec...
1 carte et 3 schémas

Toutes les ressources
lycee.nathan.fr/**25hggsp1re_256**

1 Conflits frontaliers et guerres dans le monde

Carte interactive

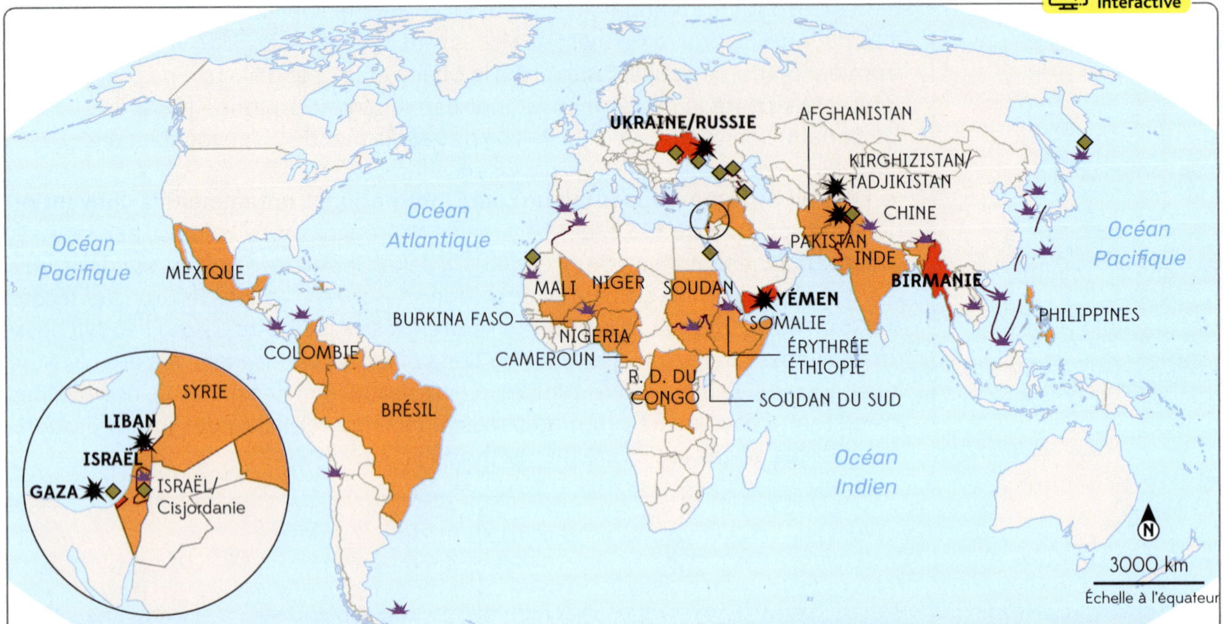

Les 24 pays en guerre en 2023-2024
- 4 conflits armés majeurs (plus de 100 000 morts en 2023)
- 20 conflits de haute intensité (de 1 000 à 10 000 morts en 2023)
- Principales zones de tensions interétatiques
- Conflits interétatiques actifs
- Frontières fortement militarisées
- Principaux territoires « occupés » (considérés comme occupés par l'une des parties en présence)

Source : C. Marin, F. Tétart, *Grand Atlas 2025*, Autrement, 2024.

2 Conflit frontalier : de la négociation à la guerre

Conflit frontalier

Hostilité
› Volonté de convaincre ou contraindre l'adversaire à accepter leur version de la frontière ou à céder une partie du territoire disputé

Méthodes non violentes

Négociation
Entre les États (discussions, compromis, accords mutuels)

JALON Conférence CNUDM de 1958 à 1982
JALON Ostpolitik de Willy Brant, années 1970

Médiation
Recours à un tiers pour résoudre le conflit

Diplomatique
Autres pays, organisation, ONU
Médiation des États-Unis entre la Bosnie, la Croatie et la Serbie : Accords de Dayton, 1995

Juridique
Juridiction, tribunal
Cour internationale de justice (2002) a statué : Péninsule de Bokassi rendue au Cameroun par le Nigéria

Méthodes violentes

La guerre
Conflit frontalier armé : résolution par le recours aux armes

Russie-Ukraine
en Crimée et au Dombas (2014 et depuis 2022)
Azerbaïdjan/Arménie au Haut-Karabagh (2020 et 2023)

❸ Délimiter à parts égales : les frontières à l'équidistance

a. Les délimitations fluviales

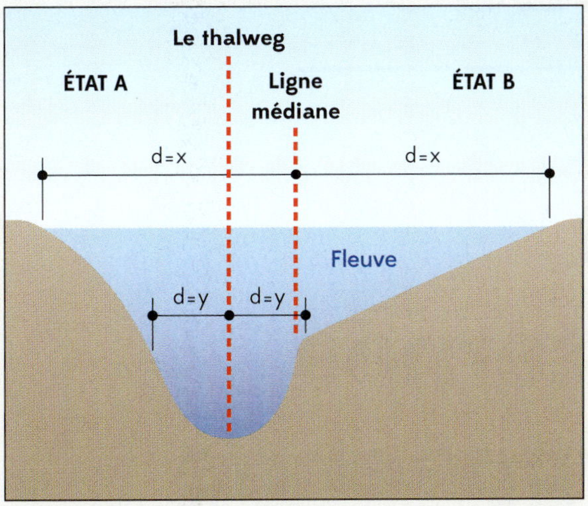

Le **thalweg** est la ligne équidistante des deux rives du chenal navigable

La **ligne médiane** est équidistante des deux rives du cours d'eau

b. Les délimitations maritimes

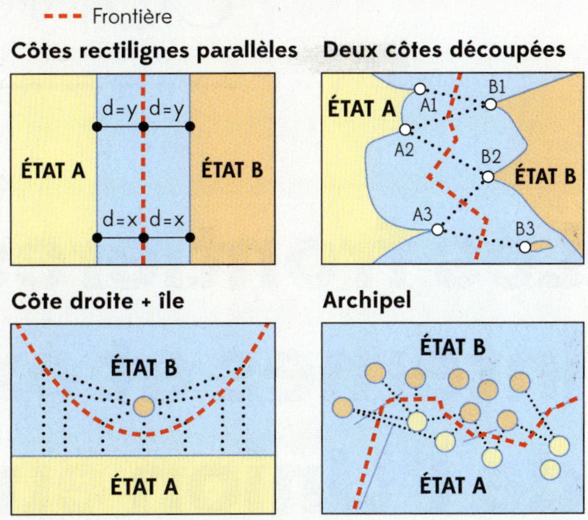

Si les États ne parviennent pas à un accord, ils peuvent saisir la Cour Internationale de Justice ou le Tribunal International du Droit de la Mer. Les juridictions ont alors principalement recours au principe de partage de la ligne médiane (équidistance).

❹ Dynamiques frontalières et territoriales

La translation (déplacement)

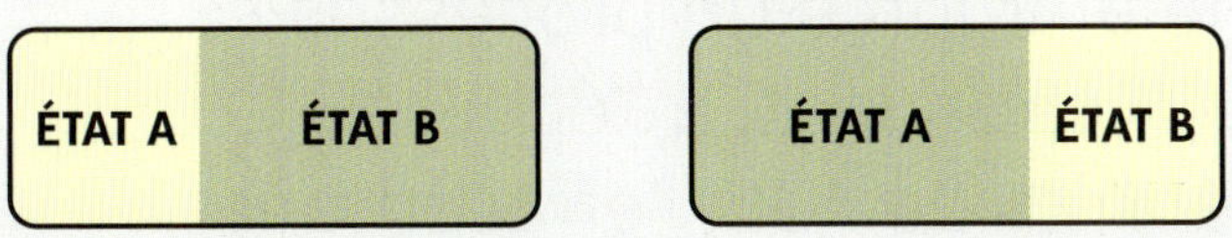

Déplacement de frontière par occupation, annexion ou rattachement qui fait passer un territoire d'une souveraineté à une autre, mais n'aboutissant ni à la création ni à la disparition d'un État.

› **Voir Jalon La frontière germano-polonaise**

Autres exemples : *l'invasion de la Crimée (2014) et de l'Ukraine (2022) par la Russie*

La fragmentation (division)

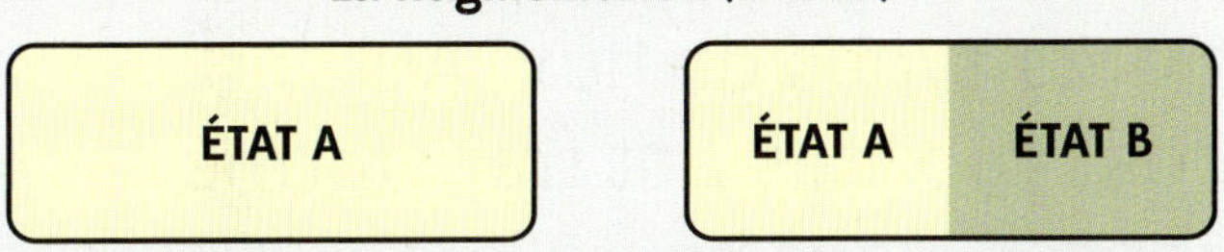

La fragmentation est la création de plusieurs territoires à partir d'un territoire initial. Le morcellement territorial d'un État peut résulter de processus tels que la sécession, la scission, la partition, la balkanisation ou l'implosion. Chacune de ces dynamiques est une forme de séparatisme.

› **Voir Jalon La division de la Corée**

Autres exemples : *Tchécoslovaquie (1992), disparition de la Yougoslavie (7 États), Soudan (2011)*

La fusion (intégration)

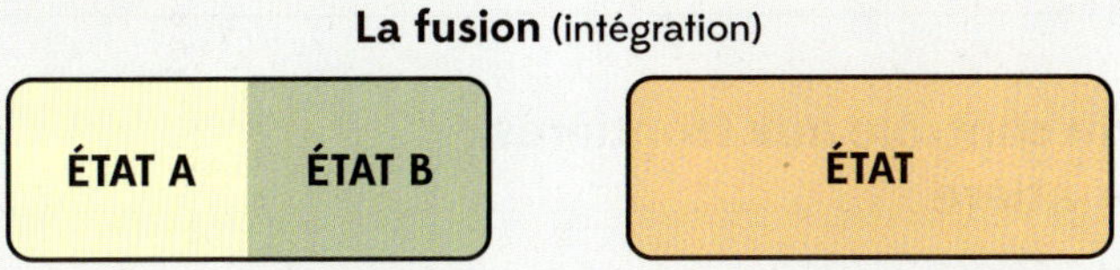

La fusion de deux États en un seul peut se faire par unification ou réunification. L'unification équivaut à la première création d'un État unique à partir de deux entités distinctes, tandis que la réunification implique le rétablissement d'une situation antérieure où ces États étaient déjà unis.

Exemples : *Royaume d'Italie (Risorgimento, 1861-1870), Tanzanie (Tanganyika et Zanzibar, 1964), réunification allemande (RFA et RDA, 1990)*

❺ Mon bilan en vidéo

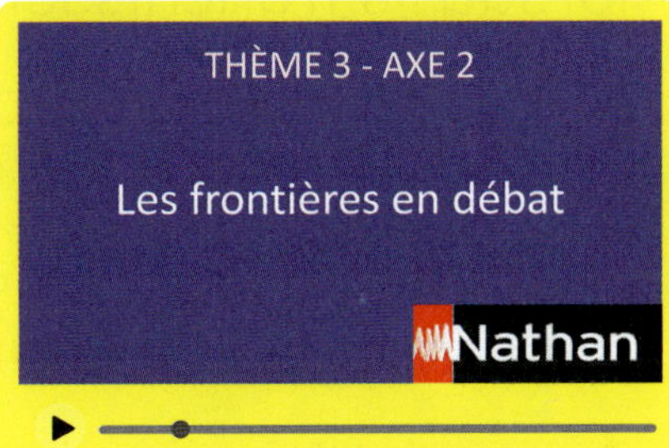

lycee.nathan.fr/**25hggsp1re_257**

Pour approfondir

- **Frédéric Encel, Hugo Billard, *Atlas des frontières. Retour des fronts, essor des murs*, Autrement, 2021.**
Atlas explorant la complexité des frontières à travers l'histoire : leur nature, leurs fonctions et leurs enjeux politiques, illustrés par plus de 100 documents.
- **Zoran Nikolić, *Atlas des frontières insolites. Enclaves, territoires inexistants et curiosités géographiques*, Armand Colin, 2022.**
Atlas explorant les frontières insolites à travers le monde : enclaves, territoires divisés et autres curiosités géographiques dont l'histoire façonne les paysages.

Thème 3

OBJET DE TRAVAIL CONCLUSIF

Les frontières internes et externes de l'Union européenne

Terrestres ou maritimes, les frontières externes de l'Europe présentent une forte matérialité. Leur caractère filtrant se renforce et les individus ne sont pas égaux lorsqu'ils franchissent ces frontières pour venir en Europe.

La construction européenne a amorcé un processus de défrontiérisation interne. Cependant, à l'échelle intermédiaire des État adhérents de l'UE, l'effacement des frontières demeure variable et relatif.

Aux échelles régionales et locales, l'ouverture des frontières internes de l'Union européenne et de l'espace Schengen favorise les différents types de flux. Au quotidien, les échanges et les mobilités ont transformé ces zones de contact en espaces transfrontaliers.

SOMMAIRE

Un village, deux pays : Baarle, à la frontière entre Belgique et Pays-Bas

Cartes Les frontières internes et externes

Toutes les ressources

lycee.nathan.fr/25hggsp1re_260

Frontières et espaces frontaliers en Europe

Les frontières européennes connaissent d'importantes recompositions. L'Union européenne (UE) et l'espace Schengen ont contribué à une quasi-disparition des frontières internes entre les États membres. Cette intégration a contribué à l'affirmation d'espaces transfrontaliers. À l'inverse, les frontières extérieures se renforcent. Depuis quelques années, le débat sur le filtrage et le contrôle aux frontières s'étend aussi à l'intérieur de l'Europe.

Vocabulaire

AELE (Association européenne de libre-échange) : association de quatre pays européens (Islande, Liechtenstein, Norvège, Suisse) ne faisant pas partie de l'UE mais ayant signé des accords de libre-échange avec elle.

Espace Schengen : zone de libre circulation des personnes entre 26 pays européens signataires de l'accord de Schengen (1985), dont quatre ne font pas partie de l'UE (Islande, Liechtenstein, Norvège, Suisse). Cinq États de l'UE n'en sont pas signataires (Bulgarie, Chypre, Croatie, Irlande et Roumanie), ainsi que le Royaume-Uni.

Frontex : agence de l'UE chargée de la surveillance de ses frontières extérieures.

Hotspot : dispositif de filtrage et d'identification des migrants à leur arrivée dans l'espace Schengen.

Travailleur détaché : statut permettant à un employé issu d'un État de l'UE de travailler dans un autre État membre. Il bénéficie des salaires et conditions de travail du pays d'accueil mais les cotisations sociales sont celles du pays d'origine.

Repères

Les plus longues dyades européennes

- **Espagne/Portugal** 1 214 km
- **Allemagne/Autriche** 784 km
- **Italie/Suisse** 740 km
- **Hongrie/Slovaquie** 677 km
- **Croatie/Slovénie** 670 km

Les plus longues frontières externes de l'Union européenne

- **UE/Norvège** 2 348 km
- **UE/Russie** 2 257 km
- **UE/Ukraine** 1 257 km
- **UE/Biélorussie** 1 050 km
- **UE/Bosnie-Herzégovine** 932 km

Régions ultrapériphériques de l'Union européenne

Questions

1. Pourquoi peut-on affirmer que l'Union européenne présente des frontières à géométrie variable ?
2. Localisez les frontières européennes les plus fermées.
3. Pourquoi peut-on affirmer que les frontières de l'Union européenne évoluent de manière contrastée ?

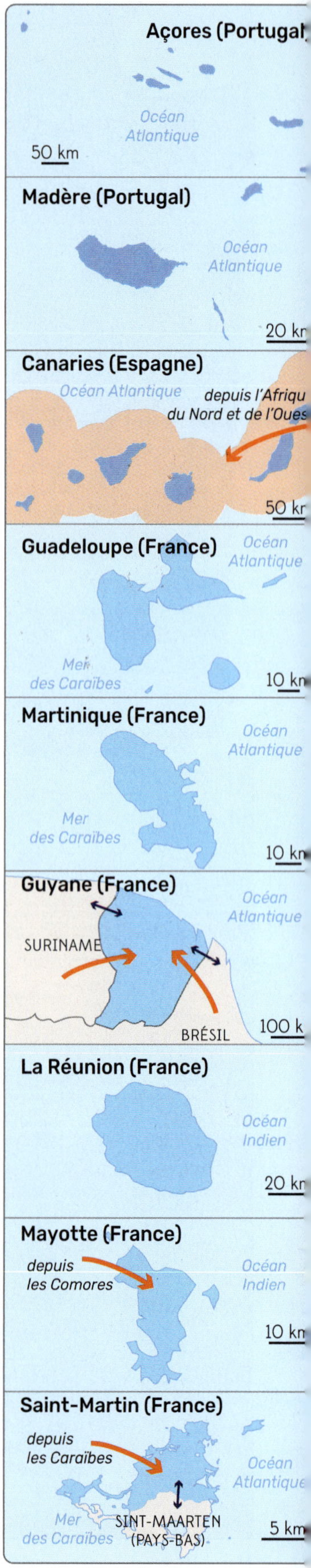

de l'Union européenne

Carte interactive

. Des frontières à géométrie variable

- Pays membres de l'UE et de l'espace Schengen
- Pays membres de l'UE mais pas de l'espace Schengen
- Pays de l'espace Schengen qui n'adhèrent pas à l'UE
- Pays candidats à l'entrée dans l'UE

2. Un renforcement des frontières externes

- Flux d'immigration
- Frontières barriérisées
- Hotspots
- Surveillance assurée par l'agence Frontex
- Pays associés à la gestion des frontières de l'UE

3. Des frontières internes entre intégration et refrontiérisation

- Flux de travailleurs et d'achats transfrontaliers
- Flux de travailleurs détachés européens
- Principales coopérations transfrontalières
- Contrôles frontaliers rétablis depuis 2015
- Futures frontières liées au risque de sécession ?

JALON 1
Cours

Toutes les ressources
lycee.nathan.fr/25hggsp1re_262

Les frontières externes de l'Union européenne depuis 1990

Pourquoi l'élargissement de l'UE s'accompagne-t-il du renforcement de ses frontières extérieures ?

I Des frontières repoussées vers l'est

A Des frontières évolutives, au gré des élargissements de l'UE

- **Les frontières de la CEE ont d'abord évolué en se limitant au bloc de l'Ouest.** La fin des dictatures en Grèce, au Portugal et en Espagne permet leur intégration (1981 et 1986). L'adhésion de l'Autriche, de la Suède et de la Finlande en 1995 est facilitée par le fait que ces pays répondent aux standards démocratiques et économiques occidentaux.

- **L'adhésion des pays d'Europe de l'Est marque un tournant.** La CEE absorbe l'ex-RDA dès la réunification allemande en 1990. Les autres pays anciennement communistes (Estonie, Pologne, Roumanie, Croatie…) font l'objet de programmes d'aide en faveur de la transition économique avant leur adhésion dans les années 2000. La longueur des frontières extérieures de l'UE augmente à chaque élargissement.

B Des frontières européennes en perpétuel débat

- **S'interroger sur les frontières de l'UE revient à questionner plus largement l'idée d'Europe.** L'Europe n'est pas un continent : elle appartient à l'Eurasie. Culturellement, elle se caractérise par une grande diversité. Ses limites physiques (Gibraltar, Bosphore, Oural) varient en fonction de choix politiques et de traditions historiques. En 2024, la longueur totale des frontières terrestres externes de l'UE s'établit à 14 647 km. La superficie de la ZEE totale de l'UE s'étend sur 25 millions de km^2.

- **L'avenir des frontières de l'UE fait face à des représentations divergentes.** La candidature à l'entrée dans l'UE des pays balkaniques, issus de l'ex-Yougoslavie, ne suscite plus guère d'opposition. En revanche, l'adhésion de la Turquie et de certaines anciennes républiques soviétiques (Moldavie, Ukraine, pays du Caucase) suscite des débats.

II Des frontières à géométrie variable

A Une définition mouvante

- **Les frontières de l'UE ne se superposent pas aux limites conventionnelles du continent.** Ainsi, Chypre est une île conventionnellement rattachée à l'Asie, mais culturellement liée à l'Europe. Les enclaves espagnoles de Ceuta et Melilla en territoire marocain font partie de l'UE alors qu'elles sont situées sur le continent africain. Pour autant, elles ne font pas partie de l'espace Schengen.

- **Certains pays européens ont fait le choix de ne pas adhérer à l'UE.** C'est le cas de la Norvège, de l'Islande, de la Suisse et du Liechtenstein qui sont cependant membres de l'AELE et font aussi partie de l'espace Schengen. Le Brexit, voté en 2016 au Royaume-Uni et acté en 2020, constitue un cas unique de sortie dans l'histoire de l'UE. L'Irlande est le seul État de l'UE à ne pas faire partie de l'espace Schengen.

Vocabulaire

Bloc de l'Ouest : ensemble formé par les États-Unis et leurs alliés pendant la guerre froide.

CEE (communauté économique européenne) : principale organisation européenne fondée en 1957 par le traité de Rome.

Enclave : portion de territoire d'un État insérée dans le territoire d'un autre.

Espace Schengen : zone de libre circulation des personnes entre 26 pays européens signataires de l'accord de Schengen (1985), dont quatre ne font pas partie de l'UE (Islande, Liechtenstein, Norvège, Suisse). Cinq États de l'UE n'en sont pas signataires (Bulgarie, Chypre, Croatie, Irlande et Roumanie), ainsi que le Royaume-Uni.

Notions

Barriérisation : processus de renforcement de frontières au moyen de dispositifs techniques visant à limiter leur franchissement.

Externalisation : transfert vers un partenaire externe d'une fonction habituellement exercée par un acteur donné.

Région ultrapériphérique (RUP) : territoire bénéficiant d'aides spécifiques de l'Union européenne en raison de son éloignement et de fortes contraintes (risques naturels, enclavement, dépendance économique).

B La diversité des frontières des outremers européens

- **Les régions ultrapériphériques (RUP) font partie de l'UE.** La réglementation de l'UE s'y applique. Elles appartiennent à la France (Guadeloupe, Guyane, Martinique, Mayotte, La Réunion, Saint-Martin), à l'Espagne (Canaries) et au Portugal (Madère, Açores). Les RUP françaises ne participent pas à l'espace Schengen. Si les ressortissants de l'UE peuvent entrer simplement avec leurs passeports, les étrangers non-citoyens de l'UE (hormis exceptions) doivent demander un visa spécifique.

- **Les pays et territoires d'outre-mer (PTOM) ne font pas partie de l'UE mais lui sont associés.** C'est le cas des possessions du Danemark (Groenland), du Royaume-Uni (Falkland, Bermudes, Anguilla...), des Pays-Bas (Sint-Maarten, Aruba...) et de la France (Polynésie, Nouvelle-Calédonie, Saint-Pierre-et-Miquelon, Saint-Barthélemy et Wallis-et-Futuna). Leurs habitants sont néanmoins citoyens de l'UE.

III Un récent durcissement des frontières de l'UE

A Une matérialisation renforcée

- **L'UE se caractérise par l'extension de ses barrières physiques.** Sur le modèle de la frontière entre les enclaves espagnoles et le Maroc (murs, barbelés, miradors, caméras thermiques, patrouilles militaires), elles se sont étendues aux frontières orientales de l'UE (Grèce/Turquie, Hongrie/Serbie, Finlande/Russie). Cette stratégie est avant tout dissuasive et entraîne un détournement des flux qui conduit les migrants à emprunter des routes plus dangereuses (mer Méditerranée).

- **Cette barriérisation vise à filtrer les flux de personnes.** Elle s'est accentuée depuis 2015 suite à l'afflux de migrants dont beaucoup étaient des réfugiés politiques. Cependant, des accords sont passés entre l'espace Schengen et certains États développés ou émergents, alliés géopolitiques de l'UE, pour permettre à leurs ressortissants d'entrer et de circuler dans cette zone sans visa.

B Une diffusion et une délégation du contrôle des frontières

- **Les lieux de surveillance aux frontières se multiplient.** La gestion des flux se diffuse au sein des territoires nationaux sous la forme de lieux de contrôle (aéroports, *hotspots*) ou d'enfermement (zones d'attente, centres de rétention). Les territoires ultramarins de l'UE sont aussi concernés (Canaries, Mayotte). En fonction des échelles, la frontière revêt donc des formes variées (lignes, points de passage).

- **L'UE délègue de plus en plus la fonction de contrôle de ses frontières.** Les États membres de l'espace Schengen ont regroupé leurs moyens de surveillance (gardes-frontières, garde-côtes) au sein de l'agence Frontex. Ils recourent aussi à l'**externalisation** du contrôle des flux auprès des États de transit ou de départ des migrants (Maroc, Turquie, Niger), en échange de programmes d'aide au développement.

Fiches de lecture

Pascal Orcier, « L'Europe entre associations, alliances et partenariats. L'état de l'Union européenne, de la zone euro, de l'espace Schengen et de l'OTAN au 1er juillet 2024 », *Géoconfluences*, 2024.
Article précis, richement illustré et fréquemment actualisé.

Émilien Bernard, *Forteresse Europe. Enquête sur l'envers de nos frontières*, Lux Éditions, 2024.
Enquête sur les frontières européennes. Un argumentaire pour l'humanité face à la forteresse Europe et ses barrières mortelles.

Pour aller + loin

« Détroit de Gibraltar : entre Europe et Afrique », *Le Dessous des cartes*, Arte, 2024.
Épisode long format sur les enjeux d'un carrefour entre deux continents, trois pays et deux océans.

« Finlande, "Frontière" », *Le Temps du débat*, France Culture, 26 janvier 2024.
Une frontière de l'UE qui se ferme dans un contexte de tension avec la Russie.

« Union européenne : un penchant vers l'Est ? », *Le Dessous des cartes*, Arte, 2024.
L'UE s'étend vers l'Est avec l'Ukraine et la Moldavie candidates à l'adhésion. La guerre en Ukraine renforce ce basculement oriental.

Toutes les ressources
lycee.nathan.fr/25hggsp1re_264

Les enjeux de Schengen et du contrôle aux frontières : venir en Europe, passer la frontière

Entrée en vigueur en 1995, la Convention de Schengen a entraîné la suppression des contrôles aux frontières terrestres, aériennes et maritimes entre vingt-cinq pays européens. Cette dévaluation des frontières internes de l'Union européenne contraste avec la consolidation de ses frontières extérieures.

Comment les frontières externes de l'espace Schengen évoluent-elles ?

1 Les conditions d'entrée des ressortissants étrangers dans l'espace Schengen

Carte interactive

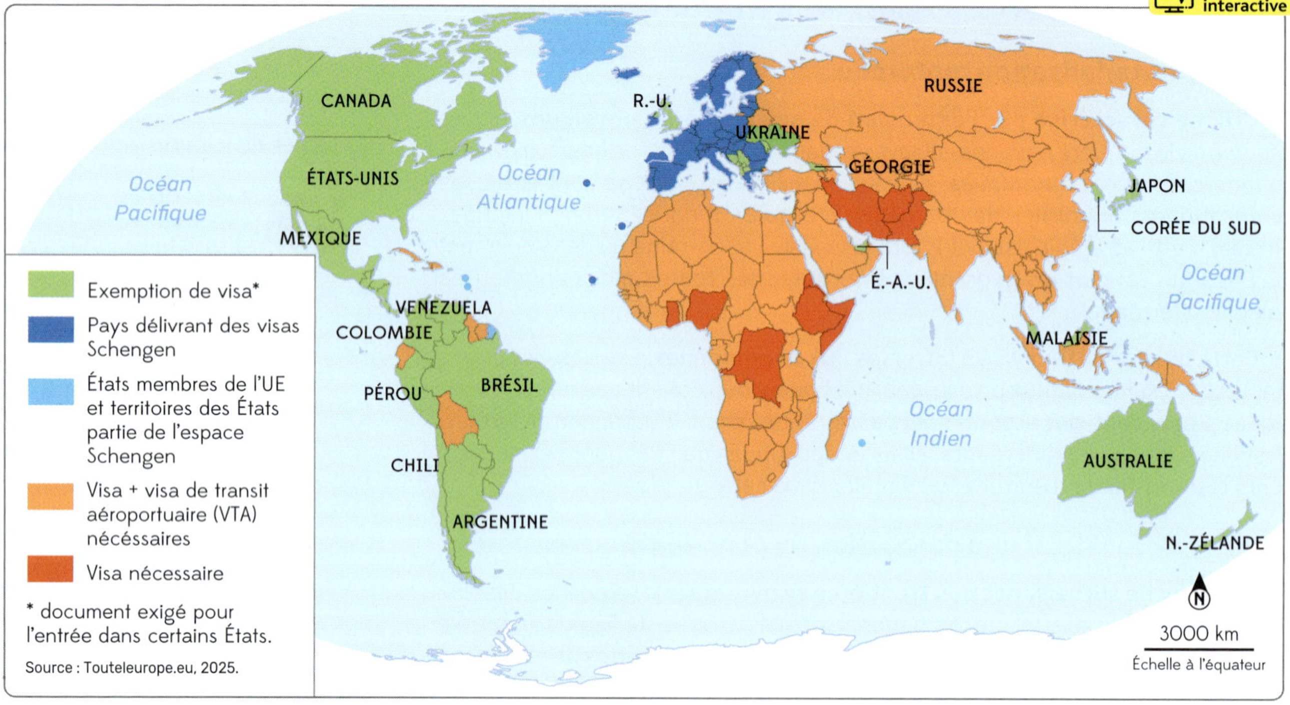

Source : Touteleurope.eu, 2025.

→ **Montrez que les individus ne sont pas égaux pour entrer dans l'espace Schengen.**

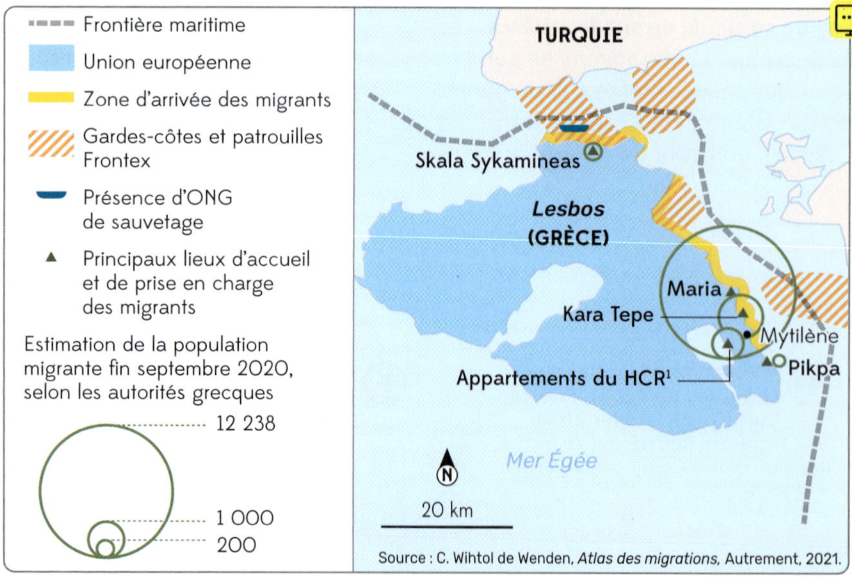

Source : C. Wihtol de Wenden, *Atlas des migrations*, Autrement, 2021.

Carte interactive

2 L'île de Lesbos (Grèce) : un nœud migratoire

→ **Citez et précisez le rôle des acteurs spatiaux gérant la frontière gréco-turque.**

3 La fermeture de la frontière entre la Finlande et la Russie

Après la chute de l'URSS, la Finlande et la Russie ont établi des relations de coopération dans plusieurs secteurs. [...] Si deux tiers du commerce extérieur finlandais se font avec des membres de l'UE, la Russie (6,6 % des importations finlandaises en 2022) reste un fournisseur important, en particulier pour le pétrole et le gaz. Helsinki a toujours conservé une certaine méfiance, maintenant 270 000 réservistes sur son sol et investissant dans des armements interopérables avec l'OTAN. [...]

L'annexion de la Crimée et l'offensive russe de 2014 contre le Donbass ont tendu leurs relations. L'opinion publique finlandaise, acquise à la neutralité, bascule à la suite de l'invasion russe de l'Ukraine en février 2022, et l'intégration à l'Alliance atlantique est actée. Cet élargissement accentue le sentiment d'encerclement et de claustrophobie de la Russie, qui renforce sa présence militaire dans le nord-ouest de son territoire.

La Finlande avait subi des pressions migratoires à sa frontière avec la Russie en 2015 en réponse aux sanctions européennes. [...] La pression migratoire qui s'exerce depuis 2021 sur les frontières polonaise, lituanienne et lettone avec la Biélorussie s'est, à partir d'août 2023, portée de nouveau sur la Finlande. Celle-ci commence la construction d'une clôture de trois mètres de haut [...].

Thibault Courcelle, « Finlande-Russie : géopolitique d'une frontière qui se ferme », *Carto*, n° 81, janvier-février 2024.

→ **Quels facteurs ont contribué aux évolutions récentes de la frontière finno-russe ?**

4 Des frontières à géométrie variable

Taina Tervonen et Jeff Pourquié, *À qui profite l'exil ? Le business des frontières fermées*, La Revue Dessinée/Delcourt, 2023.

→ **Quelle critique des frontières externes est-elle exprimée par l'auteur de cette BD ?**

lycee.nathan.fr/25hggsp1re_265

5 Immigration en Europe : au-delà des images

« Immigration vers l'Europe : un point sur les chiffres », *Le Dessous des cartes*, 2023.

→ **Montrez que l'île de Lampedusa est une porte d'entrée des migrations internationales en Europe.**

Questions et activités

Parcours 1

1. Comment s'effectue le filtrage aux frontières extérieures de l'espace Schengen ? doc. 1 à 3

2. Quelles sont les conséquences du renforcement des frontières de l'UE ? doc. 4 et 5

Synthèse. Pourquoi les frontières internes et externes de l'espace Schengen évoluent-elles différemment ?

Parcours 2

Écrire un article

- Réalisez un article de 2 000 signes sur le parcours des migrants d'Afrique subsaharienne ou du Moyen-Orient se rendant en Europe.
- Identifiez leur itinéraire en soulignant les modalités de franchissement des différentes frontières qu'ils traversent au cours de leur migration.

JALON 2

Cours

Toutes les ressources

lycee.nathan.fr/25hggsp1re_266

L'Union européenne, un espace sans frontières internes ?

Comment l'intégration européenne contribue-t-elle à l'effacement des frontières internes de l'UE ?

I Les mutations des frontières internes de l'Union européenne

A Des frontières nombreuses, issues d'une longue histoire

- **L'Europe est traversée par un grand nombre de frontières.** Elle possède 28 % des **dyades** mondiales pour seulement 3,3 % des terres émergées. Au total, l'UE possède 30 000 km de frontières terrestres internes. Elles sont le fruit de nombreuses recompositions géopolitiques issues de l'aspiration des peuples européens à disposer d'États-nation délimités par des frontières.

- **Les frontières européennes sont le fruit d'un temps long.** Celles des États-nation d'Europe de l'Ouest (Espagne, Portugal, France) figurent parmi les plus anciennes au monde. D'autres ont été définies dans le cadre des conférences internationales du XXe siècle (Versailles en 1919). 72 % du kilométrage de frontières internes à l'Europe est postérieur à 1919. Le démantèlement du bloc de l'Est explique qu'il a été tracé autant de nouvelles frontières entre 1991 et 2008 qu'entre 1905 et 1923.

B Une forte intégration régionale

- **L'UE présente un niveau d'intégration sans équivalent.** L'instauration du marché unique (1993) permet la libre circulation des marchandises, des capitaux et des services. L'accord de Schengen (1985) favorise la **libre circulation** des personnes entre États signataires depuis 1995. L'euro, monnaie unique depuis 2002, est adopté progressivement par les nouveaux États membres.

- **L'intégration européenne a stabilisé les frontières internes de l'UE.** À la fin de la guerre froide, la perspective d'adhésion à l'UE a encouragé les peuples de pays multiethniques (Tchécoslovaquie, URSS, Yougoslavie) à faire sécession pour se constituer en État. En contrepartie de leur intégration à l'UE, des accords bilatéraux ont garanti la reconnaissance des tracés frontaliers et des droits des minorités (Hongrie/Slovaquie/Roumanie).

II Des frontières peu conflictuelles

A Des litiges frontaliers assez rares

- **Les contentieux frontaliers dans l'UE restent de faible intensité.** Le désaccord sur le tracé exact de la frontière sur le Mont Blanc ne provoque aucun incident diplomatique entre la France et l'Italie. De même, le *statu quo* perdure concernant la ville espagnole d'Olivence revendiquée par le Portugal depuis 1815.

- **Les principaux litiges concernent le tracé des frontières maritimes.** Ils sont liés aux facilités de navigation (golfe de Piran entre Croatie et Slovénie) ou à l'accès aux ressources (îlot de Rockhall entre Irlande et Royaume-Uni). Les contentieux sont plus vifs aux frontières externes de l'UE : Espagne/Maroc (îlot Persil), Grèce/Turquie (mer Égée), Chypre/Turquie (ligne verte), France/Comores (Mayotte).

Vocabulaire

Dumping social : pratique consistant à diminuer les coûts de production en abaissant le niveau des salaires.

Dyade : frontière commune entre deux États contigus.

Irrédentisme : nationalisme réclamant l'annexion des territoires où vivent des nationaux.

Libre circulation : principe politique autorisant les individus à traverser librement une frontière.

Optimisation fiscale : stratégie légale visant à minimiser la charge fiscale (impôt) d'une entreprise ou d'un individu en profitant des différences de systèmes fiscaux entre les États membres de l'UE.

Travailleur détaché : statut permettant à un employé issu d'un État de l'UE de travailler dans un autre État membre. Il bénéficie des salaires et conditions de travail du pays d'accueil mais les cotisations sociales sont celles du pays d'origine.

B Un risque de fragmentation de l'Union européenne ?

- **Le Brexit représente un cas unique de départ d'un État de l'UE.** Depuis octobre 2021, les citoyens de l'UE ont besoin d'un passeport pour entrer au Royaume-Uni alors qu'ils pouvaient présenter une simple carte d'identité auparavant. Il en a résulté une forte baisse des mobilités étudiantes et touristiques en direction du Royaume-Uni. Le cas particulier de l'Irlande du Nord a débouché sur la signature du cadre de Windsor (2023), protocole qui a évité la mise en place d'une frontière physique sur l'île d'Irlande.

- **Le risque de sécession d'autres territoires n'est pas exclu.** Des revendications indépendantistes s'affirment (Catalogne, Écosse, Flandre, Corse, Italie du Nord). Les territoires de langue hongroise situés en Slovaquie, en Roumanie et en Serbie doivent aussi faire face à l'**irrédentisme** de la Hongrie. Toutefois, une **balkanisation** de l'UE reste peu probable.

III Vers un rétablissement des frontières internes ?

A Une démultiplication des dispositifs de contrôle

- **Plusieurs États ont rétabli les contrôles aux frontières depuis 2015.** La Suède, la France, le Danemark et l'Autriche ont justifié leur décision par la menace terroriste, l'afflux de migrants et la lutte contre les trafics (drogue, armes). En 2020-2021, la pandémie de Covid-19 s'était aussi traduite par la fermeture de nombreuses frontières internes à l'UE pour limiter la propagation du virus. Parallèlement, les dispositifs de contrôle aux frontières externes se diffusent vers l'intérieur des États (aéroports, gares).

- **Cette refrontiérisation fait l'objet de critiques.** Des intellectuels et des militants (réseau No Border) condamnent l'externalisation du contrôle des frontières à des États tiers et à des entreprises privées. Ils dénoncent la criminalisation de l'aide aux migrants et le principe de l'immigration choisie dans un contexte de retour des nationalismes (Italie, Hongrie, Pologne).

B Un retour du protectionnisme ?

- **Le manque d'harmonisation des économies au sein de l'UE est souvent dénoncé.** Il favorise par exemple l'**optimisation fiscale**, notamment pratiquée par les « géants du numérique » (Google, Apple, Facebook, Amazon et Microsoft), qui profitent de l'ouverture des frontières et des différences entre les législations pour réduire le montant de leur impôt.

- **Des syndicats et des partis politiques réclament une plus grande protection des marchés du travail.** La libre circulation des **travailleurs détachés** venus d'Europe orientale en Europe de l'Ouest est accusée de favoriser le nivellement par le bas du droit du travail et des salaires (***dumping* social**). Les travailleurs frontaliers, accusés d'entrer en concurrence avec les salariés nationaux, sont parfois victimes de xénophobie (Suisse).

Notions

Balkanisation : processus de fragmentation d'un État en territoires plus petits. Il en résulte une multiplication des frontières.

Intégration : processus de rapprochement entre deux ou plusieurs entités territoriales. Elle peut prendre une forme fonctionnelle (flux) et/ou institutionnelle (partenariats officiels).

Refrontiérisation : processus de réémergence de certaines fonctions d'une frontière après une phase d'atténuation de ses effets de barrière.

Fiches de lecture

Anne-Laure Amilhat-Szary, *Qu'est-ce qu'une frontière aujourd'hui… et demain ?*, PUF, 2024.
Synthèse rédigée par une géographe spécialiste des frontières.

« Le XXIe siècle : le retour des frontières ? », *Carto* n° 69, janvier 2022.
Dossier sur le renforcement des frontières en Europe et dans le monde.

Pour aller + loin

« Allemagne : des contrôles et des questions », *Le Dessous des cartes*, Arte, 2024.
Face à la crise migratoire et aux menaces sécuritaires, l'Allemagne, pilier historique de l'Europe sans frontières, rétablit des contrôles frontaliers.

L'Atlas Transmanche – Espace Manche, université de Caen Normandie, consultation janvier 2025.
Exploration de la Manche, détroit majeur mondial aujourd'hui bouleversé par le Brexit et la crise migratoire.

« Dossier Schengen », *Touteleurope.eu*, mise à jour en 2025.
Site d'information pédagogique sur l'Union européenne.

Toutes les ressources
lycee.nathan.fr/25hggsp1re_268

Les frontières d'un État de l'Union européenne : l'Espagne

L'Espagne possède des frontières avec la France, le Portugal et Andorre, mais aussi le Maroc et le Royaume-Uni via Gibraltar. Ces frontières aux fonctions diverses se caractérisent par des mobilités asymétriques qui en font des espaces de fractures aussi bien que des territoires d'intégration.

Pourquoi les frontières espagnoles sont-elles à la fois des zones de séparation et de contact ?

1 L'Espagne et ses frontières

Carte interactive

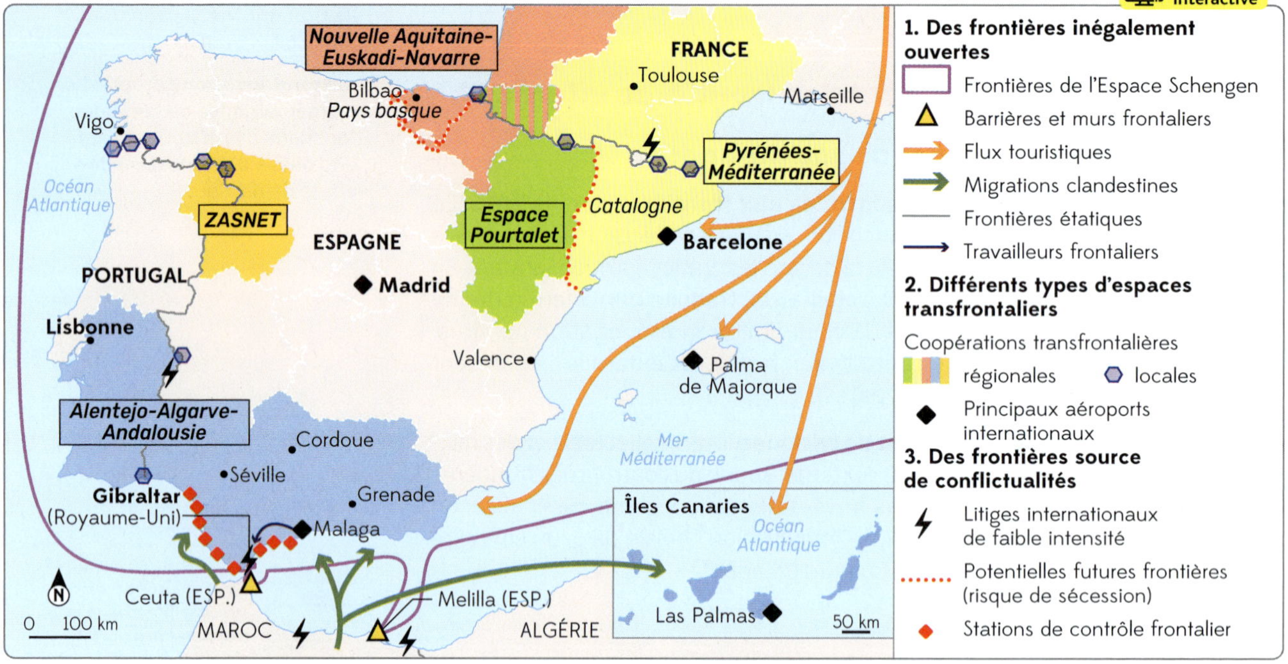

→ **Montrez que les frontières espagnoles présentent des caractéristiques très variées.**

2 La coopération franco-espagnole dans les Pyrénées

Le regard d'un géographe

Le 19 janvier 2023, la France et l'Espagne ont signé un traité d'amitié qui a permis d'établir la définition d'une stratégie rénovée de coopération transfrontalière [...]. Ce comité présidé par les ministres compétents des deux États et composé des représentants des collectivités territoriales notamment devra être mis en place [...] sous le pilotage local du préfet de région Occitanie. Cette coopération, permanente entre États, se double d'une coopération entre collectivités territoriales frontalières, qualifiée de coopération décentralisée.

[...] Pour répondre à la problématique commune d'accès aux services publics, les Pyrénées-Orientales et les provinces de Gérone et de Lérida gèrent conjointement le centre hospitalier de Cerdagne – Puigcerda, ouvert en 2014. Situé à quelques encablures de la frontière française, il couvre un bassin de population de 35 000 habitants résidant dans 55 communes en France et en Espagne.

Malgré des contraintes naturelles fortes, les Pyrénées demeurent un espace traversé par d'intenses flux de tout ordre, mais aussi illégaux, en particulier depuis la création de l'espace Schengen. Les services de l'État interviennent dans le domaine régalien à travers une belle coopération policière et douanière. [...] Tout au long des XIXe et XXe siècles, la contrebande s'est exprimée comme un phénomène continu, doublé parfois d'un activisme politique très fort débouchant sur des revendications indépendantistes au Pays basque, mais aussi en Catalogne.

Pierre-André Durand, « Les Pyrénées, une frontière dynamique pour une action renforcée de l'État » in *Administration* n° 279, 2023.

→ **Pourquoi peut-on dire que les frontières espagnoles oscillent entre ouverture et fermeture ?**

3 Une Eurocité entre l'Espagne et le Portugal

« Eurocité » est le nom donné à une agglomération urbaine établissant des coopérations de part et d'autre d'une frontière.

(1) Texte en espagnol (a) et en galicien (b) : « Deux villes, trois langues et deux pays, unis par un fleuve, une émotion et une volonté. ».

(2) Forteresse de Valença (Portugal) datant du XVIIe siècle.

(3) Le Minho : fleuve frontalier.

(4) Pont international.

(5) Ville de Tui (Communauté autonome de Galice, Espagne).

« Eurocité Tui Valença : mille ans d'histoire », affiche de 2016.

→ **Comment cette affiche montre-t-elle l'évolution des fonctions de cette frontière ?**

4 La frontière extérieure de l'Espagne

Sur le panneau de droite : « Migrants, SORTIE », Ferran, 2015.

→ **Que dénonce le dessinateur dans cette image ?**

5 Les étrangers en Espagne

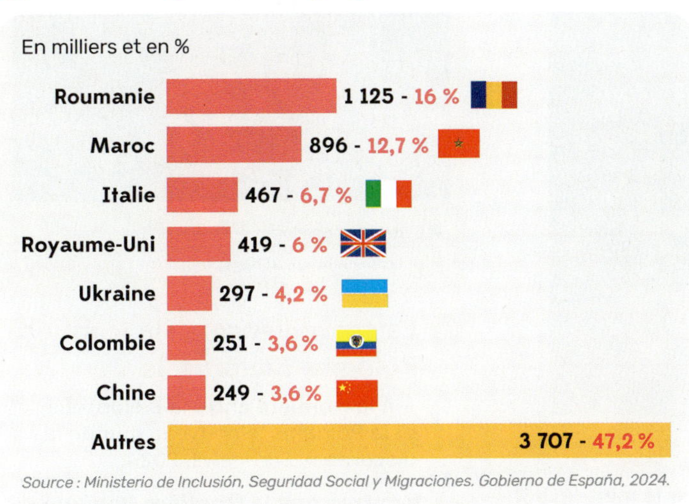

Source : Ministerio de Inclusión, Seguridad Social y Migraciones. Gobierno de España, 2024.

→ **De quels principaux pays sont issus les migrants en direction de l'Espagne ? Pour quelles raisons ?**

Questions et activités

Parcours 1

1. Montrez que les espaces frontaliers espagnols alimentent différents types de flux. doc. 1 à 5

2. Pourquoi les frontières espagnoles sont-elles également des espaces de fractures et de tensions ? doc. 1, 2, 4 et 5

Synthèse. Pourquoi les frontières espagnoles sont-elles à la fois des zones de séparation et de contact ?

Parcours 2

Préparer une présentation

Préparez un exposé sur la dyade européenne de votre choix.

- Commencez par localiser et donner quelques repères chronologiques sur la frontière choisie.
- Montrez les logiques de coopération et/ou les limites de l'intégration transfrontalière.
- Illustrez votre réponse en vous appuyant sur des réalisations concrètes.

JALON 2
Étude

Toutes les ressources
lycee.nathan.fr/**25hggsp1re_270**

Les frontières d'un État d'Europe de l'Est : la Pologne

Ancienne démocratie populaire du bloc soviétique, la Pologne fait désormais partie de l'Union européenne. Sa situation d'État tampon entre l'Europe occidentale et le monde russe explique le caractère mouvant de ses frontières au cours de l'histoire. La montée des tensions en Europe de l'Est accentue le contraste entre l'ouverture des frontières polonaises à l'ouest et leur fermeture à l'est.

Pourquoi les frontières polonaises sont-elles à la fois des espaces de tension et de coopération ?

1 Les frontières de la Pologne

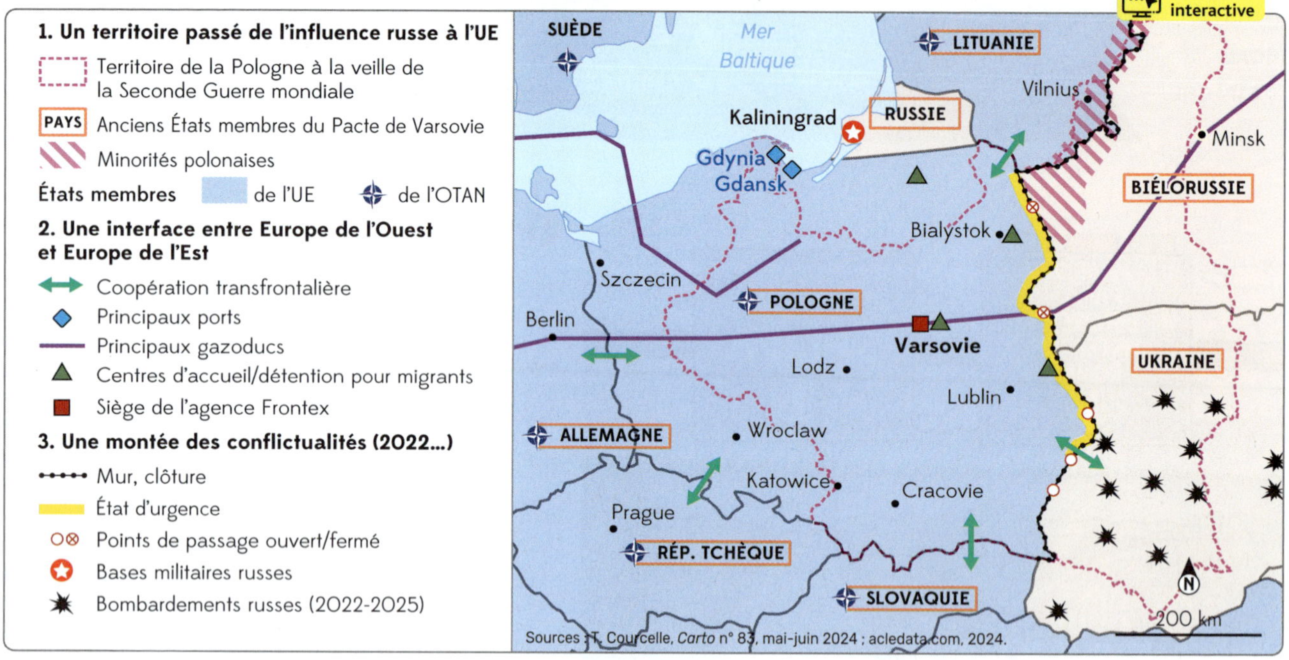

→ **Identifiez les caractéristiques des frontières polonaises.**

2 La frontière germano-polonaise sur l'île d'Usedom

Un chemin de promenade conduisant à une plage sur la mer Baltique a été aménagé à cheval sur la frontière.

→ **Quelle signification revêt cet aménagement frontalier ?**

lycee.nathan.fr/**25hggsp1re_270-1**

3 La surveillance de la frontière Pologne-Biélorussie

« À la frontière entre la Biélorussie et la Pologne, le nouveau mur de la discorde », *Euronews*, 2024.

→ **Montrez que la frontière Pologne-Biélorussie est un objet de tension entre les deux pays.**

4 La Pologne dans l'Union européenne

Poids lourd de l'Europe de l'Est, la Pologne en est le pays le plus peuplé (36,7 millions d'habitants en 2023), se plaçant au cinquième rang de l'UE. Son adhésion en 2004 avait été saluée comme le symbole d'un retour à l'Europe [...].

Sur la question migratoire, Varsovie et ses alliés, ne se sentant pas concernés par la crise de 2015, ont mis en échec [...] le système de répartition des demandeurs d'asile. La donne change à l'été 2021. En réponse aux sanctions occidentales contre la Biélorussie, le président Loukachenko attire des réfugiés du Moyen-Orient pour les inciter à franchir la frontière polonaise. Face à cet afflux, la Pologne a déployé 15 000 militaires provoquant une crise humanitaire.

[...] Les dirigeants russes considèrent comme une trahison le rapprochement de l'OTAN avec l'Europe de l'Est dès 1994 et les premières adhésions en 1999 pour la Pologne, la République tchèque et la Hongrie. Le déploiement d'éléments de l'OTAN le long de sa frontière [...] pousse Moscou à renforcer son arsenal militaire dans l'exclave de Kaliningrad, perçue comme une forteresse assiégée peuplée d'un million de Russes sur la mer Baltique.

Située à moins de 300 km de Varsovie, Kaliningrad est l'ancienne Königsberg conquise par les Soviétiques en 1945. Ce port stratégique, libre de glace toute l'année, a été lourdement militarisé durant la guerre froide. Depuis 2014, Moscou a renforcé sa militarisation [...]. Face à cette menace, l'OTAN a renforcé sa présence dès 2017 et en 2022 par le déploiement de troupes sur le flanc oriental pour dissuader toute attaque russe.

Thibault Courcelle, *Carto*, n° 83, mai-juin 2024.

→ **Décrivez et expliquez les relations transfrontalières entre la Pologne et ses États voisins.**

5 Le programme Interreg Pologne/Slovaquie

Traduction du polonais et du slovaque : « Passeport d'un explorateur sur la véloroute autour des Tatras » « Projet cofinancé par l'UE grâce au Fonds européen de développement régional dans le cadre du programme Interreg V-A Pologne-Slovaquie de coopération transfrontalière 2014-2020 »

→ **Comment la frontière a-t-elle évolué entre la Pologne et la Slovaquie ?**

Questions et activités

Parcours 1

1. Quelles sont les conséquences géopolitiques de la situation de la Pologne en Europe sur ses frontières ? doc. 1, 4 et 5

2. Identifiez les formes d'ouverture des frontières polonaises et leurs facteurs. doc. 1, 3, 4 et 5

3. Pourquoi les frontières sont-elles également des espaces de fractures et de tensions ? doc. 1, 3 et 4

Synthèse. À quels enjeux frontaliers la Pologne est-elle exposée ?

Parcours 2

Construire une carte mentale

- Réalisez une carte mentale synthétisant les différents défis propres aux frontières de la Pologne.
- Vous pourrez, par exemple, utiliser les mots-clés suivants : intégration régionale, migrations, coopération transfrontalière, dyade, interface, barriérisation.

Toutes les ressources
lycee.nathan.fr/25hggsp1re_272

Les espaces transfrontaliers intra-européens

Comment l'effacement des frontières internes de l'UE se concrétise-t-il à différentes échelles ?

I Des barrières frontalières devenues interfaces transfrontalières

A Une fonction de délimitation qui perdure

- **Les frontières sont souvent issues d'anciens fronts militaires.** Il en subsiste des héritages dans l'organisation des territoires (casernes militaires dans l'est de la France, forte densité de voies ferrées autrefois nécessaires à l'acheminement des troupes). À l'inverse, les industries stratégiques ont été éloignées des anciennes **frontières chaudes** (aéronautique et arsenaux dans le centre et le sud-ouest de la France).

- **Les frontières européennes conservent une fonction de démarcation.** Même si les marqueurs symboliques (barrières) ont souvent disparu, certains héritages subsistent (bornes, panneaux). Les différences de système juridique, social et politique restent facteurs de discontinuités. Ainsi, ils favorisent certaines pratiques (tourisme sexuel en Espagne, tourisme médical en Hongrie) voire certains trafics (**contrebande** de cigarette).

B La construction européenne, facteur d'intégration transfrontalière

- **L'UE favorise le franchissement de ses frontières internes.** La convention de Schengen a stimulé les mobilités transnationales en Europe. Parallèlement à la mise en place de la monnaie unique, l'euro, elle a favorisé le tourisme international. Elle facilite les flux, aussi bien sur de longues distances (**travailleurs détachés**) qu'à l'échelle locale (**travailleurs frontaliers**).

- **L'intégration européenne a permis aux frontières de devenir des interfaces.** Les territoires transfrontaliers représentent 40 % de l'espace de l'UE. Plus d'un Européen sur trois vit dans un espace frontalier. Les dyades sont nombreuses dans la Mégalopole européenne où se concentrent la plupart des 37 agglomérations transfrontalières d'Europe. À elle seule, la France en compte onze.

II De multiples formes locales d'intégration transfrontalière

A Des processus spontanés d'interactions transfrontalières

- **Les différentiels entre États stimulent le travail frontalier.** L'UE compte deux millions de travailleurs frontaliers : ce nombre a triplé depuis 1989. Plus de 40 % d'entre eux vivent en France. La Suisse est le pays le plus attractif (salaires élevés, diversité d'emplois), suivi par le Luxembourg, l'Allemagne et Monaco. Certains frontaliers pallient ainsi le manque d'opportunités dans leur bassin de vie (Lorraine).

- **Les complémentarités entre États alimentent d'autres flux.** Les différentiels de prix et de taxation stimulent les achats transfrontaliers (Finlande/Estonie, France/Andorre). Les flux touristiques entre États voisins sont stimulés par les différences culturelles (Autrichiens en Croatie). L'absence de barrière linguistique (Lorraine/Luxembourg) ou un bilinguisme fréquent (Alsace) facilite aussi ces mobilités.

Vocabulaire

Contrebande : transport illégal de marchandises afin d'éviter de payer des taxes

Groupement européen de coopération territoriale (GETC) : organisation transfrontalière visant à surmonter les obstacles liés aux différences de législation ; ils sont dotés d'une personnalité juridique (assemblée et budgets propres).

Interreg : programme européen de soutien aux projets de coopération transfrontalière des différents domaines.

Travailleur détaché : statut permettant à un employé issu d'un État de l'UE de travailler dans un autre État membre. Il bénéficie des salaires et conditions de travail du pays d'accueil mais les cotisations sociales sont celles du pays d'origine.

Travailleur frontalier : actif dont le lieu de résidence et le lieu de travail sont situés dans deux États contigus différents

B Une coopération transfrontalière soutenue par l'UE

- **Les institutions européennes encouragent la coopération.** Les programmes **Interreg** favorisent les partenariats entre régions transfrontalières. Les **Groupements européens de coopération territoriale** (GECT) permettent une gouvernance partagée qui dépasse les logiques nationales traditionnelles. Ils illustrent la volonté de l'UE de créer des espaces de coopération qui remettent partiellement en cause la division politique classique des États-nation (Eurorégion Tatry, Eurodistrict Strasbourg-Ortenau). L'outremer est concerné par ces coopérations (Interreg Caraïbes) qui peuvent aussi associer des États voisins de l'UE.

- **Différents aménagements résultent de ces coopérations.** Après avoir amélioré le transport routier (tunnels du Mont-Blanc, du Fréjus et du Somport, pont international de l'Øresund), ils concernent désormais les mobilités douces (véloroutes des fleuves). Les GECT et les programmes Interreg financent la cohésion sociale (hôpital franco-espagnol de Cerdagne), la recherche (*Baltic Science Network*) et la protection environnementale (parcs naturels transfrontaliers).

Notions

Encampement : développement de camps destiné à l'hébergement provisoire de personnes sans-abri.

Frontière chaude : frontière disputée, potentiellement conflictuelle.

Refrontiérisation : processus de renforcement d'une frontière après une période d'atténuation de son caractère filtrant.

III Des espaces frontaliers qui demeurent filtrants

A Des frontières facteurs d'inégalités et de tensions

- **Le travail frontalier induit parfois des externalités négatives.** Le pouvoir d'achat des travailleurs frontaliers renchérit le prix de l'immobilier dans les communes les plus attractives. Ces flux privent aussi leur pays d'origine d'une main-d'œuvre qualifiée et qui y a été formée (professions intellectuelles et médicales vers la Suisse). Afin de freiner cette émigration des personnes les plus qualifiées, l'Italie taxe ses professionnels de santé travaillant en Suisse pour financer un bonus accordé à ceux restés en Lombardie.

- **Les individus restent inégaux face au franchissement des frontières internes à l'Europe.** Les migrants entrés illégalement dans l'espace Schengen ne bénéficient pas de la libre circulation. Les obstacles à cette traversée se traduisent par un **encampement** de certains espaces frontaliers (Côte d'Opale en France, îles grecques de la mer Égée).

B Vers une refrontiérisation au sein de l'UE ?

- **Certains États renforcent les contrôles à leurs frontières.** L'Allemagne l'a fait en 2024, en vertu de la clause de sauvegarde permettant aux États membres de l'espace Schengen de rétablir temporairement ces contrôles. Cette **refrontiérisation** alimente les réseaux de passeurs spécialisés dans le franchissement clandestin des frontières (Alpes, Balkans).

- **Certains obstacles culturels restent aussi à surmonter.** Alors que dans certains États le bilinguisme (Espagne) voire le plurilinguisme (Suisse) est fréquent, d'autres pays présentent des minorités linguistiques mal intégrées (Roumanie). La Belgique est le seul État au monde à reconnaître un statut officiel aux frontières linguistiques entre régions de langue française, néerlandaise et allemande.

Fiches de lecture

« Traverser une frontière pour travailler : la France "championne" d'Europe », *Population et avenir*, n° 752, mars 2021.
Dossier sur les travailleurs frontaliers en Europe.

Olivier Copin et al., *Maroni. Les gens du fleuve*, Futuropolis, 2022.
La frontière entre la Guyane française et le Suriname racontée et dessinée par plusieurs auteurs.

Pour aller + loin

Pascal Orcier, « Frontières et territoires frontaliers en Europe : une visite guidée », *Géoconfluences*, 2023.
Article précis, actualisé et richement illustré par un géographe spécialiste du sujet.

« La coopération territoriale européenne / Interreg 2021-2027 en France », *L'Europe s'engage en France*, 2023.
Présentation d'Interreg et de ces 22 programmes de coopération impliquant la France entre 2021 et 2027.

« Luxembourg, "Travail transfrontalier" », *Le Temps du débat*, France Culture, 2024.
Pour comprendre l'attractivité du Luxembourg auprès des travailleurs frontaliers.

Toutes les ressources
lycee.nathan.fr/25hggsp1re_274

Les espaces transfrontaliers européens : passer et dépasser la frontière au quotidien

Le processus d'ouverture des frontières internes à l'Union européenne a contribué à la libre circulation des marchandises puis à celle des personnes. Certaines frontières sont franchies quotidiennement par des flux intenses. Il en résulte la formation d'espaces transfrontaliers qui font souvent l'objet d'une coopération internationale. Cependant, des logiques de fermeture existent aussi à l'intérieur de l'Union européenne.

Dans quelle mesure la construction européenne est-elle un outil de coopération transfrontalière ?

1 Traverser la frontière franco-suisse

Affiche diffusée par le programme Interreg franco-suisse, 2023.

→ **Expliquez dans quel contexte et dans quel but ces différentes affiches ont été diffusées.**

Carte interactive

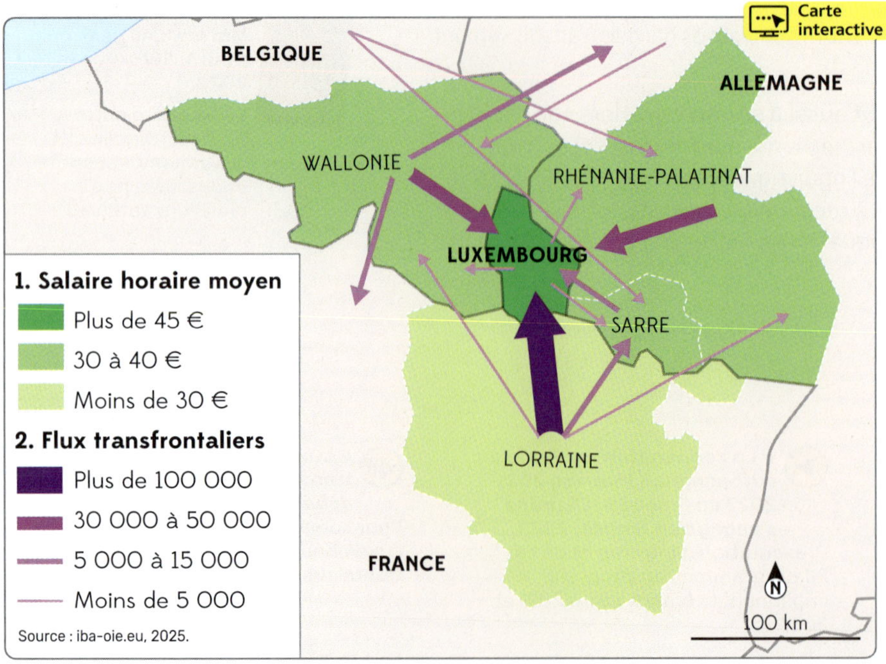

2 Les flux de travailleurs frontaliers dans la Grande Région

→ **Quel État de la Grande Région attire le plus de travailleurs frontaliers et pourquoi ?**

③ Le commerce frontalier entre la France et l'Italie

Le regard de géographes

Le 3 juin 2020, après plus de deux mois de fermeture pour cause de pandémie de la Covid-19, l'Italie réouvre ses frontières aux ressortissants européens ; les clients français, probablement originaires de Menton, dans les Alpes maritimes, affluent à Vintimille, à la dyade franco-italienne pour reconstituer leurs stocks de cigarettes et déambuler dès le vendredi dans le marché, au grand soulagement des marchands ambulants. [...]

Cette actualité est révélatrice de deux habitudes dont profitent les Européens, celle de se déplacer sans entrave d'un pays à un autre pays voisin, à l'intérieur de l'espace Schengen et celle de passer fréquemment une frontière proche pour, entre autres, s'approvisionner ou « magasiner » de l'autre côté.

Au sein de l'Union européenne, pour les consommateurs qui choisissent d'acheter de l'autre côté de la frontière, l'espace de consommation est lisse et sans entrave. [...] Leurs pratiques sont nées des différences qui existent de part et d'autre et qui se maintiennent parce que les frontières légales subsistent.

Pour les acteurs du commerce intégré, la frontière conserve toute sa fonction de limite territoriale légale. Elle est à la fois contrainte en termes de marginalité au sein d'un réseau national, opportunité en termes d'attraction d'une clientèle rodée à circuler de façon fluide entre les pays en fonction de l'emploi, des loisirs, des produits recherchés et de leurs différentiels de prix, et front pionnier en termes d'expansion territoriale.

Colette Renard-Grandmontagne, Mathias Boquet et Nicolas Dorkel, « Commercer à la frontière », *in* Anne-Laure Amilhat Szary, Grégory Hamez (dir.), *Frontières*, Armand Colin, 2020.

→ **Identifiez les facteurs du commerce frontalier entre la France et l'Italie.**

④ La Véloroute du Rideau de fer à la frontière austro-hongroise

« Iron Curtain Trail » : véloroute du « rideau de fer » qui longe l'ancienne séparation entre l'Europe de l'Ouest et l'Europe de l'Est.

→ **Montrez que cet aménagement transfrontalier revêt un caractère fortement symbolique.**

⑤ Le programme Interreg Caraïbes

→ **Identifiez les différentes particularités de cette coopération transfrontalière.**

Questions et activités

Parcours 1

1. Montrez que le dépassement des frontières internes à l'Europe se manifeste dans différents domaines. doc. 1 à 5

2. Pourquoi peut-on affirmer que les frontières internes à l'Europe conservent un rôle ambivalent ? doc. 2 et 3

Synthèse. Dans quelle mesure la construction européenne est-elle est un outil de coopération transfrontalière ?

Parcours 2

Réaliser une production cartographique

Concevez un schéma faisant la synthèse des spécificités d'un espace transfrontalier.

- Identifiez les caractéristiques des espaces transfrontaliers évoqués dans les documents.
- Complétez ces informations en effectuant une recherche sur le site Internet espaces-transfrontaliers.org
- Sélectionnez et classez les caractéristiques qu'il vous semblerait pertinent de faire ressortir (coopérations institutionnelles, infrastructures de transport, flux, différentiels à l'origine de ces flux).

Irlande du Nord : où passe la frontière ?

Toutes les ressources
lycee.nathan.fr/25hggsp1re_276

1 Les frontières de l'Irlande du Nord

a. La double frontière du Brexit

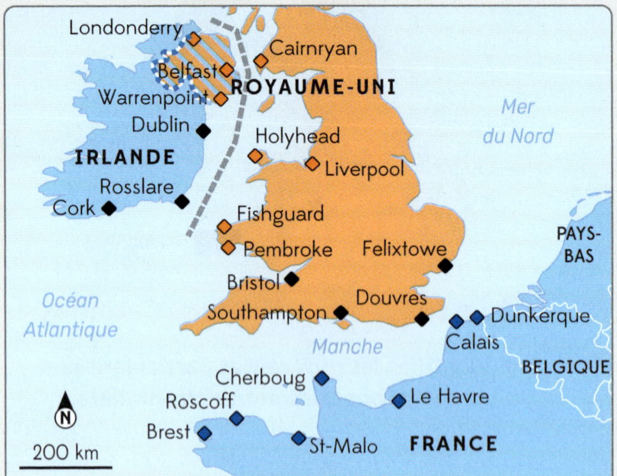

1. Les recompositions frontalières
- Frontière de la mer d'Irlande (20 % des marchandises soumises à contrôle douanier)
- Frontière de l'UE mais sans contrôle douanier

Territoire appartenant à l'Union douanière...
- Britannique
- de l'UE

2. Les ports : frontières nodales (ou nœuds frontaliers)
- Principaux ports de fret
- Ports britanniques et irlandais (contrôles douaniers entre Royaume-Uni et Irlande)
- Ports français (corridor transeuropéen)

Source : C. Wihtol de Wenden, *Atlas des migrations*, Autrement, 2021.

b. L'Irlande : une île, deux pays

Cartes interactives

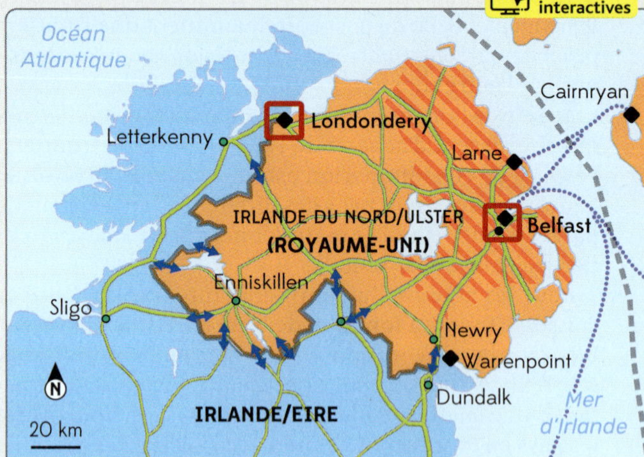

1. Un espace frontalier questionné par le Brexit
- Frontière internationale
- Limite interrégionale
- District ayant voté à plus de 50 % pour le Brexit

2. Un territoire transfrontalier dynamique
- Principaux points de passage quotidiens

Corridors stratégiques
- principaux
- secondaires
- Principaux ports (fret, passagers)
- Liaisons maritimes
- Principal pôle de développement économique
- Villes frontalières dynamiques

Source : É. Janin, *Carto*, n° 69, janvier-février 2022.

Le regard d'un dessinateur

2 L'Irlande du Nord et le Brexit

Georges Million, 18 octobre 2018.

À gauche, Theresa May, Première ministre du Royaume-Uni de 2016 à 2019.

À droite, Jean-Claude Junker, président de la Commission européenne de 2014 à 2019, avec Michel Barnier, chargé de préparer et de diriger les négociations sur les conditions du retrait du Royaume-Uni de l'Union européenne [Brexit] entre 2016 et 2021.

3 Un mur de la paix (peaceline) sur Cupar Way, Belfast

5 Affiche placardée dans la ville portuaire de Larne

« Larne n'acceptera jamais une frontière en mer d'Irlande. Pas de Royaume-Uni sans l'Irlande du Nord ».

Irlande du Nord, février 2023.

4 Les murs de la paix à Belfast

Le regard d'une urbaniste

Capitale de l'Irlande du Nord, Belfast a été modelée par l'histoire conflictuelle entre deux communautés aux religions différentes, protestante et catholique, héritées de la colonisation anglaise au XVIIe siècle. En 1921, après la guerre d'indépendance, la partition de l'Irlande a séparé le nouvel État du sud de l'Irlande du Nord, resté dans le Royaume-Uni.

[...] La minorité de catholiques irlandais au nord n'a pas bénéficié de l'égalité politique avec les protestants unionistes et s'est révoltée. À la fin des années 1960, ont éclaté les « Troubles », période de quasi-guerre civile de trente ans. Les violences ont opposé l'IRA nationaliste aux forces britanniques et aux milices protestantes unionistes.

Les Troubles ont pris fin officiellement en août 1994 lors du cessez-le-feu de l'IRA, suivi de la trêve des factions protestantes en octobre de la même année. Malgré les accords de paix, des tensions persistent entre communautés, dans une ville marquée par la ségrégation communautaire.

[...] Les autorités ont construit des murs de séparation dans les quartiers populaires, cristallisant les divisions territoriales. Ces barrières, concentrées dans les zones les plus touchées par les conflits, sont devenues des symboles de l'histoire tourmentée de Belfast.

Aujourd'hui, la ville se transforme. Si les *peacelines* subsistent, elles sont désormais des lieux de mémoire. Les habitants, notamment dans les quartiers populaires, ressentent une marginalisation économique plus forte que les anciennes divisions communautaires. Belfast est désormais plus divisée par les inégalités sociales que par le conflit historique.

Florine Ballif, « Belfast » *in* Nicolas Escach et Benoît Goffin (dir.), *Atlantique*, ENS Éditions, 2021.

Construire son point de vue

Découvrez les documents

- Pourquoi l'histoire de l'Irlande du Nord en fait-elle un territoire particulier ? doc. 3 et 4
- Expliquez les débats occasionnés par le Brexit en Irlande du Nord. doc. 1, 2 et 5
- Quelles ont été les conséquences du Brexit sur les frontières de l'Irlande du Nord ? doc. 1 et 5

Développez des arguments

- Pourquoi peut-on affirmer que les frontières nord-irlandaises structurent le territoire à différentes échelles ? doc. 1 à 5
- Pourquoi peut-on affirmer que ces frontières sont tantôt des lignes de séparation, tantôt des interfaces de mise en contact ? doc. 1 à 5

Présentez votre point de vue ORAL

- À l'oral, en 10 minutes, répondez à la question « L'Irlande du Nord a-t-elle des frontières ? » en présentant plusieurs arguments.

OTC

Synthèse

Les frontières internes et externes de l'Union européenne

Toutes les ressources

lycee.nathan.fr/**25hggsp1re_278**

I Les frontières externes de l'UE depuis 1990

- **Les frontières externes de l'UE ont évolué au gré de ses élargissements.** Après s'être limitées au bloc de l'Ouest durant la guerre froide, ces recompositions se sont étendues vers les pays d'Europe de l'Est. La poursuite de l'élargissement de l'UE (Balkans, Turquie) suscite des débats récurrents au sujet de ce qui définit l'Europe et le tracé de ses frontières.

- **L'UE présente des frontières à géométrie variable.** Certains pays sont à cheval sur deux continents (Espagne, Chypre), tandis que d'autres, tout en entretenant des relations fortes avec l'UE, ont fait le choix de ne pas y adhérer (pays membres de l'AELE). Les frontières de l'Europe s'étendent aussi outre-mer dans la mesure où les Régions ultra-périphériques (RUP) font partie de l'UE.

- **Les États ont renforcé les frontières externes de l'UE ces dernières années.** Ce processus se caractérise par l'extension et le renforcement des barrières physiques visant à filtrer les flux de personnes (Europe centrale, Méditerranée). Il prend aussi la forme d'une diffusion spatiale des contrôles (aéroports, hotspots) et d'une délégation de ces derniers aux États de départ des migrants.

Jalon 1 - Les enjeux de Schengen et du contrôle aux frontières : venir en Europe, passer la frontière **p. 262**

- **Le contrôle aux frontières externes de l'espace Schengen repose sur un filtrage des ressortissants étrangers.** En fonction de leur nationalité, ils pourront être exemptés de visa. Afin de limiter les flux clandestins, les États de l'UE ont multiplié les dispositifs : barriérisation (Grèce, Finlande), limitation du droit d'asile (France), externalisation du contrôle migratoire (Maghreb, Afrique subsaharienne).

II L'UE, un espace sans frontières internes ?

Dates clés

L'accord de Schengen : **1985**

L'euro, monnaie unique : **2002**

Retrait du Royaume-Uni de l'Union européenne (Brexit) : **2020**

- **Les frontières internes de l'UE ont évolué vers une défonctionnalisation.** La construction européenne a contribué au renforcement de l'intégration régionale en permettant la libre circulation des marchandises, des capitaux et des personnes dans l'UE. À l'échelle locale, l'intégration transfrontalière repose aussi bien sur des flux internationaux spontanés (achats et travail frontaliers) que sur des coopérations impulsées par les acteurs publics (infrastructures de transport, de santé).

- **Les frontières européennes sont peu conflictuelles.** Les litiges frontaliers demeurent rares et se concentrent plutôt sur les frontières externes de l'UE. Ils concernent surtout la délimitation des frontières maritimes, notamment en Méditerranée. Néanmoins, le risque d'un départ de certains États membres (Brexit) ou de sécession de certaines entités régionales (Catalogne, Flandre) n'est pas exclu.

- **Les États tendent à renforcer les frontières internes de l'UE.** Le terrorisme, les flux migratoires et la lutte contre les trafics ont justifié le durcissement des contrôles aux frontières. Cette refrontiérisation prend parfois la forme d'une externalisation de la gestion des frontières faisant l'objet de fréquentes critiques. La faible harmonisation des économies entre les États membres est aussi dénoncée car elle contribue au dumping social.

Jalon 2 - Les frontières d'un État adhérent **p. 266**

- **L'exemple de l'Espagne montre que les frontières des États européens sont inégalement matérialisées dans l'espace.** Il en résulte des mobilités asymétriques qui en font des espaces de fracture et de tensions aussi bien que des territoires d'intégration économique. C'est aussi ce qu'illustre le cas de la Pologne qui montre que l'élargissement de l'UE vers l'Est s'accompagne d'un renforcement de ses frontières orientales.

Chiffres clés

- Longueur des frontières terrestres externes de l'UE : **14 647 km**
- **28 %** des dyades mondiales pour seulement **3,3 %** des terres émergées
- Longueur des frontières terrestres internes à l'UE : **30 000 km**
- **72 %** du kilométrage de frontières internes à l'Europe est postérieur à 1919
- Part des Européens vivant dans un espace frontalier : **1/3**
- Nombre de travailleurs frontaliers dans l'UE : **2 millions**

III Les espaces transfrontaliers intra-européens

- **Les barrières frontalières internent à l'UE sont peu à peu devenues des interfaces transfrontalières.** Certes, elles présentent encore des héritages militaires qui témoignent d'un passé conflictuel et leur fonction de délimitation perdure (différentiels de législation) tout en se concrétisant par des marqueurs symboliques (bornes, panneaux). Néanmoins, la construction européenne a favorisé l'intégration transfrontalière, notamment les mobilités internationales.

- **À l'échelle locale, l'effacement des frontières internes de l'UE se concrétise de multiples manières.** Les complémentarités socio-économiques entre États font émerger des processus spontanés d'interactions transfrontalières (travail frontalier, achats, flux touristiques). Les institutions européennes encouragent la coopération sur le plan institutionnel. Ces partenariats entre régions frontalières se concrétisent par des aménagements favorisant les communications, la cohésion sociale et la protection environnementale.

- **Les espaces frontaliers demeurent néanmoins filtrants.** Leur attractivité peut générer des inégalités et des tensions de part et d'autre de la frontière (fuite des cerveaux, hausse des prix de l'immobilier). Le rétablissement de contrôles internes à l'espace Schengen rappelle que les individus sont inégaux face au franchissement des frontières intérieures à l'Europe. Cette refrontiérisation alimente les migrations clandestines qui peuvent se traduire par un encampement de certains espaces frontaliers. Enfin, les États européens ne sont pas exempts de frontières internes, notamment sur le plan linguistique.

Jalon 3 – Les espaces transfrontaliers intra-européens : passer et dépasser la frontière au quotidien **p. 272**

- **Les logiques d'intégration transfrontalière spontanées sont anciennes en Europe, à l'image du commerce frontalier (France/Italie).** Néanmoins, le processus d'ouverture des frontières internes à l'espace Schengen a accéléré la libre circulation des personnes. Des aménagements sont financés par les acteurs publics, notamment en matière de transport (entre la France et la Suisse, par exemple). Ainsi, certaines frontières sont franchies quotidiennement par des flux intenses (travailleurs frontaliers dans la Grande Région). D'autres flux revêtent un caractère moins quotidien mais ils témoignent de la diversité des mobilités transfrontalières (mobilités étudiantes, Véloroute du Rideau de Fer).

Les frontières externes : entre élargissement et durcissement		Les frontières internes : une intégration renforcée		Les espaces transfrontaliers intra-européens : coopération et tension	
Des frontières évolutives	**Un durcissement des contrôles**	**Un effacement des frontières**	**Un retour des tensions**	**Des flux transfrontaliers très variés**	**Des aménagements transfrontaliers**
› Identité › Démarcation › Élargissement › Représentations › Négociations › Intégration	› Discontinuité › Inégalités › Contrôle › Barriérisation › Externalisation › Militarisation › Refrontiérisation	› Défrontiérisation › Coopération › Intégration › Libre circulation › Marché unique › Réseaux › Accords bilatéraux	› Filtrage › Refrontiérisation › Fragmentation › Brexit › Balkanisation › Litiges frontaliers › Enjeux géopolitiques	› Complémentarités › Espaces frontaliers › Libre circulation › Interactions › Flux › Mobilités › Échanges	› Coopération › Cohésion › Aménagement › Collectivités locales › Inégalités › Tensions

Réviser avec… 3 schémas et 1 frise

Toutes les ressources
lycee.nathan.fr/25hggsp1re_280

1 Qu'est-ce qu'un espace transfrontalier ?

Espace transfrontalier

Territoire	Géopolitique	Aménagement	Flux
Une forte intégration régionale	**Des litiges frontaliers peu nombreux**	**De multiples formes locales d'intégration transfrontalière**	**Une forte intégration régionale**
› Discontinuité › Proximité › Complémentarité › Accessibilité › Identités › Cohésion	› Stabilité › Défrontiérisation › Coopération › Intégration › Libre circulation	› Projets › Équipements › Infrastructures › Communication › Collectivités locales › Réseaux	› Interactions › Traversée › Passage › Échanges › Diffusion

2 Les frontières : des interfaces

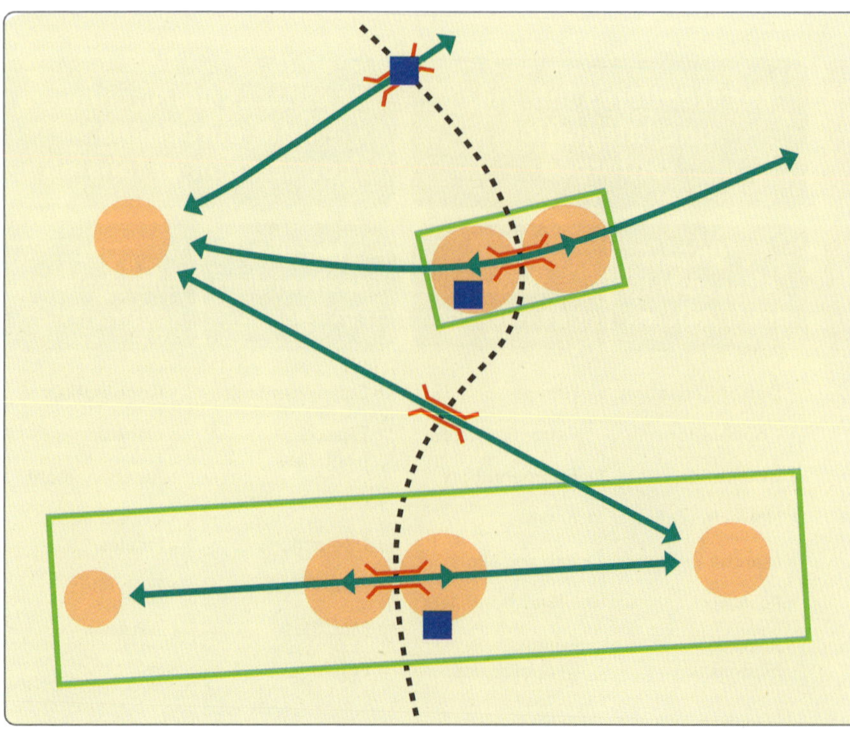

Une interface ouverte
- Frontière internationale
- Points de passage frontaliers
- Pôles urbains

Des modalités d'intégration variées
- Flux intenses (personnes, marchandises, capitaux)
- Territoires institutionnels de coopération
- Équipements transfrontaliers (pont, hôpital, aéroport…)

3 La construction européenne

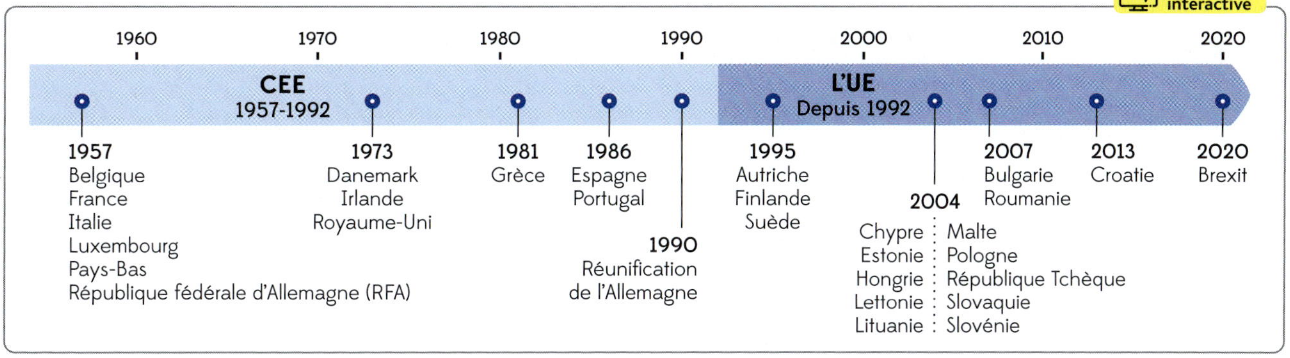

4 Le programme Erasmus +

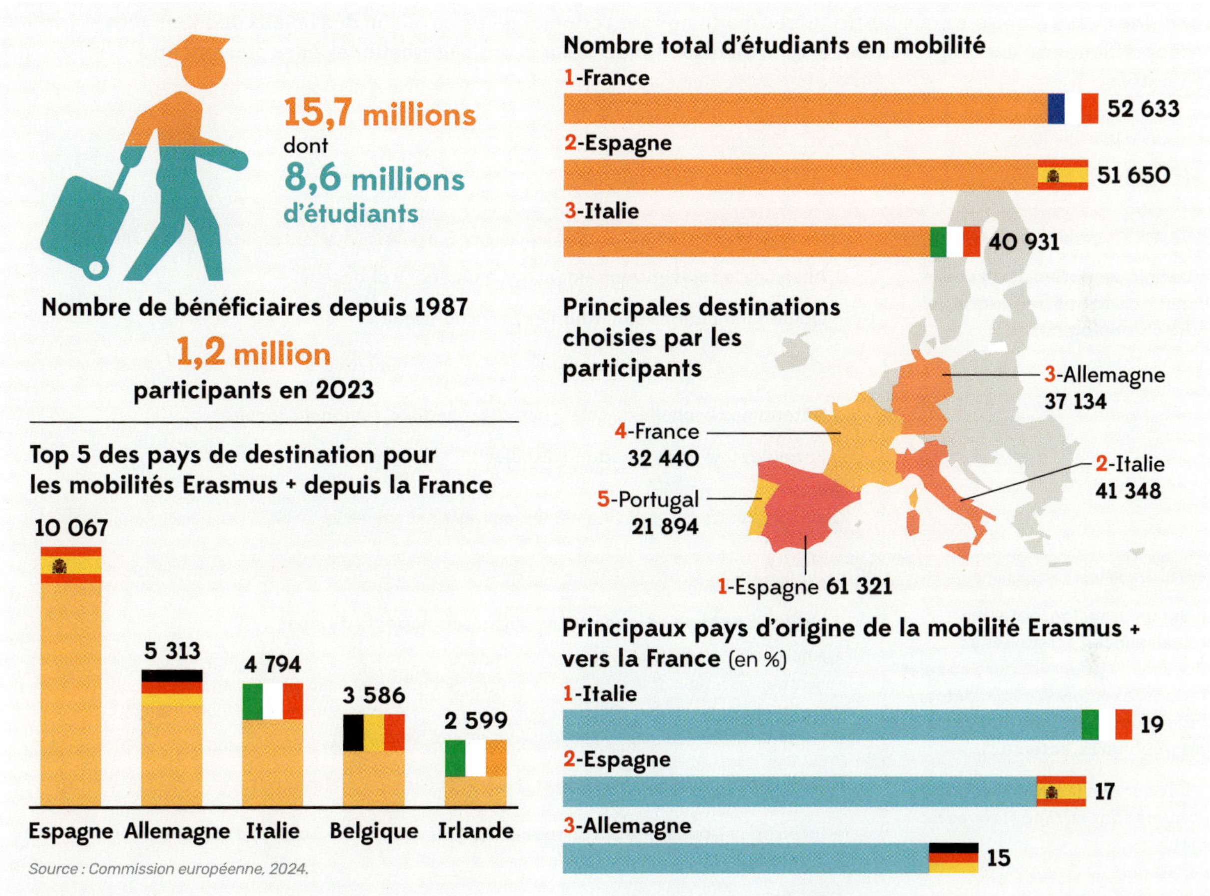

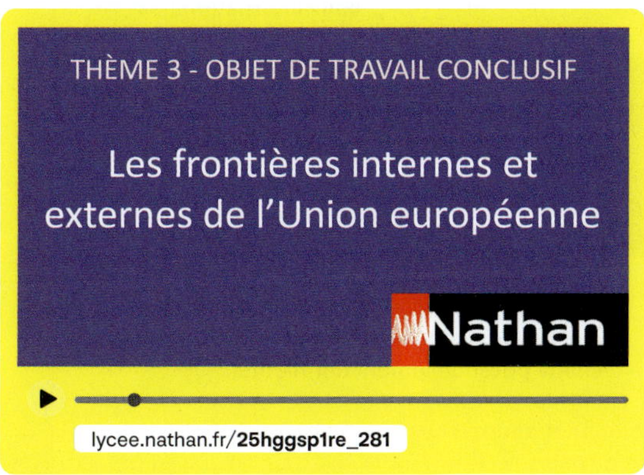

5 Mon bilan en vidéo

Pour approfondir

- **Paolo Rumiz, *Aux frontières de l'Europe*, Gallimard, 2011.**
Le parcours d'un écrivain voyageur le long des frontières orientales de l'Europe, de l'Arctique à la mer Noire.
- **Taina Tervonen et Jeff Pourquié, *À qui profite l'exil ?*, Delcourt, 2023.**
En BD, une enquête journalistique sur l'économie née de la fermeture des frontières européennes.
- **Stéphane Marchetti, *La Tête froide*, 2024.**
Pour boucler ses fins de mois, Marie pratique la contrebande de cigarettes entre la France et l'Italie jusqu'au jour où elle croise un jeune migrant africain qui tente de traverser les Alpes enneigées.
- **Agnieszka Holland, *Green Border*, 2024.**
Dans ce film, on suit une famille syrienne cherchant à obtenir l'asile en Suède se retrouve bloquée à la frontière entre la Biélorussie et la Pologne.

BAC → Dissertation

SUJET BAC

Notion à définir. — Mers et océans.

Pourquoi les frontières maritimes sont-elles sources de tensions entre les États ?

Contestation, conflit. — Échelle du sujet.

Consigne : Vous montrerez que les frontières maritimes sont conflictuelles en raison des enjeux économiques et géopolitiques qu'elles représentent et que, bien que fondées sur le droit international, elles peuvent être contestées.

MÉTHODE / APPLICATION

ÉTAPE 1 ANALYSER LE SUJET

Méthode

→ Définir les mots-clés, l'échelle, l'espace concerné, la période, le cadre chronologique.

Application

→ Analysez le sujet en vous aidant des indications ci-dessus.

→ Quelles indications sont fournies par la consigne ?

Conseil Appuyez-vous sur la consigne pour déterminer les principaux axes de réflexion.

→ Déterminez l'échelle du sujet : est-elle mondiale, régionale, locale ?

→ Formulez une problématique du sujet.

Exemple
Quels sont les facteurs de conflictualité liée aux frontières maritimes ?

ÉTAPE 2 MOBILISER LES CONNAISSANCES

Méthode

→ Sur un brouillon, noter les connaissances personnelles nécessaires pour répondre au sujet (notions, exemples précis, dates, statistiques, faits historiques ou géographiques, acteurs…).

→ Vérifier que les informations retenues sont en rapport avec le sujet.

Application

→ Listez vos connaissances sur les différents aspects du sujet.

Exemple
Convention sur le droit de la mer, ZEE, statut des fonds marins en haute mer, exploitation des ressources halieutiques, routes commerciales, souveraineté, revendications territoriales, plateau continental, litiges, sécurité, militarisation des espaces maritimes.

Conseil Pensez à utiliser tous types de supports de connaissances.

→ Interrogez-vous sur la pertinence d'illustrer une notion ou un phénomène à l'aide d'un schéma.

Exemple
Un schéma de la délimitation juridique des espaces maritimes.

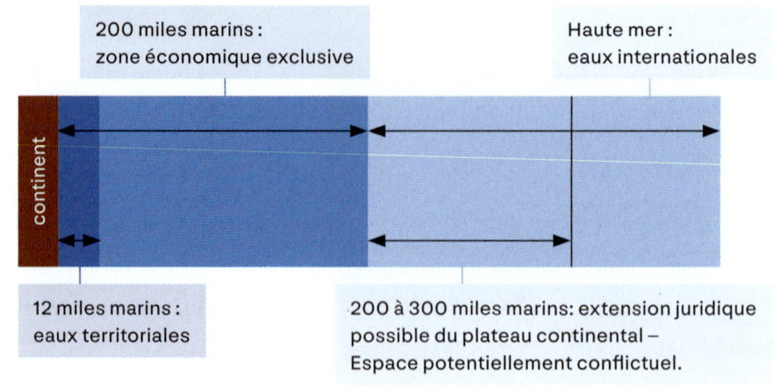

Conseil Le schéma n'est pas obligatoire. Demandez-vous bien à chaque fois s'il apporte quelque chose au traitement du sujet.

ÉTAPE 3 FAIRE UN PLAN ET ORGANISER LES CONNAISSANCES

→ À partir de l'analyse du sujet, de la consigne et de vos connaissances, dégager deux ou trois thèmes ou idées majeures qui formeront les parties du plan.

→ Identifier les thèmes secondaires qui constitueront les sous-parties.

→ Classer les connaissances dans chaque sous-partie.

Exercice : Classez vos connaissances dans le plan suivant :

I. Les enjeux économiques et géostratégiques
II. Les enjeux géopolitiques et les rivalités de puissance
III. Le droit international et ses limites

Conseil Intégrez, dans les différentes sous-parties du plan, les exemples que vous prévoyez d'utiliser.

ÉTAPE 4 RÉDIGER LA COMPOSITION

a. Rédiger l'introduction

- Rédigez une phrase d'accroche en lien avec le sujet pour attirer l'attention du correcteur (fait historique ou d'actualité, citation…).
- Présentez le sujet en précisant le sens des termes.
- Formulez la problématique, c'est-à-dire la question qui guide la composition.
- Annoncez le plan.

Exercice

- Identifiez la phrase d'accroche, la présentation du sujet, la problématique et le plan dans l'exemple d'introduction suivant :

Les mers et les océans représentent une véritable richesse stratégique, dès lors les frontières maritimes sont loin d'être de simples lignes imaginaires.

Les frontières maritimes délimitent les zones maritimes se trouvant sous la souveraineté ou la juridiction d'un État et, bien qu'elles soient régies par des principes du droit international, elles font débat et sont sources de tensions.

Quels sont les facteurs de conflictualité liée aux frontières maritimes ?

Nous analyserons dans un premier temps les enjeux économiques et géostratégiques des frontières maritimes, puis les enjeux géopolitiques et les rivalités de puissance, enfin nous montrerons que le droit international définit le cadre juridique de l'appropriation des espaces maritimes mais qu'il est confronté à des limites.

b. Rédiger le développement

- Chaque partie contient :

– la formulation du thème de la partie ;

– 2 ou 3 sous-parties présentant chacune une idée importante du thème, les explications et les exemples.

- En vous appuyant sur votre travail au brouillon, rédigez un paragraphe argumenté pour chaque partie du plan : vous y développerez les idées importantes, les explications et un ou deux exemples précis.
- Intégrez le schéma de la délimitation des espaces maritimes dans la 3e partie du développement.

Conseil Rédigez une phrase de transition entre chaque partie du développement.

c. Rédiger la conclusion

- Faites la synthèse des idées principales.

- Rédigez une conclusion pour répondre à la question posée par le sujet et ouvrir la réflexion vers d'autres perspectives à partir des éléments suivants :

– Les frontières maritimes, sources d'enjeux économiques, géostratégiques et de souveraineté entraînant des tensions multiples.

– La coopération internationale pour assurer une gestion durable et pacifique des espaces maritimes face aux nouveaux défis.

ENTRAÎNEZ-VOUS

Autre sujet

Quelles sont les formes et les fonctions des frontières dans le monde ?

Vous vous appuierez sur des exemples précis pour montrer que les frontières peuvent prendre des formes différentes afin de se protéger, de partager des territoires ou de séparer des systèmes politiques.

→ Étude critique de documents

SUJET BAC

Les frontières externes de l'Union européenne

Consigne : En analysant les documents, en les confrontant et en vous aidant de vos connaissances, répondez à la question suivante : quels sont les formes, les fonctions et les enjeux des frontières externes de l'Union européenne ?

1 Frontières et murs

Ces deux dernières décennies, de nombreux États ont décidé de militariser leurs frontières au moyen de ce que la langue française nomme communément un « mur ». [...] Mais se focaliser sur l'aspect palpable, immédiatement visible des murs peut faire oublier qu'ils s'inscrivent dans des dispositifs de sécurité complexes comprenant également des postes de contrôle, des technologies diverses, des prisons et des centres d'enfermement, des pratiques de contrôle, des lois, procédures et règlements régissant l'accès à un territoire mais aussi des discours et des représentations politiques le justifiant. [...]

Certes, la politique du mur correspond à une action de défense, de sécurité, c'est-à-dire à un acte de souveraineté d'un État sur son territoire. Néanmoins ces politiques de sécurité nationale entrent en compétition avec les flux économiques et commerciaux, les cultures partagées des deux côtés d'une frontière, les relations politiques locales et les mesures de sécurité mises en œuvre par d'autres niveaux de gouvernement. La fabrique de ces politiques est le fruit de controverses et de rapports de force sur la manière de filtrer les circulations transfrontalières, qu'il s'agisse d'êtres humains (touristes, migrants, combattants), de marchandises (licites et illicites), de données numériques et d'informations, de capitaux, voire de virus et de maladies.

Damien Simonneau, *Pourquoi s'emmurer ?*, éditions Stock, 2024.

2 Les frontières de l'Union européenne

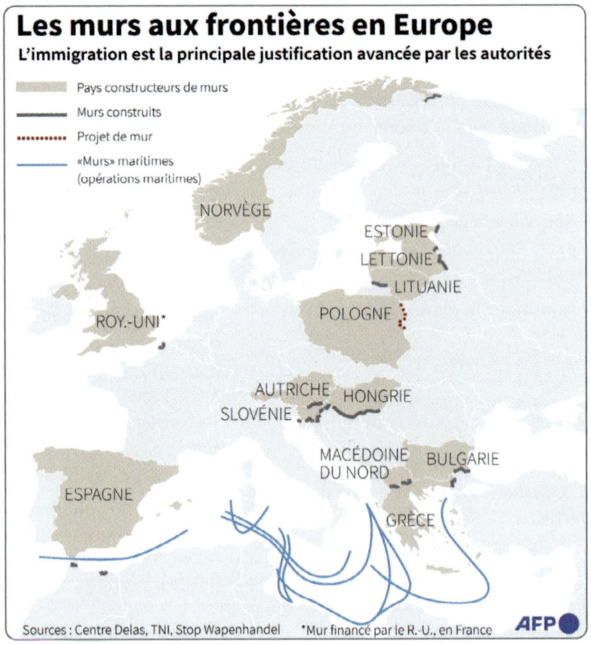

MÉTHODE	APPLICATION
ÉTAPE 1 ANALYSER LE SUJET ET LA CONSIGNE	
→ **Définir les termes du sujet.** → **Définir le cadre géographique et/ou les limites chronologiques.**	• Précisez le sens des termes « frontière » et « frontières externes ». • Quelles sont les limites géographiques du sujet ? • Quelle problématique le sujet et sa consigne suggèrent-ils ? **Conseil** Reprenez la problématique formulée dans la consigne.

ÉTAPE 2 ANALYSER ET CRITIQUER LES DOCUMENTS

→ **Identifier les documents.**

• Quelles sont la nature, la source et la date des documents ?

• Identifiez l'idée générale des documents.

Exemple : *Les documents mettent en évidence la complexité des frontières de l'Union européenne.*

→ **Dégager le sens général des documents.**

• Identifiez l'idée générale des documents.

Exemple : *À partir des années 1970, de nombreux États en Europe accèdent à la démocratie et intègrent l'Union européenne.*

→ **Sélectionner, confronter et expliquer les informations.**

• Relevez dans les documents et notez, dans le tableau ci-dessous, les informations en relation avec le sujet.

	Doc. 1	**Doc. 2**
Formes de la frontière	Mur, dispositifs de surveillance...	Ligne géographique Murs : Grèce-Bulgarie/Turquie ; Chypre/République turque de Chypre du Nord (« ligne verte ») ; enclaves espagnoles/Maroc...
Fonctions	Souveraineté : – nationale : ... – sécuritaire : ... – économique : ...	
Enjeux		

• Explicitez les informations à l'aide de vos connaissances. Voir thème 3 OTC : Contexte (p. 258), Études (p. 264, p. 268, p. 270, p. 274), Bilan (p. 278)

Conseil Pensez à confronter les informations des deux documents.

Exemple : *Les murs s'inscrivent dans des dispositifs de sécurité complexes comprenant [...] des discours et des représentations politiques (doc. 1) / Les murs construits par les États sur les frontières externes de l'espace Schengen (doc. 2) → politiques à l'égard des migrants, par exemple.*

→ **Montrer l'intérêt/les limites du (des) document(s) au regard du sujet.**

• Montrez que la gestion des frontières peut varier selon les objectifs politiques et les contraintes géopolitiques.

• Montrez que les politiques frontalières impliquent différents niveaux de gouvernement (national, régional, local).

→ **Exercer un regard critique.**

• Quelles sont les limites du texte au regard du sujet ?

Exemple : *Le texte est un court extrait d'un ouvrage spécialisé. Ce passage n'aborde pas tous les aspects du sujet, comme les enjeux éthiques, humains et sociaux de la militarisation des frontières.*

ÉTAPE 3 RÉDIGER L'ÉTUDE CRITIQUE DE DOCUMENT(S)

a. Rédiger l'introduction

→ **Présenter le sujet et le(s) document(s), le contexte et la problématique.**

• Rédigez une courte introduction à partir de ce que vous avez dégagé lors des étapes 1 et 2.

Exemple : *Les documents proposés sont un extrait d'ouvrage dont l'auteur est un spécialiste de la question des frontières et une carte de l'espace Schengen et des frontières externes de l'Union européenne. Cet ensemble documentaire met en lumière la complexité des frontières qui constituent un dispositif multiforme. Quels sont les formes, les fonctions et les enjeux des frontières externes de l'Union européenne ? Nous analyserons successivement ces trois aspects de la problématique.*

→ **Développer l'étude de manière organisée.**

• Rédigez une réponse organisée pour répondre au sujet.

Conseil Vous pouvez reprendre plan suggéré dans la consigne du sujet.

→ **Rédiger la conclusion.**

• Dans une conclusion, répondez à la problématique du sujet.

Exemple : *Les frontières externes de l'Union européenne sont davantage que de simples démarcations géographiques. Leurs matérialisations et leurs fonctions incarnent des enjeux politiques, économiques, sociaux, mais aussi humanitaires. Elles reflètent les tensions entre souveraineté nationale et dynamiques de la mondialisation.*

BAC → Vers le grand oral

Comment exploiter les informations ?

I. SÉLECTIONNER LES INFORMATIONS

- Relevez toutes les informations pertinentes au regard de votre sujet.
- Hiérarchisez les niveaux d'information : thèse ou idée principale, argument, exemple.

MÉTHODE

→ **Pour recueillir les informations dans un ouvrage** ou un article long, faites une fiche de lecture.

→ **Pour relever les informations à partir de textes courts et d'images :**

a. Réaliser un tableau :
– Identifiez le thème principal du document.
– Formulez en une phrase l'idée générale du document.
– Faites l'inventaire des informations fournies par le document : les idées essentielles, les arguments et les exemples.
– Relevez les mots-clés.

b. Construire un schéma organisateur d'idées.

EXERCICES

1. Relevez dans le texte suivant les informations sur les formes et les fonctions de la frontière.

Construites pour délimiter des États, séparer des entités territoriales, protéger des populations d'autres groupes, les limites internationales sont en train de se transformer en profondeur, tant dans leurs formes que dans leurs fonctions. Ces changements ont déjà commencé à bouleverser nos vies, notre façon de nous ancrer dans les territoires, nos capacités à voyager, mais aussi la définition de nos relations politiques. 1989 : le mur de Berlin tombe. 2020 : la pandémie de Covid-19 remet l'idée de frontière au premier plan dans les esprits. 2022 : la Russie envahit l'Ukraine, franchissant avec son armée une limite dont elle nie la nature frontalière depuis 2014. Les crises qui se multiplient sèment le trouble international en remettant en cause la carte politique du monde dont on nous avait appris les contours stables. La frontière, ligne de partage traditionnel entre des territoires, des souverainetés, est remise en question de multiples manières : par l'abaissement des droits de douane pour une meilleure circulation des marchandises, par la dérégulation financière pour une accélération des échanges de capitaux, par les revendications séparatistes et sécessionnistes qui se multiplient. La dislocation des équilibres issus de la guerre froide a permis la création de plus de 30 000 km de frontières depuis 1991 dans le monde.

Anne-Laure Amilhat, *Qu'est-ce qu'une frontière aujourd'hui... et demain ?*, PUF/Humensis, 2024.

2. Reportez dans un tableau les idées principales, les arguments et les exemples qui les illustrent.

3. Construisez un schéma organisateur d'idées mettant en évidence le processus décrit dans le texte.

Conseil Vous pouvez rassembler plusieurs documents dans un même tableau, cela vous sera utile ensuite pour exploiter et confronter les informations.

II. CONFRONTEZ LES INFORMATIONS

- Repérez les informations convergentes, divergentes, les contradictions.
- Dégagez les notions importantes pour traiter le sujet lorsqu'elles ne sont pas mentionnées explicitement.

MÉTHODE

→ **Rassembler les informations identiques** pour éviter la répétition d'une même idée sous des formes différentes.

→ **Dégager des thèmes transversaux** aux différents documents.

→ **Identifier les informations permettant de dégager les notions ou les idées importantes du sujet.**

Exemples : *Construction de murs aux frontières + dispositifs militaires + Frontex → barriérisation*

EXERCICES

Confrontez les informations des documents 1 et 2 ci-dessous.

1. Quelles informations proches peuvent être rassemblées en une seule ?

2. Quels sont les thèmes communs aux deux documents ?

3. Quelles informations permettent de dégager l'idée d'immigration sélective ?

1 Des flux migratoires diversifiés

Les typologies migratoires sont relatives [...] à de multiples déterminants (crises sociopolitiques, ruptures ou rapprochements familiaux, améliorations du niveau de vie, liens historiques). [...] La possibilité de franchir une frontière repose ainsi sur l'identification du statut assigné aux migrants, désirables ou non au sein des États. Cette désignation dépend des conjonctures politiques, des besoins économiques ou encore de rapports diplomatiques interétatiques. [...] Le commissariat chargé de la sécurité de l'Union européenne condamne régulièrement ce rétablissement des frontières qui ne permet pas de répondre de manière durable et structurelle à la problématique de l'immigration illégale [...]. Multiplier les barrières et les techniques destinées à bloquer les mouvements ne constitue pas une solution pour diminuer les flux migratoires.

Clotilde Bonfiglioli et Frédéric Piantoni, « Migrations et frontières en Europe. Le mythe de la fermeture », dans François Moullé (dir.), *Frontières*, Presses universitaires de Bordeaux, 2017.

2 Les frontières de l'Europe vues par un dessinateur de presse

Dessin de Pascal dans *La Voix de l'Ain*, 2014.

VERS LE GRAND ORAL EN 5 ÉTAPES

On aura ce petit récap en fin de chaque thème, pour repérer où on en est dans cette progression de méthodo.

Thème 1 Choisir un sujet et déterminer une problématique p. 104

Thème 2 Mener la recherche documentaire p. 194

Thème 3 Exploiter les informations p. 286

Thème 4 Organiser les informations et faire un plan p. 362

Thème 5 Présenter l'exposé p. 434

Thème 4

S'INFORMER : UN REGARD CRITIQUE SUR LES SOURCES ET MODES DE COMMUNICATION

SOMMAIRE

La crise d'Alger à Paris, en 1958

Une foule de journalistes reporters installent leurs micros et leurs caméras dans la cour du palais de l'Élysée, attendant l'arrivée des hommes politiques consultés par le président Coty.

Comment s'informe-t-on aujourd'hui ?

Toutes les ressources
lycee.nathan.fr/25hggsp1re_290

A Des médias et des supports de communication plus nombreux et divers que jamais

1 Des sources d'information multiples

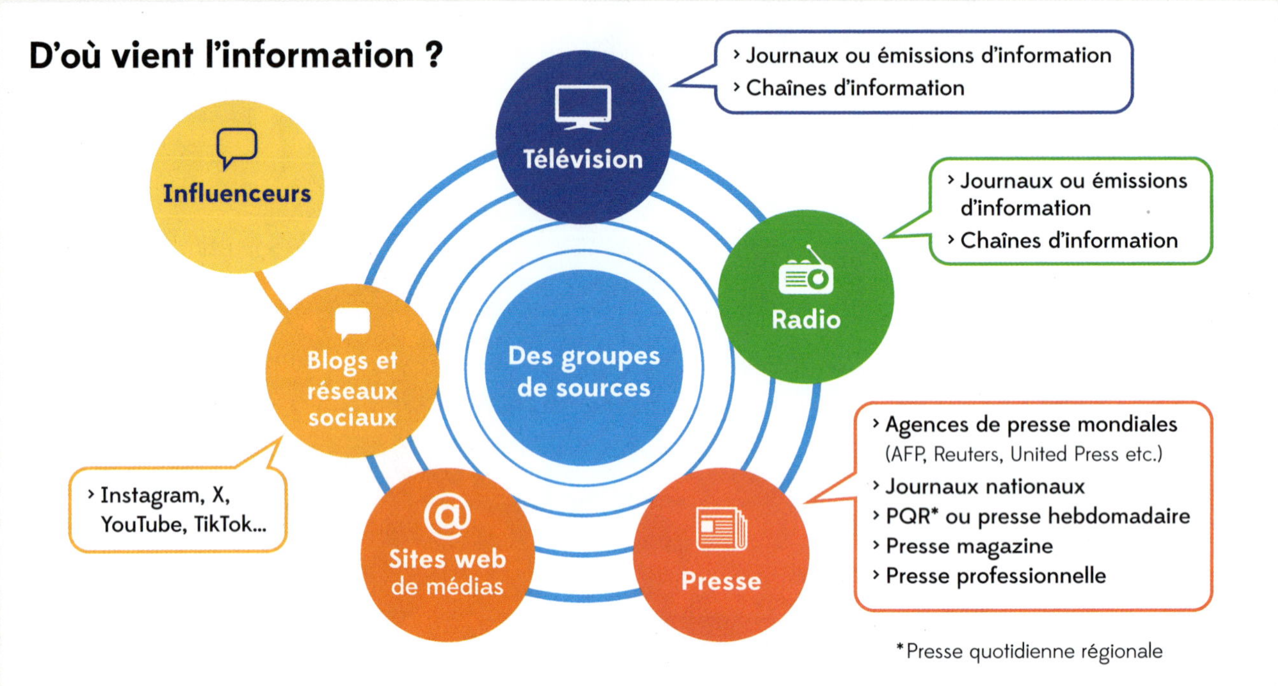

2 S'informer en France : des évolutions rapides depuis 10 ans

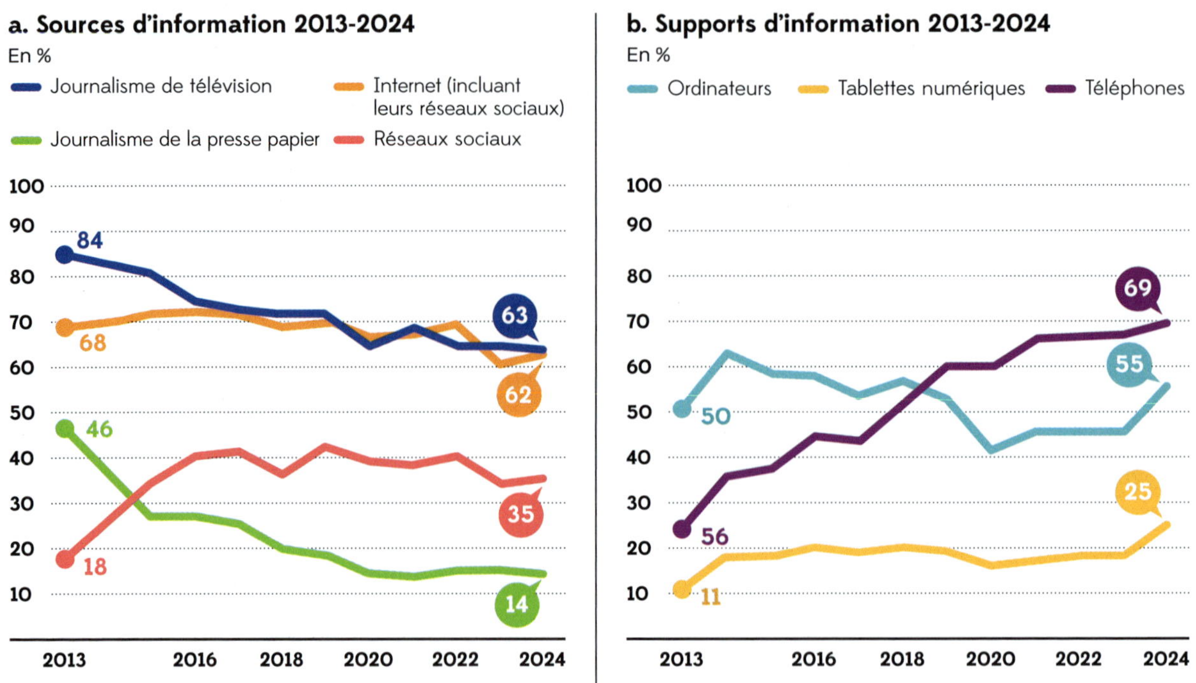

Source : Reuters Institute, Digital News Report, 2024.

3 Les différents supports de diffusion de l'information

a

b

c

d

e

f

4 Les médias privilégiés des Français pour s'informer

- **JT : 35 %**
- **Chaînes d'info en continu : 18 %**
- **Radio : 8 %**
- **Réseaux sociaux : 6 %**
- **Émissions télé** (d'actu ou de divertissement) : **5 %**
- **Presse nationale en ligne : 5 %**
- **Débats d'actualité à la télé : 4 %**
- **Presse régionale papier : 4 %**
- **Presse régionale en ligne : 3 %**
- ***Pure players* : 2 %**
- **Autres sites internet : 2 %**
- **Influenceurs : 1 %**
- **Presse hebdo papier : 1 %**
- **Quotidien national papier : 1 %**
- **Autres : 5 %**

Source : rapport Digimind-Datamind, Tendances 2023-2024, Les chiffres essentiels pour comprendre les réseaux sociaux.

Mots-clés

« Bulle cognitive » ou « bulle de filtre » : concept désignant la manière dont les réseaux sociaux utilisent des algorithmes pour enfermer leurs utilisateurs dans des « bulles » de pensée en leur présentant en permanence des idées avec lesquelles ils sont d'accord.

5 L'information à l'heure du numérique et des réseaux sociaux

Le regard d'une historienne

Le numérique, Internet et, surtout, le Web 2.0 ont transformé l'information en une « expérience sociale ». On parle aujourd'hui d'une information devenue « horizontale ». En effet, il est dorénavant possible d'intervenir dans l'espace public pour donner des informations, des réactions, des opinions, des commentaires. On peut échanger, discuter avec des inconnus, qui peuvent s'adresser à vous depuis l'autre bout du monde. Information, communication, conversations se mélangent. Twitter, Facebook, Instagram, Youtube... autant de moyens pour tout internaute de constituer son propre « média », ses propres sources d'information, en choisissant ses informateurs, dont, dans l'univers du Web, on est « l'ami » ou le « follower », l'« abonné ». Chacun a désormais la possibilité de vous informer et de s'informer auprès d'individus et dans des groupes d'interconnaissance, en qui il a confiance et de communiquer à l'intérieur de bulles cognitives le protégeant des informations dérangeantes...

Isabelle Veyrat-Masson, « S'informer. Les médias, hier et aujourd'hui », *Documentation photographique*, n° 8144, décembre 2021.

Faire le point

1. Parmi ces sources d'information, lesquelles dépendent directement du métier de journaliste et lesquelles s'en éloignent ? doc. 1 et 2

2. Quelles évolutions sont en cours concernant les sources d'information et les supports de l'information ? doc. 2

3. Parmi ces médias, lesquels privilégiez-vous au quotidien ? doc. 3 et 4

4. Que changent le numérique et les réseaux sociaux en matière d'information ? doc. 5

Comment s'informe-t-on aujourd'hui ?

Toutes les ressources
lycee.nathan.fr/25hggsp1re_292

B Des pratiques différenciées selon les territoires, les âges ou les groupes sociaux

1 Réseaux sociaux et accès à l'information dans le monde

Part des internautes utilisant les réseaux sociaux comme source d'information* (2023)

En %

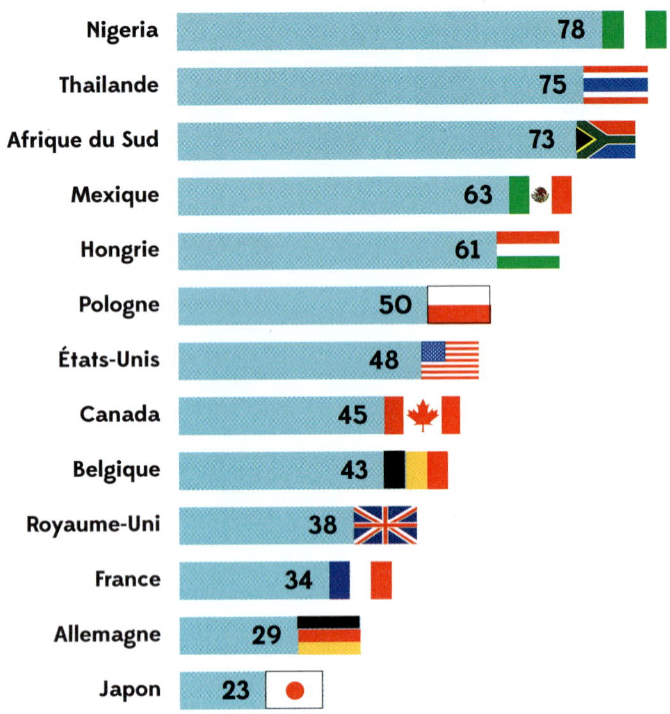

* Dans une sélection de pays. Base : environ 2 000 répondants par pays.

Source : Reuters Digital News Report, *2023.*

2 Quand le gouvernement du Nigeria censurait Twitter

État non démocratique, le Nigeria décide de suspendre Twitter en juin 2021, ce qui soulève une vague d'indignation dans le pays et au-delà.

Plus de 120 millions de Nigérians ont aujourd'hui accès à internet, et près de 20 % d'entre eux, soit 40 millions de personnes, disent avoir un compte Twitter, selon le cabinet d'étude statistique basé à Lagos, NOI Polls. Ce chiffre extrêmement élevé s'explique notamment par sa population nombreuse et jeune, mais aussi par le poids de sa diaspora, aux États-Unis notamment, ou par la notoriété mondiale des stars nigérianes du cinéma ou de la musique afropop [...] Mais les études révèlent également que Twitter, contrairement à d'autres réseaux sociaux, est en grande majorité utilisé au Nigeria pour « donner une voix aux sans-voix », ou encore « interpeller le gouvernement sur ce qui ne va pas dans le pays », selon NOI Polls. « Twitter est, au Nigeria et de plus en plus sur le continent, un moyen pour les sociétés civiles de s'exprimer, de se mobiliser, d'alerter l'opinion publique internationale », souligne Manon Fouriscot, experte de l'usage des réseaux sociaux en Afrique. En octobre dernier, le mouvement #EndSARS contre les violences de l'unité de police SARS, qui s'était transformé en mouvement de la jeunesse contre le pouvoir en place, avait d'abord explosé sur Twitter avant de descendre dans la rue.

SudOuest.fr avec *AFP*, 2021.

lycee.nathan.fr/25hggsp1re_292-1

3 S'informer en Inde aujourd'hui

« Journée mondiale de la liberté de la presse : le droit d'informer attaqué en Inde », *France 24*, 3 mai 2024.

4 L'illectronisme, un enjeu pour l'accès à l'information

Carte interactive

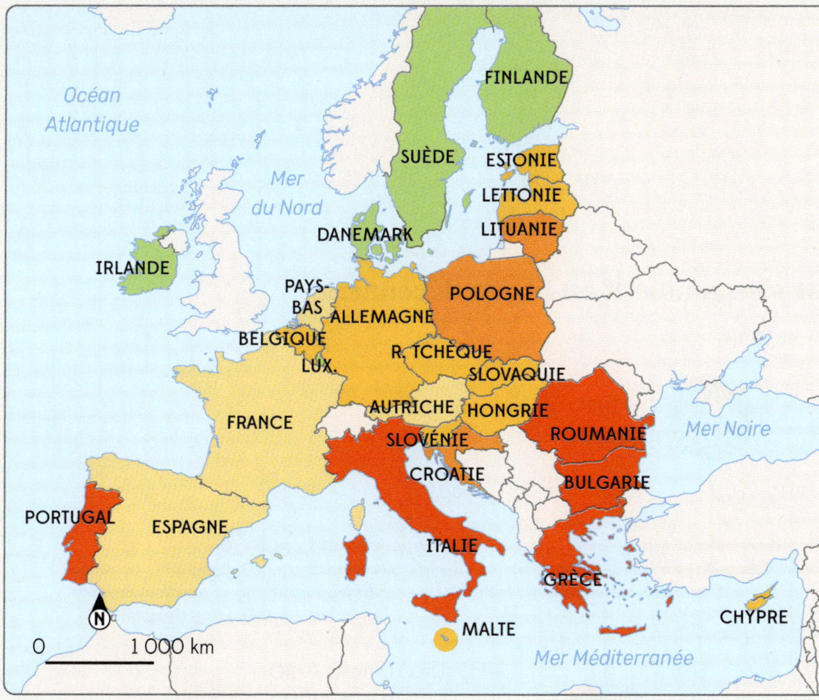

Part des personnes en situation d'illectronisme dans les pays de l'UE

- Moins de 5 %
- De 5 à 9,9 %
- De 10 à 14,9 %
- De 15 à 19,9 %
- 20 % et plus

Source : Insee, 2023.

5 Un accès à l'information différencié selon l'âge, l'exemple de la France

Parmi ces médias, quel est celui que vous privilégiez pour être informé au quotidien (en %). **Top 3 de réponses les plus citées :**

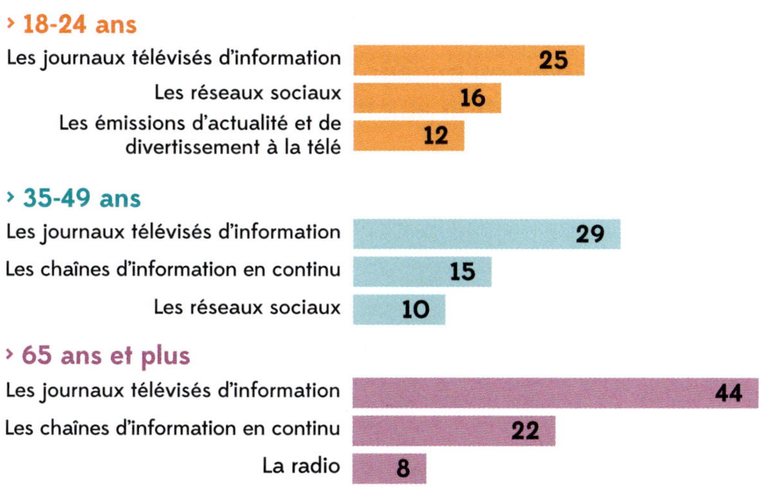

Source : Étude Kantar Public pour La Croix, novembre 2023.

Mot-clé

Illectronisme : difficulté ou incapacité à utiliser les appareils et les outils informatiques en raison d'un manque ou d'une absence totale de connaissances à propos de leur fonctionnement.

6 La fracture numérique en France

9 % des Français n'ont pas (ou difficilement) accès à internet ;
12 % des Français possèdent un équipement obsolète pour bien fonctionner (2022).

1 Français sur 2 éprouve au moins un frein à l'utilisation des outils numériques en 2022, contre seulement un tiers en 2020.

C'est le cas pour **62 %** des non-diplômés ; pour **55 %** des 70 ans et plus.

Sources : Emmaüs Connect, Rapport d'activité 2023, *INSEE*, Enquête TIC ménages 2021 ; L'Atlas des inégalités, *Le Monde-La Vie*, 2023.

Faire le point

1. **Relevez le rôle ambivalent que jouent les réseaux sociaux dans la vie politique au Nigeria.** doc. 1 et 2
2. **Pourquoi peut-on parler d'une guerre des médias en Inde ?** doc. 3
3. **Décrivez cette carte et proposez des éléments d'explication à vos observations.** doc. 4
4. **Quels facteurs entrent en compte pour expliquer les habitudes et les inégalités dans l'accès à l'information ?** doc. 5 et 6

S'informer aujourd'hui

Toutes les ressources
lycee.nathan.fr/**25hggsp1re_294**

1 Des médias qui se diversifient et s'accumulent au fil des décennies

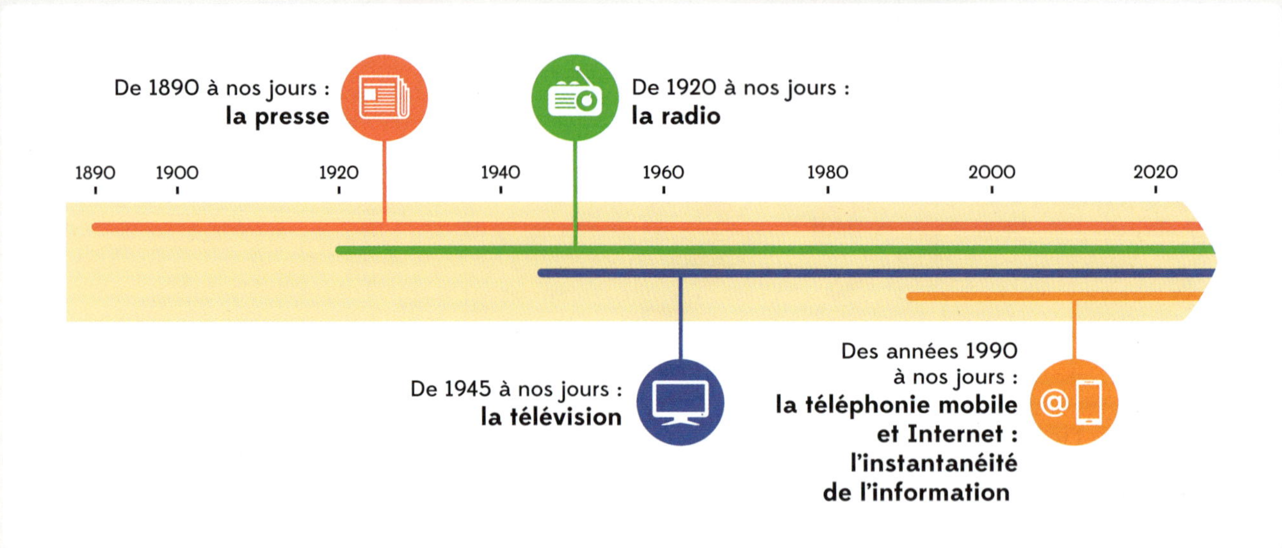

2 Le poids de Google dans l'accès à l'information

Illustration de l'article « Médias : l'AFP et Google trouvent un accord sur les droits voisins », janvier 2022. L'AFP a signé avec Google un accord sur les droits voisins, ceux-ci permettent aux médias d'être rémunérés pour l'utilisation numérique de leurs contenus. Si le syndicat SNJ-CGT y voit une avancée contre la précarité du secteur, rien ne garantit que ces revenus bénéficieront aux journalistes et autres producteurs d'information.

Dessin de Babouse, 2022.

3 Un enjeu majeur : l'éducation aux médias

L'information circule de manière plus horizontale, s'affranchissant des professionnels des médias, pour partager, relayer, commenter l'actualité, avec parfois des risques de désinformation et de création de bulles informationnelles.

[...] L'apprentissage de l'informatique, pour mieux comprendre la circulation de l'information dans les réseaux, grâce à des paquets codés en mode binaire, la connaissance du fonctionnement des algorithmes ou la protection des données sont des enjeux de sensibilisation importants. Les fausses informations en ligne, les biais algorithmiques, ou encore les progrès de l'intelligence artificielle et l'apparition des *deep fakes* (vidéos hyperréalistes qui sont en réalité des montages), sont de nouveaux défis pour qui veut limiter les inégalités d'accès à l'information, qui ne se jouent pas qu'en termes d'équipements mais aussi d'éducation aux pratiques journalistiques, au numérique et aux médias.

Isabelle Veyrat-Masson, « S'informer. Les médias, hier et aujourd'hui », *Documentation photographique*, n° 8144, décembre 2021.

4 La presse muselée dans le monde

Carte interactive

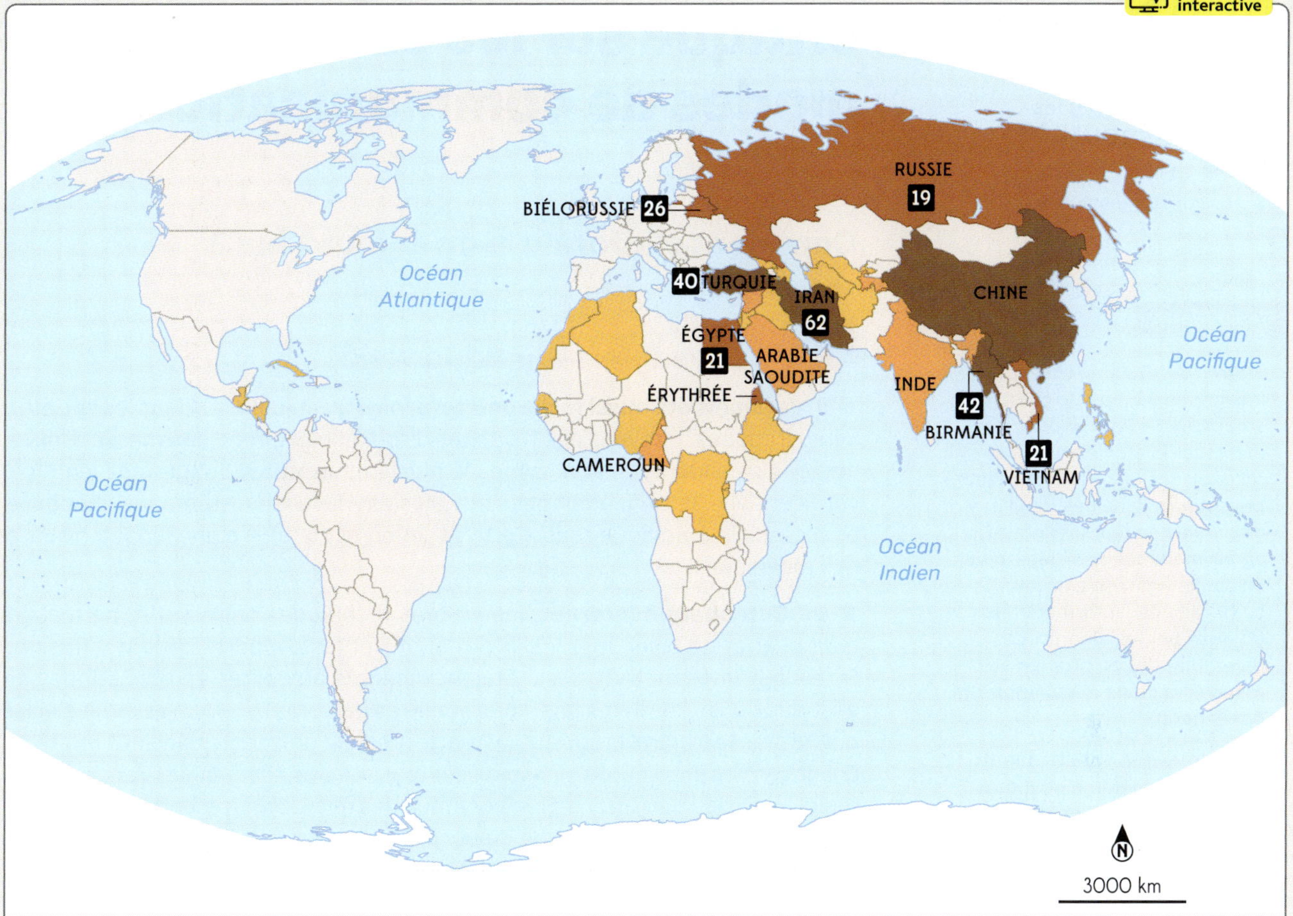

Pays qui emprisonnent le plus de journalistes

Nombre de journalistes emprisonnées en raison de leur travail (en décembre 2022)

- Plus de 30
- 15 à 30
- 5 à 14
- 1 à 4

Source : Committee to Protect Journalists (CPJ), 2023.

5 Le danger des *fake news*

Une du hors-série de *Courrier international*, n° 63, 2017.

Mot-clé du thème

***Infox* (ou *fake news*)** : information manipulée ou créée de toutes pièces, généralement avec un objectif de nuisance.

INTRODUCTION
Cours

Toutes les ressources

lycee.nathan.fr/**25hggsp1re_296**

S'informer : un regard critique sur les sources et modes de communication

Comment s'informe-t-on aujourd'hui ?

I Un paysage médiatique varié

- **Il n'a jamais été aussi facile de s'informer** qu'aujourd'hui dans les sociétés démocratiques. Citoyens et citoyennes disposent en effet d'une masse d'informations considérable, accessible via plusieurs **médias**. Longtemps lente ou confidentielle, la circulation des nouvelles est devenue instantanée, mondiale et accessible à presque tous. Cette situation est le fruit d'une longue histoire des techniques.

- **De Gutenberg à internet,** les progrès techniques ont en effet permis de multiplier et de diversifier les informations et les supports de leur diffusion. Si les imprimés du XVIe siècle étaient réservés aux élites ecclésiastiques et aristocratiques, les livres imprimés et autres gazettes des XVIIe et XVIIIe siècle, puis la presse à grand tirage du XIXe siècle produite grâce aux machines rotatives ont gagné des populations alphabétisées toujours plus nombreuses. Au XXe siècle, radio, télévision puis Internet ont constitué des révolutions techniques majeures accompagnant le processus de démocratisation des sociétés occidentales.

- **Au tournant du XXIe siècle,** les médias se sont multipliés et diversifié dans leurs formats : textes, images, sons, vidéos, contenus interactifs... un système complexe s'est mis en place, dans lequel chacun peut non seulement consommer, mais également commenter, partager ou même produire des informations. Cette nouvelle donne bouleverse les rapports traditionnels entre émetteurs et récepteurs de l'information, transformant le citoyen de simple consommateur en véritable acteur médiatique.

II De multiples inégalités dans l'accès à l'information

- **Malgré l'apparente universalité du numérique,** l'accès à l'information reste profondément inégalitaire. À l'échelle du monde, les héritages historiques et les systèmes politiques déterminent largement les conditions d'accès à l'information. Ainsi, les régimes autoritaires ou dictatoriaux comme la Chine ou la Corée du Nord contrôlent, limitent ou censurent l'information pour manipuler ou orienter l'**opinion publique**.

- **Au contraire, les démocraties conçoivent internet et les réseaux sociaux comme des espaces de liberté** propices à la multiplication des informations, nécessaires pour forger les opinions de citoyens éclairés. À bien des égards, on peut considérer qu'il n'y a pas de démocratie sans information libre et accessible au plus grand nombre.

- **L'accès à l'information, à l'heure du multimédia et du numérique,** implique de la part des utilisateurs des compétences techniques qui sont loin d'être maîtrisées par tous, y compris dans les démocraties. Selon leur âge, leur condition ou leur catégorie socioprofessionnelle, de nombreuses personnes éprouvent des difficultés à s'informer correctement et à jouir pleinement de la **société de l'information**. Illectronisme et **fracture numérique** constituent des enjeux sociaux et démocratiques majeurs, à toutes les échelles.

Vocabulaire

« Bulle de filtre » : concept inventé en 2011 par le chercheur américain Eli Pariser pour expliquer la manière dont les réseaux sociaux enferment leurs utilisateurs dans des « bulles » de pensée en leur présentant en permanence des idées avec lesquelles ils sont d'accord.
Le filtrage de l'information est favorisé par les algorithmes de recommandation propres aux réseaux sociaux et aux moteurs de recherche.

Désinformation : fait pour un média ou un régime politique de manipuler l'information afin d'influencer l'opinion publique.

Fracture numérique : inégalités dans l'usage et l'accès aux technologies de l'information et de la communication (TIC).

Réseaux sociaux : ensemble des applications numériques (sites internet, applications mobiles) permettant aux individus se retrouvant en communautés de partager et de commenter des informations.

Dates clés

1789 : l'article 11 de la DDHC définit la libre communication des pensées et des opinions comme « l'un des droits les plus précieux de l'homme »

1881 (29 juillet) : promulgation de la loi sur la liberté de la presse

1949 (juin) : premier journal télévisé quotidien en France

1981-82 : lois sur la radio et la télévision libres

1994 : début de l'usage grand public d'Internet

2004 : création du réseau social Facebook

2022 : adoption de 2 règlements européens visant à mieux réguler les géants du numérique en Europe

III S'informer à l'heure d'internet et des réseaux sociaux

• **Internet et les réseaux sociaux modifient en profondeur** les modèles de production médiatique traditionnels. L'information n'est plus un produit fini, mais un processus collaboratif élaboré en flux continu. La presse d'information, dont le modèle est menacé, tente de s'adapter à ce nouvel environnement en développant des sites associés (comme le font *Le Monde, Le Figaro* ou *Libération*), parfois même en basculant entièrement sur internet pour élargir et rajeunir son lectorat. La force de ces médias est de proposer une information fiable reposant sur des sources vérifiées, recoupées, critiquées. C'est le métier même de journaliste qui est mis en cause à l'heure où se multiplient les sites d'information douteux, les blogs et les échanges de fausses informations.

• **Désinformation et *fake news* prolifèrent sur les réseaux sociaux,** tout comme les **« bulles de filtre »**. La vitesse de propagation des rumeurs s'accélère, créant des situations où l'émotion et l'instantanéité l'emportent sur l'exposition et l'analyse raisonnable de l'information. Se posent également les problèmes de la régulation de l'information et du contrôle des GAFAM qui, en raison du grand nombre de leurs utilisateurs, exercent une influence grandissante sur l'information et sur le fonctionnement des démocraties : la campagne présidentielle aux États-Unis en 2024 ne peut être envisagée indépendamment des relations nouées entre le candidat victorieux Donald Trump et son premier soutien, Elon Musk, dirigeant du réseau social X (anciennement Twitter).

• **Ce nouvel environnement rend donc nécessaire** l'apprentissage et l'exercice de l'esprit critique de la part de citoyens libres, en mesure de repérer les fausses informations et d'éviter les manipulations. L'accompagnement ou l'éducation au numérique méritent d'être développées pour permettre l'exercice d'une citoyenneté entière et éclairée, capable de comprendre les enjeux du monde contemporain.

Notions

***Fake news* ou fausses nouvelles** : informations mensongères qui se multiplient sur Internet et les réseaux sociaux.

Média : moyen de diffusion ou de communication de documents, de messages et d'informations.

Opinion publique : ensemble des convictions, des jugements et des valeurs d'une société à une époque donnée.

S'informer : action de chercher des éléments de connaissance et de compréhension au moyen de supports techniques (médias et réseaux sociaux).

Société de l'information : l'expression désigne un état de la société dans lequel les technologies de l'information et de la communication jouent un rôle fondamental.

Comment s'informe-t-on aujourd'hui ?

Un paysage médiatique varié

- Des **médias** nombreux et variés : presse, radio, TV, internet et réseaux sociaux
- Une longue histoire des progrès techniques, de Gutenberg à internet
- Des contenus interactifs : le citoyen acteur médiatique

De multiples inégalités dans l'accès à l'information

- Inégalités liées au régime politique
- Régimes autoritaires et dictatoriaux : contrôle de l'information et de l'**opinion publique**
- Régies démocratiques : liberté d'information
- Inégalités liées à l'âge ou à la CSP : enjeu de l'illectronisme et de la **fracture numérique**
- Une **société de l'information** à consolider sans cesse

S'informer à l'heure d'internet et des réseaux sociaux

- Les médias traditionnels (presse, radio) prennent le tournant du numérique
- Essor des réseaux sociaux
- Des risques nombreux : ***fake news*, désinformation, « bulles de filtre »**
- L'enjeu de l'éducation au numérique

AXE 1

Les grandes révolutions techniques de l'information

L'information peut être abordée sous un angle historique et technique. L'approche chronologique permet d'étudier successivement trois moments clés correspondant à trois modes de production, de diffusion et de réception de l'information : l'imprimerie, support de l'information écrite, la radio et la télévision, centrées sur le son et sur l'image, et le réseau internet, vecteur d'une information mondialisée et individualisée.

Grâce à cette série d'innovations techniques qui s'accélèrent au XXe siècle, l'information est désormais accessible presque partout et en temps réel, transformant le monde en un « village planétaire ».

SOMMAIRE

Une information plurimédiatique et multisupport

Claudia Sheinbaum, première femme élue présidente du Mexique, effectue un déplacement à Monterrey le 14 juin 2024, quelques jours après sa victoire.

JALON 1

Cours

Toutes les ressources
lycee.nathan.fr/**25hggsp1re_300**

Les grandes révolutions de l'information, de l'invention de l'imprimerie à l'Encyclopédie

Les grandes révolutions de l'information : comment l'imprimerie transforme-t-elle la circulation du savoir ?

I L'information au Moyen Âge

A Une production de livres longtemps limitée

- **Au Moyen Âge, les livres prennent la forme de parchemins manuscrits.** Dans les monastères, les moines copistes recopient à la main des textes religieux et des œuvres de l'Antiquité. Même s'ils s'efforcent de retranscrire fidèlement la version originale, il leur arrive de faire des erreurs ou d'insérer des commentaires personnels.

- **Ces livres sont réservés à un public fortuné.** Ils répondent le plus souvent à la commande d'un particulier. En raison du temps de fabrication (4 mois pour un livre), de la qualité de la reliure et de la présence d'**enluminures**, les coûts de production sont très élevés. L'accès au savoir est alors un privilège social.

B Une demande en hausse

- **L'information passe par deux canaux :** un canal écrit officiel (échange de lettres) et un canal oral plus informel, parfois proche de la rumeur (récits des **colporteurs**). Dans les deux cas, la transmission est freinée par les conditions matérielles de circulation. La fabrication de livres se développe avec l'essor des villes. Une nouvelle clientèle de bourgeois, juristes ou étudiants demande la publication de textes de droit ou d'histoire.

- **Avec le renforcement des États, les échanges de nouvelles prennent de l'ampleur.** Les souverains sont à la fois les destinataires et les destinateurs de l'information. En 1477, Louis XI crée la poste royale pour mieux contrôler le royaume : Paris est reliée aux provinces par un réseau de relais de poste.

Vocabulaire

Caractères mobiles : pièces de métal réutilisables sur lesquelles sont gravées les lettres de l'alphabet et qui sont assemblées pour composer des textes.

Colporteur : vendeur ambulant qui transporte sa marchandise de village en village et diffuse des informations.

Enluminure : peinture ou dessin réalisé à la main pour illustrer un texte.

Gazette : périodique imprimé consacré à l'actualité.

Presse à vis : dispositif permettant d'imprimer des textes et des illustrations sur du papier en exerçant une forte pression sur la feuille.

Profane : qui n'est pas lié à la religion.

II La révolution de l'imprimé

A La diffusion accrue de l'information

- **Vers 1450, Gutenberg invente l'imprimerie moderne.** La technique de l'impression est maîtrisée par les Chinois dès le VIIIe siècle et les **caractères mobiles** sont utilisés par les Coréens au XIIIe siècle. Mais l'imprimeur de Mayence est le premier à combiner une presse à vis et des caractères mobiles en métal. Ceux-ci permettent de rendre les textes plus lisibles, de réduire le coût et le temps de production et donc d'accroître la diffusion de l'information.

- **L'imprimerie se développe rapidement en Europe.** Vers 1500, le continent compte entre 240 et 270 ateliers d'imprimeurs. Durant les mille ans du Moyen Âge, seuls quelques milliers d'ouvrages ont été imprimés. Entre 1455 et 1500, 12 millions sont imprimés dans une Europe peuplée d'environ 100 millions d'habitants, dont seulement 2 ou 3 millions savent lire. Cette circulation des connaissances est au cœur du projet des **humanistes**. La colonisation européenne permet aussi d'exporter l'imprimerie sur les autres continents : à Mexico en 1539, à Goa en 1556, à Lima en 1583, à Manille en 1593.

Nature des livres imprimés au début du XVIe siècle

En %

- Livres religieux
- Belles lettres (littérature gréco-latine et romans contemporains)

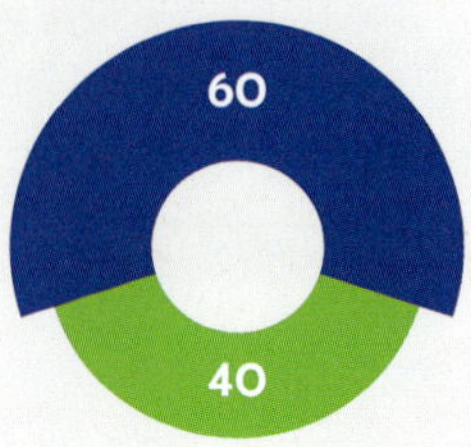

B La diversification de l'information

● **Les imprimeurs ne produisent plus seulement des œuvres religieuses en langue latine.** Ils publient également des livres **profanes** en **langue vernaculaire**. Cette diversification permet l'émergence de nouvelles perspectives et la remise en cause des récits dominants.

● **Les ateliers impriment aussi des textes d'information diffusés par les colporteurs.** Il peut s'agir d'« occasionnels », comptes rendus d'événements jugés importants, ou de « canards », qui relatent des faits divers étranges. Les souverains comprennent la nécessité de contrôler la publication d'informations.

C La naissance de l'information périodique

● **Dès le XVIe siècle, des « nouvelles à la main » circulent en France et en Italie.** Ces périodiques manuscrits présentent l'essentiel de l'actualité d'une ville ou d'une région. En 1605, à Strasbourg, l'imprimeur alsacien Johann Carolus imprime la toute première **gazette** et publie chaque semaine des informations politiques, diplomatiques et militaires. Il est imité en 1631 par Théophraste Renaudot qui lance la *Gazette de France*, premier journal français.

● **Le journalisme n'est pas encore né :** les nouvelles sont simplement transmises et ne font pas l'objet de commentaires. La modernisation du réseau routier européen permet à l'information de se diffuser plus largement.

III Vers une information universelle : le projet des Lumières

A Le contrôle de l'information sous l'Ancien Régime

● **En France, l'imprimerie est contrôlée par le pouvoir royal.** La censure est assurée par la direction de la Librairie, qui vérifie les manuscrits avant d'autoriser leur publication par les imprimeurs-libraires parisiens, seuls habilités à publier des livres inédits.

● **Il est toutefois possible de contourner ce système.** Les libraires de province ne respectent pas toujours le monopole parisien et publient des livres de contrefaçon. Surtout, les imprimeurs des pays frontaliers [à Bâle, Neuchâtel, Genève] sont spécialisés dans la production et la diffusion en France de livres interdits, politiques ou pornographiques.

B L'aventure de l'Encyclopédie

● **L'objectif est de faire la synthèse de tous les savoirs de l'époque.** Pour cela, il faut maîtriser aussi bien les sciences, révolutionnées au XVIIe siècle par Galilée et Newton, que la philosophie des **Lumières** ou les techniques. Diderot et d'Alembert collaborent avec 120 auteurs pour rédiger les 72 000 articles du *Dictionnaire raisonné des sciences, des arts et des métiers* (1751-1772).

● **Le projet est plébiscité par le grand public éclairé.** La publication, entravée par la censure royale en 1752 puis par la condamnation de l'Église en 1759, est néanmoins menée jusqu'au bout, parfois de manière clandestine. À la veille de la Révolution, 25 000 collections des 17 volumes de l'*Encyclopédie* ont été vendues dans toute l'Europe.

Notions

Humanisme : mouvement intellectuel qui naît en Italie au XIVe siècle, se diffuse en Europe au XVe siècle et atteint son apogée au XVIe siècle. Par le retour aux textes antiques, ce mouvement aspire à proposer un modèle de sagesse et à rénover l'éducation.

Lumières : mouvement intellectuel du XVIIIe siècle qui veut faire triompher la raison pour libérer l'individu et critique l'ordre social et politique au nom des droits naturels de l'être humain.

Fiches de lecture

Jean-Noël Jeanneney, *Les grandes heures de la presse. Des premières gazettes à Charlie Hebdo*, Flammarion, collection Champs Histoire, 2019.

Histoire de la presse française sur quatre siècles : portraits de journalistes et d'entrepreneurs qui ont façonné ce média jusqu'à nos jours.

Stéphane Haffemayer, « La géographie de l'information dans la Gazette de Renaudot de 1647 à 1663 », *in* H. Duranton et P. Rétat (dir.), *Gazettes et information politique sous l'Ancien Régime*, Classiques Garnier, 2023.

L'article aborde les questions qui touchent à la nature et au fonctionnement de l'information politique avant la Révolution française.

Pour aller + loin

« L'Encyclopédie : best-seller au 18e siècle », *L'Histoire nous le dira*, n° 53, 2019.
Entretien avec Benoît Melançon, professeur à l'Université de Montréal et Laurent Turcot, professeur en histoire à l'Université du Québec à Trois-Rivières, Canada.

***Imprimer ! L'Europe de Gutenberg*, exposition organisée par la BnF [visible en ligne], 2023.**
Exposition sur l'histoire de l'imprimerie à la BnF, présentant 3 pièces majeures : le Bois Protat, le Jikji coréen et la Bible de Gutenberg.

« L'aventure de l'imprimerie. Gutenberg, un homme de caractères », *Le Cours de l'histoire*, France Culture, 2023.
L'innovation de Gutenberg permet une diffusion massive des livres et révolutionne leur production.

JALON 1
Cours

L'essor de l'information au XIXe siècle

Toutes les ressources

lycee.nathan.fr/**25hggsp1re_302**

Pourquoi la diffusion de l'information s'accélère-t-elle encore au XIXe siècle ?

I Des révolutions techniques à l'origine d'une révolution de l'information

A La révolution industrielle : une révolution des transports et de la communication

- **L'utilisation de nouvelles sources d'énergie révolutionne le transport.** À la suite de la première **industrialisation**, le chemin de fer se développe. Les premières lignes ferroviaires transcontinentales sont ouvertes aux États-Unis en 1869 et en Russie en 1904. Les voies ferrées recouvrent progressivement l'ensemble de la planète : on passe de 35 000 km de voies en 1850 à plus d'un million en 1914. L'utilisation industrielle du pétrole (années 1850) et la mise au point du moteur à explosion (années 1880) permettent ensuite le développement de l'automobile et de l'aviation.

- **La maîtrise de l'électricité, sur laquelle repose la seconde industrialisation,** permet l'essor des **télécommunications.** La transmission d'informations à distance est facilitée par l'invention du **télégraphe électrique** puis du **téléphone**. La diffusion de ce dernier, principalement aux États-Unis, montre le rôle croissant du Nouveau Monde dans le domaine technologique. En 1901, la première transmission radio transatlantique est réalisée grâce à la mise au point de la **télégraphie sans fil (TSF)**. Dans le domaine de l'image, l'Américain Edison réalise les premiers films (1891), suivi de peu par les frères Lumière (1895).

B Une révolution de l'information

- **Ces progrès permettent de raccourcir les distances** et d'accélérer la diffusion de l'information à toutes les échelles. Si la mise au point du navire à vapeur a permis de diviser par trois le temps que met une information pour traverser l'Atlantique, l'utilisation du télégraphe permet de le diviser par dix. Les agences de presse, comme l'agence Havas fondée en France en 1835, utilisent ainsi le téléphone et le télégraphe afin de collecter et transmettre l'information plus rapidement. Les films que les frères Lumière tournent à l'étranger permettent aux Français de mieux connaître le monde. Ces bouleversements accroissent l'interconnexion entre les différents territoires de la planète et alimentent ainsi le processus de mondialisation.

- **La maîtrise de la communication est aussi un outil de pouvoir.** Si le Royaume-Uni domine le monde à la fin du XIXe siècle, c'est aussi parce qu'il contrôle l'information commerciale et financière grâce à un réseau télégraphique puis téléphonique intercontinental. Ce réseau relie par exemple Londres à Melbourne à partir de 1872. Cette domination des communications permet à la City londonienne de s'imposer comme la première place financière mondiale et aux entreprises britanniques de réagir plus vite que leurs concurrentes aux évolutions des marchés internationaux.

Principales innovations techniques dans les télécommunications

- 1792 Invention du télégraphe optique (Chappe)
- 1832 Invention du code Morse (Morse)
- 1851 1er câble sous-marin entre la France et l'Angleterre
- 1858 1er câble transatlantique entre l'Irlande et le Canada
- 1876 Invention du téléphone (Bell)
- 1895 Invention de la télégraphie sans fil (Marconi)
- 1901 1re transmission transatlantique sans fil

Vocabulaire

Linotype : machine permettant de composer une ligne de texte d'un seul tenant (le nom vient de l'anglais *line of type*, « ligne de caractères »).

Rotative : presse permettant d'imprimer en continu, au moyen de cylindres, en noir ou en couleur, et en utilisant du papier en rouleau.

Télécommunications : ensemble des procédés de transmission d'information à distance.

Télégraphe électrique : procédé qui utilise le code Morse (système de traits et de points) pour transmettre une information par l'intermédiaire d'un fil électrique.

Télégraphie sans fil (TSF) : procédé qui permet de transmettre des informations à distance en utilisant des ondes magnétiques.

Téléphone : procédé qui utilise les fils électriques pour transmettre un message vocal.

II La Belle Époque, âge d'or de la presse écrite

A La mécanisation de l'imprimerie

- **L'imprimerie entre dans l'ère industrielle de la production de masse** grâce à deux innovations. La **rotative**, mise au point dans les années 1860, remplace la presse traditionnelle. À partir des années 1880, la **linotype** facilite la composition des textes à imprimer, car il n'est plus nécessaire d'insérer les caractères mobiles un à un.

- **Ces progrès techniques révolutionnent l'édition.** Ils permettent de saisir et d'imprimer de grands volumes de texte dans des délais beaucoup plus courts. Ils rendent ainsi possible le développement de la presse quotidienne autour de 1900, grâce à une réactivité impossible auparavant.

B Un essor lié à des facteurs politiques et sociaux

- **La liberté de la presse se renforce.** Instituée en Angleterre dès 1695, elle se consolide au XIXe siècle avec la réduction de la taxe sur les journaux, qui empêchait une partie de la population d'y avoir accès. En France, théoriquement garantie depuis 1789 par l'article 11 de la Déclaration des droits de l'Homme et du Citoyen, la liberté de la presse est remise en cause pendant tout le XIXe siècle. Il faut attendre la IIIe République et la loi du 29 juillet 1881 pour qu'elle soit inscrite dans la loi : les journaux peuvent alors paraître librement, sans autorisation préalable.

- **Parallèlement, un large public de lecteurs se constitue.** Dès 1871, le taux d'alphabétisation de l'Empire allemand atteint 88 %. En Italie, il passe de 20 % à 50 % entre 1861 et 1901. En France, les lois de Jules Ferry sur l'instruction publique (1881-1882) parachèvent un mouvement commencé dès le début du XIXe siècle : à la veille de la Première Guerre mondiale, 95 % des Français savent lire et écrire.

C Le développement de l'opinion publique

- **Lire la presse devient une pratique quotidienne.** Les Français sont les plus grands lecteurs du monde : le tirage des journaux est multiplié par trois entre 1880 et 1914, 9 millions de journaux sont vendus chaque jour en 1913 et on dénombre 60 titres parisiens et 250 en province. Les ventes sont dominées par les grands quotidiens populaires, comme *Le Petit Journal*, journal le plus lu au monde dans les années 1890. Ces journaux cherchent à s'adapter aux attentes du lecteur en privilégiant les faits divers et les divertissements.

- **La presse se modernise profondément.** Les journaux adoptent une structure qui perdure (gros titres, éditorial, faits divers, publicité) et privilégient souvent les faits aux opinions. Les illustrations se multiplient et de nouveaux métiers apparaissent, comme celui de grand reporter. La presse devient un acteur majeur du débat public. Si les grands quotidiens populaires dominent, la presse d'opinion joue un rôle essentiel dans le débat démocratique, suscitant des inquiétudes quant aux liens entre groupes de presse, milieux d'affaires et monde politique.

Notion

Industrialisation : vague d'innovations techniques. On distingue une première industrialisation, commencée vers 1760 en Angleterre et centrée sur le charbon, et une seconde industrialisation, initiée à la fin du XIXe siècle et fondée sur le pétrole et l'électricité.

Fiches de lecture

Christian Delporte, « Popularité de la presse quotidienne (1890-1910) », *BnF*, 2022.

L'Âge d'or de la presse française – démocratisation, professionnalisation et innovations des grands quotidiens populaires – présenté par un historien spécialiste de la question.

Gilles Feyel, *La presse en France des origines à nos jours. Histoire politique et matérielle*, Ellipses, 3e éd., 2023.

Une histoire de la presse française : des gazettes aux médias numériques, en passant par l'âge d'or (1880-1930) et le déclin progressif depuis 1970.

Pour aller + loin

Soizic Donin, « La lecture au jour le jour : les quotidiens à l'âge d'or de la presse », *BnF*, 2013.
Présentation des principaux journaux de l'époque et de leur public, avec l'analyse de plusieurs unes.

***La linotype en action*, musée de l'Imprimerie et de la communication graphique, 2017.**
La Linotype (1886) a révolutionné l'imprimerie en automatisant la composition des textes par clavier et la fonte des caractères à la demande.

« Comment la presse a créé le fait divers », *France Culture*, 2023.
Un crime sordide, une histoire feuilletonnante, du suspense : si la presse s'est emparée du fait divers, c'est bien qu'il avait tout pour lui plaire, et ce dès le XIXe siècle.

La révolution de l'imprimerie

Toutes les ressources
lycee.nathan.fr/25hggsp1re_304

Vers 1450, à Mayence, dans le Saint Empire romain germanique, Johannes Gutenberg (1400-1468) utilise des caractères mobiles en métal et une presse à vis pour fabriquer le premier livre européen imprimé. Son invention se diffuse rapidement sur tout le continent et permet de faire exploser la production de livres.

Pourquoi parle-t-on d'une révolution de l'imprimé ?

1 La diffusion de l'imprimerie

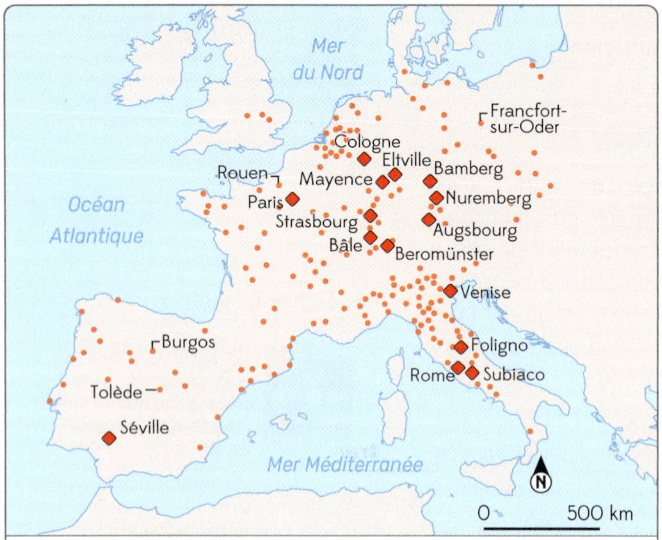

Centres d'imprimerie
- ◆ avant 1471
- • à la fin du XVe siècle

Source : H. Daussy, P. Gilli et M. Nassiet, *La Renaissance (vers 1470-vers 1560)*, Belin Sup, 2003.

→ **Comment l'imprimerie s'est-elle diffusée géographiquement dans la seconde moitié du XVe siècle ?**

2 Le plus ancien livre imprimé au monde

« Le Jikji », *Bibliothèque nationale de France*, 2023.

lycee.nathan.fr/25hggsp1re_304-1

→ **Quels sont les avantages des livres imprimés par rapport aux livres manuscrits ?**

3 Un atelier d'impression au XVIe siècle

« *Impressio Librorum* », *Recueil sur les métiers*, réalisé par le dessinateur Jan Van Der Straet (1523-1605) et l'imprimeur Philip Galle (1537-1612).

→ **Quelles sont les différences entre l'imprimerie coréenne et celle de Gutenberg ?**

4 L'Église face à l'imprimerie

Notre charge pastorale nous impose avant tout de veiller à ce que les initiatives de notre temps qui sont salutaires et louables soient en harmonie avec la foi catholique et conformes aux bonnes mœurs, et au contraire que celles qui s'avèrent pernicieuses, condamnables et impies soient extirpées dans leur racine. Ainsi l'imprimerie se présente comme une invention très profitable quand elle facilite la diffusion des livres utiles et approuvés par Nous-même. Elle serait au contraire très condamnable si l'on employait cette technique d'une façon perverse pour répandre partout des écrits pernicieux. Nous interdisons donc par les présentes lettres, en vertu de l'autorité apostolique[1], à tous les imprimeurs, à leurs aides et collaborateurs, soit qu'ils demeurent à Rome, soit dans les autres régions de l'Italie, de l'Allemagne, de la France, de l'Espagne, de l'Angleterre, de l'Écosse ou toute autre nation de la chrétienté, sous peine d'excommunication et d'une forte amende, et nous faisons défense d'imprimer à l'avenir aucun livre, traité ou écrit, quels qu'ils soient, sans en avoir au préalable demandé la permission audit maître du Sacré Palais à la curie romaine[2] et hors de Rome aux ordinaires des lieux[3], et sans avoir obtenu une autorisation spéciale et expresse qui leur sera délivrée gratuitement.

Pape Innocent VIII, Constitution *Inter multiplices*, 1487.

1. L'autorité du pape.
2. Théologien personnel du pape, chargé ici d'autoriser ou non la publication des livres imprimés.
3. Les évêques.

→ **Que redoute l'Église et comment tente-t-elle de s'y opposer ?**

5 L'introduction de l'imprimerie en France

Guillaume Fichet et Jean Heynlin, deux professeurs de théologie, ont installé dans l'Université de Paris, en 1469, la première imprimerie française.

Tu viens de m'envoyer les savoureuses lettres de Gasparino de Bergame[1]. Non seulement tu en as revu soigneusement le texte, mais il est nettement et correctement reproduit par les imprimeurs allemands[2]. L'auteur te doit de grands remerciements pour les longues veilles que tu as consacrées à rendre son livre parfait, de corrompu qu'il était auparavant. Mais tous les hommes savants doivent te remercier encore davantage, toi qui non seulement t'appliques à l'étude des lettres sacrées (comme t'y appellent tes fonctions), mais leur rends un signalé service en t'occupant de rétablir, dans leur pureté, les textes des auteurs latins. Sans parler de plusieurs autres grandes pertes subies par les lettres, les mauvais copistes ne sont-ils pas une des causes qui ont le plus contribué à les précipiter pour ainsi dire dans la barbarie ! Aussi quelle est ma joie de voir que tu as eu la bonne idée de chasser enfin ce véritable fléau de la ville de Paris ! Ces industries du livre que, de ton pays d'Allemagne, tu as fait venir en cette cité produisent des livres très corrects et conformes à la copie qui leur est livrée. Tu fais, du reste, la plus grande attention à ce qu'ils n'impriment rien sans que le texte n'ait été confronté avec tous les manuscrits que tu réunis et corriges plusieurs fois.

Lettre de Guillaume Fichet à Jean Heynlin, 1470.

1. Ce recueil de lettres de l'humaniste italien Gasparino Barzizza, premier livre imprimé en France, est un manuel de rhétorique.
2. Jean Heynlin a fait venir à Paris trois imprimeurs allemands.

→ **Quels sont les avantages des livres imprimés par rapport aux livres manuscrits ?**

Questions et activités

Parcours 1

1. Montrez les avantages de l'imprimerie européenne par rapport aux autres techniques de production. doc. 1, 2 et 3

2. Montrez que l'imprimerie se diffuse rapidement en Europe. doc. 3, 4 et 5

3. Expliquez pourquoi l'imprimerie a permis de diversifier le contenu des livres publiés. doc. 3 et 5

Synthèse. Pourquoi parle-t-on d'une révolution de l'imprimé ?

Parcours 2

Effectuer une recherche documentaire

Réalisez une recherche documentaire sur un imprimeur humaniste : Gutenberg, Alde Manuce, Charlotte Guillard, Claude Garamont, Johannes Froben, Dierik Martens, Jean Heynlin, Robert Estienne, la famille des Plantin.

La recherche doit permettre de montrer :
- Le rôle des éditeurs dans la diffusion des idées humanistes ;
- L'action des éditeurs pour élargir la diffusion du livre ;
- Les enjeux économiques du nouveau marché du livre.

La Belle Époque, « âge d'or » de la presse française

Toutes les ressources
lycee.nathan.fr/25hggsp1re_306

De la fin du XIXe siècle à la Première Guerre mondiale, la presse française connaît un essor remarquable lié à des facteurs techniques (évolution de l'imprimerie, développement des chemins de fer), sociaux (progrès de la scolarisation) et politiques (liberté de la presse).

Pourquoi parle-t-on d'un « âge d'or » de la presse française à la fin du XIXe siècle et au début du XXe siècle ?

1 La liberté de la presse

Art. 1 - L'imprimerie et la librairie sont libres. [...]

Art. 5 - Tout journal ou écrit périodique peut être publié, sans autorisation préalable et sans dépôt de cautionnement. [...]

Art. 27 - La publication ou reproduction de nouvelles fausses, de pièces fabriquées, falsifiées ou mensongères sera punie d'un mois à un an d'emprisonnement et d'une amende de cinquante francs à mille francs.

Loi du 29 juillet 1881 sur la liberté de la presse.

→ **Comment la loi de 1881 a-t-elle favorisé le développement de la presse française ?**

2 Une croissance spectaculaire

a. L'essor de la presse française à la Belle Époque

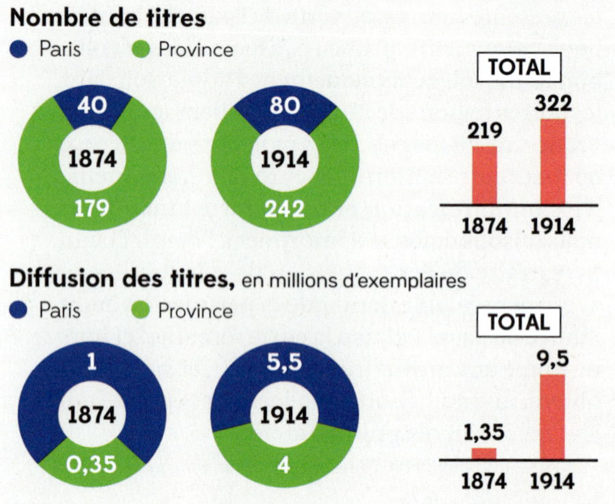

b. Les 10 premiers quotidiens parisiens (novembre 1910)

Titre	Nombre d'exemplaires*
*Le Petit Parisien**	1 400 000
*Le Petit Journal**	835 000
*Le Journal**	810 000
*Le Matin**	670 000
*La Croix**	140 000
*L'Écho de Paris**	120 000
*L'Éclair**	103 000
*L'Humanité**	72 000
*L'Intransigeant**	70 000
*La Petite République**	67 000

* Presse d'information * Presse d'opinion de droite
* Presse d'opinion de gauche
* À titre de comparaison, les trois quotidiens les plus diffusés en 2024 étaient *Ouest France* (591 000 exemplaires), *Le Monde* (529 000 exemplaires) et *Le Figaro* (366 000 exemplaires papiers).

Source : C. Bellanger, *Histoire générale de la presse française*, 1972.

→ **Comment peut-on mesurer le succès de la presse auprès de la population ?**

3 Les Français et la presse

Le journal est un des premiers instincts de l'adolescent, une des dernières curiosités du vieillard. Il popularise les découvertes, il propage des connaissances utiles, il fait de chacun de nous un véritable fils du siècle. Par les images, il s'empare de l'enfant ; par le roman, de la femme ; par la philosophie, le souci des affaires publiques, de l'homme. S'il n'agit pas par les dissertations, il agit par les faits divers. Il prophétise ou il amuse. Son action est troublante ou réparatrice, impulsive de petites ou grandes idées, mais continue, de chaque heure, de chaque minute. C'est, pour les trois quarts des Français, un guide, un instructeur, un éducateur, un Mentor de tous les instants, un directeur de conscience : c'est, pour l'autre quart, une distraction qui s'impose, un superflu plus nécessaire à la vie que le chemin de fer ou le télégraphe, aussi indispensable que le pain quotidien.

Eugène Dubief, *Le Journalisme*, 1892.

→ **Quel est le public visé par les journaux français ?**

Affiche publicitaire de 1910 réalisée par Daniel de Losques (1880-1915).

EXCELSIOR

Journal Illustré Quotidien

Informations - Littérature - Sciences - Arts - Sports - Théâtres - Élégances

Troubles au Mexique

Mutinerie au Brésil

LE PRÉSIDENT PORFIRIO DIAZ ET LE PRÉSIDENT TAFT

EXERCICES DE TIR A BORD DU "MINAS GERAES"

LE PALAIS DU GOUVERNEMENT A MEXICO

LE "MINAS GERAES" EN PLEINE MARCHE

L'ARMÉE MEXICAINE DEVANT LE PALAIS NATIONAL

LES CUIRASSÉS EMBOSSÉS DANS LA RADE DE RIO

Une du journal *Excelsior*, 26 novembre 1910.

4 La révolution *Excelsior*

Fondé en 1910 par Pierre Lafitte, l'*Excelsior* est un journal quotidien qui reprend le modèle des hebdomadaires illustrés et propose une trentaine de photographies par numéro.

→ **Comment ce journal tente-t-il d'attirer lectrices et lecteurs ?**

5 Les mutations de la presse française

Le regard d'un historien

Dans les années 1880, la presse quotidienne reste dominée par les titres politiques, classiques sur le fond mais bénéficiant de la toute nouvelle liberté républicaine (tels *La Lanterne* ou *La Petite République*). Or, tout change brusquement dans les deux ou trois décennies qui suivent. Les tirages du *Petit Parisien* et du *Matin* s'envolent, rejoints même, en 1892, par ceux d'un nouveau quotidien, *Le Journal*. [...] On attire le chaland avec des titres spectaculaires que hurlent les vendeurs de rue ou en publiant en une – comme *Le Petit Parisien*, à partir de 1903 – les premières photographies d'actualité. [...] On ne saurait attribuer à un unique facteur l'apparente brutalité de la mutation. Un faisceau d'explications l'éclaire : avec les progrès de l'instruction, la presse de l'âge du suffrage universel dispose d'un marché consolidé qui s'offre bientôt à ses appétits ; le développement du chemin de fer – notamment la construction d'un réseau secondaire – favorise la conquête de la province ; l'essor de la presse quotidienne s'appuie sur un réseau humain de diffusion qui permet de toucher les gares (librairies Hachette) comme les plus petites villes. Surtout, la presse s'adapte à la demande, celle de l'actualité immédiate, de l'information variée et attractive, nourrie de nouvelles et de récits, portée par les nouveaux genres dominants, petit et grand reportage, enquêtes et interviews, qui bouleversent la conception même du journalisme.

Christian Delporte, « 1901-1944. Un parfum d'âge d'or... », *La Presse à la une*, expositions.bnf.fr, 2014.

→ **Quels facteurs expliquent l'essor de la presse française ?**

Questions et activités

Parcours 1

1. Identifiez les facteurs à l'origine du développement de la presse française. doc. 1, 3, 4 et 5

2. Montrez que la presse connaît un réel succès auprès de l'ensemble de la population. doc. 2 à 5

Synthèse. Pourquoi parle-t-on d'un « âge d'or » de la presse française à la fin du XIXe siècle et au début du XXe siècle ?

Parcours 2

Réaliser un exposé

Préparez un exposé accompagné d'un diaporama sur les principaux quotidiens français de l'époque.

• Choisissez un quotidien dans la liste suivante : *Le Petit Parisien, Le Petit Journal, Le Journal, Le Matin.*

• Au cours de votre exposé, vous devrez :
- Présenter le quotidien choisi : lectorat, diffusion...
- Analyser sa stratégie éditoriale à travers l'étude de 5 unes choisies sur le site de Gallica (BnF).

JALON 2
Cours

Toutes les ressources
lycee.nathan.fr/25hggsp1re_308

Les grandes révolutions de la communication, de la radio à internet

Comment l'information s'est-elle accélérée et massifiée au XXe siècle ?

Vocabulaire

Censure : atteinte à la liberté d'expression pouvant émaner d'une autorité politique ou religieuse.

Média : moyen de diffusion ou de communication de documents, de messages et d'informations.

Transistor : petit composant électronique équipant les récepteurs radio et permettant une alimentation par piles. Désigne à partir de 1956 les postes de radio portables qui en sont équipés.

Web 2.0 (ou web collaboratif) : réseau qui permet une interaction entre l'internaute, les sites et les autres internautes.

Notions

Média de masse : média qui, diffusé de manière industrielle et facilement accessible, touche un très large public. En France : la presse dès la fin du XIXe siècle, la radio à partir des années 1930, la télévision à partir des années 1960 et internet depuis les années 1990.

Opinion publique : ensemble des jugements, valeurs, préjugés et croyances, partagés par une large partie de la population.

I La radio : une révolution sonore

A Un nouveau média qui concurrence la presse écrite

- **La radio apparaît au début du XXe siècle** avec la technique de la télégraphie sans fil, initialement utilisée à des fins militaires pendant la Première Guerre mondiale. Elle se répand dans ses usages civils en Europe et aux États-Unis durant les années 1920, transformant radicalement les modes de communication et d'information, en permettant une diffusion instantanée et massive des nouvelles.

- **Les premiers programmes radiophoniques réguliers sont diffusés aux États-Unis dès 1920.** En France, en Italie et en Grande-Bretagne, les premières stations de radio publiques voient le jour, avec des modalités de contrôle étatique variables. Le monopole de l'État est rapidement contesté par des stations privées, créant un nouvel équilibre médiatique où coexistent secteurs public et privé, et où la publicité joue un rôle croissant dans le financement des émissions.

B L'âge d'or de la radio

- **En Occident, la radio se développe rapidement dès les années 1930**, avec des émissions quotidiennes variées qui rythment la vie des auditeurs. L'invention du **transistor** en 1954 marque une étape décisive, permettant le développement de radios portatives et individuelles. À la veille de la Seconde Guerre mondiale, 5 millions de Français, 9 millions d'Anglais et 13 millions d'Allemands possèdent un poste, faisant de la radio un **média de masse** qui transforme l'expérience collective de l'information.

- **Pendant la Seconde Guerre mondiale**, la radio devient un moyen d'information essentiel et un outil de résistance. Dans les États où la liberté de la presse est supprimée, les radios clandestines permettent d'obtenir ou de diffuser une information échappant à la **censure**, jouant un rôle crucial dans la circulation des nouvelles et le maintien du moral des populations. Cette période confirme le pouvoir politique et social de la radio.

II La télévision : la révolution de l'image

A Les débuts d'un nouveau média

- **Dès la fin des années 1930**, de grands événements sont retransmis à la télévision, comme les Jeux olympiques de 1936 à Berlin ou le couronnement de George VI en 1937 à Londres. Le public est alors très restreint, mais ces retransmissions révèlent les possibilités extraordinaires de ce nouveau média qui va bouleverser la perception de l'information, en rendant les événements mondiaux immédiatement accessibles.

- **Freiné par la guerre, le véritable essor de la télévision intervient après 1945.** Elle se diffuse rapidement aux États-Unis et en Grande-Bretagne, plus tardivement dans le reste de l'Europe. Alors que 20 000 récepteurs fonctionnent dans la région londonienne en 1939, la France n'en compte que 300, ce qui illustre les inégalités initiales de développement technologique et les différences de politique médiatique entre pays.

B Un média dominant et politique

- **À partir des années 1960**, la télévision devient une source d'information dominante et influente sur l'**opinion publique**. Elle cohabite avec la radio et devient un outil de communication politique majeur, comme le montre le débat télévisé américain entre Kennedy et Nixon en 1960 ou l'usage qu'en fait le général de Gaulle, transformant les pratiques démocratiques et la manière de faire campagne.

- **La diffusion des grands événements permet son essor fulgurant.** En 1953, pour le couronnement de la reine Elisabeth II, la télévision dépasse pour la première fois la radio en audience. Des moments comme le 11 septembre 2001 illustrent sa capacité à rassembler les regards du monde entier, faisant de la télévision un média global capable de créer une expérience collective instantanée et partagée.

III Internet : la révolution numérique

A Un nouveau média singulier et interactif

- **Apparu dans les années 1990**, internet est le média qui connaît la plus forte croissance de l'histoire des communications. Initialement réseau de centres de recherche universitaires américains, il se densifie progressivement et s'ouvre au grand public nord-américain et européen, bouleversant l'équilibre des médias, avec près de 70 % d'internautes dans le monde aujourd'hui, contre 14 % en 2000.

- **Avec le web social ou web 2.0, internet devient un média interactif.** Chacun peut produire une information et la diffuser instantanément dans le monde entier, ce qui pose la question de la fiabilité des sources. Cela modifie profondément le rapport traditionnel entre producteurs et consommateurs de l'information, transformant la façon dont l'information circule.

B La convergence des médias

- **La concurrence d'internet pousse les médias traditionnels à s'adapter** : la plupart des journaux, des radios et chaînes de télévision proposent aujourd'hui des contenus en ligne. Le développement des smartphones et tablettes a permis à chaque utilisateur d'avoir accès à l'information gratuitement, partout et à tout moment, bouleversant nos pratiques informationnelles.

- **Aujourd'hui, ces trois médias nés au XXe siècle coexistent**, se complètent et s'enrichissent mutuellement. Par l'intermédiaire d'internet, la radio et la télévision n'ont plus de limite géographique et peuvent être écoutées ou visionnées partout dans le monde, créant un écosystème médiatique global et interconnecté qui redéfinit en profondeur notre rapport à l'information.

Fiches de lecture

Philippe Levrier, *Une histoire de la télévision*, L'Harmatan, 2018.

Histoire de la télévision : des premiers pionniers techniques à son développement comme média de masse, entre innovations technologiques et décisions politiques.

Jean-Paul Simon, « 1989-2019 : comment trente ans d'internet et de web ont changé les médias », *La revue des médias*, INA, 2019.

Article sur l'impact du numérique et d'internet sur les médias traditionnels depuis 30 ans : une transformation radicale des modèles économiques.

Pour aller + loin

« De la radio à la télévision : l'invention du média de masse », *Toute l'Histoire*, 2021.
L'invention des médias de masse est une histoire complexe. Elle remonte loin dans l'histoire et a eu un effet profond sur la façon dont nous communiquons aujourd'hui.

« L'archéologie des médias », *France inter*, 2021.
En 5 épisodes, plongée dans des mondes lointains et oubliés : les mondes d'avant la presse, d'avant l'image et d'avant le son.

« S'informer sur les réseaux sociaux », *Résotuto*, Lumni, 2023.
Les réseaux sociaux sont la première source d'info des adolescents en France. Pour éviter les *fake news*, vérifier sources et dates. Des applis fiables existent pour s'informer.

Étude

Toutes les ressources

lycee.nathan.fr/**25hggsp1re_310**

La radio : le pouvoir d'informer instantanément

Dès les années 1920, le développement de la radio bouleverse l'offre médiatique, limitée jusque-là à la presse écrite. Premier instrument d'information instantanée, la radio pénètre dans tous les foyers. Écoutée individuellement ou en groupe, elle change définitivement le rapport de la population à l'actualité, avant même de devenir portative et mobile.

Comment la radio a-t-elle renforcé la place de l'information dans le quotidien ?

1 Un média de masse

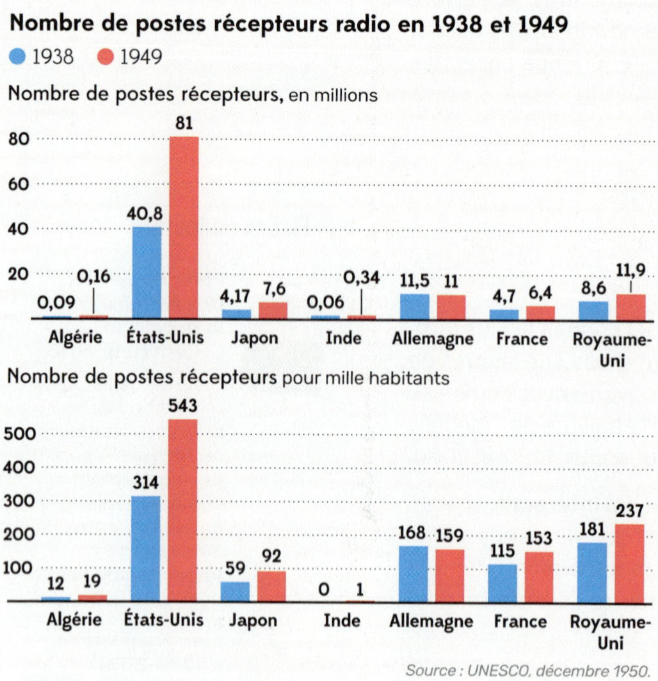

Source : UNESCO, décembre 1950.

→ **Pourquoi peut-on dire que la radio est un média de masse ?**

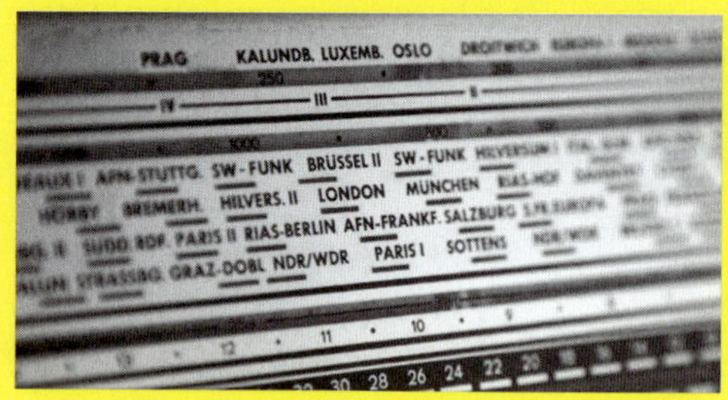

lycee.nathan.fr/**25hggsp1re_310-1**

2 La guerre des ondes

« Franck Bauer, le speaker de Radio Londres », *INA Histoire*, 2018.

→ **Pourquoi radio Londres peut-elle être qualifiée d'« arme de guerre » ?**

3 Roosevelt parle aux foyers américains

Entre 1933 et 1944, le président des États-Unis Franklin Delano Roosevelt s'adresse à trente reprises à la radio aux Américains (ici, en 1938), dans l'intimité de leur foyer, pour expliquer ses choix et actions politiques. Il s'y exprime avec un ton naturel et familier, ce qui a valu à ces émissions le surnom de « causeries au coin du feu ». D'une durée de 13 à 44 minutes, ces discours sont écoutés par des millions d'Américains.

→ **Pourquoi Roosevelt choisit-il ce média pour s'adresser aux Américains ?**

4 Un nouveau média du quotidien

Voitures de la radio Europe 1 sur le circuit du Tour de France en 1962.

→ **Quel type d'information la radio révolutionne-t-elle et pourquoi ?**

5 L'usage de la radio pendant la crise de mai 1968

En mai 1968, alors que l'État contrôle l'ORTF (Office de Radiodiffusion-Télévision française), les radios périphériques, comme Europe 1 ou RTL, qui émettent depuis l'étranger, jouent un rôle essentiel au cœur des manifestations.

« Dites à Farkas de cesser de radioguider les manifestants, il nous complique la tâche. » Dès le 6 mai et après la manifestation de la place Maubert, où 345 policiers et 600 étudiants ont été blessés, Christian Fouchet, ministre de l'Intérieur, est excédé par les reportages de RTL. Le Premier ministre, Georges Pompidou, également, qui condamne « le rôle néfaste des stations périphériques. Sous prétexte d'informer elles enflamment, quand elles ne provoquent pas ». [...] « C'était la première fois que des types manifestaient avec un poste à l'oreille, se souvient Jean-Pierre Farkas, à l'époque directeur de l'information de RTL, aujourd'hui à la retraite. Si l'on annonçait un rassemblement devant la fontaine Saint-Michel, une demi-heure plus tard, il y avait 3 000 personnes. [...] On était des acteurs informés et des auditeurs actifs, raconte un étudiant d'alors. [...] Après des années de mensonges, on entendait enfin à la radio le récit du réel. » En 68, RTL joue à fond la carte du direct, accélérant, du coup, le passage d'un discours rigide à une expression ouverte. « Pendant les reportages, explique Jean-Pierre Farkas, les journalistes avaient du mal à conserver un ton normal. Au milieu des grenades lacrymogènes, pas loin des coups de matraque et des jets de pierres, ils avaient peur, se cachaient, couraient, leur respiration haletante dramatisant davantage encore la situation.

Anne-Marie Gustave, « mai 1968 à la radio : De Gaulle, t'es foutu, la radio est dans la rue », *Télérama*, décembre 2020.

→ **Quel rôle la radio joue-t-elle pendant les manifestations de mai 1968 ?**

Questions et activités

Parcours 1

1. Expliquez les nouveautés apportées par la radio dans la diffusion et le traitement de l'information. doc. 2, 3, 4 et 5

2. Analysez les nouveaux enjeux que représente la radio pour les autorités. doc. 1, 3 et 5

Synthèse. Comment la radio a-t-elle renforcé la place de l'information dans le quotidien ?

Parcours 2

Réaliser un podcast

À l'aide de la page « Réalisez un podcast à la maison » du site du CLEMI, enregistrez un flash radio sur l'actualité de la semaine. https://www.clemi.fr/familles/activites-en-famille/realiser-un-podcast-la-maison

JALON 2

Étude

Toutes les ressources

lycee.nathan.fr/25hggsp1re_312

La télévision : l'information confrontée au pouvoir de l'image

En 1948, aux États-Unis, le premier journal télévisé au monde passe totalement inaperçu. Rapidement, il transforme les habitudes d'information des Français. Avec l'apparition puis le développement de magazines d'actualité, l'image devient le cœur de l'information, un nouvel objet de fascination et d'émotion.

Comment la télévision et l'image ont-elles transformé le rapport du public à l'information ?

1 Le succès du journal télévisé

Le regard d'une universitaire

Depuis sa première apparition à la télévision française en 1949 [...], le journal télévisé connaît un succès populaire durable, malgré les moments de défiance qui caractérisent son histoire. Il faut rappeler que le JT a été initialement pensé par le gouvernement comme un outil de communication à sens unique, remis en cause par la suite au nom de l'indépendance de l'information. C'est notamment à partir de la fin des années 1980 que l'information à la télévision occupe une place contradictoire dans l'espace public. [...]

À l'heure actuelle, les téléspectateurs plébiscitent toujours le rendez-vous quotidien du JT, qui est pour une majorité d'individus en France le moyen d'information privilégié. Les scores d'audience actuels des deux journaux télévisés les plus regardés (celui de TF1 et celui de France 2) représentent en moyenne un peu plus de 20 % de part d'audience chacun ; toutes chaînes confondues, environ 20 millions de téléspectateurs regarderaient un journal télévisé chaque soir. La part d'audience annuelle pour 2021 des 4 chaînes d'information en continu s'élève à 6,7 % (2,9 % pour BFMTV qui se classe à la 7e place des chaînes les plus regardées, *ex aequo* avec Arte ; 2 % pour CNews ; 1,1 % pour LCI et 0,7 % pour FranceInfo), [...]. Le rendez-vous particulier qu'a rapidement constitué le JT dans la vie d'une majorité d'individus est en partie un rendez-vous avec un journaliste présentateur, à la longévité remarquable pour certains.

Céline Ségur, « Le journal télévisé français, un rituel populaire au service du public ? », *The Conversation*, 15 juin 2023.

L'information télévisuelle en France

- Juin 1949 : Premier journal télévisé quotidien.
- 1959 : Naissance de *Cinq Colonnes à la Une*, premier magazine d'actualité. Une place primordiale y est donnée à l'image et au terrain.
- Janv.-déc. 1963 : Premiers programmes régionaux d'information télévisée.
- Juin 1994 : Début de l'information en continu sur le câble avec LCI (La Chaîne Info).

→ **Comment expliquer le succès non démenti du journal télévisé ?**

2 On a marché sur la Lune

Une famille française suit les premiers pas de Neil Armstrong sur la Lune à la télévision, le 21 juillet 1969. Grâce à un dispositif exceptionnel déployé par la NASA, l'événement est retransmis en mondovision (dans le monde entier, à l'exception de la Chine et du bloc soviétique) et suivi en direct par plus de 500 millions de Terriens.

→ **Qu'apporte la télévision en tant que média dans la retransmission d'un événement ?**

3 La naissance du grand reportage à la télévision

Cinq Colonnes à la une, *émission d'actualité diffusée à partir de janvier 1959 le vendredi soir, cherche à montrer une actualité plus large que le journal télévisé. Le grand reportage fait ainsi son apparition sur le petit écran et captive rapidement les téléspectateurs.*

Dans le reportage sur le mur de Berlin, les journalistes de *Cinq Colonnes* recourent, comme les hebdomadaires d'actualité, à la personnalisation extrême des événements. Le sujet sur le Mur répond aux règles classiques de la narration : « Une introduction qui présente les faits, les lieux les acteurs de l'événement [...], puis une partie centrale composée d'une succession d'interviews entrecoupée d'images et de commentaires de transition, destinée à exposer les différents aspects du sujet, enfin une conclusion, [...] formulée en voix off par le journaliste »[1]. Ainsi, à travers la visite de Berlin et les interviews de Berlinois, on découvre le Mur, les drames qui y sont liés, la vie de la population. Dans ce reportage, le journaliste [...] s'exprimant à la première personne, se met en scène au cœur de la ville, se présentant comme un guide et un témoin de l'événement. Ainsi, le spectateur vit-il la même progression que le témoin/journaliste dans les rues de Berlin. [...] Ce reportage raconte un drame humain. « L'un des apports les plus originaux de *Cinq Colonnes* à l'information télévisée est l'interview [...]. L'interview de témoins ou d'acteurs devient une source d'informations qui personnalise un problème. [...] L'interview devient un élément de la dramatisation du récit. »[1]

Marie-Françoise Lévy et Marie-Noële Sicard (dir.), *Les Lucarnes de l'Europe, télévisions, cultures, identités, 1945-2005*, Publications de la Sorbonne, 2008.

1. J.-N. Jeannerey, M. Sauvage (dir.), *Télévision, nouvelle mémoire*, Seuil, 1982.

→ **Qu'est-ce que le reportage télévisé apporte de plus pour comprendre un évènement par rapport à la radio ou la presse écrite ?**

lycee.nathan.fr/**25hggsp1re_313**

4 Les débats présidentiels

« Retour sur les moments forts des débats présidentiels français depuis 1974 », *France 24*, 2022.

→ **Montrez que la télévision pousse les responsables politiques à réfléchir à de nouvelles stratégies de communication.**

5 Vivre l'événement : la puissance de l'image télévisuelle

Des clients suivent les informations en direct lors des attentats du 11 septembre 2001 aux États-Unis. Retransmise par toutes les télévisions ce jour-là, la vidéo de l'avion s'écrasant dans la tour sud du World Trade Center est diffusée 122 fois par TF1 entre 15 h 30 et 23 h.

→ **Qu'apporte la télévision en tant que média dans la retransmission d'un événement ?**

Questions et activités

Parcours 1

1. Analysez la place donnée à l'image dans le traitement de l'actualité. Qu'est-ce que cela change par rapport à la presse ou la radio ? doc. 1 à 5

2. Analysez la place donnée au journaliste et à l'interview. doc. 1 et 3

3. Analysez l'utilisation politique de la télévision par les États et le personnel politique. doc. 2 et 4

Synthèse. Comment la télévision et l'image ont-elles transformé le rapport du public à l'information ?

Parcours 2

Réaliser un exposé

- Choisissez un événement marquant de la deuxième moitié du XXe ou du XXIe siècle suivi à la télévision dans le monde entier.
- À l'aide de chiffres, d'images, d'analyses, montrez comment il a été traité par la télévision et reçu par les téléspectateurs et téléspectatrices.

Internet : l'information mondialisée et individualisée

Toutes les ressources
lycee.nathan.fr/25hggsp1re_314

Dans les années 1990, la mise en place d'internet et du web permet d'accéder très rapidement et partout à l'information. Avec le lancement au début des années 2000 du web 2.0 et des réseaux sociaux, les internautes cessent d'être seulement récepteurs d'informations mais deviennent aussi producteurs. L'accès au réseau n'est toutefois pas encore universel et la fracture numérique persiste.

Quels impacts la révolution technologique d'internet a-t-elle eus sur l'information ?

1 La révolution internet

Nous sommes entrés dans l'ère internet, une période de bouleversements [...] comparable à la révolution industrielle tant ces technologies ont des incidences dans tous les domaines de la vie. Depuis les années 1990, le développement d'internet et des technologies de l'information et de la communication (TIC) a transformé le paysage des médias et notre rapport à l'information. Toute information (texte, son, vidéo) peut désormais être numérisée et transmise [...] au moyen de toutes sortes d'appareils : ordinateurs, tablettes, smartphones... La numérisation a conduit à une offre considérable d'informations, avec des sources multiples. Avec sa facilité d'accès [...] et son système décentralisé, internet accroît les échanges entre personnes et offre d'immenses potentialités pour participer au débat public : l'interactivité est en effet au cœur de l'information numérique. [...] S'ajoutant aux médias traditionnels, des médias numériques, des sites et des portails d'information, [...] des blogs, des forums, [...] des réseaux sociaux donnent la possibilité à chacun de produire de l'information, de la recevoir, la commenter et de combiner image, son et écrit sur un même support.

« L'information à l'heure du numérique : la révolution internet », *S'informer, décrypter, participer ! Guide pour s'orienter dans le brouillard de l'information*, Ritimo, 2017.

→ **Comment internet a-t-il révolutionné le rapport à l'information ?**

Internet en quelques dates

- 1966 **Lancement d'Arpanet**, projet de réseau informatique destiné à l'échange et à la conservation des données de l'armée américaine.
- 1983 **Création d'Internet** (du mot « *internetting* », interconnexion), qui repose sur le protocole ICP/IT, un langage informatique permettant à tous les ordinateurs de communiquer entre eux.
- 1989 **Création du World Wide Web**, un système informatique facilitant la navigation sur Internet et permettant son développement grand public.
- 1998 **Lancement de Google**, qui s'impose comme le principal moteur de recherche d'information. Près de 93,2 % des requêtes y sont effectuées en 2024.
- 2004 **Lancement de Facebook**, qui s'impose comme le premier réseau social mondial (3 milliards d'utilisateurs en 2023).
- 2005 **Naissance du web 2.0** : les internautes cessent d'être seulement spectateurs et deviennent producteurs de contenu.
- 2019 Le nombre d'utilisateurs réguliers du web dépasse la barre des **4 milliards**.

2 Un accès mondial mais inégal à internet

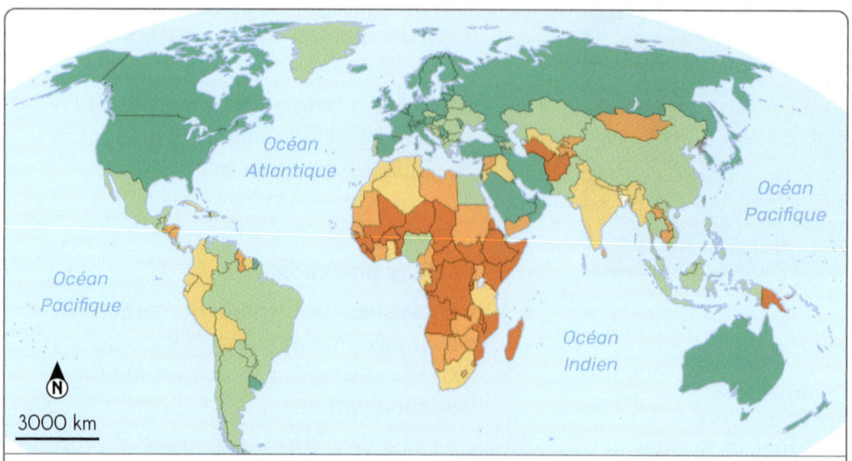

Part de la population ayant accès à internet (en %, 2022)
0 20 40 60 80 100
Pas de données

Sources : Atlasocio.com, 2022.

→ **Quelles sont les régions du monde ayant un faible taux d'internautes ? Proposez une explication.**

3 La croissance continue d'internet

En juillet 2024, la planète a passé un nouveau palier numérique : désormais, 70 % de la population mondiale est équipée d'un téléphone portable. Cela représente près de 5,7 milliards d'individus. [...] Parmi ce flot de personnes équipées d'un portable, plus de 85 % possèdent un smartphone. Et qui dit smartphone, dit internet : le nombre d'internautes a en effet augmenté de 167 millions ces douze derniers mois, soit une augmentation de 3,2 %. Ainsi, 67,1 % de la population mondiale est désormais en ligne. 2,67 milliards de personnes restent, quant à elles, hors ligne. C'est d'ailleurs le smartphone qui est majoritairement privilégié pour accéder au web, pour 93,7 % des personnes sondées. [...] En moyenne, nous passons 6 h 31 sur le web chaque jour. [...] Trouver l'information reste la première raison d'aller sur le web, pour 62,4 % des utilisateurs. Suivent ensuite « garder le contact avec ses proches » (59,6 %) et « se tenir au courant de l'actualité et des événements » (54 %) [...]. Facebook revendique toujours plus de 3 milliards d'utilisateurs, devant YouTube (2,5 milliards), puis WhatsApp et Instagram (2 milliards).

Matthieu Eugène, « Les chiffres clés d'internet et des réseaux sociaux dans le monde en juillet 2024 », *BDM*, 31 juillet 2024.

→ **Quelle place internet a-t-il prise dans la vie quotidienne des individus ?**

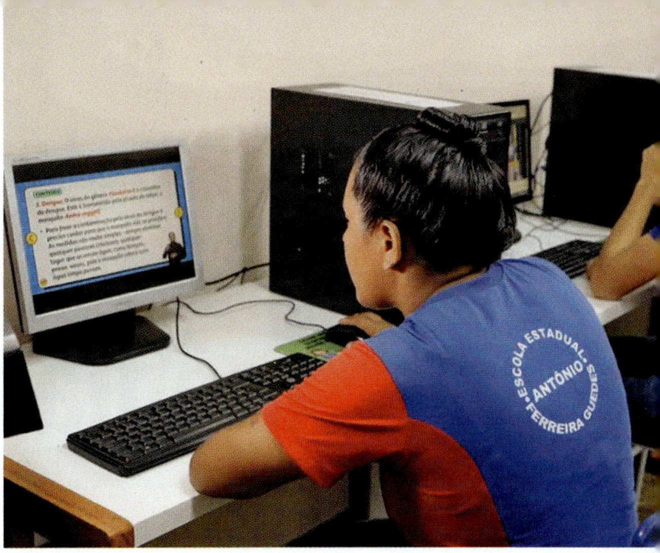

4 L'information partout

Grâce à la constellation de satellites Starlink, les élèves d'une école de l'État d'Amazonas (Amazonie brésilienne) accèdent à internet.

→ **Comment les nouvelles technologies permettent-elles de réduire la fracture numérique ?**

Notion

La **fracture numérique** désigne l'ensemble des inégalités dans l'utilisation des technologies de l'information et de la communication, aussi bien en termes d'accès (possibilité de se connecter) que de maîtrise (capacité à utiliser convenablement l'outil).

5 Naissance d'un réseau social d'information

Le 15 janvier 2009, à 15 h 29, un Airbus A320 amerrit sur l'Hudson River, à New York. Quelques minutes après avoir décollé de l'aéroport La Guardia, il a percuté des oiseaux au-dessus de la ville. Moteur à l'arrêt, il a dû se poser en catastrophe et non pas sur terre, mais sur l'eau. [...] Une autre raison a rendu cette histoire célèbre : il s'agit du premier fait d'actualité à avoir été « live-tweeté », c'est-à-dire suivi en direct par des utilisateurs d'un réseau social. Tout a commencé par le tweet d'un Américain de 23 ans qui se trouvait à ce moment-là sur un ferry. « Il y a un avion dans l'Hudson. Je suis dans le ferry qui va récupérer les passagers. C'est dingue », avait-il écrit. La publication de ce message, accompagné d'une photo de l'avion, marque alors une rupture dans le traitement de l'actualité : désormais, les réseaux sociaux seront d'incontournables pourvoyeurs d'information.

« Pourquoi l'A320 posé dans l'Hudson il y a dix ans a marqué l'histoire », *Le Monde* [en ligne], janvier 2019.

→ **Analysez le changement dans le rapport à l'information révélé par le texte.**

Questions et activités

Parcours 1

1. Expliquez pourquoi on peut qualifier internet de « média global ». doc. 1, 2, 3 et 4

2. Montrez qu'il existe toujours une fracture numérique. doc. 1 et 4

3. Expliquez en quoi consiste l'individualisation de l'information permise par internet. doc. 1 et 5

Synthèse. Quels impacts la révolution technologique d'internet a-t-elle eus sur l'information ?

Parcours 2

Réaliser une présentation

- Réalisez un diaporama comparant la révolution d'internet aux précédentes révolutions médiatiques : l'imprimerie, la radio et la télévision.
- Vous utiliserez les statistiques et les analyses nécessaires pour fonder votre comparaison sur des critères précis : ampleur de l'audience, rapidité de diffusion du nouveau média, rapport de l'utilisateur ou de l'utilisatrice au média.

Points de vue

Toutes les ressources

lycee.nathan.fr/25hggsp1re_316

Les réseaux sociaux, amis ou ennemis des médias traditionnels ?

Dès 2015, Facebook décide d'héberger des articles journalistiques. Cette initiative doit permettre au réseau social de devenir un média d'informations crédible. Aujourd'hui, de plus en plus de personnes lisent directement les informations sur les réseaux sociaux. Parmi les raisons invoquées : la possibilité de suivre l'actualité en temps réel, de partager les articles avec ses proches et de commenter ou voir les commentaires associés aux articles.

Notion

Les **réseaux sociaux** désignent l'ensemble des sites web, applications mobiles et plateformes permettant de créer du lien social en ligne en proposant à leurs utilisateurs des outils et des interfaces permettant d'interagir.

1 Faire table rase des médias historiques ?

Le regard d'un historien

L'irruption d'internet dans l'univers des médias a constitué, chacun le sait, chacun le sent, un événement d'une immense portée. Quelque incertaines qu'en soient encore les conséquences, nul ne peut douter qu'il s'agisse de la plus grande révolution, depuis Gutenberg, dans le champ de la communication entre les hommes ; nul ne peut manquer d'observer qu'internet a commencé d'exiger d'une profession tout entière d'impressionnantes capacités d'adaptation. En 2004, devant le congrès, tenu à Istanbul, de l'Association mondiale des journaux regroupant 1 300 patrons de presse et rédacteurs en chef, le directeur délégué du groupe de presse espagnol Prisa, éditeur du journal de référence *El Pais*, Juan Luis Cebrian, eut cette formule qui est restée fameuse parmi ses pairs : « Si nous ne nous adaptons pas aux évolutions de l'environnement technologique, nous serons bientôt les derniers habitants d'un Jurassic Park. » [...] Comme chaque fois qu'un mode inédit de communication collective est né d'une nouvelle technologie, beaucoup d'observateurs fascinés [...] ont prédit aussitôt que le déclin puis la disparition des supports antérieurs étaient inévitables à terme proche. Or l'historien, voué à faire surgir les précédents dans l'attention publique, tend à résister à ce fantasme de la table rase. [...] La presse écrite a été angoissée par l'expansion de la radio, dans les années 1930, comme la radio par l'arrivée de la télévision, dans les années 1950. En l'une et l'autre occurrence, de bons esprits ont annoncé une substitution radicale du nouveau média à l'ancien – avant que ne s'impose l'évidence d'une complémentarité et d'un enrichissement mutuel.

Jean-Noël Jeanneney, *Une histoire des médias des origines à nos jours*, Seuil, Collection Points Histoire, 2015.

Jean-Noël Jeanneney, né en 1942, est un historien français spécialiste de l'histoire des médias. Il a été président de Radio France et de la BnF.

2 La place des grands quotidiens sur les réseaux sociaux en 2024

Nombre d'abonnés des principaux quotidiens européens et américains sur les réseaux sociaux.

	X	Facebook	Instagram	YouTube
New York Times **(EU)**	55 millions	19 millions	18 millions	4,6 millions
Washington Post **(EU)**	19,9 millions	7,4 millions	7 millions	2,7 millions
The Guardian **(RU)**	10,8 millions	8,9 millions	5,8 millions	2,3 millions
El Pais **(Espagne)**	8,8 millions	6,8 millions	2 millions	2,9 millions
Le Monde **(France)**	11 millions	5,6 millions	2 millions	1,9 million
Corriere della Sera **(Italie)**	2,8 millions	3,6 millions	2 millions	408 000
Frankfurter Allgemeine Zeitung **(Allemagne)**	873 000	585 000	660 000	277 000

3 Du JT aux réseaux sociaux

Le point de vue d'une historienne

Pendant la campagne présidentielle de 2022, France Télévisions a déployé l'interview politique rituelle des candidats à la fin du journal télévisé de France 2 (la séquence « 20 h 22 ») sur la plate-forme de vidéo en streaming Twitch (« 20 h 22, la suite sur Twitch ») ; – les journalistes y poursuivaient l'interview à partir de certaines des questions posées dans le chat par les spectateurs. Par ailleurs, des influenceurs, comme l'équipe d'HugoDécrypte, reprennent les principes du format JT (un présentateur qui livre l'information avec un ton chaleureux) en y ajoutant la participation du public, incarnée par les réponses aux sondages, les « j'aime », les commentaires, etc. La personnalisation de l'information est une tendance actuelle, matérialisée par des applications qui proposent aux usagers de construire leur propre JT en ne visionnant successivement que les reportages qui les intéressent : Artifact.news, le JT personnalisé de TF1. Par la création de comptes sur le réseau TikTok, les rédactions contribuent également à une offre d'informations « à la carte ». Cette logique de segmentation de l'information est présentée comme un service proposé aux spectateurs connectés. Si elle concourt à « retrouver le goût de l'information » en particulier chez les jeunes publics, elle peut aussi nuire à la diversité et à la pluralité du débat d'idées : la « newsletterisation » du JT risque de rétrécir la pluralité des points de vue auxquels un individu est confronté, limitant ainsi son esprit critique.

Céline Ségur, « Le journal télévisé français, un rituel populaire au service du public ? », *The Conversation*, 15 juin 2023.

4 Le problème X

Le quotidien espagnol *La Vanguardia*, basé à Barcelone, a annoncé jeudi 14 novembre qu'il ne publierait plus de contenus sur X (ex-Twitter), la plateforme d'Elon Musk devenue, selon le journal « un réseau de désinformation » [...]. Dans un court article publié mercredi, le *Guardian*, quotidien britannique aux 10,8 millions d'abonnés sur X, avait annoncé prendre la même décision. « Nous pensons que les bénéfices à rester sur X sont désormais moins importants que les inconvénients, et que nos ressources pourraient être mieux utilisées à promouvoir notre journalisme ailleurs », avait expliqué le journal, « X est une plateforme toxique et son propriétaire, Elon Musk, l'a utilisée afin d'influencer le débat public ». [...] Le *Guardian* compte par ailleurs 8,9 millions d'abonnés sur Facebook, 5,8 millions d'abonnés sur Instagram, 2,3 millions sur YouTube et 19 000 sur Mastodon, plateforme dont l'approche est similaire à celle de X. Les deux journaux ne sont pas les premiers à prendre une telle décision. Avant eux, d'autres titres, comme la Sveriges Radio, la radio publique suédoise, ou les médias américains NPR et PBS, ont choisi de se distancier de la plateforme et de cesser de publier. Depuis le 12 avril 2023, le compte officiel de la radio NPR affiche ainsi un message expliquant aux lecteurs comment continuer à suivre son travail en dehors de la plateforme d'Elon Musk. Le propriétaire de Tesla, SpaceX et X, n'a jamais caché son animosité envers le monde médiatique. [...] Mercredi encore, en réponse à un compte X se réjouissant de la baisse des audiences de certaines chaînes de télévision américaines depuis l'élection de Donald Trump, Elon Musk répondait : « Vous êtes les médias à présent. »

« Après le *Guardian*, le quotidien espagnol la *Vanguardia* annonce qu'il ne postera plus sur le réseau social X », *Le Monde*, 13 novembre 2024.

Construire son point de vue

Découvrez les documents

- Pourquoi les réseaux sociaux sont-ils de plus en plus privilégiés pour accéder à l'information ?
- En quoi l'information sur les réseaux sociaux est-elle multisupport ?
- Pourquoi certains médias ont-ils décidé de quitter X ?

Développez les arguments

- Montrez que les médias traditionnels tentent de s'adapter aux réseaux sociaux.
- Expliquez les risques d'une information « à la carte » pointés dans le document 4.
- Analysez la citation d'Elon Musk : « Vous êtes les médias à présent ».

Présenter son point de vue ORAL

- À l'oral en 10 minutes environ, présentez plusieurs arguments pour répondre à la question « Les réseaux sociaux, amis ou ennemis des médias traditionnels ? »

AXE 1

Synthèse

Toutes les ressources

lycee.nathan.fr/25hggsp1re_318

Les grandes révolutions techniques de l'information

I L'information imprimée : de la diffusion de l'imprimerie à la presse à grand tirage

• **Au Moyen Âge, les seuls ouvrages disponibles sont les manuscrits produits par des moines qui recopient à la main des textes religieux ou antiques.** Ces ouvrages sont réservés à une élite cultivée et fortunée. Au XVe siècle, l'utilisation par Gutenberg d'une presse à vis et de caractères mobiles en métal permet de rendre les textes plus lisibles, de réduire le coût et le temps de production et donc d'accroître largement la diffusion de l'information. Les ateliers impriment aussi des textes d'information diffusés par les colporteurs. À partir de la fin du XVIe siècle, apparaissent en Hollande, en France et en Angleterre les premiers journaux périodiques, mensuels puis hebdomadaires, et enfin quotidiens.

• **Au XIXe siècle, de nouveaux progrès techniques sont à l'origine d'une diffusion accrue de l'information.** L'industrialisation permet le développement des transports et l'essor des télécommunications : les territoires sont de plus en plus connectés et l'information s'échange plus facilement. Parallèlement, l'invention de la rotative et de la linotype permet d'imprimer plus rapidement et en bien plus grande quantité. Elle offre une réactivité impossible auparavant et entraîne l'essor de la presse quotidienne. L'apparition de la photographie et la baisse des coûts de reproduction débouchent sur la création de titres dans lesquels les illustrations occupent une place centrale. D'autres facteurs politiques, comme l'affirmation de la liberté et de la presse et de l'imprimerie, et sociaux, comme la hausse continue de l'alphabétisation, sont à l'origine d'un âge d'or de la presse à la fin du XIXe et au début du XXe siècle.

Jalon 1 – L'information imprimée : de la diffusion de l'imprimerie à la presse à grand tirage **p. 300**

• **Grâce à la révolution de l'imprimé, l'information est donc plus fiable et diversifiée.** Elle se diffuse beaucoup plus largement et la création de périodiques permet pour la première fois de suivre l'actualité. Avec la naissance de la presse quotidienne, premier véritable média, l'information devient accessible à tous ceux qui savent lire et circule plus rapidement.

II L'information par le son et l'image : radio et télévision au XXe siècle

• **Apparue au début du XXe siècle grâce à l'invention de la télégraphie sans fil, la radio diffuse pour la première fois une information sonore.** Adopté progressivement aux États-Unis et en Europe dans les années 1920, ce nouveau média concurrence la presse écrite en proposant une information instantanée. Pendant les guerres et périodes de crise, il devient un outil puissant de mobilisation et de propagande. Le développement des grilles d'émission à la radio habitue les auditeurs à des moments d'écoute spécifique, habitude que reprendra plus tard la télévision. L'invention du transistor en 1954 fait réellement de la radio un média de masse.

• **Apparue dans les années 1930, la télévision est d'abord réservée à un public restreint.** Ce n'est que dans les années 1960 qu'elle est suffisamment répandue dans la population pour devenir le média dominant. La retransmission en direct de certains événements comme le couronnement d'Élisabeth II en 1953 ou les premiers pas de l'être humain sur la Lune en 1969 sont révélateurs d'une mondialisation de l'information. Le direct devient courant à partir des années 1970 et se renforce avec la création de chaînes d'information en continu. Combinant les pouvoirs de l'image et celui du son, permettant une information instantanée, la télévision bouleverse le rapport de la population à l'information.

Dates clés

Vers 1450 : innovations de Gutenberg dans le domaine de l'imprimerie

1605 : impression du premier périodique

1895 : invention de la télégraphie sans fil

1926 : invention de la télévision

1954 : invention du transistor

1969 : invention d'Arpanet (ancêtre d'internet)

Jalon 2 – L'information par le son et l'image : radio et télévision au XXe siècle p. 308

● **Reposant sur le son et sur l'image, la radio et la télévision révolutionnent donc la transmission de l'information** en offrant une immédiateté, une accessibilité et une ouverture sur le monde sans précédent. Ces deux médias de masse ont un impact considérable sur la société, influençant les modes de vie, la culture populaire et la communication politique.

III L'information mondialisée et individualisée : naissance et extension du réseau internet

Dates clés

1980 : création de la première chaîne d'information en continu

1989 : création du World Wide Web

2005 : création du Web 2.0

● **Apparu dans les années 1990, internet est le média qui connaît la plus forte croissance de l'histoire des télécommunications.** L'information gagne encore en instantanéité et en diversité. Numérisée, elle devient plurimédiatique et multisupport. Le développement des smartphones et des tablettes permet de démocratiser toujours plus l'accès à l'information puisque celle-ci devient accessible gratuitement, partout et à tout moment.

● **Cette démocratisation dans la réception de l'information s'accompagne d'un élargissement dans la production** : l'information devient collaborative et s'émancipe du journalisme. Internet favorise en effet une diffusion réticulaire et horizontale de l'information, qui remet en cause la transmission verticale des médias traditionnels, obligés de s'adapter. Cette démocratisation dans la production d'information soulève la question de la fiabilité.

Jalon 3 – L'information mondialisée et individualisée : naissance et extension du réseau internet p. 314

● **Aujourd'hui, médias historiques et numériques coexistent, se complètent et s'enrichissent.** Par l'intermédiaire d'internet, la presse, la radio et la télévision n'ont plus de limite géographique ou temporelle et peuvent être lues, écoutée ou visionnée partout dans le monde, à n'importe quel moment. Les frontières entre les différents types de médias s'estompent, donnant naissance à de nouvelles formes de journalisme et de communication.

Les révolutions de l'information à travers le temps

Moyen Âge	**Livres manuscrits**	**L'information est :** › réservée à une élite cultivée et fortunée › essentiellement religieuse et historique
Époque moderne	**Livres imprimés et premiers périodiques**	**L'information est :** › plus fiable, diversifiée et répandue › invention de l'actualité
Fin XIXe-début XXe siècle	**Âge d'or de la presse imprimée**	**L'information est :** › accessible à tous ceux qui savent lire et écrire → *premier véritable média* › plus diversifiée → *apparition de l'opinion publique* › plus rapide → *presse quotidienne*
À partir des années 1930	**Radio**	**L'information est :** › accessible à tous et gratuitement › partout avec le transistor → *1er média de masse* › en temps réel
À partir des années 1960	**Télévision**	**L'information est :** › accessible à tous › en temps réel › parfois dépendante du pouvoir
À partir des années 1990	**Internet**	**L'information est :** › accessible partout et à tous › en temps réel › gratuite › interactive → *problèmes de fiabilité*

Réviser avec… **1 frise et 3 schémas**

Toutes les ressources
lycee.nathan.fr/25hggsp1re_320

1 Accélération des révolutions de l'information et coexistence des médias

Frise interactive

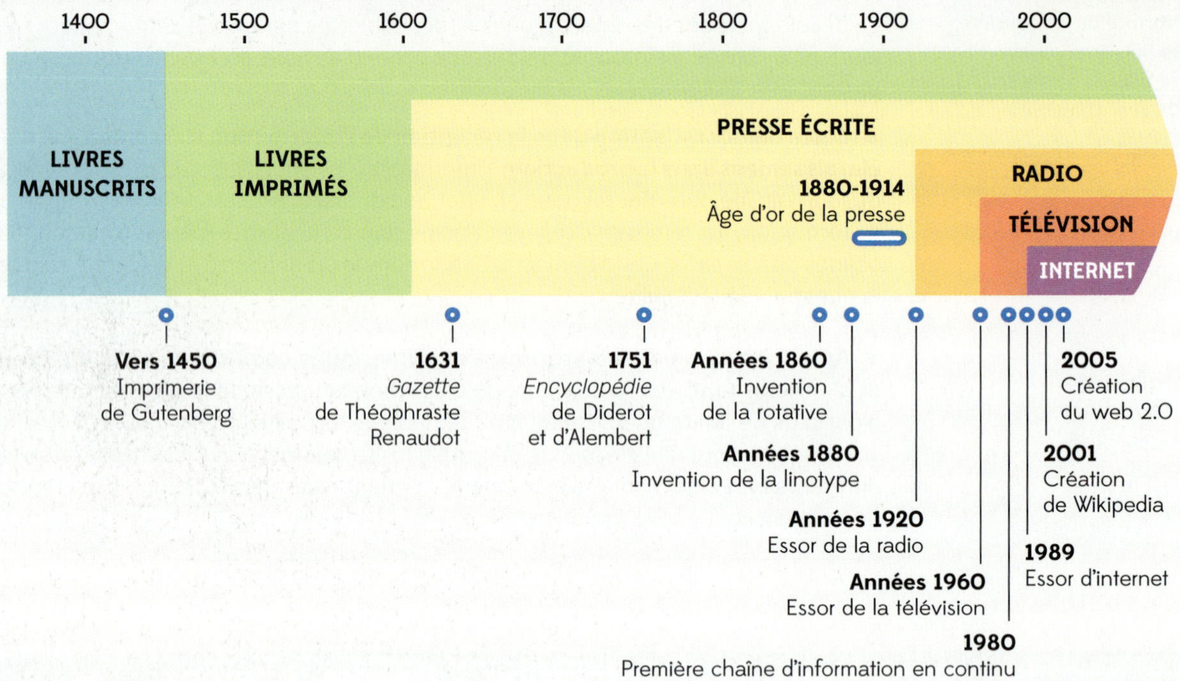

2 La production européenne de livres (1450-1600)

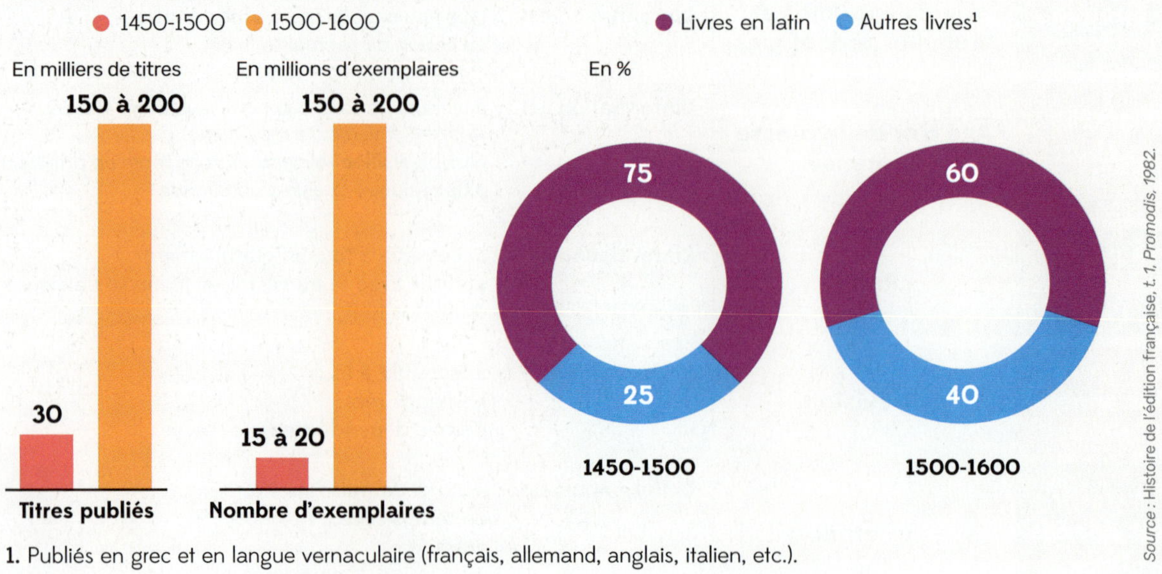

1. Publiés en grec et en langue vernaculaire (français, allemand, anglais, italien, etc.).

3 L'information par l'image

Part des Français s'informant au travers de la télévision ou des réseaux sociaux en 2024, selon la tranche d'âge

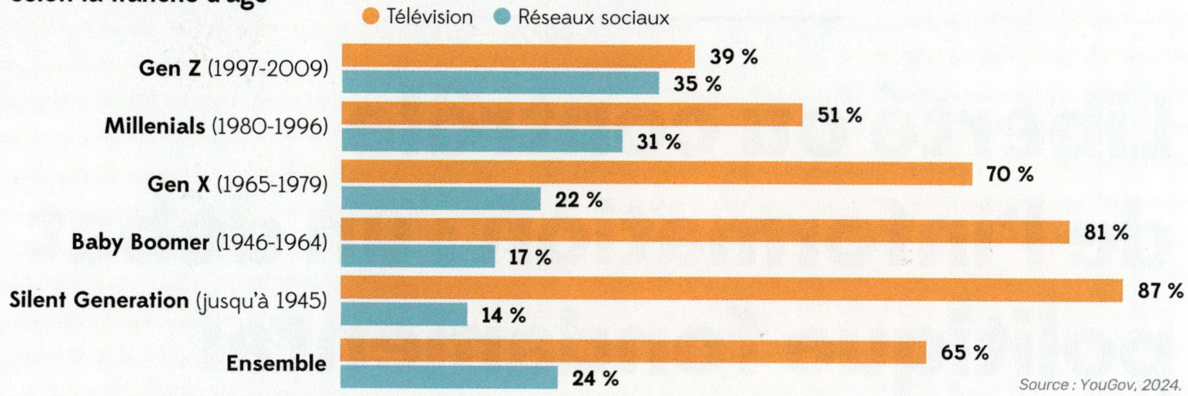

Source : YouGov, 2024.

4 La confiance dans les médias

De manière générale faites-vous confiance aux médias ou aux personnes suivantes pour vous informer sur ce qui se passe dans l'actualité ? Une seule réponse par item. En % des 1 500 participants

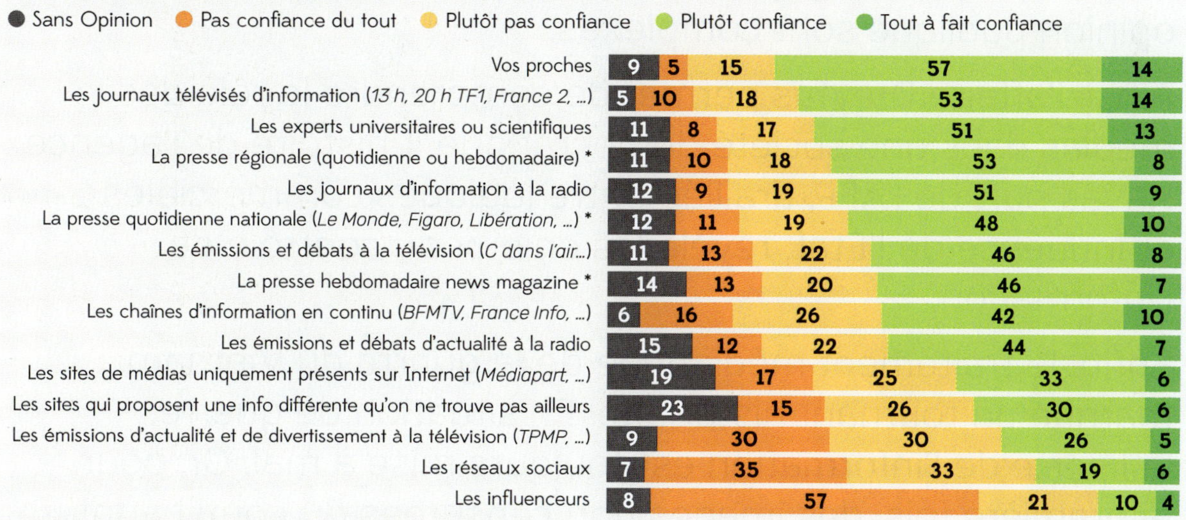

* En version papier sur Internet ou sur les réseaux sociaux.

Étude Kantar Public pour La Croix, novembre 2023.

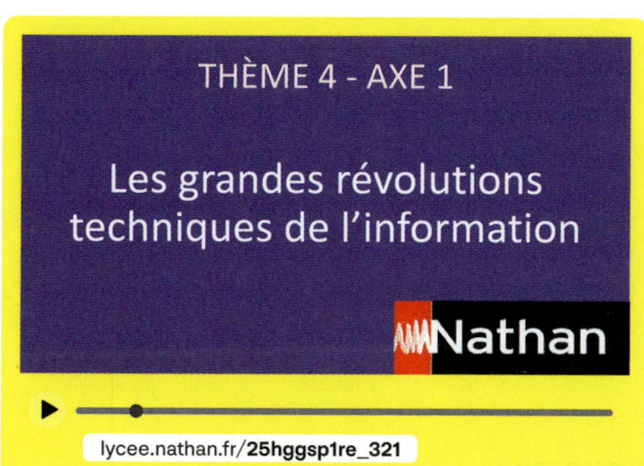

5 Mon bilan en vidéo

Pour approfondir

- ***The Social Network*, David Fincher, 2010.**
Film qui retrace l'histoire de la création de Facebook par un étudiant d'Harvard.
- ***Une contre-histoire de l'Internet*, Sylvain Bergère, 2013.**
Documentaire consacré à la genèse du réseau et aux luttes au sein de l'espace de liberté que constitue la toile.
- **Brooke Gladstone et Josh Neufeld, *La machine à influencer : une histoire des médias*, Éditions çà et là, 2014.**
Manifeste dans lequel les auteurs [américains] réfutent les théories qui représentent les grands médias en tireurs de ficelles tout-puissants.
- ***L'archéologie des médias*, France Inter, 2021.**
Série en 5 épisodes ; plongée dans des mondes lointains et oubliés : les mondes d'avant la presse, d'avant l'image et d'avant le son.

AXE 2

Liberté ou contrôle de l'information : un débat politique fondamental

La liberté d'information est un pilier fondamental des démocraties, mais elle fait l'objet de débats et de tensions permanentes. Les rapports entre information, pouvoir et opinion publique sont complexes.

Ainsi, l'affaire Dreyfus permet de comprendre le rôle des médias dans une société démocratique. L'histoire de l'agence Havas puis de l'AFP, tiraillée entre logiques commerciales et influence de l'État, révèle les enjeux du contrôle de l'information.

Enfin, le traitement médiatique de la guerre du Vietnam marque un tournant historique. En situation de guerre, la liberté de l'information est toujours mise à mal. Or, pour la première fois, des images non censurées du conflit vont parvenir dans les foyers américains.

SOMMAIRE

« *Cartooning for peace* » - Dessins pour la paix (2019)

Dessin du caricaturiste politique russe Mikhail Zlatkovsky (né en 1944), qui a été interdit de dessiner par le président de la Russie, Vladimir Poutine.

Toutes les ressources
lycee.nathan.fr/25hggsp1re_324

Démocratie et liberté de l'information en France (1830-1945)

Quels liens entretiennent démocratie et la liberté d'information en France de la fin du XIXe siècle au milieu du XXe ?

Dates clés

- 29 juillet 1881 : Loi sur la liberté de la presse
- 1945 : Restructuration de la presse à la Libération
- 1964 : Création de l'ORTF
- 1981-1982 : Lois sur les radios et la télévision libres
- 1989 : Création du Conseil supérieur de l'audiovisuel
- 1994 : Début de l'usage grand public d'Internet

I L'affaire Dreyfus : la presse et l'opinion publique (1894-1906)

A La liberté de la presse, pilier de la démocratie

- **La liberté d'information est indissociable de la démocratie.** À l'exception des périodes de guerre, cette dernière est définitivement installée en France depuis la fin du XIXe siècle. Elle repose sur le vote au suffrage universel qui reflète l'**opinion publique** générale. Or, les citoyens doivent être informés afin de pouvoir faire leur choix, tandis que leurs opinions doivent pouvoir s'exprimer entre deux votes. C'est alors que les médias interviennent.

- **Sous la IIIe République, la démocratie s'enracine alors que la presse française connaît un âge d'or.** La loi du 29 juillet 1881 lui confère une liberté quasi-totale, supprimant la **censure** et le contrôle préalable. Cette liberté nouvelle permet l'émergence d'une presse diversifiée et puissante, créant un véritable espace public de débat démocratique qui façonne l'opinion publique.

B Une presse de masse aux multiples visages

- **La presse devient alors un média de masse touchant toutes les catégories sociales.** Des **journaux d'opinion** comme *La Croix* ou *L'Intransigeant* affichent clairement leur ligne politique et idéologique, tandis que des **journaux d'information** comme *Le Petit Parisien* privilégient une apparente neutralité pour toucher le plus grand nombre. Ces derniers connaissent des tirages spectaculaires : *Le Petit Parisien* atteint le million d'exemplaires en 1886.

- **Cette presse de masse s'appuie sur des innovations techniques et éditoriales.** Les progrès de l'imprimerie (notamment la rotative) permettent une production plus rapide et moins chère. Les dessins de presse et caricatures enrichissent les publications, offrant une lecture politique accessible à tous. La révolution des transports, notamment le chemin de fer, permet une diffusion plus large et plus rapide des journaux sur tout le territoire.

C L'affaire Dreyfus, révélatrice des pouvoirs de la presse

- **L'affaire Dreyfus (1894-1906) constitue le premier grand scandale médiatique de la France démocratique.** Les journaux se divisent entre dreyfusards, défendant l'innocence du capitaine accusé de trahison, et antidreyfusards, convaincus de sa culpabilité. La violence des débats et la multiplication des articles façonnent l'opinion publique tandis que les caricatures antisémites alimentent l'hostilité contre Dreyfus.

- **L'affaire révèle aussi l'influence réciproque entre presse et opinion.** Sous la pression de leurs lecteurs et pour des raisons économiques (perte d'abonnés, revenus publicitaires), certains journaux modifient leur ligne éditoriale. Ainsi, *Le Figaro*, qui avait publié des articles d'Émile Zola favorables à Dreyfus, doit changer de position. C'est donc dans *L'Aurore*, au tirage plus confidentiel, que Zola publie son célèbre « J'accuse » qui démontre l'innocence de Dreyfus et pointe les véritables responsables de cette machination.

Vocabulaire

Journaux d'information : presse à grande diffusion qui prétend à une neutralité de ton et de contenu afin de toucher le public le plus large possible.

Journaux d'opinion : journaux affichant une ligne politique explicite.

II De l'agence Havas à l'AFP : contrôler l'information (1832-1945)

A Havas : naissance d'une puissance informationnelle

- **Première agence internationale de presse, l'entreprise de Charles-Louis Havas est créée en 1832.** Elle innove en collectant systématiquement les nouvelles à l'étranger grâce à son réseau de correspondants ; elle les revend ensuite aux journaux parisiens et départementaux, ainsi qu'aux hommes d'affaires. Ce système permet aux journaux, même modestes, d'accéder à une information internationale fiable.

- **Appuyée par le pouvoir quel que soit le régime, elle prend progressivement le contrôle du marché de l'information et de la publicité en France.** Elle s'associe au milieu du XIXe siècle avec les agences Wolff et Reuter à l'étranger, constituant un véritable cartel mondial de l'information. Cette position dominante lui permet d'influencer considérablement le contenu des journaux.

B Une position dominante sous influence

- **Au début du XXe siècle, l'agence Havas est au sommet de sa puissance.** En 1914, elle publie 35 bulletins quotidiens, possède plus de 500 correspondants à l'étranger et dispose de 3 000 kilomètres de fils télégraphiques spéciaux. Pendant la Première Guerre mondiale, comme la presse, elle est mise au service de la **propagande** nationale.

- **Durant l'entre-deux-guerres, l'agence doit faire face à la forte concurrence des agences étrangères et à la crise économique.** Elle reçoit alors l'appui politique et financier des gouvernements français successifs, illustrant les liens étroits entre pouvoir politique et contrôle de l'information. La défaite de 1940 et l'Occupation allemande marquent la fin de cette première période.

C 1945 : la naissance de l'AFP

- **À la Libération, une réorganisation complète du paysage médiatique s'opère.** Les journaux ayant continué de paraître sous l'Occupation sont interdits. L'agence Havas est démantelée et l'Agence France-Presse est créée comme établissement public placé sous l'autorité du gouvernement et financé exclusivement par l'État.

- **En 1957, son statut est modifié pour garantir son indépendance : sa gestion implique désormais des professionnels de la presse écrite et audiovisuelle.** Le contrôle de l'État demeure néanmoins par la nomination de son président. Cette situation illustre la difficulté persistante à concilier liberté et contrôle de l'information dans une démocratie moderne, où l'État cherche à la fois à garantir une information libre et à maintenir une certaine influence sur sa diffusion.

Notions

Censure : atteinte à la liberté d'expression pouvant émaner d'une autorité politique ou religieuse.

Opinion publique : expression qui désigne l'ensemble des convictions, des jugements et des valeurs d'une société à une époque donnée.

Propagande : action exercée sur des individus pour les convaincre de la supériorité d'une idéologie ou d'une politique.

Fiches de lecture

Catherine Bertho-Lavenir, *Les médias et la démocratie au XXe siècle*, Armand Colin, collection U, 2018.

Les médias de masse (presse, radio, télévision) ont joué un rôle ambivalent au XXe siècle : tantôt outils de propagande, tantôt contre-pouvoirs défendant la démocratie.

C. Delporte, I. Veyrat-Masson, *La puissance des images, du Moyen Âge à nos jours*, Nouveau Monde Éditions, 2019.

Analyses d'historiens sur la construction, la circulation et la réception d'images qui ont marqué l'histoire dans le monde.

Pour aller + loin

« Naissance d'une cause. La mobilisation de l'opinion publique pendant l'affaire Dreyfus », *Persée*, 1991.
Remarquable article de l'historien Christophe Charle publié dans la revue *Politix* consultable en ligne.

« Histoire des médias au XXe siècle, entretien avec Patrick Eveno », *Conflits*, 2019.
De la grande période de la presse au début du XXe siècle, à l'apparition de la radio puis de la télévision, c'est tout un paysage de l'information qui a été en recomposition constante.

Exposition virtuelle « De la gazette à internet », *Les Essentiels – BnF*, consultation janvier 2025.
Exposition sur la liberté de la presse riches en articles de fond et surtout en illustrations. Particulièrement l'article « L'agence havas : l'ancêtre de l'AFP ».

JALON 1

Étude

Toutes les ressources

lycee.nathan.fr/**25hggsp1re_326**

L'Affaire Dreyfus : l'information dépendante de l'opinion ?

En 1894, Alfred Dreyfus, capitaine de l'armée française de confession juive, est accusé à tort d'espionnage au profit de l'Allemagne, condamné puis déporté au bagne. L'erreur judiciaire est dévoilée et l'affaire alimentée par la presse d'opinion où s'opposent dreyfusards et antidreyfusards. La presse d'information, majoritairement antidreyfusarde au départ, évolue lentement pour ne pas heurter ses lecteurs.

La presse fait-elle ou suit-elle l'opinion ?

Le Petit Journal

SUPPLÉMENT ILLUSTRÉ

Huit pages : CINQ centimes

Le Petit Journal

Le Supplément illustré

ABONNEMENTS

Sixième année

DIMANCHE 13 JANVIER 1895

Numéro 217

LE TRAITRE

Dégradation d'Alfred Dreyfus

1 La dégradation de Dreyfus

Une du *Petit journal*, un journal d'information, le 13 janvier 1895.

→ **Comment cette une rend-elle compte de l'événement ?**

2 « J'accuse » d'Émile Zola

Émile Zola, dans son article «J'accuse» paru dans le journal L'Aurore, *dénonce l'injustice dont est victime Dreyfus, dans le but d'être traduit en justice pour diffamation et d'alerter ainsi l'opinion.*

« J'accuse le lieutenant-colonel du Paty de Clam[1] d'avoir été l'ouvrier diabolique de l'erreur judiciaire [...].

J'accuse le général Billot[2] d'avoir eu entre les mains les preuves certaines de l'innocence de Dreyfus et de les avoir étouffées, de s'être rendu coupable de ce crime de lèse-humanité et de lèse-justice, dans un but politique et pour sauver l'état-major compromis. [...]

J'accuse les bureaux de la guerre d'avoir mené dans la presse, particulièrement dans *L'Éclair* et dans *L'Écho de Paris*, une campagne abominable, pour égarer l'opinion et couvrir leur faute.

J'accuse enfin le premier conseil de guerre d'avoir violé le droit, en condamnant un accusé sur une pièce restée secrète, et j'accuse le second conseil de guerre d'avoir couvert cette illégalité, par ordre, en commettant à son tour le crime juridique d'acquitter sciemment un coupable. [...]

Je n'ai qu'une passion, celle de la lumière, au nom de l'humanité qui a tant souffert et qui a droit au bonheur. Ma protestation enflammée n'est que le cri de mon âme. Qu'on ose donc me traduire en cour d'assises et que l'enquête ait lieu au grand jour !

J'attends. »

Émile Zola, « J'accuse », *L'Aurore*, 13 janvier 1898.

1. Celui qui a conduit l'enquête qui aboutit à l'arrestation de Dreyfus.
2. Ministre de la Guerre en 1897 au moment où se trouve révélé le rôle d'Esterhazy.

→ **Quels moyens sont utilisés par Zola pour mobiliser l'opinion ? Au nom de quelles valeurs ?**

Cinq Centimes

L'AURORE

ERNEST VAUGHAN

Littéraire, Artistique, Sociale

J'Accuse...!

LETTRE AU PRÉSIDENT DE LA RÉPUBLIQUE

Par ÉMILE ZOLA

LETTRE A M. FÉLIX FAURE

Président de la République

lycee.nathan.fr/25hggsp1re_327

3 L'affaire Dreyfus : l'information dépendante de l'opinion

« L'Affaire Dreyfus », *Karambolage*, Arte, 2017.

4 Le rôle de la presse

Le regard d'un historien

La lenteur qui caractérise le changement d'attitude des différents journaux montre combien les intérêts politiques et économiques pèsent lourd dans leur fixation d'une ligne de conduite. Une presse soumise aux lois du marché a maintenant d'abord pour fonction de conforter les préjugés du public, alors qu'auparavant les journaux cherchaient à s'insérer dans un combat politique plus global. [...] À l'heure du bilan, l'image de la presse comme moteur de changement politique ou force d'opposition, qui était encore la sienne avant 1880, sort fortement écornée de l'affaire Dreyfus. [...]

Le Figaro, organe conservateur qui avait accueilli les premiers articles de Zola, change de position quand ses lecteurs, indignés, se désabonnent en masse parce qu'ils ne se reconnaissent plus dans leur journal habituel. La fragilité économique de l'indépendance d'un journal par rapport à son lectorat est ici tangible.

Christophe Charle, *Le Siècle de la presse, 1830-1939*, Seuil, 2004.

→ **Quelle évolution du rôle de la presse est mise en évidence par l'historien ?**

5 Une presse quotidienne difficile à mobiliser

L'évolution de la presse quotidienne pendant l'Affaire Dreyfus, en % des quotidiens

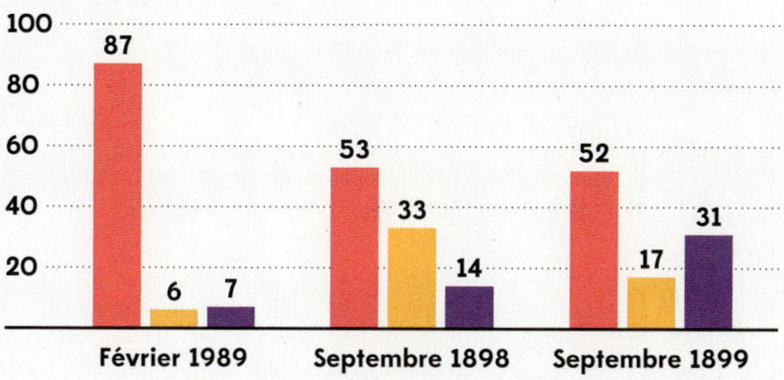

Source : J. Ponty, « La presse quotidienne et l'affaire Dreyfus en 1898-1899 », RHMC n° 21, avril-juin 1974.

→ **Comment évolue la tendance générale de la presse quotidienne pendant l'affaire Dreyfus ?**

6 La mobilisation des intellectuels

Dans les milieux de la science, de l'Université et de la haute administration, se développent des positions dreyfusardes, minoritaires mais solidaires et déterminés. [...] L'acquittement d'Esterhazy accélère regroupements et signatures. Les 14 et 15 janvier, celles-ci sont rendues publiques. [...] Le premier texte demande la révision. Le second, plus légaliste, rappelle la République parlementaire et ses devoirs de justice.

Des écrivains et artistes d'avant-garde ont joué, aux côtés de la jeunesse universitaire, un rôle moteur. [...] Les deux « Protestations » ne totaliseront que 2 000 noms [...] publiées dans l'Aurore et Le Siècle jusqu'au 4 février 1898. Mais la qualité des signataires et leur valorisation par la presse dreyfusarde, [...] l'ampleur que lui donnent les réactions nationalistes sont un atout majeur.

Vincent Duclert, *L'affaire Dreyfus*, La Découverte, 2018.

→ **Quel rôle joue la presse dans la mobilisation en faveur de Dreyfus ?**

Questions et activités

Parcours 1

1. Montrez l'unanimité de l'opinion et de la presse au début de l'affaire. doc. 1, 4 et 5

2. Quels moyens sont utilisés pour mobiliser l'opinion en faveur de Dreyfus ? doc. 2, 3, 4 et 5

Synthèse. La presse fait-elle ou suit-elle l'opinion publique dans l'affaire Dreyfus ?

Parcours 2

Réaliser un diaporama rapide

« L'essentiel en 5 minutes » : à partir des documents proposés, préparez une présentation orale dans laquelle vous démontrerez, à travers le cas de l'affaire Dreyfus, l'idée que la presse est dépendante de l'opinion tout en contribuant à la former.

Toutes les ressources
lycee.nathan.fr/**25hggsp1re_328**

L'information entre le marché et l'État : histoire de l'agence Havas et de l'AFP

Fondée en 1835, l'agence Havas s'impose rapidement comme source principale d'information de la presse française mais dans une grande proximité avec le pouvoir politique. En 1944, elle renaît sous le nom d'Agence France-Presse avec un statut provisoire d'établissement public. Elle devient en 1957 un organisme autonome, ce qui lui garantit théoriquement une indépendance à l'égard de l'État.

Comment l'agence Havas devenue AFP, partagée entre les nécessités du marché et les exigences de l'État, participe-t-elle à la liberté de l'information ?

1 L'agence Havas : un rôle majeur pour la presse dès le XIXe siècle

Le romancier Honoré de Balzac publie dans une revue un point de vue très critique à l'égard de l'agence Havas, créée peu de temps avant.

Il existe à Paris, rue Jean-Jacques Rousseau, un bureau dirigé par M. Havas [...]. M. Havas a vu beaucoup de gouvernements, il vénère le Fait et professe peu d'admiration pour les Principes ; aussi a-t-il servi toutes les administrations avec une égale fidélité. Si les personnes changent, il sait que l'esprit ne change jamais, et que la direction à donner à l'esprit public est toujours la même.

M. Havas a une agence que personne n'a intérêt à divulguer, ni les ministères, ni les journaux d'opposition. Voici pourquoi. M. Havas a des correspondances dans le monde entier ; il reçoit tous les journaux de tous les pays du globe, *lui, le premier.* [...] On le laisse ainsi maître de tous les secrets [...] ; mais à une condition ; *il donne au président* du Conseil, à son lever, un petit bulletin universel, parfaitement rédigé, qui résulte du dépouillement de toutes les correspondances de tous les journaux.

Tous les journaux de Paris ont renoncé, par des motifs d'économie, à faire, pour leur compte, les dépenses auxquelles M. Havas se livre d'autant plus en grand qu'il a maintenant un monopole, et tous les journaux, dispensés de traduire, comme autrefois les journaux étrangers et d'entretenir des agents, subventionnent M. Havas par une somme mensuelle pour recevoir de lui, à heure fixe, les nouvelles de l'étranger. À leur insu, ou de science certaine, les journaux n'ont que ce que le premier ministre leur laisse publier.

Honoré de Balzac, *La Revue parisienne*, 25 août 1840.

→ **Quelles critiques Balzac formule-t-il envers l'agence Havas ?**

L'agence Havas et l'AFP en quelques dates

- 1835 : Création de l'agence Havas.
- 1852 : Création de la branche publicité d'Havas.
- 1870–1875 : Havas et les 3 autres agences mondiales (Reuters, Associated Press et la Continentale) établissent un cartel et se partagent le monde en zones d'influence.
- 1936–1940 : Havas déficitaire doit recourir à des subventions d'État.
- 1940–1944 : Sous l'occupation allemande la branche information d'Havas est séparée de la branche publicité et devient l'OFI (Office français d'information). Des journalistes résistants créent à Londres l'Agence française de presse (AFP) ; d'autres créent en France une agence clandestine, l'Agence d'information et de documentation (AID).
- 1944 : Naissance de l'AFP (20 août) avec un statut provisoire d'établissement public.
- 1957 : Nouveau statut de l'AFP qui garantit son indépendance.

lycee.nathan.fr/**25hggsp1re_328-1**

2 Une histoire de l'AFP

« 80 ans de l'AFP : les coulisses de l'agence », *TV5 Monde*, 2024.

3 L'agence Havas dans les années 1930

Bureau des dépêches de l'agence Havas.

→ **Quelle est la destination des dépêches de l'agence Havas ?**

4 Le nouveau statut de l'AFP en 1957 : une garantie d'indépendance

Article 1

Il est créé, sous le nom d'Agence France-Presse, un organisme autonome doté de la personnalité civile et dont le fonctionnement est assuré suivant les règles commerciales.

Cet organisme a pour objet :

• De rechercher, tant en France qu'à l'étranger, les éléments d'une information complète et objective ;

• De mettre contre payement cette information à la disposition des usagers.

Article 2

L'activité de l'Agence France-Presse est soumise aux obligations fondamentales suivantes :

• L'Agence France-Presse ne peut en aucune circonstance tenir compte d'influences ou de considérations de nature à compromettre l'exactitude ou l'objectivité de l'information ; elle ne doit, en aucune circonstance, passer sous le contrôle de droit ou de fait d'un groupement idéologique, politique ou économique ;

• L'Agence France-Presse doit, dans toute la mesure de ses ressources, développer son action et parfaire son organisation en vue de donner aux usagers français et étrangers, de façon régulière et sans interruption, une information exacte, impartiale et digne de confiance ;

• L'Agence France-Presse doit, dans toute la mesure de ses ressources, assurer l'existence d'un réseau d'établissements lui conférant le caractère d'un organisme d'information à rayonnement mondial.

Loi n° 57-32 du 10 janvier 1957 portant statut de l'agence France-Presse (articles 1 et 2).

→ **Dans quelle mesure le nouveau statut est-il une garantie d'indépendance pour l'AFP ?**

5 L'AFP, une agence indépendante

Le regard d'une historienne

L'originalité du statut de 1957 assure (aujourd'hui) à l'AFP une indépendance rédactionnelle qui fait la qualité de ses contenus reconnus dans le monde entier et lui assure un rôle primordial à l'ère du tout numérique. Effectivement, même si l'État, principal financier de l'Agence, a pris rapidement en main la gestion de l'entreprise après l'instauration du texte de janvier 1957, hormis pendant la guerre d'Algérie, il a évité de s'immiscer dans sa copie[1]. Cette indépendance éditoriale à l'égard du pouvoir complétée par ses principes fondamentaux présents dans son statut, son réseau de bureaux dans le monde et son métier basé sur des règles précises détaillées dans son manuel de l'agencier ont donné la possibilité à l'AFP de bâtir une réputation rédactionnelle mondiale et son travail est reconnu par les médias du monde entier.

Jade Azzoug, *L'AFP, une entreprise unique, des origines à l'histoire de son statut d'exception, 1832-2015*, Université Paris Saclay (COmUE), 2019.

1. Ne pas relire les articles, et éventuellement les censurer, avant leur publication.

→ **Le statut de 1957 a-t-il garanti l'indépendance de l'AFP ?**

Questions et activités

Parcours 1

1. Le fonctionnement de l'agence Havas peut-il être une limite à la liberté de la presse ? doc. 1 et 3

2. Quelles ruptures sont introduites après la seconde guerre mondiale par la création de l'AFP par rapport au fonctionnement de l'agence Havas ? doc. 2, 4 et 5

Synthèse. Comment l'agence Havas devenue AFP partagée entre les nécessités du marché et les exigences de l'État participe-t-elle à la liberté de l'information ?

Parcours 2

Écrire un article

À partir de l'ensemble des documents, rédigez un texte structuré caractérisant le fonctionnement de l'agence Havas puis celui de l'AFP et montrant dans quelle mesure elle contribue à la liberté de l'information.

JALON 3
Cours

Toutes les ressources

lycee.nathan.fr/**25hggsp1re_330**

Médias et informations en période de guerre de 1914 à nos jours

Pourquoi les périodes de guerre sont-elles difficiles pour la liberté de la presse ?

I 1914-1918, 1939-1945 : guerre et contrôle des médias

A La liberté d'information suspendue en temps de guerre

- **En période de guerre, la liberté de l'information est remise en cause, y compris dans les pays démocratiques.** Au XXe siècle, la guerre devient totale et mobilise les civils autant que les armées. L'État contrôle alors la diffusion des informations et utilise les médias comme moyens de **propagande**.

- **Les journalistes se questionnent alors sur leur positionnement.** À la fois journalistes et citoyens, ils sont soumis à une exigence qui peut devenir contradictoire entre leur devoir d'informer et celui de soutenir leur pays.

B Les médias pendant les deux guerres mondiales

- **Pendant la Première Guerre mondiale, la liberté de la presse, bien établie en France depuis 1881, est suspendue.** La loi du 4 août 1914 rétablit la **censure** et, surtout, la presse s'autocensure par esprit patriotique. La propagande se généralise et devient systématique, on parle alors de « **bourrage de crâne** ».

- **Pendant la Seconde Guerre mondiale, les États exercent toujours un contrôle étroit sur la presse.** Ce contrôle concerne aussi la radio et le cinéma, chargés de mobiliser l'opinion et d'assurer une propagande de masse. Par exemple, en France, dès 1940, la censure est rétablie. Après la défaite face à l'Allemagne nazie, le contrôle sur la presse, la radio et les actualités cinématographiques est total : il est effectué par l'Allemagne en zone occupée, par le gouvernement de Vichy dans la zone Sud. Les médias libres sont ceux de la résistance : la radio depuis Londres (les résistants gaullistes utilisent la BBC), la presse clandestine des mouvements de résistance sur le territoire.

II 1945-1989 : guerres lointaines et médias

A Un exemple de guerre coloniale : la guerre d'Algérie (1954-1962)

- **Lors de la guerre d'Algérie, la France n'est pas officiellement en guerre.** Les médias diffusent globalement une information conforme à la vision de l'État français. Ainsi au début de la guerre, l'ensemble des médias comme l'opinion publique sont d'accord avec le gouvernement qui considère les « rebelles » comme des terroristes et affirme que « l'Algérie est française ». La télévision et la radio demeurent sous la tutelle du gouvernement pendant toute la durée de la guerre.

- **La presse écrite demeure plus indépendante.** La guerre est de plus en plus meurtrière ; elle s'accompagne de tortures, d'attentats, de massacres et de déplacements de populations. Une partie de la presse française, même si elle court le risque d'une saisie, publie alors des articles critiques dénonçant les méthodes employées : c'est le cas par exemple du journal *Le Monde*, du magazine *L'Express* ou de *Témoignage chrétien*.

La première guerre du Golfe et les médias : l'opinion des journalistes français

« Dans la couverture d'une guerre comme celle du Golfe, y a-t-il des cas où les journalistes doivent s'autocensurer ? »

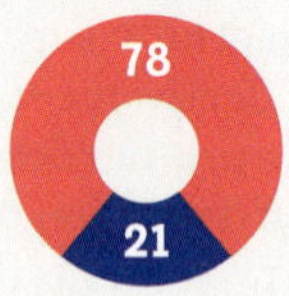

« Depuis le début de la guerre du Golfe, avez-vous le sentiment d'avoir déjà été manipulé ? »

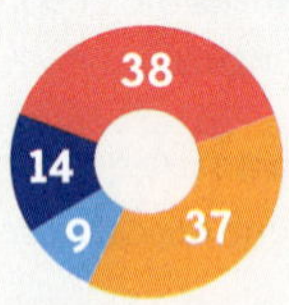

« Par qui avez-vous le sentiment d'avoir été manipulé ? »*
(pour ceux qui ont déclaré avoir le sentiment d'avoir été manipulés souvent, parfois ou rarement)

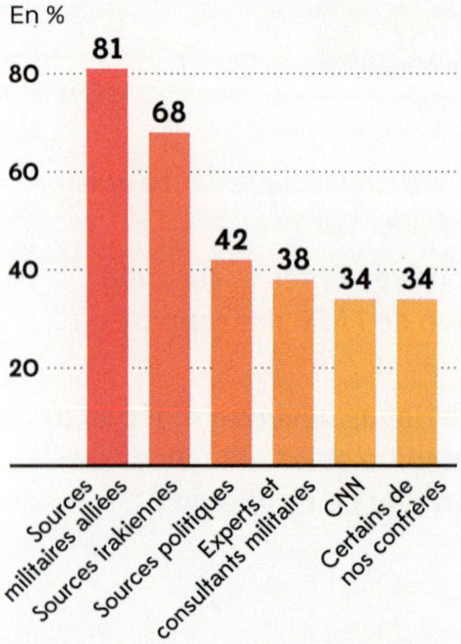

Sondage réalisé auprès de 306 journalistes de la presse écrite quotidienne et périodique, de radios, télévisions et agences de presse, du 4 au 10 février 1991.
*Plusieurs réponses possibles

Source : Ipsos.

B Un exemple de guerre lointaine : la guerre du Vietnam (1964-1973)

- **Au début de la guerre du Vietnam, les médias américains couvrent les événements sans distance critique à l'égard de ce qui leur est montré.** Dans le cadre de la guerre froide, cette guerre menée contre le communisme apparaît comme une guerre juste et l'armée américaine facilite la présence des journalistes. Elle s'intègre au jeu médiatique en tentant de maîtriser le contenu des images véhiculées.

- **Après 1968, les photographies de presse et la télévision bouleversent l'opinion publique américaine et internationale.** Certaines photos choc font le tour du monde. Cette guerre est également la première guerre filmée en continu dont les images sont diffusées le soir au journal télévisé. La connaissance des exactions commises par les soldats américains ou leurs alliés participe au retournement de l'opinion publique contre une guerre lointaine qui s'enlise et apparaît de moins en moins légitime.

III Depuis 1990, guerres nouvelles et liberté de l'information

A Des guerres nouvelles, surmédiatisées

- **Les conflits contemporains sont de natures très variées.** Ce sont des guerres entre États structurés (Russie-Ukraine depuis 2022), des guerres civiles (Bosnie 1992-1995, Syrie 2011), des interventions armées au sein de coalition (guerre du Golfe en 1991), des guerres asymétriques d'États contre des groupes armés (Syrie et coalition internationale contre Daech 2014-2019).

- **La médiatisation des guerres paraît plus intense qu'elle n'a jamais été.** L'information sur les guerres est plus rapide voire immédiate, assurée à la fois par les médias traditionnels mais aussi par internet (réseaux sociaux, blogs, sites spécialisés, podcast…), ce qui peut paraître un gage d'indépendance vis-à-vis des États.

B Une liberté de l'information toujours menacée

- **L'hypermédiatisation pèse sur la qualité de l'information en temps de guerre.** L'émotion et le point de vue partisan peuvent être privilégiés sur la véracité des faits. L'information risque aussi d'être noyée sous l'abondance ou manipulée car les États ou les groupes armés tentent de contrôler l'information à leur profit. Ainsi, lors de la première guerre du Golfe (1991) la profusion d'images télévisées en direct a masqué le manque d'explication objective. On s'est vite rendu compte de l'uniformité de l'information donnée par des journalistes embarqués par petits groupes par l'armée américaine.

- **Enfin les règles de protection des journalistes ne sont pas toujours respectées.** En 2023, 45 journalistes ont été assassinés et 387 sont en détention. Entre 2003 et 2022, les guerres en Syrie et en Irak avaient provoqué la mort de 600 d'entre eux. Devenant parfois des cibles prioritaires (enlèvements, exactions, assassinats), les journalistes professionnels renoncent parfois à couvrir certains conflits particulièrement meurtriers.

Vocabulaire

« Bourrage de crâne » : propagande outrageusement mensongère exercée sur les populations des États belligérants pour les mobiliser.

Hypermédiatisation : surexposition médiatique et massification de l'information.

Notions

Censure : atteinte à la liberté d'expression pouvant émaner d'une autorité politique ou religieuse.

Propagande : action exercée sur des individus pour les convaincre de la supériorité d'une idéologie ou d'une politique.

Fiches de lecture

Jacques Portes, *Les États-Unis et la guerre du Vietnam*, Complexe, 2008.
Excellente synthèse par l'un des meilleurs spécialistes français de l'histoire des États-Unis. Notamment les chapitres 5 et 6 sur les 4 dernières années de guerre à partir de 1968.

Patrick Eveno, *Guerre et médias. De la Grande Guerre à aujourd'hui*, CNDP/CLEMI, 2014.
De la Première Guerre mondiale aux conflits récents, cet ouvrage analyse comment les médias sont soumis à la censure et la propagande, et leur impact sur la démocratie.

Pour aller + loin

« Le Vietnam et l'Amérique au cinéma et à la télévision : du traumatisme au déni », *Hermès, La Revue*, 2008.
La guerre du Vietnam, traumatisme majeur américain, a vu son récit évoluer dans les fictions : du choc violent des années 1970 à une cause noble des années 80, puis folklorique des années 90.

« À la Une – Verdun, la presse en guerre », *RetroNews*, BnF, 2017.
La bataille la plus longue et l'une des plus dévastatrices de la Première Guerre mondiale. Dès le début de l'offensive allemande, elle fait l'objet d'un récit documenté, patriotique et passionné par la presse française.

« Quand la propagande russe détourne les médias français dans sa guerre de l'information », *France 24*, 2023.
De fausses unes de *Charlie Hebdo* moquant Zelensky circulent ; une vidéo attribuée à *20 Minutes* en identifie l'auteur, mais elle est fausse aussi, utilisant les codes des médias français.

JALON 3

Étude

Toutes les ressources

lycee.nathan.fr/**25hggsp1re_332**

Les médias américains durant la guerre du Vietnam

Dans la guerre froide, les États-Unis interviennent, au début des années 1960, aux côtés du Sud-Vietnam menacé par le Nord-Vietnam communiste. Ils s'engagent peu à peu dans une guerre longue et incertaine de plus en plus contestée par une opinion publique qui découvre, grâce aux médias, les réalités de ce conflit.

Quel a été le rôle des médias américains pendant la guerre du Vietnam ?

1 La couverture médiatique de la guerre

Au cours de la guerre du Vietnam, des soldats américains revenant d'une mission sont interviewés par un journaliste de la NBC, en 1970.

→ **Quel rôle la télévision paraît-elle jouer dans cette photographie ?**

La guerre du Vietnam
en quelques dates

- 1964 Dans le golfe du Tonkin, des navires américains sont bombardés. Résolution du Congrès américain en faveur de la guerre.
- 1965 Bombardements réguliers du Nord-Vietnam. Arrivée des premières troupes américaines.
- 1968 Offensive du Têt (Nouvel An vietnamien) lancée par les communistes du Sud-Vietnam et l'armée nord-vietnamienne.
- 1969–1973 Retrait des troupes américaines.
- 1975 1975 Prise de Saigon. Réunification des deux Vietnams au profit du Nord communiste.

2 L'opinion américaine sur l'engagement des États-Unis

« L'engagement des États-Unis au Vietnam était-il une erreur ? »

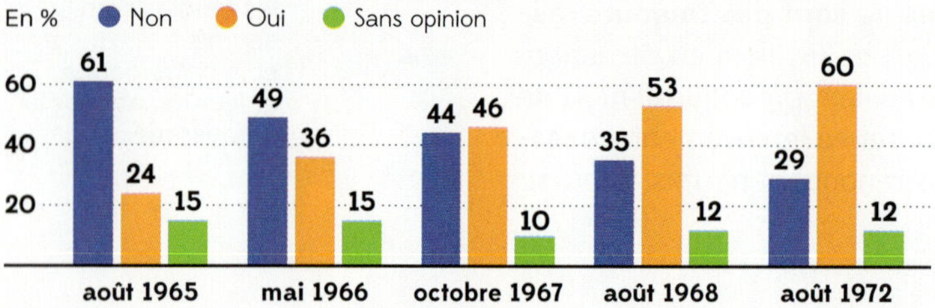

Sources : Sondages organisés aux États-Unis par l'institut Gallup.

Soldats américains présents au Vietnam, en milliers

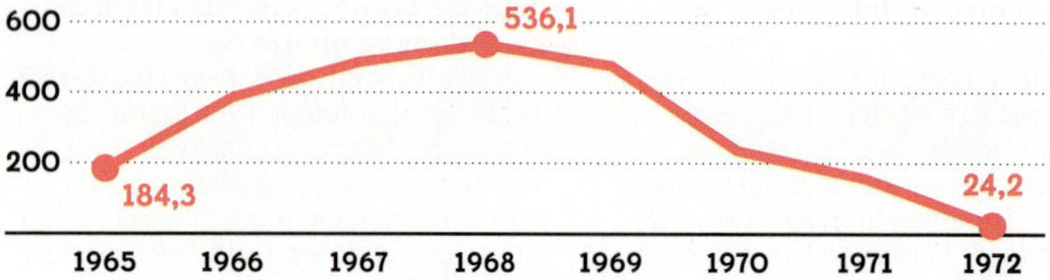

Source : Statistical Abstracts of the United States.

→ **Quelles relations observez-vous entre les deux diagrammes ?**

st Photos of Viet Mass Slaying

THE PLAIN DEALER

OHIO'S LARGEST NEWSPAPER

FINAL
Stocks & Races
Dow-Jones off 5.21

TH YEAR—NO. 324 CLEVELAND, THURSDAY, NOVEMBER 20, 1969 96 PAGES 10 CENTS

Exclusive

This photograph will shock Americans as it shocked the editors and the staff of The Plain Dealer. It was taken by a young Cleveland area man while serving as a photographer with the U.S. Army in South Vietnam.

It was taken during the attack by American soldiers on the South Vietnamese village My Lai, an attack which has made world headlines in recent days with disclosures of mass killings allegedly at the hands of American soldiers.

This photograph and others on two special pages are the first to be published anywhere of the killings.

This particular picture shows a clump of bodies of South Vietnamese civilians which includes women and children. Why they were killed raises one of the most momentous questions of the war in Vietnam.

Cameraman Saw GIs Slay 100 Villagers

By JOSEPH ESZTERHAS
(c) 1969, The Plain Dealer

A clump of bodies on a road in South Vietnam.

3 Des médias contre la guerre

Le 16 mars 1968, une compagnie de l'armée américaine massacre tous les habitants d'un hameau du Sud-Vietnam. Ce massacre n'est révélé et reconnu qu'en novembre 1969.

Une du quotidien américain *The Plain Dealer*, 20 novembre 1969.

→ **Confrontez le document avec l'évolution de l'opinion publique américaine. Quel rôle la presse écrite joue-t-elle vis-à-vis du pouvoir politique et de l'opinion ?**

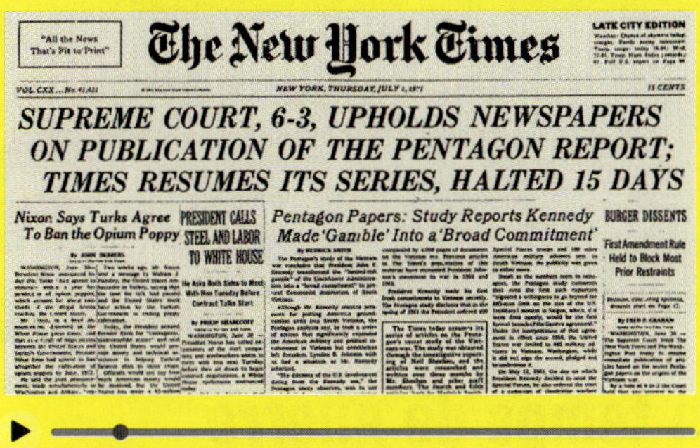

lycee.nathan.fr/**25hggsp1re_333**

5 Les ambiguïtés des médias dans la guerre : les journalistes embarqués

Le regard d'un politiste

Au Vietnam, les autorités américaines ont été prises à leur propre jeu. Elles ont dès le départ refusé d'imposer une censure qui aurait passé pour inacceptable puisque les États-Unis n'étaient pas officiellement en guerre - et qui aurait attiré l'attention des médias. Cependant, les journalistes devaient obtenir une accréditation, et un véritable ministère de l'Information local fut mis en place, le JUSPAO, chargé de fournir les informations officielles à la presse via des conférences de presse quotidiennes, devenues depuis une des caractéristiques premières de tout conflit. [...] Des consignes enjoignaient aux chefs de corps d'assurer l'accueil et le transport des journalistes régulièrement accrédités. L'information diffusée devait respecter quelques règles fixées par l'armée, que les journalistes acceptèrent sans problème. Mais les correspondants américains, qui étaient les plus nombreux, étaient là pour parler de la vie des GI. Le conflit et le sort des Vietnamiens les intéressaient peu, tant la lutte contre les communistes leur semblait légitime. Et c'est en axant leurs reportages sur le destin des boys qu'ils firent progressivement monter le sentiment d'absurdité de cette guerre. Les commentaires désabusés et les images chocs sur les dégâts physiques et psychologiques se multiplièrent juste au moment où s'amorçait le retournement de l'opinion publique américaine.

Arnaud Mercier, « Guerre et médias : permanences et mutations », *Raisons politiques*, n° 13, 1er trimestre 2004.

→ **Comment, d'après l'auteur, les médias participent-ils au retournement de l'opinion publique américaine ?**

4 Les révélations de la presse : les *Pentagon papers*

« What Were the Pentagon Papers? », *History*, 2018.
NB : traduction en français disponible directement dans la vidéo.

→ **Que révèle le *New York Times* ? Que montrent ces révélations quant au rapport entre la presse et le pouvoir ?**

Questions et activités

Parcours 1

1. Montrez la diversité du positionnement des médias américains pendant la guerre du Vietnam. doc. 1, 3, 4 et 5

2. Confrontez les documents pour montrer les ambiguïtés de la position des médias en temps de guerre vis-à-vis du pouvoir politique et de l'opinion publique. doc. 1 à 5

Synthèse. Quel a été le rôle des médias américains en temps de guerre ? Ont-ils gardé leur liberté ou bien sont-ils passés sous le contrôle de l'État ?

Parcours 2

Rédiger une argumentation

- Montrez à quelles difficultés les médias se sont heurtés pour couvrir objectivement la guerre.
- Attribuez à chaque idée, les documents qui permettent de la développer et résumez ce qu'apporte chaque document pour répondre :

– Contrôle relatif du pouvoir [doc. 4 et 5]
– Légalisme ou patriotisme des journalistes [doc. 1 et 5]
– Poids de l'opinion publique [doc. 2 et 5]
– Volonté d'informer librement [doc. 3, 4 et 5]

Points de vue

Des médias aux ordres de l'État durant la guerre d'Algérie (1954-1962) ?

Toutes les ressources

lycee.nathan.fr/25hggsp1re_334

La guerre d'Algérie en quelques dates

- 1954 (1er nov.) — **Attentats de la Toussaint** et proclamation du Front de Libération Nationale (FLN).
- 1955 — **État d'urgence** décrété en Algérie
- 1957 (janv.-oct.) — **Bataille d'Alger** pour démanteler le FLN. Le terrorisme, la répression et la torture s'intensifient.
- 1958 (13 mai) — **Émeutes à Alger**. Retour au pouvoir du général de Gaulle.
- 1960 (24 janv.-1er fév.) — **Semaine des barricades** à Alger (émeutes des partisans de l'Algérie française)
- 1961 (janv.) — **Victoire du « oui »** au référendum sur l'autodétermination algérienne en métropole et en Algérie.
- 1961 (fév.) — **Fondation de l'OAS** (Organisation de l'armée secrète) par des partisans de l'Algérie française.
- 1962 (18 mars) — **Signatures des accords d'Evian** et indépendance de l'Algérie le 3 juillet.

1 Une guerre sans nom

2 La difficulté d'une information libre en temps de guerre

Le point de vue d'un historien

Michel Winock, historien, spécialiste de l'histoire de la République française et des mouvements intellectuels contemporains, professeur émérite à l'Institut politique de Paris.

Au total, les sept années et demie de la guerre d'Algérie furent une sombre période dans l'histoire de la liberté d'expression. Le gouvernement avait à sa disposition une législation qui l'autorisait à sévir contre la parole écrite par la saisie, au nom de la « sûreté » de l'État. [...] (La radio-télévision) a été administrée, surveillée, contrôlée, inspirée par le pouvoir politique. [...] À quelques exceptions près, la RTF[1] et ces radios (les radios périphériques) furent les outils de la propagande gouvernementale.

Au demeurant, l'information sur la guerre d'Algérie a filtré à travers les barrages que les gouvernements lui ont opposés. C'est l'honneur d'une presse libre, minoritaire, souvent pauvre, que d'avoir voulu et su braver les menaces gouvernementales, résister à la tentation de l'autocensure. De ce point de vue, la campagne menée contre la torture menée par *Le Monde,* la presse communiste, les hebdomadaires de gauche, sans parler de la diffusion militante des textes interdits, a été une défaite pour les défenseurs d'une politique du silence.

Le blâme, la calomnie, l'insulte, l'arrestation, la garde à vue, la menace de saisie, la saisie, toutes ces armes ont été employées par les gouvernements successifs pour faire admettre la vérité officielle.

Michel Winock, « Ce qu'on savait vraiment », *L'Histoire,* n° 292, novembre 2004.

1. RTF : Radio-télévision française, service public de l'audiovisuel créé en 1949.

3 Un exemple de tentative de contrôle de l'État sur la presse

Le Parti Communiste Français adresse une lettre à tous les partis et organisations qui ont pris position pour la négociation en Algérie et l'autodétermination

l'Humanité

ORGANE CENTRAL DU PARTI COMMUNISTE FRANÇAIS

EDITION SPECIALE

"L'HUMANITÉ" SAISIE POUR AVOIR DIT LA VÉRITÉ sur les événements d'Algérie

René ANDRIEU.

NÉGOCIATION IMMÉDIATE !

CENSURÉ

René ANDRIEU.

61 MORTS

(premier bilan officiel des fusillades auxquelles les ultras ont aussi participé)

des centaines de blessés et d'arrestations

- 4 MORTS A ORAN
- De Gaulle hier en Kabylie a parlé de « fraternité » et de « coopération »
- Notre envoyé spécial à Alger, Yves MOREAU expulsé par décision du gouvernement

(TOUTES NOS INFORMATIONS EN PAGE 3)

HIER, A MONTREUIL 3.000 jeunes gens et jeunes filles ont clôturé la rencontre nationale organisée par l'U.J.F.F.

LA COUPE DU MONDE réveille les footballeurs français

FRANCE 3 – BULGARIE 0

MADO ROBIN – la plus haute voix du monde – EST MORTE

LES HAÏKS ROUGES

CENSURÉ

4 Une opinion peu mobilisée

Le regard d'un historien

L'historien de l'Antiquité Pierre Vidal-Naquet (1930-2006) fait le bilan des campagnes sur la torture et pour les droits de l'homme menées par les intellectuels français pendant la guerre d'Algérie. Il a lui-même publié des livres dénonçant cette guerre et la pratique de la torture comme en 1958 L'Affaire Audin et en 1962 La Raison d'État.

Les espérances que nous avions de créer un vrai mouvement d'opinion comparable à l'affaire Dreyfus, qui était notre référence quasi obligatoire, n'ont pas été couronnées de succès. Il y a bien eu, en 1957, un mouvement d'opinion dont on trouve trace dans la presse. Malgré tout, après le retour du général De Gaulle, en qui beaucoup faisaient confiance pour résoudre les problèmes, on a eu l'impression d'un édredon, d'une sorte d'oreiller de silence. Et nous nous sommes trouvés effectivement, minoritaires. Minoritaires par rapport aux partis organisés, minoritaires par rapport à de vastes secteurs de l'opinion publique pour qui l'Algérie c'était loin, qui se préoccupaient assez peu des moyens employés là-bas. On espérait le retour du contingent, mais la question des tortures, des exécutions sommaires, des mesures et autres techniques employées en Algérie, on ne peut pas dire que cela a bouleversé l'opinion.

P. Vidal-Naquet, entretien cité par B. Stora, *La Gangrène et l'oubli*, La Découverte, 1991.

5 Une dénonciation de la torture dans la presse

Henri-Irénée Marrou (1904-1977) est historien, ancien résistant. Il dénonce dès 1956 dans le journal Le Monde *les exactions de l'armée française en Algérie :*

[...] Partout en Algérie, la chose n'est niée par personne, ont été installés de véritables laboratoires de torture, avec baignoire électrique et tout ce qu'il faut, et cela est une honte pour le pays de la Révolution française et de l'affaire Dreyfus. [...] Et que dire enfin de la répression collective, car de quelque nom qu'on la décore – ratissage, démonstration aérienne « qui fait plus de peur que de mal » (bien sûr les victimes ne se chiffrent que par dizaines, ce n'est pas Hiroshima !) – l'opération consiste toujours à frapper indistinctement innocents et coupables, combattants et désarmés. On ne « venge » pas un assassinat par de tels crimes, car ce sont là des crimes.

Henri-Irénée Marrou, « France, ma patrie », *Le Monde*, 5 avril 1956.

Construire son point de vue

Découvrez les documents

- Comment la guerre est-elle montrée et désignée sur cette couverture ? doc. 1
- En quoi ces documents attestent-ils l'indépendance de la presse écrite par rapport à l'État ? doc. 3 et 5
- Comment la guerre était-elle perçue par l'opinion publique après 1958 ? doc. 4
- Comment le contrôle de l'État s'exerce-t-il sur les médias ? doc. 2 et 3

Comprendre des arguments

- Montrez qu'il y a un contrôle de l'État sur les médias. doc. 1, 2, 3 et 4
- Malgré la volonté de contrôle de l'État, les médias peuvent-ils exercer leur liberté d'informer ? doc. 2, 3, 4 et 5

Présentez votre point de vue ORAL

- À l'oral, en 5 minutes, présentez le rôle des médias pendant la guerre d'Algérie face à une volonté de contrôle de l'État, en organisant votre réflexion autour de la question : les médias ont-ils pu continuer à informer librement pendant la guerre d'Algérie ?

AXE 2

Synthèse

Toutes les ressources

lycee.nathan.fr/25hggsp1re_336

Liberté ou contrôle de l'information : un débat politique fondamental

I De la fin du XIXe siècle, à 1945 : la construction de la liberté de l'information

- **En France, sous la IIIe République, alors que la démocratie s'enracine,** la loi de 1881 donne à la presse française une liberté presque totale. Elle connaît son âge d'or : des journaux d'opinion et d'information se multiplient. Elle devient alors un média de masse. Désormais libre, la presse écrite participe à la formation de l'opinion publique en permettant le débat contradictoire, indispensable à la démocratie.

Jalon 1 - L'information dépendante de l'opinion ? L'affaire Dreyfus et la presse **p. 324**

- **L'affaire Dreyfus révèle le rôle nouveau joué par la presse écrite** qui s'impose alors comme un pouvoir dont l'État doit tenir compte. La presse écrite révèle l'affaire et alimente le débat entre dreyfusards et antidreyfusards. Elle suit d'abord majoritairement l'opinion publique convaincue de la culpabilité de Dreyfus puis accompagne et participe au retournement de l'opinion en faveur du capitaine Dreyfus condamné à tort et finalement réhabilité.

- **Malgré les progrès réalisés depuis la fin du siècle, la liberté de l'information ne résiste pas aux exigences de la guerre.** Lors de la Première Guerre mondiale, l'État rétablit la censure et utilise les médias comme moyens de propagande. La liberté de l'information est complètement remise en cause.

- **Dans l'entre-deux-guerres, la liberté de l'information est restaurée.** La démocratie est cependant affaiblie et la presse nationale, discréditée par sa participation à la propagande pendant la guerre, connaît une crise. Elle est aussi concurrencée par les actualités filmées et la radio.

- **Lors de la Seconde Guerre mondiale, la liberté de l'information est à nouveau remise en cause.** Pendant la période de l'Occupation allemande, la censure et la propagande s'appliquent aux médias, presse comme radio que ce soit par le gouvernement de Vichy en zone Sud ou par l'Allemagne nazie en zone occupée.

II 1945-1981 : entre liberté et contrôle

- **Après 1945, en France, les médias retrouvent leur liberté mais aussi des tentatives de contrôle.** La liberté de l'information est rétablie à la Libération. La presse est restructurée et se diversifie. Cependant contrairement à la presse écrite, la radio et la télévision sont toujours sous monopole d'État, donc soumises à la censure. Des radios « périphériques » se développent alors pour y échapper.

Jalon 2 - L'information entre le marché et l'État : histoire de l'Agence Havas et de l'AFP **p. 328**

- **En 1944, l'agence Havas, qui s'était imposée avant-guerre comme source d'information principale de la presse, est remplacée par l'Agence France Presse,** créée avec l'objectif de fournir aux médias une information libre et objective mais avec un statut provisoire. La définition d'un statut indépendant de l'État en 1957 lui garantit cette liberté d'un point de vue légal, ce qui a permis à l'AFP d'assumer une ligne éditoriale sans influence de l'État et d'être reconnue dans le monde entier. Vendant l'information à la plupart des organes de presse, elle participe, par son indépendance, à la liberté de l'information.

- **Malgré l'abandon officiel de la censure, l'État contrôle ou tente de contrôler parfois les médias.** C'est le cas lors de certaines guerres lointaines comme la guerre d'Algérie (1954-1962) en France ou la guerre du Vietnam pour les États-Unis (1963-

1973]. En guerre, les médias diffusent une information globalement conforme à la vision de l'État. La censure s'exerce en France sur les rares journaux qui s'autorisent un discours critique tandis que la télévision relaie massivement le point de vue du pouvoir politique.

Jalon 3 - Information et propagande en temps de guerre : les médias et la guerre du Vietnam **p. 330**

- **Aux États-Unis, la guerre du Vietnam est largement couverte par les médias** mais ces derniers suivent une opinion publique au début globalement favorable à l'intervention armée dans le cadre de la guerre froide. La censure n'existe pas et les médias sont peu critiques des décisions du gouvernement. L'enlisement de la guerre provoque un retournement de l'opinion à partir de 1967 auquel la presse écrite participe par ses publications qui révèlent les erreurs, les impasses et les violences. Le point de vue de la télévision évolue avec l'opinion tout en restant très proche de la version officielle des événements.

III Vers une complète liberté de l'information dans les démocraties occidentales ?

- **Depuis les années 1980, la liberté de l'information est complète dans les démocraties occidentales.** En France, la liberté de l'information se généralise à la radio et à la télévision après 1981 et l'arrivée de la gauche au pouvoir. Un service public d'information, dont la liberté est garantie par l'existence d'une institution autonome [aujourd'hui, Autorité de régulation de la communication audiovisuelle], se maintient à côté d'une offre qui se diversifie avec l'autorisation des radios libres, la création des chaînes privées puis, depuis les années 2000, le développement d'internet.

- **En France comme dans les autres pays démocratiques, la liberté de l'information peut paraître plus grande,** les médias plus diversifiés mais dans le même temps, ils entrent en crise. Depuis les années 2010, on assiste en effet à une modification radicale dans la façon de s'informer. Les médias traditionnels [télévision, presse écrite, radios] sont concurrencés par d'autres sources d'information comme les chaînes d'information en continu, les réseaux sociaux.

- **L'hypermédiatisation pèse sur la qualité de l'information,** par son abondance même ou parce qu'elle peut être manipulée. L'émotion et le point de vue partisan peuvent être privilégiés sur la véracité des faits. Ainsi, la crise des médias, marquée par un déficit de confiance de l'opinion à leur égard, s'accompagne d'une crise de la démocratie.

En temps de paix

- **Liberté de l'information indispensable au débat démocratique** (ex. affaire Dreyfus)
- **Reflet / formation de l'opinion publique** (ex. affaire Dreyfus)
- **Indépendance plus ou moins grande à l'égard de l'État et du marché** (ex. Havas et AFP)
- **Crise démocratique parallèle à la crise des médias**

En temps de guerre

- **Débat entre contrôle nécessaire de l'État et maintien de l'indépendance des médias pour informer** (ex. guerre du Vietnam)
- **Censure et propagande de l'État** (ex. guerre d'Algérie)
- **Autocensure des médias et participation volontaire à la propagande** (ex. guerre du Vietnam)
- **Hypermédiatisation des guerres contemporaines**

Synthèse

Réviser avec...
3 schémas et une carte

Toutes les ressources
lycee.nathan.fr/25hggsp1re_338

1 La confiance dans les médias en France

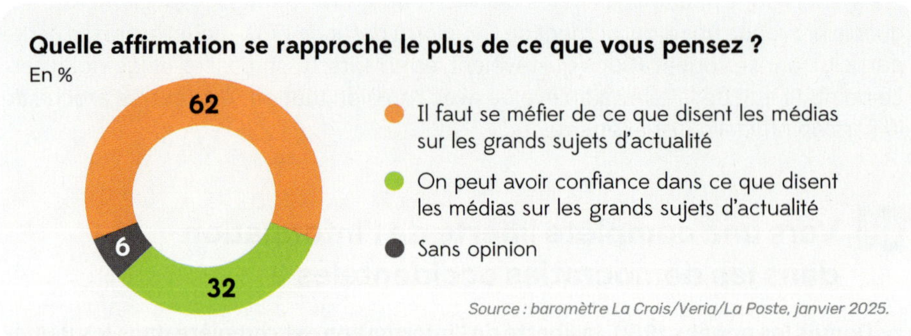

2 L'indépendance perçue des journalistes

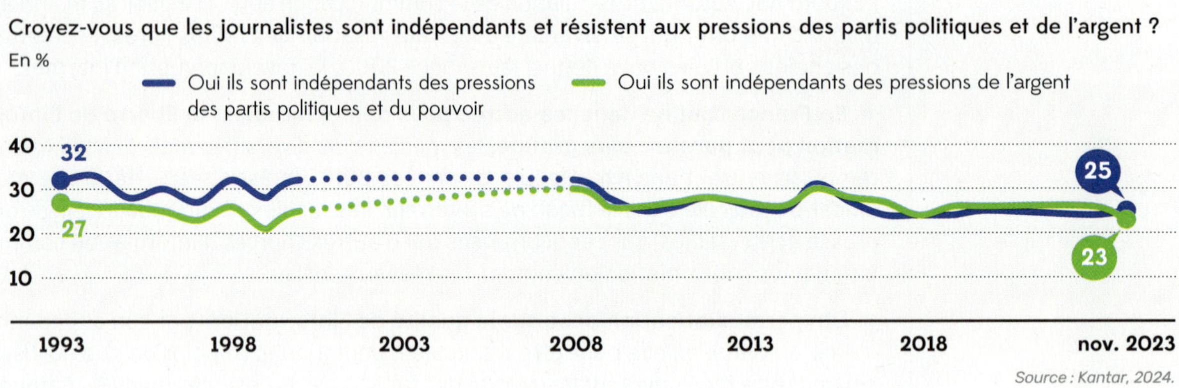

3 La liberté de la presse en Europe en 2023

Carte interactive

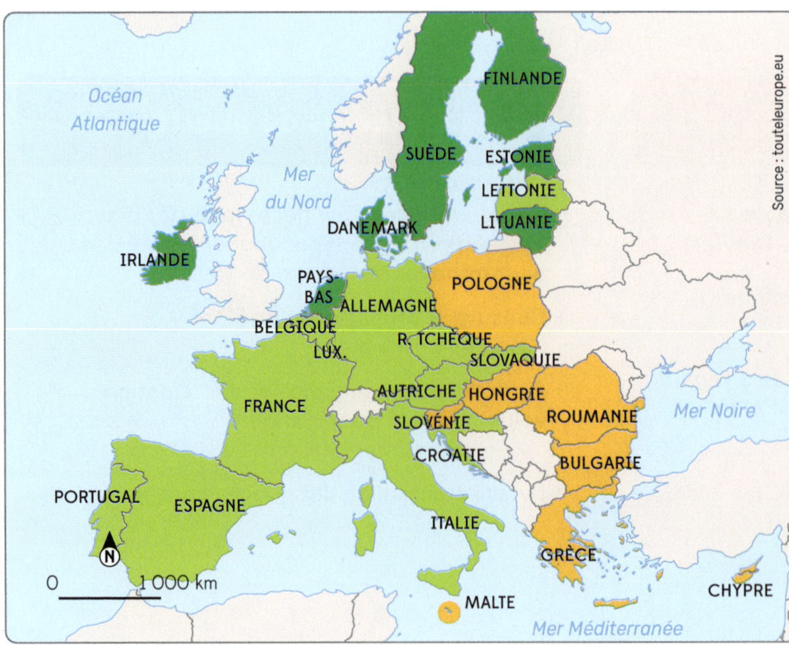

Situation des journalistes dans l'UE sur la base de la note sur 100 attribuée par *Reporters sans Frontières* en 2023

- Situation bonne (note entre 85 et 100)
- Situation plutôt bonne (note entre 70 et 85)
- Situation problématique (note entre 55 et 70)

Classement mondial

2e	IRLANDE	16e	LETTONIE
3e	DANEMARK	17e	SLOVAQUIE
4e	SUÈDE	20e	LUXEMBOURG
5e	FINLANDE	21e	ALLEMAGNE
6e	PAYS-BAS	24e	FRANCE
7e	LITUANIE	29e	AUTRICHE
8e	ESTONIE	31e	BELGIQUE
9e	PORTUGAL	36e	ESPAGNE
14e	R. TCHÈQUE	41e	ITALIE

❹ Qui détient les grands médias en France ?

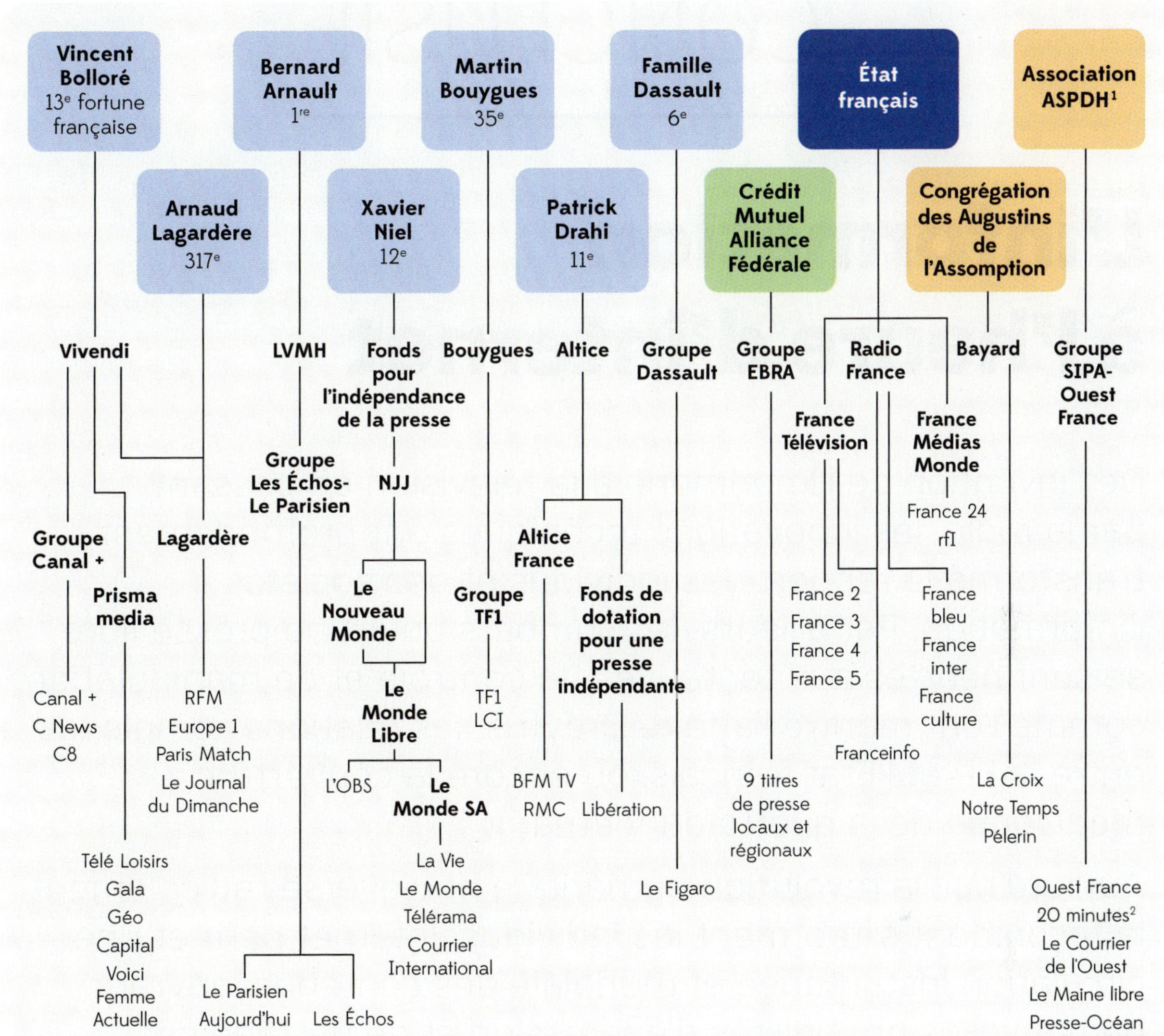

1. Association pour le soutien des principes de la démocratie humaniste.
2. En contrôle conjoint avec le groupe Rosset.

Source : Médias, 2024.

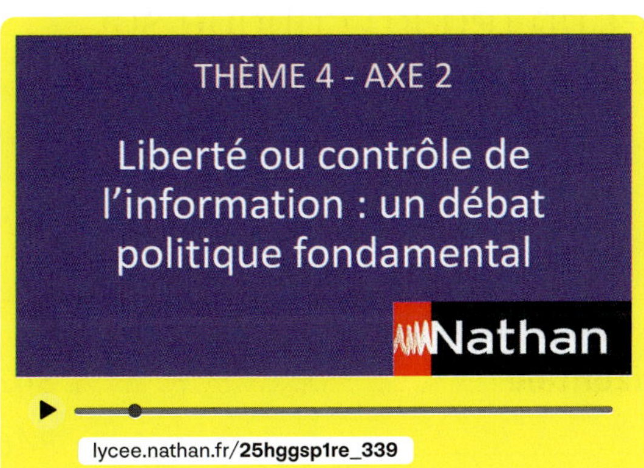

❺ Mon bilan en vidéo

Pour approfondir

- **« Liberté de la presse : antidote à la tyrannie », *Le Dessous des cartes*, Arte, 2024.**
Vidéo en partenariat avec RSF pour alerter sur l'état critique de la liberté de la presse mondiale avec 500 journalistes emprisonnés et 117 tués en 2022.
- **« Liberté de la presse : « 50 % de la population mondiale vit dans un pays sous cloche » Anne Bocandé (RSF) », *RFI*, 3 mai 2024.**
À l'occasion de la Journée mondiale de la Liberté de la presse, entretien avec Anne Bocandé, directrice éditoriale de l'ONG Reporters sans frontières (RSF).
- **« La liberté de la presse à travers les siècles », *Les essentiels*, BnF, consulté en janvier 2025.**
Exposition en ligne très richement documentée, notamment l'article de Christian Delporte, historien spécialiste de l'histoire des médias et de la communication politique.

Thème 4 OBJET DE TRAVAIL CONCLUSIF

L'information à l'heure d'internet

De l'invention de l'imprimerie à la télévision en passant par la radio, les innovations techniques ont profondément transformé le rapport des individus et des sociétés à l'information. Par ailleurs, les combats pour une presse libre se sont heurtés aux tentatives de contrôle et de manipulation, comme l'ont montré l'affaire Dreyfus, les relations complexes entre l'AFP et l'État français, ou encore la couverture médiatique de la guerre du Vietnam.

Aujourd'hui, la révolution numérique bouleverse radicalement la façon dont s'informent les individus. Internet permet une circulation instantanée et mondiale des contenus, ouvrant de nouvelles possibilités d'expression et de partage des connaissances. Mais cette horizontalité de l'information soulève aussi des questions inédites : fragmentation des sources, émergence des lanceurs d'alerte, propagation des théories complotistes... Comprendre ces mutations est devenu un enjeu crucial pour exercer un regard critique sur l'information à l'ère du numérique.

SOMMAIRE

Julian Assange au balcon de l'ambassade d'Équateur à Londres (19 mai 2017)

JALON 1

Cours

Toutes les ressources

lycee.nathan.fr/25hggsp1re_342

Qui est prêt à payer pour du contenu en ligne ?

En % des personnes ayant payé l'accès à des médias en ligne en 2023

Source : Reuters Digital News Report 2024, p. 49.

Vocabulaire

Agrégateur d'information : application permettant de rassembler des informations publiées sur différents sites web.

Pure player : média né sur internet et diffusant exclusivement en ligne, sans version papier. Ces médias se caractérisent par des formats innovants, une réactivité accrue et des modèles économiques spécifiques.

Web 2.0 : évolution d'internet (années 2000) marquée par l'apparition des plateformes participatives (« web social ») permettant aux utilisateurs de créer et partager des contenus (blogs, wikis, réseaux sociaux).

Web 3.0 : nouvelle génération du web caractérisée par l'interconnexion des données et l'intelligence artificielle. Les algorithmes personnalisent l'expérience utilisateur en analysant ses comportements et préférences (« web sémantique »).

L'information à l'heure d'internet

Comment internet a-t-il bouleversé le monde de l'information ?

I Une révolution de l'information

A Internet : un nouveau média

- **Internet s'est imposé comme un nouveau média depuis les années 1990.** Au XXe siècle, la presse écrite, puis la radio et la télévision ont été les médias dominant le paysage informationnel. L'apparition d'internet a tout bouleversé : au début des années 1990, seule une centaine de sites existait ; en 2024, il y en a plus d'1 milliard. Une quantité d'informations sans précédent y circule désormais.

- **Internet a contribué à la mondialisation de l'information.** Avant l'émergence d'internet, les médias traditionnels, à de rares exceptions (*International Herald Tribune* aux États-Unis), diffusaient à une échelle réduite. Un quotidien comme le journal *Le Monde*, qui n'était accessible qu'en France et dans les pays proches, l'est désormais partout dans le monde grâce à sa diffusion numérique.

B Une information instantanée

- **Internet permet une diffusion et une réception instantanées de l'information.** Tout événement (sportif, politique, fait divers…) peut être suivi au même moment par plusieurs milliards d'individus dans le monde sur des supports divers (ordinateurs, smartphones, tablettes) grâce aux chaînes d'information en continu. L'accès à l'information s'est généralisé grâce au wifi dans les lieux publics et aux appareils numériques mobiles.

- **L'instantanéité de l'information sur internet change les rapports à l'actualité.** Lors d'un événement majeur (élection, tension géopolitique), internet est le vecteur privilégié de l'information instantanée, de la course au scoop et au buzz. Les supports traditionnels se recentrent sur l'analyse de l'actualité, qui requiert un temps plus long afin d'apporter des contenus plus complets et plus réfléchis.

II Internet et la « société globale de l'information »

A De nouveaux outils d'information

- **Les canaux de diffusion de l'information se sont multipliés et ont évolué.** Aux sites internet de première génération des années 1990, sont venus s'ajouter les forums, les blogs, les pages d'accueil des fournisseurs d'accès, les médias citoyens (Agoravox) et les encyclopédies en ligne (Wikipédia) au début des années 2000 (**web 2.0**). Les réseaux sociaux sont apparus ensuite (**web 3.0**).

- **Les médias traditionnels ont dû repenser leur modèle économique face aux GAFAM qui captent l'essentiel des revenus publicitaires.** Leur mutation s'est opérée en développant des offres numériques payantes, tandis que les ***pure players*** (*Mediapart*) démontrent la viabilité des abonnements en ligne, ou fonctionnent grâce au financement participatif (*Blast*, *Reporterre*).

B Horizontalité et fragmentation de l'information

- **L'information circule désormais de manière horizontale.** Le modèle de diffusion sur internet n'est plus celui du « un-à-tous », mais celui du « tous-à-tous ». Grâce aux réseaux sociaux, l'information se diffuse de manière interactive entre membres d'une même communauté. Twitter (devenu X après son rachat par Elon Musk en 2022) s'est rapidement affirmé dans le domaine de l'information, avec ses messages brefs devant respecter 140 signes au départ (jusqu'à 4 000 aujourd'hui). Un événement familial, une photo de vacances deviennent une information à partager et à « liker » (Instagram, Snapchat).

- **L'information est de plus en plus personnalisée par les algorithmes.** Ces derniers créent des « bulles de filtres » en sélectionnant les contenus selon nos préférences, limitant notre exposition à des points de vue différents. Les **agrégateurs d'informations**, *newsletters* et notifications renforcent cette **fragmentation**.

III Les difficultés de régulation de l'information à l'heure d'internet

A Les limites de l'information sur internet

- **Plusieurs problèmes peuvent apparaître face à la surcharge informationnelle.** La pratique du « copier-coller » (texte, image, son) et l'absence de vérification des sources remettent en question la fiabilité des informations qui circulent. Certaines informations issues de sites parodiques comme *le Gorafi* sont parfois prises au sérieux et relayées par des journalistes et des acteurs de la vie politique.

- **La surcharge informationnelle transforme notre rapport à l'actualité.** Face au flux continu d'informations, les capacités d'attention diminuent et la vérification des sources devient plus difficile. Cette situation fragilise l'autorité des journalistes professionnels, désormais concurrencés par une multitude de producteurs de contenus sur les réseaux sociaux.

B Les États et l'information sur internet

- **Les États cherchent à contrôler l'information sur internet.** Certains États (Chine, Corée du Nord, Cuba) pratiquent la censure et empêchent l'accès à certains sites (ONG, médias pluralistes). La surveillance d'internet n'est pas propre aux régimes autoritaires : de nombreux États démocratiques (France, États-Unis) ont mis en place des outils technologiques et législatifs leur permettant de surveiller internet et d'avoir accès à des informations relatives à des activités illicites.

- **Internet est également le support de rivalités entre États qui se livrent à une guerre de l'information.** À l'occasion de conflits géopolitiques (invasion de l'Ukraine en 2022, réactivation de la guerre au Proche-Orient depuis le 7 octobre 2023, tensions en mer de Chine), certains pays n'hésitent pas à pratiquer la désinformation et la propagande. Par exemple, la chaîne de télévision RT (anciennement *Russia Today*) a été créée en 2005 pour refléter le point de vue des autorités de Moscou dans le monde.

Notions

Fragmentation de l'information : processus de diversification de l'offre informationnelle se caractérisant par la multitude des sources et des moyens de diffusion (presse payante ou gratuite, télévision, radio, internet, réseaux sociaux).

Information horizontale : processus non centralisé de diffusion des contenus informationnels. Ces derniers circulent directement entre les producteurs et les utilisateurs du réseau internet sans passer par les médias « traditionnels » que sont la presse écrite, les chaînes de radio et d'information, etc.

Fiches de lecture

Ophélie Coelho, *Géopolitique du numérique. L'impérialisme à pas de géant*, Éditions de l'Atelier, 2023.
Analyse du rôle des géants du numérique sur les relations internationales, soulignant leur rôle central dans les infrastructures et leur influence croissante sur les États.

Antoine de Tarlé, *La fin de l'information ?* Éditions de l'Atelier, 2024.
Essai sur le développement de la désinformation à l'heure d'internet.

Pour aller + loin

« Désinformation : une guerre du XXIe siècle », *Le Dessous des cartes*, Arte, 23 septembre 2023.
Épisode qui examine comment la désinformation est devenue une arme stratégique majeure dans les conflits contemporains, en particulier dans le contexte de la guerre en Ukraine.

« Les médias français sous le feu des cyberattaques et des « rançongiciels » », *Un monde connecté*, France Culture, 28 octobre 2024.
Épisode qui relate la multiplication des cyberattaques en France.

« "Hasbara" : la stratégie de propagande d'Israël », *Le Dessous des images*, Arte, 2024.
Analyse des techniques de communication utilisées par Israël pour influencer l'opinion publique mondiale.

Toutes les ressources

lycee.nathan.fr/25hggsp1re_344

Vers une information fragmentée et horizontale

Le monde des médias a été profondément bouleversé par l'émergence et l'affirmation d'internet. La quantité d'information en circulation est plus abondante et sa diffusion plus rapide et individualisée grâce aux outils numériques. Toute la sphère informationnelle est désormais fragmentée et horizontale.

Quelles sont les raisons et conséquences d'une information toujours plus horizontale et fragmentée sur internet ?

1 Les principaux supports d'information en France

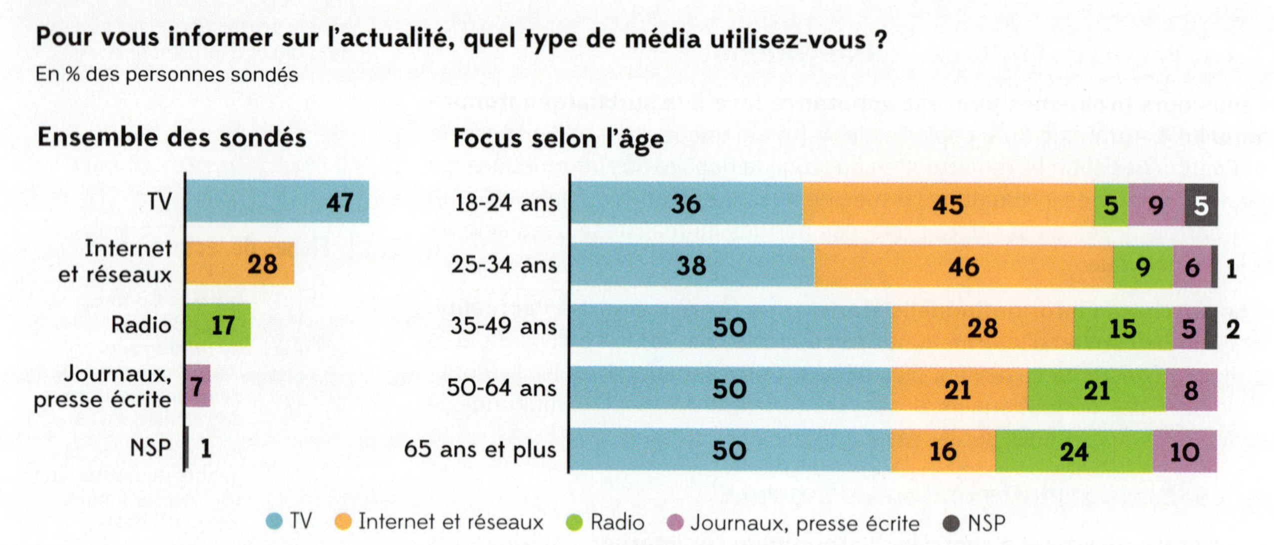

Source : Sondage pour Fondation Jean-Jaurès et ConspiracyWatch, *janvier 2023.*

→ **Quelle est la place d'internet en tant que source d'information dans la population française ?**

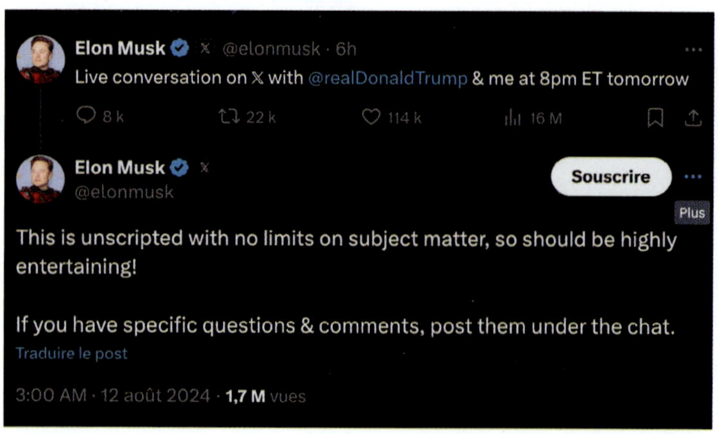

2 Présidentielle US : l'ère des influenceurs

1er tweet : *Conversation en direct sur X avec @realDonaldTrump et moi à 20h ET demain.*

2nd tweet :
C'est non scénarisé sans limites sur les sujets abordés, donc ça devrait être très divertissant! Si vous avez des questions spécifiques et des commentaires, postez-les sous le chat.

Elon Musk annonce une conversation en direct avec Donald Trump sur X le 13 août 2024, affichant son soutien au candidat républicain. Ce format « sans limites » permet à Trump de contourner les médias traditionnels en pleine campagne présidentielle, tout en renforçant X comme plateforme politique majeure.

→ **Quelle est la place prise par les réseaux sociaux dans l'élection présidentielle aux États-Unis ?**

3 L'évolution du journalisme à l'ère d'internet

L'évolution du journalisme épinglée par le Canadien Bado. Dessin publié dans l'ouvrage collectif *Dans la jungle de l'info. 60 dessins de presse*, Gallimard, collection *Cartooning for peace*, 2019.

→ **Que révèle ce dessin de presse des effets de la fragmentation de l'information sur le métier de journaliste ?**

lycee.nathan.fr/**25hggsp1re_345**

5 Le modèle économique des réseaux sociaux

« Le business des réseaux sociaux : votre temps leur argent », *FranceTV Slash*, 22 mars 2023.

→ **Comment les réseaux sociaux génèrent-ils des revenus ?**

4 Horizontalité et fiabilité de l'information

[...] La crise [de l'information] se caractérise par une plus forte croyance des individus dans leur propre point de vue que dans la production scientifique. [...] Internet a bouleversé la manière dont se forment et se développent les opinions. La libéralisation du marché de l'information s'est accompagnée d'une multiplication des sources d'information venant « concurrencer » la parole des experts. Internet a entraîné une démocratisation de la parole où chaque point de vue a la même valeur. L'encyclopédie en ligne Wikipédia est un symbole de cette culture qui met en pratique une définition polyphonique de la vérité. Cette production relativise le prestige que la parole scientifique a connu tout au long du XXe siècle. La difficulté à tordre le cou aux fausses croyances sur la vaccination, les OGM ou le glyphosate illustre cette évolution. Cette rupture très nette comporte le risque d'un divorce entre opinion publique et intérêt général, puisque les politiques infléchissent leur discours sur la représentation que se fait l'opinion de tel ou tel sujet. [...] Plus globalement, on constate dans les médias une course au scandale afin d'attirer l'audience dans un marché très concurrentiel et soumis à l'économie de l'attention.

Gérald Bronner, propos recueillis par Simon Blin, « Sur Internet, chaque point de vue a la même valeur », *Libération*, 13 décembre 2018.

→ **Comment expliquer la remise en cause de l'information produite par les experts ?**

Questions et activités

Parcours 1

1. Comment évoluent les manières de s'informer à l'ère du numérique ? doc. 1, 3 et 4

2. Quels défis ces évolutions posent-elles ? doc. 1 à 5

Synthèse. À l'aide de vos réponses précédentes et des documents 1 à 5, répondez à la problématique suivante : Quelles sont les raisons et conséquences d'une information toujours plus horizontale et fragmentée sur internet ?

Parcours 2

Organiser un débat.

Vous êtes invité sur le plateau d'une émission de débat à la télévision, sur le thème « Avenir des médias et du journalisme ». Vous êtes :
- Le rédacteur en chef d'un quotidien de la presse papier généraliste (type *Le Monde*) ;
- Le présentateur du 20 heures sur France 2 ;
- Un animateur d'une radio du service public ;
- Un influenceur spécialisé dans l'information sur les réseaux sociaux.

Chaque groupe choisit un rôle et une personne pour l'endosser. Les recherches documentaires se font en équipe pour préparer le débat.

Toutes les ressources
lycee.nathan.fr/**25hggsp1re_346**

S'informer et informer à l'heure des réseaux sociaux

Comment l'information évolue-t-elle avec l'émergence des réseaux sociaux ?

I Information et réseaux sociaux

A De nouvelles sources d'information

● **Les réseaux sociaux numériques sont apparus au milieu des années 2000.** Ils permettent à leurs utilisateurs de publier des textes, des images, des vidéos, et de les partager à grande échelle. Certains d'entre eux sont des réseaux sociaux de contact à vocation généraliste (Facebook, X - ex Twitter), ou professionnelle (LinkedIn, Viadeo) ; d'autres sont des plateformes de partage de photos (Instagram) ou de vidéos (YouTube, TikTok).

● **Les réseaux sociaux sont devenus de véritables médias.** Venus concurrencer les « canaux » traditionnels, déjà présents sur internet, ils permettent aux internautes de publier individuellement de l'information, de manière simple et directe, potentiellement accessible dans le monde entier. Le 15 janvier 2009, l'amerrissage d'un avion sur l'Hudson River à New York est le premier événement dont l'information est diffusée mondialement en direct par un simple témoin, sur X (anciennement Twitter), avant même d'être relayée par les journalistes.

B De nouvelles manières de s'informer

● **Les réseaux sociaux constituent le moyen principal d'information pour un public de plus en plus nombreux.** C'est le cas notamment pour les populations les plus jeunes, partout dans le monde. En France, 65 % des 15-24 ans privilégient ce média pour s'informer, très loin devant les chaînes de radio ou de télévision en ligne.

● **Les réseaux sociaux sont parfois le seul moyen d'accéder à une information libre et variée.** Dans les régimes autoritaires (Iran, Arabie saoudite, Cuba, Turquie...), ils permettent de contourner la **propagande** médiatique officielle pour s'informer et communiquer. Toutefois, la lenteur des connexions internet et la mise en place de systèmes de filtrage gouvernementaux limitent cette liberté.

II Tous journalistes ?

A Réseaux sociaux et nouveaux acteurs de l'information

● **L'information diffusée par les réseaux sociaux a donné naissance à un nouveau type d'acteur.** La production et la diffusion d'informations, longtemps réservée aux professionnels, sont désormais accessibles à tous. C'est le cas de nombreux blogueurs (un blog se crée chaque seconde dans le monde) ou de « youtubeurs » qui communiquent sur leurs sites ou chaînes et influencent souvent des pratiques de consommation.

● **Les réseaux sociaux ont amplifié les témoignages et les actions des lanceurs d'alerte.** Ils ont contribué à l'émergence de mouvements de contestation planétaires (#MeToo) dénonçant des scandales. Protégés en France par la **loi Sapin II** (2016), les lanceurs d'alerte peuvent révéler des menaces ou préjudices dans différents domaines : sanitaire (Mediator), environnemental (pesticides), financier (*Panama Papers*) ou sécuritaire (surveillance de masse). Cependant, malgré ces protections légales, ils s'exposent souvent à des représailles judiciaires ou professionnelles.

Vocabulaire

Campagne de désinformation : action coordonnée et planifiée visant à diffuser délibérément des informations fausses ou trompeuses pour influencer l'opinion publique.

Fact checking : en français, vérification des faits. Procédure qui consiste à vérifier la fiabilité d'une information, souvent en démontrant qu'elle est fausse et mal intentionnée.

Infox (ou *fake news*) : information manipulée ou créée de toutes pièces, généralement avec un objectif de nuisance.

Loi Sapin II : loi française de 2016 définissant le statut de lanceur d'alerte et organisant sa protection juridique. Elle garantit la confidentialité de son identité et le protège contre d'éventuelles représailles.

Panama Papers : fuite massive de documents confidentiels du cabinet d'avocats panaméen Mossack Fonseca révélant un système mondial d'évasion fiscale.

Propagande : ensemble de techniques de persuasion de masse visant à influencer ou manipuler l'opinion publique pour promouvoir certaines idées ou intérêts.

Réseaux sociaux : ensemble des applications numériques (sites internet, applications mobiles) permettant de relier les individus virtuellement entre eux et de partager et d'échanger des informations avec d'autres membres de ces communautés en ligne.

B Face aux réseaux sociaux, un nouveau journalisme ?

● **Le journalisme s'est adapté face à l'affirmation des réseaux sociaux.** En France, 95 % des journalistes utilisent ces réseaux sociaux et ces plateformes dans le cadre de leur activité professionnelle. De nombreux journalistes alimentent un blog pour communiquer l'actualité, livrer leurs analyses et s'exprimer de manière indépendante.

● **Deux types de journalisme coexistent aujourd'hui**, résultant des nouveaux usages d'internet : d'une part, un journalisme de l'information s'inscrivant dans l'actualité immédiate tel celui des chaînes d'information en continu (BFM TV, CNEWS...), et cherchant à rivaliser avec l'actualité des réseaux sociaux. D'autre part, un journalisme conservant une longueur de vue et d'analyse, pour rendre intelligible au public les débats sociétaux de fond (*The Conversation*, *Huffington Post*...).

III Les menaces sur la fiabilité de l'information

A Des réseaux entre complotisme et désinformation

● **Les réseaux sociaux favorisent la diffusion des théories complotistes par leurs mécanismes mêmes.** Les algorithmes créent des « **chambres d'écho** » où les utilisateurs ne sont exposés qu'à des contenus confirmant leurs croyances. Ces théories se construisent selon des schémas récurrents : simplification excessive, recherche d'un bouc émissaire, rejet des explications officielles. Elles exploitent des ressorts psychologiques comme le besoin de donner du sens à des événements complexes ou traumatiques.

● **La viralité des réseaux sociaux et l'absence de hiérarchisation des contenus facilitent la propagation d'infox (*fake news*).** Au-delà des initiatives individuelles, certains États ou groupes organisés utilisent ces mécanismes pour mener des **campagnes de désinformation** structurées, notamment lors d'élections ou de crises internationales.

B Décoder et sourcer l'information

● **Face à la multiplication de fausses informations, des outils de décodage ont fait leur apparition.** Le « *fact checking* » s'est généralisé à partir d'initiatives journalistiques (Les Décodeurs du *Monde*, Checknews, Désintox d'*Arte*, Vrai ou Faux de *France Info*).

● **La question de l'accès aux sources de l'information est aujourd'hui fondamentale.** À l'heure d'internet, l'information est abondante mais la question de sa fiabilité se pose. Cette facilité d'accès et cette abondance nécessitent une éducation à l'information. En France, le site gouvernemental « On te manipule », créé en 2016, a pour objectif de sensibiliser les internautes à un esprit critique plus développé.

Notions

Chambre d'écho : phénomène par lequel les utilisateurs des réseaux sociaux se retrouvent principalement exposés à des opinions similaires aux leurs, renforçant leurs convictions initiales et limitant leur exposition à des points de vue différents.

Lanceur d'alerte : individu ou groupes d'individus se servant d'internet pour révéler des comportements illicites ou dangereux pouvant constituer une menace les sociétés et le bien commun. Protégé juridiquement dans certains pays, il agit de manière désintéressée et en dehors du cadre habituel des procédures.

Théorie du complot/ Complotisme : système de pensée qui attribue systématiquement l'origine d'un événement à un groupe occulte agissant dans l'ombre, en rejetant la version communément admise. Il se caractérise par une méthode pseudoscientifique et une rhétorique spécifique visant à semer le doute.

Viralité : capacité d'un contenu à se diffuser rapidement et massivement sur internet par le partage entre utilisateurs, créant un effet boule de neige amplifié par les algorithmes des réseaux sociaux.

Pour aller + loin

***Mécaniques du complotisme*, France Culture, depuis 2019.**
Comment les théories complotistes naissent-elles et se diffusent-elles ? Cette série d'épisodes explore les complots d'hier et d'aujourd'hui.

« Les réseaux sociaux, c'est pas de l'info », *Lumni*, 2023.
Ce qui défile sur les réseaux sociaux est-il toujours de l'information ? Comment faire le tri et éviter les *fake news* ? Ce reportage fait le point.

« Les journalistes sont là pour nous influencer », *Lumni*, 2023.
Du Watergate aux réseaux sociaux : le journalisme a-t-il changé ? Quels défis pour la presse aujourd'hui ? Le 4e pouvoir en question.

Fiches de lecture

Leslie Plée et Doan Bui, *Fake News, l'info qui tourne pas rond*, Delcourt, 2021.
Bande dessinée qui explore le monde des *fake news*, des usines à clics aux théories du complot, un voyage instructif pour développer son esprit critique.

Aurélie Aubert, *Une information brute ? Journalisme, vidéos et réseaux sociaux*, INA, Collection études et controverses, 2023.
Comment les réseaux sociaux et leurs algorithmes font-ils évoluer les médias ? Cet ouvrage étudie les contenus vidéos des médias traditionnels et leur réception chez les jeunes.

Toutes les ressources
lycee.nathan.fr/25hggsp1re_348

Témoignages et lanceurs d'alerte

Internet donne aux individus la possibilité de diffuser massivement des informations pouvant révéler des activités frauduleuses ou dénoncer des comportements abusifs. En mesure de sensibiliser l'opinion publique de manière directe, les témoins et « lanceurs d'alerte » remettent en cause le fonctionnement vertical de l'information.

Quels sont les enjeux de la diffusion de témoignages et de révélations sur internet ?

1 L'ambiguïté de la situation des lanceurs d'alerte

Les lanceurs d'alerte sont un groupe d'individus ayant une connaissance d'un danger ou d'un risque qui alertent l'opinion contre une forme d'action perçue comme immorale en espérant susciter une réaction. [...] Si la notion a été développée par des travaux de sociologues au cours du XXe siècle, les lanceurs d'alerte ne datent pas d'hier. Déjà dans l'Antiquité, Cassandre et son don pour prédire l'avenir sans être crue fait figure de précurseur. [...]

En révélant des données sensibles, (le lanceur d'alerte) s'oppose à la sécurité nationale et à la loi, pouvant alors apparaître comme un traître ou une victime des puissants. [...] À l'image d'Edward Snowden, exilé en Russie depuis qu'il a révélé l'existence de plusieurs programmes de surveillance de masse américains et britanniques.

Avec l'arrivée des réseaux sociaux, le phénomène des lanceurs d'alerte explose. Il touche désormais toutes les couches de la société avec une évolution des profils des dénonciateurs comme dans le mouvement #MeToo. Une explosion qui fait aussi apparaître des déviances. « Sur internet, il y a une multiplication des alertes mais aussi des fakenews. Certains dénoncent pour effrayer ou pour servir la propagande d'une cause pas forcément éthique ou honnête », souligne Danièle Henky (chercheuse en littérature).

Marion Riegert, « Lanceurs d'alerte, héros, traîtres ou victimes ? », *université de Strasbourg*, 2021.

→ **En quoi la situation des lanceurs d'alerte est-elle ambiguë ?**

lycee.nathan.fr/25hggsp1re_348-1

2 La protection des lanceurs d'alerte

Irène Frachon et le scandale du Mediator, Edward Snowden et la surveillance d'internet par les États-Unis, Antoine Deltour et les « *LuxLeaks* », Frances Haugen et les « *Facebook Files* »... De célèbres lanceurs d'alerte, et d'autres moins médiatisés, ont permis de révéler certaines situations notamment dans les domaines de la santé, de l'environnement, de la défense, des finances ou de l'internet. Mais ces actions, qui se multiplient ces dernières années, ont un coût sur le plan professionnel, personnel et financier. [...] En alertant leur direction, les pouvoirs publics et les médias, les lanceurs d'alerte (employés, chercheurs, journalistes d'investigation, par exemple) prennent des risques et, parfois, subissent de graves conséquences. En dévoilant la surveillance d'internet des gouvernements américain et britannique, Edward Snowden encourt 30 ans d'emprisonnement pour espionnage et trahison. Il vit désormais en Russie. Aux États-Unis pourtant, les *whistleblower* ont très tôt été protégés [...] lorsque leur révélation va dans le sens de l'intérêt public.

En France, le concept même de lanceur d'alerte est plus récent. [...] Critiquée par les associations pour son retard [...], la France adopte en 2016 un véritable statut unique du lanceur d'alerte pour les protéger. [...] La loi du 21 mars 2022 [...] élargit la définition du lanceur d'alerte et les champs pouvant être concernés par son alerte [et] améliore sa protection [...]. Enfin, des aides financières et psychologiques sont prévues (provision pour frais de justice, par exemple).

« La protection des lanceurs d'alerte, un enjeu pour la démocratie », *Vie-publique.fr*, 24 octobre 2024.

→ **Comment la loi française protège-t-elle les lanceurs d'alerte ?**

3 La libération de Julian Assange

« Julian Assange est libre ! », *TV5 Monde*, 26 juin 2024.

Julian Assange, fondateur de Wikileaks, a diffusé en 2010 des documents confidentiels sur les activités américaines en Irak et Afghanistan. Réfugié 7 ans à l'ambassade d'Équateur à Londres, il est arrêté en 2019. Menacé d'extradition vers les États-Unis, il est finalement libéré le 25 juin 2024 après un accord avec les autorités américaines.

→ **Que révèle l'arrestation de Julian Assange ?**

4 Edward Snowden à Moscou

Consultant de la NSA, Edward Snowden a révélé en 2013 des informations secrètes sur les programmes de surveillance de masse menés par les États-Unis. Ses fuites ont mis en lumière l'ampleur de l'espionnage électronique sur les citoyens. Snowden a trouvé refuge en Russie. Il obtient la nationalité russe en 2022.

Chappatte, *International Herald Tribune*, 2013.

→ **Comment ce dessin de presse illustre-t-il l'idée de surveillance ?**

5 Campagne de soutien à Paul Watson, fondateur de *Sea Sheperd*

Paul Watson est un activiste et fondateur de l'ONG *Sea Shepherd*, dédiée à la protection des océans. Arrêté en juillet 2024 à Nuuk, au Groenland, en vertu d'un mandat d'arrêt international émis par le Japon, il est libéré le 17 décembre 2024, le Danemark annonçant ne pas l'extrader vers le Japon.

Affiche déployée sur les grilles de l'Hôtel de Ville de Lyon, le 28 octobre 2024.

→ **Quel est le message principal de cette affiche et quel est son objectif ?**

Questions et activités

Parcours 1

1. Quels acteurs se méfient des lanceurs d'alerte ? doc. 1 et 3

2. Pourquoi est-il important que le statut de « lanceur d'alerte » soit défini et protégé ? doc. 1 et 2

3. Quelles possibilités inédites les réseaux sociaux apportent-ils dans la diffusion des témoignages ? doc. 2 et 4

Synthèse. À l'aide de vos réponses précédentes et des documents 1 à 5, répondez à la problématique suivante : Quels sont les enjeux de la diffusion de témoignages et de révélations sur internet ?

Parcours 2

Préparer un exposé

Élaborez un diaporama sur un lanceur d'alerte de votre choix :
- Présentez le lanceur d'alerte (nom, profession, contexte).
- Expliquez l'alerte lancée (contenu, modalités).
- Exposez les conséquences (réactions de l'institution, impact sur le lanceur, les acteurs incriminés, la société dans son ensemble).
- Créez un diaporama clair avec des points clés, images et dates importantes.

Les théories du complot à l'heure d'internet

Toutes les ressources
lycee.nathan.fr/**25hggsp1re_350**

Le développement d'internet a offert aux théories du complot un outil et un espace de diffusion sans précédent. Chaque jour, des milliers de sites véhiculent rumeurs et informations fantaisistes, faisant d'internet une gigantesque vitrine du complotisme. Ces théories sont à la fois des outils de propagande et des moyens de manipuler les opinions publiques.

Pourquoi internet est-il un support privilégié de la propagation des théories complotistes ?

1 Couverture d'une revue enquêtant sur le complotisme

Au cœur du complotisme, Zadig n° 10, 26 mai 2021.

→ **Comment le complotisme est-il représenté sur cette couverture ?**

Mots-clés

Complot : projet secret élaboré par une ou plusieurs personnes afin de nuire à une personne, un groupe ou une institution.

Conspirationniste : individu à l'origine de ou défendant toute idée de conspiration dans le but de manipuler l'opinion publique.

Post-vérité : situation dans laquelle il est donné plus d'importance aux opinions et aux émotions qu'à la réalité des faits.

2 Les mécanismes du complotisme sur les réseaux sociaux

Nous avons constaté que les médias sociaux peuvent contribuer à forger une identité commune propice à la radicalisation par les théories du complot. [...] Les caractéristiques principales des médias sociaux jouent un rôle crucial dans la construction et le renforcement de chambres d'écho identitaires. Les réseaux en ligne permettent également aux individus de dupliquer facilement les théories du complot en partageant du contenu ou en le copiant/collant. Ces informations sont donc rapidement visibles [...] par le biais de hashtags et d'algorithmes [...]. Notre étude identifie quatre étapes clés dans l'escalade de ces croyances complotistes.

1. **Confirmation de l'identité** : les utilisateurs consultent et visionnent différents types de contenus (via les forums, les médias grand public et les médias sociaux) pour vérifier et confirmer activement leurs propres opinions.

2. **Affirmation de l'identité** : les informations provenant des sources susmentionnées sont sélectionnées en fonction des préférences et dissociées de leur contexte par les individus. [...]

3. **Protection de l'identité** : les individus protègent leur « environnement informationnel » en cherchant activement à discréditer les personnes ou les organisations qui présentent des preuves contradictoires [...].

4. **Réalisation de l'identité** : les individus cherchent à obtenir l'approbation sociale d'un public plus large. Cela peut conduire à des efforts pour recruter davantage de personnes et appeler à des actions violentes [...].

Christine Abdalla Mikhaeil, « Théories du complot : comment les réseaux sociaux propagent et permettent une escalade vers la violence », *The Conversation*, 4 septembre 2023.

→ **Pourquoi les réseaux sociaux facilitent-ils la diffusion des théories complotistes ?**

3 La popularité des théories du complot en France et aux États-Unis

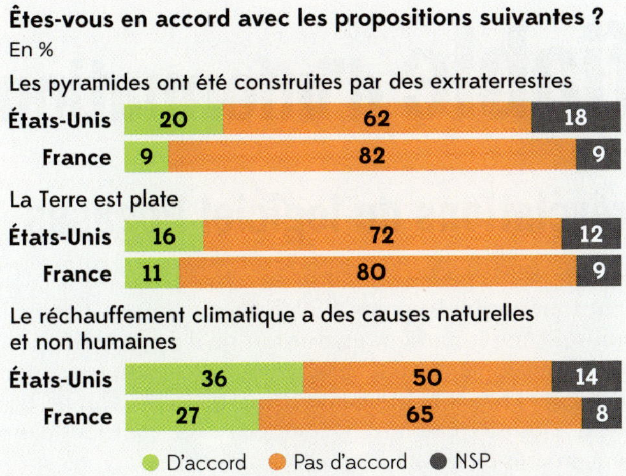

Enquête réalisée par l'IFOP pour AMB-USA, 2023.

→ **Quelles sont les différences d'adhésion aux théories du complot entre les Américains et les Français ?**

lycee.nathan.fr/**25hggsp1re_351**

4 Post-vérité et théorie du complot

Post-vérité et théorie du complot : la vérité en danger sur Internet, Lumni, 2019.

→ **En quoi la « post-vérité » est-elle une menace pour la démocratie ?**

5 L'intelligence artificielle au service du fact-checking

« À Springfield, les immigrés mangent les chats, les chiens, les animaux domestiques », assénait Donald Trump lors du débat l'opposant à Kamala Harris le 10 septembre. Malgré les démentis des journalistes, des autorités locales et des habitants, l'ancien président des États-Unis s'est enfoncé une énième fois dans le complotisme, et a probablement embarqué avec lui son noyau d'électeurs. Dans une Amérique profondément divisée, beaucoup ont baissé les bras, ne sachant plus comment discuter avec des personnes acquises aux théories conspirationnistes. Et pourtant, des chercheurs américains viennent de prouver que l'intelligence artificielle peut réduire durablement ces croyances pourtant bien ancrées.

[...] L'IA leur a présenté des arguments persuasifs et personnalisés qui ont, souvent, réfuté les croyances des participants avec des preuves. « Le traitement a réduit la croyance des participants dans la théorie du complot choisie de 20 % en moyenne », écrivent les chercheurs. Un « effet qui a persisté sans diminuer pendant au moins deux mois » et « s'est produit même pour les participants dont les croyances en matière de complot étaient profondément ancrées et importantes pour leur identité ». L'étude conclut que « de nombreuses personnes qui croient fermement à des théories du complot apparemment infondées peuvent changer d'avis lorsqu'on leur présente des preuves convaincantes ». [...] Les résultats soulignent les « impacts positifs potentiels de l'IA générative lorsqu'elle est déployée de manière responsable ». Plus généralement, « cette intervention illustre comment le déploiement de l'IA peut atténuer les conflits et servir la société », concluent les chercheurs.

Jeanne Koskas, « Il est toujours utile de rester curieux : comment l'IA parvient à réduire les croyances conspirationnistes », *Libération*, 18 septembre 2024.

→ **Comment l'intelligence artificielle peut-elle permettre de répondre aux conspirationnistes ?**

Questions et activités

Parcours 1

1. Quels sont les points communs entre les théories du complot ? doc. 1, 2, 3 et 4

2. Comment les réseaux sociaux favorisent-ils la propagation des théories du complot ? doc. 2 et 4

3. Quelles sont les conséquences des théories du complot sur les sociétés ? doc. 1 à 5

Synthèse. À l'aide de vos réponses précédentes et des documents 1 à 4, répondez à la problématique suivante : Pourquoi internet est-il un support privilégié de la propagation des théories complotistes ?

Parcours 2

Organiser un débat

En quoi les réseaux sociaux sont-ils une menace pour la démocratie ?

En travaillant en groupe et en vous appuyant sur les documents, vous devez trouver des arguments pour répondre à cette question. Vous pouvez ensuite constituer deux groupes dans la classe et échanger vos idées à l'oral. Vous pouvez classer vos arguments dans un tableau afin d'organiser vos idées avant le débat.

Points de vue

Internet est-il une source fiable d'information ?

Toutes les ressources

lycee.nathan.fr/25hggsp1re_352

1 La fiabilité des informations de Wikipédia

Il est l'un des sites internet les plus lus, mais de nombreuses personnes sont sceptiques quant à la véracité des informations qui y sont écrites. Et pour cause, le contenu de chaque article du site web est rédigé par les utilisateurs eux-mêmes ! La question de la fiabilité des informations données est donc très importante. Alors, est-ce que les informations de cette encyclopédie en ligne sont toutes vérifiées et sûres ? « On peut considérer Wikipédia comme étant fiable », affirme Arnaud Mercier, professeur en sciences de l'information et de la communication à l'université Paris-2-Panthéon-Assas [...] ayant publié un livre consacré aux *fake news*.

Cependant, tout dépend de la popularité de l'information. Dans un article rédigé sur le site de Radio Canada, trois grands contributeurs de l'encyclopédie étaient tout de même d'accord sur le fait que la qualité d'articles « moins populaires » sur Wikipédia est moins garantie, et qu'il y a plus de risques que des erreurs s'y glissent car moins de gens les surveillent.

Wikipédia peut donc être un bon outil pour se renseigner sur des informations plus « populaires » car de nombreuses personnes se corrigent entre elles chaque jour et sourcent chacun des articles réalisés. Le site peut constituer un bon point de départ pour des recherches sur un sujet. Mais pour des travaux universitaires, scolaires... Wikipédia n'est pas une source qui devrait être citée, l'encyclopédie en ligne interdit d'ailleurs la citation de ses propres articles.

Antoine Masson, « Les informations de Wikipédia sont-elles vérifiées et sûres ? », *Ouest France*, 28 octobre 2024.

2 Les révélations du logiciel Pegasus

Comment fonctionne Pegasus ? « Pegasus fonctionne aussi bien sur Android que sur iPhone et, une fois qu'il est installé, il a accès à absolument toutes les données personnelles contenues sur l'appareil », indique Étienne Maynier, chercheur en sécurité à Amnesty International, « photos, calendrier, contacts, SMS, coordonnées GPS, caméra, micros et, même, messageries chiffrées (cryptées) ». [...] Pegasus se comporte comme un utilisateur du téléphone, mais caché. « Une fois qu'il est sur place, il prend la forme de processus invisibles pour l'utilisateur », complète Pierre Delcher, du géant de la cybersécurité Kaspersky.

« Pegasus communique avec ses opérateurs, il attend leurs ordres pour savoir quelles données cibler », poursuit Delcher. Une fois la commande passée, le logiciel emploie les grands moyens, ce que l'on appelle de « la relève de masse ». Par exemple, si les attaquants souhaitent extirper un contact, le logiciel leur enverra le répertoire en entier [...].

En 2016, le logiciel opérait par campagne de « phishing » [...]. Si l'utilisateur cliquait, son portable était infecté. Mais Pegasus a évolué. Désormais, il pratique le « zéro clic », [...] la simple réception d'un message infecté suffit à contaminer l'appareil. [...] Le logiciel exploite des vulnérabilités [...] dans des applications. En 2019, il était passé par une faille de WhatsApp pour contaminer plus de 1 200 portables. [...] Pour les attaques récentes, la vulnérabilité proviendrait de l'application iMessage d'Apple.

Élise Viniacourt, « Piratage mondial : comment fonctionne le logiciel Pegasus », *Libération*, 20 juillet 2021.

3 Le journalisme à l'heure de l'intelligence artificielle

Kherson est une ville ukrainienne située sur le fleuve Dniepr et sur la ligne de front de la guerre entre la Russie et l'Ukraine depuis février 2022.

Chappatte, *Der Spiegel*, 4 mars 2023.

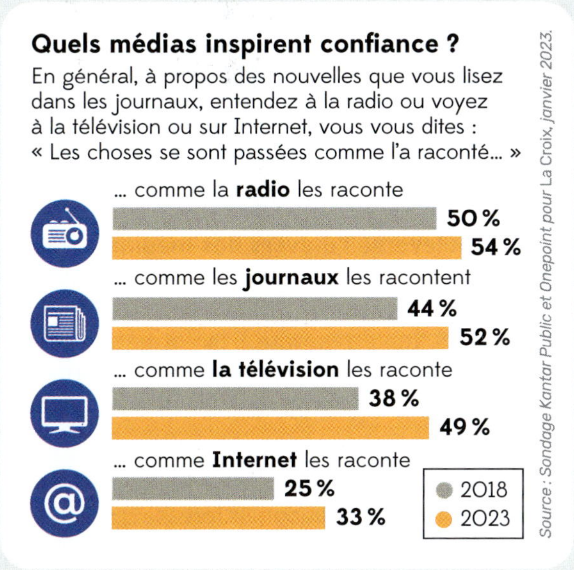

4 La confiance des Français dans les médias

5 Campagne publicitaire de *fact-checking*

Canal Détox est un outil développé par l'Institut national de la santé et de la recherche médicale (Inserm) pour démasquer les fausses informations scientifiques qui circulent sur internet.

Campagne d'affichage dans les transports en commun parisiens, septembre 2024.

6 Les nouvelles technologies et la communication politique

« Les nouvelles technologies rafraîchissent-elles la politique ? » Pour ce débat, Emmanuel Laurentin reçoit Thierry Vedel, politologue, chercheur au CNRS et à Sciences Po, Jean Massiet, streameur politique sur Twitch, créateur de l'émission Backseat et Charlène Dupé, co-fondatrice de l'ONG « A voté » et consultante en communication numérique :

Charlène Dupé : *« Oui, totalement, pour toucher les jeunes, il faut passer par les réseaux sociaux parce que c'est là où les jeunes sont le plus. Ils ont délaissé la télé parce qu'ils ont une défiance envers les médias traditionnels, ils ne se sentent pas énormément représentés sur ces réseaux-là alors que sur les réseaux sociaux, ils sont un peu partout. »*

Thierry Vedel : *« Oui certes, les jeunes sont sur les réseaux sociaux, c'est une condition nécessaire mais pas suffisante, il faut encore que les jeunes s'intéressent à la politique, s'exposent au message politique et soient véritablement intéressés par le message politique. Or sur internet, il y a des milliers d'autres choses plus fascinantes à faire que de s'intéresser à la politique : s'occuper de ses amours, de la musique, du sport, échanger avec ses amis... »*

Jean Massiet : *« Les personnalités politiques, quand elles se rendent sur internet, cherchent à ne plus avoir à faire à ces formats, à ces journalistes qui posent des questions et font des relances contraignantes, ils cherchent à parler longtemps sans interruption. [...] Les politiques tombent alors dans le piège des bulles de filtres où seuls les gens déjà d'accord avec vous vont vous écouter. »*

« Les nouvelles technologies rafraîchissent-elles la politique ? », *France Culture*, 24 janvier 2022.

Construire son point de vue

Découvrez les documents

▸ Classez les documents dans un tableau, en identifiant leur thématique et en prélevant l'information principale en lien avec la question du débat :

N°	Nature	Thématique	Information principale
1			

Développez des arguments

▸ En quoi internet peut-il être un instrument de pouvoir ? doc. 1 et 6

▸ Comment internet transforme-t-il le métier des journalistes ? doc. 2 et 3

▸ Pourquoi les citoyens ont-ils moins confiance en internet pour s'informer ? doc. 4 et 5

Présentez votre point de vue ORAL

▸ À l'oral en cinq minutes, répondez à la problématique – « Internet est-il une source d'information fiable ? » – en présentant des arguments illustrés par des exemples tirés des documents.

OTC
Synthèse

Toutes les ressources

lycee.nathan.fr/**25hggsp1re_354**

L'information à l'heure d'internet

I Une révolution de l'information

• **Depuis les années 1990, internet a bouleversé l'univers des médias.** Il y a aujourd'hui plus d'un milliard de sites sur internet. Une quantité d'informations y circule au quotidien, généralement à l'échelle planétaire. Grâce aux révolutions technologiques des supports (smartphones, tablettes, wifi…), l'information est accessible instantanément dans le monde entier. Cette accessibilité a transformé notre rapport au temps et à l'espace, créant une culture de l'immédiateté et de la connectivité permanente.

• **Internet a contribué à l'horizontalité et à la fragmentation de l'information.** Les canaux d'information sont multiples : les médias traditionnels (presse…) se sont adaptés et proposent leur offre sur les nouveaux supports numériques ; de nombreux sites spécialisés (*pure players*) se sont développés. Sur les réseaux sociaux, l'information est produite et diffusée de manière interactive entre les utilisateurs. Cette diversification des sources a entraîné une démocratisation de l'information, mais aussi une fragmentation de l'espace public numérique.

Jalon 1 – Vers une information fragmentée et horizontale **p. 342**

• **Cette évolution a profondément modifié le paysage médiatique.** Les frontières entre producteurs et consommateurs d'information se sont estompées, donnant naissance à la figure du « prosommateur ». Les plateformes de partage de contenus et les réseaux sociaux ont démocratisé la production et la diffusion d'informations, permettant à chacun de devenir potentiellement un média. Cette horizontalité a favorisé l'émergence de nouvelles voix et perspectives, mais a également complexifié la vérification des sources et la hiérarchisation de l'information. Les algorithmes des plateformes jouent désormais un rôle crucial dans la visibilité et la propagation des contenus, soulevant des questions sur la formation de « bulles de filtres » qui peuvent limiter l'exposition à des points de vue diversifiés.

Chifres clés

64,4 % de la population mondiale totale est connectée à internet

57 % des Français se méfient des médias sur les grands sujets d'actualité

62 % des Français utilisent internet au moins une fois par jour pour s'informer sur l'actualité

18 % des Français paient pour disposer de contenus en ligne sur l'actualité

II Utilisation et contrôle d'internet

• **Internet est un moyen d'accéder à une information libre et variée.** Dans l'ensemble des pays, internet constitue une sorte de contre-pouvoir, mais plus particulièrement dans les États autoritaires. Les réseaux sociaux sont utilisés comme les vecteurs modernes de la liberté d'expression. Ils ont joué un rôle crucial dans des mouvements sociaux et politiques, comme lors du Printemps arabe ou du mouvement #MeToo, démontrant leur potentiel de mobilisation et de sensibilisation à l'échelle mondiale.

• **Les États peuvent parfois chercher à contrôler l'information sur internet.** Plusieurs États (Chine, Russie, Cuba…) pratiquent la censure et surveillent l'information qui circule sur les réseaux sociaux, sur les blogs, etc. Dans les pays démocratiques, des systèmes de surveillance existent également afin de prévenir d'éventuelles menaces (terrorisme). Ces pratiques soulèvent des débats sur l'équilibre entre sécurité nationale et respect des libertés individuelles. La mise en place de pare-feu nationaux, comme le « Grand Firewall » chinois, illustre les efforts de certains régimes pour contrôler l'accès à l'information et façonner l'opinion publique.

Jalon 2 – Témoignages et lanceurs d'alerte **p. 346**

Jalon 3 – Les théories du complot à l'heure d'internet **p. 350**

• **Dans ce contexte, les témoignages et les lanceurs d'alerte jouent un rôle crucial.** Internet offre à ces acteurs une plateforme sans précédent pour révéler des informations d'intérêt public. Des cas emblématiques comme ceux d'Edward Snowden ou de *WikiLeaks* ont montré comment le numérique peut être utilisé pour dénoncer des pratiques contestables d'États ou d'organisations. Cependant, cette liberté d'expression s'accompagne de risques pour les lanceurs d'alerte, soulevant des questions sur la protection de ces sources et l'équilibre entre transparence et sécurité nationale. Les plateformes de lanceurs d'alerte sécurisées, comme SecureDrop, tentent de répondre à ces enjeux en offrant des moyens de communication anonymes et chiffrés.

III Les limites de l'information sur internet

• **La question de la fiabilité de l'information et du regard critique sur les sources est aujourd'hui fondamentale.** La surenchère informationnelle est importante. Les réseaux sociaux ont contribué à la diffusion des théories du complot et à la désinformation (infox), développées par des individus, des organisations ou des États. Dans le même temps, les lanceurs d'alerte utilisent internet pour agir et dénoncer des scandales de tous ordres. Cette dualité d'internet, à la fois vecteur de vérité et de mensonge, nécessite une vigilance accrue de la part des utilisateurs et des plateformes.

Jalon 3 - Les théories du complot à l'heure d'internet **p. 350**

• **Les théories du complot ont trouvé sur internet un terreau particulièrement fertile pour leur propagation.** La structure même du web, avec ses algorithmes de recommandation et ses chambres d'écho, facilite la diffusion rapide de ces théories. Les réseaux sociaux, en particulier, offrent un espace où les théories conspirationnistes peuvent se répandre viralement, touchant un large public en peu de temps. Ce phénomène pose de sérieux défis en termes d'éducation aux médias et à l'information, rendant crucial le développement de l'esprit critique chez les utilisateurs. Des initiatives de *fact-checking* et d'éducation numérique se multiplient pour contrer cette tendance, mais leur efficacité reste à prouver face à la rapidité et à l'ampleur de la diffusion des fausses informations.

• **Les inégalités sont importantes en matière d'accès à l'information.** La fracture numérique entre les individus ou les territoires se manifeste à différentes échelles. Dans les pays en développement, les populations n'ont pas toujours les moyens d'accéder à la généralisation de l'information. Dans les pays développés, les populations urbaines sont mieux connectées que les populations rurales. Cette fracture numérique ne se limite pas à l'accès physique à internet, mais englobe également les compétences numériques nécessaires pour naviguer efficacement dans l'océan d'informations disponibles en ligne.

La révolution numérique de l'information

Internet

Une révolution de l'information

- Agrégateur d'information
- Horizontalité de l'information
- Fragmentation de l'information
- Média d'information
- GAFAM
- *Pure player*
- Contenus

Utilisation et contrôle

- Liberté d'expression
- Blog
- Hashtag
- Cybercensure
- Réseaux sociaux
- Journalistes
- Chaînes d'information en continu
- *Fact checking*

Les limites d'internet

- Fracture numérique
- Infox
- Théories du complot
- Conspirationnisme

↓

Lanceurs d'alerte

Réviser avec... **1 frise et 2 schémas**

Toutes les ressources
lycee.nathan.fr/25hggsp1re_356

1 L'information à l'heure d'internet (1990-2023)

Frise interactive

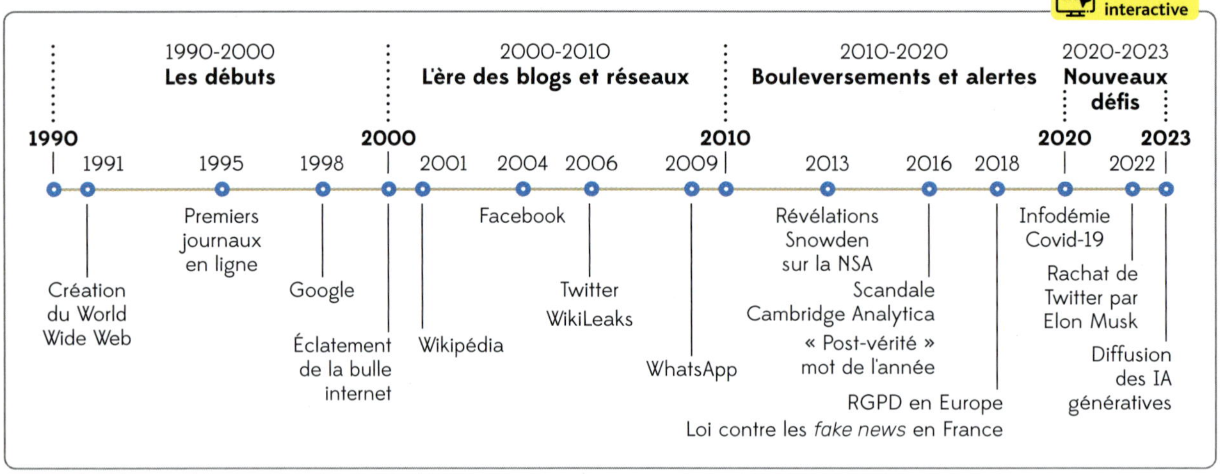

2 Les réseaux sociaux et la diffusion de l'information

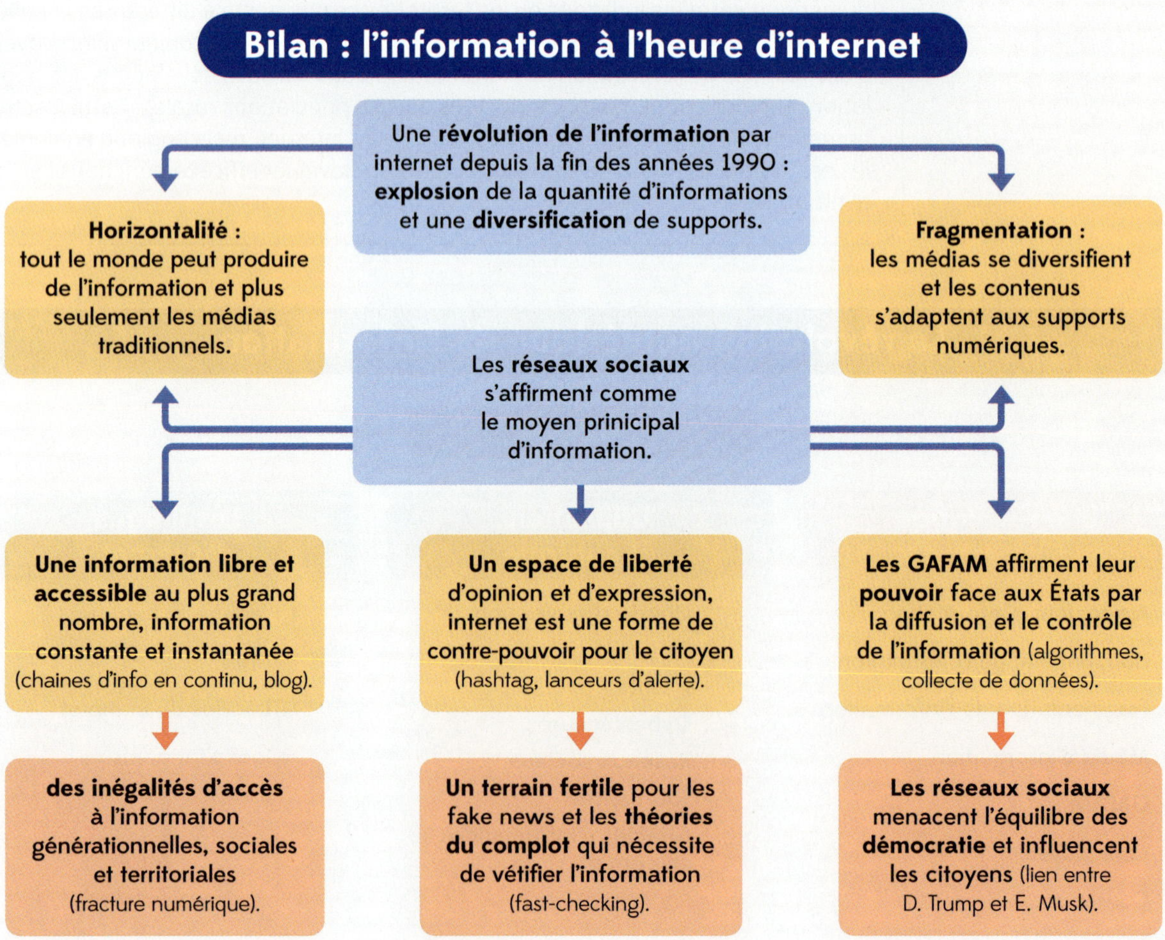

③ Repérer les *fake news*

FAKE NEWS
10 ASTUCES POUR LES REPÉRER

MÉFIEZ-VOUS DU BOUCHE À OREILLE
Comment cette information m'est-elle parvenue ?

REGARDEZ AU-DELÀ DU TITRE
Est-ce un titre racoleur ?

IDENTIFIEZ LA SOURCE DE L'INFORMATION
Qui, où et quand ?

MÉFIEZ-VOUS DES ARGUMENTS D'AUTORITÉ
qui est le spécialiste cité ?

NE PARTAGEZ PAS PARCE QU'ON VOUS LE DEMANDE
Me pousse-t-on à partager ?

ÉCOUTEZ VOS ÉMOTIONS
Veut-on me choquer, me mettre en colère ?

LISEZ LES COMMENTAIRES
Quelqu'un a-t-il déjà décelé l'intox ?

REMONTEZ À LA SOURCE DE L'INFORMATION
D'où vient l'informaton à la base ?

CROISEZ PLUSIEURS SOURCES
Est-ce que plusieurs sites fiables sont du même avis ?

QUESTIONNEZ UN-E SPÉCIALISTE
Est-ce que je peux demander l'avis d'un expert ?

Source : La Rotonde, École des Mines de Saint-Étienne, 2025.

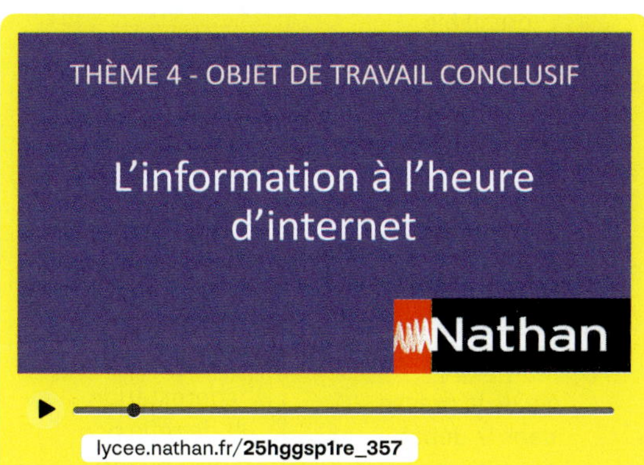

⑤ Mon bilan en vidéo

Pour approfondir

- ***Don't Look Up : déni cosmique* d'Adam McKay, 2021.**
Persuadés qu'une météorite s'apprête à détruire la Terre, deux astronomes peu populaires se lancent dans une tournée médiatique pour prévenir l'humanité de la probable et inévitable fin du monde.

- **Flore Talamon et Bruno Loth, *Lanceurs d'alerte*, éditions Delcourt, 2021.**
La protection du lanceur d'alerte évolue face aux défis actuels. 9 règles essentielles sont à suivre pour réussir l'alerte, dont préserver son anonymat.

→ Dissertation

SUJET BAC

Droit fondamental d'accéder à l'information et de la diffuser librement.

Echange d'idées, d'opinions, délibérations collectives sur les questions publiques.

Comment la liberté d'informer contribue-t-elle au débat démocratique en France depuis la fin du XIXe siècle ?

Echelle du sujet.

Limite chronologique du sujet.

Consigne : Après avoir analysé le développement de la liberté d'information à la fin du XIXe siècle, vous aborderez les relations entre la liberté d'information et la démocratie au XXe siècle puis les enjeux contemporains avec l'essor d'internet.

MÉTHODE	APPLICATION
ÉTAPE 1 ANALYSER LE SUJET	
→ Définir les mots-clés, l'échelle, l'espace concerné, la période, le cadre chronologique.	→ Analysez le sujet en vous aidant des indications ci-dessus. → Quelles indications sont fournies par la consigne ? **Conseil** Appuyez-vous sur la consigne pour déterminer les principaux axes de réflexion.
ÉTAPE 2 MOBILISER LES CONNAISSANCES	
→ Noter, sur un brouillon, les connaissances personnelles nécessaires pour répondre au sujet (notions, exemples précis, dates, statistiques, faits historiques ou géographiques, acteurs…). → Vérifier que les informations retenues sont en rapport avec le sujet.	→ Sur un brouillon, listez vos connaissances sur les différents aspects du sujet. **Conseil** Pensez aux notions liées au sujet (ex : journal d'opinion, média de masse, censure…) ; à des exemples précis (ex : rôle de la presse dans l'affaire Dreyfus, dans la guerre d'Algérie ; rôle de la radio dans la crise du 6 février 1934 ou celle de mai 1968 ; les débats politiques télévisuels…) ; aux dates importantes (ex : 29 juillet 1881 : loi sur la liberté de la presse ; 1981-1982 : lois sur les radios et la télévision libres ; 1989 : création du Conseil supérieur de l'audiovisuel…).
ÉTAPE 3 FAIRE UN PLAN ET ORGANISER LES CONNAISSANCES	
→ À partir de l'analyse du sujet, de la consigne et de ses connaissances, dégager deux ou trois thèmes ou idées majeures qui formeront les parties du plan. → Identifier les thèmes secondaires qui constitueront les sous-parties. → Classer les connaissances dans chaque sous-partie.	**Exercice** • Quel est l'intérêt du modèle ci-dessous pour organiser les connaissances ?

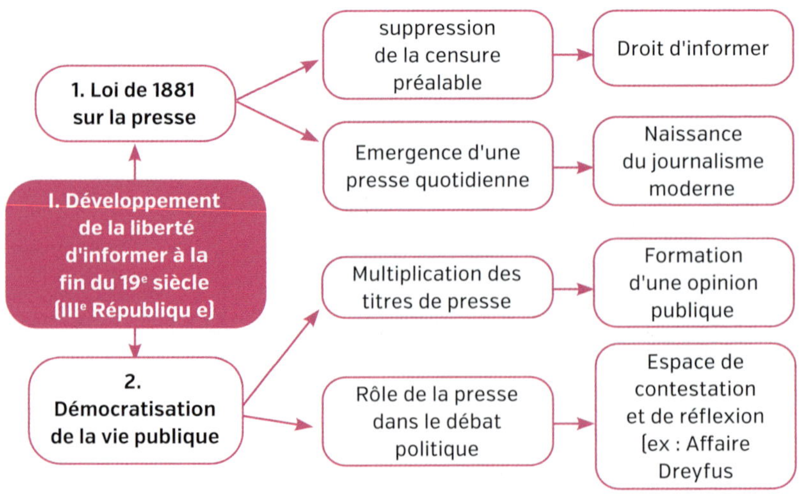

- Suivez ce modèle pour organiser les connaissances des parties suivantes :

I. La liberté d'informer face aux crises et au renouveau du débat démocratique au XXe siècle (remise en cause de la liberté d'information - contrôle, censure, propagande - dans les crises démocratiques jusqu'en 1945, les nouveaux médias de masse (radio, télévision) et leur place dans le débat démocratique, question de l'indépendance des médias, journalisme d'investigation et contre-pouvoir...)

II. Les enjeux contemporains avec le développement d'Internet et des réseaux sociaux (émergence de nouveaux acteurs - lanceurs d'alerte, blogueurs – participation des citoyens, démocratisation accrue de l'information, vecteur de mobilisation de mouvements sociaux, polarisation des débats, désinformation et risque de manipulation de l'opinion, lutte contre les fake news et tentatives de régulations des plateformes par la loi...)

Conseil Utilisez des exemples précis pour illustrer vos arguments.

ÉTAPE 4 RÉDIGER LA COMPOSITION

a. Rédiger l'introduction

- Rédigez une phrase d'accroche en lien avec le sujet pour attirer l'attention du correcteur (fait historique ou d'actualité, citation...).

Exercice

- Réfléchissez à une phrase d'accroche à partir d'une des idées suivantes :

– une citation : « La liberté d'informer est la liberté d'imaginer, de dire, d'agir, de participer au monde. » Jean-Paul Sartre (1947) ;
– « La libre communication des pensées et des opinions est un des droits les plus précieux de » (article 11 de la Déclaration des Droits de l'Homme et du Citoyen – 1789) ;
– une référence à la Belle Époque, Âge d'or de la presse française ;
– un fait d'actualité récent sur la liberté d'information.

- Rédigez votre phrase d'accroche.

- Présenter le sujet en précisant le sens des termes.
- Formuler la problématique, c'est-à-dire la question qui guide la composition.
- Annoncer le plan.

- Rédigez la suite de l'introduction :

– présentez le sujet en définissant les concepts de « liberté d'informer » et de « débat démocratique » ;
– situez le contexte historique en évoquant la fin du XIXe siècle et l'importance de la presse dans la démocratie française ;
– énoncez la problématique en reprenant la formulation du sujet ;
– annoncez le plan de votre composition.

b. Rédiger le développement

- Chaque partie contient :

– la formulation du thème de la partie ;
– 2 ou 3 sous-parties présentant chacune une idée importante du thème, les explications et les exemples.

- En vous appuyant sur votre travail au brouillon, rédigez un paragraphe argumenté pour chaque partie du plan : vous y développerez les idées importantes, les explications et un ou deux exemples précis.

Conseil Rédigez une phrase de transition entre chaque partie du développement.

c. Rédiger la conclusion

- Faites la synthèse des idées principales.

- Rédigez une conclusion répondant à la question posée par le sujet :

– résumez les principales idées de votre composition en soulignant l'importance de la liberté d'informer pour la démocratie ;

– terminez par une phrase d'ouverture sur les inégalités de la liberté d'information dans le monde actuel.

ENTRAÎNEZ-VOUS

Autre sujet

Être de plus en plus informé signifie-t-il être bien informé ?

Consigne : Vous analyserez les avantages d'une large accessibilité à l'information, puis vous aborderez les risques associés à la surinformation, et enfin vous discuterez des critères d'une information de qualité.

BAC → Étude critique de documents

SUJET BAC

Médias numériques et démocratie

Consigne : En analysant les documents, en les confrontant et en vous aidant de vos connaissances, vous interrogerez le rôle des médias numériques dans le débat démocratique et leurs limites.

1 Médias numériques et information

[…] Les nouveaux médias numériques sont d'abord apparus comme un moyen d'approfondir la démocratie. Ces derniers n'avaient-ils pas l'avantage de diversifier les sources d'information, de briser le monopole des décideurs et des journalistes sur les réalités de la vie politique ? L'information devenant gratuite, abondante et immédiatement disponible, le public serait mieux à même de prendre conscience des enjeux du débat politique.

Ces « techno-optimistes » appartenaient à une première génération d'analystes et de commentateurs d'Internet. […] Les enthousiasmait tout particulièrement le caractère *bottom-up* (« ascendant », « de bas en haut ») de la circulation de l'information à l'ère numérique, contrastant avec la nature *top-down* (« descendante » ou « autoritaire ») qui caractérisait les médias traditionnels. Grâce à une libéralisation du marché de l'information, tout un chacun acquérait le pouvoir de diffuser des nouvelles, des idées, de susciter des discussions.

Les « techno-pessimistes » […] ont accusé les plateformes, devenues oligopolistiques[1], de traiter le citoyen en simple consommateur, de collecter de manière excessive des informations concernant leurs utilisateurs, afin de leur proposer des contenus qui les enferment dans des communautés de certitudes[2], dressant les unes contre les autres.

Brice Couturier, « Ce qu'internet fait à la démocratie », Cahiers français, septembre-octobre 2023.

1. Qualifie la domination du marché par un petit nombre de plateformes.
2. Voir « chambre d'écho » : phénomène par lequel les utilisateurs des réseaux sociaux se retrouvent principalement exposés à des opinions similaires aux leurs, renforçant leurs convictions initiales et limitant leur exposition à des points de vue différents.

2 Dessin de presse paru dans *Le Monde* en avril 2017

Facebook et Cambridge Analytica, une start-up britannique d'analyse de données, ont été accusées d'avoir joué un rôle clé dans la campagne présidentielle de Donald Trump en 2016.

Dessin d'Olivier Bonhomme, paru dans *Le Monde*, 14 avril 2017

MÉTHODE | APPLICATION

ÉTAPE 1 ANALYSER LE SUJET ET LA CONSIGNE

→ **Définir les termes du sujet.**

• Précisez le sens des termes « médias numériques » et « démocratie ».

→ **Définir le cadre géographique et/ou les limites chronologiques.**

• Quelle problématique le sujet et sa consigne suggèrent-ils ?

→ **Dégager la question clé posée par le sujet.**

Conseil Vous pouvez construire une problématique qui reprend les termes de la consigne ou une problématique plus complexe.

Exemples :
Quel est le rôle des médias numériques dans le débat démocratique et quelles en sont les limites ? Dans quelle mesure les médias numériques renforcent-ils ou affaiblissent-ils la démocratie ?

ÉTAPE 2 ANALYSER ET CRITIQUER LES DOCUMENTS

→ **Identifier les documents.**

• Quelles sont la nature, la source et la date des documents ?

• Identifiez l'idée générale des documents.
– Doc. 1 : Quelles thèses sont opposées par l'auteur ? Quelle critique est faite à propos des médias traditionnels ?
– Doc. 2 : Quelle est l'idée centrale du dessin ?

→ **Sélectionner, confronter et expliquer les informations.**

• Relevez dans les documents et notez, dans le tableau ci-dessous, les informations en relation avec le sujet.

Thèmes	Doc. 1	Doc. 2
L'accès à l'information		
La formation de l'opinion publique		
La participation citoyenne		
Renforcement de la démocratie		
Affaiblissement de la démocratie		

Conseil Faites un tableau d'analyse afin de confronter plus facilement les informations des deux documents.

• Explicitez les informations à l'aide de vos connaissances.

• Montrez que les médias numériques ont favorisé la fragmentation et l'horizontalité de l'information

Conseil Pensez à utiliser les notions du cours en relation avec le sujet.

Exemple : *Information horizontale ; fragmentation de l'information ; chambre d'écho ; bulle de filtre.*

• Exercez un regard critique
– Quel est l'intérêt d'un dessin de presse au regard du sujet ?

ÉTAPE 3 RÉDIGER L'ÉTUDE CRITIQUE DE DOCUMENT(S)

a. Rédiger l'introduction

→ **Présenter le sujet et le(s) document(s), le contexte et la problématique.**

• Rédigez une courte introduction à partir de ce que vous avez dégagé lors des étapes 1 et 2.

→ **Rédiger l'étude de manière organisée.**

• Rédigez une réponse organisée pour répondre au sujet.

I. Les médias numériques comme facteurs de renforcement de la démocratie
a. Accès élargi à l'information, diversification des sources
b. Une participation citoyenne accrue

II. Les médias numériques comme facteurs d'affaiblissement de la démocratie
a. Désinformation et manipulation de l'opinion publique
b. Concentration des pouvoirs et menaces sur l'indépendance des médias

→ **Rédiger la conclusion.**

• Dans une conclusion, répondez à la problématique du sujet.

BAC → Vers le grand oral

Comment faire un plan et organiser les informations ?

I. COMMENT FAIRE UN PLAN ?

- Un exposé oral doit être structuré comme un dossier, une étude de documents ou une composition.
- Le plan est construit à partir de la problématique : il en constitue une réponse en montrant le cheminement de la réflexion.

→ **Choisissez un type de plan en fonction d'un objectif de communication.**

→ **Faites ressortir les lignes directrices ou les thèmes qui détermineront les différentes parties de l'étude.**

MÉTHODE

→ **Précisez votre objectif de communication (cf. schéma ci-dessous).**

→ **Si vous voulez expliquer, informer :** choisissez un plan thématique, analytique ou chronologique.

→ **Si vous voulez argumenter, convaincre, susciter un débat :** choisissez un plan argumentatif, dialectique ou SOP.

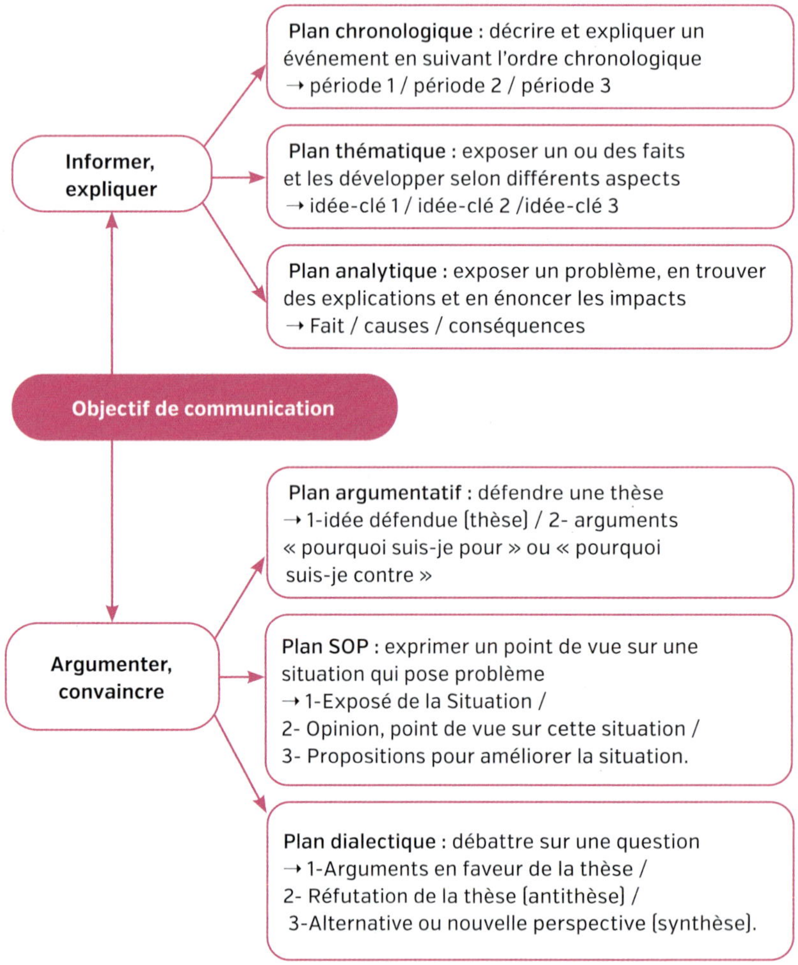

→ **Formulez deux ou trois idées majeures reprenant les grands thèmes issus de votre travail de recherche : chacune déterminera une partie du plan.**

Conseil Veillez à ce que ces idées répondent à la problématique du sujet.

Exemple : *pour répondre à la problématique « Quelles sont les grandes révolutions des moyens d'information depuis le XVe siècle ? » les grandes parties de l'étude peuvent être : 1. La révolution de l'imprimé, 2. La révolution de l'audiovisuel, 3. La révolution du numérique (plan thématique/chronologique).*

EXERCICES

1. À partir de l'étude des documents des différentes parties du thème 4, déterminez le type de plan et les lignes directrices des grandes parties répondant à chacune des problématiques suivantes :

a. « Comment la télévision a-t-elle bouleversé le rapport à l'information ? »

b. « Quels sont les enjeux de la couverture médiatique d'un conflit ? »

c. « Internet est-il un média comme les autres ? »

II. COMMENT ORGANISER LES INFORMATIONS DANS LE PLAN ?

Il s'agit de faire un plan détaillé : les informations sont hiérarchisées dans les parties du plan.

→ **Les parties doivent être divisées en sous-parties qui correspondent aux étapes de la démonstration.**

→ **Les informations sont classées dans chaque sous-partie en fonction de leur importance dans le raisonnement.**

MÉTHODE

→ **Créez deux ou trois sous-parties par thème :** chacune aborde une idée forte du thème.

→ **Hiérarchisez les sous-parties** en fonction de la logique de votre raisonnement.

→ **Développez chaque sous-partie** avec deux ou trois arguments illustrés par un ou plusieurs exemples.

Conseil **Veillez à ce que toutes les parties soient équilibrées et comportent chacune deux ou trois sous-parties. Rédigez des titres évocateurs pour donner du sens à la lecture du plan.**

Exemple : *plan détaillé d'une partie*

PROBLÉMATIQUE :
Être de plus en plus informé signifie-t-il être bien informé ?

PARTIE / THÈME 1 : Les avantages de l'abondance et de l'accessibilité de l'information

Sous-partie 1 : Une diversification des perspectives

- **Argument 1.1** La variété des médias permet l'accès à différents points de vue sur des sujets complexes.
  Exemple : journaux, chaînes d'information, podcasts, sites spécialisés sur le changement climatique.
- **Argument 1.2** : L'accès aux informations internationales ou à l'expression des minorités sont facilitées.
  Exemple : Visibilité des mouvements sociaux (ex : Printemps arabes en 2011)

Sous-partie 2 : Une accélération de la diffusion de l'information

- **Argument 2.1** : Les nouvelles peuvent être partagées instantanément à l›échelle mondiale.
  Exemple : L'utilisation de Twitter pour annoncer des événements majeurs
- **Argument 2.2** La mobilisation de l'opinion publique est plus rapide.
  Exemple : l'initiative #MeToo

EXERCICES

2. Réalisez un plan détaillé répondant à l'une des problématiques proposées dans l'exercice 1.

VERS LE GRAND ORAL EN 5 ÉTAPES

Thème 1 Choisir un sujet et déterminer une problématique p. 104

Thème 2 Mener la recherche documentaire p. 194

Thème 3 Exploiter les informations p. 362

Thème 4 **Organiser les informations et faire un plan p. 362**

Thème 5 Présenter l'exposé p. 434

Thème 5

ANALYSER LES RELATIONS ENTRE ÉTATS ET RELIGIONS

SOMMAIRE

Le baptême de Clovis

Ce tableau du XVIe siècle représente le baptême du roi des Francs Clovis par l'évêque Rémi. La conversion du souverain germanique au christianisme s'est déroulée à Reims, entre 496 et 506. La reine Clotilde, qui aurait poussé le roi à se convertir, est représentée derrière lui. La petite taille du roi, sa nudité et l'humilité de sa posture contrastent avec la prestance et la magnificence de l'évêque, symbolisant la soumission du pouvoir temporel au pouvoir spirituel.

Maître de Saint Gilles, *Le Baptême de Clovis*, vers 1500, National Gallery of Art (Washington).

États et religions aujourd'hui

Toutes les ressources
lycee.nathan.fr/25hggsp1re_366

A Quelles relations États et religions entretiennent-ils aujourd'hui ?

1 Israël : un « État juif et démocratique » ?

Le point de vue d'un politiste

Pourquoi (la notion) d'État juif et démocratique fait-elle couler tant d'encre ? C'est qu'elle pose les tensions qui traversent Israël [...]. Un État juif exclusivement défini comme tel s'expose potentiellement à deux dérives : celle d'un État juif au sens théocratique du terme, lequel octroierait au clergé rabbinique l'autorité politique ; celle d'un État juif au sens ethnique du terme, lequel serait susceptible de priver, au nom de la préférence nationale, les Arabes israéliens, qu'ils soient musulmans, chrétiens ou druzes[1], de la plénitude des droits dont ils bénéficient en tant que citoyens israéliens. En effet, population israélienne et nation juive ne sont pas des termes interchangeables : tous les Juifs ne sont pas israéliens (les juifs de la diaspora) et tous les Israéliens ne sont pas juifs. En Israël cohabitent une nation juive et une partie de la nation arabo-palestinienne. [...] Ce modèle de coexistence entre des religions [...] mais également entre laïcs et pratiquants au sein d'une même religion, fonctionne sur le terrain en vertu de la communautarisation de l'espace : il y a en Israël des localités juives et des localités arabes, et, dans les premières, des quartiers laïcs et des quartiers religieux. C'est à cette condition implicite que le vivre-ensemble tient bon.

Denis Charbit, *Israël. L'impossible État normal*, Calmann-Lévy, 2024.

1. Le druzisme est une religion pratiquée par environ un million de croyants vivant pour la plupart au Proche-Orient.

Denis Charbit est un politiste franco-israélien né en 1959.

2 Loi des hommes contre lois des dieux

Dans un arrêt qui fera date, la Cour de justice de l'UE (CJUE), la plus haute juridiction de l'Union, a estimé que les États membres pouvaient interdire l'abattage rituel, mis en œuvre pour les viandes casher[1] ou halal[2], afin de promouvoir le bien-être animal. Les règles européennes relatives à la souffrance animale exigent en effet l'étourdissement avant l'abattage du bétail. Mais la réglementation prévoit également une dérogation, au titre de la préservation de la liberté de religion, pour *« les animaux faisant l'objet de méthodes particulières d'abattage prescrites par des rites religieux,* [...] *pour autant que l'abattage ait lieu dans un abattoir »* [...]. Or, en 2019, deux provinces belges, la Flandre et la Wallonie, ont voté la fin de cette dérogation sur leur territoire. Saisie par plusieurs associations juives et musulmanes, la justice belge en a finalement appelé à la CJUE qui, sans remettre en cause la possibilité d'une telle dérogation pour raisons religieuses, a décidé de laisser aux États membres le soin de la préserver ou non. Un État peut donc désormais officiellement imposer un étourdissement préalable à tout abattage d'animaux et ainsi interdire, de fait, l'abattage rituel tel que pratiqué dans de nombreuses communautés juives et musulmanes.

Gaétan Supertino, « Les frontières mouvantes de la liberté religieuse en Europe », *Le Monde des religions*, mars 2023.

1. Conforme aux prescriptions du judaïsme.
2. Conforme aux prescriptions de l'islam.

3 Bouddhisme et monarchie en Thaïlande

Un portrait du roi de Thaïlande Rama X exposé derrière un autel bouddhiste.

4 L'encadrement des religions en Chine

Les autorités chinoises ont désaffecté, fermé, démoli et converti des mosquées à un usage séculier, dans un effort visant à restreindre la pratique de l'islam. Dans de nombreuses autres mosquées, elles ont démantelé et retiré certaines caractéristiques architecturales islamiques, telles que les dômes et les minarets. [...] La loi chinoise n'autorise les citoyens à pratiquer que les religions officiellement approuvées[1], dans des lieux de culte eux-mêmes officiellement approuvés, et les autorités conservent un contrôle strict sur ces lieux de culte. Depuis 2016, quand le président Xi Jinping a appelé à la « *sinisation* » des religions, politique visant à faire du Parti communiste chinois (PCC) l'arbitre de la vie spirituelle des citoyens, le contrôle de l'État sur la religion s'est renforcé. [...] Un fondement essentiel de la « sinisation » des religions est de contrer ce qui est perçu comme des influences « étrangères » s'exerçant à travers les religions. Les fidèles de l'islam – qui souffrent également d'une islamophobie grandissante parmi le peuple chinois – et du christianisme ont fait les frais de ces politiques xénophobes. En 2015, les autorités ont retiré les croix de certaines églises et, dans certains cas, ont totalement démoli des églises dans la province du Zhejiang, qui est considérée comme le cœur du christianisme chinois.

Human Rights Watch, « Chine : Des mosquées fermées, rasées ou désaffectées dans les régions musulmanes », 22 novembre 2023.

1. En république populaire de Chine, seules cinq religions ont un statut officiel : taoïsme, bouddhisme, islam, ainsi que le christianisme sous les formes du protestantisme et du catholicisme.

Human Rights Watch est une organisation non gouvernementale de défense des droits humains.

5 La religion au Portugal

1. La liberté de conscience, de religion et de culte est inviolable.
2. Nul ne peut être poursuivi, privé de droits ou dispensé d'obligations ou de devoirs civiques en raison de ses convictions ou de ses pratiques religieuses.
3. Nul ne peut être interrogé, par aucune autorité, au sujet de ses convictions ou de ses pratiques religieuses, sauf pour le recueil de données statistiques qui ne permettront pas d'identifier les personnes auprès de qui elles ont été obtenues, ni subir de préjudice pour avoir refusé de répondre.
4. Les Églises et les communautés religieuses sont séparées de l'État et peuvent librement s'organiser, exercer leurs fonctions et célébrer leur culte.
5. La liberté de l'enseignement de toute religion réalisé dans le cadre de chaque confession est garantie, ainsi que l'utilisation de ses propres moyens d'information pour l'exercice de ses activités.

Article 41 de la Constitution portugaise de 1976, actuellement en vigueur.

Mots-clés

Laïcité : principe selon lequel les croyances et la pratique religieuse sont une affaire individuelle, relevant exclusivement de la sphère privée. Un État laïc reconnaît donc toutes les religions sans en adopter aucune.

Théocratie : système politique dans lequel le détenteur du pouvoir agit au nom de Dieu. Ce détenteur peut-être un laïc (dans le cas de l'empereur, on parle de césaropapisme ou de théocratie impériale) ou un clerc (on parle de théocratie pontificale quand il s'agit du pape).

6 Clergé chiite et politique en Iran

Dans la République islamique d'Iran, le plus haut responsable politique et religieux est le guide suprême. La fonction, actuellement occupée par Ali Khamenei (à droite, avec un turban noir qui marque sa supposée filiation avec Muhammad), revient nécessairement à un clerc chiite. Le guide suprême est plus puissant que le président de la République.

Faire le point

1. Décrivez les relations qu'entretiennent l'État et les religions dans les pays présentés. doc. 1 à 6

2. Parmi les États d'Israël, de Chine, du Portugal et d'Iran, lesquels peuvent être qualifiés de laïques ? de théocratiques ? doc. 1 à 6

3. Pour quelles raisons les relations entre États et religions sont-elles souvent conflictuelles ?

États et religions aujourd'hui

Toutes les ressources
lycee.nathan.fr/25hggsp1re_368

B Des degrés variables de liberté de conscience et religieuse

1 Aux origines de la liberté de conscience

Le point de vue d'un historien

L'expression de « liberté de conscience » émergea à la veille des guerres de religion, opposant catholiques et protestants au XVIe siècle. Mais ses acceptions furent mouvantes. Pour Michel de Montaigne, elle équivalait à la « liberté de culte ». Locke, Spinoza et Bayle, en empruntant des chemins différents, ont chacun apporté des outils philosophiques et politiques pour penser la liberté et ses limites. Au début du XVIIIe siècle, la croyance n'était plus l'option par défaut systématique ni la dissidence le motif d'une répression, voire d'une guerre : pour une poignée d'États, ne pas partager la foi du prince ne signifiait plus être séditieux. Ainsi, la notion de « liberté de conscience » avait glissé progressivement du droit à la liberté d'exercer publiquement un culte au droit à penser ou croire ce que chacun souhaite.

Dominique Avon interviewé dans *Le Nouveau Magazine littéraire*, propos recueillis par Pierre Natnaël Bussière, 14 février 2018.

L'historien belge **Dominique Avon**, chercheur à l'École pratique des hautes études, est spécialiste d'histoire comparée des religions.

2 La liberté de conscience selon l'ONU

1 - Toute personne a droit à la liberté de pensée, de conscience et de religion ; ce droit implique la liberté d'avoir ou d'adopter une religion ou une conviction de son choix, ainsi que la liberté de manifester sa religion ou sa conviction, individuellement ou en commun, tant en public qu'en privé, par le culte et l'accomplissement des rites, les pratiques et l'enseignement.

2 - Nul ne subira de contrainte pouvant porter atteinte à sa liberté d'avoir ou d'adopter une religion ou une conviction de son choix.

3 - La liberté de manifester sa religion ou ses convictions ne peut faire l'objet que des seules restrictions prévues par la loi et qui sont nécessaires à la protection de la sécurité, de l'ordre et de la santé publique, ou de la morale ou des libertés et droits fondamentaux d'autrui.

4 - Les États parties au présent Pacte s'engagent à respecter la liberté des parents et, le cas échéant, des tuteurs légaux de faire assurer l'éducation religieuse et morale de leurs enfants conformément à leurs propres convictions.

Article 18 du Pacte international relatif aux droits civils et politiques, adopté par l'ONU en 1966.

3 Des religions protégées par la loi

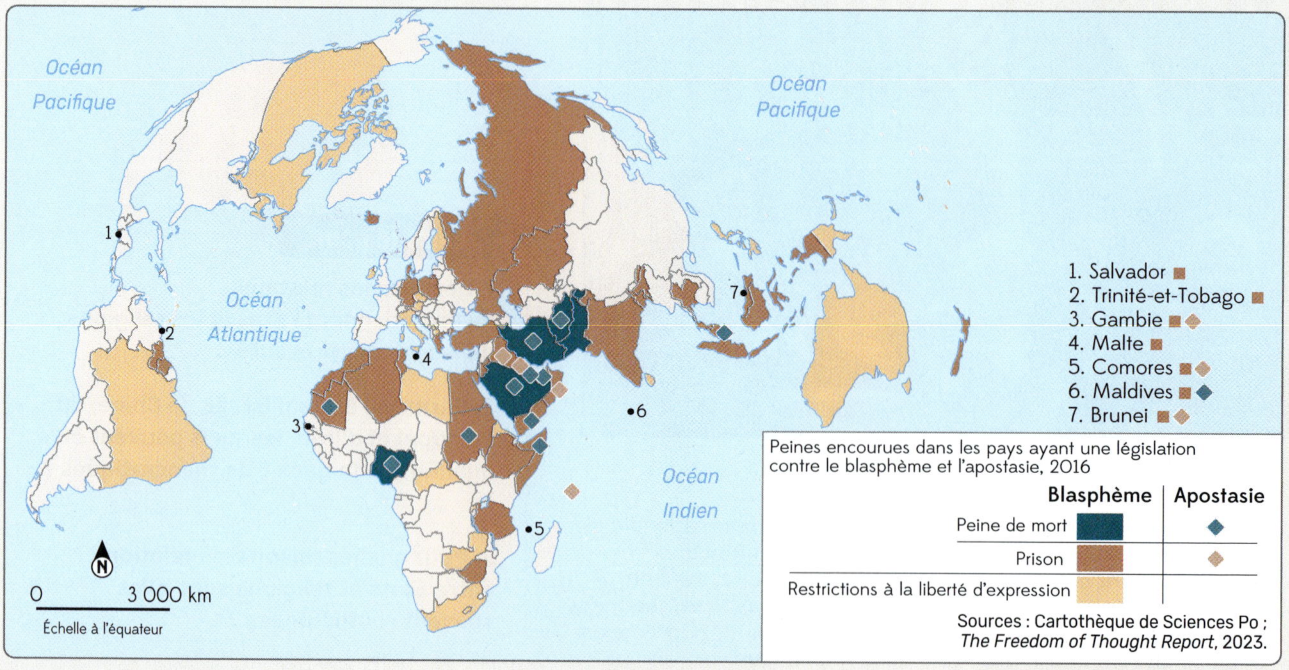

Sources : Cartothèque de Sciences Po ; *The Freedom of Thought Report*, 2023.

4 La répression du bahaïsme[1] en Iran

La communauté bahaïe représente en Iran la plus importante minorité religieuse non musulmane. Les membres de la minorité bahaïe subissent des violations systématiques et généralisées de leurs droits, y compris des détentions arbitraires, des actes de torture et d'autres mauvais traitements, des disparitions forcées, des fermetures de commerces et d'entreprises, des confiscations de biens, des démolitions de logements, des destructions de cimetières et des discours de haine de la part des autorités et de médias d'État, et n'ont pas le droit de faire des études supérieures.

En 1991, une politique officielle a été adoptée par le Conseil suprême de la révolution culturelle et approuvée par le Guide suprême de l'Iran, qui indique clairement que « les interactions de l'État avec les bahaïs doivent viser à bloquer leur avancement et leur développement ». Cette politique précise également qu'« ils doivent être exclus des universités » et qu'« ils doivent être privés d'emploi s'ils s'identifient en tant que bahaï [ainsi que de toute] position d'influence, par exemple dans le secteur de l'éducation ». Les autorités iraniennes se basent sur le fait que le siège de la religion bahaïe se trouve dans la ville d'Haïfa, en Israël, pour dénoncer cette foi et accuser de façon fallacieuse cette communauté d'espionnage.

Amnesty International, 24 août 2022.

1. Religion apparue en Perse (actuel Iran) en 1863.

Amnesty International est une organisation non gouvernementale de défense des droits humains.

5 Une minorité religieuse persécutée : les Rohinghya

Au Myanmar [ou Birmanie], des moines bouddhistes participent à une manifestation contre la minorité musulmane rohingya [Yangon, 28 avril 2016].

Mots-clés

Apostasie : abandon d'une religion.

Blasphème : propos considéré comme outrageant à l'égard d'une religion ou de ce que celle-ci considère comme sacré.

6 Quitter la France pour vivre sa foi

De plus en plus de Français de culture ou de religion musulmanes, issus de l'immigration postcoloniale, très diplômés, quitteraient la France pour s'installer au Royaume-Uni, au Canada, aux États-Unis, à Dubaï, mais aussi au Maghreb. C'est ce qu'affirme l'enquête « La France, tu l'aimes mais tu la quittes » [...], un titre en forme de clin d'œil au slogan de l'extrême droite « La France, aimez-la ou quittez-la » en vogue dans les années 1980. Entre 2011 et 2023, trois universitaires, Olivier Esteves, Alice Picard et Julien Talpin, ont interrogé 1 070 personnes [...], puis mené 139 entretiens approfondis. Leur constat est sans appel : des Français de confession musulmane, pratiquants ou non, peinent à trouver leur place en France malgré des parcours universitaires accomplis (54 % des sondés ont un bac +5). Victimes de discriminations en raison de leur nom, leur apparence ou leur religion, de micro-agressions, les personnes interrogées témoignent d'une « islamophobie » devenue insupportable au point de choisir l'exil. Un phénomène exacerbé depuis les attentats de 2015, mais aussi par le discours antimusulman de certains politiques.

Assiya Hamza, « "La France, tu l'aimes mais tu la quittes" : pourquoi des musulmans surdiplômés choisissent l'exil », *France 24*, 18 mai 2024.

Faire le point

1. **Qu'est-ce qui différencie la tolérance, la liberté de religion et la liberté de conscience ?** doc. 1
2. **Comment la signification de la liberté de conscience a-t-elle évolué dans le temps ?** doc. 1 et 2
3. **Par qui et pourquoi la liberté de conscience est-elle menacée ?** doc. 3 à 6

INTRODUCTION
Repères

États et religions aujourd'hui

Toutes les ressources
lycee.nathan.fr/25hggsp1re_370

1 Géographie des religions

Carte interactive

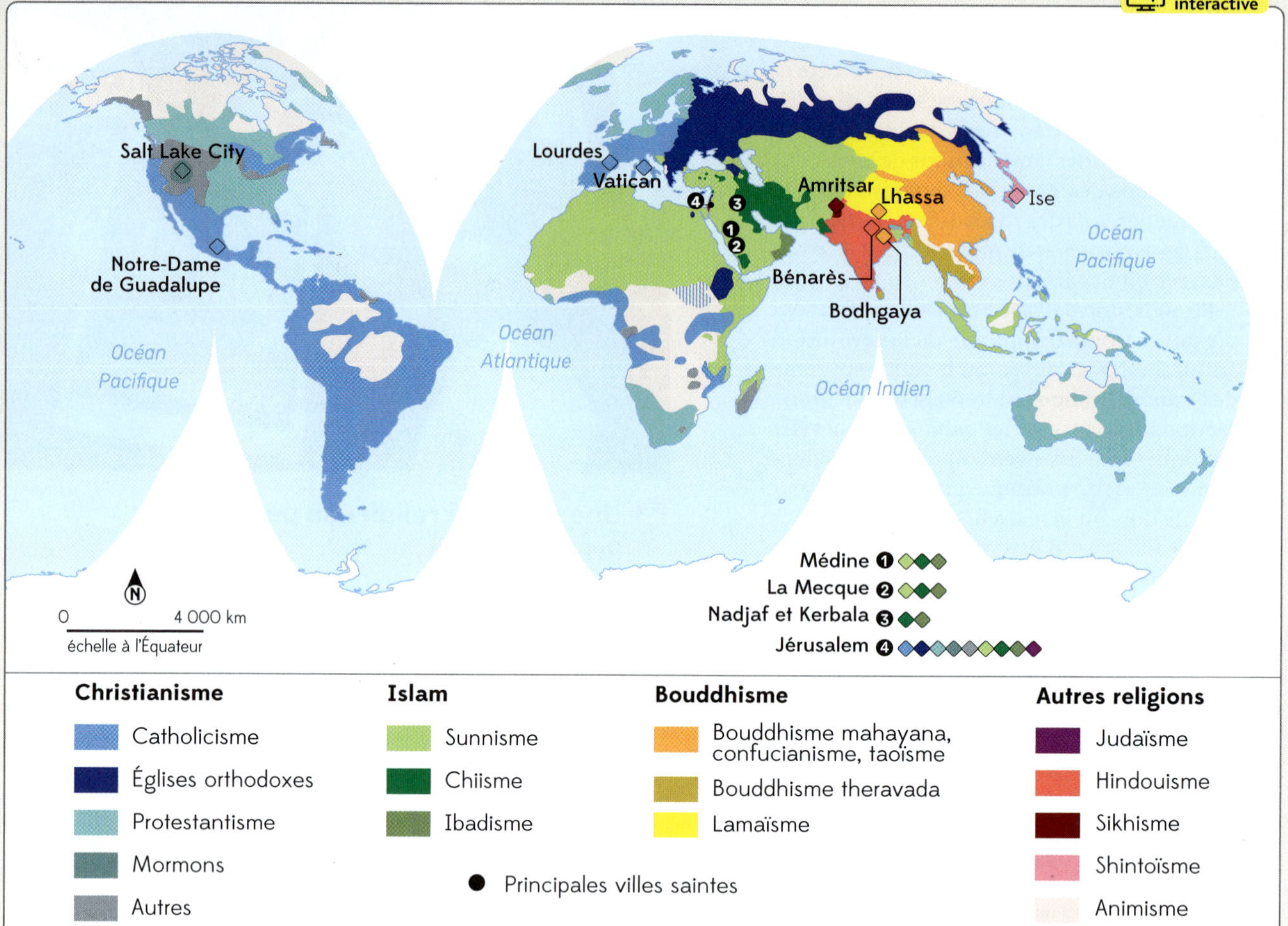

Cette carte indique la religion majoritairement pratiquée dans chaque pays ou région, ce qui n'exclut pas la présence de religions minoritaires dans chacun de ceux-ci.

Sources : *Questions internationales* n° 95-96 ; www.pewforum.org ; *Courrier international* n° 1169 ; *La Documentation photographique* n° 8072 ; L'*Atlas National Geographic*, 2007 ; *Diercke Weltatlas*, Westermann, 1988.

2 Répartition de la population mondiale selon l'appartenance spirituelle (2023)

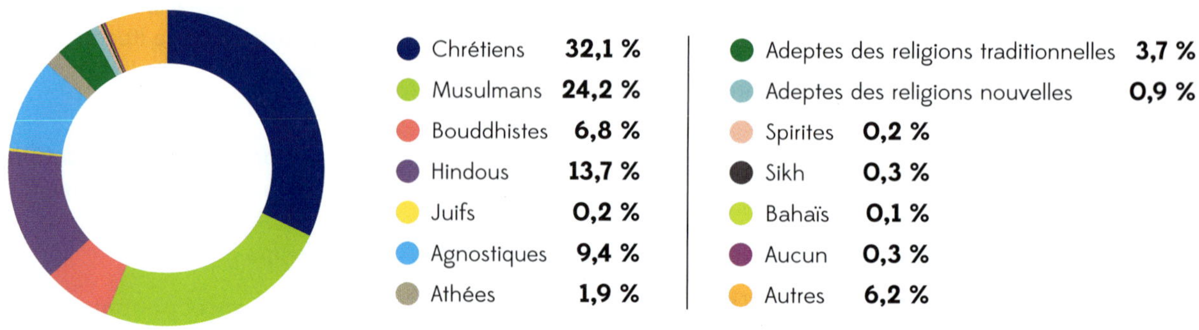

❸ Les relations entre les religions et l'État dans le monde

Carte interactive

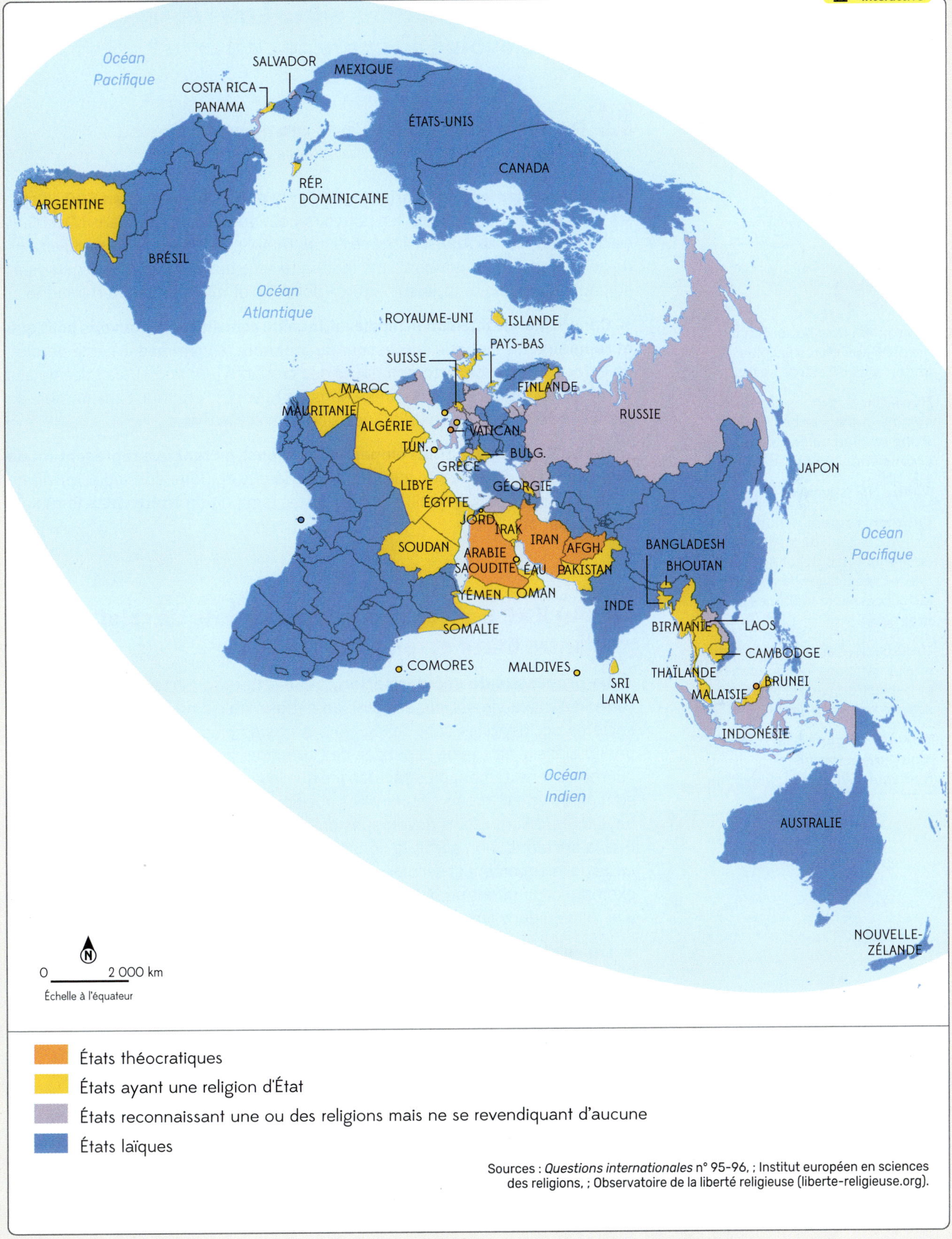

États théocratiques
États ayant une religion d'État
États reconnaissant une ou des religions mais ne se revendiquant d'aucune
États laïques

Sources : *Questions internationales* n° 95-96, ; Institut européen en sciences des religions, ; Observatoire de la liberté religieuse (liberte-religieuse.org).

INTRODUCTION

Cours

Toutes les ressources

lycee.nathan.fr/**25hggsp1re_372**

États et religion aujourd'hui

Comment les relations entre États et religions ont-elles évolué au cours de l'histoire ?

I Pouvoir et religion : des liens historiques traditionnels

- **Le couronnement de Charlemagne par le pape Léon III en l'an 800** illustre les liens étroits qui unissent les pouvoirs politique et religieux dans l'Occident du début du Moyen Âge. Il renforce l'empereur vis-à-vis des autres souverains de son temps en lui donnant une légitimité religieuse. Il bénéficie également au pape, qui peut compter sur la force politique et militaire de Charlemagne.

- **Dans le monde musulman médiéval, le calife concentre les pouvoirs politique et religieux.** En tant que successeur du prophète Muhammad, il est le gardien de la foi et le chef de la communauté des croyants (*oumma*). L'exercice de ces vastes pouvoirs est toutefois limité dans les faits par l'étendue considérable du monde musulman, qui favorise l'éclosion de califats rivaux.

- **Dans l'Empire byzantin, l'empereur (*basileus*), en tant que représentant de Dieu sur terre,** impose son autorité au patriarche de Constantinople, qui dirige l'Église orthodoxe. On qualifie de césaropapisme ou de **théocratie** impériale cette situation.

II Au XXIe siècle : une grande variété de relations entre États et religions

- **Le processus de sécularisation,** c'est-à-dire de perte d'influence de la religion dans la vie sociale et politique est généralisé mais pas uniforme. Les sociétés occidentales sont celles qui ont été les plus précocement affectées par lui, dans le sillage de la pensée des Lumières, au XVIIIe siècle. En leur sein, l'Europe est nettement plus sécularisée que les États-Unis. Les sociétés du Sud sont globalement moins sécularisées que celles du Nord. Dans la mesure où les pays du Sud sont moins développés que ceux du Nord, certains en déduisent que la sécularisation serait la conséquence de la modernisation. Mais le lien entre développement et sécularisation n'est pas automatique : les Saoudiens par exemple conjuguent un niveau de vie élevé et une place importante accordée à la religion dans leur quotidien.

- **Les relations entre États et religions varient beaucoup à travers le monde.** Certains pays, comme la France, ont opté pour une séparation stricte entre l'État et les religions. D'autres comme le Royaume-Uni, maintiennent une religion officielle tout en garantissant la liberté de culte. Enfin, quelques États sont des théocraties où le pouvoir politique est soumis au pouvoir religieux. C'est le cas de l'Iran où a été instaurée en 1979 une République islamique dont le président, élu, est soumis à l'autorité du Guide suprême, un **ayatollah** appartenant au clergé **chiite**. En Afghanistan, les **talibans** ont instauré en 2021 un émirat islamique dirigé par un **mollah**. Dans tous ces pays où la loi des hommes est soumise à celle de dieu, une police religieuse veille au respect de la **charia**.

- **Les libertés de conscience et de religion sont des droits fondamentaux reconnus internationalement.** Mais leur respect varie grandement d'un pays à l'autre. Impliquant le droit de croire ou de ne pas croire ainsi que celui de changer de religion, elles sont protégées dans les pays démocratiques. En consacrant la neutralité religieuse de l'État, la **laïcité** telle qu'elle est pratiquée en France vise à garantir leur respect. Dans de nombreux pays, ces libertés sont en revanche

Vocabulaire

Ayatollah : titre honorifique accordé aux clercs les plus importants du clergé chiite.

Blasphème : propos considéré comme outrageant à l'égard d'une religion ou de ce que celle-ci considère comme sacré.

Charia : loi islamique.

Chiisme : courant minoritaire de l'islam qui considère Ali, cousin de Muhammad ayant épousé sa fille, et ses descendants comme les successeurs légitimes du prophète.

Mollah : nom donné à un érudit musulman dans les mondes turc et iranien (on parle d'ouléma dans le monde arabe).

Taliban : membre d'un mouvement islamiste fondamentaliste d'Afghanistan.

restreintes ou menacées. La Corée du Nord communiste impose l'athéisme et bannit en conséquence toute pratique religieuse sur son sol. En Égypte ou en Indonésie, ce sont au contraire les non-croyants qui font l'objet de discriminations, souvent du fait d'accusations de **blasphème**. En Chine, au Myanmar et en Inde, les musulmans sont victimes de persécutions, tout comme les chrétiens au Nigeria, en Somalie ou au Pakistan.

III Trois articulations originales du religieux et du politique

- **L'abolition du califat par Mustafa Kemal en 1924** marque une rupture majeure dans l'histoire du monde musulman. Cette décision s'inscrit dans un vaste programme de réformes visant à moderniser la Turquie en s'inspirant du modèle occidental. La laïcité turque diffère toutefois grandement de celle pratiquée en France : elle place les mosquées sous le contrôle de l'État, la neutralité religieuse n'est donc pas respectée.

- **Aux États-Unis, la séparation de l'Église et de l'État est un principe constitutionnel fondamental.** Pour autant, la religion occupe une place importante dans l'espace public et la vie politique. Depuis la Seconde Guerre mondiale on observe des oscillations entre une interprétation stricte de cette séparation et des tentatives d'accroître l'influence religieuse dans la sphère publique. Des questions comme le droit à l'avortement ou le mariage homosexuel illustrent ces tensions persistantes.

- **L'Inde offre un exemple complexe de relations entre États et religions.** Le « sécularisme » indien, inscrit dans la Constitution, diffère du modèle occidental. Il ne signifie pas une séparation stricte, mais plutôt une égalité de traitement de toutes les religions par l'État. Cependant, la politisation de la religion demeure forte, comme en témoigne la montée du nationalisme hindou. La gestion des minorités religieuses (musulmane, chrétienne ou sikhe) constitue un défi majeur pour la démocratie indienne. La partition de 1947 et la création du Pakistan ont profondément marqué les relations entre l'Inde et son voisin, faisant de la question religieuse un enjeu géopolitique majeur dans la région.

Notions

Laïcité : principe selon lequel les croyances et la pratique religieuse sont une affaire individuelle, relevant exclusivement de la sphère privée. Un État laïc reconnaît donc toutes les religions sans en adopter aucune.

Liberté de conscience : respect des convictions de chacun, qui peuvent ne pas être de nature religieuse.

Théocratie : système politique dans lequel le détenteur du pouvoir agit au nom de Dieu. Ce détenteur peut-être un laïc (dans le cas de l'empereur, on parle de césaropapisme ou de théocratie impériale) ou un clerc (on parle de théocratie pontificale quand il s'agit du pape).

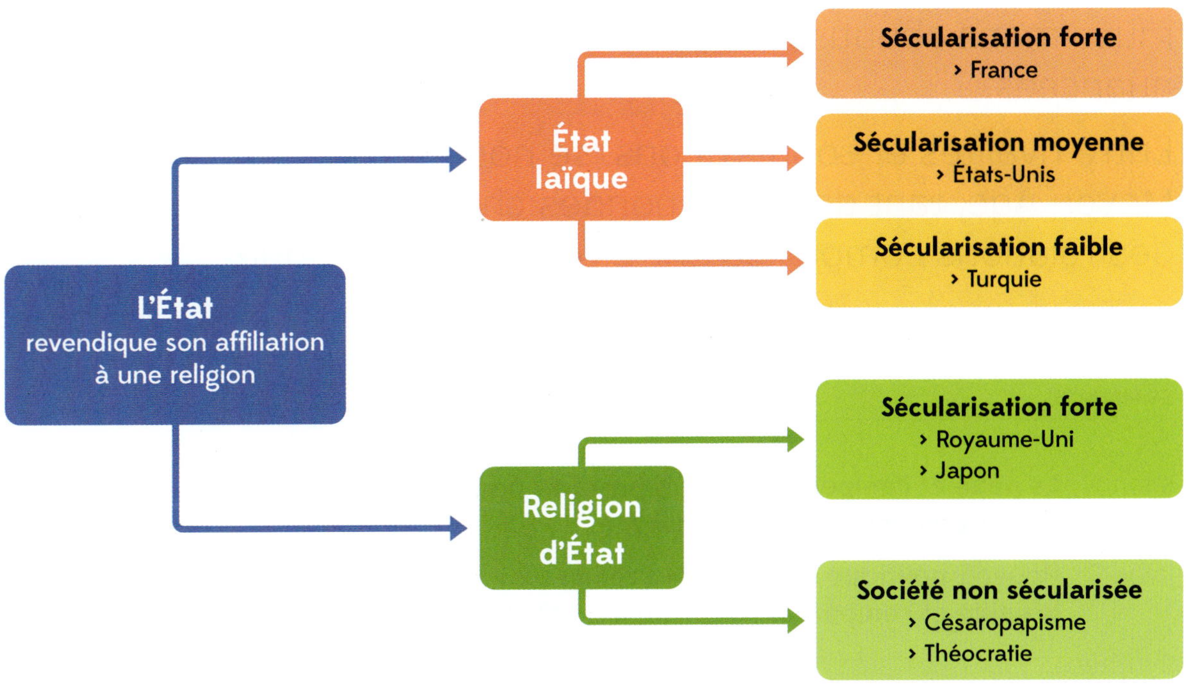

Thème 5 AXE 1

Pouvoir et religion : des liens historiques traditionnels

Au Moyen Âge, dans l'Orient et l'Occident chrétiens, les détenteurs du pouvoir politique cherchent à s'assurer la fidélité des autorités religieuses. Inversement, ces dernières cherchent parfois à soumettre les représentants du pouvoir politique. Le sacre impérial du roi des Francs Charlemagne par le pape Léon III en 800 illustre bien l'ambiguïté et la complexité des relations entre ces deux formes de pouvoir.

La situation est différente dans le monde musulman, où il n'existe en théorie pas de séparation entre le chef religieux et le chef politique. La présence d'importantes minorités non musulmanes et les rivalités entre souverains musulmans aboutissent toutefois à des réalités plus nuancées.

Entre rivalités et coopérations, se nouent ainsi au Moyen Âge, tant dans les mondes chrétien que musulman, des relations complexes entre religion et politique.

SOMMAIRE

Le couronnement d'Henri II

Henri II reçoit sa couronne de roi de Francie occidentale dans la cathédrale de Mayence le 8 septembre 1002. En 1014, il devient Empereur romain germanique et est donc de nouveau couronné, cette fois-ci à Rome, par le pape Benoît VIII. On le voit ici couronné de la main du Christ et recevant une lance et une épée sacrées de la main d'anges.

Miniature extraite du *Sacramentaire d'Henri II*, Bibliothèque d'État de Bavière, vers l'an 1000.

Carte

Empires et religions dans la Méditerranée au IXe siècle

L'apparition et l'expansion de l'islam à partir du VIIe siècle ont profondément bouleversé le monde méditerranéen. À un unique empire romain, devenu chrétien au IVe siècle, qui en contrôlait l'ensemble des rives, s'est substitué un ordre plus complexe. Au IXe siècle, cohabitent sur ses rives deux empires chrétiens – carolingien et byzantin – ainsi qu'un empire musulman dirigé par les Abbassides. Tous ces empires doivent composer avec des minorités religieuses en leur sein.

Vocabulaire

Capitale califale : lieu de résidence d'un souverain se prétendant calife, c'est-à-dire chef de la communauté musulmane.

Chrétiens latins d'Occident : chrétiens catholiques, fidèles au pape de Rome, utilisant le latin pour les cérémonies religieuses.

Chrétiens orthodoxes d'Orient : chrétiens orthodoxes, ne reconnaissant pas l'autorité du pape de Rome mais celle d'un patriarche. Certains utilisent le grec et d'autres le syriaque pour leurs cérémonies religieuses.

Empire abbasside : empire islamique fondé au VIIe siècle par Abu al-'Abbas al-Saffah.

Questions

1. **Sur quels continents s'étendent les empires carolingien, byzantin et musulman ?**

2. **Les frontières des empires correspondent-elles aux limites de diffusion des religions ? Comment l'expliquer ?**

Toutes les ressources
lycee.nathan.fr/25hggsp1re_376

1 Un espace politiquement et religieusement divisé

Carte interactive

3. Les mondes musulmans

- Musulmans majoritaires
- Limites de l'Empire abbasside vers 820
- Capitales califales
- Villes saintes
- Principales routes de pèlerinage

4. Le judaïsme, des communautés dispersées

- Principales communautés juives

Toutes les ressources

lycee.nathan.fr/25hggsp1re_378

Pouvoir et religion : des relations complexes dans l'Occident médiéval

Dates clés

- 498 Clovis, roi des Francs, est baptisé à Reims.
- 800 Charlemagne est sacré empereur à Rome.
- 962 Otton Ier est sacré empereur à Rome.
- 1059 Le pape Nicolas II impose l'élection des papes par le collège des cardinaux.
- 1075-1122 Querelle des Investitures.
- 1231 Création de l'Inquisition.

Vocabulaire

Absolution : pardon accordé par l'Église à un croyant ayant commis une faute.

Bulle : lettre officielle expédiée par un pape.

Cardinal : voir p. 436

Clergé : ensemble des clercs, c'est-à-dire des hommes et des femmes entrés au service de l'Église.

Concile : assemblée d'évêques et d'abbés réunie pour délibérer sur des questions religieuses.

Concordat : accord conclu entre le pape et un État.

Croisade : lutte armée contre les personnes désignées par le pape comme des ennemis de la foi chrétienne (musulmans, païens ou hérétiques).

Excommunication : exclusion prononcée par une autorité ecclésiastique à l'encontre d'un clerc ou d'un laïc qui a fauté, afin de le contraindre à se repentir s'il veut réintégrer la communauté chrétienne.

Hérésie : doctrine considérée comme contraire aux dogmes définis par l'Église.

Comment rois et empereurs ont-ils cherché à soumettre l'Église dans l'Occident médiéval ?

I Rois germaniques et clercs catholiques (Ve-VIIIe siècle)

A Un nouvel ordre politique

● **La disparition de l'Empire romain d'Occident en 476 provoque en Europe une dislocation du pouvoir temporel**. À la place de l'empire défunt dirigé par un unique **empereur**, émergent une dizaine d'États rivaux gouvernés par des rois d'origine germanique dont aucun n'est catholique. Dans les régions qu'ils ont conquises, ils doivent néanmoins composer avec les évêques : ces **clercs** jouissent d'un prestige et d'une autorité considérables auprès des fidèles qu'ils encadrent.

● **La plupart des souverains germaniques choisissent de s'appuyer sur les clercs** pour asseoir leur pouvoir. Plutôt que de s'opposer aux évêques, ils s'assurent de leur docilité en s'immisçant dans leur désignation. Le catholicisme devient ainsi un instrument au service du pouvoir temporel de rois qui finissent par s'y convertir : dès la fin du Ve siècle pour le roi des Francs Clovis, au VIe siècle pour les souverains wisigoths, au VIIe siècle pour les rois lombards.

B L'affirmation de la papauté

● **La suprématie du pape au sein du clergé catholique n'est pas respectée.** Théoriquement supérieur hiérarchique de tous les clercs, il n'a dans les faits pas son mot à dire dans la nomination des évêques et exerce une faible influence sur eux. Pape de 590 à 604, Grégoire le Grand tente d'y remédier. L'abondante correspondance qu'il entretient avec des évêques de tout l'Occident témoigne de sa volonté de coordonner leur action et de leur imposer son autorité.

● **L'Église romaine possède de nombreuses terres en Italie.** Les papes s'en servent pour compléter leur **pouvoir spirituel** par un pouvoir temporel en jetant les bases d'un véritable État pontifical. Dans ce but, un document qui se révélera être faux, la « Donation de Constantin », est diffusé par la papauté à partir de la fin du VIIIe siècle. Ce texte prétend que l'empereur romain Constantin aurait légué aux papes le pouvoir temporel sur la partie occidentale de son empire.

II Empereurs et papes : entre alliances et concurrences (IXe-XIIe siècle)

A Le retour de l'Empire en Occident

● **À la fin du VIIIe siècle, Charlemagne étend le royaume franc à une large partie de l'Europe.** En 800, le pape Léon III le couronne empereur à Rome, restaurant la dignité impériale. Ce couronnement permet au souverain carolingien de bénéficier du prestige associé à la foi chrétienne et à l'Église d'obtenir sa protection. S'établit ainsi en Occident une alliance entre pouvoirs temporel et spirituel.

● **Au Xe siècle, un nouvel empire centré sur l'Europe germanique** émerge. Son fondateur, Otton Ier, se fait lui aussi sacrer empereur en 962 par le pape Jean XII. Ce nouvel empire qui se veut à la fois « romain » et « germanique » (puis « saint » à partir du XIIe siècle), entretient avec la papauté des relations conflictuelles. Otton Ier fait remplacer Jean XII puis le pape Benoît V, qu'il juge trop indociles. En 999, son petit-fils Othon III fait élire à la papauté sous le nom de Sylvestre II son ancien précepteur Gerbert.

B La tentation théocratique des papes

- **Le pape Nicolas II tente de mettre un terme à l'intervention répétée du pouvoir impérial** dans le fonctionnement de l'Église**.** En 1059, il impose que le pape soit désormais élu par les seuls **cardinaux**. Son successeur, Grégoire VII, défend un modèle théocratique selon lequel le pouvoir spirituel ne doit pas seulement être indépendant, mais supérieur au pouvoir temporel. Il crée la curie, véritable gouvernement d'une Église dont il entreprend de réformer le fonctionnement et les mœurs pour la rendre plus respectable : c'est la **réforme grégorienne**.

- **En 1075, Grégoire VII retire aux rois et à l'empereur le pouvoir de nomination des évêques.** Cette décision provoque la **querelle des Investitures** : l'empereur germanique Henri IV menace de faire destituer le pape qui prononce en retour son **excommunication**. Le conflit prend fin en 1122 avec la conclusion du **concordat** de Worms, par lequel l'empereur Henri V, également excommunié, accepte en contrepartie de son **absolution** la nomination des évêques par le pape.

III Dissidences et diversité religieuses

A Lutter contre les hérétiques

- **Sortie renforcée de la querelle des Investitures,** l'Église affirme son emprise sur ses fidèles en organisant la répression des **hérésies**. Celles-ci se multiplient en Occident à partir du XIe siècle et ont en commun de remettre en question l'autorité du clergé en prônant un rapport direct entre le croyant et Dieu.

- **Dans les cas qu'elle juge les plus graves, l'Église a recours à la force.** En 1231, afin de mettre fin à l'hérésie cathare, le pape Grégoire IX crée le tribunal de l'Inquisition qui est spécialement chargé de la traque et de la condamnation des hérétiques.

B Composer avec les infidèles

- **Bien que très majoritairement chrétien, l'Occident médiéval abrite des minorités religieuses**. Il s'agit en premier lieu des communautés juives dont l'implantation remonte à l'époque romaine. Des musulmans peuvent également vivre en terre chrétienne, notamment du fait du reflux territorial des États islamiques de la péninsule ibérique.

- **À l'image de Grégoire le Grand au VIe siècle, ou de Calixte II au XIIe siècle,** plusieurs papes édictent des **bulles** de tolérance à l'égard des juifs. Les souverains temporels protègent également leur présence, certains juifs exerçant des professions financières indispensables mais interdites aux chrétiens. L'antijudaïsme est toutefois très répandu tant dans l'Église que dans la population et il donne fréquemment lieu à des persécutions plus ou moins spontanées.

- **En 1095, le pape Urbain II lance un appel à la croisade pour prendre Jérusalem aux musulmans.** Sur leur route vers l'Orient, les Croisés se livrent à des massacres systématiques à l'égard des communautés juives, notamment dans la vallée du Rhin.

Vocabulaire

Pape (ou souverain pontife) : voir p. 436

Querelle des Investitures : conflit opposant les empereurs germaniques aux papes à propos de la nomination (l'investiture) des évêques.

Schisme : division dans l'Église.

Notions

Empereur : souverain, c'est-à-dire détenteur du pouvoir suprême, dominant une vaste construction politique et territoriale appelée empire.

Pouvoir spirituel/temporel : le pouvoir spirituel fait référence à l'autorité religieuse qui règne sur les âmes, tandis que le pouvoir temporel renvoie à l'autorité politique sur les corps et les biens.

Réforme grégorienne : politique initiée par le pape Grégoire VII (1073-1085) pour améliorer le fonctionnement et la moralité de l'Église. Elle passe notamment par la prise en main par l'Église de la nomination des clercs.

Fiches de lecture

« 1075 – Réforme grégorienne. L'Église prend le pouvoir en Occident », *L'Histoire*, n° 507, mai 2023.
Travaux d'historiens les plus récents sur la redéfinition du rôle de l'Église initiée par le pape Grégoire VII.

Bruno Dumézil, *Charlemagne*, Puf, 2024.
Synthèse sur l'empereur Charlemagne, père fondateur mythique de l'Europe.

Pour aller + loin

« 24 janvier 1075 : début de la querelle des Investitures », *Les oubliettes du temps*, France Inter, 2013.
La querelle des Investitures (1075-1122) est un conflit entre pape et empereur sur la nomination des évêques et l'indépendance du pouvoir spirituel.

« Pouvoir des papes vs. Pouvoir des rois », *Storiavoce*, 2019.
Cours sur le pouvoir de l'Église au Moyen Âge : relations avec le pouvoir royal, théocratie pontificale et distinction entre spirituel et temporel.

« La période carolingienne (8e-9e siècles) », *Les Essentiels de la BnF*, dernière consultation : janvier 2025.
Dossier sur les Carolingiens, une dynastie qui a transformé l'Europe par ses réformes et sa renaissance culturelle, avant son démantèlement.

Toutes les ressources
lycee.nathan.fr/25hggsp1re_380

Le pape et l'empereur, deux figures de pouvoir : le couronnement de Charlemagne (800)

Roi des Francs à partir de 768, Charlemagne (747-814) étend par la guerre L'Empire carolingien à une large partie de l'Europe occidentale. Il y impose la conversion au christianisme des populations demeurées païennes. Chef militaire, politique et religieux, il est couronné empereur par le pape Léon III à Rome le jour de Noël de l'an 800.

Pourquoi Charlemagne a-t-il été sacré empereur d'Occident en 800 ?

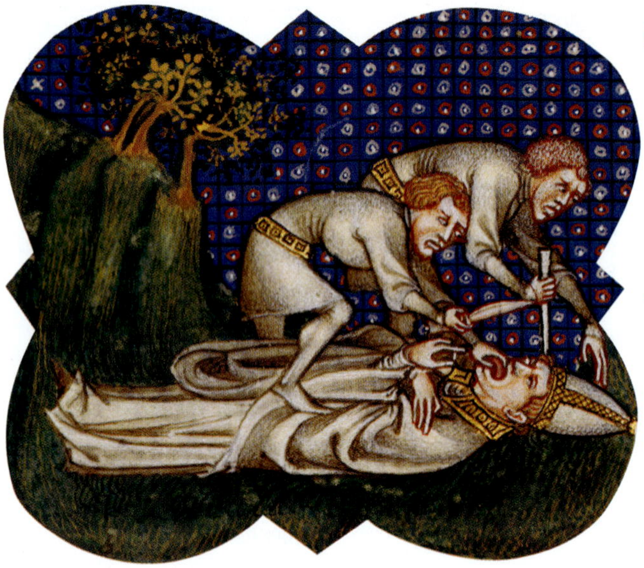

1 Léon III attaqué

Le 25 avril 799, le pape Léon III est attaqué à Rome par des conjurés qui souhaitent l'éliminer pour le remplacer par un concurrent. Il perd sa langue et ses yeux maissurvit à l'agression et se réfugie à Paderborn (actuelle Allemagne) auprès du roi des Francs Charlemagne.

Enluminure issue des *Grandes Chroniques de France*, Paris, XIVᵉ siècle.

→ **Que nous apprend cette image sur la situation de la papauté à la fin du VIIIᵉ siècle ?**

2 Un sacre inattendu ?

Conseiller de Charlemagne, Éginhard est l'auteur de la première biographie de l'empereur.

Les Romains[1] poussèrent le pape Léon, qui avait été victime de nombreuses violences, ayant notamment eu les yeux arrachés et la langue coupée, à rechercher instamment l'assistance du roi[2]. [Charlemagne] vint donc à Rome pour restaurer la situation de l'Église qui avait été complètement bouleversée, et il y passa tout l'hiver. C'est à ce moment-là qu'il reçut le nom d'empereur [...]. Dans un premier temps, il s'opposa si fortement [au sacre] qu'il affirmait que ce jour-là, bien qu'il se fût agi d'un jour de fête, il ne serait pas entré dans l'église s'il avait pu connaître d'avance la résolution du pontife. Il supporta avec une grande patience la jalousie que lui valut le nom qu'il avait reçu : les empereurs romains[3] s'en indignèrent en effet.

Éginhard, *Vie de Charlemagne*, début du IXᵉ siècle.

1. Grandes familles romaines qui conspirent contre le pape.
2. Charlemagne, roi des Francs.
3. Byzantins.

→ **Comment Éginhard explique-t-il le sacre de Charlemagne ?**

3 La restauration impériale en Occident

Les Annales de Lorsch *sont un ensemble de textes rédigés par les moines de l'abbaye allemande de Lorsch relatant les principaux événements de l'époque carolingienne.*

Comme dans le pays des Grecs[1] il n'y avait plus d'empereur et que le pouvoir impérial était détenu par une femme[2], il parut au pape Léon lui-même et à tous les saints Pères qui étaient alors assemblés en concile, ainsi qu'à tout le peuple chrétien, qu'il convenait de donner le titre d'empereur au roi Charles qui avait en son pouvoir la ville de Rome, résidence normale des Césars[3], et les autres villes d'Italie, de Gaule et de Germanie. Le Dieu tout puissant ayant consenti à les placer toutes sous son autorité, il leur semblait juste que, conformément à la demande du peuple chrétien, il portât, lui aussi, le titre impérial. À cette demande, Charlemagne ne voulut point opposer un refus, mais en se soumettant humblement à Dieu, en même temps qu'au désir exprimé par les prêtres et le peuple chrétien, il reçut le titre d'empereur avec la consécration du pape Léon.

Annales de Lorsch, 803.

1. L'Empire byzantin.
2. De 797 à 802, l'Empire byzantin est dirigé par l'impératrice Irène.
3. Il s'agit des Empereurs romains.

→ **Comment l'auteur du texte justifie-t-il le fait que Charlemagne devienne empereur ?**

4 Le sacre de Charlemagne, le 25 décembre 800

Le pape Léon III couronne Charlemagne à Rome en 800.

Miniature extraite des *Chroniques de France ou de Saint-Denis*, tome 1, 2e moitié du XIVe siècle, The British Library, Londres.

→ **Décrivez les postures respectives du pape et de l'empereur. Quel rapport de force entre eux est ici présenté ?**

5 Une alliance entre l'Empire et l'Église

Le regard d'un historien

Il est vraisemblable que le couronnement impérial répondait davantage à une initiative de Léon III qu'à une intention de Charlemagne. En effet [...], le pape manifeste ainsi au Franc qu'il tient sa dignité de l'Église. Il s'efforce par là de maintenir son contrôle sur un pouvoir devenu considérable et s'exerçant trop loin de Rome à son goût. En outre, c'est, pour l'évêque de Rome, une manière de rompre les liens avec l'empereur de Constantinople, qui cesse d'incarner l'universalité idéale de l'ordre chrétien. [...] L'événement signifie aussi une émergence de la papauté comme véritable pouvoir. [...] C'est en effet le pape qui « fait » la dynastie carolingienne, ou du moins consacre sa puissance, et reçoit d'elle en retour la confirmation de son assise territoriale et matérielle. Le moment carolingien repose ainsi sur une alliance entre l'Empire et l'Église, qui assure, par un échange équilibré de services et d'appuis, un essor conjoint de l'un et de l'autre.

Jérôme Baschet, *La Civilisation féodale*, © Aubier, 2004.

Jérôme Baschet (né en 1960) est un historien français, disciple du grand médiéviste Jacques Le Goff (1924-2014). Il est spécialiste de l'art et des représentations qui structurent la société de l'Occident médiéval.

→ **Quels bénéfices la papauté peut-elle tirer du sacre de Charlemagne ?**

Questions et activités

Parcours 1

1. Montrez que le rapport de force entre le pape et l'empereur est déséquilibré à la fin du VIIIe siècle. doc. 1, 2, 3 et 5

2. Décrivez cette mise en scène du sacre. doc. 4

Synthèse. Montrez que le sacre répond à une recherche d'équilibre entre Charlemagne et Léon III.

Parcours 2

Préparer une dissertation

Sujet : « Pourquoi le pape Léon III a-t-il pris l'initiative de sacrer Charlemagne empereur ? »
Analysez le sujet, dégagez ses enjeux et une problématique, puis proposez un plan pour cette dissertation.

Toutes les ressources
lycee.nathan.fr/25hggsp1re_382

Pouvoir et religion dans l'Empire byzantin

Comment les empereurs byzantins parviennent-ils à imposer leur autorité au clergé ?

Dates clés

- 330 Fondation de Constantinople par Constantin, premier empereur de religion chrétienne.
- 476 Fin de l'Empire romain en Occident.
- 527 565 Règne de Justinien, empereur romain d'Orient.
- 610 Le grec devient la langue officielle de l'Empire byzantin.
- 730 834 Période iconoclaste durant laquelle le culte des images est interdit.
- 1054 « Grand schisme d'Orient » entre catholicisme et orthodoxie.
- 1204 Prise et sac de Constantinople par les Croisés.

I Un empire romain et chrétien en Orient

A L'unité politique de l'Orient méditerranéen

● **La partie orientale de l'Empire romain échappe aux assauts des peuples germaniques.** À sa tête, des empereurs continuent de se succéder du IVe au XVe siècle. Cet Empire romain d'Orient est aujourd'hui qualifié de « byzantin » en référence à Byzance, la colonie grecque sur laquelle a été érigée sa capitale Constantinople.

● **Durant les premiers siècles du Moyen Âge,** l'Orient méditerranéen demeure donc unifié au sein de l'Empire byzantin. Il échappe au processus de fragmentation politique en de multiples royaumes qui affecte alors l'Occident. En conséquence, ce n'est pas la religion chrétienne qui joue ici un rôle fédérateur (comme en Occident), mais bien l'empire. Étant divisés en une multitude d'Églises rivales issues de schismes successifs, nombre de chrétiens orientaux ne reconnaissent pas l'autorité spirituelle du pape. En revanche, tous ceux vivant dans l'Empire byzantin sont soumis à celle, temporelle, du ***basileus***.

B Le renforcement du pouvoir impérial

● **L'avènement et l'expansion de l'islam au VIIe siècle affaiblissent l'Empire byzantin.** Replié sur les Balkans et l'Anatolie, il perd progressivement son caractère romain. Le grec, qui est désormais la langue parlée par l'essentiel de ses habitants, s'impose dans l'administration ainsi que dans les rites religieux.

● **Les *basileis* de la dynastie dite « macédonienne » (867-1057) consolident le pouvoir impérial.** Profitant d'une période de relative stabilité, ils élargissent les prérogatives impériales. Ils s'impliquent notamment davantage dans les affaires de l'Église.

II L'Église au service de l'empereur

A Le *basileus* et le patriarche

● **Le *basileus* affirme être le représentant de Dieu sur terre.** Lorsqu'il accède au trône, il est couronné par le **patriarche** de Constantinople au cours d'une cérémonie organisée dans la cathédrale Sainte-Sophie, censée marquer son élection divine. Le *basileus* a pour premier devoir de veiller au maintien de l'unité des chrétiens, notamment en réprimant les hérésies. Pour cela, il peut convoquer des **conciles** et y prendre part.

● **Chef du clergé byzantin en tant qu'évêque de Constantinople,** le patriarche doit prier pour le salut de l'empereur et de l'Empire. C'est lui qui nomme les **métropolites** qui ont la charge de l'administration religieuse de chacune des provinces de l'empire. Il dirige l'église byzantine en s'appuyant sur les recommandations du synode permanent, sorte de parlement qui réunit l'ensemble des métropolites résidant ou présents à Constantinople.

B Le pouvoir spirituel soumis au pouvoir temporel

● **Le *basileus* contrôle étroitement le clergé de son empire.** Au contraire du pape en Occident, le patriarche ne peut pas s'opposer frontalement à l'empereur car il est nommé par lui. De plus, si le patriarche occupe en principe sa

Vocabulaire

Basileus : « roi » en grec, désigne le souverain temporel byzantin, qui exerce aussi une autorité sur l'Église.

Concile : assemblée d'évêques et d'abbés réunis pour délibérer sur des questions religieuses.

Iconoclasme : mouvement politico-religieux byzantin des VIIIe et IXe siècles prônant la destruction des images sacrées, accusées de favoriser l'idolâtrie.

Métropolite : dans le monde orthodoxe, archevêque, qui a sous sa responsabilité des évêques.

Patriarche : titre donné à partir de Ve siècle aux évêques des principales capitales chrétiennes d'Orient (Constantinople, Antioche, Alexandrie et Jérusalem).

Théologique : relatif à l'interprétation des textes religieux.

fonction à vie, l'empereur peut le révoquer. Ainsi, lorsqu'en 730, le patriarche Germain refuse d'approuver la décision impériale d'imposer l'**iconoclasme**, au motif qu'une telle mesure ne peut être prise que par un concile, il est écarté et remplacé par un clerc plus conciliant.

- **L'Empire byzantin est marqué par le césaropapisme**, c'est-à-dire que le pouvoir spirituel y est soumis au pouvoir temporel. S'il y a en apparence une séparation entre le pouvoir temporel du *basileus* et le pouvoir spirituel du patriarche, la relation entre les deux est en effet déséquilibrée au profit du premier.

III Le *basileus* et le pape : de la protection à la séparation

A La fin de l'Occident byzantin

- **Du Ve au VIIIe siècle, la ville de Rome fait partie de l'Empire byzantin**. Le *basileus* peut donc exercer un droit de regard sur la nomination de ses évêques. Si l'un d'eux lui déplaît, il peut aller jusqu'à le faire arrêter et déporter pour s'en débarrasser, comme cela arrive au pape Martin Ier en 453.

- **À partir du VIIIe siècle, les Byzantins sont surtout occupés à protéger les frontières orientales de leur empire.** Ils n'ont plus les moyens d'assurer la protection de leurs provinces européennes en proie aux convoitises des Lombards qui étendent leur emprise sur l'Italie du nord. La papauté gagne donc en indépendance, mais au prix d'une dégradation de sa sécurité.

B La rupture avec Rome

- **C'est dans ce contexte que le pape Léon III se tourne vers le nouvel homme fort de l'Occident**, le roi franc Charlemagne. Il accepte en 800 de le sacrer empereur en échange de sa protection. En reconnaissant aux Carolingiens puis aux Ottoniens le titre d'empereur, les papes mécontentent les empereurs byzantins qui se voient contester le monopole de l'héritage romain et chrétien.

- **Ces rivalités politiques entre empires d'Orient et d'Occident se doublent de querelles théologiques entre les églises grecque et latine**. La première autorise par exemple le mariage des clercs, que la seconde interdit. Ces différends aboutissent au schisme de 1054 : dorénavant, l'Église byzantine rejette l'autorité du pape et le *basileus* renonce à intervenir dans sa nomination. Le divorce entre les églises **catholique** et **orthodoxe** est consommé en 1204 lorsque les Croisés, partis d'Occident pour libérer Jérusalem de l'occupation arabe, font un détour par Constantinople qu'ils prennent d'assaut et saccagent.

Pour aller + loin

« Justinien, empereur et théologien », *Orthodoxie*, France Culture, 2018.
Avec l'historien Alain Le Boulluec, émission sur Justinien (527-565) : empereur byzantin réformateur du droit, conquérant et théologien, marqué par les débats sur la nature du Christ et l'influence de Théodora.

« Sainte-Sophie, 1 500 ans d'histoire mouvementée », *France Culture*, 2020.
Basilique pendant près de mille ans, mosquée durant cinq siècles, puis musée depuis 1934, Sainte-Sophie est redevenu un lieu de culte musulman en 2020.

« Sur les traces de la piété byzantine », Orthodoxie, France Culture, 2024.
Avec l'universitaire Méropi Anastassiadou, émission sur les églises orthodoxes d'Istanbul : héritages byzantins et lieux de culte vivants, entre tradition ancienne et influences modernes du XIXe siècle.

Notions

Catholiques et orthodoxes : Depuis le schisme de 1054, on distingue parmi les chrétiens les catholiques, qui reconnaissent l'autorité du pape, et les orthodoxes, qui reconnaissent celle d'un patriarche. Il n'y a qu'un pape catholique, l'évêque de Rome, mais il existe plusieurs Églises orthodoxes avec chacune un patriarche différent à sa tête.

Césaropapisme ou théocratie ? : On qualifie de césaropapisme une situation dans laquelle le souverain temporel (le césar) impose son pouvoir au souverain spirituel (le pape). À l'inverse, on parle de théocratie lorsque le pouvoir spirituel entend imposer son autorité au pouvoir temporel.

Repères

Trois noms pour une ville : La cité fondée par les Grecs sous le nom de **Byzance** au VIIe siècle avant notre ère est reconstruite par l'empereur romain Constantin, qui la rebaptise **Constantinople** en 330. Conquise par les Turcs en 1453, elle prend le nom d'**Istanbul** (« la ville » en turc) en 1923.

Fiches de lecture

***Byzance. L'empire de mille ans*, L'Histoire – Les collections, hors-série n° 80, juillet-septembre 2018.**
Lire notamment l'article de Michel Kaplan, « 1054 et 1204 : la fracture avec l'Occident ».

Éric Limousin, « Byzance. L'Empereur, l'Empire, l'État », *Documentation photographique*, n° 8148, 2022.
Synthèse richement illustrée sur l'histoire de l'Empire byzantin et de ses institutions.

Toutes les ressources

lycee.nathan.fr/25hggsp1re_384

Pouvoir et religion en terres d'Islam au Moyen-Âge

Comment les califes musulmans, dont l'autorité est autant spirituelle que temporelle, règnent-ils sur des empires multiconfessionnels ?

I Le califat : une fonction prestigieuse convoitée

A Du califat électif au califat héréditaire

- **À la mort du prophète Muhammad en 632,** la partie occidentale de la péninsule Arabique est politiquement unifiée et ses populations converties à l'islam. Les quatre premiers **califes** qui lui succèdent à la tête de la jeune ***oumma*** sont choisis par les fidèles parmi ses proches. Ils s'emploient à pacifier le reste de l'Arabie en proie à des révoltes et lancent des offensives au-delà, donnant naissance à un empire arabe qui, en un siècle à peine, s'étend de l'Espagne à la Mésopotamie en passant par l'Afrique du Nord.

- **En 661, Ali, gendre du prophète et quatrième calife, est écarté par Mu'awiya qui fonde la dynastie des Omeyyades**. Il déplace la capitale califale de Médine à Damas. D'électif, le califat devient alors héréditaire : ce sont désormais les descendants de Muawiya qui se succèdent à la tête de la *oumma*. Leur légitimité est toutefois rejetée par les chiites pour lesquels seul un descendant d'Ali, et donc du prophète, est digne d'exercer la fonction califale.

B La multiplication des califes

- **En 750, la dynastie omeyyade est à son tour renversée** par l'**émir** Abu al'-Abbas al-Saffah qui s'arroge le titre de calife et fonde la dynastie abbasside. Il établit sa capitale à Bagdad. Repliés en Espagne, à l'autre extrémité de l'empire musulman, les Omeyyades continuent à revendiquer le califat. Le pouvoir des Fatimides émerge d'abord au Maghreb (en Tunisie actuelle) avant de conquérir l'Égypte au Xe siècle.

- **L'empire musulman qui était resté uni sous les Omeyyades (VIIe-VIIIe siècles)** est donc désormais définitivement éclaté en plusieurs entités politiques rivales. Au IXe siècle, pas moins de trois souverains, à Bagdad, au Caire et à Cordoue, prétendent ainsi exercer simultanément le califat.

II Le calife : un chef temporel et spirituel

A Un pouvoir en théorie absolu…

- **Dans l'Islam médiéval, il n'y a pas en principe de séparation entre le chef religieux et le chef politique.** La situation est donc différente de celle prévalant dans les chrétientés occidentale et byzantine où l'empereur cohabite avec un pape ou un patriarche.

- **Successeur de Muhammad, le calife est comme lui un chef à la fois temporel et spirituel.** L'ensemble des musulmans lui doit obéissance. Sur le plan spirituel, en l'absence de clergé, il est le gardien du dogme qu'il doit préserver de la ***bid'a*** (à partir du IXe siècle, ce rôle revient également aux savants, les **oulémas**). Sur le plan temporel, le calife est le garant de l'unité de la *oumma* qu'il doit préserver de la ***fitna***. En tant que chef militaire, il doit protéger et étendre le ***dar al-islam*** et peut pour ce faire appeler les musulmans au ***jihad***.

B … mais limité dans les faits

- **Dans les faits, le pouvoir califal est limité par l'existence de califes concurrents** et parce que les chiites ne reconnaissent pas sa légitimité. De plus, il ne

Vocabulaire

Bid'a : littéralement « innovation blâmable », désigne de manière péjorative tout comportement jugé déviant à l'égard de la tradition islamique.

Calife : littéralement « successeur » (de Muhammad), désigne le chef spirituel et temporel de la communauté musulmane.

Dhimma : « protection » accordée aux non-musulmans monothéistes (les dhimmis) en contrepartie d'impôts spécifiques.

Émir : de amara, « commander », titre désignant le détenteur d'un commandement (général, gouverneur de province…).

Exilarque : littéralement « chef de l'exil », nom donné au dirigeant d'une communauté juive au Moyen Âge.

Fitna : discorde, désunion au sein de l'oumma.

Oulémas : savants versés dans les sciences religieuses, le 'alim (pluriel oulémas).

Oumma : communauté des musulmans.

Prosélytisme : tentative de convertir des personnes à sa foi.

Sharia : loi islamique.

Sultan : littéralement « pouvoir », nom donné aux souverains turcs contrôlant certaines parties de l'empire abbasside ; le terme se perpétue sous les Mamelouks.

Vizir : littéralement « ministre », principal conseiller politique et dirigeant administratif du califat.

Zoroastrien : adepte du zoroastrisme, religion pratiquée en Perse avant l'introduction de l'islam.

peut pas gouverner comme bon lui semble car il doit respecter la ***sharia*** sous peine d'être condamné par les **oulémas**, experts dans l'interprétation du Coran et de la ***Sunna*** dont les avis font autorité. Une large partie de son pouvoir temporel est déléguée à un **vizir**, premier ministre qui se montre parfois indocile voire rebelle en tentant de prendre sa place.

- **Dans l'Empire abbasside, le califat devient à partir du XIe siècle une fonction essentiellement symbolique.** Réduit à sa dimension de chef spirituel, le calife est dépouillé de son pouvoir temporel par les **émirs** et les **sultans** qui règnent sur des portions de son empire. En théorie soumis à lui, ces derniers administrent en fait leurs territoires à leur guise.

III Le calife : souverain d'un empire multiconfessionnel

A Des minorités religieuses nombreuses

- À la faveur de leur expansion, les Arabes ont imposé leur domination **à des populations de langues et de religions variées.** Dès la fin du VIIe siècle, les califes ne règnent donc plus seulement sur la *oumma* comme Muhammad, mais aussi sur des masses de non musulmans résidant dans les terres qu'ils ont agrégées à leur empire.

- **Les populations pratiquant des cultes polythéistes sont contraintes de se convertir à l'islam.** Les monothéistes (**zoroastriens**, juifs et chrétiens) sont pour leur part soumis à la ***dhimma***. Ils peuvent continuer à pratiquer librement leur culte mais doivent payer des impôts spécifiques et ont l'interdiction de porter des armes ou de monter à cheval. Ils n'ont pas le droit de construire de nouveaux lieux de culte ni faire de **prosélytisme**.

B Le calife et ses *dhimmis*

- **Certains *dhimmis* connaissent une ascension sociale spectaculaire,** accédant par exemple au poste de vizir. Mais pour la majorité d'entre eux, ce statut est un handicap, ce qui explique que beaucoup se convertissent à l'islam pour y échapper, notamment en Afrique du Nord et en Andalousie. Pour éviter des pertes de recettes fiscales, l'impôt foncier initialement réservé aux *dhimmis* continue parfois d'être réclamé aux convertis.

- **En terre d'islam, chaque communauté juive ou chrétienne dispose de ses propres institutions.** Elles sont représentées auprès du calife par leur patriarche pour les chrétiens ou leur **exilarque** pour les juifs. Si le calife en tant que souverain temporel attend des *dhimmis* comme de tous ses sujets une obéissance absolue, il ne se mêle pas de leurs querelles religieuses puisque son pouvoir spirituel se limite à *l'oumma*. Cette absence d'ingérence du pouvoir califal dans les débats religieux des *dhimmis* favorise la fragmentation du christianisme oriental en une multitude d'églises concurrentes.

Pour aller + loin

« Le diwan, une Histoire de l'État en Islam », *Faire l'histoire*, Arte, 2023.
Le diwan, registre administratif devenu symbole du lien complexe entre État et islam, raconte une histoire politique loin des visions simplistes.

« Calife à la place du calife ? Tout le vizir est pour moi », *Le Cours de l'histoire*, France Culture, 2024.
Vizirs, califes, sultans, émirs, épisode sur les formes du pouvoir politique et administratif dans le monde musulman médiéval. Quels rapports et quelles rivalités existent dans les milieux de pouvoir à Bagdad ?

Portail Quandara, *Institut du monde arabe*, consultation janvier 2025.
Le siteQantara-med.org donne accès à de vastes ressources. On y navigue facilement par mots-clés : abbassides, vie religieuse, etc.

Notions

Dar al-islam : « domaine de l'islam », ensemble du monde musulman, par opposition au *dar al-harb*, le « domaine de la guerre », peuplé de non musulmans. Ce concept n'existe qu'à l'époque abbasside.

Jihad : étymologiquement « effort », parfois traduit par « guerre sainte », le terme désigne l'effort collectif que doivent accomplir les musulmans en vue d'étendre l'Islam.

Sunna : littéralement « pratique » ou « coutume », règles dont tout musulman doit s'inspirer, essentiellement fondées sur les faits et gestes du Prophète et de ses compagnons, et codifiées dans les recueils de traditions (*hadiths*).

Repères

Sunnites et chiites : Au contraire des **sunnites**, les musulmans **chiites** ne reconnaissent pas les trois premiers califes. Pour eux, le premier calife (qu'ils désignent plutôt sous le nom d'« imam ») est Ali, cousin et gendre du prophète. Seuls ses descendants peuvent exercer le califat.

Fiches de lecture

Anne-Marie Eddé et Annliese Nef, « Pouvoirs en Islam, Xe-XVe siècle », *Documentation photographique*, n° 8103, 2015.
Numéro sur le pouvoir en Islam médiéval : six siècles d'histoire politique, de la Méditerranée à la Caspienne, entre théorie et pratique de la souveraineté.

« Gouverner en Islam. Le vrai pouvoir des califes », *L'Histoire*, n° 423, mai 2016.
Le califat entre mythe et réalité, du successeur de Muhammad à sa résurgence dans Daech, une institution au cœur du pouvoir en islam.

JALON 2
Étude

Toutes les ressources

lycee.nathan.fr/25hggsp1re_386

Pouvoir politique et magistère religieux : le calife et le *basileus* (IXe-Xe siècles)

Calife musulman et *basileus* byzantin exercent tous deux un pouvoir temporel sur leur empire respectif. Leur pouvoir est d'autant plus fort qu'ils disposent également d'un magistère religieux, c'est-à-dire d'une autorité spirituelle fondée sur le principe de leur élection divine.

Quels éléments distinguent les pouvoirs du calife et du *basileus* aux IXe et Xe siècles ?

1 Le *basileus* et le patriarche

*Cette partie de l'*Epanagôge *(« Introduction »), recueil des lois byzantines, a été rédigée par le patriarche de Constantinople Photius.*

Titre II – De l'empereur[1]

1 – L'empereur est l'autorité légitime, le bien commun à tous les sujets ; il ne châtie pas par partialité, ni ne récompense par favoritisme ; en véritable arbitre, il décerne les prix justes. [...]

4 – L'empereur est soumis à l'obligation de défendre et de maintenir d'abord toutes les prescriptions de la sainte Écriture, ensuite les décisions prises par les sept saints conciles. [...]

5 – L'empereur doit exceller en orthodoxie[2] et en piété ; il doit être éclatant dans son zèle pour Dieu. [...]

Titre III – Le patriarche

1 – Le patriarche est une image vivante et animée du Christ qui, par ses actes et par ses paroles, exprime la vérité.

2 – Le but du patriarche est d'abord de conserver dans la piété et la sainteté ceux qu'il a reçus de Dieu, ensuite de ramener autant qu'il lui est possible à l'orthodoxie tous les hérétiques et de les réunir à l'Église. [...]

4 – Le propre du patriarche est d'enseigner, de traiter sans restriction tous les hommes, les puissants comme les humbles, sur un pied d'égalité, d'être bienveillant quand il juge, mais de se montrer ferme envers les endurcis, de s'exprimer sans peur devant l'empereur lorsqu'il s'agit de la vérité et de la défense des dogmes. [...]

8 – La paix et le bonheur des sujets, selon l'âme et selon le corps, résident dans la bonne entente et l'accord en tout point entre l'empereur et le patriarche.

Photius, *Epanagôge*, vers 880.

1. Ici, le *basileus*.
2. Littéralement, « la foi droite », c'est-à-dire le respect des dogmes et des croyances établies.

→ **Quel passage montre que la soumission du patriarche à l'empereur est relative ?**

2 Qu'est-ce qu'un calife ?

À la fin du xe siècle, le juriste irakien Al-Mawardi définit les contours de la fonction califale.

Son nom de calife (successeur) lui vient de ce qu'il succède à l'apôtre d'Allah à la tête de son peuple. [...] Les devoirs qui lui incombent dans l'administration des affaires intéressant la communauté sont [...] :

1 – Maintenir la religion selon les principes fixés et ce qu'a établi l'accord des plus anciens musulmans. Si donc un novateur apparaît ou quelqu'un qui s'écarte des vrais principes en émettant une opinion suspecte, il doit lui exposer clairement les preuves de la religion, lui expliquer ce qui est juste et lui appliquer les droits et les peines écrites auxquelles il est soumis, à l'effet de préserver la religion de toute atteinte et de mettre le peuple à l'abri de toute occasion de chute.

2 – Exécuter les décisions rendues entre plaideurs et mettre fin aux procès de façon à faire partout régner la justice et à ce qu'il n'y ait ainsi ni méfait de l'oppresseur, ni écrasement de l'opprimé.

3 – Protéger les pays d'islam et en faire respecter les abords. [...]

4 – Appliquer les peines légales pour mettre les prohibitions édictées par Allah à l'abri de toute atteinte et empêcher que les droits de ses serviteurs ne soient violés ou anéantis. [...]

6 – Combattre ceux qui, après avoir été invités, se refusent à embrasser l'islam, jusqu'à ce qu'ils se convertissent ou deviennent tributaires [...].

9 – Rechercher des gens de confiance et nommer des hommes loyaux.

Al-Mawardi, *Les Statuts gouvernementaux*, fin du xe siècle.

→ **Quels sont les devoirs du calife selon Al-Mawardi ?**

3 Le patriarche de Constantinople couronne l'empereur Michel Ier (811)

Miniature tirée de la *Chronique de Skylitzès*, XIIe siècle, Bibliothèque nationale, Madrid.

→ **Quelle image des relations entre le patriarche et le basileus ressort de cette image ?**

4 Un dirham d'argent abbasside (fin VIIIe-début IXe siècle)

Au centre : « Il n'y a de divinité que Dieu, il n'a pas d'associé. »

En cercle : « Muhammad est le messager de Dieu qui l'a envoyé avec une religion de vérité lui permettant de l'emporter sur toutes les autres religions. »

Au centre : « Pour le calife Al-Amin, que Dieu le garde. »

En cercle : « Au nom de Dieu, ce dirham a été frappé à al-Khayzuraniyya[1] en 194[2]. »

1. Palais situé à Bagdad.
2. Date du calendrier hégirien, elle correspond à 809 dans le calendrier grégorien.

→ **Montrez que les messages diffusés par chaque face de cette pièce sont de nature différente tout en étant complémentaires.**

« La mère de Dieu » « Nicéphore despote »

5 Histamenon d'or byzantin (milieu du Xe siècle)

Le *basileus* Nicéphore II (963-969) est représenté à droite, au côté de la Vierge.

→ **En quoi cette image illustre-t-elle la domination du *basileus* sur le patriarche ?**

Questions et activités

Parcours 1

1. Quels sont les points communs et les différences entre les pouvoirs du calife et ceux du *basileus* ? doc. 1 et 2

2. Quelles sont les limites à leur pouvoir respectif ? doc. 1 et 2

3. Quels sont les points communs et les différences entre leurs propagandes ? doc. 3, 4 et 5

Synthèse. Quels éléments distinguent les pouvoirs du calife et du basileus aux IXe et Xe siècles ?

Parcours 2

Préparer une dissertation

- Comment le *basileus* et le calife mettent-ils en scène leur pouvoir aux IXe et Xe siècles ?
- Analysez le sujet, dégagez et ses enjeux et une problématique, puis rédigez une introduction pour cette dissertation.

Points de vue

Toutes les ressources

lycee.nathan.fr/25hggsp1re_388

Les croisades : pèlerinage armé ou colonisation ?

1 L'appel à la croisade d'Urbain II (1095)

S'adressant à une assemblée d'évêques et d'abbés réunis en concile à Clermont, le pape lance un appel à la croisade.

Il est urgent [...] que vous vous hâtiez de marcher au secours de vos frères qui habitent en Orient, et ont grand besoin de l'aide que vous leur avez, tant de fois déjà, promise hautement. Les Turcs et les Arabes se sont précipités sur eux [...] et ont envahi les frontières de la Romanie[1], jusqu'à cet endroit de la mer Méditerranée qu'on appelle le bras de Saint-Georges[2], étendant de plus en plus leurs conquêtes sur les terres des chrétiens, sept fois déjà ils ont vaincu ceux-ci dans des batailles, en ont pris ou tué grand nombre, ont renversé de fond en comble les églises, et ravagé tout le pays soumis à la domination chrétienne. [...] C'est pourquoi je vous avertis et vous conjure [...] d'engager par de fréquentes proclamations les Francs de tout rang, gens de pied[3] et chevaliers, pauvres et riches, à s'empresser de secourir les adorateurs du Christ. [...] Quant à ceux qui partiront pour cette guerre sainte, s'ils perdent la vie, soit pendant la route sur terre, soit en traversant les mers, soit en combattant les idolâtres, tous leurs péchés leur seront remis[4] à l'heure même.

Foucher de Chartres, *Histoire du pèlerinage des Francs à Jérusalem*, fin XIe-début XIIe siècle.

1. Empire byzantin.
2. Détroit du Bosphore.
3. Fantassins, qui combattent à pied et non à cheval comme les chevaliers.
4. Pardonnés.

2 Pourquoi les croisades ?

Le point de vue d'un historien

La croisade est en réalité une forme très particulière de pèlerinage. [...] Le but de ce pèlerinage est d'aller à Jérusalem prier sur le Saint-Sépulcre[1], mais il a pour caractéristique essentielle d'être un pèlerinage en armes, car les pèlerins craignent que ceux qui détiennent le pouvoir à Jérusalem ne les laissent pas arriver jusque-là, ou en tout cas leur causent des difficultés. Il faut donc s'équiper militairement et ouvrir la voie, afin que tous les pèlerins chrétiens puissent à l'avenir s'y rendre sans danger ; et il faut s'emparer de Jérusalem, faire en sorte que la Ville sainte soit aux mains des chrétiens. [...] Pendant longtemps, les historiens se sont méfiés de la propagande de l'époque, débordante d'enthousiasme religieux, de glorification emphatique du martyre et d'exaltation de la libération du Saint-Sépulcre : en réalité, disaient-ils, derrière tout cela il y avait de profondes motivations politiques et économiques, le désir de conquête, la nécessité de fournir un débouché à l'exubérance démographique d'une Europe peuplée de jeunes [...]. Rien de tout cela n'est faux, mais nous sommes peut-être maintenant mieux équipés que les historiens du XIXe siècle pour comprendre qu'un peuple peut vraiment estimer que la possession d'une ville sainte est une chose essentielle, qui mérite que l'on risque sa vie pour elle. Aujourd'hui encore, des peuples se battent pour la possession de Jérusalem ; et même si, là encore, des facteurs économiques et politiques entrent en ligne de compte, nous avons tous le sentiment qu'il y a aussi une motivation religieuse suffisamment forte pour pousser les gens à mettre leur vie en jeu et à tuer. Au temps dont nous parlons, les chrétiens voyaient les choses de cette façon-là.

Alessandro Barbero, *Histoires de croisades*, © Flammarion, 2010, traduit de l'italien par Jean-Marc Mandosio.

1. Tombeau du Christ.

Vocabulaire

Colonisation : conquête et peuplement d'un territoire par un groupe d'individus qui n'en est pas originaire.

Croisade : lutte armée contre les ennemis de la foi chrétienne. À l'origine destinée à libérer les lieux saints chrétiens du Proche-Orient de la présence musulmane, la croisade s'étend ensuite à la lutte contre les hérétiques (adeptes d'une doctrine considérée comme contraire aux dogmes définis par l'Église) occidentaux.

Pèlerinage : voyage effectué par un croyant à destination d'un lieu saint.

3 Les Croisés s'emparent de Tripoli

Historien arabe du début du XIIIe siècle, Ibn abi-Tayyî raconte la prise par les Croisés de la ville de Tripoli, dans l'actuel Liban, en 1109.

Lorsque les Francs entrèrent à Tripoli et conquirent la ville, ils [...] détruisirent toutes les mosquées et furent sur le point de massacrer tous les habitants musulmans. Mais un chrétien leur dit : « Ce n'est pas sage, c'est une grande ville : où prendrez-vous les gens pour l'habiter ? Ce qu'il faut, c'est leur imposer une capitation, après avoir confisqué leurs biens, et les obliger à habiter dans la ville, sans leur permettre d'en sortir, de façon qu'ils soient comme prisonniers et que leur séjour vous soit profitable ». [...] Puis les Francs prirent les notables et les chrétiens qui avaient avoué être riches et les frappèrent et les torturèrent jusqu'à ce qu'ils livrassent leur fortune ; beaucoup moururent sous la torture. La ville fut partagée entre les Francs en trois parts, l'une pour les Génois, les deux autres pour Baudouin, roi des Francs à Jérusalem, et pour Saint-Gilles le maudit[1].

Ibn abi-Tayyî, cité par Ibn al-*Furât* dans son *Histoire des dynasties et des rois* (fin du XIVe siècle).

1. Raymond de Saint-Gilles, comte de Toulouse.

4 Le siège d'Antioche (1097) lors de la première croisade

Lors de la première croisade, les croisés mettent la ville d'Antioche en état de siège pendant plusieurs mois, d'octobre 1097 à juin 1098.

Illustration extraite d'*Histoire d'Outremer*, de Guillaume de Tyr, vers 1280, bibliothèque municipale de Lyon.

5 L'Orient au milieu

Carte interactive

Construire son point de vue

Découvrez les documents

- Quels arguments Urbain II utilise-t-il pour convaincre son auditoire de répondre à son appel à la croisade ? doc. 1
- Quelles sont les différentes motivations des croisades ? doc. 2
- Pourquoi peut-on dire que les croisades ont parfois été détournées de leur objectif initial ? doc. 3 à 5

Développez les arguments

- Selon l'auteur du document 2, qu'est-ce qui a pu justifier le développement de pèlerinages armés ?
- Peut-on voir dans les croisades une forme de colonisation ? doc. 1 à 5
- En quoi peut-on dire que ce débat historique a des implications dans le monde contemporain ? doc. 2

Présentez deux points de vue contradictoires ORAL

- À l'oral, en 10 minutes, expliquez pourquoi il est difficile de distinguer les motivations politiques des motivations religieuses dans les croisades.

Synthèse

Pouvoir et religion : des liens historiques traditionnels

Toutes les ressources

lycee.nathan.fr/**25hggsp1re_390**

Dates clés

476 : Chute de l'Empire romain d'Occident
661 : Début du califat omeyyade
800 : Couronnement de Charlemagne par Léon III à Rome
1054 : Schisme entre catholicisme et orthodoxie
1075-1122 : Querelle des Investitures.

I En Occident : la rivalité entre pouvoir spirituel et pouvoir temporel

• **L'Occident médiéval est le théâtre d'un affrontement entre pouvoirs temporel et spirituel.** Chacun d'eux cherche à prendre le dessus sur l'autre. Dans un monde politiquement divisé en une multitude de royaumes rivaux, la religion chrétienne joue un rôle fédérateur. Les papes, élus par les cardinaux, disposent d'une forte autonomie vis-à-vis des souverains temporels. À partir de la fin du VIIIe siècle, ils tentent de les soumettre à leur autorité afin d'établir un gouvernement théocratique. Ils s'appuient pour cela sur un document falsifié, la « Donation de Constantin ». Dans les faits, la papauté ne règne temporellement que sur les États pontificaux, dans le centre de la péninsule italienne.

• **Face à cette quête pontificale de pouvoir temporel, les souverains résistent,** cherchant à contrôler l'Église pour la mettre au service de leurs ambitions. Aux XIe et XIIe siècles, ces tensions se cristallisent notamment autour de la question de l'investiture des clercs. Dans le bras de fer qui les oppose aux souverains temporels, les papes usent de l'arme de l'excommunication à l'égard de ceux qui contestent leur autorité.

Jalon 1 – Le pape et l'empereur, deux figures de pouvoir : le couronnement de Charlemagne **p. 378**

• **Souverains temporels et spirituels peuvent aussi coopérer pour se renforcer mutuellement.** Le couronnement de Charlemagne en 800 par le pape Léon III en est un exemple emblématique. Le pape cherche à obtenir le soutien d'un souverain puissant face aux menaces que les Lombards et les Byzantins font peser sur ses terres. En retour, Charlemagne tire profit du prestige impérial et de la bénédiction religieuse pour renforcer son pouvoir. Il rivalise désormais avec l'empereur byzantin qui n'est plus le seul souverain chrétien à revendiquer la dignité impériale.

II *Basileus* et calife (IXe-Xe siècles)

• **Dans l'Empire byzantin, les pouvoirs temporel et spirituel sont distincts mais étroitement liés.** Le pouvoir temporel est exercé par le *basileus* (l'empereur), tandis que le pouvoir spirituel revient au patriarche de Constantinople, chef de l'Église orthodoxe. Cependant les relations entre ces deux pouvoirs sont profondément déséquilibrées, le patriarche étant nommé et révocable par le *basileus*.

• **Dans le monde musulman, le pouvoir spirituel et le pouvoir temporel sont exercés par une seule et même personne, le calife.** Successeur de Muhammad à la tête de la communauté des croyants (*oumma*), il dispose d'un pouvoir théoriquement absolu sur celle-ci. Il est à la fois le chef politique du *dar al-islam* (le monde musulman), le chef religieux de la *oumma* et un chef militaire susceptible de décréter le *jihad* (la guerre sainte islamique). L'autorité religieuse du calife est d'autant plus forte que, contrairement aux christianismes, l'islam sunnite ne possède pas de clergé.

Jalon 2 – Pouvoir politique et magistère religieux : le calife et l'empereur byzantin aux IXe-Xe siècles, approche comparée **p. 382**

• **Aux IXe-Xe siècles, les rapports entre pouvoirs temporel et spirituel ne sont donc pas similaires dans les mondes byzantin et musulman.** Alors que le *basileus*, considéré comme le représentant de Dieu sur Terre, exerce un contrôle étroit sur les affaires religieuses mais reste distinct du pouvoir spirituel, le calife incarne une fusion totale des pouvoirs temporel et spirituel. Il est à la fois chef politique et religieux.

• **Malgré ces différences, *basileus* et calife font face à des défis similaires.** Leur autorité, bien que théoriquement absolue, est souvent contestée dans la pratique,

Dates clés

661-750 : califat omeyyade
750-1258 : califat abbasside
909-1171 : califat fatimide
929-1031 : califat omeyyade de Cordoue

que ce soit par des oppositions internes ou des menaces extérieures. Le *basileus* doit ainsi composer avec le clergé orthodoxe. Le calife doit quant à lui respecter la loi islamique (*charia*) sous peine d'être condamné et délégitimé par les savants religieux (*oulémas*). Sa légitimité est par ailleurs contestée par les musulmans chiites, qui ne reconnaissent pas son autorité. Et par les souverains musulmans rivaux qui lui contestent le titre de calife. Au début du XIe siècle, le califat est ainsi simultanément revendiqué par les souverains abbassides de Bagdad, omeyyades de Cordoue et fatimides du Caire. Censé être unique et universel, le califat se morcelle, se territorialise et par conséquent se fragilise, devenant une dignité avant tout symbolique.

III Différentes manières d'articuler pouvoirs temporel et spirituel

- **Les modèles occidentaux, byzantin et islamique illustrent la diversité des relations entre pouvoirs temporel et spirituel au Moyen Âge.** En Occident, c'est la rivalité qui domine entre les souverains temporels et le pape. Dans l'Empire byzantin, le pouvoir spirituel incarné par le patriarche est soumis au pouvoir temporel qu'exerce le *basileus*. Dans le monde musulman, les deux pouvoirs sont fusionnés en la personne du calife.

- **Ces différents modèles influencent également le traitement des minorités religieuses.** En terre d'Islam, le pouvoir du calife sur les minorités non musulmanes de son empire n'est que temporel. En vertu de la *dhimma*, ces communautés juives, chrétiennes ou zoroastriennes bénéficient de la liberté de culte. Mais elles sont contraintes de payer un impôt spécifique et sont sujettes à diverses discriminations. Chacune de ces minorités possède ses propres autorités religieuses (patriarches pour les chrétiens, exilarques pour les juifs) qui exercent leur pouvoir spirituel comme bon leur semble en interne et les représentent auprès du calife. En Occident et à Byzance, la situation des minorités varie selon les époques et les régions, des phases d'accommodement succédant à des périodes de persécution.

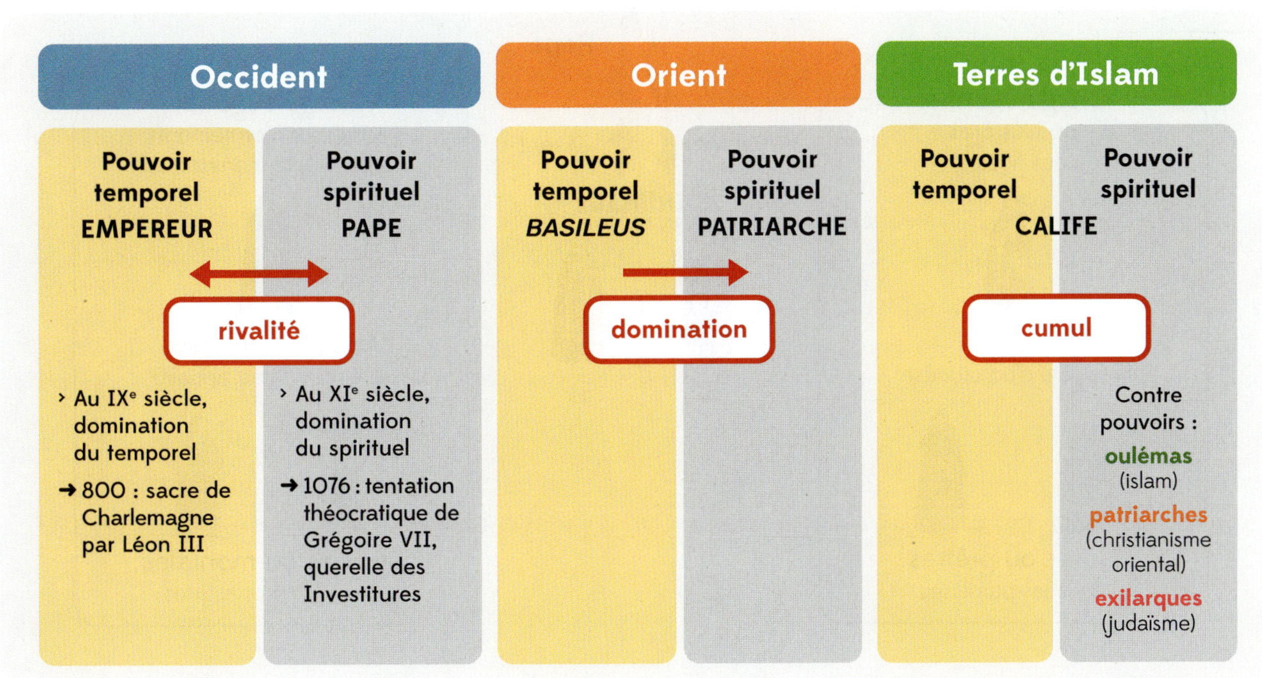

Réviser avec…
1 frise, 2 schémas et 1 carte

Toutes les ressources

lycee.nathan.fr/25hggsp1re_392

1 Histoires comparées

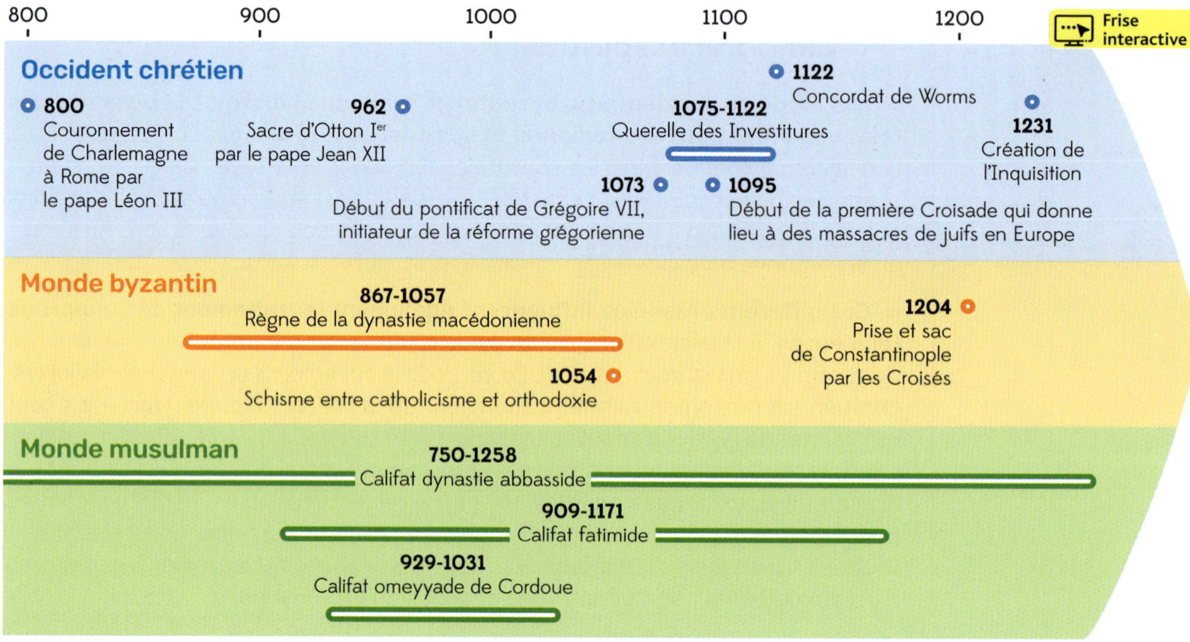

2 Le clergé catholique dans l'Occident médiéval

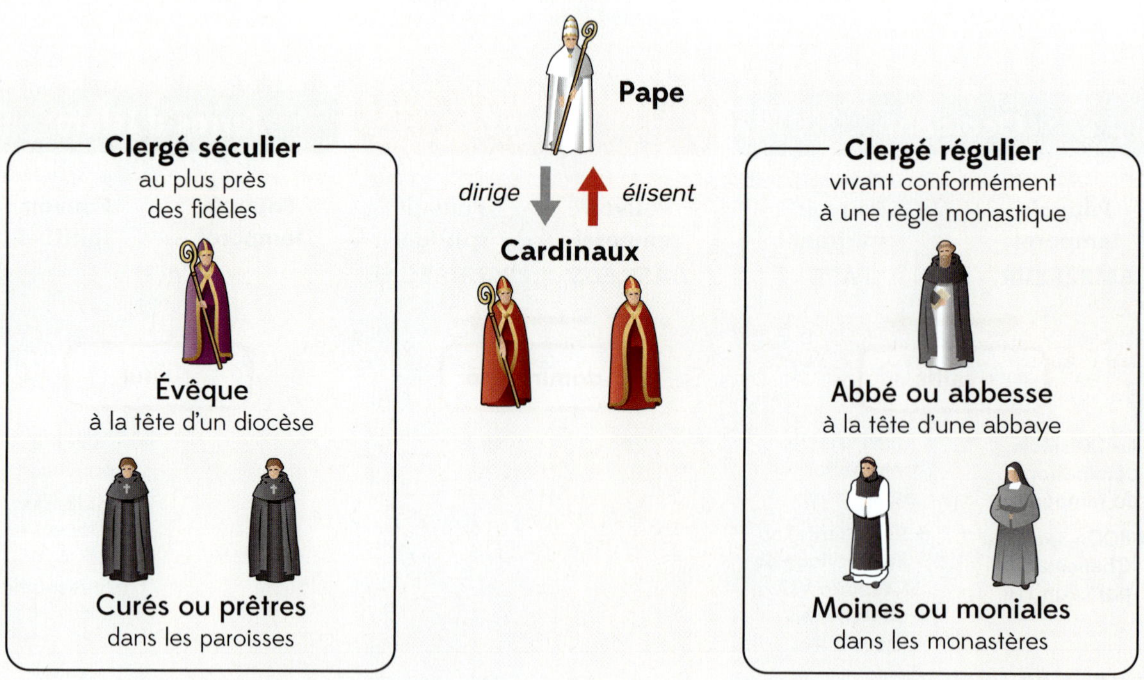

3 Christianisme et orthodoxie : deux Églises chrétiennes

Dans l'Empire carolingien, la religion chrétienne catholique « universelle »		Dans l'Empire byzantin, la religion chrétienne orthodoxe « fidèle à la vraie foi »
Le pape de Rome (du grec *Pappas*, père) élu par une assemblée de haut clergé	**Le chef de l'Église**	**Le patriarche** de Constantinople (du grec *Patriarkhes*, père de famille) nommé par l'empereur byzantin
Le latin	**La langue des cérémonies et de la Bible**	**Le grec**
Les prêtres et les moines (ils doivent être célibataires)	**Le clergé**	**Les prêtres** (ils peuvent se marier) **Les moines**

4 Le judaïsme méditerranéen au IXe siècle

Carte interactive

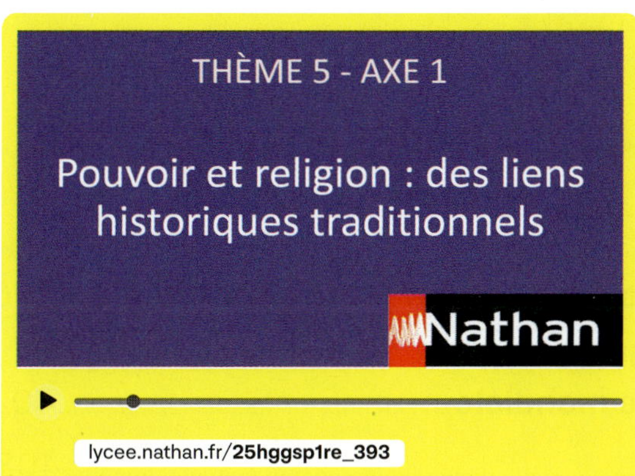

5 Mon bilan en vidéo

Pour approfondir

- ***Kingdom of Heaven*, Ridley Scott, 2005.**
  Un film qui a pour cadre la Troisième croisade, à la fin du XIIe siècle.
- **« Qui était Charlemagne ? », *Storiavoce*, 2024.**
  Une mise en perspective du couronnement impérial de 800 par l'historien Bruno Dumézil.
- **Sylvie Denoix et Hélène Renel (dir.), *Atlas des mondes musulmans médiévaux*, CNRS Éditions, 2022.**
  Un très riche atlas offrant de nombreuses ressources pour appréhender les différentes facettes du pouvoir califal.
- **René Gutman et Aude-Marie Certin (dir.), *Le baptême ou la mort. Les massacres des juifs dans l'espace rhénan, à partir de chroniques hébraïques sur les croisades (XIe-XIIe siècles)*, L'Éclat, 2024.**
  Une anthologie de témoignages sur les massacres de juifs en Europe dans le contexte des Croisades.

Thème 5

AXE 2

États et religion : une inégale sécularisation

La religion occupe dans les sociétés contemporaines une place bien moindre qu'au Moyen-Âge. Cela ne signifie néanmoins pas qu'elle n'exerce plus d'influence sur les hommes ou qu'elle a renoncé à peser sur les politiques des États. Les relations entre États et religions sont aujourd'hui très variables d'un pays à l'autre et continuent à évoluer en même temps que les croyances et pratiques religieuses.

La Turquie, majoritairement musulmane, et les États-Unis, majoritairement chrétiens, ont en commun de se réclamer de la laïcité. Pourtant, la place de la religion dans la vie sociale et politique de ces deux pays prend des formes très différentes.

SOMMAIRE

Le président et le patriarche

Le patriarche Tawadros II (à gauche), qui dirige l'Église copte égyptienne depuis 2012, en compagnie du président égyptien Abdel Fattah al-Sissi (à droite) lors de l'inauguration de la nouvelle cathédrale du Caire, en janvier 2019.

Toutes les ressources
lycee.nathan.fr/25hggsp1re_396

Les diverses formes de laïcité

Quelles sont les différentes formes prises par la laïcité dans le monde ?

I Aux États-Unis : une laïcité de reconnaissance

A La liberté de conscience protégée

- **Les États-Unis d'Amérique ont été fondés à la fin du XVIIIe siècle** par des colons protestants fuyant les persécutions religieuses dont ils étaient victimes en Europe. Inspirés par les écrits des Lumières, notamment ceux de l'Anglais John Locke, auteur en 1689 d'une *Lettre sur la tolérance*, ils garantissent la liberté de conscience et refusent de doter leur République d'une **religion d'État**.

- **Thomas Jefferson, l'un des pères fondateurs du pays,** insiste sur la nécessité d'ériger un « mur de séparation entre l'État et les Églises ». Il s'agit de s'assurer que le premier ne s'immisce pas dans les affaires des secondes, et vice versa. De ce principe, découle le premier amendement à la Constitution, adopté en 1791, selon lequel « le Congrès n'adoptera aucune loi relative à l'établissement d'une religion, ou à l'interdiction de son libre exercice ».

B Une religion omniprésente

- **La neutralité religieuse de l'État américain** ne signifie pas pour autant que ce dernier s'interdise toute référence à la religion. Au contraire, les États-Unis sont depuis leur fondation imprégnés par un discours **providentialiste** d'inspiration protestante. Le pays se présente comme élu de Dieu et investi par lui d'une mission universelle. Ainsi s'expliquent les nombreuses références religieuses présentes dans la vie publique américaine : prestation de serment des élus sur un livre saint (qui n'est pas forcément la Bible), devise « *In God we trust* » (« en Dieu nous croyons ») figurant sur tous les billets de banque depuis 1957.

- **Mais ces références sont de nature suffisamment générale** (évocation de « Dieu » ou du « Créateur ») pour ne froisser aucun croyant. C'est ce qu'on appelle la **religion civile**, censée rassembler les Américains, quelle que soit leur confession. La **laïcité** américaine ne vise donc pas à exclure la religion du champ politique, mais à assurer la cohabitation pacifique de tous les croyants en ne privilégiant aucune religion. Une situation très différente de celle qui prévaut en France, pays beaucoup plus sécularisé où la laïcité a plutôt pour fonction d'assurer la coexistence entre des croyants et des athées.

II En France : une laïcité de séparation

A Le conflit entre l'Église catholique et les républicains

- **Selon les termes du concordat de 1801,** évêques et curés sont des fonctionnaires rémunérés par l'État. Ce dernier reconnaît le catholicisme comme la « religion de la grande majorité des Français ». Les régimes monarchiques conservateurs qui se succèdent tout au long du XIXe siècle (Restauration, monarchie de Juillet, puis Second Empire jusqu'en 1859) s'appuient tous sur l'Église catholique. Dans l'opposition, les républicains rendent cette dernière responsable de leurs échecs électoraux, l'accusant d'endoctriner le peuple en faveur de la droite monarchiste.

- **Installés définitivement au pouvoir en 1879,** les républicains s'attaquent au **cléricalisme** pour enraciner la République. Les symboles religieux sont retirés des lieux publics (tribunaux, hôpitaux...) et l'école primaire publique devient

Vocabulaire

Alévisme : religion proche de l'islam chiite pratiquée par 15 à 30 % des Turcs.

Calife : voir p. 436

Cléricalisme : doctrine visant à donner au clergé un rôle important dans la vie politique et sociale.

Concordat : traité conclu entre un État et l'Église catholique.

Congrégation : groupe de religieux assurant généralement une mission d'enseignement.

Diyanet : ministère turc des affaires religieuses créé par Mustafa Kemal en 1924 pour superviser les mosquées du pays.

Laïcité : principe d'organisation politique séparant le pouvoir civil des institutions religieuses.

Oumma : ensemble des croyants musulmans, formant une communauté spirituelle par-delà les frontières nationales.

Providentialisme : doctrine voyant la volonté de Dieu derrière chaque événement.

Religion civile : ensemble de cérémonies et de symboles à caractère religieux qui prétendent unir les Américains sans faire référence à une religion en particulier.

Religion d'État : religion dont se revendique officiellement un État.

Sultan : voir p. 436

Sunnisme : courant majoritaire de l'islam qui se veut fidèle à la Sunna (tradition), recueil des faits et des dires du prophète.

laïque (1882). En 1904, les membres des **congrégations** se voient retirer le droit d'enseigner. En réaction aux protestations du pape Pie X, la France rompt ses relations diplomatiques avec lui.

B La séparation

- **C'est dans ce contexte de tension qu'est adoptée la loi de 1905** instaurant la séparation des Églises et de l'État. Bien accueillie par les juifs et les protestants, qu'elle place sur un pied d'égalité avec les catholiques, elle provoque la colère du pape.

- **Les tensions finissent néanmoins par s'apaiser.** En 1912, les relations diplomatiques avec la papauté sont rétablies et en 1924, le pape accepte la loi de 1905. L'Alsace-Moselle, qui n'était pas française au moment de la séparation, conserve un statut fondé sur le Concordat de 1801 lorsqu'elle réintègre la France en 1918.

III En Turquie : une laïcité de coopération

A La fin du califat

- **En 1923, Mustafa Kemal crée la République turque.** L'Empire ottoman disparaît et avec lui le **sultan** qui exerçait également depuis le XVIe siècle la fonction de **calife**. L'année suivante, Mustafa Kemal supprime le califat. L'***oumma*** n'a désormais plus de dirigeant.

- **Le nationaliste turc qu'est Mustafa Kemal juge l'islam responsable de l'effondrement ottoman.** Religion arabe, l'islam aurait affaibli les Turcs dès lors qu'ils s'y seraient soumis, ce qui expliquerait leur incapacité à rivaliser avec l'Occident. C'est pourquoi il fait de la laïcité l'un des piliers de la République turque qu'il met en place.

B La religion domestiquée par l'État

- **La Turquie kémaliste est religieusement très uniforme.** Du fait des génocides arménien et assyro-chaldéen perpétrés durant la Première Guerre mondiale et de l'expulsion des populations grecques au début des années 1920, il ne reste pratiquement plus que des musulmans dans le pays. La laïcité n'a donc pas pour but d'assurer la coexistence entre des citoyens de différentes confessions comme aux États-Unis, mais de mettre la religion dominante qu'est l'islam **sunnite** au service du pouvoir politique.

- **Créé à cette fin, le *Diyanet* contrôle les mosquées du pays** auxquelles il fournit les prêches du vendredi et dont il nomme et rémunère les imams. Les minorités **alévie**, chrétienne et juive doivent en revanche financer leurs lieux de culte et rémunérer leurs clercs, bien que leurs membres payent en tant que

Repères

Trois types de laïcité : Le sociologue français Jean Baubérot distingue la **laïcité de reconnaissance**, qui met l'accent sur la liberté de conscience et de culte, la **laïcité de séparation**, qui insiste sur la stricte neutralité religieuse de l'État, et la **laïcité de coopération**, dans laquelle l'État est indépendant des institutions confessionnelles mais coopère étroitement avec elles.

Le Concordat et les articles organiques : En France, le **concordat** de 1801 donne un droit de regard sur la nomination des évêques à l'État, qui prend à sa charge le salaire des clercs. En 1802, Bonaparte fait adopter les **« articles organiques »** qui étendent aux protestants les dispositions prévues par le Concordat. Leur culte est désormais reconnu par l'État, qui salarie les pasteurs. En 1808, le Consistoire est créé pour organiser le culte juif sur le même modèle.

Fiches de lecture

Nicolas Cadène, *En finir avec les idées fausses sur la laïcité*, éditions de l'Atelier, 2022.
L'ouvrage déconstruit les idées reçues sur la laïcité et explique clairement ce qu'elle permet et ce qu'elle interdit.

Jean Baubérot-Vincent, *Les laïcités dans le monde*, Puf, 2024 (6e éd.).
Perspective internationale sur la laïcité, montrant ses différentes formes à travers le monde.

Pour aller + loin

« Pourquoi la laïcité à la française fait-elle polémique ? », *La Croix*, 2018.
En France, la laïcité (loi 1905) garantit liberté de conscience et séparation État-religions. L'islam ravive les débats, entre partisans d'une laïcité-bouclier restrictive et défenseurs d'une vision plus libérale.

« Le miroir déformant de la prétendue laïcité turque », *Mediapart*, 2022.
Emmanuel Szurek, maître de conférences à l'EHESS, parle du rôle Mustafa Kemal, de son image auprès de l'Occident et du génocide des Arméniens.

« L'extrémisme religieux prend-il le pouvoir aux États-Unis ? », *Le Temps du débat*, France Culture, 4 juillet 2022.
Cet épisode explore l'influence du religieux dans la politique américaine, des mouvements évangélistes à Trump. Il questionne l'impact des communautés religieuses sur les décisions politiques, notamment à la Cour Suprême.

Toutes les ressources
lycee.nathan.fr/**25hggsp1re_398**

La laïcité en Turquie : l'abolition du califat en 1924 par Mustafa Kemal

Fondateur et premier président de la République turque, Mustafa Kemal fait de la laïcité l'un des fondements du nouveau pays. Il prend aussi l'initiative d'abolir le califat que les sultans ottomans, en tant que plus puissants souverains du monde musulman, exerçaient depuis le XVIe siècle.
Une décision dont les conséquences dépassent largement les frontières de la seule Turquie.

En quoi l'abolition du califat bouleverse-t-elle la Turquie et le monde musulman ?

12 Pages — Le Petit Journal — 12 Pages

HEBDOMADAIRE
61, rue Lafayette, Paris

illustré

PRIX : 0 fr. 30
16 Mars 1924

Le dernier calife

L'Assemblée d'Angora poursuit l'œuvre d'évolution de la Turquie. Après avoir proclamé la République et exilé le sultan, elle vient de rompre le dernier lien avec le passé. Abdul Medjid, qui, en qualité de calife, représentait la tradition religieuse à la tête des Ottomans, a reçu notification de sa déchéance et est parti pour l'étranger avec les princes et princesses de sa famille.

1 L'abolition du califat vue de France

Au centre, quittant son trône, le calife Abdul Mejid. À droite, la main sur son sabre, Mustafa Kemal. Légende : « L'Assemblée d'Ankara poursuit l'œuvre d'évolution de la Turquie. Après avoir proclamé la République et exilé le sultan, elle vient de rompre le dernier lien avec le passé. Abdul Mejid, qui en qualité de calife, représentait la tradition religieuse à la tête des Ottomans, a reçu notification de sa déchéance et est parti pour l'étranger avec les princes et princesses de sa famille ».

« Le dernier calife », une du *Petit Journal*, 16 mars 1924.

→ **Comment ce journal français perçoit-il l'abolition du califat ?**

De l'Empire ottoman à la République turque laïque

- 1922 (1er nov.) : L'Assemblée abolit le sultanat ottoman. Le califat, réduit à sa seule dimension spirituelle, revient à Abdul Mejid, cousin du sultan destitué.
- 1923 : Proclamation de la République de Turquie.
- 1924 (3 mars) : L'Assemblée vote l'abolition du califat.
- 1926 : Introduction d'un code civil d'inspiration occidentale.
- 1928 : La mention de l'islam comme religion de l'État turc est supprimée de la Constitution.
- 1935 : Le dimanche remplace le vendredi comme jour férié.
- 1937 : La laïcité est inscrite dans la Constitution.

2 Pourquoi abolir le califat ?

Le journaliste suisse Paul Gentizon est le correspondant du quotidien Le Temps *en Turquie dans les années 1920.*

N'y avait-il pas pour la république turque un intérêt supérieur à conserver le califat ? On peut soutenir en effet que la puissance spirituelle qu'il représentait, l'ascendant qu'il exerçait sur les autres peuples musulmans augmentaient le prestige du pays qui le possédait, consolidant sa force en lui fournissant tous les éléments d'une grande politique. Les dirigeants d'Ankara étaient cependant d'un tout autre avis. […] À leur point de vue, le califat non seulement n'avait pu empêcher la ruine du peuple turc, mais l'avait précipitée. […] Par le califat, la Turquie avait été détournée pendant des générations de l'idée nationale qui devait finalement la sauver.

Paul Gentizon, *Mustapha Kemal ou l'Orient en marche*, Bossard, 1929.

→ **Pourquoi Mustafa Kemal décide-t-il d'abolir le califat plutôt que de le revendiquer pour lui ?**

3 Une réaction arabe à l'abolition du califat

Par la voix de son plus haut dirigeant, le « grand cheikh », la prestigieuse université sunnite d'Al-Azhar, au Caire, réagit publiquement à l'abolition du califat.

Les musulmans qui avaient reconnu le califat du prince Wahideddine ont approuvé sa destitution pour les motifs qui leur avaient été exposés et qui leur avaient paru justifier cette destitution[1]. Après quoi, les Turcs l'ont remplacé par le Prince Abdul Mejid en proclamant qu'ils retiraient au calife tout le pouvoir temporel qu'ils confiaient à leur Assemblée nationale, et ne laissaient à celui-là que le pouvoir spirituel. Par cet acte, les Turcs ont apporté une innovation sans précédent dans les annales de l'islam. Ils n'ont d'ailleurs pas tardé à la faire suivre d'une autre : l'abolition du califat. Dans ces conditions, le califat du prince Abdul Mejid ne pouvait être considéré comme légal et l'allégeance qui lui fut consentie par les musulmans n'était pas régulière, car l'islam ne reconnaît pas cette sorte de calife. [...] De tout ce qui précède, il résulte que les musulmans n'ont plus aucun engagement envers le prince Abdul Mejid.

Réaction de Muhammad Abu-l-Fadil Al-Gizawi, grand cheikh d'Al-Azhar, 25 mars 1924.

1. Le sultan ottoman Mehmed Wahideddine VI, au pouvoir de 1918 à 1922, fut le dernier à exercer également le titre de calife. En 1922, il est destitué de ces deux titres par Mustafa Kemal et contraint à l'exil.

→ **Comment les religieux égyptiens réagissent-ils à la suppression du califat par la Turquie ?**

4 Une nouvelle université à Istanbul (1933)

Le président Kemal visite l'université d'Istanbul qu'il a réorganisée en 1933 en en ouvrant largement l'accès aux femmes.

→ **Quel rôle peut jouer l'université dans la politique de laïcisation de Mustafa Kemal ?**

5 Un islam sous contrôle

Le regard d'un historien

La *laiklik* turque n'a pas grand-chose à voir avec « notre » laïcité : loin d'être une opération de séparation de la mosquée et de l'État, l'abolition du califat se traduit par le maintien d'un islam d'État, et même le renforcement du contrôle de l'État séculier sur une religion fonctionnarisée. Parallèlement [...] le régime prive les oulémas de deux attributions qui étaient en partie restées les leurs : l'éducation et la justice. L'objectif est de cantonner la religion à sa dimension cultuelle, ce qui passe encore par diverses initiatives de sécularisation autoritaire, dont la « libération de la femme » est une pierre angulaire [...]. Reste un aspect où l'islam est demeuré central : la dimension identitaire. Que l'on soit ou non observant, le fait d'être identifié comme musulman détermine le degré d'appartenance à la nation. Ainsi la Turquie dite laïque [...] est aussi un pays que les non-musulmans discriminés, voire persécutés, continuent de quitter en masse. Tout au long du XXe siècle, la part musulmane de la population a donc continué de croître. Laïcisation des institutions, sécularisation de la société et islamisation de la population ne sont donc pas contradictoires : la *laiklik* n'est pas exclusive d'une réaffirmation de l'islam comme frontière sociale et politique. Autrement dit : pour être relégué en tant que cadre normatif, l'islam reste central en tant que ressource identitaire.

Emmanuel Szurek, « La laïcité en Turquie », *EHNE*, 11 octobre 2021.

→ **La laïcité mise en place par Mustafa Kemal efface-t-elle tout lien entre l'État et la religion ?**

Questions et activités

Parcours 1

1. Comment Mustafa Kemal a-t-il procédé pour mettre un terme au califat ? doc. 1, 2, 3 et 4

2. Quelles étaient les intentions de Mustafa Kemal en abolissant le califat ? doc. 2, 4 et 5

3. Quelles répercussions l'abolition du califat a-t-elle en dehors de la Turquie ? doc. 1, 2 et 3

Synthèse. En quoi l'abolition du califat bouleverse-t-elle la Turquie et le monde musulman ?

Parcours 2

Préparer un plan détaillé

« L'abolition du califat, séparation ou reconfiguration des relations entre l'État turc et l'islam ? » Analysez le sujet, dégagez ses enjeux et une problématique. Proposez un plan à cette dissertation.

Toutes les ressources

lycee.nathan.fr/25hggsp1re_400

États et religions dans le monde aujourd'hui

Le regain de ferveur religieuse constaté dans certaines sociétés menace-t-il la laïcité ?

I Un monde inégalement sécularisé

A Un nouveau rapport à la foi

- **Depuis le XVIIIe siècle, l'influence des croyances religieuses sur la vie sociale** a beaucoup diminué en Occident. Ne pas se marier religieusement, utiliser des moyens de contraception ou mettre au monde des enfants hors mariage sont autant de pratiques proscrites par les Églises chrétiennes qui y sont pourtant devenues banales.

- **On appelle « sécularisation » ce processus de perte d'influence de la religion** sur les comportements humains. La sécularisation ne traduit pas nécessairement un abandon de la foi, mais plutôt un nouveau rapport à elle. Près de la moitié des Européens, malgré une pratique religieuse souvent faible voire nulle, revendique ainsi une appartenance religieuse.

B Des tentatives d'explication

- **Dès le début du XXe siècle, le sociologue allemand Max Weber (1864-1920)** a fait le constat d'un « désenchantement du monde ». Selon lui, du fait des progrès de la science, les sociétés modernes se détourneraient des explications magiques et fantastiques offertes par les mythes et les croyances religieuses. À la place, elles privilégieraient les explications scientifiques fondées sur la démonstration rationnelle. Celles-ci rendraient à la fois inutiles et peu crédibles les discours religieux, ouvrant la voie à une époque « indifférente aux dieux et aux prophètes ».

- **Les sociétés occidentales ont été les premières et les plus affectées par la sécularisation.** Pour l'expliquer, le philosophe français Marcel Gauchet a avancé dans les années 1980 l'hypothèse que le christianisme serait un terreau favorable à ce processus, « la religion de la sortie de la religion ». En effet, en distinguant nettement la sphère divine de la sphère humaine, il permet à la seconde de s'autonomiser vis-à-vis de la première.

II Un retour de la religion ?

A Vers un « réenchantement du monde »

- **Loin d'avoir disparu, les croyances et pratiques religieuses demeurent très populaires.** Déjouant les pronostics des théoriciens de la sécularisation, prédicateurs, pasteurs et gourous attirent les foules sur tous les continents. Ce regain de ferveur religieuse semble avoir commencé à la fin des années 1970.

- **Le sociologue américain Peter L. Berger parle d'une « désécularisation »** du monde pour décrire le poids croissant des religions dans les sociétés contemporaines. Il ne s'agit pas d'un retour aux croyances et aux pratiques religieuses du passé, mais de versions renouvelées de celles-ci – l'**évangélisme** protestant, le **salafisme** musulman.

B La politisation du religieux ?

- **Si la religion est aujourd'hui plus visible, c'est aussi parce qu'elle empiète fréquemment sur la sphère politique.** Cela survient parfois même dans des pays

Vocabulaire

Évangélisme : courant issu du protestantisme se caractérisant par l'importance qu'il accorde au prosélytisme et à la conversion. Il est divisé en une multitude d'Églises organisées autour d'un pasteur charismatique. Le culte y est célébré de manière spectaculaire et festive.

Salafisme : courant rigoriste de l'islam sunnite prétendant revenir aux croyances et aux pratiques des premiers musulmans.

Serment d'allégeance : déclaration patriotique récitée chaque matin par les écoliers américains face au drapeau, la main sur le cœur. Il exprime leur fidélité aux États-Unis et aux valeurs de la République.

où elle en avait été exclue par la laïcisation. Ainsi en Turquie, l'héritage laïque du kémalisme est-il progressivement remis en cause depuis l'arrivée au pouvoir, en 2002, de l'AKP – parti islamo-conservateur turque –, qui se réclame de l'islam.

- **Mais on ne peut guère parler d'une mainmise de la religion sur la politique.** Sauf dans les rares cas d'**États théocratiques** comme l'Iran et l'Arabie saoudite, il s'agit le plus souvent d'une instrumentalisation de la religion par des partis en quête d'électeurs.

Notions

État théocratique : État dans lequel le pouvoir politique est soumis à l'autorité religieuse, voire exercé par un de ses représentants.

III Les États-Unis, bastion occidental de la croyance

A Une empreinte religieuse qui demeure forte

- **Au sein du monde occidental, l'Europe est nettement plus sécularisée que les États-Unis.** Un Américain sur deux assiste à un office religieux au moins une fois par mois, contre 10 % des Français. En conséquence, alors que la religion a tendance à être reléguée dans la sphère privée en Europe, elle s'affiche beaucoup plus ostensiblement dans l'espace public américain.

- **La morale protestante promue par les fondateurs des États-Unis continue d'imprégner la société américaine.** La réussite personnelle y est valorisée, car elle est interprétée comme le signe que l'on a été choisi par Dieu. Elle s'accompagne d'un idéal de philanthropie qui incite les plus riches à consacrer une part de leur fortune à la charité et au mécénat.

- **Depuis les années 1980, la droite chrétienne s'est alliée au parti républicain.** Elle dénonce une société jugée trop permissive et cherche à influencer la politique sur des questions comme l'avortement, l'enseignement de la science ou la prière dans les écoles publiques. Ces groupes de pression religieux ont joué un rôle important dans l'élection de présidents comme Ronald Reagan, George W. Bush ou Donald Trump.

B Une sécularisation à plusieurs vitesses

- **Dans les années 1950, le président Eisenhower ajoute aux symboles nationaux une dimension clairement spirituelle.** Le **Serment d'allégeance** prononcé notamment par les écoliers est modifié par l'ajout d'une référence à Dieu (1954). La devise nationale des origines, « *E Pluribus Unum* » (De plusieurs, un) est remplacée par « *In God We Trust* » (En Dieu nous croyons) en 1956.

- **Le regain d'influence des religions sur la vie politique témoigne d'une division de la société américaine.** Le recul de la pratique religieuse d'une partie de la population y étant bien réel, on ne peut pas parler de « désécularisation » du pays. Mais ce recul va de pair avec le maintien voire le renforcement de la foi d'une autre partie de la population qui affirme d'autant plus ses convictions religieuses qu'elle les voit décliner chez certains.

- **Les écarts de sécularisation** se constatent donc moins entre les États-Unis et d'autres régions du monde qu'à l'intérieur même des États-Unis qui sont confrontés au défi de faire cohabiter au sein d'un même pays des populations sécularisées et d'autres encore très croyantes.

Fiches de lecture

Olivier Roy, *La Sainte Ignorance. Le temps de la religion sans culture*, Points, 2012.

Analyse de la crise religieuse actuelle comme résultat d'une rupture entre religion et culture. Cette déconnexion explique la montée des fondamentalismes et les déviances religieuses contemporaines.

Alain Dieckhoff et Philippe Portier (dir.), *L'Enjeu mondial. Religion et politique*, Presses de Sciences Po, 2017.

Tour du monde des relations entre religion et politique agrémenté de nombreuses cartes et graphiques.

Pour aller + loin

« Le retour du religieux », *La Grande Table*, France Culture, 2018.
L'historien Jean-François Colosimo analyse le rapport religion-politique. Pour lui, la violence actuelle vient d'un manque de théologie plutôt que d'un retour du religieux. La religion n'a pas disparu mais s'est déplacée.

« Comment la laïcité a-t-elle changé le monde ? », *Les idées larges*, Arte, 2024.
Vidéo qui remet en question l'idée de sécularisation comme simple déclin du religieux. Selon le philosophe M. A. Meziane, ce processus serait lié au colonialisme, l'Occident n'aurait pas abandonné le sacré mais l'a déplacé.

« Religion et politique aux États-Unis : histoire et influence », *Géopoliticus*, Lumni, 2025.
La religion est fondamentale aux États-Unis : de l'arrivée des premiers protestants à aujourd'hui, elle influence la société et la politique. Malgré la séparation Église-État, la foi reste publique, contrairement à la laïcité française.

JALON 2

Étude

Toutes les ressources

lycee.nathan.fr/25hggsp1re_402

États et religions dans la politique intérieure des États-Unis depuis 1945

Garantie par le premier amendement à la Constitution, la séparation des Églises et de l'État constitue un principe intangible depuis la fondation des États-Unis. Cependant, dans cette société peu sécularisée, la politique peut intégrer des références religieuses.

Comment les États-Unis parviennent-ils à concilier laïcité et faible sécularisation ?

1 La religion civile

Devise des États-Unis depuis 1957, la formule « *In God we trust* » est notamment gravée au-dessus du pupitre de la Chambre des représentants, l'une des deux assemblées parlementaires du pays.

Discours du président Donald Trump devant le Congrès, 28 février 2017.

→ **Pourquoi cette devise n'est-elle pas jugée contraire au principe de laïcité par les Américains ?**

2 Un État fédéré condamné pour entorse à la laïcité

En 1962, la Cour suprême, chargée de veiller au respect de la Constitution, donne tort à l'État de New-York qui avait instauré dans les écoles publiques une prière « sans référence confessionnelle ».

Notre histoire démontre qu'au moment de l'adoption de la Constitution, beaucoup d'Américains étaient conscients des dangers d'une union entre l'Église et l'État. Ils savaient, certains à raison d'une cruelle expérience personnelle, que l'un des plus grands dangers menaçant la liberté de chacun de prier à sa façon réside dans l'approbation gouvernementale d'un type particulier de prière ou d'une forme spécifique de services religieux. [...] Ni le fait que la prière puisse être neutre confessionnellement[1], ni le fait que son observation par les élèves soit volontaire ne peut l'affranchir des prescriptions imposées par [...] le premier amendement.

Cour suprême des États-Unis, arrêt Engel v. Vitale, 1962.

1. C'est-à-dire qu'elle ne fasse référence à aucune confession religieuse précise.

3 Un catholique en campagne présidentielle

Président des États-Unis de 1961 à 1963, John Fitzgerald Kennedy est le premier non protestant à avoir occupé cette fonction. Il s'exprime ici durant la campagne précédant son élection.

Je crois en une Amérique qui n'est officiellement ni catholique, ni protestante, ni juive, où aucun responsable public ne demande ni n'accepte des instructions sur la politique à suivre du pape, du Conseil national des Églises ou de toute autre source ecclésiastique, où aucun corps religieux ne cherche à imposer sa volonté directement ou indirectement sur le peuple en général ou sur les actions publiques de ses représentants, et où la liberté religieuse est à ce point indivisible qu'une entorse contre une Église particulière équivaut à une entorse contre toutes. [...] Je crois en un président dont les considérations religieuses relèvent de sa seule sphère privée, et qui ne saurait les imposer à la nation tout entière pas plus que se les voir imposer par la nation comme condition d'accès à cette charge.

John Fitzgerald Kennedy, discours prononcé à Houston le 12 septembre 1960.

→ **Pourquoi Kennedy éprouve-t-il le besoin de s'exprimer sur ce sujet dans ce discours de campagne électorale ?**

→ **Comment l'État de New-York a-t-il tenté de concilier l'instauration d'une prière dans les écoles et le principe de laïcité ?**

4 Une laïcité originale

Le regard d'un politiste

La laïcité française, de par ses origines historiques, est perçue comme une réaction contre un catholicisme dominant, une libération contre une Église autoritaire et liberticide. [...] Aux États-Unis, la laïcité (*secularism*), un produit de la philosophie des Lumières, ne s'oppose nullement aux religions. Elle repose, comme en France, sur un principe fondamental exprimé dans le premier amendement de la Constitution fédérale, le principe de séparation de l'Église et de l'État. Ce principe n'est pas, en soi, antireligieux, dans un pays privé de religion officielle. Le respect du pluralisme religieux est indissociable de la laïcité américaine. C'est pourquoi toutes les manifestations religieuses dans l'espace public sont autorisées. Les crèches, les grandes croix, les tables de la loi, les étoiles de David sont acceptables dans la sphère publique, à condition qu'elles ne privilégient pas une religion particulière par rapport à une autre, ou la religion par rapport à l'irréligion. En pratique, parce que la société américaine est profondément religieuse malgré sa « Constitution sans dieu », les querelles théologiques ne cessent de s'étaler sur la place publique, à commencer par les débats sur l'avortement, le mariage gay, les discriminations contre les LGBT, la prière à l'école, l'enseignement du darwinisme et des théories de l'évolution.

Denis Lacorne, « Quelle laïcité de l'autre côté de l'Atlantique ? », *Expressions*, 29 octobre 2020.

Repères

Premier amendement à la Constitution (1791) : « Le Congrès ne pourra faire aucune loi ayant pour objet l'établissement d'une religion ou interdisant son libre exercice, de limiter la liberté de parole ou de presse, ou le droit des citoyens de s'assembler pacifiquement et d'adresser des pétitions au gouvernement pour qu'il mette fin aux abus. »

→ **En quoi la laïcité américaine diffère-t-elle de la laïcité française ?**

lycee.nathan.fr/**25hggsp1re_403**

5 La bataille de l'avortement

« Jusqu'où iront les restrictions sur l'avortement aux États-Unis ? », Radio-Canada Info, 2024.

Des militants anti-avortement manifestent devant la Cour Suprême des États-Unis, à Washington, le 20 janvier 2023. Les manifestations pour et contre l'avortement se sont multipliées aux États-Unis depuis la décision de la Cour Suprême, le 24 juin 2022, d'abolir l'arrêt fédéral Roe v. Wade qui, depuis 1973, garantissait le droit à l'avortement sur l'ensemble du territoire. Chacun des États fédérés est désormais libre de l'autoriser ou non.

→ **Ces manifestants respectent-ils le premier amendement de la Constitution américaine ? Pourquoi ?**

Questions et activités

Parcours 1

1. Dans quelles limites les institutions publiques américaines peuvent-elles utiliser des références religieuses ? doc. 1 et 2

2. Quelle place est donnée à la religion dans la vie politique américaine ? doc. 3, 4 et 5

Synthèse. Comment les États-Unis parviennent-ils à concilier laïcité et faible sécularisation ?

Parcours 2

Construire un plan détaillé

Sujet : « En quoi la faible sécularisation des États-Unis se reflète-t-elle dans leur application du principe de laïcité ? » Analysez le sujet, dégagez ses enjeux et une problématique. Proposez un plan pour cette dissertation.

Points de vue

Aux États-Unis : la fin de la domination WASP ?

Toutes les ressources
lycee.nathan.fr/25hggsp1re_404

Vocabulaire

WASP : cet acronyme pour *White Anglo-Saxon Protestant* a été popularisé dans les années 1960 par les sociologues américains. Il désigne, parfois de manière péjorative, l'élite américaine héritière des pères fondateurs du pays : blanche de peau, d'origine britannique et de religion protestante.

1 La mosaïque religieuse américaine

Croyants et non croyants aux États-Unis en 2021
En % de la population totale

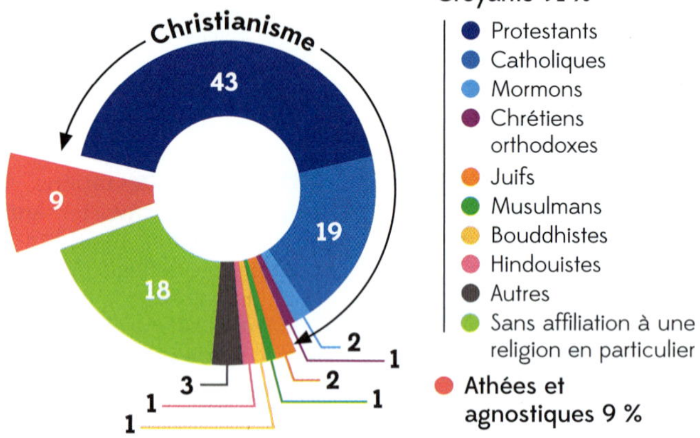

Source : Religious Landscape study, Pew Research Center.

2 Une population en mutation

Évolution des groupes ethniques aux États-Unis
En %, projection jusqu'en 2060

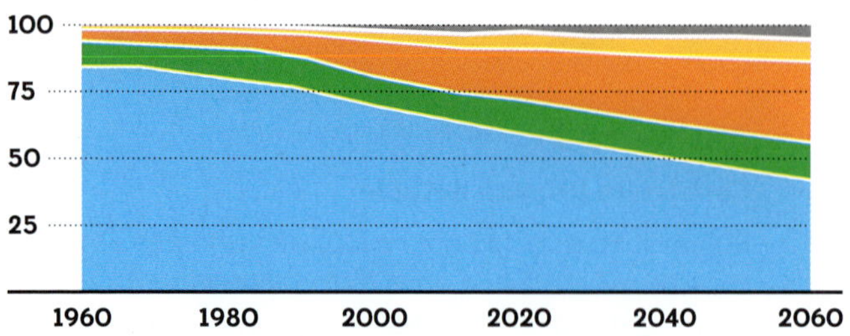

Note : les États-Unis reconnaissent officiellement différentes catégories ethniques. Dans les formulaires de recensement, chaque citoyen doit préciser à quelle catégorie il estime appartenir. En France, les statistiques ethniques, considérées comme contrevenant à l'unité nationale et à l'égalité entre les citoyens, sont interdites.

Source : pewresearch.org

3 L'identité américaine menacée ?

Le regard d'un politiste

L'Amérique a été fondée en tant que société protestante, et pendant près de deux siècles, pratiquement tous les Américains ont été protestants. L'afflux d'immigrants catholiques en provenance d'Allemagne et d'Irlande d'abord, puis d'Italie et de Pologne, a entraîné une diminution régulière de la proportion de protestants. [...] Cependant, les croyances, les valeurs et les présupposés protestants constituaient, avec la langue anglaise, l'élément fondamental de la culture des colons américains, et cette culture a continué d'imprégner et de déterminer la vie, la société et la pensée américaines alors même que le nombre de protestants diminuait. [...] L'immigration mexicaine mène actuellement à une *reconquista*[1] démographique de territoires que les Américains avaient enlevés au Mexique par la force dans les années 1830 et 1840, et à leur « mexicanisation » [...]. Par ailleurs, elle brouille la frontière entre le Mexique et l'Amérique en introduisant une culture très différente dans ces régions, tout en encourageant dans certaines zones la formation d'une culture et d'une société mixtes, moitié américaines et moitié mexicaines. [...] Le maintien d'un fort taux d'immigration mexicaine et hispanique associé au faible taux d'intégration de ces immigrants dans la société et la culture américaine pourrait, à long terme, transformer l'Amérique en un pays ou cohabiteraient deux langues, deux cultures et deux peuples.

Samuel Huntington, *Qui sommes-nous ? Identité nationale et choc des cultures*, 2004, trad. Barbara Hochstedt, Odile Jacob, 2004.

1. Ce terme désigne traditionnellement la reconquête de l'Espagne par les chrétiens aux dépens des musulmans durant le Moyen Âge.

Professeur de sciences politiques à Harvard, **Samuel Huntington** (1927-2008) s'est fait connaître en 1993 par un article intitulé « Le choc des civilisations ? » dans lequel il pronostiquait que les conflits de l'après-guerre froide ne seraient plus motivés par l'idéologie mais par l'identité.

4 Les hispaniques sur le territoire américain

La dimension géographique

Carte interactive

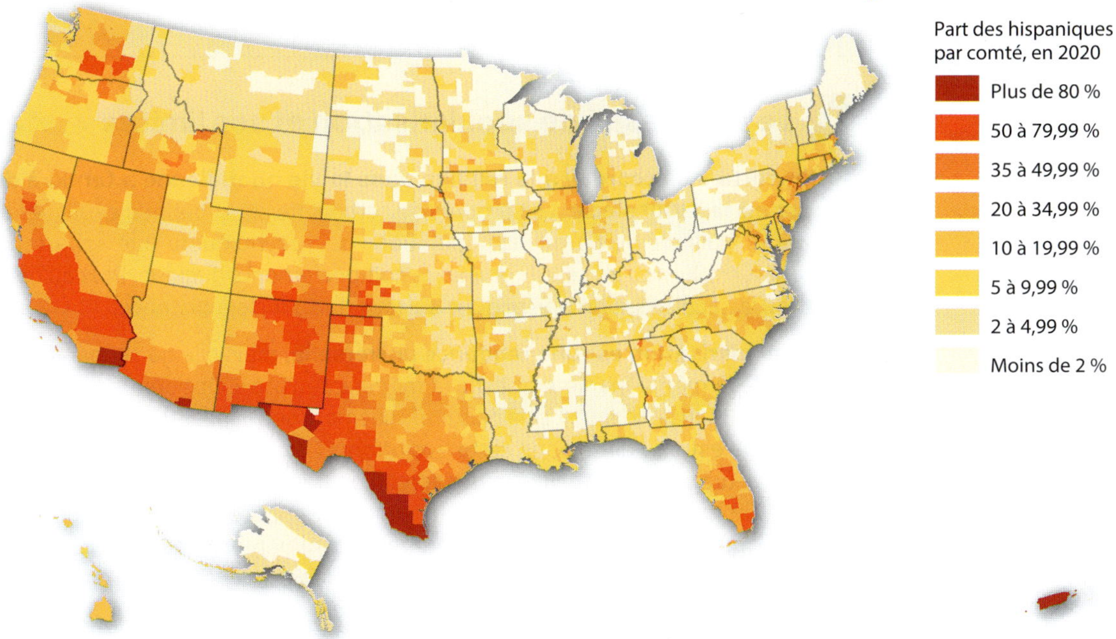

Source : 2020 United States Census, 2021.

5 Les raccourcis de Huntington

Le regard d'un politiste

C'est au milieu du XXe siècle en Amérique que l'idée de l'Occident comme judéo-chrétien a été largement acceptée. Lorsque le président Eisenhower a évoqué les racines judéo-chrétiennes de « notre modèle de gouvernement », il a choisi des termes qui englobaient différentes confessions chrétiennes et les Juifs au sein d'une identité civique commune [...]. Cette utilisation relativement bénigne du terme a depuis été détournée par la droite radicale pour servir un programme politique différent. [...]

Le politologue Samuel Huntington a affirmé en 1993 qu'un « choc des civilisations » était inévitable entre l'Islam et l'Occident. Ses détracteurs contre-argumentent cependant que non seulement les civilisations évoluent, mais que les identités civilisationnelles servent surtout les programmes politiques.

Définir l'Occident comme judéo-chrétien, et en tension inévitable avec l'islam, est un choix politique clair. De nombreux musulmans pourraient avoir des difficultés à concilier leur foi avec la société européenne pluraliste. Mais la foi des musulmans ne détermine pas leur attitude à l'égard du libéralisme, tout comme la foi des juifs ou des chrétiens ne le fait pas.

[...] Dans le monde arabe, on observe de nouvelles tentatives pour mettre en évidence les points communs entre les traditions occidentales et islamiques, notamment à travers les « Accords d'Abraham »[1] [...].

Toby Green, « Comment le terme "judéo-chrétien" a été instrumentalisé politiquement », *The Conversation*, 2020.

1. Accords signés en 2020 entre les Émirats arabes unis, Bahreïn et Israël. Cette initiative propose une alternative au supposé choc des civilisations en mettant l'accent sur les points communs culturels entre judaïsme, christianisme et islam.

Construire son point de vue

Découvrir les documents

- Qu'est-ce qui différencie les WASP des non-blancs ? doc. 3 et 5
- Dans quelles parties des États-Unis les hispaniques sont-ils les plus nombreux ? Pourquoi ? doc. 2 et 3
- Quelles sont les craintes de Samuel Huntington ? doc. 2 et 3
- En quoi sa thèse sur le « choc des civilisations » est-elle remise en cause ? doc. 5

Développer des arguments

- Sur quels points Samuel Huntington et Toby Green sont-ils d'accord ? doc. 3 et 5
- Sur quels points Samuel Huntington et Toby Green sont-ils en désaccord ? doc. 3 et 5

Comprendre et exposer des points de vue contradictoires ORAL

- À l'oral, en 10 minutes, répondez à la question « Aux États-Unis : la fin de la domination WASP ? » en présentant plusieurs arguments.

État et religion : une inégale sécularisation

Toutes les ressources
lycee.nathan.fr/25hggsp1re_406

I Le processus de sécularisation et ses limites

- **L'importance accordée à la religion dans la vie quotidienne a tendu à décliner depuis le XVIIIe siècle.** Les progrès de l'athéisme contribuent à expliquer cette évolution. Mais même parmi les populations qui revendiquent une appartenance religieuse, l'influence de celle-ci sur leurs comportements diminue. Plus qu'un recul de la foi, la sécularisation relève donc surtout de sa mise à distance.

- **La sécularisation est une tendance universelle,** mais elle ne se manifeste pas partout de la même manière et avec la même intensité. L'Occident est la partie du monde la plus anciennement et la plus profondément sécularisée. En son sein, l'Europe occidentale est en pointe dans cette évolution, l'Europe orientale et l'Amérique du Nord demeurant plus influencées par la religion. Les Suds sont globalement moins affectés par la sécularisation : en Afrique subsaharienne, en Amérique latine et dans le monde musulman, les religions demeurent très influentes, même si leur prétention à régenter la vie en société est contestée par certains.

- **Partout dans le monde,** on assiste depuis les années 1980 à une réaffirmation des croyances et des pratiques religieuses. Celle-ci se manifeste en premier lieu par un regain d'influence des normes religieuses dans des pays qui s'en étaient largement détachés, comme la Turquie. Elle se traduit également par l'essor de nouvelles pratiques religieuses plus militantes et prosélytes, comme le salafisme ou l'évangélisme. Dans certains cas, cette réaffirmation prend une forme violente, notamment sous la forme du terrorisme islamiste.

II Des liens variables entre Églises et États

- **Certains États définissent par la loi la place de la religion dans la vie publique** et son rapport avec le pouvoir politique. Cela peut aller de la soumission du pouvoir temporel au pouvoir spirituel, dans le cas de la théocratie iranienne, à la séparation radicale des deux, comme pour la laïcité française. Entre ces deux extrêmes, une multitude de configurations liant ou séparant plus ou moins strictement le pouvoir politique et les autorités religieuses existent.

- **Le degré de sécularisation d'une société** n'explique pas à lui seul le type de relations qu'y entretiennent État et religions. Certains pays très sécularisés comme le Royaume-Uni, conservent une religion d'État, tandis que des pays peu sécularisés, comme la Turquie, ont fait le choix de la laïcité.

- **Même dans les États laïques,** certains croyants cherchent à influencer la politique des États pour les conformer à leurs convictions religieuses. C'est par exemple le cas aux États-Unis où l'abrogation du droit fédéral à l'avortement, en 2022, a résulté d'une intense campagne de lobbying d'associations chrétiennes ayant soutenu l'accession à la présidence de Donald Trump.

III Les multiples visages de la laïcité

- **Si de nombreux États ont adopté le principe de laïcité,** tous ne l'interprètent pas de la même manière. Pionnière en la matière, la France, devenue laïque en 1905, conçoit ce choix comme un moyen d'éviter toute ingérence de la religion dans l'État. Les citoyens sont libres de croire ou de ne pas croire et d'afficher leurs convictions religieuses ou philosophiques. En revanche, l'État et ses agents doivent faire preuve de neutralité en la matière en n'affichant pas d'appartenance ni de préférence pour une religion et en traitant les citoyens de la même manière quelles que soient leurs

Dates clés

1791 : Premier amendement à la Constitution américaine
1905 : Loi de séparation des Églises et de l'État en France
1924 : Abolition du califat par la Turquie
1979 : Révolution islamique en Iran

croyances. Le choix français d'une laïcité de séparation s'explique principalement par la sécularisation très avancée de la société et la présence en son sein d'une part importante d'athées.

Jalon 2– États et religions dans la politique intérieure des États-Unis depuis la Seconde Guerre mondiale. **p. 402**

• **Aux États-Unis, la laïcité vise prioritairement à préserver les religions des ingérences du pouvoir politique.** Dans un pays bien moins sécularisé que la France et dont à peine 4 % de la population se déclare athée, il s'agit moins pour l'État de faire cohabiter les croyants et les non-croyants que les croyants de différentes confessions. Les références religieuses dans l'espace public et la vie politique sont donc non seulement permises mais nombreuses. Elles se limitent toutefois au cadre de la « religion civile », restant suffisamment générales pour convenir aux croyants de toutes confessions. La religion a donc sa place dans la vie politique américaine pourvu qu'elle contribue à cimenter les citoyens plutôt qu'à les diviser.

Jalon 1 – La laïcité en Turquie : l'abolition du califat en 1924 par Mustapha Kemal **p. 398**

• **En Turquie, Mustafa Kemal a instauré en 1923 une République laïque.** Désireux de rompre avec l'héritage de l'Empire ottoman, il a mis en œuvre des réformes modernisatrices et abolit en 1924 le califat que les sultans exerçaient depuis le XVIe siècle. La laïcité turque n'a pas pour objectif de faire cohabiter les différentes religions, puisqu'elle a été adoptée au moment où le pays avait achevé d'éliminer la quasi-totalité de ses minorités religieuses non musulmanes. Il ne s'agit pas non plus de garantir la neutralité religieuse de l'État, puisque celui-ci finance et organise, via le *Diyanet*, le culte musulman. Il s'agit plutôt d'assurer à l'État le contrôle du champ religieux afin d'éviter que s'y développent des forces contestataires. Depuis l'arrivée au pouvoir de l'islamiste Recep Tayyip Erdoğan en 2003, l'État est turc tend à renforcer la place de l'islam dans la vie publique et politique.

3 formes de laïcité

Laïcité de reconnaissance → *États-Unis*	Laïcité de séparation → *France*	Laïcité de coopération → *Turquie*
Société : › peu sécularisée, religieusement très diverse	**Société :** › sécularisée, avec un nombre important d'athées	**Société :** › peu sécularisée, majoritairement musulmane
État : › nombreuses références religieuses dans la vie publique et politique, mais toujours dans le cadre consensuel de la « religion civile ».	**État :** › neutralité religieuse de l'État qui s'interdit toute référence aux religions, reléguées à la sphère privée.	**État :** › l'État encadre la religion dominante.

AXE 2

Synthèse

Réviser avec... **1 frise, 2 graphiques et 1 carte**

Toutes les ressources

lycee.nathan.fr/**25hggsp1re_408**

1 Trois laïcités dans le temps

Frise interactive

France

- 1801 — **Concordat**
- 1881-1882 — Lois Ferry rendant **l'instruction primaire obligatoire**, gratuite et laïque
- 1905 — Lois Ferry rendant **l'instruction primaire obligatoire**, gratuite et laïque
- 1946 — **La laïcité** entre dans la Constitution
- 1958 — Loi Debré permettant le **financement public** de **l'enseignement privé** sous contrat avec l'État
- 2004 — Loi interdisant le port de **« signes religieux ostensibles »** aux élèves de l'école publique

États-Unis

- 1791 — Premier amendement à la Constitution garantissant la **liberté de croyance**
- 1956 — Inscription de la devise **« In God We Trust »** sur la monnaie
- 1962 — Arrêt Engel v. Vitale de la Cour suprême **interdisant la prière** dans les écoles publiques
- 1973 — Arrêt Roe v. Wade de la Cour Suprême qui **légalise l'avortement**
- 2022 — Annulation de l'arrêt Roe v. Wade : chaque État fédéré est **libre d'autoriser ou non l'avortement**

Turquie

- 1922 — **Abolition** du sultanat ottoman
- 1923 — Instauration de la **République de Turquie**
- 1924 — Abolition du califat ; adoption d'une Constitution qui maintient **l'islam au rang de religion d'État**
- 1926 — **Interdiction de la polygamie**
- 1928 — **L'Islam perd son statut** de religion d'État
- 1937 — Le principe de **laïcité est inscrit dans la Constitution**

2 Les mutations du paysage religieux américain

Composition religieuse par génération, en %

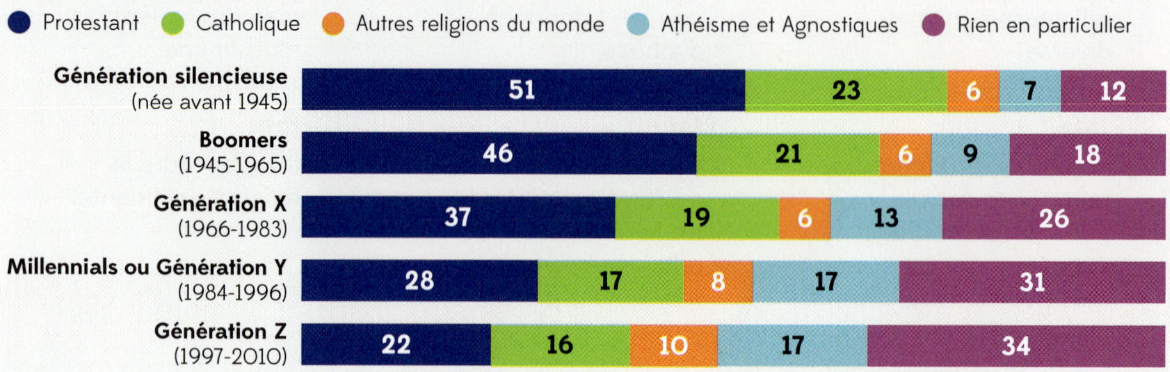

Source : Cooperative Election Study, 2023.

3 Un rapport très variable à la religion

Affiliation religieuse par race ou appartenance ethnique, en %

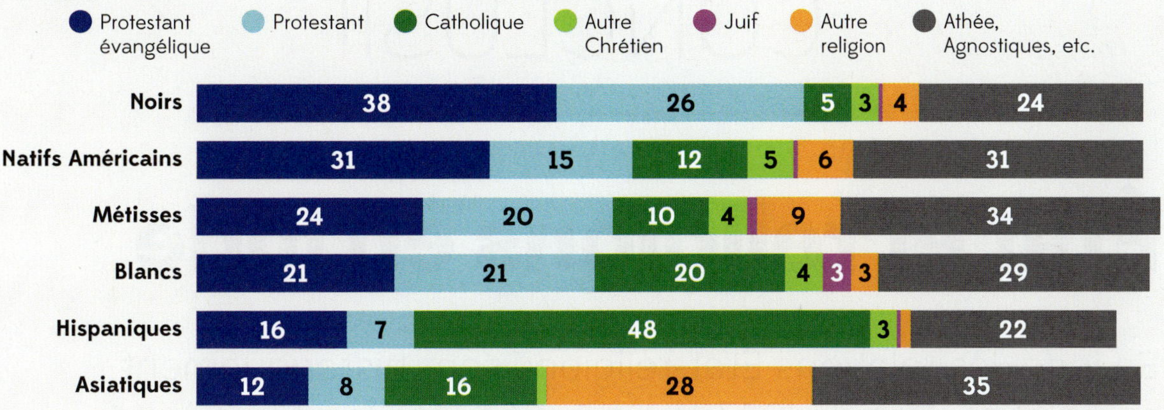

Source : PRRI, American Values Atlas, 2023.

4 Les différents modèles de relations entre État et religions

Carte interactive

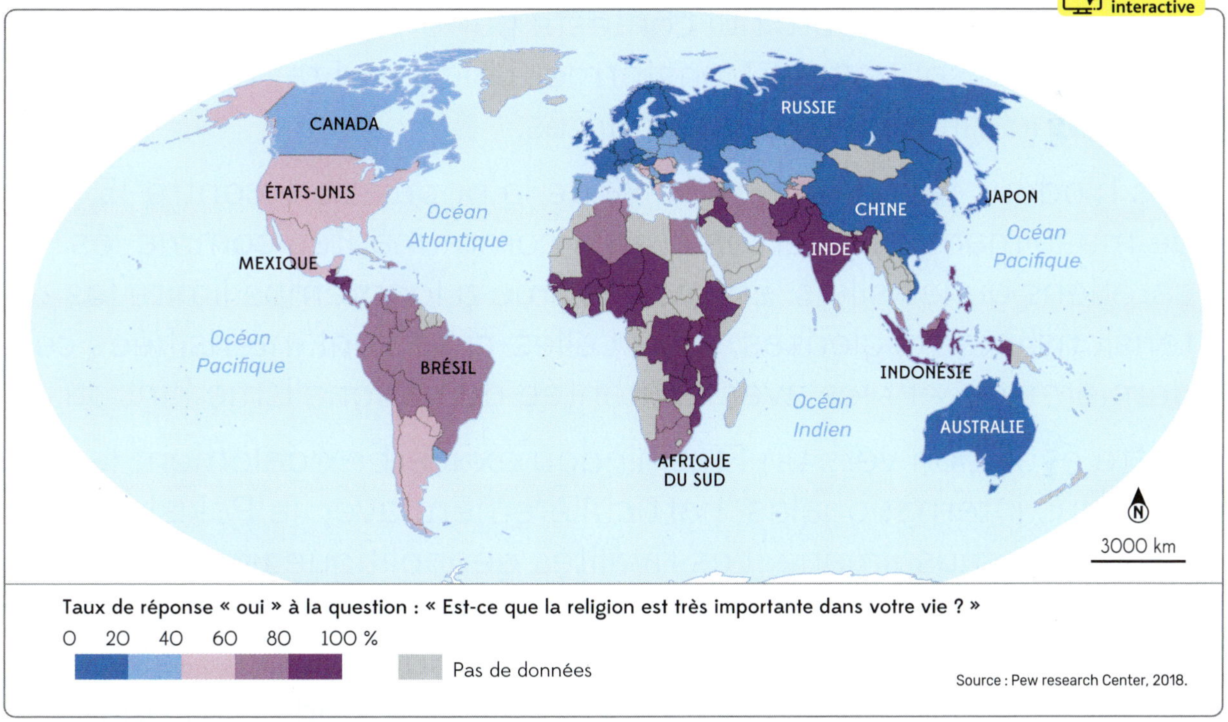

Source : Pew research Center, 2018.

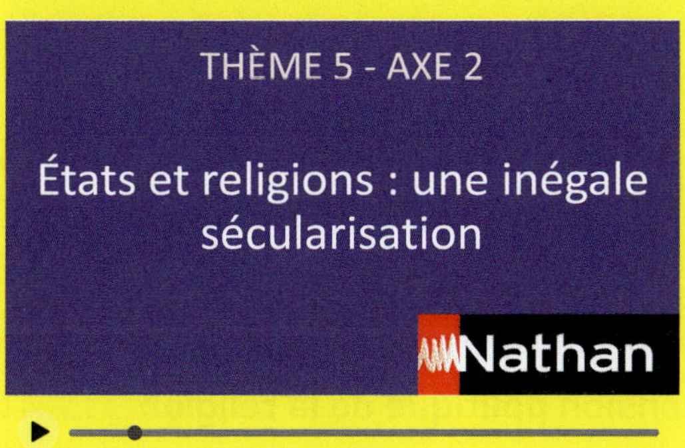

lycee.nathan.fr/**25hggsp1re_409**

5 Mon bilan en vidéo

Pour approfondir

- **Ariane Zambiras, *La Politique Inspirée. Controverses publiques et religion aux États-Unis*, Karthala, 2015.**
Étude sur le rôle de la religion dans la vie politique états-unienne.
- **Nehir Tuna, *Yurt*, 2023.**
Film turco-germano-français : dans la Turquie des années 1990, un adolescent se retrouve plongé contre son gré dans un internat religieux.
- **Thomas Johnson, *Les Évangéliques à la conquête du monde*, 2023.**
Série documentaire d'Arte, en trois parties, sur l'influence politique des chrétiens évangéliques, notamment aux États-Unis.

Thème 5

OBJET DE TRAVAIL CONCLUSIF

État et religions en Inde

En Inde, les relations État-religions sont historiquement complexes. Depuis 1947, le pays a adopté le sécularisme, une forme de laïcité permettant la coexistence religieuse tout en autorisant l'intervention étatique dans ce domaine. Ce modèle est aujourd'hui contesté par un mouvement nationaliste souhaitant transformer l'Inde en État hindou, questionnant la place des minorités.

Les hindous représentent 80 % de la population, contre 15 % de musulmans et diverses autres communautés comme les chrétiens ou les sikhs. Le sécularisme a longtemps limité les tensions interreligieuses, mais celles-ci se sont intensifiées ces dernières décennies avec la montée du nationalisme hindou.

Cette évolution vers un État hindou exacerbe également les tensions internationales, particulièrement avec le Pakistan à majorité musulmane. Les rivalités géopolitiques entre ces nations perdurent depuis leur indépendance, et ont déjà provoqué trois conflits. D'autres affrontements restent possibles, notamment concernant des différends territoriaux non résolus.

SOMMAIRE

Le Premier ministre indien, Narendra Modi, lors de l'inauguration d'un temple

Le 22 janvier 2024, le Premier ministre indien Narendra Modi inaugure le temple du dieu Ram à Ayodhya (Uttar Pradesh). Il a été construit à la place de la mosquée de Babur, détruite en 1992 par des extrémistes hindous.

Cartes

L'Inde : histoire, États, religions

L'Inde est un pays spirituel et de nombreuses religions s'y sont développées : l'hindouisme, l'islam, le jaïnisme, le christianisme, le sikhisme, le bouddhisme et enfin le judaïsme. La répartition géographique de ces religions varie d'un État à l'autre. Cela ne va pas sans entraîner certaines tensions, voire des violences intercommunautaires où les minorités religieuses sont particulièrement menacées.

Toutes les ressources

lycee.nathan.fr/**hggsp1re_412**

L'Inde depuis 1947

- **1947** Indépendance de l'Inde (15 août). Nehru, chef du Parti du Congrès, devient Premier ministre.
- **1948** Assassinat de Gandhi par un hindou nationaliste.
- **1950** Entrée en vigueur de la Constitution et instauration de la République indienne, sur un modèle fédéral.
- **1980** Création du Bharatiya Janata Party (BJP), parti nationaliste hindou.
- **1984** Revendications indépendantistes des Sikhs au Punjab. Assassinat d'Indira Gandhi, Première ministre, par son garde du corps sikh.
- **1992** Démolition par des extrémistes hindous de la mosquée d'Ayodhya (Uttar Pradesh). Émeutes entre hindous et musulmans.
- **2001** Attaque du parlement à Delhi par un groupe de fondamentalistes musulmans.
- **2002** Violences au Gujarat impliquant les organisations nationalistes hindoues et conduisant au massacre de musulmans (plus de 2 000 morts au total).
- **2008** Attaques à Mumbai menées par un groupe terroriste venu du Pakistan (166 morts, plus de 300 blessés).
- **2014** Le BJP remporte l'élection générale. Narendra Modi est élu Premier ministre.
- **2019** Réélection de N. Modi et suppression de l'autonomie du Jammu-et-Cachemire.
- **2024** Inauguration du temple de Ram à Ayodhya, à la place de la mosquée de Babur ; Réélection de N. Modi.

1 Les grandes communautés religieuses en Inde

Carte interactive

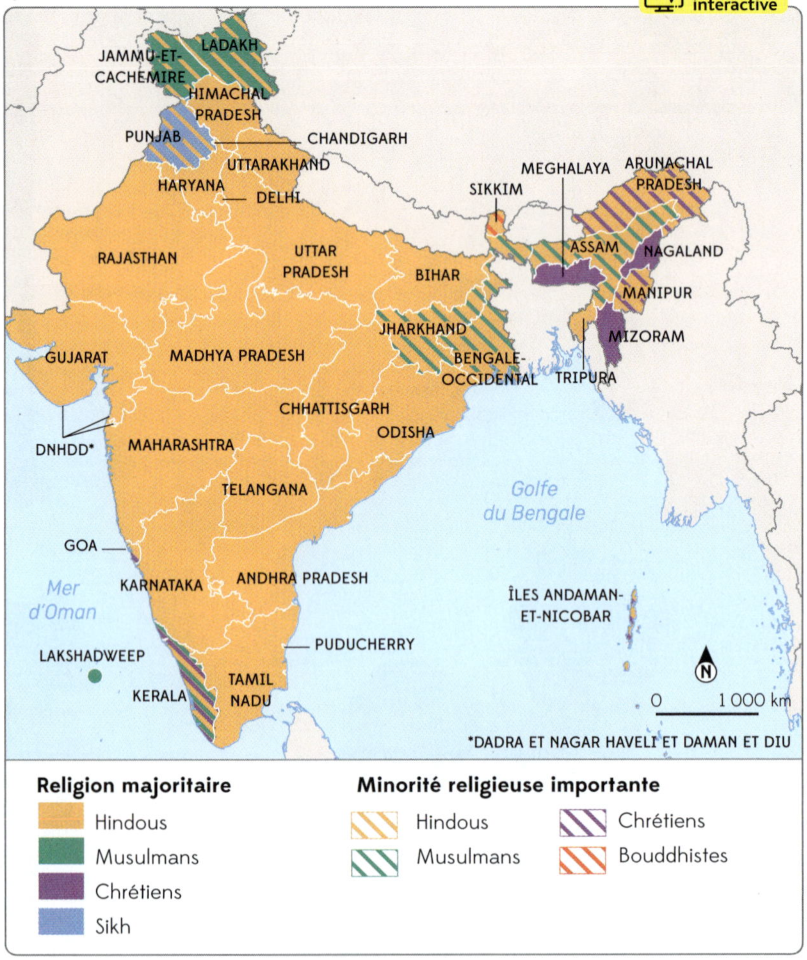

Repères

Deux partis politiques principaux

Le Parti du Congrès (*Congress Party*), fondé en 1885, initia la lutte pour l'indépendance. Avec Gandhi et Nehru, il est aux sources de la république indienne séculier et démocratique. Il occupe le pouvoir presque sans interruption de 1947 à 2014.

Le Parti du Peuple indien (*Bharatiya Janata Party ou BJP*), créé en 1980, promeut un nationalisme hindou. Socialement conservateur, il défend un libéralisme économique favorable aux milieux d'affaires. Il est au pouvoir de 1998 à 2004 et depuis 2014.

Des couleurs symboliques

Sur les drapeaux de ces mouvements, la bande safran représente l'hindouisme, la verte l'islam. Sur celui du Parti du Congrès, la bande blanche évoque les autres religions. Le safran est aussi symbole de courage, le blanc de paix et de vérité, le vert de foi et de prospérité.

② États et territoires de l'Union indienne

Carte interactive

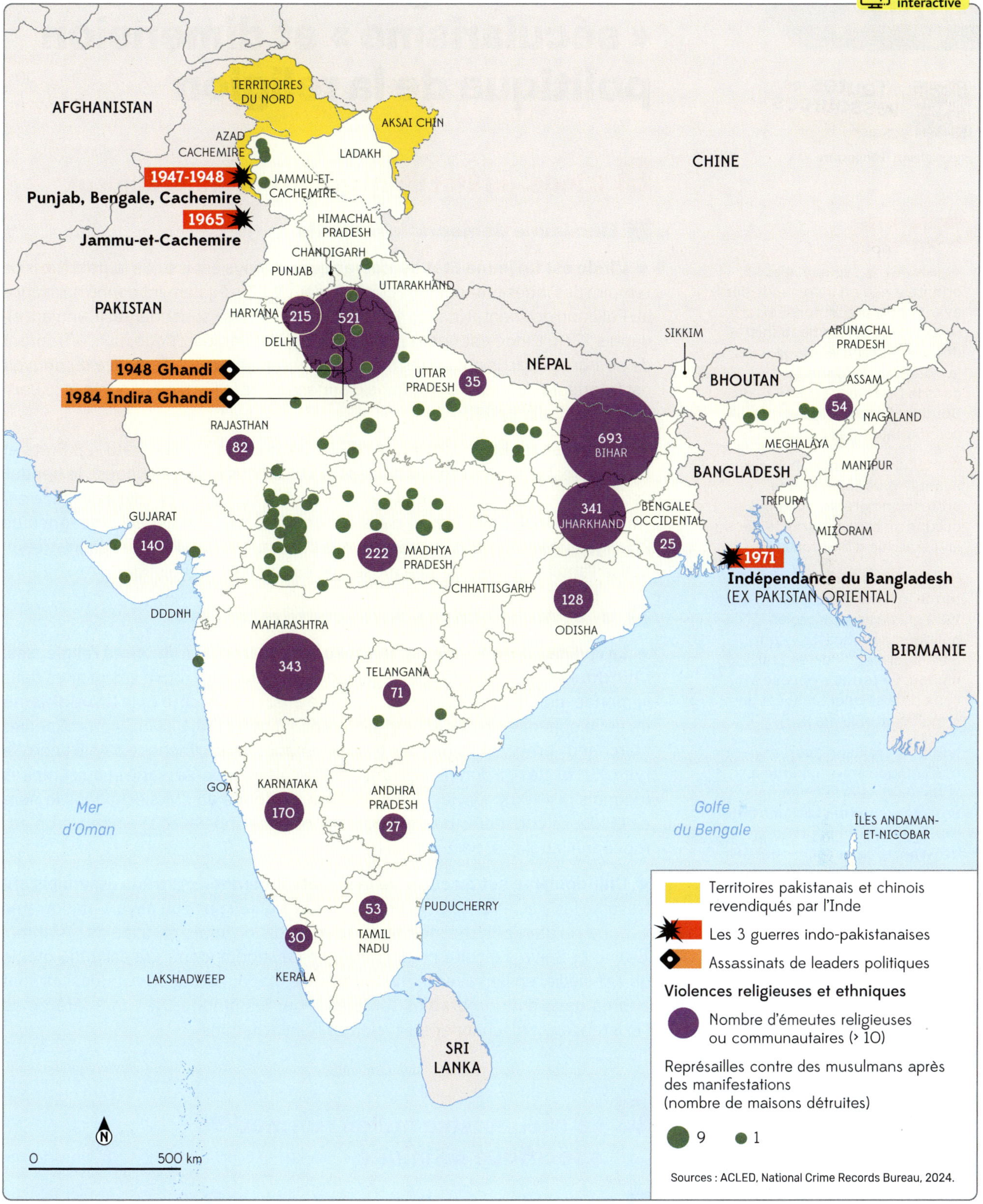

Questions

1. Pourquoi peut-on dire que l'Inde est un pays multiconfessionnel ?

2. Quels sont les États de l'Inde où la proportion de musulmans est la plus élevée ?

3. Quels sont les États de l'Inde où la proportion de chrétiens est la plus importante ?

Toutes les ressources

lycee.nathan.fr/25hggsp1re_414

État et religions : « sécularisme » et dimension politique de la religion

I L'Inde, un État multiculturel et multireligieux

A Une jeune démocratie fédérale

- **L'Inde est un jeune État démocratique.** Le pays est issu de la **partition** de l'empire des Indes britanniques qui, le 15 août 1947, a également donné naissance au Pakistan occidental (désormais Pakistan) et au Pakistan oriental (Bangladesh depuis 1971). L'Inde est une république fédérale, démocratique, où s'affrontent de nombreux partis politiques nationaux et régionaux. L'alternance du pouvoir est fréquente depuis une vingtaine d'années entre le Parti du Congrès et le Parti du Peuple indien (BJP).

- **L'Inde est un État multiculturel.** Le découpage administratif (28 États et 8 territoires) est organisé sur des bases culturelles et linguistiques : le bengali est parlé au Bengale, le tamoul au Tamil Nadu... La langue officielle de l'Inde est l'hindi, principalement parlée dans le nord du pays ; elle est accompagnée de 21 langues inscrites officiellement dans la Constitution, tandis que l'administration utilise l'anglais. L'Inde est une mosaïque culturelle et linguistique.

B Une longue histoire de diversité religieuse

- **La civilisation indienne est marquée par différentes influences religieuses.** L'**hindouisme** est une religion spécifique à l'Inde. Elle trouve ses racines dans le monde indien il y a plus de quatre mille ans. Le **jaïnisme** et le **bouddhisme** s'y développent entre les Xe et Ve siècles avant notre ère. L'islam, importé par les marchands arabes puis par des tribus nomades en provenance d'Asie centrale (VIIIe-XIIe siècles), a donné naissance à une culture indo-persane et aux Empires moghols (XVIe-XIXe siècles). Le **sikhisme** est fondé au XVe siècle dans le nord de l'Inde. Le christianisme s'est également développé avec la colonisation européenne (anglaise, portugaise, française...).

- **L'hindouisme est au cœur de la société indienne.** Ses traits essentiels ont traversé les siècles et influencent les cultures et religions du pays. L'hindouisme est une religion polythéiste marquée par trois divinités principales : Brahmâ, Vishnu et Shiva. Le culte du dieu Ram se développe depuis la seconde moitié du XXe siècle, en lien avec le **nationalisme** hindou. Ces dieux et déesses sont adorés dans d'innombrables temples. Pour les hindous, le but suprême de l'existence est d'échapper au cycle des réincarnations.

II Le sécularisme indien : un modèle spécifique de laïcité

A Un principe constitutionnel depuis 1976

- **L'Inde ne reconnaît aucune religion d'État.** Bien que l'hindouisme soit la religion majoritaire, la liberté religieuse est garantie. Le droit pénal punit toute discrimination fondée sur l'appartenance religieuse. Depuis 1976, ce modèle est inscrit dans la Constitution sous le nom de « **sécularisme** ».

- **L'État indien a mis en place un modèle spécifique de laïcité.** Celui-ci instaure des règles favorisant une cohabitation pacifique des diverses religions. Il ne s'agit pas de séparer État et religions, car il n'y a pas de distinction entre société civile et société religieuse. L'État garantit la paix et la tolérance entre les communautés.

Vocabulaire

Bouddhisme : voie religieuse orientale née en Inde au VIe siècle avant notre ère, et fondée sur un triple socle : les bouddhistes déclarent prendre refuge dans le Bouddha (le fondateur), dans le Dharma (la doctrine du Bouddha) et dans le Sangha (la communauté des croyants).

Caste : groupe social homogène ayant le plus souvent une profession héréditaire et qui occupe un rang déterminé dans la hiérarchie d'une société.

Hindouité ou Hindutva : terme inventé dans les années 1920 qui désigne le projet politique nationaliste visant à transformer l'Inde en État hindou. Ce terme s'oppose à ceux de « sécularisme » et de « multiculturalisme ».

Jaïnisme : religion aussi ancienne que l'hindouisme, apparue à la fin du VIe siècle avant notre ère, qui croit que seule une âme totalement pure peut atteindre la délivrance, ce qui nécessite des pratiques ascétiques et la non-violence.

Jati : nom donné aux castes en Inde.

Notions

Fondamentalisme : conception radicale et intransigeante d'une religion, excluant toute autre croyance et s'exprimant par la promotion pacifique des pratiques liées à cette religion mais aussi parfois par la violence.

Sécularisme : de l'anglais « *secularism* ». Dans le cas de l'Inde, principe de respect de la diversité religieuse par l'État qui garantit à chacun un traitement impartial des différentes croyances, un accès aux lieux de culte de son choix, et interdit les discriminations liées à la religion.

B Un modèle visant la cohabitation pacifique des religions

- **L'hindouisme n'impose aucune valeur commune.** Il ne possède aucun clergé. Si ses principes instaurent un ordre et une morale, reposant sur des textes sacrés, une grande diversité de points de vue et de pratiques est acceptée. C'est une religion tolérante aux autres, offrant un cadre général à l'ensemble de la population, quels que soient les communautés et les cultes.

- **L'État reconnaît les spécificités des communautés religieuses,** notamment par des lois civiles qui accordent aux minorités religieuses des aménagements concernant le mariage, le divorce ou l'héritage. Les pratiques de l'hindouisme sont très diversifiées. La multiplicité des dieux et des lieux de culte favorise de multiples formes de **syncrétisme**, fortement ancrées dans les habitudes populaires.

III Les défis du modèle séculier indien

A La persistance des divisions socioreligieuses

- **L'hindouisme place les individus, dès leur naissance, dans des castes.** Ces groupes endogames (obligation de mariage au sein d'un même groupe) et identitaires, appelés *jati*, sont innombrables et regroupés selon leur degré de pureté en quatre grandes catégories, les ***varnas***. Les populations dites « intouchables », aujourd'hui nommées *dalits* (les « exploités »), sont hors castes.

- **Ce système hiérarchique segmente l'ensemble de la société.** Cette organisation sociale liée à l'hindouisme affecte également les populations non hindoues, excepté les populations tribales (les Adivasis) : les musulmans, les sikhs, les chrétiens s'inscrivent eux aussi dans des systèmes hiérarchisés. Les populations tribales se situent dans les marges de la société.

B La montée des fondamentalismes depuis les années 1990

- **Le sécularisme indien est remis en cause depuis les années 1990.** Les **fondamentalistes** hindous défendent une vision politique de l'hindouisme et cherchent à imposer le principe d'**hindouïté**. Ils désirent ainsi voir abolir toute spécificité accordée aux non-hindous et établir certaines valeurs de l'hindouisme comme culture nationale. Parallèlement, un fondamentalisme musulman se développe dans un contexte de fortes tensions géopolitiques régionales (nationalisme pakistanais, talibans en Afghanistan…).

- **Les partis politiques défendant le sécularisme sont aujourd'hui affaiblis.** Les élus de quelques États de la fédération, et parfois certains tribunaux, tendent à ne plus respecter l'équilibre entre les communautés, au détriment des minorités. Les principes républicains de l'égalité entre citoyens sont de plus en plus souvent remis en cause.

Pour aller + loin

« Inde : l'hindouisation à marche forcée », *Cultures monde*, France Culture, 2020.
Analyse des violences intercommunautaires à New Delhi et de la contestation contre la loi sur la citoyenneté discriminant les musulmans, dans le contexte d'hindouisation de la société par Modi.

« Inde : après l'inauguration du temple Ram, les nationalistes hindous ciblent d'autres mosquées », *France 24*, 22 janvier 2024.
Reportage sur l'inauguration par Modi d'un temple hindou construit sur les ruines d'une mosquée à Ayodhya, illustrant la montée des tensions religieuses en Inde.

« Inde : le triomphe du nationalisme hindou », L'Essentiel du *Dessous des cartes*, Arte, 2024.
Épisode sur la politique d'hindouisation menée par Modi pour sa réélection, au détriment de la minorité musulmane qui représente 14 % de la population.

Vocabulaire

Multiculturel : se dit d'une population ou d'un État reposant sur une pluralité de cultures.

Nationalisme : idéologie politique qui fait de la nation le fondement de l'État et de l'identité collective. En Inde, elle se manifeste notamment à travers l'*hindutva* qui considère l'hindouisme comme base de l'identité nationale indienne.

Partition : nom donné au partage territorial de l'ancien empire des Indes britanniques, opéré en août 1947, et ayant donné naissance à l'Union indienne.

Sikhisme : religion monothéiste née au XVe siècle dans le Pendjab indien, fondée par Guru Nanak, qui prône l'égalité entre les hommes et rejette le système des castes.

Syncrétisme : combinaison de diverses doctrines religieuses.

Varna : nom donné aux grandes catégories de castes en Inde.

Fiches de lecture

Anne Viguier, *Brève histoire de l'Inde. Du pays des mille dieux à la puissance mondiale*, Flammarion, 2023.
Analyse de la construction culturelle et politique de l'Inde, entre traditions religieuses et modernité, sous la gouvernance de Modi qui cherche à unifier le pays.

Sophie Landrin et Guillaume Delacroix, *Dans la tête de Narendra Modi*, Actes Sud, 2024.
Portrait critique du Premier ministre indien, issu d'une famille modeste, qui transforme la plus grande démocratie du monde en régime autoritaire fondé sur le nationalisme hindou et la répression des minorités.

Sécularisme et dimension politique de la religion en Inde

Toutes les ressources
lycee.nathan.fr/25hggsp1re_416

En Inde, les principes du sécularisme organisent l'ensemble des institutions. Le respect de la diversité religieuse est enseigné dans les écoles. Soutenus par de puissantes forces politiques, des groupes extrémistes très actifs remettent aujourd'hui en cause ces valeurs, provoquant la montée des tensions qui transforment en profondeur la vie sociale et politique dans certaines régions.

Comment le sécularisme indien est-il remis en cause par la politisation du religieux ?

1 Aux origines du sécularisme indien

Le regard d'un politiste

Contrairement à la controverse entre l'Église et l'État qui a défini la toile de fond de la sécularisation en Occident, l'Inde n'avait pas d'Église établie, de sorte que la sécularisation à l'occidentale mettant en avant la religion et la politique comme deux domaines distincts et séparés n'a pas constitué un cadre d'analyse pertinent pour les pères fondateurs[1] qui rédigeaient une constitution écrite entre 1946 et 1949. Confrontés aux affres de la partition établie sur la religion en 1947, les auteurs de la constitution ont conçu une stratégie éloignée des modèles occidentaux et orientaux en plaçant l'État au-dessus de la religion. Alors que le Pakistan nouvellement créé [à partir de l'Inde] s'est proclamé État islamique en 1947, l'Inde a refusé de se laisser influencer par les inclinations religieuses en se déclarant État hindou, bien que les hindous constituaient 84 % de sa population au moment de l'indépendance.

Les pères fondateurs ont délibérément évité de déclarer l'Inde comme État hindou dans le préambule de la Constitution, car le poids démographique de cette composante de la population suggérait déjà cette particularité de l'État. [...] Le préambule décrit l'État comme « souverain, démocratique et républicain » sans mentionner spécifiquement le caractère séculier ou la sécularisation dans aucune des parties de la Constitution. [...]

Les pères fondateurs ont souligné la nature séculière de l'État indien en définissant les caractéristiques suivantes :

a) Respect des religions.
b) Absence de religion d'État.
c) Promotion de toutes les religions.

Sunil K. Choudhary, « L'Inde : une approche positive de la sécularisation », *Observatoire international du religieux,* décembre 2023.

1. Comme Ambedkar ou Nehru.

Biographie

Mohandas Gandhi (1869-1948)
Né dans une famille marchande du Gujarat, Gandhi devient avocat à Londres, puis en Afrique du Sud. De retour en Inde en 1915, il devient un symbole de la lutte non violente contre les discriminations raciales et la colonisation, d'où son titre de Mahatma (« grande âme »). Il est assassiné par un fondamentaliste hindou.

→ **Quels ont été les acteurs de la mise en place du sécularisme en Inde ? Quels ont été leurs atouts et leurs difficultés ?**

2 La coexistence des religions dans l'armée indienne

Officiants hindou, musulman, chrétien et sikh portant le livre saint de leur religion respective pour la cérémonie du serment lors de l'admission de nouvelles recrues de l'armée à Bangalore, en 2015.

→ **En quoi cette photo montre-t-elle l'importance du sécularisme dans la société indienne ?**

3 La montée en puissance du fondamentalisme hindou

Des partisans de Narendra Modi en février 2014, avant son élection au poste de Premier ministre en tant que représentant du Parti du peuple indien (BJP).

→ **Que signifie la couleur du turban des manifestants ?**

4 Un pays (toujours) laïque ?

« L'Inde est un pays laïc (séculier) ».

À gauche : « J'insiste, nous allons le faire exploser » (le Simi est un mouvement islamiste interdit par les autorités depuis 2001).

À droite : « Non, j'ai dit que nous allions le brûler » (le Bajrang Dal est le bras armé du nationalisme hindou).

Vikram Nandwani, octobre 2008.

→ **Comment le dessinateur montre-t-il la fragilité du sécularisme indien ?**

5 L'Inde et la question hindoue

Le concept de l'*hindutva*, idéologie nationaliste hindoue, est au cœur des élections générales qui se déroulent dans le pays jusqu'au 1er juin. Née avant l'indépendance en 1947, cette idéologie religieuse extrémiste a progressivement conquis le pouvoir politique.

[...] L'omniprésence de la religion hindoue jusque dans les plus hautes sphères de la politique indienne et la volonté d'établir une hégémonie hindoue au mépris des minorités religieuses portent un nom : l'*hindutva*. [...]

Bien qu'utilisé dès la fin du XIXe siècle, le terme « *hindutva* », issu du sanskrit, prend ses racines modernes dans un ouvrage de Vinayak Damodar Savarkar paru en 1922 : *Hindutva, who is a hindu?* (*Hindutva, qui est hindou ?*). Ce livre a posé les fondements du nationalisme hindou.

Les penseurs de l'*hindutva* ont développé leur idéologie dans un contexte de lutte contre la colonisation britannique et contre l'occidentalisation de la société hindoue. Leurs combats se centrent autour de revendications religieuses et sociétales. [...]

C'est au sein de ce mouvement qu'a été formé Narendra Modi, premier ministre de l'Inde depuis 2014, et c'est de lui qu'il émergera en tant que figure politique majeure, des années plus tard. [...]

Célestin de Séguier, *La Croix*, 30 avril 2024.

→ **Quel parti politique prône les valeurs de l'hindouisme ?**
→ **Quelles sont les conséquences pour l'autre parti, laïc ?**

Questions et activités

Parcours 1

1. Quelles sont les racines du sécularisme en Inde ? doc. 1

2. Quelles formes le sécularisme prend-il au quotidien ? doc. 1 et 2

3. Comment le BJP lutte-t-il contre le sécularisme ? doc. 3, 4 et 5

Synthèse. En quoi la montée des fondamentalismes remet-elle en cause le sécularisme en Inde pour imposer l'*hindutva* ?

Parcours 2

Rédiger une partie de dissertation

À partir des documents, montrez en 20 lignes que le sécularisme en Inde a longtemps structuré les institutions et la vie politique, mais qu'il est aujourd'hui très largement remis en cause par la politisation du religieux.

JALONS 2 ET 3
Cours

Toutes les ressources
lycee.nathan.fr/25hggsp1re_418

Les principales religions de l'Inde

En % de la population

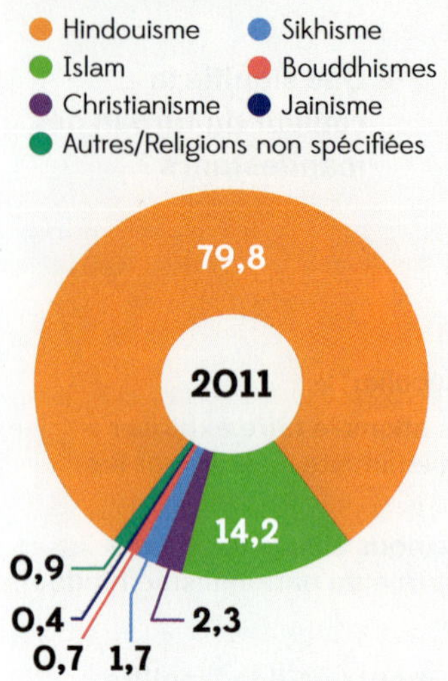

Source : Census of India, 2011.

Vocabulaire

Culte animiste : croyance en des êtres magiques ou en des forces naturelles animant les êtres vivants, les objets et les éléments de la nature (vents, rivières…).

Dévot : personne attachée à un culte religieux et qui en observe avec ferveur les pratiques.

Gourou : maître spirituel dans l'hindouisme, le jainisme, le bouddhisme ou le sikhisme. Ils peuvent fonder des sectes offrant des voies spécifiques vers le salut de l'âme.

Partition : nom donné au partage territorial de l'ancien empire des Indes britanniques, opéré en août 1947, et ayant donné naissance à l'Union indienne.

Pogrom : attaque accompagnée de massacres et de pillages à l'encontre d'une minorité ethnique ou religieuse.

Zoroastrisme : religion monothéiste très ancienne, d'origine iranienne, pratiquée en Inde par la communauté des Parsis.

La mosaïque religieuse indienne : proximité et tensions

Le respect des différences religieuses est-il menacé dans l'Inde contemporaine ?

I Une diversité religieuse héritée d'une longue histoire

A L'hindouisme, religion majoritaire mais plurielle

- **La population hindoue représente la majorité en Inde.** Selon les dernières estimations de 2021, elle constitue 79,5 % de la population, soit environ 1,1 milliard de personnes. Elle est présente dans l'ensemble du pays mais est particulièrement importante dans les États du Nord, du Bihar au Gujarat, en passant par l'Uttar Pradesh et le Madhya Pradesh.

- **Les populations hindoues sont également dispersées dans le monde.** L'hindouisme s'est propagé à la faveur des nombreux courants migratoires depuis plusieurs siècles. Des communautés hindoues sont aujourd'hui installées à Bali (Indonésie), dans l'océan Indien (île Maurice, La Réunion), en Afrique du Sud et dans les métropoles des mondes développés (Londres, New York…).

B Des minorités religieuses fortement différenciées

- **L'islam est la deuxième religion du pays.** Les musulmans, en majorité sunnites, représentent environ 14,2 % de la population indienne, soit environ 200 millions de personnes en 2021. Ils sont principalement présents dans le nord du pays (Cachemire), dans la vallée du Gange (Uttar Pradesh) et au Kerala (Sud). Leur nombre augmente en raison d'une fécondité plus importante que celles des autres communautés religieuses.

- **Les autres religions sont très minoritaires.** Le christianisme (2,3 % de la population, 32 millions de personnes), le sikhisme (1,7 %, 24 millions), le bouddhisme (0,7 %, 9,8 millions) et le jaïnisme (0,4 %, 5,6 millions) constituent des communautés ultra-minoritaires bien que parfois très concentrées géographiquement (les sikhs au Punjab, les chrétiens dans les États du Nord-Est). D'autres religions très minoritaires existent encore, comme le **zoroastrisme** ou des **cultes animistes** tribaux.

II La politisation croissante du fait religieux

A Transformation des pratiques religieuses

- **Une transformation des pratiques religieuses accompagne le développement économique et social.** Les rituels quotidiens, pratiqués dans les foyers ou dans les temples de quartier, perdent de l'importance. En revanche, de grands temples somptueux sont construits dans les villes, ainsi que d'immenses statues des divinités. Certains **gourous** deviennent célèbres sur des chaînes de télévision spécialisées. Internet se remplit de sites véhiculant des messages religieux.

- **L'importance des grands événements religieux s'accroît.** Les pèlerinages se multiplient et attirent des foules de **dévots** qui contribuent à l'enrichissement (dons en argent) de très nombreux temples et lieux saints. Les grandes célébrations de l'hindouisme réunissent régulièrement des millions de personnes.

La *Kumbh Mela* de 2019 à Prayagraj (anciennement Allahabad) a attiré environ 150 millions de pèlerins, un record.

B La montée des fondamentalismes

● **Les courants fondamentalistes se développent au sein de toutes les religions.** Toutes les communautés voient des groupes se constituer, prônant une vision radicalisée de leur croyance. Présent dès la création de la nation indienne, le fondamentalisme hindou apparaît le plus dangereux pour les valeurs démocratiques du fait de la domination numérique de cette religion. Depuis 2017, l'Uttar Pradesh, l'un des plus grands États indiens, est dirigé par un moine extrémiste, Yogi Adityanath.

● **L'hindouisme est instrumentalisé politiquement.** Les fondamentalistes hindous participent aujourd'hui au pouvoir et ont un rôle majeur dans le nationalisme hindou prôné par le BJP, au pouvoir depuis 2014. Ils développent une idéologie radicale en imposant les valeurs de l'hindouisme et en interdisant, par exemple, l'abattage des vaches. Ces mesures remettent en cause les fondements laïques de la nation. L'affirmation de l'hindouisme dans le champ politique tend à réduire la liberté des minorités.

III Des tensions intercommunautaires persistantes

A Le danger de la marginalisation des minorités religieuses

● **L'Inde contemporaine a toujours connu des tensions importantes.** Aux terribles violences interreligieuses de la **partition** des Indes britanniques (1947), ont succédé conflits de castes, luttes sociales, protestations régionalistes ou même revendications indépendantistes (Sikhs du Punjab). Toutes les communautés sont aujourd'hui concernées par les violences.

● **Les trois dernières décennies ont vu la montée de conflits intercommunautaires.** À partir de la destruction, en 1992, d'une mosquée à Ayodhya (Uttar Pradesh) par des fondamentalistes hindous, les violences entre communautés religieuses se sont multipliées. Des **pogroms** ont eu lieu à Ahmedabad (2002) ou à Mumbai (1993). Plus récemment, les émeutes de Delhi en 2020 ont fait 53 morts, principalement des musulmans. En 2022, des violences intercommunautaires ont éclaté dans plusieurs États, notamment au Rajasthan et au Gujarat.

B L'espoir dans la solidité des institutions

● **Malgré les tensions, la démocratie indienne demeure solide.** Elle permet à l'alternance politique d'exister, à tous les niveaux des institutions (national, régional, local). La « plus grande démocratie au monde » permet encore une représentation équitable entre les communautés et la Constitution de l'État indien séculier protège encore les minorités religieuses. Ainsi 15 % des sièges au Parlement sont réservés aux basses castes et aux dalits. Toutefois, début 2024, une nouvelle loi introduit un critère religieux dans l'obtention de la nationalité pour les étrangers, remettant en cause les principes sécularistes de l'État.

● **L'Inde résiste aux violences terroristes récurrentes.** Les plus graves furent l'assaut du Parlement par des terroristes en décembre 2001 et surtout l'opération meurtrière conduite à Mumbai en novembre 2008 par un commando de dix fondamentalistes islamiques, venus du Pakistan, qui a fait 166 morts et plus de 300 blessés. Ces attaques, qui ont profondément choqué les populations, n'ont pas entraîné d'émeutes intercommunautaires, mais la tension monte entre les deux États voisins, le Pakistan et l'Inde. En 2019, le gouvernement indien a abrogé l'article 370 de la Constitution, retirant le statut spécial du Jammu-et-Cachemire, ce qui a exacerbé davantage ces tensions.

Fiches de lecture

Christophe Jaffrelot, *L'Inde de Modi. National-populisme et démocratie ethnique*, Fayard, 2019.

Ouvrage qui analyse la montée du nationalisme hindou en Inde, incarné par Modi et le BJP, transformant le pays en une démocratie ethnique qui marginalise les minorités.

Aminah Mohammad-Arif et Jules Naudet « La démocratie indienne à l'épreuve du nationalisme hindou », *L'Homme*, n° 236, octobre/décembre 2020.

Article sur la répression policière violente d'étudiants indiens manifestant contre une loi sur la citoyenneté à l'université Jamia Millia Islamia.

Pour aller + loin

***The Hindu*, titre de presse quotidienne (en anglais).**
Un des plus grands quotidiens indiens, distribué dans l'ensemble du pays. Sa ligne éditoriale défend une Inde démocratique et pluraliste.

« Inde vs Pakistan, les frères ennemis », *Stories of Conflict*, Arte, 2020.
Documentaire sur le conflit territorial au Cachemire, région disputée entre l'Inde et le Pakistan depuis la partition de 1947, avec l'implication de la Chine.

***Census of India*, site du ministère des Affaires étrangères consacré aux données statistiques démographiques du pays (en anglais).**
De nombreuses cartes y sont disponibles. Les chiffres du recensement de 2021, reporté à 2024, seront disponibles sur le site internet.

JALON 2
Étude

Les minorités religieuses en Inde

Toutes les ressources

lycee.nathan.fr/25hggsp1re_420

Les minorités religieuses représentent environ 20,1 % de la population indienne, soit plus de 270 millions de personnes en 2024. Parmi celles-ci, les musulmans constituent la plus importante minorité avec 14,2 % de la population, soit environ 172 millions de personnes. Les autres communautés religieuses sont nettement moins nombreuses. L'hindouisme reste largement majoritaire avec 79,9 % de la population, soit environ 966 millions d'hindous.

Comment la place des minorités religieuses se dégrade-t-elle dans ce pays multiculturel ?

1 La Grande Mosquée de Delhi

→ **Comment cette image témoigne-t-elle de l'importance de l'islam dans la société indienne ?**

2 L'hindouisme, une notion très large

Qu'est-ce que l'hindouisme ? Est-ce une religion ? Une culture ? Quand a-t-on commencé à parler d'hindouisme ?

Bien qu'il n'existe pas vraiment de terme équivalent à celui de « religion » dans les langues indiennes, l'hindouisme est aujourd'hui considéré comme tel par les hindous. Il s'agit néanmoins d'une religion très diversifiée, résultant du contact entre des héritages millénaires puisés dans le védisme, un système rituel ancien centré sur le corpus des Veda [textes religieux millénaires], et une multitude de traditions locales, régionales et communautaires, rassemblées autour du système des castes, du polythéisme et, souvent, du culte des saints. En raison de cette diversité, le sentiment d'appartenance à une même religion, que l'on observe aujourd'hui, ne s'est vraiment diffusé qu'au cours du XXe siècle, d'abord au sein des élites urbaines, à mesure qu'elles développèrent leur conscience politique d'appartenir à une « communauté hindoue », englobant même les castes de très bas statut jusqu'alors exclues de l'identité religieuse des castes dites « supérieures ». [...]

En outre, de nombreux hindous se rendent dans des lieux de culte d'autres communautés religieuses, notamment dans des églises ou des sanctuaires érigés autour de tombeaux de saints soufis, afin de résoudre divers problèmes personnels. Tout cela atteste de l'importance du contact et de la relation à l'autre dans l'hindouisme et ses pratiques.

Interview de Pierre-Yves Trouillet, spécialiste de l'hindouisme, géographe et chercheur au CNRS, *Le Monde*, juin 2024.

→ **Quelle est l'influence de l'hindouisme dans la société indienne ?**

Contexte

Les minorités se sentent menacées par la volonté des fondamentalistes hindous d'imposer l'Hindutva (l'idéologie des extrémistes hindous prêchant « un peuple, une religion, une culture ») et de leur faire abandonner leurs croyances, parfois présentées comme étrangères à l'Inde. Dans certaines régions, elles subissent des discriminations et des violences.

3 Les tensions entre fondamentalistes hindous et minorités

Assemblée de femmes indiennes, appartenant à diverses communautés, manifestant contre les attaques qu'elles subissent du fait de leurs croyances religieuses à Mumbai, en mai 2018.

→ **Pour quelles raisons ces femmes manifestent-elles ?**

4 La marginalisation des minorités religieuses

Jeudi 15 août, le premier ministre indien a fait, de nouveau, la promotion de son projet de « code civil laïc ». Cette proposition, portée par Narendra Modi depuis plus de 10 ans, inquiète les minorités religieuses et les progressistes en Inde. Ils craignent une uniformisation du droit au profit des hindous et une réduction de leur liberté religieuse. [...]

Aujourd'hui, le droit pénal s'impose à tous les citoyens, mais les règles régissant le mariage, le divorce, la succession, la tutelle ou l'adoption, sont régies par les communautés religieuses ou tribales. Hindous, musulmans, chrétiens, parsis, mais aussi les nombreuses tribus disposent de leurs propres règles et coutumes en ces matières. [...]

Le « code civil laïc » se met déjà en place dans certains États indiens dirigés par le BJP depuis plusieurs années. L'État de l'Uttarakhand a adopté une codification unique en février 2024. Celui-ci s'inspire fortement des règles hindoues et marginalise les règles musulmanes. [...]

Dans les discours officiels du BJP, l'uniformisation du droit est présentée comme une façon de rendre le pays plus égalitaire entre les religions. Or, ce projet vise à priver les minorités religieuses de leurs lois personnelles. Une révolution d'autant plus importante que l'Inde s'est construite comme une nation laïque sans religion d'État, contrairement au Bangladesh ou au Pakistan.

Aurélien Vurli, *La Croix*, 20 août 2024.

→ **Quelle est la nature des fractures religieuses en Inde ?**

5 La lutte contre les minorités religieuses

Emblème du Gau Raksha (mouvement de protection des vaches) de Bahadurgarh (Haryana). Localement, les nationalistes hindous s'organisent pour protéger les vaches sacrées, suscitant des violences contre les musulmans qui n'ont pas d'interdits religieux les concernant.

Questions et activités

Parcours 1

1. Quelles sont les religions présentes en Inde et quelle part de la population représentent-elles ? doc. 2 et 3

2. Quelle place occupe l'islam en Inde ? doc. 1 et 3

3. Comment le BJP au pouvoir tente-t-il de réduire les droits des minorités religieuses ? doc. 2, 4 et 5

Synthèse. Pourquoi peut-on dire que la place des minorités religieuses se dégrade en Inde ?

Parcours 2

Réaliser un diaporama

- Illustrez la diversité religieuse en Inde. Pour animer votre présentation, cherchez des cartes de répartition des différentes religions, localisez leurs principaux lieux saints.
- Cherchez également des photographies des différents types de lieux de culte en Inde.

JALON 3

Étude

Des enjeux géopolitiques : l'Inde et le Pakistan

Toutes les ressources

lycee.nathan.fr/**25hggsp1re_422**

L'Inde et le Pakistan sont nés le 15 août 1947 de la partition de l'empire des Indes britanniques, l'Inde regroupant la majeure partie du territoire et le Pakistan les zones à majorité musulmane. Depuis leur création, ces deux États ont connu plusieurs guerres, principalement autour du Cachemire. Ce territoire disputé cristallise les tensions religieuses et géopolitiques entre les deux pays. Malgré des périodes d'apaisement, les relations indo-pakistanaises restent marquées par une rivalité persistante.

Pour quelles raisons l'Inde et le Pakistan entretiennent-ils des relations conflictuelles ?

1 L'Inde et le Pakistan, proches et opposés

Le point de vue d'un politologue

Une semaine après les frappes aériennes qui ont marqué le point paroxystique des tensions entre l'Inde et le Pakistan, reconstituer l'enchaînement des faits n'est pas chose aisée tant les sources disponibles se contredisent. Tout commence le 14 février dernier lorsqu'un kamikaze de 20 ans, Adil Ahmad Dar, tue 40 soldats indiens à Pulwama (Jammu et Cachemire) en projetant contre leurs véhicules une voiture bourrée d'explosifs. Cet attentat est aussitôt revendiqué par Jaish-e-Mohammed (JeM), un mouvement djihadiste basé au Pakistan que l'ONU a inscrit sur la liste des groupes terroristes dès 2001.

En réaction, des Mirages 2 000 indiens visent un camp d'entraînement de JeM à Balakot, dans la province de Khyber Pakhtunkhwa où, d'après les autorités pakistanaises, seuls des arbres auraient été abattus. Néanmoins, le lendemain, des avions pakistanais frappent – sans faire de victimes – au Cachemire indien et abattent, côté pakistanais, un MIG 21 indien qui les avait pris en chasse. Le pilote est fait prisonnier, ce qui suscite une immense émotion côté indien. Il sera libéré quelques jours plus tard par le gouvernement d'Imran Khan, qui dit ainsi faire un signe d'apaisement.

Christian Jaffrelot, enseignant à Sciences Po, « Les 7 leçons à retenir de la crise indo-pakistanaise », *Institut Montaigne*, 2019.

→ **Pour quelles raisons la paix entre les deux États est-elle fragile ?**

Les conflits entre l'Inde et le Pakistan

1947	Création de l'Inde et du Pakistan.
1948	Première guerre indo-pakistanaise au Cachemire. Établissement de la ligne de contrôle (Line Of Control - LOC).
1965	Deuxième guerre indo-pakistanaise.
1971	Troisième guerre indo-pakistanaise et indépendance du Bangladesh.
1998	Essais nucléaires en Inde et au Pakistan.
1999	Conflit indo-pakistanais de Kargil au Cachemire.
Depuis 2019	Fortes tensions à la frontière après un attentat qui tue 46 policiers indiens. Frappes aériennes indiennes en représailles.

lycee.nathan.fr/**25hggsp1re_422-1**

2 La cérémonie quotidienne de clôture de la frontière (Wagah Border)

« L'Inde et le Pakistan célèbrent les 75 ans de leur indépendance », *Euronews*, 15 août 2022.

Entre les villes d'Amritsar, en Inde, et de Lahore, au Pakistan, un seul et unique lieu de passage existe dans la ville de Wagah le long des 3 000 kilomètres de frontière. Tous les soirs, des spectateurs des deux pays se rassemblent pour assister à une cérémonie organisée par les deux armées.

→ **En quoi cette cérémonie montre-t-elle autant la proximité que l'antagonisme entre les deux pays ?**

Contexte

La frontière indo-pakistanaise est complexe. Sa partie nord traverse l'ancien royaume du Cachemire, territoire à majorité musulmane disputé entre l'Inde et le Pakistan depuis l'Indépendance, coupé en deux à partir de 1948 par une « Ligne de contrôle ». La question du Cachemire est la cause déclarée de quatre conflits entre les deux pays, de fortes tensions et d'un terrorisme récurrent. Au sud du Cachemire, la frontière est fortement gardée, même dans le désert du Thar. Les limites maritimes entre les deux pays font aussi l'objet de contentieux.

Isabelle Saint-Mézard, *Atlas de l'Inde. Une nouvelle puissance mondiale*, Autrement, 2016.

3 La frontière indo-pakistanaise

Carte interactive

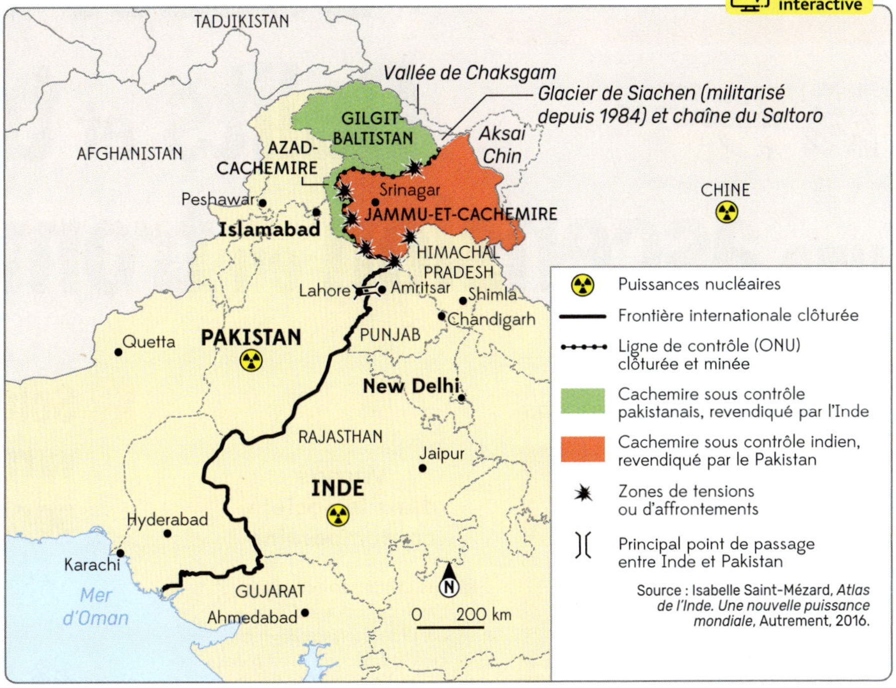

→ **À l'aide de la carte, décrivez la complexité de cette région frontalière.**

4 Les relations tumultueuses entre Inde et Pakistan

Le point de vue d'un géopoliticien

Dans les deux pays, la fin de la guerre froide n'a pas entraîné une évolution de perception du voisin, jusqu'à aujourd'hui. L'Inde aspire toujours à être la puissance dominante en Asie du Sud, condition *sine qua non* pour être reconnue, à terme, comme une grande puissance. Et l'approche sécuritaire pakistanaise continue de voir cette ambition comme une négation de son propre droit à l'indépendance, voire de son droit à l'existence. [...]

Cette opposition classique entre États voisins et rivaux est renforcée par l'exacerbation des approches identitaires et par la dispute territoriale autour du Cachemire. On peut remarquer qu'aujourd'hui l'Inde et le Pakistan considèrent le territoire cachemiri comme occupé illégalement par l'autre. [...] Certes, pendant la période 2020-2022, quelques éléments ont pu faire espérer une détente : en mai 2020, le Pakistan n'a pas profité des tensions à la frontière sino-indienne pour créer des difficultés pour New Delhi au Cachemire. En février 2021, les armées indienne et pakistanaise ont renouvelé le cessez-le-feu ayant apaisé la « ligne de contrôle » divisant le Cachemire entre les deux pays. [...]

Il semblerait qu'un discours intransigeant face à Islamabad soit le choix du gouvernement Modi, pour faire oublier au public indien qu'à la frontière sino-indienne, depuis 2020, il aurait perdu jusqu'à 1 000 km² au profit de Pékin. À New Delhi aujourd'hui, la Chine est considérée comme un authentique adversaire. En comparaison, le Pakistan constitue une nuisance assez importante pour susciter l'élan patriotique des électeurs, sans pour autant être considéré comme le danger sécuritaire principal.

Didier Chaudet, spécialiste de la géopolitique d'Asie du Sud-Est, « Inde-Pakistan : une détente impossible ? », *RAMSES 2024*, Dunod, 2023.

→ **Comment la religion intervient-elle dans la relation conflictuelle entre les deux États ?**

Questions et activités

Parcours 1

1. Relevez les conflits qui ont eu lieu entre l'Inde et le Pakistan depuis 1947 doc. 1, 3 et 4

2. Quels sont les facteurs de conflits ? La religion tient-elle une grande place ? doc. 2, 3 et 4

3. Existe-t-il des espoirs de rapprochement entre les deux pays ? doc. 3, 4 et 5

Synthèse. Pourquoi la fin des conflits entre Inde et Pakistan est-elle si improbable ?

Parcours 2

Préparer un exposé

Élaborez un exposé sur les relations entre l'Inde et le Pakistan depuis 1947.

- Développez trois axes :

1. Les conditions de la Partition de 1947 ;

2. Les différents conflits depuis 1947 ;

3. Le contexte du rapprochement entre les deux États depuis le début des années 2000.

- Cherchez des documents (photos, cartes, textes...) pour illustrer chacune des trois parties.

Points de vue

Toutes les ressources

lycee.nathan.fr/25hggsp1re_424

Basses castes, Dalits et tribaux, une ascension en trompe-l'œil ?

1 Schéma théorique des varnas et des classes sociales officielles

La hiérarchie des *varnas*

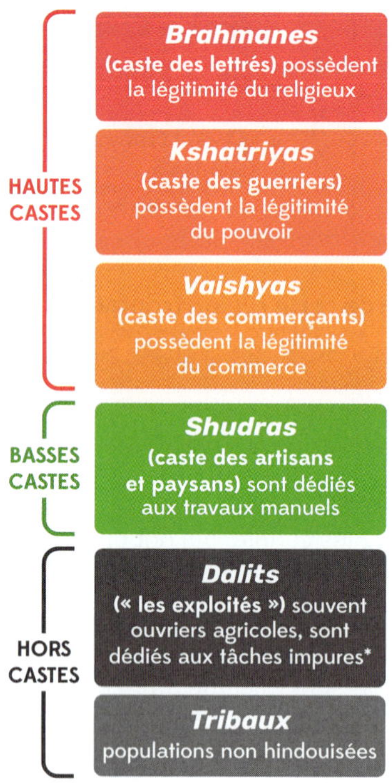

***Varnas* dans la société contemporaine**

- Les *Dalits* sont devenus des « Scheduled Casts » en 1935, hors-caste, mais cela leur donne droit à des quotas dans l'administration : **16 % de la population**.
- Les aborigènes sont devenus « Scheduled Tribes » après 1947 et ont aussi des quotas : **8,6 % de la population**.
- Les *Shûdras* défavorisés ont été classés dans les OBC (Other Backward Classes). Ils ont eux aussi des quotas comme les Dalits : **44 % de la population**.
- Les *Brahmanes* et les *Shûdras* plus aisés sont classés « Forward Casts » : **31,4 % de la population**.

*Ramassage des ordures, travail du cuir, nettoyage du linge sale...

2 Les communautés marginalisées au quotidien dans les villages

Le regard d'un géographe

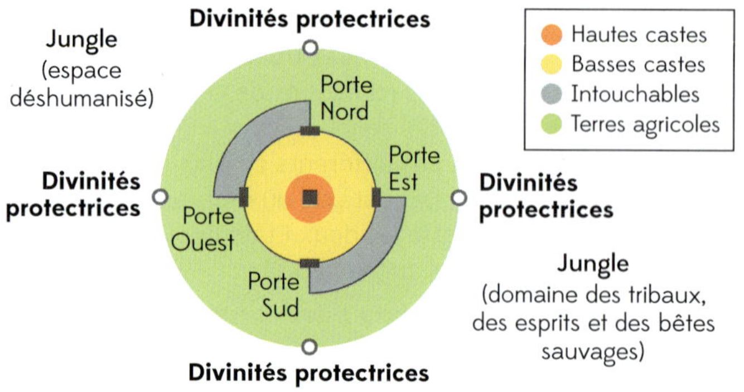

Source : D'après Philippe Cadène, professeur émérite de géographie à l'Université Paris-Cité.

3 De fortes inégalités sociales

Le regard d'une géographe

Concernant les inégalités sociales, si on se fonde sur un critère de revenu, en 2011-2015, l'espérance de vie à la naissance était de 65,1 ans pour le quintile le plus pauvre des ménages, contre 72,7 ans pour le quintile le plus riche (Asaria & al., 2019). Dans le même ordre d'idée, une femme de caste supérieure vit en moyenne 15 ans de plus qu'une femme dalit (Basu, 2020), et la mortalité infantile reste plus élevée au sein des castes inférieures (45,2 ‰) et des populations tribales (44,4 ‰), la moyenne nationale étant quant à elle de 40,7 ‰. Ce qui retient également l'attention, c'est le faible écart d'espérance de vie entre les hommes et les femmes, celle-ci étant respectivement de 67,8 et 70,4 ans en 2013-2017. En effet, dans un modèle classique de mortalité, cet écart, à la faveur des femmes, devrait être largement supérieur à 2 années. Cela tient ici aux fortes inégalités de genre qui subsistent en Inde et qui se traduisent par une vulnérabilité de la santé des femmes tout au long de leur vie (moindre attention durant l'enfance, recours aux soins plus contraint, grossesses insuffisamment suivies, lourde charge de travail...).

D'après Virginie Chasles, professeure de géographie, université Jean-Monnet de Saint-Étienne, *Géoconfluences*, 2022.

4 « En Inde, une révolution des basses castes est en marche »

Le regard des philosophes

En juin 2024, N. Modi remporte les élections législatives pour la troisième fois, mais le BJP perd la majorité absolue et le Parti du Congrès progresse.

[...] Si les résultats électoraux du Parti du Congrès dépassent toute attente, c'est parce qu'il s'est enfin saisi des préoccupations de la population : les inégalités socio-économiques et le système de castes – dans une certaine mesure du moins. Le manifeste quasi révolutionnaire de Rahul Gandhi et du Parti du Congrès parle le langage des mouvements égalitaires inspirés par le leader intouchable Bhimrao Ambedkar, père de la Constitution indienne : il appelle à organiser un recensement socio-économique des castes et à faire passer les basses castes, majoritaires (soit 90 % de la population), avant les hautes castes, minoritaires (10 % de la population). [...]

Tribune de Divya Dwivedi et Shaj Mohan, philosophes, *Le Monde*, 14 juin 2024.

Vocabulaire

Caste : voir p. 436

Dalits : en sanskrit, « opprimés ». Nom donné aux « intouchables », hors castes.

Tribaux : populations autochtones non converties à l'hindouisme.

Réservations : mesures permettant aux minorités (dalits, tribaux, basses castes) de disposer de postes « réservés » dans l'administration, dans les institutions scolaires et universitaires et de sièges au parlement.

Biographie

Bhimrao Ambedkar (1891-1956)
Juriste et homme politique indien, il fut le principal rédacteur de la Constitution établissant la République indienne. Né parmi les intouchables, il lutta pour l'amélioration du statut et des conditions de vie des communautés opprimées.

5 Les Dalits continuent de lutter pour leurs droits

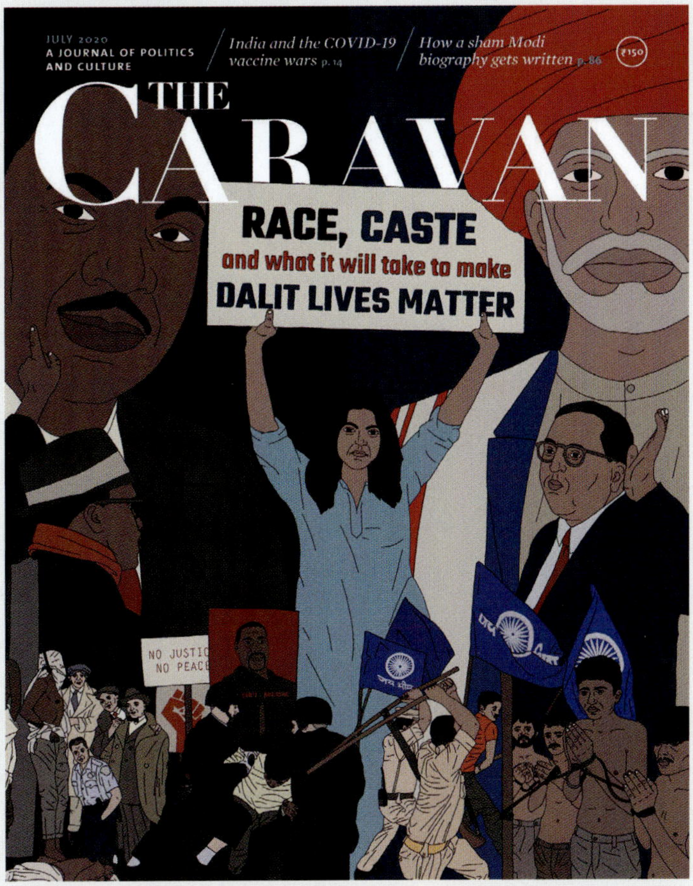

The Caravan, 2020.

Construire son point de vue

Découvrir les documents

- Montrez que le découpage religieux des castes ne correspond pas à la réalité doc. 1
- En quoi les basses castes sont-elles marginalisées à toutes les échelles ? doc. 1, 2 et 3
- Pourquoi les basses castes constituent-elles une cible électorale ? doc. 4

Développer les arguments

- Le facteur religieux joue-t-il un rôle dans les inégalités sociales en Inde ? doc. 1 à 5
- Comment les membres des basses castes peuvent-ils espérer obtenir une meilleure place dans la société ? doc. 1 à 5
- La situation s'améliore-t-elle vraiment pour les basses castes dans les dernières décennies ? doc. 3 et 5

Présenter en format grand oral ORAL

- En 10 minutes, répondez au sujet suivant en respectant la forme du grand oral (introduction problématisée, plusieurs parties contenant chacune des arguments et des notions) : « La place des basses castes, dalits et tribaux s'améliore-t-elle réellement dans la société indienne ? »

État et religions en Inde

Toutes les ressources

lycee.nathan.fr/**25hggsp1re_426**

I L'Inde, un État séculier aux multiples visages religieux

• **L'Inde est un État-civilisation.** Son histoire plurimillénaire a été marquée par l'influence de plusieurs cultures et religions. L'hindouisme est la religion la plus ancienne (plus de 4 000 ans), mais le jaïnisme, le bouddhisme, l'islam, le sikhisme et le christianisme ont tous laissé leur empreinte dans cet État multiculturel et jouent un rôle fondamental dans une société marquée par une forte spiritualité.

Jalon 1 - État et religions : « sécularisme » et dimension politique de la religion **p. 416**

• **Le sécularisme est un modèle spécifique de laïcité.** La Constitution adoptée en 1950 après sa rédaction par le Dr Ambedkar fait du sécularisme un principe fondamental (le terme intègre formellement la Constitution en 1976). Il n'y a pas de religion officielle, mais l'État garantit la liberté religieuse et organise la coexistence pacifique entre toutes les religions. Il reconnaît les spécificités de chacune et veille à ce que les lois ne soient pas influencées par la religion. La Cour suprême est garante du bon respect de ces règles.

Jalon 2 - Les minorités religieuses **p. 420**

• **L'hindouisme est la religion majoritaire (environ 80 % de la population, soit plus d'un milliard de personnes).** L'Inde est aussi un pays multiconfessionnel : les religions minoritaires (islam, christianisme, bouddhisme, sikhisme, jaïnisme) représentent 20 % de la population. C'est le troisième pays comptant le plus de musulmans (près de 200 millions) après l'Indonésie et le Pakistan.

II Une société structurée par les castes et traversée par des tensions religieuses

• **Le système de castes, lié à l'hindouisme, organise hiérarchiquement la société.** Les varnas représentent l'organisation en 5 grands groupes reflétant l'ordre cosmique : Brahmanes (prêtres), Kshatriya (guerriers), Vaisya (commerçants), Shûdras (serviteurs) et Dalits (hors castes, traditionnellement affectés à des fonctions jugées impures). Ces distinctions ne reflètent qu'imparfaitement l'ordre social actuel, également basé sur des catégories économiques et sociales. La Constitution n'abolit pas les castes mais interdit la discrimination basée sur ce système.

• **Le nationalisme hindou s'affirme depuis quelques décennies.** Le principe d'hindouïté (*hindutva*) est de plus en plus mis en avant. Les valeurs de l'hindouisme sont défendues notamment par le Parti du peuple indien (BJP), nationaliste et conservateur, qui promeut l'idée d'une Inde hindoue au mépris des droits des minorités religieuses. Pour y parvenir, le BJP tente de faire oublier les antagonismes de castes ou sociaux au profit des tensions religieuses.

• **Le sécularisme indien est de plus en plus fragilisé.** Depuis 2014, sous le gouvernement de Narendra Modi, de nombreux observateurs considèrent que l'Inde évolue vers une « démocratie ethnique », fondée sur la domination de la majorité hindoue et la marginalisation des groupes minoritaires comme les musulmans ou les chrétiens. Les violences contre ces minorités se sont multipliées depuis les années 1990. Le gouvernement s'emploie à changer la loi et la Constitution, profitant de l'affaiblissement des partis laïcs comme le Parti du Congrès. La Cour Suprême joue de moins en moins son rôle de gardienne de la Constitution et du sécularisme.

Dates clés

1947 : Indépendance de l'Inde
1950 : Promulgation de la Constitution
1976 : Inscription du principe de sécularisme dans la Constitution
1998 : Arrivée au pouvoir du Parti du Peuple indien (BJP), nationaliste
2008 : Attaques terroristes à Mumbai
2014 : Élection de Narendra Modi comme Premier ministre

III Les enjeux géopolitiques : l'Inde et le Pakistan

- **Les tensions religieuses entre l'Inde et le Pakistan, nés de la partition de 1947, se cristallisent autour du Cachemire.** Cette région à majorité musulmane est revendiquée par les deux pays, entraînant plusieurs guerres (1947-1949, 1965, 1971, 1999). Le conflit a une forte dimension identitaire : le Pakistan souhaite « réunir » les musulmans du sous-continent, tandis que l'Inde défend son modèle multiculturel.

Jalon 3 - Des enjeux géopolitiques : l'Inde et le Pakistan p. 424

- **Les enjeux dépassent le cadre religieux.** Le contrôle des ressources en eau du Cachemire est crucial pour les deux pays, menaçant l'accord de partage des eaux de l'Indus (1960). Le conflit s'inscrit aussi dans un jeu d'alliances régionales : la Chine se rapproche du Pakistan, notamment via le corridor économique Chine-Pakistan (CPEC) passant par le Cachemire, tandis que l'Inde se tourne vers les États-Unis.

- **Les tensions se sont exacerbées ces dernières années.** Le gouvernement Modi a pris des mesures controversées, comme la révocation de l'autonomie du Cachemire en 2019. Les attentats, comme celui de Pulwama en 2019 (40 morts), ravivent régulièrement les tensions. La gestion du pluralisme religieux en Inde a ainsi des implications géopolitiques majeures, influençant les relations du pays avec ses voisins et son positionnement sur la scène internationale.

Le modèle indien

Sécularisme

Un État, des religions	Une majorité hindoue et des minorités religieuses	Vers une politisation du religieux
L'Inde : un État séculier, marqué par la diversité religieuse	**La cohabitation d'une mosaïque religieuse de plus en plus exposée aux tensions**	**Des interpénétrations de plus en plus affirmées entre religions et politique**
› État › Laïcité › Sécularisme › Liberté religieuse › Multiculturalisme › Syncrétisme › Caste	› Hindouisme › Islam › Christianisme › Bouddhisme › Sikhisme › Jainisme › Adivasis › Animisme	› Pogrom › Fondamentalismes › Hindouité › Partition › Hindu Rashtra (nation hindoue), « démocratie ethnique »

Réviser avec…
2 graphiques, 1 carte et 1 une de presse

Toutes les ressources
lycee.nathan.fr/**25hggsp1re_428**

❶ L'assemblée élue en juin 2024

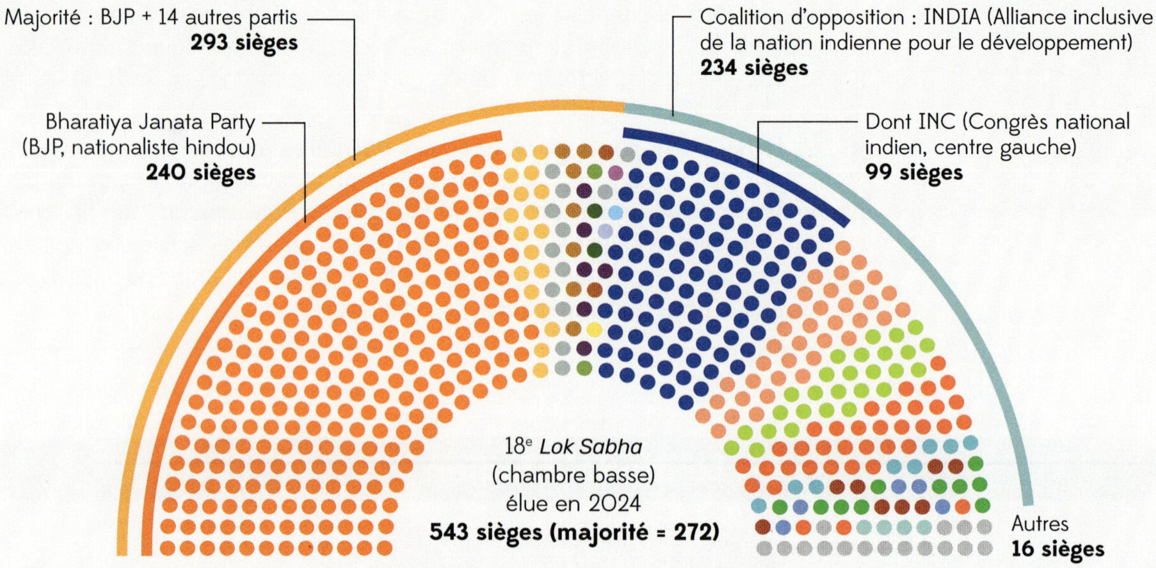

Source : Times of India ; *J.-B. Bouron,* Géoconfluences, *2024.*

❷ Carte électorale, juin 2024

Le Bharatiya Janata Party (BJP), au sein de l'Alliance démocratique nationale (NDA), s'est assuré la majorité au sein de la chambre basse du parlement indien malgré la baisse significative de son score par rapport aux élections de 2019. Un parti a besoin de 272 sièges pour obtenir la majorité.

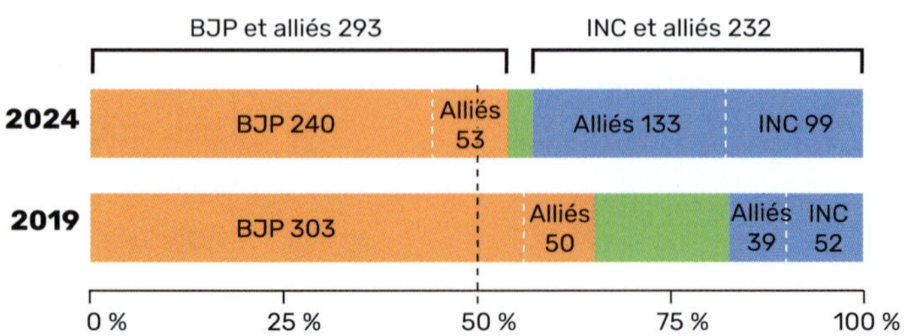

③ Répartition du vote par castes et religions

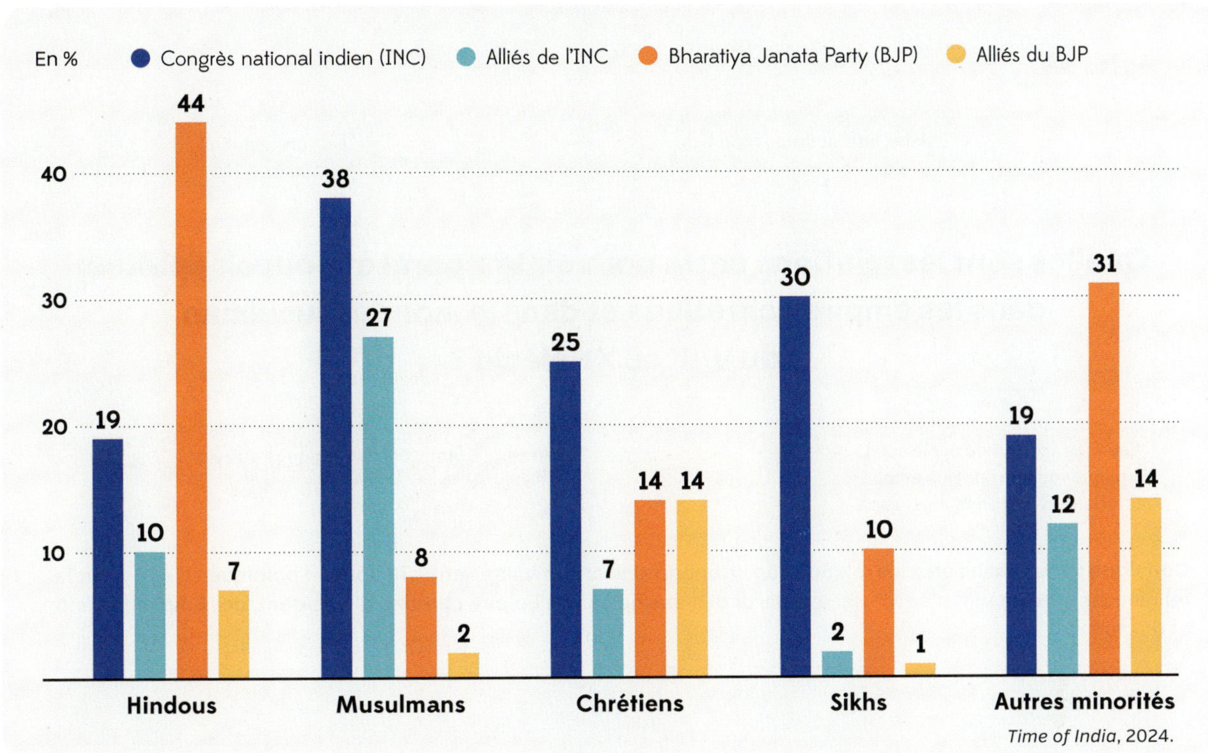

Time of India, 2024.

④ Modi, un Premier ministre omniprésent

Outlook Magazine, février 2024.

⑤ Mon bilan en vidéo

→ Dissertation

SUJET BAC

Liens, interactions, rapports.

Notions à définir :
Voir p. 436.

Quelles sont les relations entre pouvoir temporel et pouvoir spirituel dans les empires chrétiens et dans le monde musulman du VIIIe au XIe siècle ?

Espaces concernés par le sujet. Expliquer ce que sont les empires chrétiens et le monde musulman.

Bornes chronologiques du sujet.

Consigne : Vous analyserez les relations de coopérations et de rivalités entre le pouvoir politique et les autorités religieuses entre le VIIIe et le XIe siècle à partir des exemples de l'Empire chrétien d'Occident, de l'Empire byzantin et du califat.

MÉTHODE / APPLICATION

ÉTAPE 1 ANALYSER LE SUJET

Méthode

→ Définir les mots-clés, l'échelle, l'espace concerné, la période, le cadre chronologique.

Application

→ Analysez le sujet en vous aidant des indications ci-dessus.

→ Quelles indications supplémentaires sont fournies par la consigne ?

Conseil L'analyse détaillée du sujet et de la consigne permet de dégager des axes de réflexion.

ÉTAPE 2 MOBILISER LES CONNAISSANCES

Méthode

→ Noter, sur un brouillon, les connaissances personnelles nécessaires pour répondre au sujet (notions, exemples précis, dates, statistiques, faits historiques ou géographiques, acteurs…).

→ Vérifier que les informations retenues sont en rapport avec le sujet.

Application

→ Sur un brouillon, listez vos connaissances sur les différents aspects du sujet.

Exemple
– Représentants du pouvoir temporel : empereur, basileus, calife.
– Représentants du pouvoir spirituel : pape, patriarche, calife.
– Faits caractérisant les relations entre ces pouvoirs : couronnement de l'empereur par le pape, protection de l'Église d'Occident par Charlemagne, querelle des Investitures, querelle sur l'iconoclasme, césaropapisme…

Conseil Pensez à utiliser tous types de supports de connaissances.

ÉTAPE 3 FAIRE UN PLAN ET ORGANISER LES CONNAISSANCES

Méthode

→ À partir de l'analyse du sujet, de la consigne et de ses connaissances, dégager deux ou trois thèmes ou idées majeures qui formeront les parties du plan.

→ Identifier les thèmes secondaires qui constitueront les sous-parties.

→ Classer les connaissances dans chaque sous-partie.

Application

Exercice

• Classez vos connaissances dans le tableau suivant.

	1. Coopération et légitimation mutuelle	2. Tensions et rivalités
Empire chrétien d'Occident		
Empire byzantin		
Califat		

Conseil Intégrez les exemples que vous prévoyez d'utiliser dans les différentes sous-parties du plan.

ÉTAPE 4 RÉDIGER LA COMPOSITION

a. Rédiger l'introduction

- Rédigez une phrase d'accroche en lien avec le sujet pour attirer l'attention du correcteur (fait historique ou d'actualité, citation...)
- Présentez le sujet en précisant le sens des termes.
- Formulez la problématique.
- Annoncez le plan.

Exercice

- Rédigez les parties manquantes dans l'introduction suivante :

Dans les civilisations médiévales, la question des relations entre pouvoir temporel et pouvoir spirituel s'impose comme un enjeu fondamental, révélateur des dynamiques politiques et religieuses de l'époque. Dans l'Empire chrétien d'Occident, l'Empire byzantin et le califat, les rapports complexes entre ces deux formes de pouvoir redéfinissent les contours de l'autorité. ...

b. Rédiger le développement

- Chaque partie contient :
  - la formulation du thème de la partie ;
  - 2 ou 3 sous-parties présentant chacune une idée importante du thème, les explications et les exemples.

- En vous appuyant sur votre travail au brouillon, rédigez un paragraphe argumenté pour chaque partie du plan : vous y développerez les idées importantes, les explications et un ou deux exemples précis.

Exercice

- Dans le paragraphe suivant, identifiez l'idée principale, l'explication et l'exemple :

Dans l'Empire byzantin, la relation entre l'empereur et l'Église connaît également des tensions. En effet, l'empereur cherche à imposer sa volonté à l'Église et rencontre une opposition farouche de la part des autorités ecclésiastiques. Ainsi la question de l'iconoclasme divise l'Empire mais également l'Église byzantine à partir du VIIIe siècle. L'empereur Léon III initie une politique visant à interdire le culte des images sacrées, ce qui provoque une résistance au sein du clergé et des populations.

c. Rédiger la conclusion

- Faites la synthèse des idées principales.

- En conclusion, rédigez une réponse synthétique à la question posée par le sujet.

Exemple : *Les relations entre pouvoir temporel et pouvoir spirituel dans l'Empire chrétien d'Occident, l'Empire byzantin et le califat du VIIIe au XIe siècle révèlent une dynamique complexe, marquée par des alliances, des tensions et des conflits. Chaque empire a cherché à établir sa légitimité par la sacralisation du pouvoir, mais les luttes pour le contrôle et l'autorité ont souvent mené à des crises internes.*

Exercice

- Rédigez une phrase ouvrant la réflexion sur les enjeux de gouvernance et de séparation des pouvoirs entre l'État et les autorités religieuses dans le monde actuel.

Conseil La conclusion ne doit pas comporter d'informations ou d'exemples nouveaux.

ENTRAÎNEZ-VOUS

Autre sujet

En quoi les relations entre les États et les religions témoignent-elles d'une sécularisation inégale du monde ?

Consigne : Vous analyserez les diverses trajectoires de sécularisation à travers le monde en vous appuyant sur les exemples de la Turquie, de la France et des États-Unis.

→ Étude critique de documents

SUJET BAC

État et religion en Inde

Consigne : En analysant les documents, en les confrontant et à l'aide de vos connaissances, vous montrerez la politisation du fait religieux en Inde et ses conséquences sur le sécularisme.

1 L'État et les minorités religieuses

Le nationalisme hindou dont Modi reste le héraut[1] – même s'il évite les provocations anti-minorités en public – se traduit par une relégation des musulmans (voire des Chrétiens) au statut de citoyens de seconde zone. Ce processus résulte d'abord des agissements des organisations vigilantistes[2] qui exercent une véritable police culturelle dans la rue et sur les campus universitaires pour empêcher, manu militari, les jeunes musulmans de fréquenter de jeunes hindoues (au nom de leur lutte contre ce qu'ils appellent le « love jihad », une opération de séduction visant à convertir des hindoues à l'islam). Ils combattent aussi le « land jihad » pour dissuader les musulmans d'acquérir ou d'occuper des logements dans les quartiers à majorité hindoue – d'où un véritable processus de ghettoïsation. Pire encore, les vigilantistes pourchassent – voire lynchent – des éleveurs musulmans transportant des bovins au nom de la protection de la vache, animal sacré par excellence dans l'hindouisme. Le sécularisme indien n'est pas affaibli seulement par ces pratiques, mais aussi par une réforme du droit, comme en témoigne le Citizenship Amendment Act de 2019 qui réserve aux réfugiés non-Musulmans du Bangladesh, de l'Afghanistan et du Pakistan l'accès à la citoyenneté indienne. En outre, bien des États gouvernés par le BJP[3] ont voté des lois rendant les mariages interreligieux et les conversions très difficiles.

Christophe Jaffrelot, « Narendra Modi, ou la fin de la démocratie indienne », *La Vie des idées*, 10 juillet 2023. L'auteur est un politologue français spécialiste du sous-continent indien.

1. Le messager.
2. Fait de faire exercer la loi ou un code moral de manière violente et en dehors de toute procédure judiciaire légale.
3. Bharatiya Janata Party (Parti du Peuple indien), incarné par Narendra Modi.

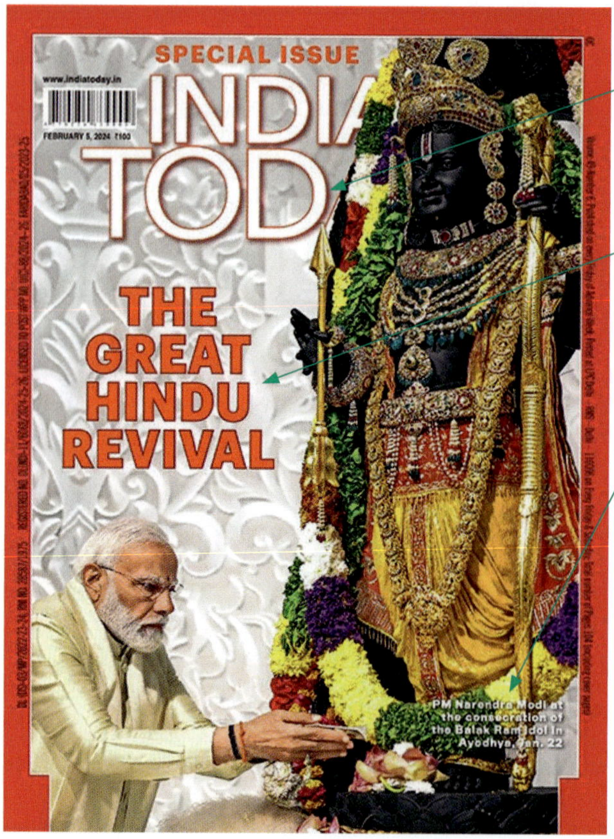

India Today est un magazine d'actualité indien de langue anglaise, réputé proche du Premier ministre Narendra Modi et de son parti le BJP.

« The great hindu revival » :
« Le grand renouveau hindou »

« PM Narendra Modi at the consécration of the Balak Ram idol in Ayodhya, jan.22 » :
« Le premier ministre Narendra Modi à la consécration de l›idole Balak Ram à Ayodhya, le 22 janvier »

2 Une du magazine *India Today* 5 février 2024

En janvier 2024, à deux mois des élections législatives, le Premier ministre indien Narendra Modi inaugure un temple dédié au dieu Ram à Ayodhya, ville sainte de l'hindouisme. Ce temple a été édifié sur les ruines de la mosquée de Babur, détruite en 1992 par des fanatiques hindous.

MÉTHODE	APPLICATION
ÉTAPE 1 ANALYSER LE SUJET ET LA CONSIGNE	
→ **Définir les termes du sujet.** → **Définir le cadre géographique et/ou les limites chronologiques.** → **Dégager la question clé posée par le sujet.**	• Précisez le sens des termes « politisation du religieux » et « sécularisme ». • Quelle problématique le sujet et sa consigne suggèrent-ils ? **Conseil** Aidez-vous des définitions des mots-clés pour formuler la problématique. ***Exemple :*** *Comment le renforcement des liens entre l'État et la religion en Inde affectent-ils les relations avec les communautés religieuses en Inde ?*
ÉTAPE 2 ANALYSER ET CRITIQUER LES DOCUMENTS	
→ **Identifier les documents.** → **Dégager le sens général des documents.**	• Quelles sont la nature, la source et la date des documents ? • Identifiez l'idée générale des documents. – Doc. 1 : Quel axe de la politique du gouvernement indien est mis en avant dans ce document ? – Doc. 2 : Comment ce document illustre-t-il la relation entre l'État et la religion hindoue ?
→ **Sélectionner, confronter et expliquer les informations.**	• Relevez dans les documents, et notez dans le tableau ci-dessous, les thèmes et les informations en relation avec le sujet :

Thèmes	Doc. 1	Doc. 2
Affirmation de l'hindouisme		
Discriminations religieuses par les lois		
Intolérance à l'égard des minorités religieuses		Destruction de la mosquée de Babur à Ayodhya en 1992 par des fanatiques hindous.

Conseil Faites un tableau d'analyse afin de confronter plus facilement les informations des deux documents.

• Explicitez les informations à l'aide de vos connaissances.

• Caractérisez le sécularisme indien.

• Montrez que la religion hindoue est instrumentalisée par le gouvernement.

Conseil Pensez à utiliser les notions du cours en relation avec le sujet.

Exemple *Hindouïté, sécularisme, nationalisme, multiculturel…*

→ **Exercez un regard critique.** Montrez l'intérêt/les limites du (des) document(s) au regard du sujet.

– En quoi l'image permet-elle de comprendre la notion d'hindouïté ?

Exemple : *L'image du Premier ministre indien inaugurant le temple de Ram, divinité centrale dans l'hindouisme, est un acte hautement symbolique. Elle incarne la fusion entre l'État et la religion hindoue, un processus qui se traduit par l'alignement de l'État indien sur des valeurs et des pratiques religieuses. Cet acte, loin d'être une simple expression de la foi personnelle de Modi, est un geste politique par lequel est affirmé le nationalisme culturel, fondement du principe d'hindouïté.*

ÉTAPE 3 RÉDIGER L'ÉTUDE CRITIQUE DE DOCUMENT(S)

a. Rédiger l'introduction

→ **Présenter le sujet et le(s) document(s), le contexte et la problématique.**

• Rédigez une courte introduction à partir de ce que vous avez dégagé lors des étapes 1 et 2.

→ **Rédiger l'étude de manière organisée.**

• Rédigez une réponse organisée pour répondre au sujet.

Plan possible :
I. L'État et la vision d'une Inde hindoue : la politisation du religieux
II. Discriminations et intolérance religieuses : la remise en cause du sécularisme

→ **Rédiger la conclusion.**

• Dans une conclusion, répondez à la problématique du sujet.

Exemple : *L'État indien semble de plus en plus aligné avec un nationalisme hindou qui exacerbe les tensions religieuses. En reléguant les minorités religieuses, et particulièrement les musulmans, à un statut de citoyen secondaire, l'État rejette le sécularisme, pourtant inscrit dans la Constitution depuis 1976. L'hindouité s'impose et questionne l'avenir de l'unité nationale et de la démocratie dans cet État multiculturel.*

BAC → Vers le grand oral

Comment présenter l'exposé ?

I. PRÉPARER LA PRÉSENTATION

La présentation d'un exposé oral s'organise plusieurs jours avant l'échéance, le temps d'élaborer les supports à utiliser pendant l'exposé, de s'entraîner et de se préparer mentalement et physiquement.

MÉTHODE

→ **Confectionnez des fiches aide-mémoire (elles ne doivent pas être sous forme rédigée) que vous garderez sous les yeux le temps de l'exposé :**

- **1 fiche pour l'introduction avec :** une accroche pour susciter l'intérêt de l'auditoire (formule choc, anecdote), la présentation du sujet, la problématique, l'annonce du plan ;
- **1 fiche pour chaque partie du plan détaillé avec :** le titre des parties et des sous parties ; les arguments et les exemples ; les documents ou diapositives de votre présentation numérique à montrer ;
- **1 fiche pour la conclusion** dans laquelle vous faites le bilan de votre étude : rappelez l'idée directrice du sujet (qu'est-ce que l'étude a permis de montrer ?) ; synthétisez les grandes idées du développement ; proposez une ouverture, des nouvelles pistes de recherche découlant de votre étude.

→ **Préparez éventuellement un support numérique.**

→ **Entraînez-vous à présenter l›exposé à partir de vos notes. Chronométrez l›exposé en entier pour voir si vous respectez le temps.**

EXERCICES

1. Préparez un exposé permettant de répondre à la problématique : « La laïcité peut-elle **s'adapter** aux pratiques religieuses dans les sociétés occidentales ? »

a. Faites un plan détaillé à partir des cours p. 396-397 et 400-401.

b. Choisissez des documents variés dans les jalons et les dossiers de l'axe 2 du thème 5.

c. Préparez les fiches aide-mémoire.

Conseils

Répétez votre exposé devant un auditoire (camarades, professeurs, parents) et répondez à ses questions. Vous pouvez vous enregistrer pour voir ce que vous devez améliorer.

Évaluez votre prestation en vous aidant de la grille ci-dessous.

Testez le matériel que vous voulez mobiliser (vidéoprojecteur, enceintes, clés USB ou disque dur externe, logiciels particuliers, etc.) quelques jours avant l'épreuve finale.

II. PRÉSENTER L'EXPOSÉ ORAL

La soutenance de l'exposé permet d'évaluer les compétences mises en œuvre pour travailler sur un sujet, la maîtrise du contenu de l'exposé et la qualité de la prestation orale.

→ **Portez une tenue vestimentaire correcte : évitez les tenues trop décontractées.**

→ **Contrôlez votre langage corporel.**

→ **Articulez, parlez avec une voix claire et assurée.**

→ **Utilisez la première personne du pluriel pour vous désigner : « Nous vous présenterons... ».**

→ **Donnez du rythme à votre exposé :**

Posez des questions rhétoriques : ces questions, qui n'attendent pas de réponse de la part de l'auditoire, ont pour but de le convaincre ou de le faire réfléchir.

> ***Exemple :*** *Face à l'évolution des pratiques religieuses et à la diversité des croyances, la laïcité, gardienne de l'égalité et de la liberté de conscience, n'est-elle pas confrontée aujourd'hui à un défi permanent d'adaptation, voire de réinvention ? (Pause de 2 secondes puis poursuite du propos).*

Présentez et commentez des documents au cours de votre prestation (1 ou 2 par partie).

→ **Aidez-vous de vos fiches mais ne lisez pas. Il faut regarder votre auditoire.**

→ **Terminez votre soutenance par une formule de remerciement à l'adresse de l'auditoire, par exemple « nous vous remercions de votre attention ».**

→ **Répondez aux questions qui vous sont posées : soyez clair et bref. Si vous ne comprenez pas une question, dites-le. Ne laissez pas s'installer un silence. Veillez à éviter également les tics de langage (« heu », « ben », etc.).**

2. Faites un exposé oral de 10 minutes à partir de la recherche et des fiches réalisées dans l'exercice 1 en respectant les critères de la grille d'évaluation.

GRILLE D'ÉVALUATION D'UN EXPOSÉ ORAL

	Bien	Moyen	Insuffisant
1. Organisation de l'exposé			
Introduction Pertinence et originalité de l'accroche Présentation du sujet Présentation de la problématique Annonce du plan			
Plan Structure Transitions			
Conclusion Réponse à la problématique Ouverture			
Gestion du temps			
2. Contenu scientifique			
Compréhension et maîtrise du sujet Maîtrise des connaissances Pertinence des arguments Maîtrise du vocabulaire spécifique			
Documents présentés Pertinence Exploitation			
Bibliographie			
3. Communication			
Verbale Niveau de la voix (débit/tonalité/volume) Aisance de l'expression (élocution/articulation) Niveau de langage (style/vocabulaire)			
Non verbale Dynamisme Gestuelle Relation avec l'auditoire			
Distance aux notes			
4. Réponses aux questions du public			
Compréhension des questions posées			
Rapidité et pertinence des réponses			

VERS LE GRAND ORAL EN 5 ÉTAPES

Thème 1 Choisir un sujet et déterminer une problématique p. 104
Thème 2 Mener la recherche documentaire p. 194
Thème 3 Exploiter les informations p. 286
Thème 4 Organiser les informations et faire un plan p. 362
Thème 5 **Présenter l'exposé p. 434**

Lexique

A

Absolution : pardon accordé par l'Église à un croyant ayant commis une faute.

Accord de libre-échange : traité visant à faciliter les échanges commerciaux en réduisant ou supprimant les obstacles aux frontières, tout en maintenant la souveraineté politique de chaque État.

ACEUM : Accord Canada – États-Unis – Mexique, accord de libre-échange (2018) entre les pays de l'ex-ALENA.

AELE (Association européenne de libre-échange) : association de quatre pays européens (Islande, Liechtenstein, Norvège, Suisse) ne faisant pas partie de l'UE mais ayant signé des accords de libre-échange avec elle.

Agora : place publique centrale d'Athènes où se déroulent les activités politiques, commerciales et religieuses.

Agrégateur d'information : application permettant de rassembler des informations publiées sur différents sites web.

Agrobusiness : activités économiques liées à l'agriculture industrielle et sa commercialisation à grande échelle, incluant la production, la transformation et la distribution des produits agricoles.

Aire culturelle : espace géographique caractérisé par une culture (langue, arts, littérature, religion, gastronomie...) influençant une large partie de la population.

Aire linguistique : espace géographique sur lequel vivent des sociétés parlant la même langue.

ALBA : Alliance bolivarienne pour les Amériques, mise en place en 2005 par le Venezuela et Cuba pour s'opposer au projet de libre-échange continental des États-Unis.

Alévisme : religion proche de l'islam chiite pratiquée par 15 à 30 % des Turcs.

Alternance politique : possibilité de changement de majorité politique au pouvoir à l'issue d'élections libres.

Amendement : texte qui s'ajoute à la Constitution et la modifie.

American way of life : mode de vie développé au XXe siècle aux États-Unis qui repose sur la consommation de masse et le bonheur matériel.

Amnistie : acte législatif par lequel on suspend des sanctions. Les lois d'amnistie œuvrent à la réconciliation nationale.

Apostasie : Abandon d'une religion.

Approfondissement : processus de consolidation des institutions et de renforcement de l'intégration des pays membres de l'Union européenne.

Atimie : perte des droits civiques infligée à un citoyen comme sanction.

AUKUS : traité de défense trilatéral entre l'Australie, le Royaume-Uni et les États-Unis.

Ayatollah : titre honorifique accordé aux clercs les plus importants du clergé chiite.

B

Balkanisation : processus de fragmentation d'un État en territoires plus petits. Il en résulte une multiplication des frontières.

Barbares : les Romains appellent « barbares » tous ceux qui se situent hors de leur monde et de leur influence culturelle, quel que soit leur degré de civilisation.

Barriérisation : processus de matérialisation physique des frontières par la construction de murs, clôtures et autres infrastructures de contrôle visant à limiter ou empêcher leur franchissement.

Basileus : « roi » en grec, désigne le souverain temporel byzantin, qui exerce aussi une autorité sur l'Église.

BATX : acronyme désignant les grandes entreprises chinoises du numérique - Baidu, Alibaba, Tencent, Xiami.

Bid'a : littéralement « innovation blâmable », désigne de manière péjorative tout comportement jugé déviant à l'égard de la tradition islamique.

Bilatéralisme : coopération directe entre deux pays pour négocier des traités séparés avec chaque partenaire international, plutôt qu'un accord multilatéral.

Blasphème : propos considéré comme outrageant à l'égard d'une religion ou de ce que celle-ci considère comme sacré.

Bloc de l'Est : ensemble des pays communistes alliés à l'URSS. L'expression est forgée par les Occidentaux pour dénoncer la domination de l'URSS sur son camp.

Bloc de l'Ouest : ensemble formé par les États-Unis et leurs alliés pendant la guerre froide.

Born again : fidèles chrétiens qui ont connu une véritable révolution spirituelle et sont « nés une deuxième fois ».

Bouddhisme : religion orientale née en Inde au VIe siècle avant notre ère, fondée sur un triple socle : les bouddhistes déclarent prendre refuge dans le Bouddha (le fondateur), dans le Dharma (la doctrine du Bouddha) et dans le Sangha (la communauté des croyants).

Boulè : conseil des 500 citoyens tirés au sort, qui prépare les lois et administre la cité.

Bourrage de crâne : propagande outrageusement mensongère exercée sur les populations des États belligérants pour les mobiliser.

Brexit : sortie du Royaume-Uni de l'Union européenne, votée par référendum en 2016 et effective depuis le 31 janvier 2020. Le terme est un mot-valise issu de Britain et exit.

BRICS+ : groupe initialement composé du Brésil, de la Russie, de l'Inde, de la Chine et de l'Afrique du Sud, élargi à dix pays incluant l'Arabie saoudite, l'Égypte, l'Iran, les Émirats arabes unis et l'Éthiopie.

Bulle : lettre officielle expédiée par un pape.

Bulle cognitive ou bulle de filtre : concept inventé en 2011 par le chercheur américain Eli Pariser pour expliquer la manière dont les réseaux sociaux enferment leurs utilisateurs dans des « bulles » de pensée en leur présentant en permanence des idées avec lesquelles ils sont d'accord. Le filtrage de l'information est favorisé par les algorithmes de recommandation propres aux réseaux sociaux et aux moteurs de recherche.

C

Calife : littéralement « successeur » (de Muhammad), désigne le chef spirituel et temporel de la communauté musulmane.

Campagne de désinformation : action coordonnée et planifiée visant à diffuser délibérément des informations fausses ou trompeuses pour influencer l'opinion publique.

Capitale califale : lieu de résidence d'un souverain se prétendant calife, c'est-à-dire chef de la communauté musulmane.

Caractères mobiles : pièces de métal réutilisables sur lesquelles sont gravées les lettres de l'alphabet et qui sont assemblées pour composer des textes.

Cardinal : haut dignitaire de l'Église catholique.

Caste : groupe social homogène ayant le plus souvent une profession héréditaire et qui occupe un rang déterminé dans la hiérarchie d'une société.

CEE (Communauté économique européenne) : principale organisation européenne fondée en 1957 par le traité de Rome.

CEI : Communauté des États indépendants, organisation créée après l'éclatement de l'URSS.

Censure : atteinte à la liberté d'expression pouvant émaner d'une autorité politique ou religieuse.

Chambre d'écho : phénomène par lequel les utilisateurs des réseaux sociaux se retrouvent principalement exposés à des opinions similaires aux leurs, renforçant leurs convictions initiales et limitant leur exposition à des points de vue différents.

Charia : loi islamique.

Charte constitutionnelle : texte fondamental qui définit l'organisation des pouvoirs (comme la Charte de 1814).

Chiisme : courant minoritaire de l'islam qui considère Ali, cousin de Muhammad ayant épousé sa fille, et ses descendants comme les successeurs légitimes du prophète.

Chrétiens latins d'Occident : chrétiens catholiques, fidèles au pape de Rome, utilisant le latin pour les cérémonies religieuses.

Chrétiens orthodoxes d'Orient : chrétiens orthodoxes, ne reconnaissant pas l'autorité du pape de Rome mais celle d'un patriarche. Certains utilisent le grec et d'autres le syriaque pour leurs cérémonies religieuses.

Clergé : ensemble des clercs, c'est-à-dire des hommes et des femmes entrés au service de l'Église.

Cléricalisme : doctrine visant à donner au clergé un rôle important dans la vie politique et sociale.

Colonie : territoire occupé et directement administré par une puissance étrangère (la « métropole »).

Colporteur : vendeur ambulant qui transporte sa marchandise de village en village et diffuse des informations.

Commission européenne : institution de l'Union européenne qui détient le monopole de l'initiative législative et représente l'intérêt général européen. Elle est composée d'un commissaire par État membre et est chargée de proposer les lois, de veiller à l'application des traités et de gérer les politiques communes.

Communalisme : système de représentations par lequel chacune des grandes communautés religieuses perçoit l'autre comme un danger et une menace et veille à défendre ses intérêts.

Compétences d'appui ou de coordination : domaines dans lesquels l'UE ne peut qu'appuyer, coordonner ou compléter l'action des États membres, sans harmonisation des législations nationales (protection de la santé, industrie, culture, tourisme, éducation, protection civile).

Compétences exclusives : domaines dans lesquels seule l'Union européenne peut légiférer et adopter des actes contraignants (union douanière, règles de concurrence, politique monétaire pour les pays de la zone euro, conservation des ressources biologiques de la mer, politique commerciale commune).

Compétences partagées : domaines dans lesquels l'Union et les États membres peuvent légiférer, mais où les États ne peuvent exercer leur compétence que dans la mesure où l'Union n'a pas exercé la sienne (marché intérieur, politique sociale, cohésion économique et territoriale, agriculture, environnement, protection des consommateurs, transports, énergie).

Complexe militaro-industriel : ensemble des relations et coopérations entre l'industrie de l'armement, les forces armées et le gouvernement d'un État.

Complot : projet secret élaboré par une ou plusieurs personnes afin de nuire à une personne, un groupe ou une institution.

Concile : assemblée d'évêques et d'abbés réunie pour délibérer sur des questions religieuses.

Concordat : accord conclu entre le pape et un État.

Congrégation : groupe de religieux assurant généralement une mission d'enseignement.

Congrès : aux États-Unis, réunion des deux chambres incarnant le pouvoir législatif, la Chambre des représentants et le Sénat.

Conseil de l'UE : institution représentant les gouvernements des États membres où les ministres nationaux se réunissent pour adopter la législation et coordonner les politiques. Il partage le pouvoir législatif avec le Parlement européen.

Lexique

Conseil européen : institution qui réunit les chefs d'État ou de gouvernement des pays membres, définit les orientations et priorités politiques générales de l'UE. Il ne légifère pas mais donne les impulsions politiques majeures.

Conspirationniste : individu à l'origine de ou défendant toute idée de conspiration dans le but de manipuler l'opinion publique.

Containment : « endiguement » en français, doctrine appliquée par les États-Unis à partir de 1947, visant à s'opposer par tous les moyens (militaires, économiques, propagande) à l'extension du communisme dans le monde.

Conteneurisation : standardisation du transport de marchandises grâce à l'utilisation de conteneurs aux dimensions normalisées, facilitant le transport multimodal.

Contras : groupes armés soutenus par les États-Unis, qui luttent contre le mouvement démocratique sandiniste au Nicaragua entre 1979 et 1990.

Contrebande : transport illégal de marchandises afin d'éviter de payer des taxes.

Coopération transfrontalière : collaboration entre territoires situés de part et d'autre d'une frontière, donnant lieu à des échanges structurés et durables ainsi qu'à des formes de gouvernance partagée.

Coup d'État (*pronunciamiento*) : renversement politique opéré par la force des armes.

Cour de justice de l'UE : institution judiciaire qui assure le respect du droit dans l'interprétation et l'application des traités. Elle veille à l'application uniforme du droit européen dans tous les États membres.

Cour suprême : aux États-Unis, cour de 9 juges qui délibère sur les litiges entre les États et l'État fédéral.

Croisade : Lutte armée contre les personnes désignées par le pape comme des ennemis de la foi chrétienne (musulmans, païens ou hérétiques).

Culte animiste : croyance en des êtres magiques ou en des forces naturelles animant les êtres vivants, les objets et les éléments de la nature (vents, rivières…).

Cyberattaques : actions malveillantes visant à perturber, voler ou détruire des données ou des systèmes informatiques.

Cyberchurches : Églises utilisant des moyens de communication ultramodernes, proposant par exemple des prières individuelles à la demande.

Cyberdéfense : ensemble des mesures pour protéger les systèmes informatiques contre les cyberattaques.

Cyberespace : nom donné à l'espace virtuel composé des réseaux numériques permettant l'interconnexion mondiale des ordinateurs.

Cyberguerre : guerre menée à travers l'utilisation des réseaux numériques.

Cyberpropagande : propagande développée sur Internet (tentatives de persuasion, de manipulation, diffusion de rumeurs, armées de trolls et hackers…).

Cyberpuissance : capacité d'un État ou d'une organisation à utiliser et à contrôler les technologies numériques pour atteindre des objectifs stratégiques, économiques, militaires ou sociaux.

Cyberterrorisme : ensemble des attaques numériques menées au moyen de virus informatiques contre les systèmes informatiques des individus, des institutions et des États dans le but de les déstabiliser.

D

Dalits : en sanskrit, « opprimés ». Nom donné aux « intouchables », hors castes.

Dar al-islam : « domaine de l'islam », ensemble du monde musulman, par opposition au dar al-harb, le « domaine de la guerre », peuplé de non musulmans. Ce concept n'existe qu'à l'époque abbasside.

Démagogie : pratique politique consistant à flatter les citoyens pour gagner son soutien, souvent présentée comme une dérive de la démocratie athénienne.

Dème : division administrative de l'Attique.

Démocratie déléguée : système dans lequel les États transfèrent volontairement certaines de leurs compétences à des institutions supranationales qui exercent alors ces pouvoirs en leur nom.

Démocratie directe : système politique dans lequel les citoyens exercent directement la souveraineté et participent aux décisions sans intermédiaires.

Démocratie illibérale : régime politique combinant des élections et la recherche du soutien populaire avec une restriction des libertés publiques.

Démocratie populaire : régime dictatorial dans lequel le Parti communiste domine la vie politique sur le modèle soviétique. Par extension, désigne les pays satellites de l'URSS.

Démocratie représentative : système politique dans lequel les citoyens délèguent l'exercice du pouvoir à des représentants élus qui gouvernent en leur nom.

Désinformation : fait pour un média ou un régime politique de manipuler l'information afin d'influencer l'opinion publique.

Destinée manifeste : concept américain justifiant une politique interventionniste par une vocation divine de domination.

Détente : période (1963-1975) durant laquelle les États-Unis et l'URSS renouent le dialogue et signent plusieurs accords dans les domaines militaire et commercial.

Détroits internationaux : bras de mer étroits où la libre circulation maritime commerciale et navale est garantie par un régime juridique spécial (détroit du Bosphore, de Malacca…).

Devchirmé : système de recrutement forcé de jeunes chrétiens des Balkans dans l'Empire ottoman. Éduqués, turquisés et islamisés, ils sont destinés à fournir les cadres de l'armée et de l'administration.

Dévot : personne attachée à un culte religieux et qui en observe avec ferveur les pratiques.

Dhimma : « protection » accordée aux non-musulmans monothéistes (les dhimmis) en contrepartie d'impôts spécifiques.

Dhimmi : non musulman (juif, chrétien ou personne de confession zoroastrienne) vivant en terre d'Islam. Protégés et libres d'exercer leur religion, les dhimmis sont des sujets de second rang, soumis à diverses charges et discriminations.

Dictature : régime politique antidémocratique, établi et maintenu par la violence, dans lequel une personne ou un petit groupe de personnes exerce les pouvoirs sans limite.

Diplomatie : art de la négociation entre États pour gérer les relations internationales et éviter les conflits.

Directive européenne : texte communautaire fixant les objectifs à atteindre par les États membres de l'UE. Une fois votée par les institutions européennes, la directive doit être transposée par les États dans leur droit national.

Diyanet : ministère turc des Affaires religieuses créé par Mustafa Kemal en 1924 pour superviser les mosquées du pays.

Doctrine Monroe : principe de politique étrangère énoncé en 1823 par le président américain J. Monroe, rejetant toute intervention européenne dans les Amériques et établissant celles-ci comme zone d'influence exclusive des États-Unis.

Dominion : ancienne colonie britannique devenue autonome, mais qui reconnaît la souveraineté du Royaume-Uni.

Droit de la mer : branche du droit international qui règle les rapports entre États concernant l'utilisation de la mer et l'exercice de leurs pouvoirs sur les espaces maritimes.

Dumping social : pratique consistant à diminuer les coûts de production en abaissant le niveau des salaires.

Dyade : terme proposé par le géographe Michel Foucher pour désigner une frontière commune à deux États contigus.

E

Ecclésia : assemblée de tous les citoyens, qui vote les lois et prend les décisions importantes.

Élargissement : processus d'ouverture de la Communauté économique européenne (CEE) puis de l'Union européenne (UE) à de nouveaux membres.

Embargo : suspension de l'exportation d'un ou plusieurs produits vers un État, à titre de punition ou de moyen de pression.

Émir : de amara, « commander », titre désignant le détenteur d'un commandement (général, gouverneur de province…).

Empereur : souverain, c'est-à-dire détenteur du pouvoir suprême, dominant une vaste construction politique et territoriale appelée Empire.

Empire : notion qui désigne tout à la fois un régime politique (régime autoritaire, de type monarchique ou césariste) et l'ensemble des territoires soumis à son autorité.

Empire abbasside : empire islamique fondé au VIIe siècle par Abu al-'Abbas al-Saffah.

Encampement : développement de camps destiné à l'hébergement provisoire de personnes sans-abri.

Enclave : portion de territoire d'un État insérée dans le territoire d'un autre.

Enluminure : peinture ou dessin réalisé à la main pour illustrer un texte.

Éphébie : période de formation militaire et civique des jeunes Athéniens.

Espace Schengen : zone de libre circulation des personnes, sans contrôles aux frontières intérieures. Elle regroupe 29 États : 25 membres de l'UE et 4 pays associés (Norvège, Islande, Suisse et Liechtenstein).

ETA : organisation armée basque indépendantiste d'inspiration marxiste qui a été active de 1959 à 2018.

État de droit : État fondé sur des lois qui s'imposent à tous, individus et institutions, de façon égale.

État enclavé : État n'ayant pas de contact direct avec une mer ouverte reliée à l'océan mondial.

État théocratique : État dans lequel le pouvoir politique est soumis à l'autorité religieuse, voire exercé par un de ses représentants.

État-nation : forme d'organisation politique où un État souverain correspond à une nation, c'est-à-dire une communauté de citoyens partageant une histoire et une culture communes.

«Étranger proche» : expression forgée en Russie au lendemain de l'éclatement de l'URSS, désignant les ex-républiques soviétiques considérées comme sa « sphère d'intérêt vital ».

Eurobaromètre : série de sondages réalisés par la Commission européenne depuis 1973, pour suivre l'opinion publique des États membres sur divers sujets européens.

Euroscepticisme : attitude critique ou de défiance vis-à-vis de la construction européenne et de ses institutions.

Évangélisme : courant issu du protestantisme se caractérisant par l'importance qu'il accorde au prosélytisme et à la conversion. Il est divisé en une multitude d'Églises organisées autour d'un pasteur charismatique. Le culte y est célébré de manière spectaculaire et festive.

Excommunication : exclusion prononcée par une autorité ecclésiastique à l'encontre d'un clerc ou d'un laïc qui a fauté, afin de le contraindre à se repentir s'il veut réintégrer la communauté chrétienne.

Exilarque : littéralement « chef de l'exil », nom donné au dirigeant d'une communauté juive au Moyen Âge.

Externalisation : transfert vers un partenaire externe d'une fonction habituellement exercée par un acteur donné.

Lexique

F

Fact checking : en français, vérification des faits. Procédure qui consiste à vérifier la fiabilité d'une information, souvent en démontrant qu'elle est fausse et mal intentionnée.

***Fake news* ou fausses nouvelles** : informations mensongères qui se multiplient sur internet et les réseaux sociaux.

Firmes transnationales : grandes entreprises qui exercent leurs activités dans plusieurs pays à travers des filiales, tout en ayant un centre de décision principal dans leur pays d'origine.

Fitna : discorde, désunion au sein de l'oumma.

Five Eyes : alliance de cinq pays (États-Unis, Royaume-Uni, Canada, Australie, Nouvelle-Zélande) dans l'objectif de partager des informations entre leurs services de renseignement pour assurer leur sécurité.

Flux : déplacement d'une quantité (de marchandises, de personnes, de données, de capitaux…) entre deux points.

Fondamentalisme : conception radicale et intransigeante d'une religion, excluant toute autre croyance et s'exprimant par la promotion pacifique des pratiques liées à cette religion mais aussi parfois par la violence.

Foquisme : théorie de la guerre révolutionnaire formulée par Ernesto Guevara qui souhaitait créer des foyers (focos) révolutionnaires sur le continent.

Fracture numérique : inégalités dans l'usage et l'accès aux technologies de l'information et de la communication (TIC).

Fragmentation de l'information : processus de diversification de l'offre informationnelle se caractérisant par la multitude des sources et des moyens de diffusion (presse payante ou gratuite, télévision, radio, internet, réseaux sociaux).

Francophonie : ensemble des personnes s'exprimant en français.

Franquisme : régime autoritaire et antidémocratique mis en place en Espagne par le général Franco de 1939 à 1975.

Frontex : agence de l'UE chargée de la surveillance de ses frontières extérieures.

Frontière : limite administrative et juridique séparant deux États qui exercent chacun leur souveraineté sur un territoire. Son tracé résulte généralement d'un accord entre les deux États.

Frontière chaude : frontière disputée, potentiellement conflictuelle.

Frontière naturelle : frontière qui s'appuie sur des éléments de géographie physique (littoraux, cours d'eau, reliefs) pour justifier son tracé. Comme toute frontière, les « frontières naturelles » sont en réalité politiques.

Frontiérisation : processus d'augmentation du nombre de frontières dans le monde, notamment lié à la création de nouveaux États et à la fragmentation politique des territoires.

G

GAFAM : acronyme désignant les géants américains du numérique - Google (Alphabet), Apple, Facebook (Meta), Amazon et Microsoft.

Gazette : périodique imprimé consacré à l'actualité.

Génocide : destruction physique, intentionnelle, systématique et programmée d'un groupe ou d'une partie d'un groupe en raison de ses origines ethniques ou religieuses.

Glasnost : « transparence » en russe, politique lancée par Gorbatchev à partir de 1985 qui consiste à établir la liberté d'expression en URSS.

Gourou : maître spirituel dans l'hindouisme, le jainisme, le bouddhisme ou le sikhisme. Ils peuvent fonder des sectes offrant des voies spécifiques vers le salut de l'âme.

Groupement européen de coopération territoriale (GECT) : organisation transfrontalière visant à surmonter les obstacles liés aux différences de législation ; ils sont dotés d'une personnalité juridique (assemblée et budgets propres).

H

Hacker : personne s'introduisant frauduleusement dans un système ou un réseau informatique.

Halieutique : qui concerne la pêche.

Hamas : « mouvement de résistance islamique » en arabe, organisation islamiste et nationaliste palestinienne, née à Gaza en 1987, composé d'une branche politique et d'une branche armée.

Hard power : « puissance dure », capacité d'un État à imposer ses choix par la force ou les sanctions (coercition).

Hégémonie : domination d'un État ou d'une puissance sur les autres dans un domaine (politique, militaire, économique, culturel).

Hérésie : doctrine considérée comme contraire aux dogmes définis par l'Église.

Hezbollah : « Parti de Dieu » en arabe, créé en 1982 dans la foulée de l'invasion israélienne du Liban, à l'initiative de l'armée idéologique iranienne (chiite).

Hindouité ou Hindutva : terme inventé dans les années 1920 qui désigne le projet politique nationaliste visant à transformer l'Inde en État hindou. Ce terme s'oppose à ceux de « sécularisme » et de « multiculturalisme ».

Hoax : rumeur infondée et intentionnelle.

« Homme malade de l'Europe » : expression utilisée pour la première fois par le tsar de Russie Nicolas Ier en 1853 pour désigner l'Empire ottoman, traduisant les ambitions russes sur les territoires ottomans.

Hoplite : citoyen soldat combattant dans l'infanterie lourde athénienne, équipé à ses frais.

Hotspot : dispositif de filtrage et d'identification des migrants à leur arrivée dans l'espace Schengen.

Hub : point de connexion majeur dans un réseau de transport où se croisent et se redistribuent les flux.

Humanisme : mouvement intellectuel qui naît en Italie au XIVe siècle, se diffuse en Europe au XVe siècle et atteint son apogée au XVIe siècle. Par le retour aux textes antiques, ce mouvement aspire à proposer un modèle de sagesse et à rénover l'éducation.

Hypermédiatisation : surexposition médiatique et massification de l'information.

I

Iconoclasme : mouvement politico-religieux byzantin des VIIIe et IXe siècles prônant la destruction des images sacrées, accusées de favoriser l'idolâtrie.

Illectronisme : difficulté ou incapacité à utiliser les appareils et les outils informatiques en raison d'un manque ou d'une absence totale de connaissances à propos de leur fonctionnement.

Indopacifique : région maritime qui s'étend des côtes orientales de l'Afrique jusqu'à l'océan Pacifique. En géopolitique, désigne le basculement des intérêts de plusieurs puissances en direction de l'Asie du Sud-Est et de la Chine.

Industrialisation : vague d'innovations techniques. On distingue une première industrialisation, commencée vers 1760 en Angleterre et centrée sur le charbon, et une seconde industrialisation, initiée à la fin du XIXe siècle et fondée sur le pétrole et l'électricité.

Information horizontale : processus non centralisé de diffusion des contenus informationnels. Ces derniers circulent directement entre les producteurs et les utilisateurs du réseau internet sans passer par les médias « traditionnels » que sont la presse écrite, les chaînes de radio et d'information, etc.

Infox (ou *fake news*) : information manipulée ou créée de toutes pièces, généralement avec un objectif de nuisance.

Initiative citoyenne européenne : processus démocratique permettant à un million de citoyens européens, issus d'au moins sept États membres, de demander à la Commission européenne de légiférer sur un sujet.

Intégration : processus de rapprochement entre deux ou plusieurs entités territoriales. Elle peut prendre une forme fonctionnelle (flux) et/ou institutionnelle (partenariats officiels).

Intelligence artificielle : ensemble des théories et des techniques permettant à une machine de simuler et de se substituer à l'intelligence humaine.

Interreg : programme européen de soutien aux projets de coopération transfrontalière des différents domaines.

Intox : propagation d'infox.

Inviolabilité : caractère de ce qui est inviolable, c'est-à-dire qu'on ne peut modifier par la force. Il est toujours possible de modifier des frontières inviolables par accord mutuel, de façon négociée.

Irrédentisme : nationalisme réclamant l'annexion des territoires où vivent des nationaux.

Isolationnisme : attitude d'un État qui ne souhaite pas intervenir dans les affaires du monde.

Isonomie : principe d'égalité devant la loi entre tous les citoyens.

J

Jaïnisme : religion aussi ancienne que l'hindouisme, apparue à la fin du VIe siècle avant notre ère, qui croit que seule une âme totalement pure peut atteindre la délivrance, ce qui nécessite des pratiques ascétiques et la non-violence.

Janissaires : corps d'élite de l'infanterie ottomane, issu du devchirmé. Leur esprit de corps devient peu à peu problématique. Le corps des janissaires est aboli en 1826.

Jati : nom donné aux castes en Inde.

Jeunes-Turcs : dirigeants du Comité Union et Progrès (CUP), un mouvement politique nationaliste et réformateur turc qui mène un putsch contre le sultan en 1908.

Jihad : étymologiquement « effort », parfois traduit par « guerre sainte », le terme désigne l'effort collectif que doivent accomplir les musulmans en vue d'étendre l'Islam.

Journaux d'information : presse à grande diffusion qui prétend à une neutralité de ton et de contenu afin de toucher le public le plus large possible.

Journaux d'opinion : journaux affichant une ligne politique explicite.

Junte : dictature militaire à la tête de laquelle se trouvent des chefs de l'armée.

K

Kharâj : impôt prélevé sur les non-musulmans dans l'Empire ottoman.

L

Laïcité : principe selon lequel les croyances et la pratique religieuse sont une affaire individuelle, relevant exclusivement de la sphère privée. Un État laïc reconnaît donc toutes les religions sans en adopter aucune. Principe d'organisation politique séparant le pouvoir civil des institutions religieuses.

Lanceur d'alerte : individu ou groupes d'individus se servant d'internet pour révéler des comportements illicites ou dangereux pouvant constituer une menace les sociétés et le bien commun. Protégé juridiquement dans certains pays, il agit de manière désintéressée et en dehors du cadre habituel des procédures.

Langue internationale : langue utilisée comme moyen de communication par des populations de pays différents, dans des contextes internationaux.

Langue maternelle : première langue apprise par un enfant. On parle également de langue natale.

Libéralisme (politique) : doctrine politique qui défend le parlementarisme ainsi que les libertés individuelles et fixe des limites à l'action de l'État.

Libéraux : en France, le terme désigne les défenseurs d'une ligne politique qui vise à concilier les principes de liberté et d'autorité. Les libéraux sont favorables à un régime parlementaire, mais avec un pouvoir exécutif fort.

Lexique

Liberté de conscience : respect des convictions de chacun, qui peuvent ne pas être de nature religieuse.

Libertés publiques : ensemble des droits et libertés fondamentaux garantis aux citoyens dans une démocratie (libertés d'expression, d'association, etc.).

Libre circulation : principe politique autorisant les individus à traverser librement une frontière.

Limes : à l'origine, le terme désigne un chemin, puis une route à usage militaire. À la fin du Ier siècle, il prend le sens d'une frontière délimitant les contours de l'Empire romain.

Lingua franca : langue commune adoptée pour communiquer entre personnes qui n'ont pas la même langue maternelle.

Linotype : machine permettant de composer une ligne de texte d'un seul tenant (le nom vient de l'anglais line of type, « ligne de caractères »).

Liturgie : charge financière imposée aux citoyens les plus riches pour financer certains services publics (entretien d'un navire de guerre, organisation de fêtes religieuses...).

Locuteur : se dit de toute personne s'exprimant au moyen d'une langue.

Logistique : organisation et gestion des flux de marchandises, de leur point de départ jusqu'à leur destination finale.

Loi Sapin II : loi française de 2016 définissant le statut de lanceur d'alerte et organisant sa protection juridique. Elle garantit la confidentialité de son identité et le protège contre d'éventuelles représailles.

Lumières : mouvement intellectuel du XVIIIe siècle qui veut faire triompher la raison pour libérer l'individu et critique l'ordre social et politique au nom des droits naturels de l'être humain.

M

Magistrat : citoyen exerçant une charge publique, souvent désigné par tirage au sort.

Majoritarisme : tendance à favoriser le groupe majoritaire dans un système démocratique, au détriment des minorités.

Majorité qualifiée : principe de vote selon lequel chaque État dispose d'un nombre de voix en proportion de sa population. Pour être adoptée, toute décision parlementaire doit atteindre un seuil déterminé (au moins 55 % des États membres représentant au moins 65 % de la population de l'UE).

Marché commun : espace économique caractérisé par le libre-échange entre les États membres, un tarif extérieur commun envers les pays tiers et une politique commerciale extérieure commune.

Maritimisation : dépendance croissante de nos sociétés envers les mers et les océans dans différents domaines (transports, communication, ressources alimentaires, énergétiques, minérales).

Mécanisme européen de stabilité (MES) : organisation intergouvernementale créée en 2012 pour fournir une assistance financière aux pays de la zone euro en difficulté.

Média : moyen de diffusion ou de communication de documents, de messages et d'informations.

Média de masse : média qui, diffusé de manière industrielle et facilement accessible, touche un très large public. En France : la presse dès la fin du XIXe siècle, la radio à partir des années 1930, la télévision à partir des années 1960 et internet depuis les années 1990.

Megachurches : églises fréquentées par plus de 2000 personnes, avec des bâtiments imposants comprenant hall d'accueil, piscine, garderie, gigantesque salle de prière.

Mer territoriale : zone de mer ne dépassant pas 12 milles marins (22,2 km) dans le voisinage immédiat du littoral et sur laquelle s'exerce la souveraineté de l'État côtier.

Mercosur : marché commun du Sud, entré en vigueur en 1995. Il regroupe le Brésil, l'Argentine, l'Uruguay et le Paraguay.

Métèque : étrangers résidant légalement à Athènes, libres mais non-citoyens. Ils paient un impôt spécial, participent à la vie économique mais sont exclus des droits politiques.

Métropolite : dans le monde orthodoxe, archevêque, qui a sous sa responsabilité des évêques.

Mille marin : unité de mesure de distance utilisée en navigation maritime et égale à 1 852 mètres.

Millet : communauté religieuse légalement protégée dans l'Empire ottoman.

Mollah : nom donné à un érudit musulman dans les mondes turc et iranien (on parle d'ouléma dans le monde arabe).

Mondialisation : processus d'intégration et d'interdépendance des territoires et des sociétés humaines à l'échelle mondiale.

Multiculturel : se dit d'une population ou d'un État reposant sur une pluralité de cultures.

Multilatéralisme : attitude d'un État qui agit de manière concertée et en coopération avec plusieurs autres États et organisations internationales.

Multilinguisme : coexistence de différentes langues au sein d'un même espace ou groupe social, par exemple un État.

N

Nationalisation : transfert de la propriété privée des moyens de production à la nation.

Nationalisme : idéologie politique qui fait de la nation le fondement de l'État et de l'identité collective. En Inde, elle se manifeste notamment à travers l'hindutva qui considère l'hindouisme comme base de l'identité nationale indienne.

New Space : ensemble des acteurs privés, pour la plupart américains, qui se sont engagés dans la conquête de l'espace depuis la fin des années 2000.

Next Generation EU : plan de relance européen adopté en 2020 pour faire face aux conséquences économiques et sociales de la pandémie du covid-19.

Nouvelles routes de la Soie : officiellement Belt and Road Initiative ou « projet ceinture et route », concept lancé par Xi Jinping en 2013 reposant sur la construction d'un ensemble de voies de communication entre l'Europe et la Chine.

O

OEA (Organisation des États américains) : organisation créée en 1948 lors de la Conférence de Bogota visant à œuvrer pour la paix et la sécurité sur le continent américain.

Offshore : terme anglais qui désigne une activité se déroulant en pleine mer.

Oligarchie : régime politique où le pouvoir appartient à un petit nombre, en opposition à la démocratie.

Opinion publique : ensemble des convictions, des jugements et des valeurs d'une société à une époque donnée.

Optimisation fiscale : stratégie légale visant à minimiser la charge fiscale (impôt) d'une entreprise ou d'un individu en profitant des différences de systèmes fiscaux entre les États membres de l'UE.

Ordre bipolaire : système international fondé sur l'équilibre entre deux grandes puissances.

Organisation de coopération de Shanghai : Organisation internationale créée en 2001, regroupant plusieurs pays d'Asie dont la Russie et la Chine, visant à renforcer la coopération entre ses membres et à constituer un contrepoids à l'influence occidentale en Asie.

Ostpolitik : politique d'ouverture à l'Est menée par le chancelier ouest-allemand Willy Brandt, entre 1969 et 1972.

Ostracisme : procédure permettant de bannir pour 10 ans un citoyen jugé dangereux pour la démocratie.

OTAN : Organisation du traité de l'Atlantique Nord, créée en 1949. Organisation militaire d'assistance mutuelle en cas d'agression, qui réunit plusieurs pays occidentaux.

Ottoman : issu du turc osmanli, « compagnon d'Osman », fondateur de la dynastie ottomane qui règne sur des Turcs convertis à l'islam, originaires d'Asie centrale et installés depuis le XIIIe siècle en Asie mineure.

Oulémas : savants versés dans les sciences religieuses, le 'alim (pluriel oulémas).

Oumma : communauté des musulmans, formant une communauté spirituelle par-delà les frontières nationales.

P

Pacification : rétablissement de la paix sur un territoire après une guerre, de façon négociée ou contrainte.

Pacte germano-soviétique : pacte de non-agression signé par l'Allemagne nazie et l'URSS le 23 août 1939. Il est suivi d'un protocole secret dans lequel les deux pays se partagent la Pologne et s'accordent sur des zones d'influence respectives.

Panama Papers : fuite massive de documents confidentiels du cabinet d'avocats panaméen Mossack Fonseca révélant un système mondial d'évasion fiscale.

Pape (ou souverain pontife) : chef de l'Église catholique.

Parlement européen : institution représentant les citoyens de l'Union, élue au suffrage universel direct tous les cinq ans. Il exerce, avec le Conseil de l'UE, le pouvoir législatif et budgétaire de l'Union.

Partition : nom donné au partage territorial de l'ancien empire des Indes britanniques, opéré en août 1947, et ayant donné naissance à l'Union indienne.

Patriarche : titre donné à partir de Ve siècle aux évêques des principales capitales chrétiennes d'Orient (Constantinople, Antioche, Alexandrie et Jérusalem).

Perestroïka : « restructuration » en russe, politique de réformes économiques et sociales menée par Gorbatchev en URSS à partir de 1985.

Pièges à clic : contenus dont les titres sont conçus pour attirer l'attention et inciter au clic, souvent en déformant ou exagérant l'information réelle.

Plateau continental : prolongement naturel du continent sous l'eau. Il est étendu au minimum jusqu'à 200 milles marins comme la ZEE, et peut être étendu jusqu'à 350 milles. Les États peuvent y explorer et exploiter les ressources naturelles du fond ou du sous-sol.

Plébiscite : vote par lequel le peuple approuve ou rejette une décision politique, souvent utilisé pour légitimer un pouvoir personnel.

Pluralisme politique : coexistence de plusieurs forces politiques pouvant s'affronter librement lors des élections.

Pogrom : attaque accompagnée de massacres et de pillages à l'encontre d'une minorité ethnique ou religieuse.

Post-vérité : situation dans laquelle il est donné plus d'importance aux opinions et aux émotions qu'à la réalité des faits.

Pouvoir spirituel/temporel : le pouvoir spirituel fait référence à l'autorité religieuse qui règne sur les âmes, tandis que le pouvoir temporel renvoie à l'autorité politique sur les corps et les biens.

Premier amendement à la Constitution [américaine] (1791) : « Le Congrès ne pourra faire aucune loi ayant pour objet l'établissement d'une religion ou interdisant son libre exercice, de limiter la liberté de parole ou de presse, ou le droit des citoyens de s'assembler pacifiquement et d'adresser des pétitions au gouvernement pour qu'il mette fin aux abus. »

Presse à vis : dispositif permettant d'imprimer des textes et des illustrations sur du papier en exerçant une forte pression sur la feuille.

Principe de subsidiarité : principe de répartition du pouvoir de décision précisant que l'UE agit uniquement si une action locale ou nationale est insuffisante et qu'une intervention européenne apporte une valeur ajoutée claire.

Lexique

Procédure législative ordinaire : processus de prise de décision qui place le Parlement européen et le Conseil de l'UE sur un pied d'égalité pour l'adoption de la législation européenne. Elle comprend jusqu'à trois lectures des textes législatifs et constitue la principale procédure d'adoption des directives et règlements européens.

Profane : qui n'est pas lié à la religion.

Propagande : action exercée sur des individus pour les convaincre de la supériorité d'une idéologie ou d'une politique.

Prosélytisme : tentative de convertir des personnes à sa foi.

Protectorat : territoire théoriquement administré par des autorités locales, sous le contrôle étroit d'une puissance étrangère.

Providentialisme : doctrine voyant la volonté de Dieu derrière chaque événement.

Puissance internationale : État capable d'imposer sa volonté et d'exercer une influence durable sur le monde ou d'autres États.

Pure player : média né sur internet et diffusant exclusivement en ligne, sans version papier. Ces médias se caractérisent par des formats innovants, une réactivité accrue et des modèles économiques spécifiques.

Q

Quad : « dialogue quadrilatéral pour la sécurité », groupe de coopération militaire et diplomatique entre les États-Unis, l'Inde, le Japon et l'Australie.

Querelle des Investitures : conflit opposant les empereurs germaniques aux papes à propos de la nomination (l'investiture) des évêques.

R

RDA : République démocratique allemande (ou Allemagne de l'Est), capitale : Berlin-Est. Après la réunification, la RDA est absorbée par la RFA et cesse d'exister.

Référendum : procédure de démocratie directe permettant aux citoyens de participer directement à une décision politique par un vote.

Réforme agraire : politique visant à redistribuer les terres de culture pour les répartir plus équitablement.

Réforme grégorienne : politique initiée par le pape Grégoire VII (1073-1085) pour améliorer le fonctionnement et la moralité de l'Église. Elle passe notamment par la prise en main par l'Église de la nomination des clercs.

Refrontiérisation : processus de réémergence de certaines fonctions d'une frontière après une phase d'atténuation de ses effets de barrière.

Régime représentatif : système politique dans lequel le peuple délègue sa souveraineté à des représentants élus qui gouvernent en son nom.

Région transfrontalière : espace intégré de part et d'autre d'une frontière caractérisé par des flux réguliers (travailleurs, consommateurs…), des infrastructures communes et des coopérations institutionnelles entre les territoires concernés.

Région ultrapériphérique (RUP) : territoire bénéficiant d'aides spécifiques de l'Union européenne en raison de son éloignement et de fortes contraintes (risques naturels, enclavement, dépendance économique).

Règlement : acte juridique de l'UE, obligatoire, applicable de façon simultanée et uniforme dans l'ensemble des États membres, sans être transposé dans le droit national de chaque État.

Religion civile : ensemble de cérémonies et de symboles à caractère religieux qui prétendent unir les Américains sans faire référence à une religion en particulier.

Religion d'État : religion dont se revendique officiellement un État.

Représentants d'intérêts : personnes ou organisations qui cherchent à influencer les décisions politiques de l'UE (lobbies).

Réseau : ensemble de lignes ou de relations permettant de connecter des lieux entre eux ainsi que les acteurs spatiaux qui y sont présents.

Réseaux sociaux : ensemble des applications numériques (sites internet, applications mobiles) permettant aux individus se retrouvant en communautés de partager et de commenter des informations.

Réservations : mesures permettant aux minorités (dalits, tribaux, basses castes) de disposer de postes « réservés » dans l'administration, dans les institutions scolaires et universitaires et de sièges au parlement.

Ressources : richesse potentielle exploitée et transformée par les sociétés humaines.

Révolutions de couleur : manifestations populaires exprimant une aspiration à des changements politiques et sociaux, comme la « Révolution des roses » en Géorgie (2003) et la « Révolution orange » en Ukraine (2004).

RFA : République fédérale d'Allemagne (ou Allemagne de l'Ouest), capitale : Bonn.

Rhétorique : art de la parole et de la persuasion.

Rideau de fer : expression employée par Churchill, ancien premier ministre britannique, lors d'un discours prononcé à Fulton (Missouri) le 5 mars 1946, pour dénoncer l'installation de régimes communistes en Europe de l'Est et déplorer leur isolement du reste du continent.

Rotative : presse permettant d'imprimer en continu, au moyen de cylindres, en noir ou en couleur, et en utilisant du papier en rouleau.

S

Salafisme : courant rigoriste de l'islam sunnite prétendant revenir aux croyances et aux pratiques des premiers musulmans.

Schisme : division dans l'Église.

Sécularisme : de l'anglais « *secularism* ». Dans le cas de l'Inde, principe de respect de la diversité religieuse par l'État qui garantit à chacun un traitement impartial des différentes croyances, un accès aux lieux de culte de son choix, et interdit les discriminations liées à la religion.

Ségrégation sociospatiale : séparation des groupes sociaux dans l'espace, qui se traduit par des inégalités de répartition des populations selon leur niveau de vie, leur origine ou leur catégorie sociale.

Seldjoukides : dynastie de guerriers turcs nomades. Ils furent les premiers à s'arroger le titre de sultan et régnèrent de 1038 à 1194 sur un empire étendu des steppes d'Asie centrale à la Méditerranée.

Sentiment national : sentiment d'appartenir à une nation qui se construit autour d'une langue, d'une histoire ou d'une religion commune. En son nom, les peuples revendiquent un État indépendant.

Serment d'allégeance : déclaration patriotique récitée chaque matin par les écoliers américains face au drapeau, la main sur le cœur. Il exprime leur fidélité aux États-Unis et aux valeurs de la République.

Sharp power : « puissance incisive », stratégies d'influence agressives utilisées notamment par des régimes autoritaires pour manipuler et diviser l'opinion publique d'autres pays, via la désinformation, la propagande, les cyberattaques, etc.

Sikhisme : religion monothéiste née au XVᵉ siècle dans le Pendjab indien, fondée par Guru Nanak, qui prône l'égalité entre les hommes et rejette le système des castes.

S'informer : action de chercher des éléments de connaissance et de compréhension au moyen de supports techniques (médias et réseaux sociaux).

Sinisation : politique autoritaire menée par le gouvernement chinois en faveur du mandarin (langue et culture) et au détriment des cultures locales des minorités ethniques en Chine.

Smart power : « puissance intelligente », capacité d'un État à exercer sa puissance en combinant les stratégies de soft et de hard power.

Société de l'information : l'expression désigne un état de la société dans lequel les technologies de l'information et de la communication jouent un rôle fondamental.

Soft hindutva : version modérée de l'hindutva adoptée par des partis politiques non nationalistes pour attirer les électeurs hindous.

Soft power : « puissance douce », capacité d'un État à imposer ses choix par l'intermédiaire de son rayonnement, de son influence, et de son prestige culturel (persuasion).

Souveraineté : pouvoir suprême exercé par un État sur son territoire et sa population, reconnu légitimement au niveau international et caractérisé par l'exclusivité de son autorité politique dans les limites de ses frontières.

Souveraineté (contexte soviétique) : pouvoir suprême d'un État. Les « déclarations de souveraineté » désignent le fait que les ex-républiques soviétiques ne reconnaissaient plus l'autorité de l'URSS mais affirmaient leur autonomie de décision.

Souveraineté maritime : autorité suprême d'un État sur ses espaces maritimes nationaux.

Stratège : magistrat élu, chargé du commandement militaire et de la conduite de la politique.

Sud global : concept fragile et contesté désignant un ensemble hétérogène de pays du Sud qui remettent en question la domination, l'ordre international des pays occidentaux.

Suffrage censitaire : droit de vote réservé aux citoyens payant un certain montant d'impôt (le cens).

Suffrage universel (masculin) : droit de vote accordé à l'ensemble des citoyens sans condition de fortune (initialement réservé aux hommes).

Sultan : titre conféré par le calife à un chef militaire. À partir de 1517, les souverains ottomans sont à la fois califes et sultans.

Sun Belt : croissant périphérique occidental et méridional du territoire des États-Unis caractérisé par un fort dynamisme économique et une forte croissance démographique.

Sunna : littéralement « pratique » ou « coutume », règles dont tout musulman doit s'inspirer, essentiellement fondées sur les faits et gestes du Prophète et de ses compagnons, et codifiées dans les recueils de traditions (hadiths).

Sunnisme : courant majoritaire de l'islam qui se veut fidèle à la Sunna (tradition), recueil des faits et des dires du prophète.

Sunnite : branche majoritaire de l'islam.

Supranational : autorité se situant au-dessus de la souveraineté des États et qui implique le vote de lois ayant primauté sur le droit national.

Syncrétisme : combinaison de diverses doctrines religieuses.

T

Taliban : membre d'un mouvement islamiste fondamentaliste d'Afghanistan.

Tanzimat : période de réformes (« réorganisation ») dans l'Empire ottoman commencée en 1839 et achevée en 1876 par la promulgation de la Constitution ottomane.

Télécommunications : ensemble des procédés de transmission d'information à distance.

Télégraphe électrique : procédé qui utilise le code Morse (système de traits et de points) pour transmettre une information par l'intermédiaire d'un fil électrique.

Télégraphie sans fil (TSF) : procédé qui permet de transmettre des informations à distance en utilisant des ondes magnétiques.

Téléphone : procédé qui utilise les fils électriques pour transmettre un message vocal.

Télévangélisme : prédication religieuse diffusée par la télévision, incarnée par des figures charismatiques comme Pat Robertson ou Billy Graham.

Lexique

Territoire : espace géographique délimité par des frontières sur lequel un État exerce sa souveraineté politique de manière exclusive. Il constitue le cadre spatial de l'exercice du pouvoir étatique.

Territorialisation des mers : appropriation des espaces maritimes par les États.

Théocratie : système politique dans lequel le détenteur du pouvoir agit au nom de Dieu. Ce détenteur peut-être un laïc (dans le cas de l'empereur, on parle de césaropapisme ou de théocratie impériale) ou un clerc (on parle de théocratie pontificale quand il s'agit du pape).

Théologique : relatif à l'interprétation des textes religieux.

Théorie du complot/ Complotisme : système de pensée qui attribue systématiquement l'origine d'un événement à un groupe occulte agissant dans l'ombre, en rejetant la version communément admise. Il se caractérise par une méthode pseudoscientifique et une rhétorique spécifique visant à semer le doute.

Traité constitutionnel européen : projet de traité établissement une Constitution pour l'Europe (TECE), signé en 2004 par les ministres des affaires étrangères des États membres. Ce projet est rejeté en 2005, après le non aux référendums en France et aux Pays-Bas.

Traité de Rio : traité interaméricain d'assistance réciproque conclu en 1947 et qui unit tous les États américains (à l'exception du Canada) contre le bloc soviétique.

Transistor : petit composant électronique équipant les récepteurs radio et permettant une alimentation par piles. Désigne à partir de 1956 les postes de radio portables qui en sont équipés.

Transition démocratique : concept de science politique qui cherche à identifier les étapes du passage d'un régime autoritaire à un régime démocratique.

Travailleur détaché : statut permettant à un employé issu d'un État de l'UE de travailler dans un autre État membre. Il bénéficie des salaires et conditions de travail du pays d'accueil mais les cotisations sociales sont celles du pays d'origine.

Travailleur frontalier : actif dont le lieu de résidence et le lieu de travail sont situés dans deux États contigus différents.

Tribaux : populations autochtones non converties à l'hindouisme.

Tribu : division du corps civique athénien en dix groupes servant de base à l'organisation politique.

Tyrannie : régime politique où le pouvoir est exercé par un seul homme de manière autoritaire.

U

Unilatéralisme : attitude d'un État qui agit seul, sans rechercher l'accord des organisations internationales.

V

Vakf (ou waqf) : fondations pieuses dans l'islam.

Varna : nom donné aux grandes catégories de castes en Inde.

Viralité : capacité d'un contenu à se diffuser rapidement et massivement sur internet par le partage entre utilisateurs, créant un effet boule de neige amplifié par les algorithmes des réseaux sociaux.

Vizir : conseiller et principal ministre du sultan. À partir du XVIe siècle, le souverain ottoman délègue l'administration des affaires au grand vizir, le gardien du sceau impérial.

Votation : terme utilisé en Suisse pour qualifier un référendum, c'est-à-dire un vote qui permet aux citoyens d'accepter ou de refuser une décision.

W

Web 2.0 (ou web collaboratif) : réseau qui permet une interaction entre l'internaute, les sites et les autres internautes. Évolution d'internet (années 2000) marquée par l'apparition des plateformes participatives (« web social ») permettant aux utilisateurs de créer et partager des contenus (blogs, wikis, réseaux sociaux).

Web 3.0 : nouvelle génération du web caractérisée par l'interconnexion des données et l'intelligence artificielle. Les algorithmes personnalisent l'expérience utilisateur en analysant ses comportements et préférences (« web sémantique »).

Z

ZEE (zone économique exclusive) : espace maritime qui s'étend sur 200 milles marins à partir du littoral. Il accorde à l'État côtier la souveraineté sur les ressources qui s'y trouvent.

Zone démilitarisée (DMZ) : bande frontalière dépourvue d'équipements militaire, afin de contenir les risques d'escarmouche frontalières et d'escalade militaire.

Zoroastrien : adepte du zoroastrisme, religion pratiquée en Perse avant l'introduction de l'islam.

Zoroastrisme : religion monothéiste très ancienne, d'origine iranienne, pratiquée en Inde par la communauté des Parsis.

Couverture Sergei Chuzavkov/AP/SIPA, Pictures from History / Bridgeman Images, AFP, Brandon Bell/ Getty Images Via AFP, Delil SOULEIMAN / AFP.

17 AP Photo/Edgar H. Clemente/SIPA. **19 ht** Bodleian Librairies_ University of Oxford. **19 bas** INRAP/ Hamid Azmoun. **23 ht** PASCAL PAVANI / AFP. **23 bas** nocidar / Adobe Stock. **24** Dylan / Adobe Stock. **25** MARCEL ANTONISSE / ANP / AFP. **27 et 4** SIPA PRESS/AP Photo/Ebrahim Noroozi. **28 ht** AFP/Patrick T. Fallon. **29 ht g** REA/Pool/Ludovic Marin. **29 ht m** SHUTTERSTOCK/ Henry Saint John. **29 ht d** AFP/Hans Lucas/Daniel Perron. **29 bas g** SHUTTERSTOCK/Yulia Reznikov. **29 bas d** ADOBE STOCK PHOTO/Oleksiy. **31 ht g** REA-MEI/Oliver Marsden. **31 ht d** AFP/ Raul Arboleda. **31 bas g** AFP/Ed Jones. **31 bas d** REA-Redux/ The New York Times/Lam Yik Fei. **33 ht** CHAPPATTE PATRICK. **37** Akg-images. **39 ht** BIS/ Archives Nathan. **41 m** Sianstock/ SHUTTERSTOCK. **42** BIS / Ph. Coll. Archives Nathan. **43 ht** Antikenmuseum Basel & Sammlung Ludwig. **43 m** Dimitris kolyris/ Adobe Stock. **44** Akg-images / Nimatallah. **45** BRIDGEMAN IMAGES. **48** BIS / Ph. Jeanbor © Archives Larbor. **49** BNF. **50** BIS / Ph. Coll Archives Bordas. **52** CC0 Paris Musées / Musée Carnavalet ¿ Histoire de Paris. **53** CC0 Paris Musées / Musée Carnavalet ¿ Histoire de Paris. **59** MAGNUM/Gilles peress. **60** Ville de Paris /Bibliothèque Marguerite Durand. **62** BIS / Ph. Hubert Josse © Archives Larbor. **63** BIS / Ph. Hubert Josse © Archives Larbor. **64 ht** DR. **68** Archivo Larrea. **69** AFP. **70 ht** SIPA PRESS/ Argyropoulos. **70 m** AFP/UPI. **70 bas** AKG-Images/Album. **72** Irmao tavares/© Assoiaçao 25 abril. **73** GETTY IMAGES France/ Hulton Archive. **74** Quinn Llenas/ GETTY IMAGES France. **75** SIPA PRESS/EFE AGENCIA. **77** AFP/CAMILLE CAMDESSUS. **81** COURRIER INTERNATIONAL, n° 1785, janvier 2025. **83** AFP/Frederick Florin. **89** VADOT Nicolas. **92 g** © Libération. **92 d** © Libération. **93 ht** © CHAUNU. **93 bas** Lozz / Adobe Stock. **94** Touteleurope.eu. **95 ht** © Europe's Not Dead ! / Romain Seignovert. **95 m** EFStock / Adobe Stock. **98** Kokopello © Dargaud 2025. **102** Plantu. **107 Et 5** SIPA PRESS/UPI Photo via Newscom/Taïwan President Press/ Wang Yu Ching. **109 ht** COURRIER INTERNATIONAL/Dessin de Rob Dobi. **109 bas** AFP/Ludovic Marin. **111** fifg / Adobe Stock. **111 bas g** ISTOCK/Anton Kly. **111 bas d** © Martin VIDBERG. **117** SIPA PRESS/Sipa USA/Tass/Vyacheslav Prokofyev. **121** BIS. **125** Luisa Ricciarini/ BRIDGEMAN IMAGES. **126** BIS / Ph. Jeanbor © Archives Larbor © Adagp Paris, 2025. **127** ROGER-VIOLLET. **134 ht** joyt / Adobe Stock. **134 bas** MILLION Georges. **135** GETTY IMAGES France/Hulton Archive/Robert Nickelsberg. **137 ht** CHAPPATTE PATRICK. **137 m g** CARTOON MOVEMENT/Tjeerd Royaards. **137 md** luzitanija / Adobe Stock. **138** © Blower/TELEGRAPH MEDIA GROUP HOLDINGS LIMITED 2018. **139 ht** SIPA PRESS/Josek. **139 bas** AFP/Fanny Noaro-Kabré. **145** CMN / CENTRE DES MONUMENTS NATIONAUX/Benjamin Gavaudo. **148 ht g** Rixie / Adobe Stock. **148 ht d** REA/Laurent Grandguillot. **150** D.R. **152** D.R. **153** MAXPPP/ Radio France/Nathanaël Charbonnier. **156 bas** CAGLE CARTOONS, INC/Osmani Simanca. **157 ht** D.R. **157 d** Courrier International. **158 ht** CARTOON MOVEMENT/Enrico Bertuccioli. **159** D.R. **162 ht** CARTOON MOVEMENT/Marian Kamensky. **162 bas** PHOTO12. COM / ALAMY / Théodore Kaye. **163** Vilaysack / Adobe Stock. **169** SIPA PRESS/Sipa USA/Scott Schilke. **175** Syda Productions / Adobe Stock. **183** misu / Adobe Stock. **184** bborriss / Adobe Stock. **197 Et 7** Rebecca Blackwell/AP/SIPA PRESS. **199** rabbit75_fot. **200 ht g** INA Photo Agency/Sipa USA/SIPA PRESS. **200 ht m** PHOTO12.COM / ALAMY/Joerg Boethling. **200 ht d** PHOTO12. COM / ALAMY /Flavio Varricchio / BrazilPhotos. **200 m g** Gerald Villena/ ADOBE STOCK. **200 m d** DR. **200 m** PHOTO12.COM / ALAMY/ John Zada. **200 bas d** Wisam Hashlamoun / ANADOLU AGENCY / Anadolu via AFP. **201** Westend61 / Adobe Stock. **202** Murat Kocabas / Bakr Al-Azzawi / Middle East Images via AFP. **203** COPERNICUS SENTINEL 2022. **209** Heritage Images/Fine Art Images/AKG-Images. **215 ht d** Rainer Lesniewski/ISTOCK. **215 bas g** B. Streubel / Römisch-Germanisches Zentralmuseum. **218** WHA/AKG-Images. **219** BRIDGEMAN IMAGES. **221** Javier Fergo/ AP/SIPA PRESS. **227** Kurita KAKU/GAMMA. **228** KOREA SUMMIT PRESS. **229 ht** elif / Adobe Stock. **229 bas** Michaela Jilkova / Adobe Stock. **235** Yutaka Nagata/UN Photos. **240** National Archives and Records Administration. Office of Presidential Libraries. Harry S. Truman Library. **241 ht** AKG-Images. **241 bas** Konrad-Adenauer-Stiftung CC BY-SA 3.0 de. **242 ht** Droits Réservés. **242 bas** DER SPIEGEL. **243** DPA/Picture Alliance/ BRIDGEMAN IMAGES. **248** ONU Photo # 7743096. **249** Alejandro / Adobe Stock. **252** Alex Mazurov/Stocksy / Adobe Stock. **252 bas g** AFP/Jonathan Nackstrand. **252 bas m** AFP/NTB/Heiko Junge. **252 bas d** REA - Zuma/U.S. Air/Msgt. Andrew Sinclair. **259** AFP/ John Thys. **265 ht** EDITIONS DELCOURT/© Taina Tervoren et Jeff Pourquié, À qui profite l'exil ?, Le business des frontières fermées, La Revue dessinée, 2023. **265 m** RVNW - stock.adobe. com. **269 ht** Eurocidade Tui/Valenca/DR. **269 bas** FERRAN Martin. **270 g** PHOTO12.COM/ImageBroker/Martin Siepmann. **270 bas d** Shutterstock / DzwonkowskiPhoto. **271** Groupement européen de coopération territoriale TATRY. **274** GCT/Unireso- Leman Pass/Graphisme : Acanthis Communication. **275** interreg. **275 bas** PHOTO12.COM/ALAMY/misc. GFC Collection. **276** Georges MILLION. **277 g** AFP/Getty images/Charles MacQuillan. **277 d** AFP/Paul Faith. **289** GAMMA RAPHO/Keystone France. **291 ht g** ADOBE STOCK PHOTO/Tessy Morelli/Stocksy. **291 ht m** ADOBE STOCK PHOTO/Ivan Ozerov/Stocksy. **291 ht d** ADOBE STOCK PHOTO/Framestock. **291 bas g** ISTOCK/Gorodenkoff. **291 bas m** REA/Jean-Claude Moschetti. **291 bas d** ISTOCK/hapabapa. **292** notwaew / Adobe Stock. **294** © BABOUSE. **295** Courrier International. **299** Eduardo Verdugo/AP/SIPA. **304 ht** Beautiful Korea / Adobe Stock. **304 bas** Interfoto/LA COLLECTION. **307 ht et bas** BNF. **310 ht** Studio F. / Adobe Stock. **310 bas** Granger collection, NY/AURIMAGES. **311** Keystone-France/GAMMA RAPHO. **312** AFP. **313 ht** Sophie Animes / Adobe Stock. **313 bas** Pierre Verdy/AFP. **315** Starlink/DR. **323** Mikhail ZLATKOVSKY. **326** LA COLLECTION/KHARBINE-TAPABOR. **327** BIS / Ph. Coll. Archives Larbor. **328** capture video. **329** ROGER-VIOLLET/Boyer. **332** ROGER-VIOLLET/Godfrey. **333 ht** The Plain Dealer, Plain Dealer Publishing Co. **333 bas** capture video. **334** François Pages/Paris Match/Scoop. **335 ht** KHARBINE-TAPABOR. **341** AFP/Daniel Leal. **344** JJfoto / Adobe Stock. **345 ht** © Bado. **345 bas** Juanjo Diaz / Adobe Stock. **348** chrisdorney / Adobe Stock. **349 ht** CHAPPATTE PATRICK. **349 bas** MAXPPP/Nicolas Liponne. **350** © Éditions Zadig/Zadig, été 2021, Dessin de Julien Roux. **351** adragan / Adobe Stock. **352** CHAPPATTE PATRICK. **353 ht d** © INSERM. **365 Et 9** AKG-Images. **366** Francesco Soave/AlamyHEMIS. **367** IRANIAN SUPREME LEADER'S WEBSITE. **369** Roméo Gacad/AFP. **375** Bibliothèque d'État de Bavière, Munich. **380** BNF. **381** The British Library Board/BRIDGEMAN IMAGES. **387 ht** Album/Oronoz/ AKG-Images. **387 bas** AKG-Images. **389** Bibliothèque Municipale de Lyon/BRIDGEMAN IMAGES. **395** AFP/mohamed el-Shahed. **397 m** Pernille Klemp/The David Collection, Copenhagen/C379. **398** BRIDGEMAN IMAGES. **399** RafaAzevedo. **402** Jim LoScalzo/Pool via CNP/ZUMA-REA. **403** AFP/Gettyimages North America/Chip Somodevilla. **413** AFP/Anadolu/Press Information Bureau. **418 ht** Dinodia/Uig/BRIDGEMAN IMAGES. **418** Amit Dave/REUTERS. **419 ht** Amit Dave/REUTERS. **419 m** Vikram Nandwani. **422** ISTOCK/ Oshi. **423 ht** Rafiq Maqbool/AP/SIPA PRESS. **423 bas** © CC by-SA 4.0/Bharatiya Gau Raksha Dal. **424** Nanu Narinder/AFP. **427 ht** The Caravan/Illustration par Siddhesh Gautam. **427 bas** Creative Touch Imaging Ltd/NurPhoto/AFP. **431 bas g** © Outlook Magazine India.

Édition : Guillaume Dervieux

Direction éditoriale : Carole Greffrath

Conception graphique de l'intérieur et la couverture : Hugues Vollant

Responsable artistique : Pierre-Yves Skrzypczak

Mise en page : Anne-Danielle Naname

Iconographie : Katia Davidoff et Maryse Hubert

Cartographie : Légendes Cartographie – Marie-Sophie Putfin

Infographies, schémas, graphiques : Renaud Scapin

Fabrication : Michel Nigen

Édition numérique : Marie Pouget